항균+ 99.9% 잉크 인쇄

안심 도서

항균잉크란?

코로나19 바이러스
"친환경 99.9% 항균잉크 인쇄"
전격 도입

KB126602

언제 끝날지 모를 코로나19 바이러스

99.9% 항균잉크(V-CLEAN99)를 도입하여 「안심도서」로

독자분들의 건강과 안전을 위해 노력하겠습니다.

SD에듀
(주)시대고시기획

Clean Zone

본 도서는 항균잉크로 인쇄하였습니다.

항균 + 99.9% 안심도서

항균잉크(V-CLEAN99)의 특징

◉ 바이러스, 박테리아, 곰팡이 등에 항균효과가 있는 산화아연을 적용

◉ 산화아연은 한국의 식약처와 미국의 FDA에서 식품첨가물로 인증받아 **강력한 항균력을** 구현하는 소재

◉ 황색포도상구균과 대장균에 대한 테스트를 완료하여 **99.9%의 강력한 항균효과 확인**

◉ 잉크 내 중금속, 잔류성 오염물질 등 **유해 물질 저감**

TEST REPORT

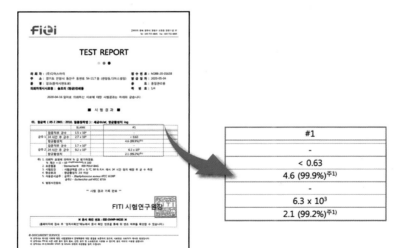

#1
-
< 0.63
4.6 (99.9%)주1)
-
6.3×10^3
2.1 (99.2%)주1)

Clean Zone

SD에듀
(주)시대고시기획

20
22

기출이

군무원
군수직

5 개년 **24** 회

답이다

SD에듀
㈜시대고시기획

군무원 채용 필수체크

✿ 채용시험 응시연령

최종시험의 시행 예정일이 속한 연도에 다음의 계급별 응시연령에 해당하여야 함

❶ **7급 이상** : 20세 이상

❷ **8급 이하** : 18세 이상

✿ 군무원 채용과정

원서접수	필기시험	필기시험 합격자 발표	면접시험	최종합격자 발표
5월 초	7월 중순	8월 중순	9월 말	11월 이후

1 필기시험

- 객관식 선택형 문제로 과목당 25문항, 25분으로 진행
- 합격자 선발 : 선발예정인원의 1.5배수(150%) 범위 내(단, 선발예정인원이 3명 이하인 경우, 선발예정인원에 2명을 합한 인원의 범위)
  ⋯→ 합격기준에 해당하는 동점자는 합격처리

2 면접시험

- 필기시험 합격자에 한해 응시기회 부여
- 평가요소
  - 군무원으로서의 정신자세
  - 의사표현의 정확성 · 논리성
  - 예의 · 품행 및 성실성
  - 전문지식과 그 응용능력
  - 창의력 · 의지력 · 발전가능성

3 최종합격자 결정

필기시험 합격자 중, 면접시험 성적에 필기시험 성적을 각각 50% 반영하여 최종합격자 결정

※ 위 채용일정은 2021년 군무원 국방부 주관 채용공고를 기준으로 작성하였으므로 세부 사항은 반드시 확정된 채용공고를 확인하시기 바랍니다.

☆ 영어능력검정시험 기준점수

구분	5급	7급	9급
토익(TOEIC)	700점	570점	470점
토플(TOEFL)	PBT 530점 CBT 197점 IBT 71점	PBT 480점 CBT 157점 IBT 54점	PBT 440점 CBT 123점 IBT 41점
텝스(TEPS) 2018.5.12. 이전 실시된 시험	625점	500점	400점
新텝스(新TEPS) 2018.5.12. 이후 실시된 시험	340점	268점	211점
지텔프(G-TELP)	Level 2 65점	Level 2 47점	Level 2 32점
플렉스(FLEX)	625점	500점	400점

⋯ 당해 공개경쟁채용 필기시험 시행 예정일부터 역산하여 3년이 되는 해의 1월 1일 이후에 실시된 시험으로서 필기시험 전일까지 점수가 발표된 시험에 한해 기준점수 인정
⋯ 응시원서 접수 시에 본인이 취득한 영어능력검정시험명, 시험일자 및 점수 등을 정확히 기재

☆ 한국사능력검정시험 기준점수

구분	5급	7급	9급
한국사능력검정시험	2급	3급	4급

⋯ 2020년 5월 이후 한국사능력검정시험 급수체계 개편에 따른 시험종류의 변동(초 · 중 · 고급 3종 → 기본 · 심화 2종)과 상관없이 기준(인증)등급을 그대로 적용함
⋯ 당해 공개경쟁채용 필기시험 시행 예정일부터 역산하여 4년이 되는 해의 1월 1일 이후에 실시된 시험으로서 필기시험 전일까지 점수(등급)가 발표된 시험에 한해 기준점수 인정
⋯ 응시원서 접수 시에 본인이 취득한 한국사능력검정시험의 등급인증번호와 급수(성적)를 정확히 기재(증빙서류 제출 없음)

※ 위 기준점수는 군무원인사법시행령을 기준으로 작성하였으므로 세부 사항은 반드시 확정된 채용공고를 확인하시기 바랍니다.

최신 출제 경향 리포트

✿ 2021년 9급 출제 경향

> **총평**
>
> 국어의 경우 문학 영역의 비중이 늘고 있어 다소 소홀했던 문학 영역에 대한 대비가 필요하다. 행정법은 조문사항을 학습한 경우라면 수월하게 문제를 풀 수 있을 것으로 보인다. 경영학은 여전히 지엽적인 문제가 출제되고 있어 기본 이론을 꼼꼼하게 학습하는 것이 중요하다.

과목분석

- **국어:** '국어 규범' 문항이 문법 영역의 대부분을 차지하고, 문학의 출제 비중이 매우 높아졌으나 기본적인 작품이 출제되었다. 비문학은 지문의 길이가 짧고 내용 역시 평이하게 출제되었고, 한자어가 까다롭게 출제되어 난도를 높였다.

- **행정법:** 전체적으로 평이한 수준으로 출제되었다. 군무원 행정법에서는 각론이 1~2 문제 정도 단독 출제되었다. 9 · 7 · 5급 모두 선지가 대게 판례사항으로 출제되었고, 그 외에는 조문문제로 출제되었다. 2021년 시행된 「행정기본법」은 모든 시험에서 기본적인 조문사항으로 어렵지 않게 출제되어 수험생들에게 부담이 크지 않았을 것으로 보인다.

- **경영학:** 시험 문제가 전범위에 걸쳐 골고루 출제되었다. 기본 개념의 이론에서 크게 벗어나지 않았지만 여전히 지엽적인 문제가 출제되고 있다. 기존의 출제 경향과는 비슷하며 문제는 짧고 간결한 내용을 확인하는 문제가 출제되었다. 2021년 시험에서는 회계학과 재무관리에서 계산 문제가 나오지 않았으나, 계산식은 학습해두는 것이 좋다.

✿ 2021년 7급 출제 경향

> **총평**
>
> 국어는 문법부분이 까다롭게 출제되어 '국어 규범'을 확실하게 숙지하고 있어야 한다. 행정법과 경영학의 경우 9급과 비교했을 때 난도가 높은 시험은 아니었다. 기본 이론에 충실한 학습을 하는 것이 중요하다.

과목분석

- **국어:** 로마자 표기법, 외래어가 까다롭게 출제되어 난도를 높였으며, 문학은 9급과 마찬가지로 출제 비중을 높이는 추세이다. 비문학은 9급과 동일하게 지문의 길이가 짧고 평이하게 출제되었으며, 한자어가 출제되었으나 난도는 높지 않았다.

- **행정법:** 정답시비가 2문제나 되어 결국 '모두 정답' 처리된 점으로 보아, 9급에 비해 문항이 매끄럽지 않았다고 할 수 있다.

- **경영학:** 9급 문제와 난이도가 크게 다르지 않았으며 오히려 더 쉬운 문항도 있었다. 지문의 길이가 길어 문제를 꼼꼼하게 읽는 것이 중요하다. 조직행위에서 문제가 가장 많이 출제되었다.

✿ 2020년 9급 출제 경향

총평

2020년 군무원 9급 군수직 시험은 어려운 편에 속한다. 세 과목 모두 중상 정도이며, 국어와 행정법에서는 까다로운 문제가 출제되었고 경영학에서는 자주 접하지 못한 이론에서 문제가 나왔다. 기본 이론을 학습하고 다양한 문제를 풀어 생소한 문제 유형과 내용에 당황하지 않도록 해야한다.

과목분석

- **국어:** 군무원 9급 국어는 수험생들의 체감 난도가 높은 시험이었다. 문법 영역의 비중이 높다고 알려진 군무원 필기시험답게 이번 시험에서도 문법 영역의 비중이 지배적이었다. 다만, 어문 규정 외의 문법 이론과 관련된 문항의 비중이 높아져 문법 영역 전반에 걸친 탄탄한 기본기가 필요하다는 것을 알 수 있었다.

- **행정법:** 전체적인 난이도는 중상정도로 출제되었다. 대부분의 선지들이 판례지문에서 출제가 되었고, 지문이 길어져서 시간 내에 문제를 푸는 것이 쉽지 않았다. 또한 최신 판례에서도 지문이 출제되어 수험생들이 당혹스러웠을 것이다. 그러나 기본 이론에 충실하다면 소거로 풀 수 있는 문제들이 다수여서 답을 고를 수는 있었다. 이번에도 각론에서 2문제 정도 출제가 되었지만, 총론적 지식으로도 풀 수 있는 정도여서 답을 찾는데 큰 어려움은 없었을 것이다.

- **경영학:** 난이도는 중상 정도로 볼 수 있다. 계산문제가 1문제 출제되었지만, 기본개념만 이해하고 있으면 간단하게 풀 수 있는 문제였다. 조금 까다로운 문제가 출제되기는 했지만, 전반적으로 예전과 유사한 수준이었고 단순한 암기를 통해 풀 수 있는 문제보다는 이해를 해야 풀 수 있는 문제가 많은 비율을 차지하고 있다.

✿ 2020년 7급 출제 경향

총평

군수직 7급 시험은 난이도가 높은 편에 속하지는 않는다. 하지만 문제 안에서의 편차가 심하므로 난이도가 있는 문제들까지 골고루 학습해 보는 것이 중요하다. 기본에 충실하여 학습하는 것이 중요하다.

과목분석

- **국어:** 7급 국어는 전 영역이 비슷한 비중으로 출제되었고, 문항별 난이도의 차이가 큰 시험이었다. 독서 일반 지식을 묻는 문항이 출제되어 뜻밖에 난도를 높였으나 전반적으로 9급에 비해서 크게 어렵지 않았다. 다만, 9급과 7급 모두 공통적으로 어휘 영역이 까다롭게 출제되어 어휘 영역에 대한 집중학습이 필요할 것으로 보인다.

- **행정법:** 전체적인 난이도는 중상정도로 출제되었다. 다수의 선지가 판례와 조문에서 고루 출제가 되었다. 9급에 비해서는 오히려 이론문제가 많이 출제되어 풀이에는 크게 어려움이 없었을 것이다. 각론문제가 출제는 되었지만 총론적 이론으로도 풀이는 가능한 수준으로 출제되어서 답을 찾기 난해하다고 보이지 않는다. 기본적인 이론과 판례를 연계하여 학습한다면 충분히 고득점이 가능할 것으로 보여진다.

GUIDE
STRUCTURES

이 책의 구성과 특징

기출문제로 출제 경향 파악하고 실전감각 높이자!

최신 9·7·5급 기출 포함 2021~2017 기출문제

문제편

OMR 입력 **채점결과** **성적분석**

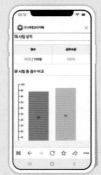

00 : 24 : 27
시간측정 가능!!

풀이 시간 측정, 자동 채점 그리고 결과 분석까지!

모바일 OMR 답안분석 서비스

문제편에 수록된 기출문제에 대한 객관적인 결과(점수, 순위)를 종합적으로 분석

❶ 스마트폰을 활용하여 QR코드 접속
❷ 시험 시간에 맞춰 풀고, 모바일 OMR로 답안 입력 (3회까지 가능)
❸ 종합적 결과 분석으로 현재 나의 합격 가능성 예측

QR코드 찍기 ▶ 로그인 ▶ 시작하기 ▶ 응시하기 ▶ 모바일 OMR 카드에 답안 입력 ▶ 채점결과&성적분석 ▶ 내 실력 확인하기

상세하고 빈틈없는 해설로 혼자서도 완벽하게 학습하자!

스스로 학습이 가능한 상세한 해설

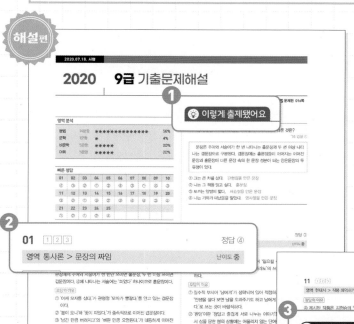

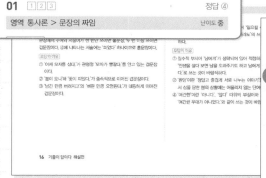

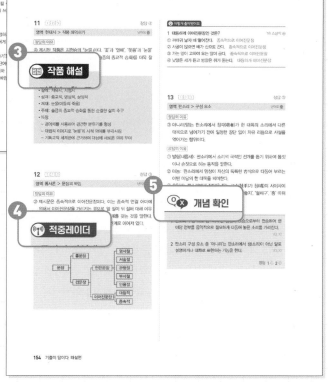

❶ 이렇게 출제됐어요

군무원 기출과 직결되는 공무원 기출을
핵심만 콕 집어 수록

❷ 영역 세분화

문항별 세분화된 출제 영역과 난이도
분석으로 빈틈없는 학습

❸ 작품 해설

출제된 작품에 대한 이해도를 넓히는
필수 요약노트

❹ 적중레이더

출제 범위가 반복되는 경향을 고려한
출제 개념 심화학습

❺ OX 개념 확인

OX 문제를 통해 주요 개념들을 한 번
더 짚고 넘어가는 다지기 학습

GUIDE
REVIEW

군무원 필기시험 합격 수기

군무원 합격의 1등 공신!

안녕하세요? 2021년 군무원 군수직에 합격한 박○○이라고 합니다.

원래 일반 행정직 공무원을 준비하다가 영어를 너무 못해서 영어에 부담없는 군무원 시험으로 전향하게 되었습니다. 그러나 일반 행정직과 달리 군무원은 재작년까지도 시험문제가 비공개라서 출제경향을 파악하기가 너무 힘들었습니다. 공무원 시험과 출제과목은 같지만 분야에 대한 출제 빈도 등이 다르다고 말로만 듣고, 그걸 토대로 공부하기에는 너무 시간이 아까운 것 같다는 생각을 하던 차에 '기출이 답이다'를 발견했습니다. 군무원 기출로 1위이기에 구입했는데, 역시 1위인 데는 다 이유가 있는 것 같아요. 기출문제 복원이 정말 잘 되어 있고, 회차도 제일 많으니 꼭 풀어보고 시험장 가시길 바랍니다!! 시험 볼 때 가장 도움이 된 책이었습니다.

"시대고시 군무원 기출이 답이다 시리즈"는 실제 시험을 보는 것처럼 구성되어 있고 정답 마킹표도 함께 있어서 마킹하는 시간까지 연습할 수 있었습니다. 특히, 모바일 OMR 답안분석 서비스는 시험시간을 재줄 뿐 아니라 자동으로 채점도 되고, 결과 분석표를 제공해 주어서 학습 효율 극대화에 최고였습니다. 이런 스마트한 서비스가 더 늘면 좋겠습니다.

또한, 해설에 나온 난이도 표시를 확인하면서 쉬운 문제를 먼저 풀 수 있도록 연습했습니다. 난이도 '하' 문제를 실수가 아니라 몰라서 틀렸을 때는 자책하기도 했지만 더욱더 기본기를 다져야겠다는 생각으로 학습했습니다. 그리고 해설 부분에 나누어진 영역을 보고 내가 어느 부분이 부족한지, 더 공부해야 할 부분이 어느 곳인지 파악할 수 있어서 좋았습니다.

마지막으로 회독을 체크할 수 있게 되어있는 점이 유용했습니다. 다른 도서 같은 경우에는 한 회분이 끝날 때마다 체크해 두었었는데 시대고시 군무원 기출이 답이다 시리즈는 각 문항별로 체크 할 수 있도록 되어 있어서 자주 틀리는 문제가 무엇인지 한눈에 확인할 수 있고, 해설에 있는 적중레이더와 관련 공무원 기출문제를 통해 부족한 부분을 보완할 수 있었기에 결국 고득점 합격으로 이어진 것 같습니다.

다들 기출이 답이다로 군무원 합격하셨으면 좋겠습니다!

군무원 기출이 답이다
국어

문제편 목차

2021 9급 기출문제

모바일 OMR 답안분석 서비스

☑ 시험시간 25분　☑ 해설편 004쪽

01 ①②③

밑줄 친 단어 중 어법에 맞지 않는 것은?

① 오늘 이것으로 치사를 <u>갈음</u>하고자 합니다.

② <u>내노라하는</u> 재계의 인사들이 한곳에 모였다.

③ 예산을 대충 <u>걸잡아서</u> 말하지 말고 잘 뽑아 보시오.

④ 그가 무슨 잘못을 저질렀는지 나와 눈길을 <u>부딪치기를</u> 꺼려했다.

02 ①②③

띄어쓰기 규정에 맞지 않는 것은?

① 모르는 척하고 넘어갈 만도 하다.

② 내가 몇 등일지 걱정이 가득했다.

③ 그 책을 다 읽는 데 삼 일이 걸렸다.

④ 그는 돕기는 커녕 방해할 생각만 한다.

03 ①②③

밑줄 친 ㉠~㉣에 해당하는 한자로 적절하지 않은 것은?

> 목판이 오래되어 ㉠ <u>훼손</u>되거나 분실된 경우에는 판목을 다시 만들어 보충하는 경우가 있다. 이것을 ㉡ <u>보판</u> 혹은 보수판이라고 한다. 판목의 일부분에서 수정이 필요한 경우, 그 부분을 깎아 내고 대신 다른 나무판을 박아 글자를 새기는 경우가 있다. 이 나무판을 ㉢ <u>매목</u>이라고 하고, 매목에 글자를 새로 새긴 것을 ㉣ <u>상감</u>이라고 한다.

① ㉠: 毁損　　　② ㉡: 保版

③ ㉢: 埋木　　　④ ㉣: 象嵌

[04~05] 다음은 어떤 사전에 제시된 '고르다'의 내용이다.

> ■ 고르다 1 [고르다]. 골라[골라], 고르니[고르니].
> 「동사」【…에서 …을】 여럿 중에서 가려내거나 뽑다.
> ■ 고르다 2 [고르다]. 골라[골라], 고르니[고르니].
> 「동사」【…을】
> 　「1」 울퉁불퉁한 것을 평평하게 하거나 들쭉날쭉한 것을 가지런하게 하다.
> 　「2」 붓이나 악기의 줄 따위가 제 기능을 발휘하도록 다듬거나 손질하다.
> ■ 고르다 3 [고르다]. 골라[골라], 고르니[고르니].
> 「형용사」「1」 여럿이 다 높낮이, 크기, 양 따위의 차이가 없이 한결같다.
> 　「2」 상태가 정상적으로 순조롭다.

04 ①②③

위 사전에 대한 설명으로 가장 옳지 않은 것은?

① '고르다 1', '고르다 2', '고르다 3'은 서로 동음이의어이다.

② '고르다 1', '고르다 2', '고르다 3'은 모두 불규칙 활용을 한다.

③ '고르다 2'와 '고르다 3'은 다의어이지만 '고르다 1'은 다의어가 아니다.

④ '고르다 1', '고르다 2', '고르다 3'은 모두 현재진행형으로 사용할 수 있다.

05 1 2 3

다음 밑줄 친 '고르다'가 위 사전의 '고르다 2'의 「2」에 해당하는 것은?

① 울퉁불퉁한 곳을 흙으로 메워 판판하게 골라 놓았다.
② 요즘처럼 고른 날씨가 이어지면 여행을 가도 좋겠어.
③ 그는 이제 가쁘게 몰아쉬던 숨을 고르고 있다.
④ 이 문장의 서술어는 저 사전에서 골라 써.

06 1 2 3

아래의 문장이 들어가기에 가장 적절한 위치로 옳은 것은?

> 문학의 범위를 좁게 잡는 것은 나중에 나타난 새로운 관습이다.

> (가) 문학의 범위는 시대에 따라서 달라져왔다. 한문학에서 '문(文)'이라고 하던 것은 '시(詩)'와 함께 참으로 큰 비중을 차지하고 실용적인 글도 적지 않게 포함했다.
> (나) 시대가 변하면서 '문'이라는 개념은 뒷전으로 밀려나고, 시·소설·희곡이 아닌 것 가운데는 수필이라고 이름을 구태여 따로 붙이는 글만 문학세계의 준회원 정도로 인정하기에 이르렀다.
> (다) 근래에 와서 사람이 하는 활동을 세분하면서 무엇이든지 전문화할 때 문학 고유의 영역을 좁게 잡았다.
> (라) 문학의 범위를 좁게 잡는 오늘날의 관점으로 과거의 문학을 재단하지 말고, 문학의 범위에 관한 오늘날의 통념을 반성해야 한다.

① (가) 문단 뒤   ② (나) 문단 뒤
③ (다) 문단 뒤   ④ (라) 문단 뒤

07 1 2 3

한글 맞춤법 규정에 맞는 문장으로 옳은 것은?

① 아무래도 나 자리 뺐겼나 봐요.
② 오늘 하룻동안 해야 할 일이 엄청나네.
③ 그런 일에 발목 잡혀 번번히 주저앉았지.
④ 저희 아이의 석차 백분율이 1%만 올라도 좋겠습니다.

08 1 2 3

아래 글의 (㉠)과 (㉡)에 들어갈 가장 적절한 접속어로 옳은 것은?

> 히포크라테스가 분류한 네 가지 기질이나 성격 유형에 대한 고대의 개념으로 성격에 대한 논의를 시작하는 것이 일반적인 방식이지만, 나는 여기에서 1884년 『포트나이트리 리뷰』에 실렸던 프랜시스 골턴 경의 논문 「성격의 측정」으로 이야기를 시작하겠다.
> 찰스 다윈의 사촌이었던 골턴은 초기 진화론자로서 진화가 인간에게도 영향을 끼쳤다고 주장한 사람이다. (㉠) 그의 관념은 빅토리아 시대적 편견을 가지고 있었고, (㉡) 그의 주장이 오늘날에는 설득력이 떨어진다. 그럼에도 불구하고 결국에는 자연 선택 이론이 인간을 설명하는 지배적인 학설이 될 것이라는 그의 직관은 옳았다.

	㉠	㉡
①	그래서	그리하여
②	그리고	그래서
③	그러나	따라서
④	그런데	그리고

09 1 2 3

밑줄 친 단어 중 외래어 표기법이 모두 맞는 문장으로 옳은 것은?

① 리모콘에 있는 버턴의 번호를 눌러주세요.
② 벤젠이나 시너, 알코올 등으로 닦지 마세요.
③ 전원 코드를 컨센트에 바르게 연결해 주세요.
④ 썬루프 안쪽은 수돗물을 적신 스폰지로 닦아냅니다.

[10~11] 다음 글을 읽고 물음에 답하시오.

> 紅塵에 뭇친 분네 이 내 生涯 엇더ᄒ고
> 녯사ᄅᆷ 風流ᄅᆞᆯ 미츨가 못 미츨가
> 天地間 男子 몸이 날만 ᄒᆞᆫ 이 하건마ᄂᆞᆫ
> 山林에 뭇쳐 이셔 至樂을 ᄆᆞᄅᆞᆯ 것가
> 數間 茅屋을 碧溪水 앏픠두고
> 松竹 鬱鬱裏예 風月主人 되여셔라
> 엇그제 겨을 지나 새 봄이 도라오니
> 桃花杏花ᄂᆞᆫ 夕陽裏예 퓌여 잇고
> 綠楊芳草ᄂᆞᆫ 細雨 中에 프르도다
> 칼로 몰아 낸가 붓으로 그려낸가
> 造化神功이 物物마다 헌ᄉᆞ롭다
> (가) 수풀에 우ᄂᆞᆫ 새ᄂᆞᆫ 春氣ᄅᆞᆯ 못내 계위 소ᄅᆡ마다 嬌態로다
> 物我一體어니 興이이 다ᄅᆞᆯ소냐
> 柴扉예 거러 보고 亭子애 안자 보니
> 逍遙吟詠ᄒᆞ야 山日이 寂寂ᄒᆞᄃᆡ
> 閒中眞味ᄅᆞᆯ 알 니 업시 호재로다
> 이바 니웃드라 山水구경 가쟈스라
>
> ― 정극인, 「상춘곡」

10 ① ② ③
이 글에 대한 설명으로 가장 적절한 것은?

① '홍진에 묻힌 분'과 묻고 대답하는 형식이다.
② '나'의 공간이동에 따라 시상을 전개하고 있다.
③ '이웃'을 끌어들임으로써 봄의 아름다움을 객관화하고 있다.
④ 서사―본사―결사가 진행되는 가운데 여음을 삽입하여 흥을 돋운다.

11 ① ② ③
(가)에 나타난 화자의 정서로 가장 적절한 것은?

① 화자와 산수자연 사이에 가로놓인 방해물에 대한 불만
② 산수자연 속의 모든 존재들과 합일하는 흥겨움의 마음
③ 산수자연의 즐거움을 혼자서만 누리는 것에 대한 안타까움
④ 산수자연에 제대로 몰입하지 못하는 자신의 처지에 대한 회한

12 ① ② ③
밑줄 친 ㉠~㉣에 대한 설명으로 가장 적절하지 않은 것은?

> 잠자코 앉아 있노라면 한 큼직한 사람이 느릿느릿 돌계단을 밟고 올라와서는 탑을 지나 종루의 문을 열고 무거운 망치를 꺼내어 들었다. 그는 한참동안 멍하니 서서는 음향에 귀를 ㉠기울였다. 음향이 끝나자마자 그는 망치를 ㉡매어 들며 큰 종을 두들겼다. 그 소리는 산까지 울리며 떨리었다. 우리는 그 ㉢종루지기를 둘러싸고 모여 몇 번이나 치는지 헤아려 보았다. 그러면 열이 되고 그래서 우리는 오른손으로 다시 열까지 셀 수 있도록 곧 왼손의 ㉣엄지손가락을 굽혔다.

① ㉠: '기울다'의 피동사이다.
② ㉡: '메어'로 표기되어야 한다.
③ ㉢: 접미사 '-지기'는 "그것을 지키는 사람"을 뜻한다.
④ ㉣: 가장 짧고 굵은 손가락으로 '무지(拇指)'라고도 한다.

13 ① ② ③
다음 로마자 표기법 중 옳은 것은?

① 순대 sundai
② 광희문 Gwanghimun
③ 왕십리 Wangsibni
④ 정릉 Jeongneung

14 ① ② ③
대괄호의 사용이 적절하지 않은 것은?

① 말소리[音聲]의 특징을 알아보자.
② 모두가 건물[에, 로, 까지] 달려갔다.
③ 이윽고 겨울이 오면 초록은 실색한다. [이상 전집3(1958), 235쪽 참조]
④ 난 그 이야기[합격 소식]를 듣고 미소 짓기 시작했다.

[15~17] 다음 글을 읽고 물음에 답하시오.

(가) (㉠)의 확산은 1930년에 접어들어 보다 빠른 속도로 경성의 거리를 획일적인 풍경으로 바꿔 놓는데, 뉴욕이나 파리의 (㉠)은 경성에서도 거의 동시에 (㉠) 했다. 이는 물론 영화를 비롯한 근대 과학기술의 덕택이었다.

(나) 하지만 뉴욕과 경성의 (㉠)이 모두 동일한 것은 아니었다. 뉴욕걸이나 할리우드 배우들이나 경성의 모던걸이 입은 패션은 동일해도, 그네들 주변의 풍경은 근대적인 빌딩 숲과 초가집만큼 차이가 났기 때문이다. 경성 모던걸의 (㉠)은 이 같은 근대와 전근대의 아이러니를 내포하고 있었다.

(다) (㉠)은 "일초 동안에 지구를 네박휘"를 돈다는 전파만큼이나 빨라서, 1931년에 이르면 뉴욕이나 할리우드에서 (㉠)하던 파자마라는 '침의패션'은 곧 바로 서울에서도 (㉠)했다. 서구에서 시작한 (㉠)이 일본을 거쳐 한국으로 전달되는 속도는 너무나 빨라 거의 동시적이었다.

(라) 폐쇄된 규방에만 있었던 조선의 여성이 신문과 라디오로, 세계의 동태를 듣게 되면서부터, 지구 한 모퉁이에서 일어나는 일이 그 지구에 매달려 사는 자기 자신에도 큰 파동을 끼치고 있다는 사실을 깨닫게 되었다. 규방 여성이 근대여성이 되기까지는 그리 오랜 시간이 필요하지 않았다. 신문이나 라디오 같은 미디어를 통해 속성 세계인이 될 수 있었기 때문이다. 동시에 미디어는 식민지 조선 여성에게 세계적인 불안도 함께 안겨주었다. 자본주의적 근대의 환상과 그 이면의 불안을 동시에 던져 주었던 것이다.

(마) 근대로 이행하는 데 필요한 절대적인 시간을 뛰어넘어 조선에 근대가 잠입해 올 수 있었던 것은 한편으로 미디어 덕분이었다. 미디어는 근대를 향한 이행을 식민지 조선에 요구했고, 단기간에 조선 사람들을 '속성 세계인'으로 변모시키는 역할을 했다.

15 ①②③

문맥상 ㉠에 들어갈 단어로 가장 적절한 것은?

① 성행(盛行)　　　　② 편승(便乘)

③ 기승(氣勝)　　　　④ 유행(流行)

16 ①②③

내용에 따른 (나)~(마)의 순서 배열로 가장 적절한 것은?

① (나) - (다) - (라) - (마)

② (나) - (라) - (다) - (마)

③ (다) - (나) - (마) - (라)

④ (마) - (다) - (라) - (나)

17 ①②③

위 글을 이해한 내용으로 가장 적절하지 않은 것은?

① 모던걸의 패션은 뉴욕걸이나 할리우드 배우들과 동일했다.

② 신문이나 라디오는 조선 사람이 속성 세계인이 되도록 해 주었다.

③ 파자마 '침의패션'은 뉴욕과 할리우드보다 일본에서 먼저 시작되었다.

④ 식민지 조선 여성은 근대적 환상과 그 이면의 불안을 함께 안고 있었다.

18 ①②③

다음 밑줄 친 합성어를 구성하는 성분이 모두 고유어인 것은?

① 비지땀을 흘리며 공부하는구나.

② 이분을 사랑채로 안내해 드려라.

③ 이렇게 큰 쌍동밤을 본 적 있어?

④ 아궁이에는 장작불이 활활 타올랐다.

[19~20] 다음 글을 읽고 물음에 답하시오.

> 정 씨 옆에 앉았던 노인이 두 사람의 행색과 무릎 위의 배낭을 눈여겨 살피더니 말을 걸어왔다.
>
> "어디 일들 가슈?" / "아뇨, 고향에 갑니다." / "고향이 어딘데……." / "삼포라구 아십니까?" / "어 알지, 우리 아들 놈이 거기서 도자를 끄는데……." / "삼포에서요? 거 어디 공사 벌릴 데나 됩니까? 고작해야 ⓐ 고기잡이나 하구 ⓑ 감자나 매는데요." / "어허! 몇 년 만에 가는 거요?" / "십 년."
>
> 노인은 그렇겠다며 고개를 끄덕였다.
>
> "말두 말우. 거긴 지금 육지야. 바다에 방둑을 쌓아 놓구, 트럭이 수십 대씩 돌을 실어 나른다구." / "뭣 땜에요?" / "낸들 아나. 뭐 관광호텔을 여러 채 짓는담서, 복잡하기가 말할 수 없네." / "동네는 그대로 있을까요?" / "그대루가 뭐요. 맨 천지에 공사판 사람들에다 장까지 들어섰는걸." / "그럼 ⓒ 나룻배두 없어졌겠네요." / "바다 위로 ⓓ 신작로가 났는데, 나룻배는 뭐에 쓰오. 허허, 사람이 많아지니 변고지. 사람이 많아지면 하늘을 잊는 법이거든."
>
> 작정하고 벼르다가 찾아가는 고향이었으나, 정 씨에게는 풍문마저 낯설었다. 옆에서 잠자코 듣고 있던 영달이가 말했다.
>
> "잘 됐군. 우리 거기서 공사판 일이나 잡읍시다."
>
> 그때에 기차가 도착했다. 정 씨는 발걸음이 내키질 않았다. 그는 마음의 정처를 방금 잃어버렸던 때문이었다. 어느 결에 정 씨는 영달이와 똑같은 입장이 되어 버렸다.
>
> 기차는 눈발이 날리는 어두운 들판을 향해서 달려갔다.
>
> — 황석영, 「삼포 가는 길」

19 1 2 3

문맥적 성격이 다른 하나는?

① ⓐ　　　② ⓑ　　　③ ⓒ　　　④ ⓓ

20 1 2 3

이 글의 주제를 표현한 시구로 가장 적절한 것은?

① 빼앗긴 들에도 봄은 오는가.
② 죽어도 아니 눈물 흘리우리다.
③ 내가 사랑했던 자리마다 모두 폐허다.
④ 님은 갔지마는 나는 님을 보내지 아니하였습니다.

21 1 2 3

다음 시의 주된 정조를 가장 잘 나타내는 것은?

> 神策究天文 妙算窮地理
> 戰勝功旣高 知足願云止
>
> — 乙支文德, 「與隋將于仲文」

① 悠悠自適　　　　　② 戀戀不忘
③ 得意滿面　　　　　④ 山紫水明

22 1 2 3

다음 예문의 밑줄 친 ㉠에 들어갈 말로 가장 적절한 것은?

> 시집갈 때 혼수를 간소하게 하라는 간절한 요청은 _____㉠_____ 부잣집과 사돈을 맺는 데 따르는 부담감을 일시에 벗겨주었다.
>
> — 박완서, 「아주 오래된 농담」

① 불감청이언정 고소원이어서
② 배보다 배꼽이 더 크다고
③ 미운 자식 떡 하나 더 준다고
④ 똥 묻은 개가 겨 묻은 개를 나무라는 격이라

23 ☐①②③

다음 시에 대한 설명으로 가장 옳은 것은?

> 차운 산 바위 위에
> 하늘은 멀어
> 산새가 구슬피
> 울음 운다
>
> 구름 흘러가는
> 물길은 칠백 리
>
> 나그네 긴 소매
> 꽃잎에 젖어
> 술 익는 강마을의
> 저녁노을이여
>
> 이 밤 자면 저 마을에
> 꽃은 지리라
>
> 다정하고 한 많음도
> 병인 양하여
> 달빛 아래 고요히
> 흔들리며 가노니……
>
> — 조지훈, 「완화삼」

① '구름, 물길'은 정처 없이 유랑하는 내적 현실을 암시한다.
② '강마을'은 방황하던 서정적 자아가 정착하고자 하는 공간이다.
③ '나그네'는 고향을 떠남으로써 현실의 질곡을 벗어나려는 의지를 상징한다.
④ '한 많음'은 민중적 삶 속에 구현된 전통적 미학에 맞닿아 있는 정서를 대변한다.

24 ☐①②③

다음 한자어의 발음 중 표준 발음으로 옳지 않은 것은?

① 마천루(摩天樓) – [마천누]
② 공권력(公權力) – [공꿘녁]
③ 생산력(生産力) – [생산녁]
④ 결단력(決斷力) – [결딴녁]

25 ☐①②③

다음 글의 중심내용으로 가장 옳은 것은?

이제 우리는 세계의 변방이 아니다. 세계화는 점점 더, 과거와는 분명 다르게 우리가 주목과 관심의 대상이 되는 방향으로 진행되고 있다. 이제 한국은 더 이상 '작은 나라'라고만 생각하지 않게 되었다. 한국인의 예술성을 세계에서 인정하고 있는 지금 이 시기에 가장 중요한 것은 무엇일까? 그 무엇보다 시급한 것이 바로 '전략'이다. 지금이야말로 세계 시장에 우리의 예술을 알릴 수 있는 기회가 왔고, 우리만의 전략이 필요한 시기가 왔다.

한국인의 끼는 각별하다. 신바람, 신명풀이가 문화유전자로 등록되어 있는 민족이다. 게다가 신이 나면 어깨춤 덩실덩실 추던 그 어깨 너머로 쓱 보고도 뚝딱 뭔가 만들어낼 줄 아는 재주와 감각도 있고, 문화선진국의 전문가들도 감탄하는 섬세한 재능과 디테일한 예술적 취향도 있다. 문화예술의 시대를 맞은 오늘날, 우리가 먹거리로 삼을 수 있고 상품화할 수 있는 바탕들이 다 갖추어진 유전자들이다. 선진이 선진이고 후진이 후진이면 역사는 바뀌지 않는다. 선진이 후진되고 후진이 선진 될 때 시대가 바뀌고 새로운 역사가 시작되는 법이다. 우리 앞에 그런 전환점이 놓여 있다.

① 주어진 현실에 안주하는 실리감각
② 다가오는 미래에 대한 희망찬 포부
③ 냉엄한 국제질서에 따른 각박한 삶
④ 사라져 가는 미풍양속에 대한 아쉬움

2021 **7급** 기출문제

모바일
OMR
답안분석
서비스

☑ 시험시간 25분   ☑ 해설편 010쪽

01 ①②③
띄어쓰기 규정에 맞지 않는 것은?

① 강물에∨떠내려가∨버렸다.
② 그가∨떠난∨지∨오래다.
③ 열∨내지∨스물
④ 십이∨억∨오십육∨만∨개

02 ①②③
표준어가 아닌 것은?

① 숫염소   ② 강낭콩
③ 윗어른   ④ 유기장이

03 ①②③
다음 설명문의 전개 방식으로 옳은 것은?

> 알타이어족에는 터키어 · 몽골어 · 만주어 · 퉁구스어 · 한국어 · 일본어 등의 언어가 속한다.

① 분류   ② 분석
③ 구분   ④ 정의

04 ①②③
다음 시의 특징에 대한 설명으로 가장 적절한 것은?

> 허공 속에 발이 푹푹 빠진다
> 허공에서 허우적 발을 빼며 걷지만
> 얼마나 힘 드는 일인가
> 기댈 무게가 없다는 것은
> 걸어온 만큼의 거리가 없다는 것은
>
> 그동안 나는 여러 번 넘어졌는지 모른다
> 지금은 쓰러져 있는지도 모른다
> 끊임없이 제자리만 맴돌고 있거나
> 인력(引力)에 끌려 어느 주위를 공전하고 있는지도 모른다
>
> 발자국 발자국이 보고 싶다
> 뒤꿈치에서 퉁겨 오르는
> 발걸음의 힘찬 울림을 듣고 싶다
> 내가 걸어온
> 길고 삐뚤삐뚤한 길이 보고 싶다

① 허구적 상상을 통해 현실의 고난을 극복하고 있다.
② 시어의 반복을 통해 화자의 정서를 강조하고 있다.
③ 시적 화자의 옛 경험을 사실적으로 묘사하고 있다.
④ 과거로 돌아가고 싶은 화자의 소망을 전하고 있다.

05 ☐☐☐
다음의 글들이 공히 추모하는 사람으로 옳은 것은?

> 만 섬의 끓는 피여 열 말의 담력이여
> 벼르고 벼른 기상 서릿발이 시퍼렇다
> 별안간 벼락치듯 천지를 뒤흔드니
> 총탄이 쏟아지는데 늠름한 그대 모습이여
> — 한용운
>
> 황해도 장사 두 눈을 부릅뜨고
> 나라 원수 죽였다네 염소 새끼 죽이듯이
> 안 죽고 살았다가 이 기쁜 소식 들을 줄이야
> 덩실덩실 춤노래 한 바탕, 국화조차 우쭐거리네
> — 김택영
>
> 평생을 벼르던 일 이제야 끝났구려
> 죽을 땅에서 살려는 건 장부가 아니오
> 비록 몸은 대한에 있어도 만방에 이름 떨쳤소
> 살아 백 살을 못 넘기는데 죽어 천년을 빛내는구려
> — 위안스카이(袁世凱)
>
> 공은 삼한을 덮고 이름은 만국에 떨치니
> 살아 백세가 못되는데 죽어 천추에 빛나는구려
> 약한 나라 죄인이요 강국에서는 재상이라
> 그래 처지를 바꾸어 놓으니 이토도 죄인이구나
> — 쑨원(孫文)

① 이순신　　　　② 권율
③ 김좌진　　　　④ 안중근

06 ☐☐☐
다음 가사를 읊은 지은이의 심정을 가장 잘 드러낸 것은?

> 쇼양강(昭陽江) 느린 믈이 어드러로 든단 말고
> 고신거국(孤臣去國)에 백발(白髮)도 하도할샤
> 동쥐(東州) 밤 계오 새와 븍관뎡(北寬亭)의 올나ᄒᆞ니
> 삼각산(三角山) 뎨일봉(第一峯)이 ᄒᆞ마면 뵈리로다

① 한양을 떠나는 슬픔
② 임금을 향한 충정
③ 여행길의 고달픔
④ 자연경관에 대한 감탄

07 ☐☐☐
다음 설명에 해당하는 작품으로 옳은 것은?

> 　작가가 자연 속에 살면서 느낀 흥취를 밝고 맑은 분위기로 형상화한 가사이다. 양반 지식인이 자연 속에서 물아일체의 정감과 흥취를 어떠한 모습으로 표출했는가 하는 점을 잘 보여주고 있다. 우리 조상들이 자연을 어떻게 인식하였으며, 자연이 주는 즐거움과 흥취를 어떠한 문학 형식으로 표현하였는지를 잘 보여주는 작품이다. 이를 통해 우리는 한국 문학의 자연친화적 전통이 어떻게 형성되었는지를 이해할 수 있다.

① 상춘곡　　　　② 사미인곡
③ 관동별곡　　　　④ 도산십이곡

08 ☐☐☐
다음 글의 ㉠~㉣ 중 내포하는 의미가 다른 것은?

> 나는 시방 위험(危險)한 짐승이다.
> 나의 손이 닿으면 너는
> ㉠ 미지(未知)의 까마득한 어둠이 된다.
>
> 존재(存在)의 흔들리는 가지 끝에서
> 너는 ㉡ 이름도 없이 피었다 진다.
> 눈시울에 젖어드는 이 무명(無名)의 어둠에
> 추억(追憶)의 한 접시 불을 밝히고
> 나는 한밤 내 운다.
>
> 나의 울음은 차츰 ㉢ 아닌 밤 돌개바람이 되어
> 탑(塔)을 흔들다가
> 돌에까지 스미면 금(金)이 될 것이다.
>
> …… ㉣ 얼굴을 가리운 나의 신부(新婦)여,
>
> — 김춘수, 「꽃을 위한 서시」

① ㉠　　　　② ㉡
③ ㉢　　　　④ ㉣

09 ☐₁☐₂☐₃

다음 중 밑줄 친 외래어 표기가 옳은 것은?

① 할머니는 매일 트롯(trot)만 듣고 계신다.

② 사실 컨퍼런스(conference)의 진수는 토론과 질의응답에 참여하는 것이다.

③ 기름기가 도는 노란 액체가 흰 글래스(glass)에 차오를 때의 투명한 소리를 상기했다.

④ 이로써 기업 고객에게 보다 최적화된 설루션(solution)을 제공할 수 있게 되었다.

10 ☐₁☐₂☐₃

속담에 대한 설명이 적절하지 않은 것은?

① 가난한 집 족보 자랑하기다
  – 실속은 없으면서 허세만 부린다.

② 사또 덕분에 나팔 분다
  – 남의 덕으로 분에 넘치는 행세를 한다.

③ 아쉬운 감 장수 유월부터 한다
  – 돈이 아쉬워서 물건답지 못한 것을 미리 내다 판다.

④ 하늘 보고 손가락질한다
  – 강한 상대에게도 용기 있게 달려든다.

11 ☐₁☐₂☐₃

띄어쓰기 규정에 맞지 않는 것은?

① 그는∨재산이∨많을뿐더러∨재능도∨남에게∨뒤질∨것∨없는∨사람이다.

② 나는∨매일∨저녁∨반신욕을∨해서∨불면증을∨완화하는데∨효과를∨보았다.

③ 지난여름에∨휩쓸고∨지나간∨전염병으로∨이∨지역의∨축산∨농가가∨큰∨타격을∨입었다.

④ 아버지는∨우리들에게∨유산은커녕∨빚만∨잔뜩∨남기고∨떠나셨다.

12 ☐₁☐₂☐₃

다음 중 밑줄 친 단어가 의미에 맞게 사용되지 않은 것은?

① 또다시 생각이 빗먹거나 하면, 난들 이때까지 애쓴 보람이 무어겠소.

② 어른에게 함부로 그런 상없는 소리를 하지 마라.

③ 그는 술자리에서 상관을 치살리며 환심을 사려 했다.

④ 그 문제를 데알고 덤비다가 망신만 당했다.

13 ☐₁☐₂☐₃

다음 글의 제목으로 가장 적절한 것은?

> 박목월 시인이 1959년에 쓴 작품이다. 그때 한국의 1인당 국민소득은 81달러였고 한국사회는 전반적으로 가난했다. 시인은 협소한 방에서 밤이 깊도록 글을 쓴다. 원고료를 벌기 위해 의무적으로 쓰는 글이다. 용변을 보려고 복도를 지나는데 단칸방에 옹기종기 모여 잠을 자고 있는 식구들이 보인다. 그들의 잠은 깊고 평화롭지만 어딘지 서글퍼 보인다. 난방이 제대로 안 된 방에서 잠자는 어린것들의 발이 "포름쪽쪽"하게 얼어 있다. 이 말에 아버지의 연민이 담겨 있다. 자신도 "눈과 얼음의 길을 걸어" 여기까지 왔다고 말한다. 가족들을 위해 생활에 몸을 굽히고 굴욕을 감내하는, 그러면서도 미소를 지을 수밖에 없는 아버지의 모습을 솔직하게 표현했다. 그러면서도 자신의 감정을 과장되게 드러내지 않았다. 자연이 시의 주제가 되는 것은 흔한 일이지만 가난이 시의 주제가 되는 것은 드문 일이다. 박목월은 가난을 인간적 훈기로 감싸 안으면서 연민의 어조를 통해 시인의 격조가 어떠해야 하는지를 보여주었다.

① 시인의 진심과 격조

② 자연의 시와 가난의 시

③ 가난이 주는 굴욕감

④ 연민과 평화의 정신

14 ①②③

다음 글의 ㉠~㉣에 대한 한자 표기가 옳지 않은 것은?

> 일제 강점기 저항문학 작품의 수가 적고 저항의 ㉠ 강도가 그리 높지 않은 것은 일제의 사상 ㉡ 통제에 원인이 있다. 그래서 우리는 작품의 ㉢ 행간에 감추어져 있는 작가의 의식을 끌어내서 작가가 하고 싶었으나 제대로 표현하지 못한 내용의 ㉣ 단서를 찾아내는 작업을 해야 한다. 검열의 틈을 뚫고 자신의 진실을 드러내고자 애쓴 일제 강점기 문학인들의 고민과 고충을 이해하고 작품 속에 내재된 의미를 찾아서 정당하게 해석해야 할 의무가 우리에게 있다.

① ㉠ 강도 – 強道　　② ㉡ 통제 – 統制

③ ㉢ 행간 – 行間　　④ ㉣ 단서 – 端緖

15 ①②③

다음 시의 밑줄 친 말과 가장 근접한 시어로 적절한 것은?

> 폭포는 곧은 절벽을 무서운 기색도 없이 떨어진다
>
> 규정할 수 없는 물결이
> 무엇을 향하여 떨어진다는 의미도 없이
> 계절과 주야를 가리지 않고
> 고매한 정신처럼 쉴 사이 없이 떨어진다
>
> 금잔화도 인가도 보이지 않는 밤이 되면
> 폭포는 곧은 소리를 내며 떨어진다
>
> 곧은 소리는 소리이다
> 곧은 소리는 곧은
> 소리를 부른다
>
> 번개와 같이 떨어지는 물방울은
> 취할 순간조차 마음에 주지 않고
> 나타(懶惰)와 안정을 뒤집어 놓은 듯이
> 높이도 폭도 없이
> 떨어진다
>
> — 김수영, 「폭포」

① 고매한 정신　　② 쉴 사이

③ 곧은 소리　　④ 물방울

16 ①②③

고사성어의 쓰임이 적절하지 않은 것은?

① 그는 전후 상황을 不問曲直하고 나를 보자마자 대뜸 멱살을 잡았다.

② 임꺽정이 이야기를 나도 많이 듣긴 들었네만 道聽塗說을 준신할 수 있나?

③ 날이 갈수록 예의를 모르는 후배들이 점점 많아져 後生可畏라는 말을 실감하게 된다.

④ 덕으로써 사람을 따르게 하지 않고 힘으로써 사람을 따르게 하면 자연히 面從腹背하는 자가 생기기 마련이다.

17 ①②③

단어의 발음이 잘못 표기된 것은?

① 태권도 – [태꿘도]　　② 홑이불 – [혼니불]

③ 홑옷 – [호돈]　　④ 공권력 – [공꿜력]

18 ①②③

지명을 로마자로 표기한 것이 옳은 것은?

① 가평군 – Gapyeong-goon

② 갈매봉 – Galmaibong

③ 마천령 – Macheollyeong

④ 백령도 – Baeknyeongdo

19 ①②③

밑줄 친 한자어를 쉬운 표현으로 바꾼 것으로 적절하지 않은 것은?

① 목록에 게기된 서류를 붙인다.
→ 목록에 기재된 서류를 붙인다.

② 변경 사항을 주말하였다.
→ 변경 사항을 붉은 선으로 표시했다.

③ 일반 회계와 구분하여 계리하였다.
→ 일반 회계와 구분하여 회계처리하였다.

④ 재산 관리인을 개임하는 처분을 하다.
→ 재산 관리인을 교체 임명하는 처분을 하다.

20 123

다음 글에 대한 설명으로 옳지 않은 것은?

정월의 냇물은 아! 얼었다 녹았다 정다운데
누리 가운데 나고는 이 몸은 홀로 지내누나.
아으 동동다리

이월 보름에 아! 높이 켠 등불 같아라.
만인 비치실 모습이로다.
아으 동동다리

삼월 나면서 핀 아! 늦봄 진달래꽃이여
남이 부러워할 자태를 지니고 나셨도다.
아으 동동다리

사월 아니 잊고 아! 오셨네, 꾀꼬리여.
무슨 일로 녹사(錄事)님은 옛 나를 잊고 계신가.
아으 동동다리

오월 오일에 아! 수릿날 아침 약은
천 년을 길이 사실 약이라고 받치옵니다.
아으 동동다리

유월 보름에 아! 벼랑 가에 버린 빗 같아라.
돌보실 님을 잠시라도 쫓아가겠습니다.
아으 동동다리

① 궁중에서 연주된 가사로 국가의 번영을 찬양하는 내용
 이다.
② 월령체(月令體) 형식으로 각 달의 소재에 따라 다른 내용
 을 노래했다.
③ '동동(動動)'이라는 제목은 "아으 동동다리"라는 후렴구에
 서 따온 것이다.
④ 고려시대 구전되던 것을 조선시대에 한글로 기록했다.

21 123

다음 소설의 내용으로 볼 때 제목의 뜻을 가장 잘 설명한 것은?

그 후 그들은 자주 우리집에 드나들었다. 그 중엔 보위부
군관도 있었는데 오빠에 대해 뭔가 눈치 채고 있는 것 같았
다. 우리들하고 천연덕스럽게 고향 얘기나 처자식 얘기를
하다가도 갑자기 오빠를 노려보면서 딴사람같이 카랑카랑
한 목소리로 동무 혹시 인민군대에서 도주하지 않았소? 한
다든가 동무, 혹시 국방군에서 낙오한 게 아니오? 하면 간
이 콩알만큼 오그라들었다. (중략) 마침내 보위군관이 작별
하러 왔다. 그의 작별 방법은 특이했다.
"내가 동무들같이 간사한 무리들한테 끝까지 속을 것 같
소. 지금이라도 바른 대로 대시오. 이래도 바른 소리를 못하
겠소?"
그가 허리에 찬 권총을 빼 오빠에게 겨누며 말했다.
"안 된다. 안 돼. 이 노옴 너도 사람이냐? 이 노옴."
어머니가 외마디 소리를 지르며 그의 팔에 매달렸다. 그
가 어머니를 휙 뿌리쳤다.
"이래도 이래도 바른 말을 안 할 테냐? 이래도."
총성이 울렸다. 다리였다. 오빠는 으, 으, 으, 으, 같은 소
리밖에 못 냈다.
또 총성이 울렸다. 같은 말과 총성이 서너 번이나 되풀이
됐다. 잔혹하게도 그 당장 목숨이 끊어지지 않게 하체만 겨
냥하고 쏴댔다. 오빠는 유혈이 낭자한 가운데 기절해 꼬꾸
라지고 어머니도 그가 뿌리쳐 나동그라진 자리에서 처절한
외마디 소리만 지르다가 까무라쳤다.
"죽기 전에 바른말 할 기회를 주기 위해 당장 죽이진 않
겠다."
그 후 군관은 다시 나타나지 않았다. 며칠 만에 세상은
또 바뀌었다. 오빠의 총상은 다 치명상이 아니었는데도 며
칠 만에 운명했다. 출혈이 심한데다 적절한 치료를 받을 수
가 없었기 때문이다.

– 박완서, 「엄마의 말뚝」

① 과거의 고통이 현재의 삶에 영향을 주고 있음을 의미한다.
② 엄마의 상처가 가슴에 깊은 뿌리를 내리고 있음을 의미
 한다.
③ 엄마의 의지가 뿌리 깊은 나무처럼 흔들리지 않음을 의미
 한다.
④ 오빠와 엄마가 같은 뿌리를 지니고 있음을 의미한다.

22 ①②③

다음 글의 (   )에 들어갈 말로 적절하지 않은 것은?

이 시인은 사람들의 관심 밖에 놓여 있는 미미한 대상을 정밀하게 관찰하고 거기에 시적 의미를 부여함으로써 (①) 풍경을 서정적 수채화로 변형시킨다. 대상을 정확히 관찰한다는 점에서는 (②)인데, 서정의 윤기를 입힌다는 점에서 그는 분명 로맨티스트이다. 대상의 배면에서 전해오는 사물의 축축한 습기라든가 무정한 듯 펼쳐진 정경에서 배어나오는 생의 슬픔 같은 것을 즐겨 그려내는데, 생의 (③)에서 떠나 있는 듯한 그 애잔한 질감이 결국은 생의 문제와 결부되어 있음을 느끼게 하는 데 그의 특색이 있다. 그의 시집은 아련한 빛의 파문 속에 명멸하는 따스하면서도 (④) 생의 영상들을 쌓아놓았다.

① 평범한　　　　　② 모럴리스트

③ 현장　　　　　　④ 서글픈

23 ①②③

다음 중 밑줄 친 단어의 표준 발음이 옳은 것을 모두 고른 것은?

㉠ <u>창고[창꼬]</u>에 처박혀 있던 고문서 더미를 발견했다.
㉡ 아무도 없이 혼자 산다고 이렇게 <u>홀대[홀때]</u>를 하면 안 되지.
㉢ 같은 약이라도 환자의 상태에 따라 치료 <u>효과[효:꽈]</u>가 다를 수 있다.
㉣ 책꽂이에는 <u>교과서[교:꽈서]</u> 외에도 소설책과 시집이 빽빽이 꽂혀 있었다.

① ㉠, ㉡　　　　　② ㉢, ㉣
③ ㉠, ㉢, ㉣　　　④ ㉡, ㉢, ㉣

24 ①②③

다음 글을 논리적 순서에 맞게 나열한 것은?

(가) 그 위계를 정하는 데 나이는 매우 결정적인 요인이 된다.
(나) 그래서 우리는 사람들을 만나면 상대와 나의 위계를 자기도 모르게 측정하게 된다.
(다) 그 위계를 따져서 말을 하지 않으면 상대를 기분 나쁘게 할 수도 있고 상대를 불편하게 만들 수도 있다.
(라) 한국어에서 높임법을 결정하는 요인에는 앞서 언급한 나이 외에도 직업, 지위, 친밀감, 공식성 등이 있다.
(마) 한국어로 말을 하려면 늘 상대와 나와의 위계부터 따져야 한다.

① (라) – (마) – (가) – (다) – (나)
② (라) – (다) – (가) – (마) – (나)
③ (마) – (다) – (나) – (가) – (라)
④ (마) – (나) – (다) – (가) – (라)

25 ①②③

밑줄 친 부분의 맞춤법이 옳은 것은?

① 두 가지 <u>의론</u>이 맞서서 결론이 나지 않는다.
② 꽁꽁 묶인 손이 <u>퍼래지더니</u> 퉁퉁 부어올랐다.
③ 밥을 먹었다. <u>그리고는</u> 물을 마셨다.
④ 그는 젊은 나이임에도 불구하고 이마와 눈가에 <u>잘다랗게</u> 주름이 잡혔다.

2020 | **9급** 기출문제

☑ 시험시간 25분　☑ 해설편 016쪽

01 ①②③

홑문장에 해당하는 것은?

① 어제 빨간 모자를 샀다.

② 봄이 오니 꽃이 피었다.

③ 남긴 만큼 버려지고, 버린 만큼 오염된다.

④ 우리 집 앞마당에 드디어 장미꽃이 피었다.

02 ①②③

다음 중 가장 적절한 문장은?

① 인생을 살다 보면 남을 도와주기도 하고 도움을 받기도 한다.

② 형은 조문객들과 잠시 환담을 나눈 후 다시 상주 자리로 돌아왔다.

③ 가벼운 물건이라도 높은 위치에서 던지면 인명 사고나 차량 파손을 일으킬 수 있다.

④ 중인이 보는 앞에서 병기에게 친히 불리어서 가까이 가는 것만 해도 여간한 우대였다.

03 ①②③

국어 순화가 옳지 않은 것은?

① 핸드레일(handrail) → 안전손잡이

② 스크린 도어(screen door) → 차단문

③ 프로필(profile) → 인물 소개, 약력

④ 팝업창(pop-up 窓) → 알림창

04 ①②③

밑줄 친 부분의 비유 방식이 다른 것은?

> 비유(比喩/譬喩):「명사」 어떤 현상이나 사물을 직접 설명하지 아니하고 다른 비슷한 현상이나 사물에 빗대어서 설명하는 일

① 요즘은 회사의 경영진에 합류하는 <u>블루칼라가 많아지고 있다.</u>

② 암 진단 결과를 받아들자, <u>그의 마음은 산산조각이 났다.</u>

③ 내부의 <u>유리 천장은 없으며</u> 여성들의 상위적 진출이 확대될 것이라고 전망했다.

④ 사업이 실패한 후 <u>그는 사회의 가장 밑바닥으로 떨어졌다.</u>

05 ①②③

다음 글을 요약한 것으로 가장 적절한 것은?

> 요즘 들어 사람들은 건강에 대한 많은 관심을 보이고 있다. 특히 운동을 통한 건강 유지에 대한 관심이 각별하다고 할 수 있다. 부지런히 뛰고 땀을 흠뻑 흘린 뒤에 느끼는 개운함을 좋아한다. 그렇지만 무조건 신체를 움직인다고 해서 다 운동이 되는 것은 아니다. 무리하게 움직이면 오히려 역효과를 가져온다. 그러므로 운동의 강도를 결정할 때는 자신의 신체 조건을 우선적으로 고려해야 한다. 자신의 체력에 비추어 신체 기능을 충분히 자극할 수는 있어야 하지만 부담이 지나치지 않게 해야 한다. 운동의 시간과 빈도는 개인의 생활양식에 의해 많은 영향을 받게 되지만, 일반적으로는 일주일에 한 번씩 오랜 운동 시간을 하는 것보다는 운동 시간이 짧더라도 빈도를 높여서 규칙적으로 움직이는 것이 운동의 효과를 높이는 데 효과적이다. 가장 바람직한 것은 매일 일정량의 운동을 실천하여 운동을 하나의 생활 습관으로 정착시키는 것이다.

① 운동의 효과는 운동의 빈도를 높일수록 좋다고 할 수 있으므로 가급적 쉬지 말고 부지런히 운동을 하는 것이 좋다.

② 운동의 효과를 높이기 위해서는 무리한 운동보다는 신체에 적절한 자극이 가해지는 운동을 생활 습관으로 정착시켜야 한다.

③ 신체를 무조건 움직인다고 해서 운동이 되는 것이 아니므로 자신의 신체 조건을 우선적으로 고려하여 운동의 강도를 결정한다.

④ 매일 일정량의 운동을 통해 운동을 생활습관으로 정착시키기 위해서는 운동의 긍정적인 측면과 부정적인 측면을 모두 고려해야 한다.

06 ①②③
국어 로마자 표기법 규정에 어긋난 것은?

① 종로 2가 Jongno 2(i)-ga

② 신라 Silla

③ 속리산 Songnisan

④ 금강 Keumgang

07 ①②③
사동사와 피동사를 만드는 형태와 방식이 다른 것은?

- 사동사(使動詞): 『언어』 문장의 주체가 자기 스스로 행하지 않고 남에게 그 행동이나 동작을 하게 함을 나타내는 동사
- 피동사(被動詞): 『언어』 남의 행동을 입어서 행하여지는 동작을 나타내는 동사

① 보다   ② 잡다

③ 밀다   ④ 안다

08 ①②③
㉠의 처지와 관련된 속담으로 가장 적절한 것은?

"쥔 어른 계서유"

몸을 돌리어 바느질거리를 다시 들려 할 제 이번에는 짜장 인끼가 난다. 황급하게 "누구유?" 하고 일어서며 문을 열어보았다.

"왜 그리유?"

"저어, 하룻밤만 드새고 가게 해주세유."

남정네도 아닌데 이 밤중에 웬일인가, 맨발에 짚신 짝으로. 그야 아무렇든,

"어서 들어와 불 쬐게유."

㉠ 나그네는 주춤주춤 방 안으로 들어와서 화로 곁에 도사려 앉는다. 낡은 치맛자락 위로 비어지려는 속살을 아무리자 허리를 지그시 튼다. 그리고는 묵묵하다. 주인은 물끄러미 보고 있다가 밥을 좀 주려느냐고 물어보아도 잠자코 있다.

그러나 먹던 대궁을 주워모아 짠지쪽하고 갖다주니 감지덕지 받는다. 그리고 물 한 모금 마심 없이 잠깐 동안에 밥그릇의 밑바닥을 긁는다.

밥숟가락을 놓기가 무섭게 주인은 이야기를 붙이기 시작하였다. 미주알고주알 물어보니 이야기는 지수가 없다. 자기로도 너무 지쳐 물은 듯싶은 만치 대구 추근거렸다. 나그네는 싫단 기색도 좋단 기색도 별로 없이 시나브로 대꾸하였다. 남편 없고 몸 붙일 곳 없다는 것을 간단히 말하고 난 뒤, "이리저리 얻어먹고 단게유" 하고 턱을 가슴에 묻는다.

① 패랭이에 숟가락 꽂고 산다

② 태산 명동에 서일필이라

③ 터진 방앗공이에 보리알 끼듯 하였다

④ 보리누름까지 세배한다

09 ①②③
밑줄 친 단어의 품사가 다른 것은?

① 집에 들어가 보니 동생이 혼자 밥을 먹고 있었다.

② 정녕 가시겠다면 고이 보내 드리리다.

③ 나는 과일 중에 사과를 제일 좋아한다.

④ 둘째 며느리 삼아 보아야 맏며느리 착한 줄 안다.

10 ①②③
밑줄 친 부분의 한자어로 적절하지 않은 것은?

> 코로나가 갖고 온 변화는 ⊙ 침체된 것처럼 보이는 삶─
> ⓛ 위축된 경제와 단절된 관계와 불투명한 미래까지─에서
> 부터 일상의 작은 규칙들, 마스크를 쓰고 손을 씻고 사회적
> 거리두기를 하는 것 등 삶의 전반에 크고 작은 영향을 끼쳤
> 다. 그것이 우리 눈앞에 펼쳐진 코로나 이후의 맞닥뜨린 냉
> 혹한 현실이지만 반대급부도 분명 존재한다. 가만히 들여다
> 보면 차가운 현실의 이면에는 분명 또 다른 내용의 속지가
> 숨겨져 있다. 코로나로 인해 '국가의 감염병 예방 시스템이
> 새롭게 정비되고 ⓒ 방역 의료체계가 발전하고 환경오염이
> 줄고'와 같은 거창한 것은 ⓔ 차치하고라도 당장, 홀로 있음
> 의 경험을 통해서 내 자신의 마음 들여다보기가 가능해졌다.

① ⊙ 沈滯 　　　　② ⓛ 萎縮
③ ⓒ 紡疫 　　　　④ ⓔ 且置

11 ①②③
띄어쓰기가 옳지 않은 것은?

① 그녀는 사업차 외국에 나갔다.
② 들고 갈 수 있을 만큼만 담아라.
③ 그는 세 번만에 시험에 합격했다.
④ 쌀, 보리, 콩, 조, 기장 들을 오곡(五穀)이라 한다.

12 ①②③
언어 예절에 가장 알맞게 발화한 것은?

① (아침에 출근해서 직급이 같은 동료에게) 좋은 아침!
② (집에서 손님을 보낼 때 손위 사람에게) 살펴 가십시오.
③ (윗사람의 생일을 축하하며) 건강하십시오.
④ (관공서에서 손님이 들어올 때) 무엇을 도와 드릴까요?

[13~14] 다음 글을 읽고 물음에 답하시오.

> 계해년(癸亥年) 겨울에 우리 전하께서 정음 28자를 처음
> 으로 만들어 예의(例義)를 간략하게 들어 보이고 이름을 훈
> 민정음(訓民正音)이라 하였다. (①) 천지인(天地人) 삼극
> (三極)의 뜻과 음양(陰陽)의 이기(二氣)의 정묘함을 포괄(包
> 括)하지 않은 것이 없다. 28자로써 전환이 무궁하고 간요
> (簡要)하며 모든 음에 정통하였다. (⊙) 슬기로운 사람은
> 하루아침을 마치기도 전에 깨우치고, 어리석은 이라도 열흘
> 이면 배울 수 있다. (②) 이 글자로써 글을 풀면 그 뜻을 알
> 수 있고, 이 글자로써 송사를 심리하더라도 그 실정을 알 수
> 있게 되었다. (③) 한자음은 청탁을 능히 구별할 수 있고
> 악기는 율려에 잘 맞는다. 쓰는 데 갖추어지지 않은 바가 없
> 고, 가서 통달되지 않는 바가 없다. 바람 소리, 학의 울음,
> 닭의 홰치며 우는 소리, 개 짖는 소리일지라도 모두 이 글자
> 를 가지고 적을 수가 있다. (④)
> ─ 「훈민정음 해례(解例)」 정인지(鄭麟趾) 서문(序文) 중에서

13 ①②③
다음 (가)의 위치로 가장 적절한 것은?

> (가) 상형을 기본으로 하고 글자는 고전(古篆)을 본떴고 사
> 성을 기초로 하고 음(音)이 칠조(七調)를 갖추었다.

①　　　　　②　　　　　③　　　　　④

14 ①②③
(⊙)에 들어갈 접속 부사로 가장 적절한 것은?

① 그리고
② 그런데
③ 그러므로
④ 왜냐하면

15 ①②③

우리말 어법에 맞고 가장 자연스러운 문장은?

① 그의 하루 일과를 일어나자마자 아침 신문을 읽는 데서 시작한다.
② 저녁노을이 지는 들판에서 농부 내외가 조용히 기도하는 모습이 멀리 보였다.
③ 졸업한 형도 못 푸는 문제인데, 하물며 네가 풀겠다고 덤볐다.
④ 제가 여러분에게 당부하고 싶은 것은 주변 환경을 탓하지 마시기 바랍니다.

16 ①②③

밑줄 친 '성김'과 '빽빽함'의 의미 관계와 같지 않은 것은?

> 구도의 필요에 따라 좌우와 상하의 거리 조정, 허와 실의 보완, 성김과 빽빽함의 변화 표현 등이 자유로워졌다.

① 곱다 : 거칠다
② 무르다 : 야무지다
③ 넉넉하다 : 푼푼하다
④ 느슨하다 : 팽팽하다

17 ①②③

한글 맞춤법에 옳게 쓰인 것을 모두 고른 것은?

> 나는 먼저 미역을 물에 ㉠ 담궈 두고 밥을 ㉡ 안쳤다. 불린 미역을 냄비에 넣고 불을 ㉢ 붙였다. 미역국이 끓는 동안 생선도 ㉣ 졸였다. 마지막으로 두부에 달걀옷을 입혀 ㉤ 부쳤다. 상을 차려놓고 어머니가 오시기를 기다렸다. ㉥ 하느라고 했는데 생일상치고 영 볼품이 없는 것 같다.

① ㉠, ㉡, ㉣
② ㉢, ㉤, ㉥
③ ㉡, ㉣, ㉤
④ ㉡, ㉢, ㉤

18 ①②③

다음 내용과 관계있는 한자 성어로 가장 거리가 먼 것은?

> 선비는 단순한 지식 습득에 목적을 두지 않고 아는 것을 실천하는 것에 중점을 두고 있다. 또한 선비는 개인의 이익보다 사회 정의를 생각하며 행동하고 살아간다. 자신의 인격을 완성하고 그것을 통해 모든 사람에게 평안한 삶을 살게 하는 것이 그들의 궁극적 목적이다. 선비가 갖추어야 할 덕목은 많지만 상호 연결되어 있다. 자신을 낮추는 자세, 타인을 존중하는 마음, 검소하고 청렴결백한 삶 등이 하나로 연결되어 있는 것이다.

① 見利思義
② 勞謙君子
③ 修己安人
④ 梁上君子

19 ①②③

다음 밑줄 친 '-의' 중에서 '기쁨의 열매'와 쓰임이 같은 것은?

① 조선의 독립국임
② 천(天)의 명명(明命)
③ 인도(人道)의 간과(干戈)
④ 대의(大義)의 극명(克明)

20 ①②③

다음 글에서 밑줄 친 ㉠과 바꿔 쓰기에 가장 적절한 것은?

> 킬트의 독특한 체크무늬가 각 씨족의 상징으로 자리 잡은 것은, 1822년에 영국 왕이 방문했을 때 성대한 환영 행사를 마련하면서 각 씨족장들에게 다른 무늬의 킬트를 입도록 종용하면서부터이다. 이때 채택된 독특한 체크무늬가 각 씨족을 대표하는 의상으로 ㉠ 자리를 잡게 되었다.

① 정돈(整頓)되었다.
② 정제(精製)되었다.
③ 정리(整理)되었다.
④ 정착(定着)되었다.

21 ①②③
다음 글의 내용과 가장 부합하는 것은?

> 심리학자 융은 인간에게는 '페르소나(persona)'와 '그림자(shadow)'의 측면이 있다고 한다. 페르소나란 한 개인이 사회에서 요구하는 역할에 적응하면서 얻어진 자아의 한 측면을 의미한다. 그런데 오로지 페르소나만 추구하려 한다면 그림자가 위축되어 결국 자기 자신으로부터 소외를 당해 무기력하고 생기가 없어지게 된다. 한편 그림자는 인간의 원시적인 본능 성향을 의미한다. 이것은 사회에서 부도덕하다고 생각하는 충동적인 면이 있지만, 자발성, 창의성, 통찰력, 깊은 정서 등 긍정적인 면이 있어 지나치게 억압해서는 안 된다.

① 페르소나는 현실적인 속성, 그림자는 근원적인 속성을 갖고 있다.
② 페르소나를 멀리 하게 되면, 자아는 무기력하게 된다.
③ 그림자는 도덕성을 추구할 때, 자발성과 창의성이 더욱 커진다.
④ 그림자를 억압하게 되면 페르소나를 더욱 추구하게 된다.

22 ①②③
낱말의 발음이 옳지 않은 것은?

① 맑고 → [말꼬]
② 끊기다 → [끈기다]
③ 맏형 → [마텽]
④ 밟고 → [밥ː꼬]

23 ①②③
단어의 구조가 다른 것은?

① 도시락   ② 선생님
③ 날고기   ④ 밤나무

24 ①②③
다음 글의 내용과 가장 거리가 먼 것은?

> 항생제는 세균에 대한 항균 효과가 있는 물질을 말한다. '프로폴리스'같이 자연적으로 존재하는 항생제를 자연 요법제라고 하고, '설파제'같이 화학적으로 합성된 항생제를 화학 요법제라고 한다. 현재 사용되고 있는 많은 항생제들은 곰팡이가 생성한 물질을 화학적으로 보다 효과가 좋게 합성한 것들이어서 넓은 의미에서는 이들도 화학 요법제라고 할 수 있을 것이다.
> '페니실린', '세파로스포린' 같은 것은 우리 몸의 세포에는 없는 세균의 세포벽에 작용하여 세균을 죽이는 것이다. 그 밖의 항생제들은 '테트라사이크린', '클로로마이신' 등과 같이 세균세포의 단백합성에 장애를 만들어 항균 효과를 나타내거나, '퀴노론', '리팜핀' 등과 같이 세균세포의 핵산합성을 저해하거나, '포리믹신' 등과 같이 세균세포막의 투과성에 장애를 일으켜 항균 효과를 나타낸다.

① 항생제의 정의
② 항생제의 내성 정도
③ 항균 작용의 기제
④ 항생제의 분류 방법

25 ①②③
주장하는 말이 범하는 논리적 오류 유형이 다른 하나는?

① 식량을 주면, 옷을 달라고 할 것이고, 그 다음 집을 달라고 할 것이고, 결국 평생직장을 보장하라고 할 것이 틀림없어. 식량 배급은 당장 그만두어야 해.
② 네가 술 한 잔을 마시면, 다시 마시게 되고, 결국 알코올 중독자가 될 거야. 애초부터 술 마실 생각은 하지 마라.
③ 아이들에게 부드럽게 말하면, 아이들은 부모를 무서워하지 않게 되고, 그 부모는 아이들을 망치게 될 겁니다. 아이들에게 엄하게 말하는 것을 두려워하지 마세요.
④ 식이요법을 시작하면 영양 부족에 빠지고, 어설픈 식이요법이 알코올 중독에 이르게 한다는 것을 암시해. 식이요법을 시작하지 못 하게 막아야 해.

2020 | 7급 기출문제

모바일
OMR
답안분석
서비스

☑ 시험시간 25분 ☑ 해설편 023쪽

01 ①②③
좋은 글을 선택하는 기준으로 가장 적절하지 않은 것은?

① 독자
② 맥락
③ 필자
④ 글의 내용

02 ①②③
다음 글의 ㉠~㉣ 중 문맥상 적절하지 않은 말은?

> 공주·부여와 익산 일대의 백제역사유적지구가 세계유산으로 등재되면서 이를 체계적으로 ㉠ 보존 활용하기 위해서는 국비 지원이 절실하다는 여론이 탄력을 얻고 있다.
> 충청남도가 백제역사유적지구의 세계유산 등재 1개월을 맞아 공주·부여 유적지를 ㉡ 탐사한 관람객을 조사해 보니 지난해 같은 기간보다 2배 가까이 급증한 것으로 나타났다. 백제 역사 문화의 우수성이 전 세계에 확인된 것을 계기로 관람객들이 증가하면서, 백제역사유적지구가 세계적인 관광 명소로 거듭나기 위한 보존 관리의 필요성이 요구되고 있는 것이다.
> 이와 함께 유네스코 세계유산위원회 자문 기구인 이코모스가 충청남도에 대해 백제역사유적지구의 체계적인 관리 방안을 권고한 것도 주목할 일이다. 이코모스는 지구의 ㉢ 개별 관광 관리 계획 및 유산별 방문객 관리 계획 수립·시행, 등재 유적 보호를 위한 지구 내 사유 토지 공공관리, 송산리·능산리 고분벽화 모니터링 주기를 5년에서 3년으로 단축할 것 등을 권고했다.

> 중앙 정부와 국회는 충청남도가 백제역사유적지구 보존·관리를 위한 국비 확보에 총력을 ㉣ 경주하는 것을 지역이기주의적인 시각으로 보아서는 안 된다. 백제역사유적지구가 세계유산으로 등재된 것은 비단 특정 지역만이 아닌 국가적인 쾌거다. 이를 잘 보존·관리하며 세계적인 관광지로 가꾸는 일은 국가 차원의 목표가 되어야 한다.

① ㉠, ㉡
② ㉡, ㉢
③ ㉡, ㉣
④ ㉢, ㉣

03 ①②③
속담의 뜻을 잘못 풀이한 것은?

① 남의 말이라면 쌍지팡이 짚고 나선다 → 남의 허물에 대해서 시비하기를 좋아한다.
② 말 안 하면 귀신도 모른다 → 마음속으로만 애태울 것이 아니라 시원스럽게 말을 하여야 한다.
③ 말 같지 않은 말은 귀가 없다 → 이치에 맞지 않은 말은 널리 퍼진다.
④ 남의 말도 석 달 → 소문은 시일이 지나면 흐지부지 없어지고 만다.

04 ①②③

다음 글에서 ㉠, ㉡에 알맞은 단어를 순서대로 나열한 것은?

인도의 오랜 고전 『우파니샤드』에는 이런 말이 전해지고 있다.

말이 없다면 옳은 것도 틀린 것도 알 수 없으며 참과 거짓, 유쾌한 것과 불쾌한 것을 알 수 없다. 말은 이 모든 것을 우리에게 알려준다. 말에 대해 (㉠)하라.

진실로 언어가 없다면 세계가 없고 따라서 인생이 없는 것이다. 언어에 대한 이렇듯 오래고도 깊은 사념은 인간의 문화에 대한 모든 비평 속에서 계속하여 심각하게 다루어져 왔다. 인류 문화와 사고의 역사는 결국 언어에 대한 문제를 싸고돌면서 전개된 것에 불과하다. 언어의 내면적인 (㉡)이 깊이를 더할 때 많은 학구적 업적이 시대를 따라 변천하여 왔던 것이다.

① ㉠: 默想, ㉡: 考察
② ㉠: 墨床, ㉡: 古刹
③ ㉠: 默想, ㉡: 古刹
④ ㉠: 墨床, ㉡: 考察

05 ①②③

다음 중 '잇몸소리'이면서 '파열음'인 것은?

① ㄴ   ② ㄷ
③ ㅅ   ④ ㅈ

[06~08] 다음 글을 읽고 물음에 답하시오.

내 마음은 한 폭의 기(旗)
㉠ 보는 이 없는 시공(時空)에
없는 것 모양 걸려 왔더니라.

스스로의
㉡ 혼란과 열기를 이기지 못해
눈 오는 네거리에 나서면

눈길 위에
㉢ 연기처럼 덮여 오는 편안한 그늘이여.
마음의 기(旗)는
눈의 음악이나 듣고 있는가.

나에게 원이 있다면
뉘우침 없는 일몰(日沒)이
고요히 꽃잎인 양 쌓여가는
그 일이란다.

㉣ 황제의 항서(降書)와도 같은 무거운 비애(悲哀)가
맑게 가라앉은
하얀 모랫벌 같은 마음씨의
벗은 없을까.

내 마음은
한 폭의 기(旗)

㉤ 보는 이 없는 시공(時空)에서
때로 울고
때로 기도드린다.

06 ①②③

위의 시에서 '기(旗)'가 표상하는 바와 가장 거리가 먼 것은?

① 순수한 삶
② 절제된 사랑
③ 기도하는 마음
④ 시적 자아의 희원

07 ☐1☐2☐3
⊙에 나타난 시적 자아의 자세로 가장 적절한 것은?

① 자성　　　　　　② 자책
③ 체념　　　　　　④ 회한

08 ☐1☐2☐3
ⓛ~ⓜ 중 시적 자아의 흔들리는 내면을 표출한 것은?

① ⓛ　　　　　　② ⓒ
③ ⓔ　　　　　　④ ⓜ

09 ☐1☐2☐3
다음 글에서 ⊙, ⓛ에 들어갈 알맞은 말은?

> 일의 시간은 오늘날 시간 전체를 잠식해 버렸다. 우리는 휴가 때뿐만 아니라 잠잘 때에도 일의 시간을 데리고 간다. 지쳐 버린 성과 주체는 마비되는 것처럼 그렇게 잠이 든다. 긴장의 이완 역시 노동력의 재충전에 기여한다는 점에서 일의 한 양태에 지나지 않는다. 이른바 [⊙]도, 다른 시간을 만들어내지도 못한다. 그것 역시 가속화된 일의 시간이 낳은 결과일 뿐이다. 일반적으로 받아들여지고 있는 견해와는 달리, [ⓛ]는 오늘날 당면한 시간의 위기, 시간의 질병을 극복할 수 없다. 오늘날 필요한 것은 다른 시간, 일의 시간이 아닌 새로운 시간을 생성하는 시간 혁명이다.

① ⊙: 빠르게 살기　　　ⓛ: 빠르게 살기
② ⊙: 느리게 살기　　　ⓛ: 느리게 살기
③ ⊙: 빠르게 살기　　　ⓛ: 느리게 살기
④ ⊙: 느리게 살기　　　ⓛ: 빠르게 살기

10 ☐1☐2☐3
제시된 단어들의 발음이 적절하게 연결된 것은?

| ⊙ 짧네요　　　ⓛ 맑거나　　　ⓒ 떫지 |

① ⊙: [짤레요] – ⓛ: [막꺼나] – ⓒ: [떱:찌]
② ⊙: [짤레요] – ⓛ: [말꺼나] – ⓒ: [떨:찌]
③ ⊙: [짭네요] – ⓛ: [막꺼나] – ⓒ: [떨:찌]
④ ⊙: [짭네요] – ⓛ: [말꺼나] – ⓒ: [떱:찌]

11 ☐1☐2☐3
다음은 어순 병렬의 원리에 대한 설명이다. 이와 가장 부합하지 않는 어순을 보이는 것은?

> 국어에는 언어 표현이 병렬될 때 일정한 규칙이 반영된다. 시간 용어가 병렬될 때 일반적으로는 자연시간의 순서를 따르거나 화자가 말하는 때를 기준으로 가까운 쪽이 앞서고 멀어질수록 뒤로 간다. 공간 관련 용어들은 일반적으로 위쪽이나 앞쪽 그리고 왼쪽과 관련된 용어가 앞서고 아래쪽이나 뒤쪽 그리고 오른쪽과 관련된 용어들이 나중에 온다.

① 꽃이 피고 지고 한다.
② 수입과 지출을 맞추어 보다.
③ 머리끝부터 발끝까지 달라졌다.
④ 문 닫고 들어와라.

12 ☐1☐2☐3
문장의 확장 방식이 다른 것은?

① 담배를 피우는 사람이 점점 줄어들고 있다.
② 철수가 말도 없이 가버렸다.
③ 나는 그가 귀국했다고 들었다.
④ 봄이 오면 꽃이 핀다.

13 ①②③

밑줄 친 ㉠, ㉡, ㉢을 한자로 바르게 바꾼 것은?

> 문인(文人)들이 흔히 대단할 것도 없는 신변잡사(身邊雜事)를 즐겨 쓰는 이유가 무엇인가. 인생의 편모(片貌)와 생활의 정회(情懷)를 새삼 느꼈기 때문이다. 속악(俗惡)한 시정잡사(市井雜事)도 때로는 꺼리지 않고 쓰려는 것은 무슨 까닭인가. 인생의 모순과 사회의 ㉠ 부조리를 여기서 뼈아프게 느꼈기 때문이다.
>
> 자연은 자연 그대로의 자연이 아니오, 내 프리즘으로 통하여 재생된 자연인 까닭에 새롭고, 자신은 주관적인 자신이 아니오, ㉡ 응시해서 얻은 객관적인 자신일 때 하나의 인간상으로 떠오르는 것이다. 감정은 ㉢ 여과된 감정이라야 아름답고, 사색은 발효된 사색이라야 정이 서리나니, 여기서 비로소 사소하고 잡다한 모든 것이 모두 다 글이 되는 것이다.

	㉠	㉡	㉢
①	不條理	凝視	濾過
②	不條理	鷹視	勵果
③	否條理	凝視	勵果
④	否條理	鷹視	濾過

14 ①②③

다음 중 단어의 의미 변화를 잘못 나타낸 것은?

① 겨레: [종친] → [민족]
② 놈: [평칭] → [비칭]
③ 얼굴: [안면] → [형체]
④ 끼: [시간] → [식사]

15 ①②③

다음 중 인성적 설득 전략에 해당하는 것은?

① 청자의 어떤 감정에 호소할 것인가?
② 신뢰성을 높이기 위해 어떤 태도로 말할 것인가?
③ 주장이 분명하고 근거가 이를 논리적으로 뒷받침하는가?
④ 구체적 사례, 객관적 통계 자료, 전문가의 의견 등을 어떻게 근거로 활용할 것인가?

16 ①②③

맥락을 고려할 때, ㉠~㉣에 들어갈 말로 가장 적절하게 묶인 것은?

> 영화를 보면 어떤 물체를 3차원 입체 스캐너에 집어넣고 레이저를 이용해서 쓰윽 스캔을 한 뒤 기계가 왔다 갔다 왕복운동을 하면, 무에서 유를 창조하듯 스캐닝 했던 물체와 똑같은 물체가 만들어지는 (㉠)이 나온다. 공상과학 영화에서나 나오는 이런 허구 같은 상황, 그것이 실제로 일어났다. 물체를 3차원 스캔하거나 3D 모델링 프로그램으로 설계해서 입체 모형으로 만들어내는 이 마법 같은 기계인 3D 프린터가 어느새 우리 생활 속으로 들어왔다.
>
> 3D 프린터가 가장 많이 사용되는 곳은 (㉡) 생산이다. 그간 제품을 개발할 때에는 금형을 만들어서 샘플을 찍어내거나 수작업으로 모형을 만들어냈고, 이후에 수정하거나 설계를 변경하게 되면 엄청난 시간과 비용이 소요되었다. 그러나 3D 프린터로 샘플을 만들어 문제점과 개선점을 확인한 후에 금형을 만들고 제품을 생산하면, 비용 절감은 물론 개발 기간 단축에도 큰 도움이 된다.
>
> 3D 프린터는 (㉢)으로도 유용하게 사용되고 있다. 인체에 무해한 종류의 금속이나 플라스틱 수지 또는 인공뼈 소재를 이용해서 유실된 뼈 부분을 대신하는 용도로 사용되고 있으며, 아주 복잡하고 위험한 수술 전에 실제와 거의 동일한 인체 구조물로 미리 연습을 하도록 돕기도 한다. 또한 큰 사고로 얼굴의 일부가 크게 손상되거나 유실된 환자를 위해 정교하게 제작된 일종의 부분 가면을 만드는 것도 가능하다.
>
> 아직은 3D 프린터가 일반 가정이나 우리의 실생활에 깊게 들어왔다고 보기에는 다소 이르지만 (㉣) 우리 생활에 정말로 녹아든 시대가 올 것이다. 그러나 한국의 3D 프린터 산업은 여전히 걸음마 단계이다. 정부와 대기업의 관심도 아직 미진하여 교육기관의 3D 프린터 도입은 전혀 준비되지 않았다. 더 늦기 전에 우리도 처음 큰 한 걸음을 내딛어 경쟁력을 갖춰 나가야 한다.

	㉠	㉡	㉢	㉣
①	상황	완제품	산업용	언젠가
②	상황	시제품	산업용	조만간
③	장면	완제품	의료용	언젠가
④	장면	시제품	의료용	조만간

17 1 2 3

밑줄 친 ㉠의 예에 해당하는 것은?

합성어의 유형을 통사적 합성어와 비통사적 합성어로 분류하기도 한다. 이것은 합성어의 형성 절차가 국어의 일반적인 단어 배열법을 따르고 있는지 아니면 그렇지 않은지에 따라 나눈 것이다. 통사적 합성어에는 '명사+명사'의 구성을 취하거나 '용언의 관형사형＋명사'나 ㉠'용언의 연결형＋용언 어간'의 구성을 취하는 것이 포함된다. 비통사적 합성어는 국어의 일반적인 단어 배열법과 달리 어간이 어미 없이 바로 명사나 다른 용언 어간에 연결되는 경우가 해당된다.

① 들어가다　　　　② 부슬비

③ 불고기　　　　　④ 높푸르다

18 1 2 3

주제 통합적 읽기의 절차와 방법을 순서대로 제시한 것은?

① 다양한 글과 자료의 선정 → 자신의 관점 재구성 → 선정한 글과 자료의 관점 정리 → 관심 있는 화제, 주제, 쟁점 확인 → 관점의 비교, 대조와 평가

② 관점의 비교, 대조와 평가 → 자신의 관점 재구성 → 다양한 글과 자료의 선정 → 관심 있는 화제, 주제, 쟁점 확인 → 선정한 글과 자료의 관점 정리

③ 선정한 글과 자료의 관점 정리 → 관점의 비교, 대조와 평가 → 다양한 글과 자료의 선정 → 자신의 관점 재구성 → 관심 있는 화제, 주제, 쟁점 확인

④ 관심 있는 화제, 주제, 쟁점 확인 → 다양한 글과 자료의 선정 → 선정한 글과 자료의 관점 정리 → 관점의 비교, 대조와 평가 → 자신의 관점 재구성

19 1 2 3

밑줄 친 단어 중 외래어 표기법에 어긋나는 것은?

① 나는 그 팀의 우승을 축하하는 리셉션(reception)에 참석할 거야.

② 저 타우어(tower)는 우리나라에서 가장 높은 거야.

③ 이 광고의 콘셉트(concept)는 뭐니?

④ 그는 회사에서 프레젠테이션(presentation)을 가장 잘해.

20 1 2 3

다음 글에서 두드러지게 사용된 표현 방식과 거리가 먼 것은?

남원(南原)에 양생(梁生)이란 사람이 있었다. 어린 나이에 부모를 여의고 만복사(萬福寺) 동쪽에서 혼자 살았다. 방 밖에는 배나무 한 그루가 있었는데, 바야흐로 봄을 맞아 배꽃이 흐드러지게 핀 것이 마치 옥나무에 은이 매달린 듯하였다. 양생은 달이 뜬 밤이면 배나무 아래를 서성이며 낭랑한 목소리로 이런 시를 읊조렸다.

쓸쓸히 한 그루 나무의 배꽃을 짝해
달 밝은 이 밤 그냥 보내다니 가련도 하지.
청춘에 홀로 외로이 창가에 누었는데
어디서 들려오나 고운 님 피리 소리

외로운 비취새 짝 없이 날고
짝 잃은 원앙새 맑은 강에 몸을 씻네.
내 인연 어딨을까 바둑알로 맞춰 보고
등불로 점을 치다 시름겨워 창에 기대네

– 김시습, 「만복사저포기」

① 대상에 빗대어 인물의 처지를 드러내고 있다.

② 계절의 배경과 인물의 정서가 밀접하게 관련되어 있다.

③ 인물이 처한 상황과 정조는 이별에서 비롯된 것이다.

④ 우연과 같은 운명에 기대어 살아가는 인물의 태도가 나타나 있다.

21 ①②③

다음 풀이한 말에 해당하는 표제어로 가장 적절한 것은?

> 『천문』 가스 상태의 빛나는 긴 꼬리를 끌고 태양을 초점으로 긴 타원이나 포물선에 가까운 궤도를 그리며 운행하는 천체. 핵, 코마, 꼬리 부분으로 이루어져 있다.

① 별똥별
② 떠돌이별
③ 샛별
④ 살별

22 ①②③

㉠~㉣의 한자어가 적절하지 않은 것은?

① ㉠ 亢星
② ㉡ 行星
③ ㉢ 流星
④ ㉣ 北極星

23 ①②③

윗글에 대한 설명으로 가장 적절하지 않은 것은?

① 북극성은 항성에 포함된다.
② 쇼펜하우어는 모든 책을 항성, 행성, 유성으로 비유하였다.
③ 항성 같은 책은 개인적 삶의 특수성을 풍부하게 해석해 준다.
④ 유성 같은 책은 많이 읽어야 삶의 본질을 꿰뚫어 볼 수 있다.

[22~23] 다음 글을 읽고 물음에 답하시오.

> 철학자 쇼펜하우어는 세상의 모든 책을 별에 비유하여 세 가지로 구분했다. 언제나 그 자리를 지키며 다른 별들의 중심이 되어 주는 ㉠ 항성 같은 책이 있는가 하면, 항성 주위의 궤도를 규칙적으로 도는 ㉡ 행성 같은 책이나 잠시 반짝 나타났다가 금방 사라져 버리는 ㉢ 유성 같은 책도 있다는 것이다. 항성과 행성은 언제나 밤하늘을 지키지만, 유성은 휙 소리를 내며 은하계의 어느 한 구석으로 자취를 감추어 버린다. ㉣ 북극성이 길 잃은 사람에게 방향을 제시하듯 항성과 같은 책은 삶의 영원한 길잡이가 되지만, 반짝하고 나타나는 유성은 한순간의 즐거움만 제공하고 허무하게 사라진다.
>
> 우리 주변에는 유성 같은 책들이 지천으로 굴러다니고 있지만, 항성 같은 책은 점차 자취를 감추고 있다. 좋은 책은 세상살이의 일반성에 관한 이해를 넓혀 주는 동시에 개인적 삶의 특수성까지도 풍부하게 해 준다. 그런 이해와 해석이 아예 없거나 미약한, 고만고만한 수준의 책들만 거듭 읽다 보면 잡다한 상식은 늘어날지 몰라도 이 세상과 자기 자신에 대한 깊이 있는 파악은 멀어지고 만다. 그렇고 그런 수준의 유성 같은 책은 아무리 많이 읽어도 삶의 깊이와 두께는 늘 제자리걸음이다. 세상과 인생의 문제를 상투적인 시선으로 바라보고 뻔한 해결책을 제시하는 그렇고 그런 책들은 옆으로 치워 놓고, 변화하는 세상과 그 속에 숨은 삶의 본질을 꿰뚫어 보는 좋은 책들을 찾아내야 한다.

24 ①②③

다음 [㉠], [㉡]에 들어갈 말이 바르게 연결된 것은?

> A: 어젯밤에 공부하[㉠] 늦게 잤다.
> B: 사흘 밤낮을 하[㉡] 했는데 이 모양이다.

	[㉠]	[㉡]
①	-노라고	-노라고
②	-느라고	-느라고
③	-느라고	-노라고
④	-노라고	-느라고

25 ①②③

다음은 소설 작품에 나오는 대포소리의 변화와 관련된 서술이다. 작중화자와 대포소리의 거리를 가까운 순서대로 정리한 것은?

> (가) ──(생략)── 쿵! 하고 남쪽 멀리서 은은한 대포소리가 들려왔다.
>
> (나) ──(생략)── 쿵! 하고 또 다시 포소리가 들려왔다. 다가왔다 멀어졌다 그리고 또 다시 되돌아오는 소리.
>
> (다) ──(생략)── 또 한번 쿵 하는 포소리. 저 포소리만 없었어도 고 노인은 현을 불러내는 데 다시 한번 애를 썼을지도 모른다. 그러나 다가오는 저 소리. 삶과 죽음! 그 어느 하나의 선택을 재촉하는 소리.
>
> (라) 현은 흐려져가는 의식 속에서 자기를 부르는 하나의 소리를 들었다. 쿵! 하고 들려오는 포소리보다 가까운 하나의 울부짖음.

① (가) – (나) – (다) – (라)

② (라) – (다) – (나) – (가)

③ (다) – (나) – (가) – (라)

④ (나) – (다) – (가) – (라)

2019 추가채용 기출문제

☑ 시험시간 25분   ☑ 해설편 029쪽

01 ①②③
다음 중 준말이 아닌 것은?

① 기럭아
② 국말이
③ 애꾸눈아
④ 엊저녁

02 ①②③
다음 중 「예덕선생전」이 실려 있는 문헌으로 옳은 것은?

① 연암집(燕巖集)
② 열하일기(熱河日記)
③ 과농소초(課農小抄)
④ 방경각외전(放璚閣外傳)

03 ①②③
다음 중 띄어쓰기 규정과 예문이 옳은 것은?

① 성과 이름, 성과 호 등은 붙여 쓴다.
   예) 김 양수, 서 화담
② 호칭어, 관직명 등은 띄어 쓴다.
   예) 김 선생, 민 박사
③ 전문 용어는 단어별로 띄어 쓴다.
   예) 만성골수성 백혈병
④ 성명 이외의 고유 명사는 단어별로 띄어 쓴다.
   예) 한국 대학교 사범대학

04 ①②③
다음 중 누군가에게 동작을 하도록 시키는 표현이 아닌 것은?

① 엄마가 아이에게 밥을 먹게 했다.
② 전초병도 앞세우지 않고 가다가 적에게 기습을 당했다.
③ 그는 하나뿐인 딸을 위해 유학까지 보냈다.
④ 울렁거리는 가슴을 진정시키다.

05 ①②③
다음 중 사자성어의 한자가 옳지 않은 것은?

① 이심전심(以心傳心)
② 전전반측(輾轉反側)
③ 사필귀정(事必歸定)
④ 인과응보(因果應報)

[06~07] 다음 글을 읽고 물음에 답하시오.

판소리는 호남의 음악과 결합되면서 그 정체성을 획득할 수 있었다. 그러나 그 기본적인 토대는 호남의 무악이었지만, 다른 지역의 음악이라 하여 배제하지 않았다. 경기 지역의 것을 받아들이니 '경(京)드름'이고, 흥부 아내는 경상도와 가까운 곳에 살아 '메나리 목청'으로 박 타는 사설을 매겼다.

또한 판소리는 '아니리 광대'라는 말이 있는 것처럼 이야기를 그 본질로 하여 이루어진 형태이다. 그래서 「춘향가」는 노래[歌]이면서 동시에 '춘향의 이야기'이다. 그러나 판소리는 이렇게 장편의 노래로만 이루어져 있지 않다. '본사가(本事歌)'의 앞에 불리는 단가(短歌) 또한 판소리의 하위 영역일 뿐, 그것을 판소리 아닌 다른 어떤 것으로 부르지 않는다. 또 본사가의 어떤 한 대목, 이른바 오페라의 아리아라고 할 수 있는 ㉠ 더늠만을 불러도 그것은 훌륭한 판소리로 인정된다. 심지어는 일상적 말투로 이루어진 (㉡)만을 불러도 우리는 그것을 판소리로 인식한다.

판소리라는 말의 광의(廣義) 속에는 이렇게 많은 영역이 포함될 수 있는 것이다. 판소리는 상엿소리나 시조를 그 속에 들여올 수 있고, 필요하다면 유행가인 잡가도 마음대로 끌어 쓸 수 있다. 거지들의 품바 타령도 판소리 속에서는 얼마든지 자유롭다. 다른 계층의 것이라 하여, 그리고 장르나 세계관, 또는 지역적 기반이 다르다 하여 배척하지 않고 어느 것이나 다 수용한다. 한없이 넓은 포용력을 지니고 있어, 이것이 과연 하나의 구조물인가 하는 의심이 들 정도로 그 내연은 한없이 넓어 보인다.

06 ☐1 ☐2 ☐3

윗글의 밑줄 친 ㉠에 대한 설명으로 옳지 않은 것은?

① 명창의 장기로 인정되고, 또 다른 창자들에 의해 널리 연행되어 후대에 전승된 것이다.

② 독창적이면서 예술적으로 뛰어나고 주로 음악적인 측면에서 구현되어야 한다.

③ 명창 개인의 이름이 붙게 되고, 명창이 자신의 독특한 방식으로 다듬어 부르는 어떤 마당의 한 대목을 말한다.

④ 명창이 한 마당 전부를 다듬어 놓은 소리를 말한다.

07 ☐1 ☐2 ☐3

윗글의 ㉡에 들어갈 말로 옳은 것은?

① 발림

② 추임새

③ 아니리

④ 창

08 ☐1 ☐2 ☐3

다음 글을 순서대로 바르게 나열한 것은?

(가) 제임스 러브록이 말하는 사이보그는 우리가 아는 것과 조금 다르다. 그는 사이보그를 오늘날 로봇과 인공지능(AI) 시스템의 후예로 자급자족하고 자각할 수 있는 존재라고 묘사했다. 이는 뇌를 제외한 팔다리나 장기를 기계로 바꾼 개조 인간을 뜻하는 사이보그보다 AI 로봇의 의미에 가깝다.

(나) 제임스 러브록은 "사이보그를 생물의 또다른 계(king-dom)라고 생각한다."면서 "그들은 인간이 동물계로서 식물계 위에 선 것처럼 우리 위에 설 것"이라고 말했다. 러브록은 계속해서 자신을 개선할 수 있는 AI 시스템의 발명은 노바세의 결실에 다가가는 중요한 핵심 요소라고 말했다.

(다) 지구를 하나의 작은 생명체로 보는 '가이아 이론'의 창시자인 제임스 러브록은 인간은 인공지능(AI) 로봇에 의해 지구 최상위층 자리를 내줄 수도 있다고 경고하고 나섰다. 제임스 러브록은 가이아 이론을 '노바세(Novacene)'에서 이렇게 밝혔다. 러브록은 "인간의 우위가 급격히 약해지고 있다. 미래에는 인간이 아니라 스스로 설계하고 만드는 존재들이 우위에 설 것"이라면서 "난 그들을 쉽게 사이보그라고 부른다."고 말했다.

(라) 만일 지구가 멸망 위기에 직면하면 사이보그는 대규모 지구공학을 이용해 지구를 인간보다 자신들 환경에 맞게 바꿔놓으려 할 수도 있을 것이라고 그는 설명했다. 그러면 세계는 산소나 물을 필요하지 않는 사이보그에게 맞게 변해 인간의 생존에는 적합하지 않을 수도 있다는 것이다. 하지만 이보다 가능성이 높은 상황은 지능이 매우 높은 사이보그들은 지구에서 지내기 어려운 상황이 되기 전에 지구를 떠나는 길을 선택할 수도 있다.

① (가) – (나) – (다) – (라)

② (나) – (가) – (라) – (다)

③ (다) – (가) – (나) – (라)

④ (라) – (나) – (다) – (가)

09 1 2 3

다음 중 단어의 설명으로 옳지 않은 것은?

① 소래기: 굽이 없는 접시 모양으로 생긴 넓은 질그릇
② 장부꾼: 가래질을 할 때 가랫장부를 잡는 사람
③ 세섯덩이: 개피떡 세 개를 붙여서 만든 떡
④ 윤똑똑이: 자기만 혼자 잘나고 영리한 체하는 사람

10 1 2 3

다음 중 로마자 표기가 옳은 것으로만 묶인 것은?

┌─────────────────────────────┐
│ ㉠ 구미(Kumi)   │
│ ㉡ 학여울(Hangnyeoul)   │
│ ㉢ 합덕(Hapdeok)   │
│ ㉣ 왕십리(Wangsimri)   │
│ ㉤ 구리(Guri)   │
│ ㉥ 울릉(Ulreung)   │
└─────────────────────────────┘

① ㉠, ㉡, ㉤
② ㉡, ㉢, ㉤
③ ㉢, ㉣, ㉤
④ ㉢, ㉣, ㉥

11 1 2 3

다음 중 밑줄 친 단어의 쓰임이 옳지 않은 것은?

① 동수는 꼼꼼하게 도토리의 <u>보늬</u>를 벗겨 냈다.
② 원숭이는 먹이를 주는 대로 <u>넝큼넝큼</u> 받아먹었다.
③ 외상값 대신에 고구마로 <u>엇셈</u>을 했다.
④ 날씨가 더워 모시로 만든 <u>핫옷</u>을 꺼내 입었다.

12 1 2 3

다음 중 단어의 형성이 나머지와 다른 것은?

① 높푸르다   ② 풋고추
③ 시뻘겋다   ④ 덧붙이다

13 1 2 3

다음 작품과 같은 갈래에 대한 설명으로 옳지 않은 것은?

┌─────────────────────────────────────┐
│ 千萬里 머나먼 길에 고운 님 여의업고   │
│ 내 마음 둘 데 없어 냇가에 앉았으니   │
│ 져물도 내 안 같아서 울어 밤길 가는구나 │
│   – 왕방연   │
└─────────────────────────────────────┘

① 4음보의 율격을 유지한다.
② 3장 6구 45자 내외이며, 3 · 4조, 4 · 4조의 음수율을 보인다.
③ 종장의 첫 음보는 반드시 4음절의 형식을 취한다.
④ 우리 민족이 만든 독특한 정형시라고 볼 수 있다.

14 1 2 3

다음 중 밑줄 친 맞춤법 표기가 옳은 것으로만 묶인 것은?

┌───┐
│ ㉠ 날씨가 추워서 <u>웃옷</u>을 걸쳐 입었다.   │
│ ㉡ 그는 책상에 앉아 있는 채로 <u>윗몸</u>을 뒤로 젖힌다. │
│ ㉢ 산 <u>윗쪽</u>으로 올라갈수록 사람의 숫자가 줄어들었다. │
│ ㉣ 그는 아랫니로 <u>윗입술</u>을 자꾸만 깨무는 버릇이 있다. │
│ ㉤ 그는 펜을 꺼내기 위해 <u>웃도리</u>의 안주머니에 손을 넣었다. │
└───┘

① ㉠, ㉡, ㉢
② ㉠, ㉡, ㉣
③ ㉡, ㉢, ㉣
④ ㉡, ㉢, ㉤

15 1 2 3

다음 중 복수 표준어가 아닌 것은?

① 샛별 / 새벽별
② 제가끔 / 제각기
③ 멀찌가니 / 멀찌감치
④ 심술쟁이 / 심술꾸러기

16 123

다음 중 밑줄 친 단어의 표준 발음이 옳은 것으로만 묶인 것은?

- 형은 꼬리만 먹겠다던 붕어빵을 <u>야금야금</u> 절반을 더 먹었다.
- 낯선 사람이 <u>알은척</u>을 한다.
- 흰 눈이 <u>쌓인</u> 거리를 걷다.
- 양가(兩家) 부모님의 <u>상견례</u>도 이미 끝낸 상태입니다.

① [야그먀금], [나썬], [싸힌], [상견례]
② [야그먀금], [난썬], [싸힌], [상견녜]
③ [야금냐금], [낟썬], [싸힌], [상견녜]
④ [야금냐금], [낟썬], [싸인], [상견녜]

[17~19] 다음 글을 읽고 물음에 답하시오.

(가) 만물은 시간의 흐름에 따라 끊임없이 변화한다. ㉠ 언어 또한 끊임없이 변화하는 실체이다. 언어의 변화는 음운, 형태, 통사, 의미 등 언어를 구성하는 모든 측면에서 변화한다.

(나) 특정한 어느 한 시기의 언어 상태를 공시태라고 하고, 어떤 언어의 변화 상태를 통시태라고 할 때, 공시태는 같은 언어의 같은 시기에 속하는 언어 상태를 말하며, ㉡ 통시태는 같은 언어의 다른 변화 시기에 속하는 다른 언어 상태를 말한다.

(다) 그러나 모든 언어 현상은 항상 역사적인 요인과 결합되어 있다. 즉, 공시적 언어 현상은 항상 다음 단계로 변화하는 시발점이 되어 동요하고 있다. 따라서 공시적 언어 상태는 새로이 생겨나는 요소와 없어져 가는 요소의 혼합체라고 할 수 있으며, 공시태는 과거를 반영하고 미래를 예측하게 하는 것이다.

(라) 언어의 변화는 음운, 형태, 통사, 의미 등 언어를 구성하는 모든 측면에서 일어난다고 하였다. 통사 현상 역시 변화한다. 통사 변화에는 역시 문법 범주의 변화와 문장 구성의 변화를 포함한다.

17 123

윗글에서 〈보기〉의 문장이 들어가기에 가장 적절한 곳은?

〈보 기〉
이러한 언어의 변화는 원칙적으로는 어느 한 공시태에서 다른 공시태로의 변화를 의미한다.

① (가)의 뒤
② (나)의 뒤
③ (다)의 뒤
④ (라)의 뒤

18 123

윗글의 밑줄 친 ㉠에 해당하는 언어의 특성으로 옳은 것은?

① 자의성
② 역사성
③ 사회성
④ 창조성

19 123

윗글의 밑줄 친 ㉡에 해당하지 않는 것은?

① 모음 조화 현상의 변화
② 상대 높임법의 변천
③ 신조어의 등장과 방언의 실현
④ ㆍ(아래아), ㅸ(순경음 비읍)의 변화

20 123

다음 중 띄어쓰기가 옳은 것은?

① 열내지 스물
② 음식을 각자 먹을만큼 떠서 먹어라.
③ 여기에서부터가 서울입니다.
④ 십이억 삼천사백 오십육만 칠천팔백 구십팔

[21~22] 다음 글을 읽고 물음에 답하시오.

이 몸 삼기실 제 님을 조차 삼기시니,
ᄒᆞᆫ싱 緣分(연분)이며 하늘 모를 일이런가.
나 ᄒᆞ나 졈어 잇고 ㉠님 ᄒᆞ나 날 괴시니,
이 ᄆᆞᄋᆞ미 이 사랑 견졸 ᄃᆡ 노여 업다.
平生(평싱)애 願(원)ᄒᆞ요ᄃᆡ ㉡ᄒᆞᆫᄃᆡ 녜쟈 ᄒᆞ얏더니,
늙거야 므ᄉᆞ 일로 외오 두고 글이ᄂᆞᆫ고.
엇그제 님을 뫼셔 廣寒殿(광한뎐)의 올낫더니
그 더ᄃᆡ 엇디ᄒᆞ야 下界(하계)예 ᄂᆞ려오니,
올 저긔 비슨 머리 ㉢헛틀언 디 三年(삼 년)일쇠.
ⓐ [臙脂粉(연지분) 잇ᄂᆞ마ᄂᆞᆫ 눌 위ᄒᆞ야 고이 홀고.]
ᄆᆞᄋᆞ믜 ᄆᆡ친 실음 疊疊(텹텹)이 ᄡᅡ혀 이셔,
짓ᄂᆞ니 한숨이오, ㉣디ᄂᆞ니 눈믈이라.
인싱(人生)은 有限(유ᄒᆞᆫ)ᄒᆞᆫᄃᆡ 시름도 그지 업다.
무심(無心)ᄒᆞᆫ 歲月(셰월)은 믈 흐ᄅᆞᆺ ᄃᆞᆺ ᄒᆞᄂᆞᆫ고야.
(가) 炎凉(염냥)이 ᄯᅢᄅᆞᆯ 아라 가ᄂᆞᆫ ᄃᆞᆺ 고텨 오니,
듯거니 보거니 늣길 일도 하도 할샤.

※ ⓐ는 「해설편」의 개념 확인 참고

21 ①②③
윗글의 (가)에 나타난 화자의 심리로 옳은 것은?

① 화자와 임과의 만남을 방해하는 장애물에 대한 원망이 나타난다.
② 임에게 잘해주지 못한 것을 후회한다.
③ 화자는 자신의 억울함을 호소하고 있다.
④ 임이 부재한 상황에 세월만 흐르는 것을 안타까워한다.

22 ①②③
윗글의 밑줄 친 ㉠~㉣에 대한 해석으로 옳지 않은 것은?

① ㉠: 님 하나 오직 날 사랑하시니
② ㉡: 함께 살아가고자 하였더니
③ ㉢: 흐트러진 지 삼 년이라
④ ㉣: 지나는 것은 눈물이라

23 ①②③
다음 중 맞춤법의 쓰임이 옳은 것은?

① 그 사람은 교장 선생님으로써 할 일을 다했다.
② 이 문제를 대화로서 갈등을 풀 수 있을까?
③ 나는 학생으로서 공부를 해야 한다.
④ 에너지 소비로 인한 환경 피해를 줄임으로서 국민 경제의 건전한 발전에 이바지한다는 것에 동의한다.

24 ①②③
다음 중 표준어의 표기가 옳지 않은 것은?

① 조용히
② 번듯이
③ 따뜻이
④ 꼼꼼이

25 ①②③
다음 중 남사당놀이에 대한 설명으로 옳지 않은 것은?

① 버나: 대접과 쳇바퀴 등을 앵두나무 막대기로 돌리는 놀이
② 어름: 줄꾼이 줄타기를 하면서 재담을 주고받으면서 가창까지 하는 놀이
③ 덜미: 꼭두각시놀음
④ 살판: 판소리를 부르면서 마당에서 하는 놀이

2019 | 기출문제

☑ 시험시간 25분   ☑ 해설편 040쪽

01 ①②③
다음 중 밑줄 친 부분의 표기가 옳은 것으로만 묶인 것은?

> • 우리는 ⓐ 널따란 바위 위에 자리를 잡았다.
> • 코는 뭉툭하고 입은 ⓑ 넓죽해서 볼품이 없다.
> • 그는 매일 반복되는 생활에 ⓒ 실증을 느끼고 있었다.
> • 그 집 지붕에는 ⓓ 얇다란 함석판들이 이어져 있었다.
> • 그는 어머니를 생각하며 ⓔ 굵다란 눈물을 뚝뚝 흘렸다.

① ⓐ, ⓑ, ⓒ   ② ⓐ, ⓑ, ⓓ
③ ⓐ, ⓑ, ⓔ   ④ ⓑ, ⓓ, ⓔ

02 ①②③
다음 중 밑줄 친 부분의 공통적인 속성으로 옳은 것은?

> 불휘 기픈 남ᄀᆞᆫ ᄇᆞᄅᆞ매 아니 뮐씨, 곶 됴코 여름 하ᄂᆞ니
> 시미 기픈 므른 ᄀᆞᄆᆞ래 아니 그츨씨, 내히 이러 바ᄅᆞ래 가
> ᄂᆞ니
>
> — 「용비어천가」 제2장
>
> 믈 깊고 ᄇᆡ 업건마른 하ᄂᆞᆯ히 命ᄒᆞ실씨 믈 톤자히 건너시니
> 이다
> 城 높고 ᄃᆞ리 업건마른 하ᄂᆞᆯ히 도ᄫᆞ실씨 물 톤자히 ᄂᆞ리시
> 니이다
>
> — 「용비어천가」 제34장
>
> 님그미 賢커신마른 太子ᄅᆞᆯ 몯 어드실씨 누본 남기 니러셔
> 니이다
> 나라히 오라건마른 天命이 다아갈씨 이본 남기 새 닢 나니
> 이다
>
> — 「용비어천가」 제84장

① 초성종성통용팔자(初聲終聲通用八字)
② 종성부용초성(終聲復用初聲)
③ 초성독용팔자(初聲獨用八字)
④ 종성독용팔자(終聲獨用八字)

03 ①②③
다음 중 줄여 쓸 수 있는 말로 적절한 것은?

① 바뀌었다
② 품종이어요
③ 줄어들었습니다
④ 다투었군요

04 ①②③
다음 중 로마자 표기가 옳은 것으로만 묶인 것은?

> • 김치 Kimchi   • 설날 seollal
> • 왕십리 Wangsimni   • 벚꽃 beotkkot
> • 불국사 Bulkuksa   • 속리산 Songnisan
> • 대관령 daegwalryeong • 백마강 Baengma-gang

① 김치 Kimchi, 왕십리 Wangsimni,
   대관령 daegwalryeong, 속리산 Songnisan
② 설날 seollal, 불국사 Bulkuksa, 대관령 daegwalryeong,
   백마강 Baengma-gang
③ 설날 seollal, 속리산 Songnisan, 왕십리 Wangsimni,
   벚꽃 beotkkot
④ 설날 seollal, 속리산 Songnisan, 불국사 Bulkuksa,
   백마강 Baengma-gang

05 [1][2][3]

다음 중 빈칸에 들어갈 한자 성어로 옳은 것은?

> 과연 노파는 한 푼이라도 더 돈으로 바꾸고 싶은 노파심에서였을 것이다. 먹지도 않고 그 곁에서 (   )하는 나에게 하나쯤 먹어 보는 것도 좋다. 그리고 먹음직하거든 제발 좀 사달라고 얼굴은 울음 반 웃음 반이다.

① 小貪大失
② 寤寐不忘
③ 十匙一飯
④ 垂涎萬丈

06 [1][2][3]

다음 중 한국어를 기술하기 위해 만든 것으로 옳지 않은 것은?

①『훈몽자회』
②『한불자전』
③『말모이』
④『큰사전』

07 [1][2][3]

다음 중 〈보기〉에 쓰인 높임법이 모두 쓰인 것은?

> ─── 〈보 기〉 ───
> 아버지가 쓰시던 물건을 그분께 가져다 드렸습니다.

① 누나가 아버지를 모시고 병원에 갔습니다.
② 선생님은 제가 여쭈었던 내용을 기억하고 계셨습니다.
③ 형님께서 제게 용돈을 주셨습니다.
④ 할아버지께서 방에서 주무시고 계십니다.

[08~09] 다음 글을 읽고 물음에 답하시오.

> (가) 비자의 생명은 유연성이란 특질에 있다. 한 번 균열이 생겼다가 제 힘으로 도로 유착·결합했다는 것은 그 유연성이란 특질을 실지로 증명해 보인, 이를테면 졸업 증서이다. 하마터면 목침같이 될 뻔했던 불구 병신이, 그 치명적인 시련을 이겨내면 되레 한 급(級)이 올라 특급품이 되어 버린다. 재미가 깨를 볶는 이야기다.
>
> (나) 반면이 갈라진다는 것이 기약치 않은 불측(不測)의 사고이다. 사고란 어느 때 어느 경우에도 별로 환영할 것이 못 된다. 그 균열(龜裂)의 성질 여하에 따라서는 일급품 바둑판이 목침(木枕)감으로 전락해 버릴 수도 있다. 그러나 그렇게 큰 균열이 아니고 회생할 여지가 있을 정도라면 헝겊으로 싸고 뚜껑을 덮어서 조심스럽게 간수해 둔다(갈라진 균열 사이로 먼지나 티가 들어가지 않도록 하는 단속이다).
>
> (다) 1년, 이태, 때로는 3년까지 그냥 내버려 둔다. 계절이 바뀌고 추위, 더위가 여러 차례 순환한다. 그 동안에 상처났던 바둑판은 제 힘으로 제 상처를 고쳐서 본디대로 유착(癒着)해 버리고, 균열진 자리에 머리카락 같은 희미한 흔적만이 남는다.
>
> (라) 비자반 일등품 위에 또 한층 뛰어 특급품이란 것이 있다. 반재며, 치수며, 연륜이며 어느 점이 일급과 다르다는 것은 아니나, 반면에 머리카락 같은 가느다란 흉터가 보이면 이게 특급품이다. 알기 쉽게 값으로 따지자면, 전전(戰前) 시세로 일급이 2천 원(돌은 따로 하고) 전후인데, 특급은 2천 4, 5백 원, 상처가 있어서 값이 내리기는커녕 오히려 비싸진다는 데 진진(津津)한 묘미가 있다.

08 [1][2][3]

윗글을 순서대로 바르게 나열한 것은?

① (라) - (나) - (가) - (다)
② (라) - (나) - (다) - (가)
③ (나) - (라) - (가) - (나)
④ (나) - (가) - (라) - (다)

09 ① ② ③

윗글의 주제로 옳은 것은?

① 과실이 생겨도 융통성 있게 헤쳐 나가야 한다.

② 각박한 현실에 맞서서 대항하는 자세가 중요하다.

③ 대상은 신비로운 상태로 남겨 두는 것이 필요하다.

④ 위기를 기회로 삼아야 한다.

10 ① ② ③

다음 중 밑줄 친 부분의 띄어쓰기가 옳지 않은 것은?

① 그들은 부자 간의 정을 나누었다.

② 그는 대학 재학 중에 고등 고시에 합격하였다.

③ 그녀를 만난 지도 꽤 오래되었다.

④ 시장을 보는 데만 세 시간이 걸렸다.

11 ① ② ③

다음 중 표준어와 비표준어 연결이 옳지 않은 것은?

	표준어	비표준어
①	총각무	알타리무
②	개다리밥상	개다리소반
③	방고래	구들고래
④	산누에	멧누에

12 ① ② ③

다음 중 밑줄 친 단어가 사전에서 검색이 되는 것으로 옳은 것은?

① 보내 주든지 가지고 가든지 네 생각대로 해라. → 생각대로

② 그는 우동 국물을 그릇째로 들고 먹었다. → 그릇째

③ 할머니는 그녀에게 옛 이야기를 들려주곤 하셨다.
   → 들리다

④ 어머니는 아들에게 몸조심하라고 신신당부했건만 아들은 듣지 않았다. → 신신당부하다

13 ① ② ③

다음 중 〈보기〉의 규정에 맞지 않은 것은?

───── 〈보 기〉 ─────

제39항 어미 '-지' 뒤에 '않-'이 어울려 '-잖-'이 될 적과 '-하지' 뒤에 '않-'이 어울려 '-찮-'이 될 적에는 준 대로 적는다.

① 당찮다

② 그렇잖다

③ 달갑잖다

④ 올곧찮다

[14~16] 다음 글을 읽고 물음에 답하시오.

(가) 고음역이 깨끗하게 들리는 CD는 저음역의 음악 정보를 제대로 담지 못하는 반쪽짜리 그릇이기 때문이다. '양자화(quantize)'라고 불리는 디지털화 과정에서 저음역의 주파수가 아주 미세한 ㉠ 근삿값으로 바뀌는데, 그 순간 다른 음으로 변화된 저음이 화음과 어울리지 않게 되어 버린다. 배음(倍音)과 화음의 바탕을 이루는 베이스음이 변동되는 순간, 조화를 이루어야 할 음악의 구조는 기초부터 흔들리게 된다.

(나) 왜 이런 오류가 발생하는 걸까? 디지털화의 기본 처리과정에서 충분한 해상도가 확보되지 않을 때, 음악 정보가 원본과 다른 근삿값으로 바뀌어 기록되기 때문이다. 예를 들어, 소수점 한 자리까지 처리할 수 있는 성적 시스템에서 89.4와 89.5는 0.1의 작은 차이를 보이는 점수이다. 그런데 만일 소수점을 처리하지 못하는 시스템이라면 어떻게 될까? 89.4점은 근삿값인 89점이 되고 89.5점은 근삿값인 90점이 된다. 작은 차이의 점수가 '수'와 '우'라는 현격한 차이의 점수로 바뀐다. 해상도가 떨어지는 디지털 변환은 이처럼 매우 미세한 차이를 차원이 다른 결과로 바꿔 버리는 문제를 안고 있다.

(다) 디지털의 오류는 44.1kHz, 16비트 해상도의 '작은 그릇'인 CD가 안고 있는 치명적인 단점이다. 잡음 없는 깨끗한 소리를 전달한다는 장점과는 달리, 음악의 전체적인 조화를 무너뜨릴 수 있는 커다란 오류를 지니고 있는 것이다. CD의 편의성에 찬사를 보내면서도 음악성에는 불합격점을 줄 수밖에 없는 이유다. CD의 사운드는 충분하지 못한 해상도의 디지털이 갖는 단점을 명백하게 드러낸다. 해상도 낮은 사진에서 불분명한 화소가 뭉뚱그려져 보이는 '깍두기 현상'이 나타나듯, 클래식 음악에 사용되는 악기들의 섬세한 사운드에 담긴 미묘한 변화와 표정, 다이내믹, 특징적인 공명을 제대로 잡아내지 못한다.

(라) 구스타프 말러의 교향곡 제2번 '부활'의 서주부와 같이 더블베이스의 저음이 중요한 비중을 차지하는 연주를 CD와 LP로 비교하여 들어 보면, 저음 정보가 충분하지 않을 때 오케스트라의 사운드가 얼마나 빈약하게 느껴지는지 잘 알 수 있다. 정확한 저음을 바탕으로 하모니를 만들어 가는 클래식 음악을 CD로 듣고 있으면, 마치 모래 위에 지어진 집처럼 위태롭고 불안한 느낌이 들곤 한다.

– 「레코드의 비밀」

14 ①②③
다음 중 윗글의 밑줄 친 ㉠과 같은 사이시옷 구성으로 옳은 것은?

① 시냇물
② 조갯살
③ 전셋집
④ 두렛일

15 ①②③
다음 중 윗글의 내용과 일치하지 않는 것은?

① CD는 잡음 없이 깨끗한 고음역의 소리를 전달한다.
② CD는 44.1kHz, 16비트 해상도라는 치명적인 단점이 있다.
③ LP와 비교할 때, CD에서 저음을 들으면 위태롭고 불안한 느낌을 받을 수 있다.
④ CD는 양자화라고 불리는 디지털화 과정에서 소수점 한 자리까지 처리할 수 있다.

16 ①②③
다음 중 윗글의 설명 방식으로 옳은 것은?

① (가)와 (나)는 원인과 결과의 순서로 나열되어 있다.
② (나)와 (다)는 수학적 원리를 이용하여 설명하고 있다.
③ (다)와 (라)는 CD의 장점에 대해 설명하고 있다.
④ (가), (다), (라)는 은유법과 직유법을 사용하고 있다.

17 ①②③
다음 중 밑줄 친 부분의 띄어쓰기가 옳지 않은 것은?

① 제가 그쪽으로 갈까요? 어제 갔던데요.
② 많이 변해서 길을 모르겠던데요.
③ 선생님 앞으로 택배가 왔던데요.
④ 운동을 열심히 했더니 다리가 아프던데요.

18 ①②③
다음 중 (가)~(라)의 현대어 번역으로 옳지 않은 것은?

> (가) 毗盧峯(비로봉) 上上頭(샹샹두)의 올라 보니 긔 뉘신고
> (나) 東山(동산) 泰山(태산)이 어느야 놉돗던고
> (다) 넙거나 넙은 天下(텬하) 엇찌ᄒᆞ야 젹닷 말고
> (라) 오르디 못ᄒᆞ거니 ᄂᆞ려가미 고이홀가

① (가) 비로봉에 올라보니 그대는 누구이신가?
② (나) 동산과 태산은 어느 것이 높은가?
③ (다) 넓디넓은 천하를 어찌하여 작다고 말했는가?
④ (라) 오르지 못했으니 내려감이 무엇이 이상하겠는가?

19 ①②③
다음 중 회의 의안 심의 과정의 순서로 옳은 것은?

① 제출 – 상정 – 제안 설명 – 질의응답 – 찬반 토론 – 표결
② 제출 – 상정 – 제안 설명 – 찬반 토론 – 질의응답 – 표결
③ 제출 – 찬반 토론 – 상정 – 제안 설명 – 질의응답 – 표결
④ 제출 – 제안 설명 – 상정 – 찬반 토론 – 질의응답 – 표결

20 ☐①②③
다음 중 맞춤법 표기가 가장 옳은 것은?

① 밤을 새서라도 일을 끝마치겠다.

② 자꾸 밤새지 마라, 몸 축날라.

③ 밤샌 보람이 있다.

④ 몇 밤을 뜬눈으로 새웠다.

21 ☐①②③
다음 중 두음 법칙의 구성으로 옳지 않은 것은?

① 공+염불

② 신+년도

③ 구름+양

④ 비구+니

[22~23] 다음 글을 읽고 물음에 답하시오.

> 열무 삼십 단을 이고
> 시장에 간 우리 엄마
> 안 오시네, 해는 시든 지 오래
> 나는 찬밥처럼 방에 담겨
> 아무리 천천히 숙제를 해도
> 엄마 안 오시네, ㉠ 배추잎 같은 발소리 타박타박
> 안 들리네. 어둡고 무서워
> 금간 창 틈으로 고요한 빗소리
> 빈 방에 혼자 엎드려 훌쩍거리던
>
> 아주 먼 옛날
> 지금도 내 눈시울을 뜨겁게 하는
> 그 시절, 내 유년의 윗목

22 ☐①②③
다음 중 윗글에서 '엄마의 고생'을 나타낸 시어로 옳지 않은 것은?

① 열무 삼십 단을 이고

② 해는 시든 지 오래

③ 찬밥

④ 배추잎 같은 발소리 타박타박

23 ☐①②③
윗글의 밑줄 친 ㉠과 동일한 수사 기법이 쓰인 것은?

① 고요한 빗소리

② 내 유년의 윗목

③ 해는 시든 지 오래

④ 찬밥처럼 방에 담겨

24 ☐①②③
다음 중 문장 부호에 대한 설명으로 옳지 않은 것은?

① 제목이나 표어에는 마침표를 쓰지 않는 것을 원칙으로 한다.

② 열거할 어구들을 생략할 때 사용하는 줄임표 앞에는 쉼표를 쓰지 않는다.

③ 가운뎃점은 기준 단위당 수량을 표시할 때 쓴다.

④ 문장 안에서 책의 제목을 나타낼 때는 그 앞뒤에 겹낫표를 쓴다.

25 ☐①②③
다음 중 「외래어 표기법」에 대한 설명으로 옳지 않은 것은?

① 외래어는 국어의 현용 24자모만으로 적는다.

② 외래어의 1음운은 원칙적으로 1기호로 적는다.

③ 받침에는 'ㄱ, ㄴ, ㄷ, ㄹ, ㅁ, ㅂ, ㅇ'만을 쓴다.

④ 파열음 표기에는 된소리를 쓰지 않는 것을 원칙으로 한다.

2018 | 기출문제

✔ 시험시간 25분 ✔ 해설편 049쪽

01 ①②③
다음 중 어법에 맞는 문장은?

① 나이 들면 나이 드는 데로 마음이 편하다.
② 적들이 쳐들어왔으니 무슨 수를 써서라도 막아야 한다.
③ 그는 비리 사실을 누구에게도 일체 말하지 않았다.
④ 불법 운전을 절대 해서는 안 된다.

02 ①②③
다음 중 띄어쓰기가 옳은 것은?

① 새 일꾼이 일도 잘할 뿐더러 성격도 좋다.
② 하잘 것 없는 일로 형제끼리 다투어서야 되겠소?
③ 책이 내용은 보잘것 없으면서 표지만 요란하게 꾸몄다.
④ 내가 다시 돌아와 합류할 때까지 물샐틈없이 방비를 해야
한다.

03 ①②③
다음 중 글의 흐름상 삭제해야 할 문장으로 옳은 것은?

국내 드라마가 나아가지 못하고 제자리걸음을 하고 있는
사이 해외 드라마의 반격이 시작되었다. 케이블 방송을 중
심으로 '미드(미국 드라마)'와 '일드(일본 드라마)'로 대표되
는 외국 드라마들이 방영되면서 외국 드라마 마니아
(mania)층이 형성되기 시작했고, 높은 인기를 끌게 되었다.
시청자들은 국내 드라마와는 달리 다양한 소재의 사용을 해
외 드라마의 최대 장점으로 꼽는다.

㉠ 다양한 방법을 통하여 전개되고 있는 그 드라마들은
종종 보고 있노라면, 그 스토리 전개의 방법이 다양하
고 신선하다는 생각을 하게 된다.
㉡ 해외 드라마의 경우 마이너리티에 속하는 동성애자들
의 삶을 엿볼 수 있는 드라마에서부터 법정 드라마,
의학 드라마, 공상 과학 드라마 등 다양한 소재로 구
성된다.
㉢ 또한 의사, 변호사 등 다양한 직업군을 가진 인간 군
상들의 이야기들을 다루고 있어 내가 겪어 보지 못했
던 세상도 드라마를 통해 자연스럽게 간접 경험할 수
있다.
㉣ 그래서 드라마를 보면서 생각하지 못했던 관점들을
배우게 된다. 이는 획일화된 주제와 내용으로 식상함
을 주는 한국 드라마들과 비교하면 참 배울 점이 많은
부분들이 아닐 수 없다.

한류 열풍으로 다른 나라에 수출되는 드라마들도 내용이
엇비슷해 어느 한 홍콩 친구는 나에게 왜 한국 드라마에서
는 주인공이 암에 걸리고 입양아이고, 삼각관계냐는 우스갯
소리를 하기도 하였다. 한류의 일환으로 드라마가 수출되고
있지만, 한국의 드라마가 다양성을 시도하지 않는다면 더는
발전도 수출도 없을 것이다.

① ㉠   ② ㉡
③ ㉢   ④ ㉣

04 ☐1 ☐2 ☐3

다음 중 감탄사가 아닌 것은?

① <u>어</u>, 이러다가 차 놓치겠다.
② <u>어머나</u>, 벌써 꽃이 피었네.
③ <u>청춘!</u> 이는 듣기만 하여도 가슴이 설렌다.
④ <u>얘</u>, 너 나하고 놀자.

05 ☐1 ☐2 ☐3

다음 중 의미상 ㉠과 ㉡ 안에 들어갈 말로 옳은 것은?

신야경수(莘野耕叟)와 농상경옹(瓏上耕翁)을 천(賤)타 ㅎ리
업것마는
아므려 갈고견들 어닉 쇼로 갈로손고
한기태심(旱旣太甚)ㅎ야 시절(時節)이 다 느즌 제
서주(西疇) 놉흔 논애 잠깐 긴 녈비예
도상(道上) 무원수(無源水)를 반만깐 딕혀 두고
쇼 흔 적 듀마 ㅎ고 엄섬이 ㅎ는 말삼
친절(親切)호라 너긴 집의 둘 업슨 황혼(黃昏)의 (㉠) 다라
가셔
구디 다둔 문(門) 밧긔 어득히 혼자 서셔
큰 기춤 아함이를 양구(良久)토록 ㅎ온 후(後)에
어와 긔 뉘신고 염치(廉恥) 업산 닉옵노라

ⓐ 초경(初更)도 거읜딕 긔 엇지 와 겨신고
ⓑ 년년(年年)에 이러ㅎ기 구차(苟且)흔 줄 알건마는
ⓒ 쇼 업슨 궁가(窮家)애 혜염 만하 왓삽노라
공ㅎ니나 갑시나 주엄즉도 ㅎ다마는
다만 어제 밤의 거넨 집 져 사룸이
목 불근 수기 치(雉)를 옥지읍(玉脂泣)게 쑤어 닉고
간 이근 삼해주(三亥酒)를 취(醉)토록 권(勸)ㅎ거든
이러한 은혜(恩惠)를 어이 아니 갑흘넌고
내일(來日)로 주마 ㅎ고 큰 언약(言約) ㅎ야거든
실약(失約)이 미편(未便)ㅎ니 사셜이 어려왜라
ⓓ 실위(實爲) 그러ㅎ면 혈마 어이흘고
헌 먼덕 수기 스고 측 업슨 집신에 (㉡) 물너오니
풍채(風採) 저근 형용(形容)애 긔 즈칠 쑨이로다
　　　　　　　　　　　　　　– 박인로, 「누항사」

※ ⓐ~ⓓ는 「해설편」의 **이렇게 출제됐어요** 참고

① 굼닐굼닐 – 궁싯궁싯
② 너울너울 – 다문다문
③ 허위허위 – 타박타박
④ 허둥허둥 – 설핏설핏

06 ☐1 ☐2 ☐3

다음 중 『훈몽자회』에 대한 설명으로 옳지 않은 것은?

① 1527년(중종 22) 최세진에 의해서 만들어졌다.
② 종성에는 'ㄱ, ㄴ, ㄷ, ㄹ, ㅁ, ㅂ, ㅅ, ㆁ' 8자가 쓰였다.
③ 초성에 'ㅈ, ㅊ, ㅋ, ㅌ, ㅍ, ㅎ' 6개만 사용하였다.
④ 모음의 수는 11개로 규정했다.

07 ☐1 ☐2 ☐3

다음 중 친근감이 있으면서 청자에게 존대하는 문체를 사용한
것은?

① 그대여, 아름다우십니다.
② 그는 어제 일을 많이 했어요.
③ 친구들이랑 영화 보러 어서 빨리 가시오.
④ 밤길이 위험하니 조심히 들어가시게.

[08~10] 다음 글을 읽고 물음에 답하시오.

> ㉠ 관계 내에 갈등이 발생할 때 무엇보다도 먼저 피해야 할 것이 성급한 판단이다. '저 사람 때문에 이런 문제가 발생했다.', '저 사람은 ㉡ 그만 한 문제도 그냥 못 넘긴다.' 또는 '우리 관계는 엉망이다.'라는 식으로 결론부터 내린다면 서로에게 좋은 결과를 찾는다는 것은 애당초 그른 일이다. 한쪽에서 판단부터 내린 채 문제에 접근하면 다른 쪽은 자신의 가치가 무시되었다고 느끼기 때문에 감정적으로 반응하게 되고 때로는 적대감까지 가진다. 따라서 성급한 판단을 피하고 문제를 되도록 객관적인 방향으로 표현해야 한다.
>
> 문제를 객관적으로 표현하기 위해서는 묘사적인 언어를 사용해야 한다. 묘사적인 언어란 상대방을 비난하거나 동기를 해석하지 않고 일어난 일을 그대로 기술하는 표현법을 말한다. 즉, 자신의 가치나 판단을 개입시키지 않는 표현법을 일컫는 것이다. 이를테면 노사 관계에서 사원 복지의 문제로 갈등이 있을 때 노조 측에서 '회사 측은 자기 이익밖에 모른다. ㉢ 쥐꼬리만한 월급만 던져 주면 그만이냐?'라고 한다면 이것은 극한 판단이 개입된 표현이다. 이런 말을 들으면 회사 측은 '너희들은 어떤가. ㉣ 회사야 망하든 말든 제이익만 챙기지 않느냐!' 하는 식으로 나오게 되어 갈등은 심화되게 마련이다. 이럴 때는 '우리 회사의 사원 복지는 다른 회사에 비해 부족한 점이 많다.'라는 식으로 객관적으로 묘사하는 것이 통합적 해결책을 찾기 위한 출발점이 된다.

---

08 ☐1☐2☐3

다음 중 윗글의 제목으로 가장 적절한 것은?

① 객관적 표현
② 갈등 대응 전략
③ 말의 중요성
④ 판단의 신중함

09 ☐1☐2☐3

다음 중 윗글의 요지로 옳은 것은?

① 각자 자신의 의견만 내세워서는 안 된다.
② 객관적으로 말을 해야 문제가 해결된다.
③ 의사 표현을 위한 단어를 선택할 때에는 신중해야 한다.
④ 성급한 판단을 피하고 묘사적 언어를 사용해야 한다.

10 ☐1☐2☐3

윗글에서 밑줄 친 ㉠~㉣ 중 띄어쓰기가 옳은 것은?

① ㉠   ② ㉡
③ ㉢   ④ ㉣

11 ☐1☐2☐3

다음 중 박경리의 『토지』에 등장하는 단어의 뜻풀이로 옳지 않은 것은?

① 질정(質定)없다 : 갈피를 잡아서 분명하게 정함
② 상글하다 : 소리 없이 웃음
③ 부지하다 : 상당히 어렵게 보존하거나 유지하여 나감
④ 억실억실 : 얼굴 모양이나 생김새가 선이 굵고 시원시원한 모양

12 ☐1☐2☐3

(가)~(라) 중 〈보기〉의 문장이 들어가기에 가장 적절한 곳은?

> (가) 우리가 매일 되풀이해 행하는 '습관'은 개개인의 인생 행로를 결정하는 가장 전신적이면서도 구체적인 기본 원리 중의 하나이다. 다시 말해, 그것이 무엇이든 현재 가장 습관적으로 하는 일이 우리의 미래를 결정짓는다.
>
> (나) 인생이 뜻대로 풀리지 않을 때마다 초조해 하고, 다른 사람의 비판에 대해 공격적이거나 방어적인 자세를 취하며, 항상 자신이 옳다고 주장하거나. 불운한 상황을 실제보다 훨씬 더 비관적인 눈길로 바라보고, 인생이 위급 상황인 양 행동하는 습관에 젖어 있다면 우리의 삶 역시 이러한 습관의 반영물이 되고 만다.
>
> (다) 나는 '인간은 연습을 통해 완벽해질 수 있으며, 그렇기 때문에 매일매일의 습관에 주의를 기울여야 한다.'고 생각한다. 그렇다고 인생 전체를 원대한 계획으로 가득 채우고, 목표 달성을 향해 항상 자신을 질책해야 한다는 것은 아니다. 다만 자신의 내적 · 외적 습관을 의식하는 것이 삶에 큰 도움이 된다는 것이다. 지금 어디에 관심을 쏟고 있는가? 어떻게 시간을 보내고 있는가? 자신이 정한 목표에 도움이 되는 습관을 개발하고 있는가? 자신이 기대해 온 인생이 실제 자신의 인생과 일치하는가?

(라) 스스로에게 이러한 질문을 던져보고, 정직하게 대답하는 것만으로도 어떤 방법이 자신에게 가장 유용한지 결정하는 데 도움이 된다. 혹시 "나는 좀 더 많은 시간을 혼자 보내고 싶어." 혹은 "나는 항상 명상법을 배우고 싶었어."라고 말하면서도 어찌 된 일인지 시간이 없어 그렇게 하지 못하지는 않았는가? 유감스럽게도 많은 사람들이 마음을 살찌우는 일에 시간을 투자하기보다는 세차를 하거나, 재미도 없는 시시껄렁한 텔레비전 프로그램의 재방송을 보는 데 더 많은 시간을 쏟는다. 하지만 만일 매일같이 시간을 내서 하는 일이 자신의 미래를 결정짓는다는 점을 명심한다면, 분명 이전과는 다른 일들을 시작하게 될 것이다.

― 〈보 기〉 ―

이 말을 다시 하자면, 실패하고 좌절하는 연습을 하기 때문에 결국 좌절하고 마는 것이다. 이와 마찬가지로, 연습을 통해서 자신에게 숨겨져 있는 연민과 인내력, 친절, 겸손 그리고 평화라는 더없이 긍정적인 자질을 끌어 낼 수도 있다.

① (가)의 뒤 ② (나)의 뒤
③ (다)의 뒤 ④ (라)의 뒤

13 ①②③
다음 문장을 로마자로 표기한 것으로 옳은 것은?

웃는 순간 어색함이 사라진다.

① unneun sungan eosaekami sarajinda
② un-nùn sungan eosaekami sarajinda
③ unneun sungan eosaekhami sarachinda
④ utneun sungan eosaekhami sarajinda

14 ①②③
다음 중 의미 관계가 유사한 한자 성어와 속담끼리 연결된 것으로 옳지 않은 것은?

① 동병상련 – 비렁뱅이가 하늘을 불쌍히 여긴다
② 마호체승 – 말도 갈아타는 것이 좋다
③ 작학관보 – 참새가 황새 따라 하다 가랑이 찢어진다
④ 외부내빈 – 난부자 든거지

15 ①②③
다음 글을 통해 알 수 있는 사실로 옳지 않은 것은?

오늘날 청소년들에 대한 어른들의 공통적인 불평은 그들이 무책임하다는 것이다. 이러한 생각은 흔히 어른들이 존중하는 가치관을 거부하고 받아들이지 않는 데서 비롯한다. 그러나 책임의 문제와 가치관의 수용과는 아무런 관련이 없다. 만약 우리의 청소년들이 다소 무책임한 듯이 보인다면, 그에 대해 먼저 비난받아야 할 것은 청소년에게 책임감을 가르쳐 주어야 할 책임을 다하지 못한 어른들, 특히 학교가 될 것이다. 책임과 무책임은 선천적인 특성이 아니라 성장의 과정에서 배워 습득되는 것이다. 학교의 가장 중요한 기능 중의 하나는 책임 있는 시민을 계발하는 것이다. 따라서 청소년이 무책임하다면 그 비난의 화살은 학교가 받아야 한다.

책임감은 다른 교과와 마찬가지로 경험을 통해 학습된다. 우리는 우선 단순한 일에 대한 성공적인 경험을 통해서, 그 다음에는 우리의 능력이 증대됨에 따라, 보다 크고, 보다 어려운 일에 대한 성공적인 경험을 통해 책임감 있는 사람이 된다. 책임감은 책임감이 주어지는 상황을 통해 배울 수 있는 것이다. 학교의 교육 목표 중 책임감은 늘 우선 순위를 차지하지만, 사실상 학교 교육 과정에서는 책임감을 키우려고 하는 특별한 노력의 흔적을 찾기 어렵다. 학생들이 책임감을 배우려면 어떤 선택·결정을 해야 하고, 그 결과를 확인하도록 해야 하며, 또 그 결과에 따라 어떤 행동을 해야 할지 스스로 행동하는 기회를 주어야 한다.

책임감을 가르치려면 학교 교육 과정에 이러한 일련의 과정에 계속적으로 학생들이 참여할 수 있는 기회를 포함시켜야 한다. 학생들 중에 어떤 문제를 해결하는 과정에서 책임감 있게 행동하려 오히려 실수를 범하는 경우가 있다. 그런데 이때 교사들이 그런 행동을 심하게 꾸짖는다면, 그 학생은 좌절감을 느끼고 다시는 자신이 책임져야 할 행동을 하려 하지 않을 것이다. 책임감을 키워 주는 프로그램을 실행하려면 교사와 학교 행정가는 기꺼이 모험을 받아들이고, 또 학생들이 실수도 할 것이라는 사실을 인정하며, 나아가 학생들에게 스스로 문제를 해결할 수 있도록 도와주어야 한다. 이것이 문제 해결의 본질이고, 이런 경험을 통해 학생들은 자신의 행동에 책임지려는 태도를 습득하게 된다.

책임감을 키우는 학습이 실패하는 또 다른 원인은 학생들에게 책임을 부담 지우는 일에 실패하기 때문이다. 책임감에 대한 학습의 역동성은 자기 자신이 한 행동의 결과를 받아들이게 하는 데 있다. 교사는 학생들에게 자신이 한 행동의 결과가 긍정적이든 부정적이든 스스로 감수해야 한다고

알려주어야 한다.

　요즈음 청소년들이 무책임하다고 여기는 어른들의 또 다른 불평은 청소년들이 너무 무감각하고 냉담하다는 것이다. 한마디로 책임이 따르는 일을 하려고도 하지 않고, 또 하고 싶어 하지도 않는다는 것이다. 그런데 청소년들이 그런 일을 거부하는 이유는 단순히 하는 일에 열의나 흥미가 부족하기 때문이 아니다. 그 전에 이와 유사한 일에 대한 성공 경험이 없고 어른들이 요구하는 책임이 학생 입장으로서는 너무 무겁게 느껴지기 때문이다. 어른들도 실패가 확실해 보이는 일에는 뛰어들기 꺼려하는 것처럼 말이다. 그러한 경우에는 학생들로부터 아예 책임을 빼앗아 버리지 말고, 충분한 자신감이 생겨서 어려운 수준의 일도 기꺼이 책임지려고 할 때까지 조그만 일, 무섭지 않은 일부터 많은 성공의 경험을 갖도록 해야 한다. 이를 통해 청소년들은 '책임감은 보기에도 좋고, 해 보면 재미있는 일이다.'라는 인식을 형성할 수 있다.

① 책임감은 후천적인 것이므로 청소년들의 책임감은 어른이 가르쳐야 한다.
② 청소년에게 책임감을 가르치려면 처음에는 쉬운 일부터 해결하도록 해야 한다.
③ 어른들은 청소년들이 책임감 있는 행동을 하려다 실수를 하더라도 질책하지 말아야 한다.
④ 청소년들이 책임감을 갖게 하려면 행위의 결과보다는 의도의 중요성을 강조해야 한다.

16 ①②③
다음 〈보기〉를 발음한 것으로 옳은 것은?

――― 〈보 기〉 ―――
절약 – 몰상식한 – 낯설어 – 읊조렸어

① 저략 – 몰쌍식한 – 낟써러 – 읍조려써
② 저략 – 몰쌍시칸 – 낟써러 – 읍쪼려써
③ 절략 – 몰쌍시칸 – 낟썰어 – 읍쪼려써
④ 절략 – 몰쌍시칸 – 나써러 – 읍조려써

17 ①②③
다음 글에 대한 설명으로 가장 옳지 않은 것은?

나는 아직 죽은 것이 아닙니다.
나의 우둔(愚鈍)이 끝났다고 생각하는 것은 세상 사람들의 일.
결코 나는 죽은 것이 아닙니다.

죽어, 그대가 나의 시신을 쓰다듬을 때까지
그대의 손이 나의 두 눈을 가릴 때까지
나의 정직한 어리석음은 아직
끝나지 않은 것입니다.

① 상여부착 설화의 원형을 따르고 있다.
② 온달의 죽음에 초점이 맞춰져 있다.
③ 온달이 평강공주에게 고백하는 내용이다.
④ 『삼국유사』「기이」 편에 실린 내용을 재해석한 것이다.

18 ①②③
다음 중 외래어 표기법상 주어진 〈보기〉의 항과 예시가 바르게 연결된 것은?

――― 〈보 기〉 ―――
㉠ 원지음이 아닌 제3국의 발음으로 통용되고 있는 것은 관용을 따른다.
㉡ 중국 인명은 과거인과 현대인을 구분하여 과거인은 종전의 한자음대로 표기하고, 현대인은 원칙적으로 중국어 표기법에 따라 표기하되, 필요한 경우 한자를 병기한다.
㉢ 일본의 인명과 지명은 과거와 현대의 구분 없이 일본어 표기법에 따라 표기하는 것을 원칙으로 하되, 필요한 경우 한자를 병기한다.
㉣ 지명이 산맥, 산, 강 등의 뜻이 들어 있는 것은 '산맥', '산', '강' 등을 겹쳐 적는다.

① ㉠: 앙카라 – 간디
② ㉡: 공자 – 등소평
③ ㉢: 이등박문 – 풍신수길
④ ㉣: 몽블랑산 – 히말라야산

19 ①②③

다음 중 〈보기〉의 조건을 모두 충족시킨 문장으로 옳은 것은?

〈보 기〉
- 이중 피동 및 불필요한 사동을 쓰지 말 것
- 과도한 명사형을 쓰지 말 것
- 무생물 주어를 쓰지 말 것

① 내가 친구 한 명을 소개시켜 준다고 했다.
② 그 연예인은 이미 알려져 있다.
③ 과학자들이 연구함으로써 과학 발전에 이바지한다.
④ 대학 축제가 학교를 화합의 분위기로 만들었다.

20 ①②③

〈보기〉에 따라 빈칸 안에 들어갈 주격 조사로 옳은 것은?

太子(태자)를 하늘히 글히샤 兄(형)ㄱ뜨디 일어시늘 聖孫
(성손)을 내시니이다.
世子(세자)를 하늘히 글히샤 帝命(제명)이 노리어시늘 聖
子(성자)를 내시니이다.
– 「용비어천가」 제8장

奉天討罪(   )실씨 四方諸侯(   ) 몯더니 聖化(성화)
ㅣ 오라샤 西夷(서이) 쏘 모드니
唱義班師(창의반사)ㅣ 실씨 千里人民(천리인민)이 몯더니
聖化(성화)ㅣ 기프샤 北狄(북적)이 쏘 모드니
– 「용비어천가」 제9장

〈보 기〉
- 'ㅣ' 모음으로 끝난 체언 뒤에서는 생략한다.
- 'ㅣ' 이외의 모음으로 끝난 체언 뒤에서는 'ㅣ'로 표기한다.
- '자음'으로 끝난 체언 뒤에서는 '이'로 표기한다.

① 이 – 생략
② ㅣ – 이
③ 생략 – ㅣ
④ ㅣ – ㅣ

[21~22] 다음 글을 읽고 물음에 답하시오.

옛날 이 원소가 생기기 전에, 이 터에는 장자 첨지가 수
없는 종들과 전지와 살진 가축들을 가지고 살았다는 것이
다. 그런데 그 첨지는 하도 인색하여서, 연년이 추수하는 곡
식을 미처 먹지 못하고 곡간에서 푹푹 썩어내도 근처 어려
운 사람들을 구제할 생각은 고사하고, 어쩌다 걸인이 밥 한
술을 구걸하여도 그것이 아까워서는 대문을 닫아걸고 끼니
도 끓여 먹었다는 것이다.

그런데 마침 몇 해를 거푸 흉년이 들어서 이 동네 사람들이
모두 굶어죽게 되었을 때 그들은 하루에도 몇 번씩 장자 첨지
에게 애걸을 하였다. 그러나 첨지는 들은 체도 하지 않고 오
히려 그들을 나무라고 문간에도 들이지 않았다는 것이다.

그러므로 그들은 하는 수 없이 몰래 작당을 하여 가지고
밤중에 장자 첨지네 집을 습격하여 쌀과 살진 짐승들을 끌
어냈다는 것이다. 이런 일이 있은 후 며칠 만에 장자 첨지는
관가에 고소장을 들여 이 근처 농민들을 모두 잡아가게 하
였다. 그래서 무수한 악형을 하고 혹은 죽이고 그나마는 멀
리 쫓아 버렸다는 것이다.

아버지, 어머니 혹은 아들딸을 잃어버린 이 동네 노인이
며 어린것들은 목이 터지도록 아버지, 어머니를 부르며 혹
은 아들과 딸을 찾으며 장자 첨지네 마당가를 떠나지 않고
울었다는 것이다.

그래서 울고 울고 또 울어서 그 눈물이 고이고 고이어서
마침내는 장자 첨지네 고래 잔등 같은 기와집이 하룻밤 새
에 큰 못으로 변하였다는 것이다. 그 못이 즉, 내려다보이는
㉠ 저 푸른 못이다.

21 ①②③

윗글이 전설이라는 증거를 찾을 수 있는 부분으로 옳은 것은?

① 옛날 이 원소가 생기기 전에, 이 터에는 장자 첨지가 수없
는 종들과 전지와 살진 가축들을 가지고 살았다는 것이다.
② 그러므로 그들은 하는 수 없이 몰래 작당을 하여 가지고
밤중에 장자 첨지네 집을 습격하여 쌀과 살진 짐승들을
끌어냈다는 것이다. 이런 일이 있은 후 며칠 만에 장자 첨
지는 관가에 고소장을 들여 이 근처 농민들을 모두 잡아
가게 하였다. 그래서 무수한 악형을 하고 혹은 죽이고 그
나마는 멀리 쫓아 버렸다는 것이다.
③ 기와집이 하룻밤 새에 큰 못으로 변하였다는 것이다.
④ 그 못이 즉, 내려다보이는 저 푸른 못이다.

22 ☐1☐2☐3

윗글의 내용을 바탕으로 할 때, 밑줄 친 ㉠을 한자로 표현한 것으로 옳은 것은?

① 苑沼　　　　② 怨沼

③ 原沼　　　　④ 元沼

25 ☐1☐2☐3

위 시의 주제로 옳은 것은?

① 인생의 본질

② 존재의 의의

③ 고독의 속성

④ 자연의 섭리

[23~25] 다음 시를 읽고 물음에 답하시오.

> 울지 마라
> 외로우니까 사람이다
> 살아간다는 것은 외로움을 견디는 일이다
> 공연히 오지 않는 전화를 기다리지 마라
> 눈이 오면 눈길을 걸어가고
> 비가 오면 빗길을 걸어가라
> 갈대 숲에서 가슴검은도요새도 ㉠너를 보고 있다
> 가끔은 하느님도 외로워서 눈물을 흘리신다
> 새들이 나뭇가지에 앉아 있는 것도 외로움 때문이고
> 네가 물가에 앉아 있는 것도 외로움 때문이다
> 산 그림자도 외로워서 하루에 한 번씩 마을로 내려온다
> 종소리도 외로워서 울려 퍼진다
>
> — 정호승, 「수선화에게」

23 ☐1☐2☐3

위 시에서 쓰인 수사법이 아닌 것은?

① 의인법

② 대구법

③ 반복법

④ 풍유법

24 ☐1☐2☐3

다음 중 위 시의 밑줄 친 ㉠ '너'가 지칭하는 것은?

① 눈

② 비

③ 수선화

④ 긴 그림자

2017 기출문제

☑ 시험시간 25분 ☑ 해설편 058쪽

01 ① ② ③

다음 중 밑줄 친 부분의 품사가 다른 것은?

① 우리 집 정원에는 <u>곧은</u> 나무가 서 있다.
② 그와 <u>아쉬운</u> 이별을 뒤로 하고 우리는 또다시 일상으로 복귀하였다.
③ <u>가벼운</u> 걸음으로 귀향길에 올랐다.
④ 왼쪽 다리를 <u>바른</u> 무릎 위에 올려 놓아라.

02 ① ② ③

다음 중 띄어쓰기가 옳은 것은?

① 폭우처럼 비가 오는데도 갑판 대원들은 입항 준비로 분주했다.
② 신념이 확고한 그를 설득하는데 무려 사흘이 걸렸다.
③ 얼굴도 예쁜데다가 성격도 좋다.
④ 그렇게 고마울데가, 그분의 힘이 컸어요.

03 ① ② ③

다음 글을 읽고 추론한 내용으로 옳지 않은 것은?

1287년 고려 이승휴가 저술한 『제왕운기』 동명성왕 건국 신화편에 '술'이란 단어가 우리나라 문헌에 처음 등장한다. 해모수가 웅장한 궁궐을 짓고 하백의 딸들을 초청하여 술과 음식을 대접하였다는 기록이다. 그 이후로도 술은 과실주나 민속주의 형태로 오늘날까지 이어지고 있다. 농경 문화의 공동체 생활에 익숙한 우리나라 사람들은 술을 마시며 감정을 함께 나누는 것이 사회생활, 즉 인간관계를 형성하거나 유지하는 데 필요하다고 여겨 왔다. 이러한 음주 문화에 대한 인식으로 우리나라 사람들은 신입생 환영회, 단합회 등의 명분으로 함께 술을 마시며 친목을 도모하는 것을 중요

하다고 생각한다. 술자리에서 건강상의 이유, 종교적인 이유 등으로 몸을 사리면 분위기를 흐린다며 싫어한다. 하지만 선천적으로 술을 마시고 싶어도 마실 수 없는 사람들도 있다.

어떤 사람이 술에 약하다는 것은 바로 아세트알데하이드 분해 효소가 남들보다 적다는 것을 의미한다. 특히 평소 술한 잔만 마셔도 얼굴이 빨갛게 변하는 홍조를 겪는 사람들은 선천적으로 알코올 분해 효소가 부족한 체질로, 체질적으로 술이 약한 사람은 남들만큼 술을 마시면 몸에 해롭다. 술자리를 즐기는 문화와는 달리 한국인의 40%는 알코올 분해 효소가 매우 적어 술에 약하다는 예상 밖의 연구 결과가 있다.

술을 마시면 술에 포함된 알코올이 위장에서 흡수돼 혈액으로 들어간다. 이 알코올은 간으로 운반된 후 알코올 탈수소 효소에 의해 분해돼 유독성 대사 산물인 아세트알데하이드란 물질로 바뀐다. 아세트알데하이드는 다시 아세트알데하이드 분해 효소에 의해 아세트산과 물로 분해돼 소변으로 배출된다. 하지만 과도한 음주는 간에서 아세트알데하이드를 충분히 분해하지 못하므로 체내에 축적되어 안면 홍조증, 음주 후 구토, 두통 등의 부작용을 일으킨다.

얼굴이 붉어지는 사람도 술을 자주 마시다 보면 주량이 늘고 얼굴도 덜 붉어지는 경향이 있다. 이는 뇌의 일부분이 알코올에 적응하기 때문인데, 이 경우에도 아세트알데하이드는 분해되지 않고 체내에 남는다는 사실을 명심해야 한다. 예전보다 얼굴이 덜 붉어지는 사람을 보고 "술이 많이 늘었네" 하면서 술을 더 권하는 경우가 있는데 이는 잘못된 음주 상식으로 인하여 생긴 술자리 문화다. 과다한 음주는 알코올성 지방간을 초래하며, 심해지면 간이 딱딱하게 굳는 간경화증으로 악화되고 간암으로도 이어질 수 있다. 또한 심근 경색이나 뇌혈관 질환 등의 위험도 커진다. 삼국 시대 이후 우리의 농경 문화를 배경으로 형성된 음주에 대한 인식을 하루아침에 바꾸기는 힘들지만, 알코올 분해 능력은 선천적이고 개별적인 것을 인지하고 막무가내로 술을 권하는 문화는 지양해야 한다.

① 우리나라의 음주 문화는 술자리에서 친목을 다지는 것을 중시하기 때문에 술자리를 피하기 어렵다.
② 한국인의 40%는 아세트알데하이드 분해 효소가 매우 적다.
③ 알코올은 체내에서 아세트산과 물로 분해된다.
④ 주량이 늘면 뇌의 일부분이 알코올에 적응하여 체내에서 아세트알데하이드를 더 잘 분해한다.

04 [1][2][3]

다음 〈보기〉에 대한 설명으로 옳지 않은 것은?

― 〈보 기〉 ―

불·휘 기·픈 ⓐ 남·ᄀᆞᆫ ᄇᆞ·ᄅᆞ·매 아·니 :뮐·ᄊᆡ, ⓑ 곶 :됴·코
여·름·하ᄂᆞ·니.
:ᄉᆡ·미 기·픈 ·므·른 ⓒ ·ᄀᆞᄆᆞ·래 아·니 그·츨·ᄊᆡ, ⓓ :내·히
이·러 바·ᄅᆞ·래 ·가ᄂᆞ·니

― 「용비어천가」

※ ⓐ~ⓓ는 「해설편」의 **이렇게 출제됐어요** 참고

① 경기체가의 대표작이다.
② '남·ᄀᆞᆫ'과 ':ᄉᆡ·미'는 조선과 조선의 백성, 'ᄇᆞ·ᄅᆞ·매'와 'ᄀᆞ
ᄆᆞ·래'는 시련을 주는 대상을 상징한다.
③ '여·름·하ᄂᆞ·니'는 열매가 많다는 의미이다.
④ '내·히이·러'는 냇물이 모인다는 의미이다.

05 [1][2][3]

다음 복수 표준어 인정 사례 중 의도가 다른 하나를 고른 것은?

① 목물 – 등물
② 남우세스럽다 – 남사스럽다
③ 어수룩하다 – 어리숙하다
④ 토담 – 흙담

06 [1][2][3]

다음 중 한자 성어의 쓰임이 옳지 않은 것은?

① 孤掌難鳴이라고 이 싸움은 너희 모두에게 책임이 있다.
② 男負女戴한 사람들이 전쟁 피난길에 올랐다.
③ 오랜 전쟁으로 肝膽相照했던 차에 드디어 전쟁이 끝나게 되었다.
④ 말을 잘하는 사람은 口蜜腹劍할지도 모르니 조심해야 한다.

07 [1][2][3]

다음 중 언어 예절이 옳지 않은 것은?

① 아내 남동생의 아내는 '처남의 댁' 또는 '처남댁'이라고 부를 수 있다.
② 남편 누나의 남편은 '아주버님'이라고 부를 수 있다.
③ 남동생의 장인을 '사돈어른'이라고 부를 수 있다.
④ 조위금 봉투에는 '부의' 또는 '근조'라고 쓸 수 있다.

08 [1][2][3]

다음 상황에 적합한 속담으로 옳은 것은?

내년 ○○도지사 선거에 각 정당의 유력 후보들이 출마 의사를 밝혔다. 정치인 A 씨도 박빙의 승부처인 ○○도지사 후보이다. 하지만 정치인 A 씨의 사위는 평소 자신에게 불리한 대우를 하는 장모 A 씨에 대한 앙심을 품고 그녀의 사생활에 대한 이야기를 언론에 익명으로 제보하고 있다.

① 논 팔아 굿 하니 맏며느리 춤춘다
② 눈 어둡다더니 다홍고추만 잘 딴다
③ 봄에 깐 병아리 가을에 와서 세어본다
④ 느린 소도 성낼 때가 있다

09 123

다음 글을 순서대로 바르게 나열한 것은?

(가) 우유는 인간에게 양질의 영양소를 공급하는 식품이다. 하지만 아무런 처리를 하지 않은 우유, 즉 원유를 가공하지 않고 그대로 유통하게 되면 부패나 질병을 유발하는 유해 미생물이 빠르게 증식할 위험이 있다. 그렇기 때문에 평소에 우리가 마시는 우유는 원유를 열처리하여 미생물을 제거해야 할 것이다.

(나) 먼저, 원유를 63℃에서 30분간 열처리하여 그 안에 포함된 미생물을 99.999% 이상 제거하는 '저온 살균법'이 있다. 저온 살균법은 미생물을 제거하는 데는 효과적이나 시간이 오래 걸린다는 단점이 있다. 이를 보완하기 위해 개발된 방법이 '저온 순간 살균법'이다. 저온 순간 살균법은 원유를 75℃에서 15초간 열처리하는 방법이다. 이 방법은 미생물 제거 효과가 저온 살균법과 동일하지만 우유의 대량 생산을 위해 열처리 온도를 높여서 열처리 시간을 단축시킨 것이다.

(다) 원유를 열처리하게 되면 원유에 포함되어 있는 미생물의 개체 수가 줄어드는데, 일반적으로 가열 온도가 높을수록, 가열 시간이 길수록 그 수는 더 많이 감소한다. 그런데 미생물의 종류에 따라 미생물을 제거하는 데 필요한 시간과 온도가 다르기 때문에 적절한 열처리 조건을 알아야 한다.

(라) 저온 살균법이나 저온 순간 살균법으로 처리한 우유의 유통 기간은 냉장 상태에서 5일 정도이다. 만약 우유의 유통 기간을 늘리려면, 저온 살균법이나 저온 순간 살균법으로 처리해도 죽지 않는 미생물까지도 제거해야 한다. 열에 대한 저항성이 큰 종류의 미생물까지 제거하기 위해서는 134℃에서 2~3초간 열처리하는 '초고온 처리법'을 사용한다. 이렇게 처리된 우유를 멸균 포장하면 상온에서 1개월 이상의 장기 유통이 가능하다.

① (가) – (나) – (다) – (라)
② (가) – (나) – (라) – (다)
③ (가) – (다) – (나) – (라)
④ (가) – (라) – (다) – (나)

10 123

다음 중 제시문을 적절히 이해한 사람은?

과연 인간은 이기적으로만 행동할까.

경제학에서 말하는 소비자는 최소 비용을 들여 효용과 만족을 극대화하고 기업인은 최소 생산비로 어떻게든 이윤을 극대화한다. 경제인(호모 에코노미쿠스)은 자기 이익에 따라 합리적으로만 행동한다. 그러나 인간이 이기적으로만 행동한다고 가정하는 것이 과연 올바른가?

인간은 때에 따라 이기적이면서도 이타적으로 행동하고, 희로애락에 즐거워하고 슬퍼하거나 분노하며, 길거리에서 주운 물건을 그냥 가질까 되돌려 줄까를 저울질하기도 한다. 인간의 행동은 수많은 동기와 복잡한 내면으로 가득 차 있다. 이것을 오로지 이기심이라는 말로만 재단할 수는 없다.

여러 경제학자는 복잡한 인간의 행동을 게임과 실험으로 들여다보는 작업을 꾸준히 시도해 왔다. 이 가운데 가장 유명한 실험이 '최후통첩 실험'이다. 실험의 내용을 살펴보자. 실험자는 실험 대상으로 나선 민수와 영희 둘 중의 한 사람에게 10,000원을 준다. 만약 민수에게 돈을 주었다면 민수가 그 돈을 영희와 얼마씩 나눌 것인가를 결정하고, 그 제안을 영희에게 제시하게 한다. 민수의 제안을 영희가 받아들이면 공돈 10,000원은 서로 나눠 가져도 좋지만 만약 영희가 이를 거부한다면 돈은 다시 몰수된다.

실제로 1982년 독일 퀼른 대학에서 게임 이론에 문외한인 42명의 학생을 상대로 게임을 진행하였다. 이 실험에서 민수와 같은 제안자들은 평균적으로 총금액의 37퍼센트, 즉 3,700원을 상대방에게 제안하였으며, 전체 금액의 50퍼센트인 5,000원을 제안한 사람이 가장 많았다. 그리고 상대방은 총금액의 30퍼센트가 넘지 않으면 제안을 거부했다.

경제학에서 말하는 것처럼 두 사람이 자신에게 최대 이익을 가져다주는 방향으로 행동한다면 영희는 민수의 제안을 거부해서 한 푼도 못 받는 것보다는 단돈 100원이라도 받는 것이 훨씬 이득이다. 자신의 이익을 최대한 취할 수 있는 합리적인 전략으로 최소한의 금액을 제안하고, 상대방은 이것을 받아들이는 것으로 게임이 끝날 것이다. 그런데 그게 아니었다. 평균적으로 배분 몫이 7 대 3이 되지 않을 경우에 상대방은 아예 그 돈을 포기했다. 한 푼도 못 받는 것보다 단돈 100원이라도 받으면 이득이 되는 상황인데도 말이다.

최후통첩 실험은 이후에 많은 사람을 대상으로 계속되었지만, 결과는 최초의 실험 결과와 거의 같았다. 예로 든 실험에서 민수와 같이 제안자의 역할을 부여받은 사람은 평균적으로 40~50퍼센트에 해당하는 금액을 상대방에게 건네주었으며, 제안된 금액이 30퍼센트 미만이면 상대방은 그 제안을 거부하는 경우가 많았다. 지나치게 이익을 앞세워 1,000원만을 제시하고 자신은 9,000원을 갖겠다는 불공정한 제안은 상대방에게 단호히 거부당했다. 사람들은 자기가 얻을 수 있는 1,000원을 기꺼이 포기하여 상대방도 9,000원을 받지 못하도록 응징했다.

① 재경: 돈 받는 사람이 금액을 선택하면 결과가 다르겠군.
② 지원: 최후통첩 실험에 따르면 인간은 이타적이다.
③ 승호: 최후통첩 실험은 이후에도 계속되었고, 제안된 금액이 30% 이상이면 항상 거래는 성립되었다.
④ 루겸: 인간은 이기적인 인간을 응징하려는 경향을 지니고 있다.

11 ①②③
다음 로마자 표기법 중 〈보기〉로 설명할 수 없는 것은?

─── 〈보 기〉 ───
- 집현전(Jiphyeonjeon)
- 낙동강(Nakdonggang)
- 묵호(Mukho)

① 된소리되기는 표기에 반영하지 않는다.
② 고유명사는 첫 글자를 대문자로 적는다.
③ 장모음을 표기하지 않는다.
④ 체언에서 'ㄱ, ㄷ, ㅂ' 뒤에 'ㅎ'이 따를 때에는 'ㅎ'을 밝혀 적는다.

12 ①②③
다음에서 밑줄 친 '훔치다'와 다른 것은?

그것은 어느 여름 어른들이 겪었다던 물난리 같은 것일까 질펀하고 구질구질한 난장판 같은 것일까 아버지의 작업복을 기워 만든 걸레로 마룻바닥을 훔치며 어머니는 바닥 여기저기 묻어 있는 수박물을 볼 것이다 벌건, 그러나 약간은 어둡고, 끈끈한 수박물을…… 왠지 쓸쓸해지기만 하는 어떤 삶을……

– 이성복, 「수박」

① 눈물을 훔치다.
② 손수건으로 코를 훔치다.
③ 풀을 훔치다.
④ 방을 훔치다.

13 ①②③
다음 중 사이시옷의 형성 원리가 다른 것은?

① 제삿날   ② 가윗일
③ 툇마루   ④ 양칫물

14 ①②③
다음 중 밑줄 친 부분의 띄어쓰기가 옳지 않은 것은?

① 나의 어릴 적 사진을 보며 어머니는 추억에 눈시울을 글썽이셨다.
② 제 1차 세계대전은 무려 4년간 지속되었다.
③ 어머니는 그동안 최씨 문중의 맏며느리로서 맡은 바 소임에 최선을 다하셨다.
④ 두 사람의 관계는 먼 촌수의 숙질간이었다.

15 ①②③

다음 소설의 며느리와 시어머니의 대화 중, 며느리의 의도로 옳은 것은?

"그래 그때 어머님 마음이 어떠셨어요?"

"마음이 어떻기는야. 팔린 집이나마 거기서 하룻밤 저 아그를 재워 보내고 싶어 싫은 곪고 드나들며 마당도 쓸고 걸레질도 훔치며 기다려 온 에미였는디, 더운 밥 해 먹이고 하룻밤을 재우고 나니 그만만 해도 한 소원은 우선 풀린 것 같더구나."

"그래, 어머님은 흡족한 기분으로 아들을 떠나 보내셨다는 그런 말씀이시겠군요. 하지만 정말로 그게 그렇게 될 수가 있었을까요? 어머님은 정말로 그렇게 흡족한 마음으로 아들을 떠나 보내실 수 있으셨을까 말씀이에요. 아들은 다시 학교로 돌아가는 길이었다 하더라도 어머님 자신은 그때 변변한 거처 하나 마련해 두시질 못하셨을 처지에 말씀이에요."

"나더러 또 무슨 이야길 더 하라는 것이냐."

"그때 아들을 떠나보내실 때 어머님 심경을 듣고 싶어요. 객지 공부 가는 어린 아들을 그런 식으로 떠나보내시면서 어머님 자신도 거처가 없이 떠도셔야 했던 그때 처지에서 어머님이 겪으신 심경을 말씀예요."

"그만두거라. 다 쓸데없는 노릇이니라. 이야기를 한들 그때 마음이야 네가 어찌 다 알아들을 수가 있었겠냐."

노인은 다시 이야기를 사양했다.

그러나 그 체념 기가 완연한 노인의 어조에는 아직도 혼자 당신의 맘속으로만 지녀 온 어떤 이야기가 남아 있을 거 같았다.

나는 이제 더 이상 기다리고 있을 수가 없었다. 아내는 그런 나의 기미를 눈치 채고 있었다 하더라도 노인만은 아직 그걸 알지 못하고 있었다. 노인의 말을 그쯤에서 그만 중단시켜야 했다. 아내가 어떻게 나온다 하더라도 내게까지 그것을 알게 하고 싶지는 않을 노인이었다. 내 앞에선 더 이상 노인의 이야기가 계속될 수가 없었다.

나는 이윽고 헛기침을 한 번 하고서 그 노인의 눈길이 닿고 있는 장지문 앞으로 모습을 불쑥 드러내고 나섰다.

① 어머니의 행동을 격려하고 있다.

② 어머니를 책망하고 있다.

③ 어머니가 말을 잇게 하고 있다.

④ 어머니가 진실을 말할 때까지 신문하고 있다.

16 ①②③

다음 중 한자어 표기가 옳지 않은 것은?

① 내가 처한 모든 상황에 염증(炎症)이 난다.

② 식초를 물에 희석(稀釋)해서 마시는 사람도 있습니다.

③ 제 모든 성공은 도와주신 여러분 덕택(德澤)입니다.

④ 그에 대한 근거 없는 소문은 시간이 흘러도 사람들에게 회자(膾炙)되고 있다.

17 ①②③

다음 중 외래어 표기가 옳지 않은 것은?

① 타깃   ② 섀도우복싱

③ 앙케트   ④ 바리케이드

18 ①②③

다음 중 밑줄 친 '틀리게'의 품사와 성분으로 옳은 것은?

> 너는 이 간단한 문제도 틀리게 계산하고는 마음이 편하니?

① 동사, 부사어   ② 형용사, 부사어

③ 동사, 관형어   ④ 형용사, 관형어

19 ①②③

다음 내용을 통하여 추론한 것으로 옳은 것은?

과거에는 공공 서비스가 경합성과 배제성이 모두 약한 사회 기반 시설 공급을 중심으로 제공되었다. 이런 경우 서비스 제공에 드는 비용은 주로 세금을 비롯한 공적 재원으로 충당을 한다. 하지만 복지와 같은 개인 단위 공공 서비스에 대한 사회적 요구가 증가함에 따라 관련 공공 서비스의 다양화와 양적 확대가 이루어지고 있다. 이로 인해 정부의 관련 조직이 늘어나고 행정 업무의 전문성 및 효율성이 떨어지는 문제점이 나타나기도 한다. 이 경우 정부는 정부 조직의 규모를 확대하지 않으면서 서비스의 전문성을 강화할 수 있는 민간 위탁 제도를 도입할 수 있다. 민간 위탁이란 공익성을 유지하기 위해 서비스의 대상이나 범위에 대한 결정권과 서비스 관리의 책임을 정부가 갖되, 서비스 생산은 민간 업체에게 맡기는 것이다.

민간 위탁 업체는 수익성을 중심으로 공공 서비스를 제공하기 때문에, 수익이 나지 않을 경우에는 민간 위탁 업체가 제공하는 공공 서비스가 기대 수준에 미치지 못할 수 있다. 또한 민간 위탁 제도에 의한 공공 서비스 제공의 성과는 정확히 측정하기 어려운 경우가 많아서 평가와 개선이 지속적으로 이루어지지 않을 때에는 오히려 민간 위탁 제도가 공익을 저해할 수 있다. 따라서 민간 위탁 제도의 도입을 결정할 때에는 서비스의 성격과 정부의 관리 능력 등을 면밀히 검토하여 신중하게 결정해야 한다.

① 개인에게 제공되는 공공 서비스에 대한 사회적 요구가 증가하여 공공 서비스가 다양화되고 양적으로 확대되자 이를 해결하기 위해 정부는 획일화된 서비스를 제공하는 민간 위탁 제도를 도입하게 되었다.
② 공공 서비스 공급을 확대하기 위한 정부의 민간 위탁 방식이 단일화되어 있어서 공공 서비스의 생산과 수요를 탄력적으로 조절할 수 없다.
③ 민간 위탁 업체는 수익성을 중심으로 공공 서비스를 제공하기 때문에 수익성이 낮은 분야에는 적용되지 않는다.
④ 민간 위탁 제도에 의한 공공 서비스 제공에는 공공 서비스의 공익성을 불안정하게 만들 수 있는 위험 요인이 존재한다.

20 ① ② ③
다음 중 바르게 쓴 문장을 고른 것은?

① 소생의 자식 결혼 시 축복과 격려하여 주신 데 대하여 감사를 드립니다.
② 귀하의 노고와 번영을 진심으로 기원합니다.
③ 정성을 다한 시공과 최대한 공사 기간을 단축하여 차도 공사를 마무리하겠습니다.
④ 직분, 즉 해야 할 일을 해야 한다는 것이다.

21 ① ② ③
다음 문장 중 밑줄 친 어휘의 쓰임이 옳은 것은?

① 갑작스러운 시어머니의 방문에 그녀는 <u>안절부절못했다</u>.
② 난이도를 낮춰 시험이 쉬웠다.
③ 음악을 듣는 <u>와중에</u> 수업 종이 울렸다.
④ 그는 경기도지사를 <u>역임</u>했다.

22 ① ② ③
다음 글에서 밑줄 친 ㉠~㉣ 중 성격이 다른 것은?

우리네 삼거리엔 명물이 몇 군데 있다……. 삼거리의 오랜 명물 '까치상회'는 애초에 우리가 이사올 때까지만 하더라도 꾀죄죄한 시골 구멍가게에 불과했으나 ㉠ 연립과 단독 양옥들이 우후죽순 격으로 들어선 뒤부터 날로 번창하여 지금은 제법 신수가 훤해졌다. 신수가 훤해졌다고는 하나 요란스럽게 덜컹거리기만 했지 잘 열리지도 않는 그 구중중한 새시문은 예전 그대로이고 물건을 늘어 놓는 장소 역시 어수선하고 비좁기는 예와 하나도 다를 것이 없다. 달라졌다는 건 매상이 몇 배로 뛰어오르고 ㉡ 물건이 다종다양해진 데다 ㉢ 앵글로 끼워 맞춘 진열대를 새로 들여놓았달 뿐, 그놈의 그 괴상한 간판만은 예전 그대로여서 지나치는 외부사람들의 고개를 갸우뚱거리게 하기는 변함이 없다. 그 집 간판이란 진녹색 바탕칠에다 ㉣ 하얀 페인트를 입힌 나무토막 글씨를 올려다 붙인 것인데, '상'자의 동그라미 받침이 떨어져나가 버려서 누구에게든 '까치사회'로 읽히게 마련이다. 하긴 그 집에 말 많은 아래윗동네 사람들이 떼거리로 모여 까악까악 시도때도 없이 우짖기 일쑤니만큼 상회보다 사회라고 하는 쪽이 더 어울릴지도 모른다. 그러나 그 집 상호가 해학적이라고 해서 집주인마저 그렇달 순 없다. 주인은 안팎으로 둘 다 말수가 적고 비둘기같이 양순한 사람들이다.

① ㉠   ② ㉡
③ ㉢   ④ ㉣

23 ☐1☐2☐3

다음 중 글의 내용과 일치하지 않는 것은?

어떤 경제 주체의 행위가 자신과 거래하지 않는 제3자에게 의도하지 않게 이익이나 손해를 주는 것을 '외부성'이라 한다. 과수원의 과일 생산이 인접한 양봉업자에게 벌꿀 생산과 관련한 이익을 준다든지, 공장의 제품 생산이 강물을 오염시켜 주민들에게 피해를 주는 것 등이 대표적인 사례이다.

외부성은 사회 전체로 보면 이익이 극대화되지 않는 비효율성을 초래할 수 있다. 개별 경제 주체가 제3자의 이익이나 손해까지 고려하여 행동하지는 않을 것이기 때문이다. 예를 들어, 과수원의 이익을 극대화하는 생산량이 Qα라고 할 때, 생산량을 Qα보다 늘리면 과수원의 이윤은 줄어든다. 하지만 이로 인한 과수원의 이윤 감소보다 양봉업자의 이윤 증가가 더 크다면, 생산량을 Qα보다 늘리는 것이 사회적으로 바람직하다. 하지만 과수원이 자발적으로 양봉업자의 이익까지 고려하여 생산량을 Qα보다 늘릴 이유는 없다.

전통적인 경제학은 이러한 비효율성의 해결책이 보조금이나 벌금과 같은 정부의 개입이라고 생각한다. 보조금을 받거나 벌금을 내게 되면 제3자에게 주는 이익이나 손해가 더 이상 자신의 이익과 무관하지 않게 되므로, 자신의 이익에 충실한 선택이 사회적으로 바람직한 결과로 이어진다는 것이다.

그러나 전통적인 경제학은 모든 시장 거래와 정부 개입에 시간과 노력, 즉 비용이 든다는 점을 간과하고 있다. 외부성은 이익이나 손해에 관한 협상이 너무 어려워 거래가 일어나지 못하는 경우이므로, 보조금이나 벌금뿐만 아니라 협상을 쉽게 해 주는 법과 규제도 해결책이 될 수 있다. 어떤 방식이든, 정부 개입은 비효율성을 줄이는 측면도 있지만 개입에 드는 비용으로 인해 비효율성을 늘리는 측면도 있다.

① '외부성'이란 개별 경제 주체가 제3자에게 의도하지 않은 이익이나 손해를 주는 것이다.

② 전통적인 경제학은 보조금을 받거나 벌금을 내는 행위가 외부성을 줄이기 위한 정부의 개입이라고 본다.

③ 전통적인 경제학은 개별 경제 주체가 자신이 경제적으로 손해 보지 않기 위해 제3자의 이익이나 손해를 고려한다고 본다.

④ 전통적인 경제학은 모든 시장 거래와 정부 개입에 비용이 든다는 사실을 간과하므로 비효율성을 늘리는 측면도 있다.

24 ☐1☐2☐3

다음 시에서 밑줄 친 '가난한'의 의미에 대한 설명으로 옳지 않은 것은?

(가) <u>가난한</u> 내가
　　아름다운 나타샤를 사랑해서
　　오늘밤은 푹푹 눈이 나린다

(나) 그렇것만 나는 하이얀 자리 위에서 마른 팔뚝의
　　새파란 핏대를 바라보며 나는 <u>가난한</u> 아버지를
　　가진 것과 내가 오래 그려오던 처녀가 시집을 간 것과
　　그렇게도 살틀하든 동무가 나를 버린 일을 생각한다

(다) 내가 이렇게 외면하고 거리를 걸어가는 것은 잠풍 날씨가 너무나 좋은 탓이고
　　<u>가난한</u> 동무가 새 구두를 신고 지나간 탓이고 언제나 똑같은 넥타이를 매고 고은 사람을 사랑하는 탓이다

(라) 이 흰 바람벽에
　　내 <u>가난한</u> 늙은 어머니가 있다
　　내 <u>가난한</u> 늙은 어머니가
　　이렇게 시퍼러둥둥하니 추운 날인데 차디찬 물에 손은 담그고 무이며 배추를 씻고 있다

① (가)의 '가난한'은 시인이 사랑하는 여인에게 아무것도 해 줄 수 없는 무기력함을 의미한다.

② (나)의 '가난한'은 기본적으로 물질적 가난을 나타낸다.

③ (다)에서 시인은 가난한 모습들에 대해 이야기하고 있다.

④ (라)에서 시인은 자신과 가까운 이를 '가난하다'라고 표현하고 있다.

25 ☐1☐2☐3

다음 중 단어의 표기가 옳은 것은?

① 새벽녁

② 짐작컨대

③ 눈을 부치고

④ 넉넉지

군무원 기출이 답이다
행정법

문제편 목차

2021 | **9급** 기출문제

☑ 시험시간 25분 ☑ 해설편 068쪽

01 ①②③

사인의 공법행위에 대한 설명으로 옳지 않은 것은? (단, 다툼이 있는 경우 판례에 의함)

① 국민이 어떤 신청을 한 경우에 그 신청의 근거가 된 조항의 해석상 행정발동에 대한 개인의 신청권을 인정하고 있다고 보이면 그 거부행위는 항고소송의 대상이 되는 처분으로 보아야 하고, 구체적으로 그 신청이 인용될 수 있는가 하는 점은 본안에서 판단하여야 할 사항이다.

② 민원사항의 신청서류에 실질적인 요건에 관한 흠이 있더라도 그것이 민원인의 단순한 착오나 일시적인 사정 등에 기한 경우에는 행정청은 보완을 요구하여야 한다.

③ 건축주 등은 건축신고가 반려될 경우 건축물의 건축을 개시하면 시정명령, 이행강제금, 벌금의 대상이 되거나 당해 건축물을 사용하여 행할 행위의 허가가 거부될 우려가 있어 불안정한 지위에 놓이게 되므로, 건축신고 반려행위는 항고소송의 대상성이 인정된다.

④ 건축법상의 건축신고가 다른 법률에서 정한 인가·허가 등의 의제효과를 수반하는 경우라도 특별한 사정이 없는 한 수리를 요하는 신고로 볼 수 없다.

02 ①②③

평등원칙에 대한 설명으로 옳지 않은 것은? (단, 다툼이 있는 경우 판례에 의함)

① 국가기관이 채용시험에서 국가유공자의 가족에게 10%의 가산점을 부여하는 규정은 평등권과 공무담임권을 침해한다.

② 평등원칙은 동일한 것 사이에서의 평등이므로 상이한 것에 대한 차별의 정도에서의 평등을 포함하지 않는다.

③ 재량준칙이 공표된 것만으로는 행정의 자기구속의 원칙이 적용될 수 없고, 재량준칙이 되풀이 시행되어 행정관행이 성립한 경우에 적용될 수 있다.

④ 행정의 자기구속의 원칙이 인정되는 경우에는 행정관행과 다른 처분은 특별한 사정이 없는 한 위법하다.

03 ①②③

행정소송제도에 대한 설명으로 옳지 않은 것은?

① 개별법령에 합의제 행정청의 장을 피고로 한다는 명문규정이 없는 한 합의제 행정청 명의로 한 행정처분의 취소소송의 피고적격자는 당해 합의제 행정청이 아닌 합의제 행정청의 장이다.

② 원고가 피고를 잘못 지정한 경우 피고경정은 취소소송과 당사자소송 모두에서 사실심 변론종결에 이르기까지 허용된다.

③ 법원은 당사자소송을 취소소송으로 변경하는 것이 상당하다고 인정할 때에는 청구의 기초에 변경이 없는 한 사실심의 변론종결시까지 원고의 신청에 의하여 결정으로써 소의 변경을 허가할 수 있다.

④ 당사자소송의 원고가 피고를 잘못 지정하여 피고경정신청을 한 경우 법원은 결정으로써 피고의 경정을 허가할 수 있다.

04 1 2 3

수익적 행정행위의 철회에 대한 설명으로 옳은 것은? (단, 다툼이 있는 경우 판례에 의함)

① 수익적 행정행위에 대한 취소권 등의 행사는 기득권의 침해를 정당화할 만한 중대한 공익상의 필요 또는 제3자의 이익을 보호할 필요가 있고, 이를 상대방이 받는 불이익과 비교 · 교량하여 볼 때 공익상의 필요 등이 상대방이 입을 불이익을 정당화할 만큼 강한 경우에 한하여 허용될 수 있다.

② 행정행위를 한 처분청은 비록 처분 당시에 별다른 하자가 없었고, 처분 후에 이를 철회할 별도의 법적 근거가 없더라도 원래의 처분을 존속시킬 필요가 없게 된 중대한 공익상 필요가 발생한 경우에도 그 효력을 상실케 하는 별개의 행정행위로 이를 철회할 수 없다.

③ 수익적 행정행위를 취소 또는 철회하거나 중지시키는 경우에는 이미 부여된 국민의 기득권을 침해하는 것이 되므로, 비록 취소 등의 사유가 있다고 하더라도 허용되지 않는다.

④ 행정행위를 한 처분청은 비록 처분 당시에 별다른 하자가 없었고, 처분 후에 이를 철회할 별도의 법적 근거가 없더라도 원래의 처분을 존속시킬 필요가 없게 된 사정변경이 생겼다는 이유만으로 그 효력을 상실케 하는 별개의 행정행위로 이를 철회하는 것은 허용되지 않는다.

05 1 2 3

행정법의 효력에 대한 설명으로 옳지 않은 것은?

① 조례와 규칙은 특별한 규정이 없으면 공포한 날부터 20일이 경과함으로써 효력을 발생한다.

② 행정법령은 특별한 규정이 없는 한 시행일로부터 장래에 향하여 효력을 발생하는 것이 원칙이다.

③ 법령을 소급적용하더라도 일반국민의 이해에 직접 관계가 없는 경우에는 법령의 소급적용이 허용된다.

④ 법률불소급의 원칙은 그 법률의 효력발생 전에 완성된 요건사실 뿐만 아니라 계속 중인 사실이나 그 이후에 발생한 요건사실에 대해서도 그 법률을 소급적용할 수 없다.

06 1 2 3

「행정절차법」상 청문에 대한 설명으로 옳지 않은 것은?

① 청문 주재자에게 공정한 청문 진행을 할 수 없는 사정이 있는 경우 당사자 등은 행정청에 기피신청을 할 수 있다.

② 청문 주재자가 청문을 시작할 때에는 먼저 예정된 처분의 내용, 그 원인이 되는 사실 및 법적 근거 등을 설명하여야 한다.

③ 청문 주재자는 직권으로 또는 당사자의 신청에 따라 필요한 조사를 할 수 있으며, 당사자 등이 주장하지 아니한 사실에 대하여는 조사할 수 없다.

④ 행정청은 청문을 마친 후 처분을 할 때까지 새로운 사정이 발견되어 청문을 재개(再開)할 필요가 있다고 인정할 때에는 청문조서 등을 되돌려 보내고 청문의 재개를 명할 수 있다.

07 1 2 3

행정지도에 대한 설명으로 옳지 않은 것은?

① 행정지도가 그의 한계를 일탈하지 아니하였다면, 그로 인하여 상대방에게 어떤 손해가 발생하였다 하더라도 행정기관은 그에 대한 손해배상책임이 없다.

② 위법한 건축물에 대한 단전 및 전화통화 단절조치 요청행위는 처분성이 인정되는 행정지도이다.

③ 상대방이 행정지도에 따르지 아니하였다는 것을 직접적인 이유로 하는 불이익한 조치는 위법한 행위가 된다.

④ 국가배상법이 정한 배상청구의 요건인 공무원의 직무에는 행정지도도 포함된다.

08 ☐1 ☐2 ☐3

개인정보 보호에 대한 설명으로 옳지 않은 것은?

① 정보통신서비스 제공자는 이용자가 필요한 최소한의 개인정보 이외의 개인정보를 제공하지 아니한다는 이유로 그 서비스의 제공을 거부할 수 있다.

② 개인정보처리자가 집단분쟁조정을 거부하거나 집단분쟁조정의 결과를 수락하지 아니한 경우에는 법원에 권리침해 행위의 금지·중지를 구하는 단체소송을 제기할 수 있다.

③ 개인정보 보호법은 외국의 정보통신서비스 제공자 등에 대하여 개인정보보호규제에 대한 상호주의를 채택하고 있다.

④ 개인정보자기결정권의 보호대상이 되는 개인정보는 개인의 내밀한 영역에 속하는 영역뿐만 아니라 공적 생활에서 형성되었거나 이미 공개된 개인정보까지 포함한다.

09 ☐1 ☐2 ☐3

「행정소송법」상 당사자소송에 대한 설명으로 옳지 않은 것은?

① 공법상 당사자소송이란 행정청의 처분 등을 원인으로 하는 법률관계에 관한 소송 그 밖에 공법상의 법률관계에 관한 소송으로서 그 법률관계의 한쪽 당사자를 피고로 하는 소송을 말한다.

② 공법상 계약의 한쪽 당사자가 다른 당사자를 상대로 효력을 다투거나 이행을 청구하는 소송은 공법상의 법률관계에 관한 분쟁이므로 분쟁의 실질이 공법상 권리·의무의 존부·범위에 관한 다툼에 관해서는 공법상 당사자소송으로 제기하여야 한다.

③ 원고가 고의 또는 중대한 과실 없이 행정소송으로 제기하여야 할 사건을 민사소송으로 잘못 제기한 경우, 수소법원으로서는 만약 그 행정소송에 대한 관할도 동시에 가지고 있다면 이를 행정소송으로 심리·판단하여야 하고, 그 행정소송에 대한 관할을 가지고 있지 아니하다면 관할법원에 이송하여야 한다.

④ 당사자소송의 경우 법원은 필요하다고 인정할 때에는 직권으로 증거조사를 할 수 있으나, 당사자가 주장하지 아니한 사실에 대하여는 판단하여서는 안 된다.

10 ☐1 ☐2 ☐3

행정법상 허가에 대한 설명으로 옳지 않은 것은?

① 허가는 규제에 반하는 행위에 대해 행정강제나 제재를 가하기보다는 행위의 사법상 효력을 부인함으로써 규제의 목적을 달성하는 방법이다.

② 허가란 법령에 의해 금지된 행위를 일정한 요건을 갖춘 경우에 그 금지를 해제하여 적법하게 행위할 수 있게 해준다는 의미에서 상대적 금지와 관련되는 경우이다.

③ 전통적인 의미에서 허가는 원래 개인이 누리는 자연적 자유를 공익적 차원(공공의 안녕과 질서유지)에서 금지해 두었다가 일정한 요건을 갖춘 경우 그러한 공공에 대한 위험이 없다고 판단되는 경우 그 금지를 풀어줌으로써 자연적 자유를 회복시켜주는 행위이다.

④ 실정법상으로는 허가 이외에 면허, 인가, 인허, 승인 등의 용어가 사용되고 있기 때문에 그것이 학문상 개념인 허가에 해당하는지 검토할 필요가 있다.

11 ☐1 ☐2 ☐3

「행정기본법」에 대한 설명으로 옳은 것만을 모두 고른 것은?

> ㄱ. 행정은 공공의 이익을 위하여 적극적으로 추진되어야 한다.
>
> ㄴ. 행정작용은 법률에 위반되어서는 아니 되며, 국민의 권리를 제한하거나 의무를 부과하는 경우와 그 밖에 국민생활에 중요한 영향을 미치는 경우에는 법률에 근거하여야 한다.
>
> ㄷ. 행정청은 합리적 이유 없이 국민을 차별하여서는 아니 된다.
>
> ㄹ. 행정청은 행정작용을 할 때 상대방에게 해당 행정작용과 실질적인 관련이 없는 의무를 부과해서는 아니 된다.
>
> ㅁ. 행정청은 처분에 재량이 있는 경우에는 부관(조건, 기한, 부담, 철회권의 유보 등을 말한다)을 붙일 수 있다.

① ㄱ, ㄴ, ㄷ

② ㄱ, ㄴ, ㄷ, ㄹ

③ ㄱ, ㄴ, ㄷ, ㄹ, ㅁ

④ ㄴ, ㄷ, ㄹ, ㅁ

12 ☐1☐2☐3

행정소송의 원고적격에 대한 설명으로 옳지 않은 것은? (단, 다툼이 있는 경우 판례에 의함)

① 면허나 인·허가 등의 수익적 행정처분의 근거가 되는 법률이 해당 업자들 사이의 과당경쟁으로 인한 경영의 불합리를 방지하는 것도 그 목적으로 하고 있는 경우, 다른 업자에 대한 면허나 인·허가 등의 수익적 행정처분에 대하여 미리 같은 종류의 면허나 인·허가 등의 처분을 받아 영업을 하고 있는 기존의 업자는 당해 행정처분의 취소를 구할 원고적격이 인정될 수 있다.

② 광업권설정허가처분과 그에 따른 광산 개발로 인하여 재산상·환경상 이익의 침해를 받거나 받을 우려가 있는 토지나 건축물의 소유자와 점유자 또는 이해관계인 및 주민들은 그 처분 전과 비교하여 수인한도를 넘는 재산상·환경상 이익의 침해를 받거나 받을 우려가 있다는 것을 증명하더라도 원고적격을 인정받을 수 없다.

③ 행정처분의 직접 상대방이 아닌 제3자라 하더라도 당해 행정처분으로 인하여 법률상 보호되는 이익을 침해당한 경우에는 취소소송을 제기하여 그 당부의 판단을 받을 자격이 있다.

④ 법인의 주주가 그 처분으로 인하여 궁극적으로 주식이 소각되거나 주주의 법인에 대한 권리가 소멸하는 등 주주의 지위에 중대한 영향을 초래하게 되는데도 그 처분의 성질상 당해 법인이 이를 다툴 것을 기대할 수 없고 달리 주주의 지위를 보전할 구제방법이 없는 경우에는 주주도 그 처분에 관하여 직접적이고 구체적인 법률상 이해관계를 가진다고 보이므로 그 취소를 구할 원고적격이 있다.

13 ☐1☐2☐3

공법상 결과제거청구권에 대한 설명으로 옳지 않은 것은?

① 공법상 결과제거청구권의 대상은 가해행위와 상당인과관계가 있는 손해이다.

② 결과제거청구는 권력작용뿐만 아니라 관리작용에 의한 침해의 경우에도 인정된다.

③ 원상회복이 행정주체에게 기대 가능한 것이어야 한다.

④ 피해자의 과실이 위법상태의 발생에 기여한 경우에는 그 과실에 비례하여 결과제거청구권이 제한되거나 상실된다.

14 ☐1☐2☐3

행정심판의 재결에 대한 설명으로 옳지 않은 것은?

① 기각재결이 있은 후에도 원처분청은 원처분을 직권으로 취소 또는 변경할 수 있다.

② 재결의 기속력에는 반복금지효와 원상회복의무가 포함된다.

③ 행정심판에는 불고불리의 원칙과 불이익변경금지의 원칙이 인정되며, 처분청은 행정심판의 재결에 대해 불복할 수 없다.

④ 행정심판의 재결기간은 강행규정이다.

15 □1□2□3

사례에 대한 설명으로 옳지 않은 것은? (단, 다툼이 있는 경우 판례에 의함)

> 병무청장이 법무부장관에게 '가수 甲이 공연을 위하여 국외 여행허가를 받고 출국한 후 미국 시민권을 취득함으로써 사실상 병역의무를 면탈하였으므로 재외동포 자격으로 재입국하고자 하는 경우 국내에서 취업, 가수활동 등 영리활동을 할 수 없도록 하고, 불가능할 경우 입국 자체를 금지해달라'고 요청함에 따라 법무부장관이 甲의 입국을 금지하는 결정을 하고, 그 정보를 내부전산망인 '출입국관리정보시스템'에 입력하였으나, 甲에게는 통보하지 않았다.

① 일반적으로 처분이 주체·내용·절차와 형식의 요건을 모두 갖추고 외부에 표시된 경우에는 처분의 존재가 인정된다.

② 행정의사가 외부에 표시되어 행정청이 자유롭게 취소·철회할 수 없는 구속을 받게 되는 시점에 처분이 성립한다.

③ 그 성립 여부는 행정청이 행정의사를 공식적인 방법으로 외부에 표시하였는지를 기준으로 판단해야 한다.

④ 위 입국금지결정은 항고소송의 대상이 되는 '처분'에 해당한다.

16 □1□2□3

계획재량에 대한 설명으로 옳지 않은 것은?

① 통상적인 재량행위와 계획재량은 양적인 점에서 차이가 있을 뿐 질적인 점에서는 차이가 없다는 견해는 형량명령이 계획재량에 특유한 하자 이론이라기보다는 비례의 원칙을 계획재량에 적용한 것이라고 한다.

② 행정주체는 그 행정계획에 관련되는 자들의 이익을 공익과 사익 사이에서는 물론이고 공익 상호간과 사익 상호간에도 정당하게 비교교량하여야 한다는 제한을 받는다.

③ 행정주체가 행정계획을 입안·결정함에 있어서 이익형량의 고려 대상에 마땅히 포함시켜야 할 사항을 누락한 경우 이익형량을 전혀 행하지 아니하는 등의 사정이 없는 한 그 행정계획결정은 형량에 하자가 있다고 보기 어렵다.

④ 행정계획과 관련하여 이익형량을 하였으나 정당성과 객관성이 결여된 경우에는 그 행정계획결정은 형량에 하자가 있어 위법하게 된다.

17 □1□2□3

「행정조사기본법」상 행정조사의 기본원칙에 대한 설명으로 옳지 않은 것은? (단, 다툼이 있는 경우 판례에 의함)

① 행정조사는 조사목적을 달성하는 데 필요한 최소한의 범위 안에서 실시하여야 하며, 다른 목적 등을 위하여 조사권을 남용하여서는 아니 된다.

② 행정기관은 유사하거나 동일한 사안에 대하여는 공동조사 등을 실시함으로써 행정조사가 중복되지 아니하도록 하여야 한다.

③ 행정조사는 법령 등의 위반에 대한 처벌에 중점을 두되 법령 등을 준수하도록 유도하여야 한다.

④ 행정기관은 행정조사를 통하여 알게 된 정보를 다른 법률에 따라 내부에서 이용하거나 다른 기관에 제공하는 경우를 제외하고는 원래의 조사목적 이외의 용도로 이용하거나 타인에게 제공하여서는 아니 된다.

18 ☐1☐2☐3

행정규칙에 대한 설명으로 옳지 않은 것은? (단, 다툼이 있는 경우 판례에 의함)

① 행정규칙인 고시가 법령의 수권에 의해 법령을 보충하는 사항을 정하는 경우에는 법령보충적 고시로서 근거법령 규정과 결합하여 대외적으로 구속력 있는 법규명령의 효력을 갖는다.

② 행정규칙은 행정규칙을 제정한 행정기관에 대하여는 대내적으로 법적 구속력을 갖지 않는다.

③ 사실상의 준비행위 또는 사전안내로 볼 수 있는 국립대학의 대학입학고사 주요요강은 공권력 행사이므로 항고소송의 대상이 되는 처분이다.

④ 일반적인 행정처분절차를 정하는 행정규칙은 대외적 구속력이 없다.

19 ☐1☐2☐3

「공익사업을 위한 토지 등의 취득 및 보상에 관한 법률」상의 환매권에 대한 설명으로 옳지 않은 것은? (단, 다툼이 있는 경우 판례에 의함)

① 토지의 협의취득일 또는 수용의 개시일부터 10년 이내에 해당 사업의 폐지·변경 또는 그 밖의 사유로 취득한 토지의 전부 또는 일부가 필요 없게 된 경우 취득일 당시의 토지소유자 또는 그 포괄승계인은 환매권을 행사할 수 있다.

② 환매권의 발생기간을 제한한 것은 사업시행자의 지위나 이해관계인들의 토지이용에 관한 법률관계 안정, 토지의 사회경제적 이용 효율 제고, 사회일반에 돌아가야 할 개발이익이 원소유자에게 귀속되는 불합리 방지 등을 위한 것이라 하더라도, 그 입법목적은 정당하다고 할 수 없다.

③ 환매권 발생기간 '10년'을 예외 없이 유지하게 되면 토지수용 등의 원인이 된 공익사업의 폐지 등으로 공공필요가 소멸하였음에도 단지 10년이 경과하였다는 사정만으로 환매권이 배제되는 결과가 초래될 수 있다.

④ 법률조항 제91조의 위헌성은 환매권의 발생기간을 제한한 것 자체에 있다기보다는 그 기간을 10년 이내로 제한한 것에 있다. 이 사건 법률조항의 위헌성을 제거하는 다양한 방안이 있을 수 있고 이는 입법재량 영역에 속한다.

20 ☐1☐2☐3

「국가배상법」의 내용에 대한 설명으로 옳지 않은 것은? (단, 다툼이 있는 경우 판례에 의함)

① 국가나 지방자치단체는 공무를 위탁받은 사인이 직무를 집행하면서 고의 또는 과실로 법령을 위반하여 타인에게 손해를 입힌 때에는 국가배상법에 따라 그 손해를 배상하여야 한다.

② 도로·하천, 그 밖의 공공의 영조물(營造物)의 설치나 관리에 하자(瑕疵)가 있기 때문에 타인에게 손해를 발생하게 하였을 때에는 국가나 지방자치단체는 그 손해를 배상하여야 한다. 이 경우 군인·군무원의 2중배상금지에 관한 규정은 적용되지 않는다.

③ 직무를 집행하는 공무원에게 고의 또는 중대한 과실이 있으면 국가나 지방자치단체는 그 공무원에게 구상(求償)할 수 있다.

④ 군인·군무원이 전투·훈련 등 직무 집행과 관련하여 전사(戰死)·순직(殉職)하거나 공상(公傷)을 입은 경우에 본인이나 그 유족이 다른 법령에 따라 재해보상금·유족연금·상이연금 등의 보상을 지급받을 수 있을 때에는 「국가배상법」 및 「민법」에 따른 손해배상을 청구할 수 없다.

21 ☐1☐2☐3

「공공기관의 정보공개에 관한 법률」에 대한 설명으로 옳지 않은 것은?

① 정보공개의 원칙에 따라 공공기관이 보유·관리하는 정보는 국민의 알권리 보장 등을 위하여 이 법에서 정하는 바에 따라 적극적으로 공개하여야 한다.

② 모든 국민은 정보의 공개를 청구할 권리를 가진다.

③ 공공기관의 정보공개 담당자(정보공개 청구대상 정보와 관련된 업무 담당자를 포함한다)는 정보공개 업무를 성실하게 수행하여야 하며, 공개여부의 자의적인 결정, 고의적인 처리 지연 또는 위법한 공개 거부 및 회피 등 부당한 행위를 하여서는 아니 된다.

④ 공공기관은 예산집행의 내용과 사업평가 결과 등 행정감시를 위하여 필요한 정보에 대해서는 공개의 구체적 범위, 주기, 시기 및 방법 등을 미리 정하여 정보통신망 등을 통하여 알릴 필요까지는 없으나, 정기적으로 공개하여야 한다.

22 ☐1☐2☐3

행정의 실효성 확보수단에 대한 설명으로 옳지 않은 것은? (단, 다툼이 있는 경우 판례에 의함)

① 계고서라는 명칭의 1장의 문서로서 일정기간 내에 위법 건축물의 자진철거를 명함과 동시에 그 소정기한 내에 자진철거를 하지 아니할 때에는 대집행할 뜻을 미리 계고한 경우라도 건축법에 의한 철거명령과 행정대집행법에 의한 계고처분은 독립하여 있는 것으로서 각 그 요건이 충족되었다고 볼 것이다.

② 이행강제금은 행정상 간접적인 강제집행 수단의 하나로서, 과거의 일정한 법률위반 행위에 대한 제재인 형벌이 아니라 장래의 의무이행 확보를 위한 강제수단일 뿐이어서, 범죄에 대하여 국가가 형벌권을 실행하는 과벌에 해당하지 아니한다.

③ 세무조사결정은 납세의무자의 권리·의무에 직접 영향을 미치는 공권력의 행사에 따른 행정작용으로 보기 어려우므로 항고소송의 대상이 될 수 없다.

④ 토지·건물 등의 인도의무는 비대체적 작위의무이므로 행정대집행법상 대집행 대상이 될 수 없다.

23 ☐1☐2☐3

개인적 공권에 대한 설명으로 옳지 않은 것은? (단, 다툼이 있는 경우 판례에 의함)

① 한의사들이 가지는 한약조제권을 한약조제시험을 통하여 약사에게도 인정함으로써 감소하게 되는 한의사들의 영업상 이익은 법률에 의하여 보호되는 이익이라 볼 수 없다.

② 합병 이전의 회사에 대한 분식회계를 이유로 감사인 지정제외 처분과 손해배상공동기금의 추가적립의무를 명한 조치의 효력은 합병 후 존속하는 법인에게 승계될 수 있다.

③ 당사자 사이에 석탄산업법 시행령 제41조 제4항 제5호 소정의 재해위로금에 대한 지급청구권에 관한 부제소합의가 있는 경우 그러한 합의는 효력이 인정된다.

④ 석유판매업 허가는 소위 대물적 허가의 성질을 갖는 것이어서 양수인이 그 양수후 허가관청으로부터 석유판매업 허가를 다시 받았다하더라도 이는 석유판매업의 양수도를 전제로 한 것이어서 이로써 양도인의 지위승계가 부정되는 것은 아니므로 양도인의 귀책사유는 양수인에게 그 효력이 미친다.

24 ①②③

행정행위의 부관에 대한 설명으로 옳지 않은 것은? (단, 다툼이 있는 경우 판례에 의함)

① 재량행위에 있어서는 관계 법령에 명시적인 금지규정이 없는 한 행정목적을 달성하기 위하여 조건이나 기한, 부담 등의 부관을 붙일 수 있고, 그 부관의 내용이 이행 가능하고 비례의 원칙 및 평등의 원칙에 적합하며 행정처분의 본질적 효력을 저해하지 아니하는 이상 위법하다고 할 수 없다.

② 부담은 행정청이 행정처분을 하면서 일방적으로 부가하는 것이 일반적이므로 상대방과 협의하여 협약의 형식으로 미리 정한 다음 행정처분을 하면서 이를 부가하는 경우 부담으로 볼 수 없다.

③ 부관의 사후변경은, 법률에 명문의 규정이 있거나 그 변경이 미리 유보되어 있는 경우 또는 상대방의 동의가 있는 경우에 한하여 허용되는 것이 원칙이지만, 사정변경으로 인하여 당초에 부담을 부가한 목적을 달성할 수 없게 된 경우에도 그 목적달성에 필요한 범위 내에서 예외적으로 허용된다.

④ 건축허가를 하면서 일정 토지를 기부채납 하도록 하는 내용의 허가조건은 부관을 붙일 수 없는 기속행위 내지 기속적 재량행위인 건축허가에 붙인 부담이거나 또는 법령상 아무런 근거가 없는 부관이어서 무효이다.

25 ①②③

행정소송법상 행정입법부작위에 대한 설명으로 옳지 않은 것은?

① 행정권의 시행명령제정의무는 헌법적 의무이다.

② 시행명령을 제정해야 함에도 불구하고 제정을 거부하는 것은 법치행정의 원칙에 반하는 것이 된다.

③ 시행명령을 제정 또는 개정하였지만 그것이 불충분 또는 불완전하게 된 경우에는 행정입법부작위가 아니다.

④ 행정입법부작위는 부작위위법확인소송의 대상이 된다.

2021.07.24. 시행

2021 | **7급** 기출문제

모바일
OMR
답안분석
서비스

✅ 시험시간 25분 ✅ 해설편 078쪽

01 ①②③

행정행위의 효력에 대한 설명으로 옳지 않은 것은? (단, 다툼이 있는 경우 판례에 의함)

① 행정처분이 아무리 위법하다고 하여도 당연무효인 사유가 있는 경우를 제외하고는 아무도 그 하자를 이유로 무단히 그 효과를 부정하지 못한다.

② 공정력의 근거를 적법성의 추정으로 보아 행정행위의 적법성은 피고인 행정청이 아니라 원고측에 입증책임이 있다.

③ 민사소송에 있어서 어느 행정처분의 당연무효 여부가 선결문제로 되는 때에는 이를 판단하여 당연무효임을 전제로 판결할 수 있고 반드시 행정소송 등의 절차에 의하여 그 취소나 무효 확인을 받아야 하는 것은 아니다.

④ 어떤 법률에 의하여 행정청으로부터 시정명령을 받은 자가 이를 위반한 경우 그 때문에 그 법률에서 정한 처벌을 하기 위하여는 그 시정 명령은 적법한 것이라야 한다.

02 ①②③

지방자치단체의 사무에 대한 설명으로 옳지 않은 것은? (단, 다툼이 있는 경우 판례에 의함)

① 부랑인선도시설 및 정신질환자요양시설에 대한 지방자치단체장의 지도·감독사무는 국가사무이다.

② 인천광역시장이 원고로서 인천광역시의회를 피고로 인천광역시 공항고속도로통행료지원 조례안재의결 무효확인청구소송을 제기하였는데, 이 조례안에서 지역주민에게 통행료를 지원하는 내용의 사무는 자치사무이다.

③ 법령상 지방자치단체의 장이 처리하도록 규정하고 있는 사무가 자치사무인지 기관위임사무인지를 판단할 때 그에 관한 경비부담의 주체는 사무의 성질결정의 본질적 요소가 아니므로 부차적인 것으로도 고려요소가 될 수 없다.

④ 지방자치단체의 자치사무에 관한 그 장의 명령이나 처분에 대한 시정명령의 경우 법령을 위반하는 것에 한한다.

03 [1][2][3]

행정법관계에 대한 설명으로 가장 옳은 것은? (단, 다툼이 있는 경우 판례에 의함)

① 육군3사관학교의 구성원인 사관생도는 학교 입학일부터 특수한 신분관계에 놓이게 되므로 법률유보 원칙은 적용되지 아니한다.

② 지방자치단체가 학교법인이 설립한 사립중학교에 의무교육대상자에 대한 교육을 위탁한 때에 그 학교법인과 해당 사립중학교에 재학 중인 학생의 재학관계는 기본적으로 공법상 계약에 따른 법률관계이다.

③ 불이익한 행정처분의 상대방은 직접 개인적 이익을 침해당한 것으로 볼 수 없으므로 처분 취소소송에서 원고적격을 바로 인정받지 못한다.

④ 공무원연금법상 각 규정을 종합하면 수급권은 공무원연금관리공단의 지급결정이 있어야 비로소 확정된다.

04 [1][2][3]

국유재산에 대한 설명으로 옳지 않은 것은? (단, 다툼이 있는 경우 판례에 의함)

① 국가가 국유재산의 무단점유자를 상대로 변상금의 부과 징수권의 행사와 별도로 국유재산의 소유자로서 민사상 부당이득반환청구의 소를 제기할 수 있다.

② 국유재산의 무단점유자에 대한 변상금부과는 관리청이 공권력을 가진 우월한 지위에서 행한 것으로 항고소송의 대상이 되는 행정처분의 성격을 갖는다.

③ 행정재산의 목적외 사용·수익허가의 법적 성질은 특정인에게 행정재산을 사용할 수 있는 권리를 설정하여 주는 강학상 특허에 해당한다.

④ 국유재산법에서는 행정재산의 사용·수익의 허가기간은 3년 이내로 한다.

05 [1][2][3]

확정된 취소판결과 무효확인판결의 효력에 대한 설명으로 옳지 않은 것은? (단, 다툼이 있는 경우 판례에 의함)

① 당사자가 확정된 취소판결의 존재를 사실심변론종결시까지 주장하지 아니하였다고 하더라도 상고심에서 새로이 이를 주장·입증할 수 있다.

② 취소판결이 확정된 과세처분을 과세관청이 경정하는 처분을 하였다면 당연무효의 처분이라고 할 수 없고 단순위법인 취소사유를 가진 처분이 될 뿐이다.

③ 행정처분의 무효확인 판결은 확인판결이라고 하여도 행정처분의 취소판결과 같이 소송 당사자는 물론 제3자에게도 미치는 것이다.

④ 행정처분의 취소판결이 확정되면 그 판결에서 확인된 위법사유를 배제한 상태에서 다시 처분을 하거나 그 밖에 위법한 결과를 제거하는 조치를 할 의무가 있다.

06 [1][2][3]

행정기본법상 법적용의 기준에 대한 설명으로 옳지 않은 것은?

① 새로운 법령은 법령에 특별한 규정이 있는 경우를 제외하고는 그 법령의 효력 발생 전에 완성되거나 종결된 사실관계 또는 법률관계에 대해서는 적용되지 아니한다.

② 당사자의 신청에 따른 처분은 법령에 특별한 규정이 있거나 처분 당시의 법령을 적용하기 곤란한 특별한 사정이 있는 경우를 제외하고는 처분 당시의 법령에 따른다.

③ 법령을 위반한 행위의 성립과 이에 대한 제재처분은 법령에 특별한 규정이 있는 경우를 제외하고는 법령을 위반한 행위 당시의 법령에 따른다.

④ 법령을 위반한 행위 후 법령의 변경에 의하여 그 행위가 법령을 위반한 행위에 해당하지 아니하는 경우에도 해당 법령에 특별한 규정이 없는 경우 변경이전의 법령을 적용한다.

07 ①②③

행정조직법상 권한에 대한 설명으로 옳지 않은 것은? (단, 다툼이 있는 경우 판례에 의함)

① 체납취득세에 대한 압류처분권한은 도지사로부터 시장에게 권한위임된 것이고 시장으로부터 압류처분권한을 내부위임받은 데 불과한 구청장이 자신의 명의로 한 압류처분은 권한 없는 자에 의하여 행하여진 위법무효의 처분이다.

② 대리권을 수여받은 데 불과하여 원행정청과 대리관계를 밝히지 아니하고는 그의 명의로 처분 등을 할 권한이 없는 행정청이 권한 없이 그의 명의로 한 처분에서 그 취소소송 시 피고는 본 처분 권한이 있는 행정청이 된다.

③ 행정권한의 위임은 법률이 위임을 허용하고 있는 경우에 한하여 인정된다.

④ 권한의 위임에 관한 개별규정이 없는 경우 정부조직법 제6조, 행정권한의 위임 및 위탁에 관한 규정, 지방자치법 제104조와 같은 일반적 규정에 따라 행정청은 위임받은 권한을 재위임할 수 있다.

08 ①②③

재량행위에 대한 설명으로 옳지 않은 것은? (단, 다툼이 있는 경우 판례에 의함)

① 행정청이 제재처분의 양정을 하면서 공익과 사익의 형량을 전혀 하지 않았거나 이익형량의 고려대상에 마땅히 포함되어야 할 사항을 누락한 경우 또는 이익형량을 하였으나 정당성·객관성이 결여된 경우에는 제재처분은 재량권을 일탈·남용한 것이라고 보아야 한다.

② 처분이 재량권을 일탈·남용하였다는 사정은 처분의 효력을 다투는 자가 주장·증명하여야 한다.

③ 공유수면 관리 및 매립에 관한 법률에 따른 공유수면의 점용·사용허가는 특정인에게 공유수면 이용권이라는 독점적 권리를 설정하여 주는 처분으로 원칙적으로 행정청의 재량행위에 속한다.

④ 구 주택건설촉진법상의 주택건설사업계획의 승인은 상대방에게 수익적 행정처분이므로 법령에 행정처분의 요건에 관하여 일의적으로 규정되어 있더라도 행정청의 재량행위에 속한다.

09 ①②③

행정의 실효성확보제도에 대한 설명으로 가장 옳은 것은? (단, 다툼이 있는 경우 판례에 의함)

① 학원의 설립·운영 및 과외교습에 관한 법령상 등록을 요하는 학원을 설립·운영하고자 하는 자가 등록절차를 거치지 않은 경우 관할행정청이 직접 그 무등록 학원의 폐쇄를 위하여 출입제한 시설물의 설치와 같은 조치를 할 수 있게 규정되어 있는데, 이러한 규정은 동시에 그와 같은 폐쇄명령의 근거규정이 된다.

② 행정대집행은 대체적 작위의무에 대한 강제집행수단으로, 이행강제금은 부작위의무나 비대체적 작위의무에 대한 강제집행수단으로 이해되어 왔으므로, 이행강제금은 대체적 작위의무의 위반에 대해서는 부과될 수 없다.

③ 대집행계고처분에서 정한 의무이행기간의 이행종기인 날짜에 그 계고서를 수령하였고 행정청이 대집행영장으로써 대집행의 시기를 늦추었다고 하여도 대집행의 적법절차에 위배한 것으로 위법한 처분이다.

④ 한국자산공사의 재공매결정과 공매통지는 행정처분에 해당한다.

10 ①②③

행정규칙에 대한 설명으로 옳지 않은 것은? (단, 다툼이 있는 경우 판례에 의함)

① 경찰청예규로 정해진 구 「채증규칙」은 행정규칙이지만 이에 의하여 집회·시위 참가자들은 구체적인 촬영행위에 의해 비로소 기본권을 제한받게 되는 것뿐만 아니라 이 채증규칙으로 인하여 직접 기본권을 침해 받게 된다.

② 행정규칙은 적당한 방법으로 통보되고 도달하면 효력을 가지며, 반드시 국민에게 공포되어야만 하는 것은 아니다.

③ 행정규칙의 내용이 상위법령이나 법의 일반원칙에 반하는 것이라면 그것은 법질서상 당연무효이고 취소의 대상이 될 수 없다.

④ 어떠한 처분의 근거나 법적인 효과가 행정규칙에 규정되어 있다고 하더라도, 그 처분이 행정규칙의 내부적 구속력에 의하여 상대방에게 권리의 설정 또는 의무의 부담을 명하거나 기타 법적인 효과를 발생하게 하는 등으로 그 상대방의 권리 의무에 직접 영향을 미치는 행위라면, 이 경우에도 항고소송의 대상이 되는 행정처분에 해당한다.

11 ☐☐☐
행정계획에 대한 설명으로 옳지 않은 것은? (단, 다툼이 있는 경우 판례에 의함)

① 개인의 자유와 권리에 직접 영향을 미치는 계획이라도 광범위한 형성의 자유가 결부되므로 국민들에게 고시 등으로 알려져야만 대외적으로 효력을 발생하는 것이 아니다.

② 구 도시계획법상 도시계획안의 공고 및 공람절차에 하자가 있는 행정청의 도시계획결정은 위법하다.

③ 국토이용계획변경 신청을 거부하였을 경우 실질적으로 폐기물처리업허가신청과 같은 처분을 불허하는 결과가 되는 경우 국토이용계획변경의 입안 및 결정권자인 행정청에게 계획변경을 신청할 법규상 또는 조리상 권리를 가진다.

④ 행정기관 내부지침에 그치는 행정계획이 국민의 기본권에 직접 영향을 끼치고 법령의 뒷받침에 의하여 그대로 실시될 것이 틀림없을 것으로 예상되는 때에는 예외적으로 헌법소원의 대상이 된다.

12 ☐☐☐
공법관계와 사법관계에 대한 설명으로 옳지 않은 것은? (단, 다툼이 있는 경우 판례에 의함)

① 산림청장이 산림법령이 정하는 바에 따라 국유임야를 대부하는 행위는 사경제주체로서 하는 사법상의 행위이다.

② 건축물의 소재지를 관할하는 허가권자인 지방자치단체의 장이 국가의 건축협의를 거부한 행위는 항고소송의 대상인 거부처분에 해당한다.

③ 지방자치단체가 일반재산을 지방자치단체를 당사자로 하는 계약에 관한 법률에 따라 입찰이나 수의계약을 통해 매각하는 것은 지방자치단체가 우월적 공행정 주체로서의 지위에서 행하는 행위이다.

④ 국가가 당사자가 되는 공사도급계약에서 부정당업자에 대한 입찰참가자격 제한조치는 항고소송의 대상이 되는 처분에 해당한다.

13 ☐☐☐
공법상계약에 해당하는 것은? (단, 다툼이 있는 경우 판례에 의함)

① 지방자치단체가 사인과 체결한 자원회수 시설위탁운영협약

② 중소기업 정보화지원사업에 따른 지원금 출연을 위하여 중소기업청장이 체결하는 협약

③ 공익사업을 위한 토지 등의 취득 보상에 관한 법률상의 사업시행자가 토지소유자 및 관계인과 협의가 성립되어 체결하는 계약

④ 지방자치단체의 관할구역 내에 있는 각급 학교에서 학교회계직원으로 근무하는 것을 내용으로 하는 근로계약

14 ☐☐☐
개인정보 보호법상 개인정보보호에 대한 설명으로 옳은 것은? (단, 다툼이 있는 경우 판례에 의함)

① 많은 양의 트위터 정보처럼 개인정보와 이에 해당하지 않은 정보가 혼재된 경우 전체적으로 개인정보 보호법상 개인정보에 관한 규정이 적용된다.

② 개인정보자기결정권은 자신에 관한 정보가 언제 누구에게 어느 범위까지 알려지고 또 이용되도록 할 것인지를 정보주체가 스스로 결정할 수 있는 권리로서 헌법에 명시된 권리이다.

③ 개인정보 보호법상 개인정보는 살아있는 개인뿐만 아니라 사자(死者)에 관한 정보로서 성명, 주민등록번호 및 영상 등을 통하여 개인을 알아볼 수 있는 정보를 말한다.

④ 개인정보 보호법은 민간부분의 개인정보를 규율하고 있고, 공공부분에 관하여는 공공기관의 개인정보보호에 관한 법률에서 규율하고 있다.

15 [1][2][3]

행정심판의 재결에 대한 설명으로 옳은 것은? (단, 다툼이 있는 경우 판례에 의함)

① 행정심판을 거친 후에 원처분에 대하여 취소소송을 제기할 경우 재결서의 정본을 송달받은 날부터 60일 이내에 제기하여야 한다.

② 의무이행심판의 청구가 이유 있다고 인정되는 경우에는 행정심판위원회는 직접 신청에 따른 처분을 할 수 없고, 피청구인에게 처분을 할 것을 명하는 재결을 할 수 있을 뿐이다.

③ 사정재결은 취소심판의 경우에만 인정되고, 의무이행심판과 무효확인심판의 경우에는 인정되지 않는다.

④ 취소심판의 심리 후 행정심판위원회는 영업허가 취소처분을 영업정지 처분으로 적극적으로 변경하는 변경재결 또는 변경명령재결을 할 수 있다.

16 [1][2][3]

공무원의 권리에 대한 설명으로 가장 옳은 것은? (단, 다툼이 있는 경우 판례에 의함)

① 고충심사결정은 행정상 쟁송의 대상이 되는 행정처분이다.

② 국가공무원에 대한 불리한 부작위에 대한 행정소송은 인사혁신처의 소청심사위원회의 심사·결정을 거치지 않아도 제기할 수 있다.

③ 공무원이 국가를 상대로 그 실질이 보수에 해당하는 금원의 지급을 구하는 경우 그 보수에 관한 법률에 지급근거인 명시적 규정이 존재하여야 하고, 해당 보수 항목이 국가예산에도 계상되어 있어야만 한다.

④ 공무원이 임용 당시 공무원 임용결격사유가 있었어도 사실상 근무에 대하여 공무원연금 법령에서 정한 퇴직급여를 청구할 수 있다.

17 [1][2][3]

행정행위의 하자에 대한 설명으로 옳지 않은 것은? (단, 다툼이 있는 경우 판례에 의함)

① 국세에 대한 증액경정처분이 있는 경우 당초 처분은 증액경정처분에 흡수된다.

② 처분 권한을 내부위임 받은 기관이 자신의 이름으로 한 처분은 무효이다.

③ 독립유공자 甲의 서훈이 취소되고 이를 국가보훈처장이 甲의 유족에게 서훈취소 결정통지를 한 것은 통지의 주체나 형식에 하자가 있다고 보기는 어렵다.

④ 과세처분 이후 조세 부과의 근거가 되었던 법률 규정에 대해 위헌결정이 내려졌다고 하더라도, 그 조세채권의 집행을 위한 체납처분은 유효하다.

18 [1][2][3]

甲은 乙로부터 유흥주점을 양도받고 영업자지위 승계신고를 식품위생법 규정에 따라 관할 행정청 A에게 하였다. 이에 대한 다음의 설명 중 옳지 않은 것은? (단, 다툼이 있는 경우 판례에 의함)

① A는 이 유흥주점영업자지위승계신고를 수리함에 있어 乙에게 그 사실을 사전에 통지하여야 한다.

② A는 이 유흥주점영업자지위승계신고를 수리함에 있어 청문이 필요하다고 인정하여 청문을 실시할 때에는 신고를 수리하기 전에 청문을 하여야 한다.

③ 乙은 행정절차법상의 당사자의 지위에 있다.

④ A의 유흥주점영업자지위승계신고수리는 乙의 권익을 제한하는 처분이다.

19 ☐1☐2☐3

A 시와 B 시는 공유수면 매립지의 경계를 두고 이견이 있다. 이에 대한 최종적인 결정권을 가진 기관은 어디인가?

① 헌법재판소
② 행정안전부장관
③ 지방자치단체중앙분쟁조정위원회
④ 중앙행정심판위원회

20 ☐1☐2☐3

손실보상에 대한 판례의 내용으로 옳지 않은 것은?

① 보상가액 산정시 공익사업으로 인한 개발이익은 토지의 객관적 가치에 포함된다.
② 개별공시지가가 아닌 표준지공시지가를 기준으로 보상액을 산정하는 것은 헌법 제23조 제3항에 위반되지 않는다.
③ 민간기업도 토지수용의 주체가 될 수 있다.
④ 공유수면매립으로 인하여 위탁판매수수료 수입을 상실한 수산업협동조합에 대해서는 법률의 보상 규정이 없더라도 손실보상의 대상이 된다.

21 ☐1☐2☐3

판례상 행정소송에서의 법률상 이익을 인정한 경우는?

① 환지처분의 일부에 대한 취소소송
② 가중처벌에 관한 제재적 처분기준이 행정규칙의 형식으로 되어 있는 경우, 실효된 제재처분의 취소를 구하는 소송
③ 위법한 건축물에 대한 취소소송 중 건축공사가 완료된 경우
④ 교원소청심사위원회의 파면처분 취소결정에 대한 취소소송 계속 중 학교법인이 교원에 대한 징계처분을 해임으로 변경한 경우

22 ☐1☐2☐3

행정소송법상 집행정지에 대한 설명으로 옳지 않은 것은? (단, 다툼이 있는 경우 판례에 의함)

① 공공복리에 중대한 영향을 미칠 우려가 있어 집행정지를 불허할 경우의 입증책임은 행정청에게 있다.
② 집행정지결정 후 본안소송이 취하되면 집행정지결정의 효력도 상실한다.
③ 무효확인소송에서는 집행정지가 인정되지 않는다.
④ 집행정지의 결정을 신청함에 있어서는 그 이유에 대한 소명이 있어야 한다.

23 ☐1☐2☐3

행정조사기본법상 행정조사에 대한 설명으로 옳지 않은 것은?

① 조사대상자의 자발적 협조를 얻어 실시하는 현장조사의 경우에도 개별 법령의 이에 관한 법적 근거가 있어야 한다.
② 행정기관의 장은 조사대상자에게 장부·서류를 제출하도록 요구하는 때에는 자료제출요구서를 발송하여야 한다.
③ 행정조사는 조사목적을 달성하는 데 필요한 최소한의 범위 안에서 실시하여야 하며, 다른 목적 등을 위하여 조사권을 남용하여서는 아니 된다.
④ 행정기관의 장은 법령등에 특별한 규정이 있는 경우를 제외하고는 행정조사의 결과를 확정한 날부터 7일 이내에 그 결과를 조사 대상자에게 통지하여야 한다.

24 ①②③

아래의 법률 조항에 대한 설명으로 옳지 않은 것은?

> 감염병의 예방 및 관리에 관한 법률 제49조 제1항: 질병관리청장, 시·도지사 또는 시장·군수·구청장은 감염병을 예방하기 위하여 다음 각 호에 해당하는 모든 조치를 하거나 그에 필요한 일부 조치를 하여야 하며, 보건복지부장관은 감염병을 예방하기 위하여 제2호, 제2호의2부터 제2호의4까지, 제12호 및 제12호의2에 해당하는 조치를 할 수 있다.
> 14. 감염병의심자를 적당한 장소에 일정한 기간 입원 또는 격리시키는 것

① 감염병의심자에 대한 격리조치는 직접강제에 해당한다.

② 그 성질상 행정상 의무의 이행을 명하는 것만으로는 행정목적 달성이 곤란한 경우에 가능하다.

③ 다른 수단으로는 행정 목적을 달성할 수 없는 경우에만 허용된다.

④ 현장에 파견되는 집행책임자는 강제하는 이유와 내용을 고지하여야 한다.

25 ①②③

甲은 청소년에게 주류를 제공하였다는 이유로 A 구청장으로부터 6개월 이내에서 영업정지처분을 할 수 있다고 규정하는 식품위생법 제75조, 총리령인 식품위생법시행규칙 제89조 및 별표 23[행정처분의 기준]에 근거하여 영업정지 2개월 처분을 받았다. 甲은 처음으로 단속된 사람이었다. 이에 대한 다음의 설명 중 가장 옳은 것은? (단, 다툼이 있는 경우 판례에 의함)

① 위 영업정지처분은 기속행위이다.

② 위 별표는 법규명령이다.

③ A 구청장은 2개월의 영업정지처분을 함에 있어서 가중 감경의 여지는 없다.

④ A 구청장이 유사 사례와의 형평성을 고려하지 않고 3개월의 영업정지처분을 하였다면 甲은 행정의 자기구속원칙의 위반으로 위법함을 주장할 수 있다.

2021 | 5급 기출문제

모바일
OMR
답안분석
서비스

✅ 시험시간 25분 ✅ 해설편 090쪽

01 1 2 3

위헌법률에 근거한 행정행위의 효력에 관한 대법원 판례로서 옳은 것(○)과 옳지 않은 것(×)을 올바르게 조합한 것은?

> ㄱ. 위헌인 법률에 근거한 행정처분이 당연무효인지의 여부는 위헌결정의 소급효와는 별개의 문제로서, 위헌결정의 소급효가 인정된다고 하여 위헌인 법률에 근거한 행정처분이 당연무효가 된다고는 할 수 없다.
>
> ㄴ. 위헌법률심판제도에 있어서의 구체적 규범통제의 실효성을 보장한다는 차원에서 당해 사건에 대해서는 헌법재판소의 위헌결정은 장래효원칙의 예외로서 소급효를 인정해야 한다.
>
> ㄷ. 위헌결정의 효력은 그 결정 이후에 당해 법률이 재판의 전제가 되었음을 이유로 법원에 제소된 일반사건에도 미치므로, 이미 취소소송의 제기기간을 경과하여 확정력이 발생한 행정처분의 경우에도 위헌결정의 소급효가 미친다고 보아야 할 것이다.
>
> ㄹ. 위헌결정 이후에 조세채권의 집행을 위한 새로운 체납처분에 착수하거나 이를 속행하는 것은 더 이상 허용되지 않고, 나아가 이러한 위헌결정의 효력에 위배하여 이루어진 체납처분은 그 사유만으로 하자가 중대하고 객관적으로 명백하여 당연무효라고 보아야 한다.

① ㄱ(×), ㄴ(×), ㄷ(○), ㄹ(×)
② ㄱ(×), ㄴ(○), ㄷ(○), ㄹ(○)
③ ㄱ(×), ㄴ(○), ㄷ(×), ㄹ(○)
④ ㄱ(○), ㄴ(○), ㄷ(×), ㄹ(○)

02 1 2 3

행정지도에 대한 설명으로 가장 옳은 것은?

① 세무당국이 주류거래를 일정기간 중지하여 줄 것을 요청한 행위는 항고소송의 대상이 될 수 없다.
② 행정지도로 인해 상대방에게 손해가 발생하였다면 행정기관은 반드시 그에 대한 손해배상책임을 질 필요가 없다.
③ 행정관청이 건축허가시에 도로의 폭에 대해 행정지도를 하였다면 법규에 의한 도로지정이 있었던 것으로 볼 수 있다.
④ 행정지도는 과잉금지의 원칙을 따르며, 비강제적인 행위이나, 행정기관은 행정지도의 상대방이 이에 따르지 않았다는 이유로 불이익을 부과할 수 있다.

03 □1□2□3

인허가의제에 대한 설명으로 옳지 않은 것은? (단, 다툼이 있는 경우 판례에 의함)

① 주된 인허가에 관한 사항을 규정하고 있는 법률에서 주된 인허가가 있으면 다른 법률에 의한 인허가를 받은 것으로 의제한다는 규정을 둔 경우, 주된 인허가가 있으면 다른 법률에 의한 인허가가 있는 것으로 보는 데 그치고, 거기에서 더 나아가 다른 법률에 의하여 인허가를 받았음을 전제로 하는 그 다른 법률의 모든 규정들까지 적용되는 것은 아니다.

② 주된 인허가로 의제되는 인허가 중 일부에 대하여만 의제되는 인허가 요건을 갖추어 협의가 완료된 경우 민원인의 요청이 있으면 주된 인허가를 할 수 있고, 이 경우 협의가 완료된 일부 인허가만 의제될 수는 없다.

③ 건축법에서 인허가의제 제도를 둔 취지는, 인허가 의제사항과 관련하여 건축허가의 관할 행정청으로 창구를 단일화하고 절차를 간소화하며 비용과 시간을 절감함으로써 국민의 권익을 보호하려는 것이지, 인허가의제사항 관련 법률에 따른 각각의 인허가 요건에 관한 일체의 심사를 배제하려는 것으로 보기는 어렵다.

④ 주택건설사업계획 승인처분에 따라 의제된 인허가가 위법함을 다투고자 하는 이해관계인은, 주택건설사업계획 승인처분의 취소를 구할 것이 아니라 의제된 인허가의 취소를 구하여야 하며, 의제된 인허가는 주택건설사업계획 승인처분과 별도로 항고소송의 대상이 되는 처분에 해당한다.

04 □1□2□3

공물의 사용관계에 대한 다음의 설명 중 학설이나 판례의 내용과 합치되는 것은?

① 공물의 보통사용은 공공용물의 경우에는 원칙적으로 인정되지만, 공용물과 보존공물에 대하여는 공용에 지장이 없는 범위 안에서 예외적으로 인정될 뿐이다.

② 공물의 보통사용은 그 성질상 사용료는 절대 징수할 수 없다.

③ 승용차운전자가 요금을 지불하고 터널을 이용하는 것은 공물의 사법상 계약에 의한 사용의 전형적 예에 해당한다.

④ 공물의 특허사용권은 원칙적으로 물권의 성질을 가진다. 다만 어업권·광업권은 채권적 성질을 갖는다.

05 ☐☐☐

행정행위의 하자승계에 대한 설명으로 옳지 않은 것은? (단, 다툼이 있는 경우 판례에 의함)

① 도시·군계획시설결정과 실시계획인가는 도시·군계획시설사업을 위하여 이루어지는 단계적 행정절차에서 별도의 요건과 절차에 따라 별개의 법률효과를 발생시키는 독립적인 행정처분이므로 선행처분인 도시·군계획시설결정에 하자가 있더라도 그것이 당연무효가 아닌 한 원칙적으로 후행처분인 실시계획인가에 승계되지 않는다.

② 표준지공시지가결정이 위법한 경우에는 그 자체를 행정소송의 대상이 되는 행정처분으로 보아 그 위법 여부를 다툴 수 있지만, 수용보상금의 증액을 구하는 소송에서 선행처분으로서 그 수용대상 토지 가격 산정의 기초가 된 비교표준지공시지가결정의 위법을 독립한 사유로 주장할 수 없다.

③ 「도시 및 주거환경정비법」상 사업시행계획과 관리처분계획은 서로 독립하여 별개의 법적 효과를 발생시키는 것으로서 이 사건 사업시행계획의 수립에 관한 취소사유인 하자가 이 사건 관리처분계획에 승계되지 아니하므로, 위 취소사유를 들어 이 사건 관리처분계획의 적법 여부를 다툴 수는 없다.

④ 서로 독립하여 별개의 효과를 목적으로 하는 선행처분과 후행처분의 경우 선행처분의 불가쟁력이나 구속력이 그로 인하여 불이익을 입게 되는 자에게 수인한도를 넘는 가혹함을 가져오며, 그 결과가 당사자에게 예측가능한 것이 아닌 경우에는 국민의 재판받을 권리를 보장하고 있는 헌법의 이념에 비추어 선행처분의 후행처분에 대한 구속력은 인정될 수 없다.

06 ☐☐☐

법령보충적 행정규칙에 대한 설명으로 옳지 않은 것은? (단, 다툼이 있는 경우 판례에 의함)

① 재산제세사무처리규정이 국세청장의 훈령 형식으로 되어 있다 하더라도 이에 의한 거래지정은 소득세법시행령의 위임에 따라 그 규정의 내용을 보충하는 기능을 가지면서 그와 결합하여 대외적 효력을 발생하게 된다 할 것이고 그 보충규정의 내용이 위 법령의 위임한계를 벗어났다는 등 특별한 사정이 없는 한 양도소득세의 실지거래가액에 의한 과세의 법령상의 근거가 된다.

② 사회적 변화에 대응한 입법수요의 급증과 종래의 형식적 권력분립주의로는 현대사회에 대응할 수 없다는 기능적 권력분립론 등을 감안하더라도, 의회가 구체적으로 범위를 정하여 위임한 사항에 관하여는 당해 행정기관이 법정립의 권한을 갖게 되고, 이 경우 입법자가 규율의 형식을 선택할 수는 없다.

③ 법령의 규정이 특정 행정기관에게 법령 내용의 구체적 사항을 정할 수 있는 권한을 부여하면서 권한행사의 절차나 방법을 특정하지 아니한 경우에는 수임 행정기관은 행정규칙이나 규정 형식으로 법령 내용이 될 사항을 구체적으로 정할 수 있다.

④ 행정규칙이 상위법령의 위임범위를 벗어난 경우에는 법규명령으로서 대외적 구속력을 인정할 여지는 없는데, 이는 행정규칙이나 규정 '내용'이 위임범위를 벗어난 경우뿐 아니라 상위법령의 위임규정에서 특정하여 정한 권한행사의 '절차'나 '방식'에 위배되는 경우도 마찬가지이므로, 상위법령에서 세부사항 등을 시행규칙으로 정하도록 위임하였음에도 이를 고시 등 행정규칙으로 정하였다면 그 역시 대외적 구속력을 가지는 법규명령으로서 효력이 인정될 수 없다.

07 ☐1☐2☐3

행정예고에 대한 설명으로 가장 옳은 것은?

① 국토교통부장관이 국가기간교통망계획을 수립하려는 경우에는 이를 예고할 필요가 없다.

② 행정청은 예고 내용의 성격 등을 고려할 필요 없이 행정예고의 기간을 20일 이상으로 정하여야 한다.

③ 행정청은 매년 자신이 행한 행정예고의 실시현황과 그 결과에 대한 통계를 작성하고, 이를 관보·공보 또는 인터넷에 공고하여야 한다.

④ 행정청은 원칙적으로 국민생활에 매우 큰 영향을 주는 사항이나 많은 국민의 이해가 상충되는 사항에 대한 정책 등, 법률에 규정된 사항에 대해서만 행정예고를 시행하여야 한다.

08 ☐1☐2☐3

행정계획에 대한 설명으로 옳지 않은 것은? (단, 다툼이 있는 경우 판례에 의함)

① 도시계획법령이 토지형질변경행위허가의 변경신청 및 변경허가에 관하여 아무런 규정을 두지 않고 있을 뿐 아니라, 처분청이 처분 후에 원래의 처분을 그대로 존속시킬 필요가 없게 된 사정변경이 생겼거나 중대한 공익상의 필요가 발생한 경우에는 별도의 법적 근거가 없어도 별개의 행정행위로 이를 철회·변경할 수 있고, 상대방에게는 그 철회·변경을 요구할 신청권이 부여된다.

② 도시계획구역 내 토지 등을 소유하고 있는 사람과 같이 당해 도시계획시설결정에 이해관계가 있는 주민으로서는 도시시설계획의 입안권자 내지 결정권자에게 도시시설계획의 입안 내지 변경을 요구할 수 있는 법규상 또는 조리상의 신청권이 있고, 이러한 신청에 대한 거부행위는 항고소송의 대상이 되는 행정처분에 해당한다.

③ 장래 일정한 기간 내에 관계 법령이 규정하는 시설 등을 갖추어 일정한 행정처분을 구하는 신청을 할 수 있는 법률상 지위에 있는 자의 국토이용계획변경신청을 거부하는 것이 실질적으로 당해 행정처분 자체를 거부하는 결과가 되는 경우에는 그 신청인에게 국토이용계획변경을 신청할 권리가 인정된다.

④ 비구속적 행정계획안이나 행정지침이라도 국민의 기본권에 직접적으로 영향을 끼치고, 앞으로 법령의 뒷받침에 의하여 그대로 실시될 것이 틀림없을 것으로 예상될 수 있을 때에는 공권력행사로서 예외적으로 헌법소원의 대상이 될 수 있다.

09 ☐1☐2☐3

국가공무원법상 5급 공무원인 甲에 대하여 징계권자가 징계처분을 하는 경우에 대한 설명으로 옳지 않은 것은? (단, 다툼이 있는 경우 판례에 의함)

① 甲에 대하여 징계처분을 할 때에는 그 처분권자 또는 처분제청권자는 처분사유를 적은 설명서를 교부(交付)하여야 한다.

② 甲에 대하여 내릴 수 있는 징계는 파면 · 해임 · 강등 · 정직 · 감봉 · 견책(譴責)으로 구분한다.

③ 국가공무원법의 규정상 징계의결요구는 기속성이 있는 것은 아니어서 징계권자는 甲을 징계의결을 요구할지 여부를 판단할 수 있다.

④ 甲에 대한 징계처분에 관한 행정소송은 소청심사위원회의 심사 · 결정을 거치지 아니하면 제기할 수 없다.

10 ☐1☐2☐3

행정강제의 일종인 이행강제금에 대한 설명으로 옳지 않은 것은? (단, 다툼이 있는 경우 판례에 의함)

① 이행하여야 할 행정법상 의무의 내용을 초과하는 것을 '불이행 내용'으로 기재한 이행강제금 부과 예고서에 의하여 이행강제금 부과 예고를 한 다음 이를 이행하지 않았다는 이유로 이행강제금을 부과하였다면, 초과한 정도가 근소하다는 등의 특별한 사정이 없는 한 이행강제금 부과 예고는 이행강제금 제도의 취지에 반하는 것으로서 위법하고, 이에 터 잡은 이행강제금 부과처분 역시 위법하다.

② 비록 건축주 등이 장기간 시정명령을 이행하지 아니하였더라도, 그 기간 중에는 시정명령의 이행 기회가 제공되지 아니하였다가 뒤늦게 시정명령의 이행 기회가 제공된 경우라면, 시정명령의 이행 기회 제공을 전제로 한 1회분의 이행강제금만을 부과할 수 있고, 시정명령의 이행 기회가 제공되지 아니한 과거의 기간에 대한 이행강제금까지 한꺼번에 부과할 수는 없다.

③ 이행강제금 제도는 건축법이나 건축법에 따른 명령이나 처분을 위반한 건축물의 방치를 막고자 행정청이 시정조치를 명하였음에도 건축주 등이 이를 이행하지 아니한 경우에 행정명령의 실효성을 확보하기 위하여 시정명령 이행 시까지 지속해서 부과함으로써 건축물의 안전과 기능, 미관을 높여 공공복리의 증진을 도모하는 데 입법 취지가 있다.

④ 건축법상의 이행강제금은 건축법의 위반행위에 대하여 시정명령을 받은 후 시정기간 내에 당해 시정명령을 이행하지 아니한 건축주 등에 대하여 부과되는 간접강제의 일종으로서 그 이행강제금 납부의무는 상속인에게 승계될 수 있다.

11 ①②③

행정행위와 그에 붙여진 부관의 종류를 연결시킨 것 중 가장 옳지 않은 것은?

① 3개월 이내에 공사에 착수하지 않으면 그 효력을 상실한다는 부관을 붙인 공유수면 매립면허 – 정지조건

② X국으로부터의 쇠고기 수입허가 신청이 있는 경우, Y국으로부터의 수입허가를 부여하는 경우 – 수정부담

③ 청소년을 출입시키면 영업허가를 취소한다는 뜻의 디스코텍 영업허가 – 철회권의 유보

④ 격일제로 하는 택시영업허가 – 법률효과의 일부배제

12 ①②③

「행정기본법」 제1장 총칙에서 규정하고 있는 기간의 계산에 대한 설명으로 옳지 않은 것은?

① 행정에 관한 기간의 계산에 관하여는 행정기본법 또는 다른 법령 등에 특별한 규정이 있는 경우를 제외하고는 「민법」을 준용한다.

② 법령 등 또는 처분에서 국민의 권익을 제한하거나 의무를 부과하는 경우 권익이 제한되거나 의무가 지속되는 기간의 계산에 있어 기간을 일, 주, 월 또는 년(年)으로 정한 경우에는 기간의 첫날을 산입한다.

③ 법령 등 또는 처분에서 국민의 권익을 제한하거나 의무를 부과하는 경우 권익이 제한되거나 의무가 지속되는 기간의 계산에 있어 기간의 말일이 토요일 또는 공휴일인 경우에는 기간은 그 다음 날에 만료한다.

④ 법령 등(훈령 · 예규 · 고시 · 지침 등을 포함한다)을 공포한 날부터 시행하는 경우에는 공포한 날을 시행일로 한다.

13 ①②③

행정절차법상 행정절차에 대한 설명으로 옳지 않은 것은? (단, 다툼이 있는 경우 판례에 의함)

① 행정절차법에서 말하는 '의견청취가 현저히 곤란하거나 명백히 불필요하다고 인정될 만한 상당한 이유가 있는 경우'에 해당하는지는 해당 행정처분의 성질에 비추어 판단하여야 하며, 처분상대방이 이미 행정청에 위반사실을 시인하였다거나 처분의 사전통지 이전에 의견을 진술할 기회가 있었다는 사정을 고려하여 판단할 것은 아니다.

② 행정처분의 상대방이 통지된 청문일시에 불출석하였다는 이유만으로 행정청이 관계 법령상 그 실시가 요구되는 청문을 실시하지 아니한 채 침해적 행정처분을 할 수는 없다.

③ '고시'의 방법으로 불특정 다수인을 상대로 행해지는 처분의 경우에도 그 처분이 의무를 부과하거나 권익을 제한하는 경우라면, 행정절차법에 의하여 그 상대방에게 의견제출의 기회를 주어야 한다.

④ 민원사무를 처리하는 행정기관이 민원 1회 방문처리제를 시행하는 절차의 일환으로 민원사항의 심의 · 조정 등을 위한 민원조정위원회를 개최하면서 민원인에게 회의일정 등을 사전에 통지하지 아니하였다 하더라도, 이러한 사정만으로 곧바로 민원사항에 대한 행정기관의 장의 거부처분에 취소사유에 이를 정도의 흠이 존재한다고 보기는 어렵다.

14 [1][2][3]

「공공기관의 정보공개에 관한 법률」에 따른 정보공개에 대한 설명으로 옳지 않은 것은? (단, 다툼이 있는 경우 판례에 의함)

① 「공공기관의 정보공개에 관한 법률」에서 정보공개의 목적, 교육의 공공성 및 공·사립학교의 동질성, 사립대학교에 대한 국가의 재정 지원 및 보조 등 여러 사정과 사립대학교에 대한 국비 지원이 한정적·일시적·국부적이라는 점을 고려할 때, 같은 법 시행령이 정보공개 의무를 지는 공공기관의 하나로 사립대학교를 들고 있는 것이 모법의 위임 범위를 벗어났다고 볼 수 없지만, 사립대학교는 국비의 지원을 받는 범위 내에서만 공공기관의 성격을 가진다고 볼 수 있다.

② 공공기관이 공개청구의 대상이 된 정보를 공개는 하되, 청구인이 신청한 공개방법 이외의 방법으로 공개하기로 하는 결정을 하였다면, 이는 정보공개청구 중 정보공개방법에 관한 부분에 대하여 일부 거부처분을 한 것이고, 청구인은 그에 대하여 항고소송으로 다툴 수 있다.

③ 법원이 행정기관의 정보공개거부처분의 위법 여부를 심리한 결과 공개를 거부한 정보에 비공개사유에 해당하는 부분과 그렇지 않은 부분이 혼합되어 있고, 공개청구의 취지에 어긋나지 않는 범위 안에서 두 부분을 분리할 수 있음을 인정할 수 있을 때에는 공개가 가능한 정보에 국한하여 일부취소를 명할 수 있다.

④ 공개청구자가 특정한 바와 같은 정보를 공공기관이 보유·관리하고 있지 않은 경우라면 특별한 사정이 없는 한 해당 정보에 대한 공개거부처분에 대하여는 취소를 구할 법률상 이익이 없지만, 공개를 구하는 정보를 공공기관이 한때 보유·관리하였으나 후에 그 정보가 담긴 문서들이 폐기되어 존재하지 않게 된 것이라면 그 정보를 더 이상 보유·관리하고 있지 않다는 점에 대한 증명책임은 공공기관에 있다.

15 [1][2][3]

「공익사업을 위한 토지 등의 취득 및 보상에 관한 법률」에 따른 행정상 손실보상 및 그 불복절차에 대한 설명으로 옳지 않은 것은? (단, 다툼이 있는 경우 판례에 의함)

① 사업시행자, 토지소유자 또는 관계인은 토지수용위원회의 수용재결에 불복할 때에는 재결서를 받은 날부터 90일 이내에, 이의신청을 거쳤을 때에는 이의신청에 대한 재결서를 받은 날부터 60일 이내에 각각 행정소송을 제기할 수 있다.

② 사업인정은 수용권을 설정해 주는 행정처분으로서, 이에 따라 수용할 목적물의 범위가 확정되고, 수용권자가 목적물에 대한 현재 및 장래의 권리자에게 대항할 수 있는 공법상 권한이 생긴다.

③ 수용재결에 불복하여 취소소송을 제기하는 때에는 이의신청을 거친 경우에도 수용재결을 한 중앙토지수용위원회 또는 지방토지수용위원회를 피고로 하여 수용재결의 취소를 구하여야 하고, 다만 이의신청에 대한 재결 자체에 고유한 위법이 있음을 이유로 하는 경우에는 그 이의재결을 한 중앙토지수용위원회를 피고로 하여 이의재결의 취소를 구할 수 있다.

④ 토지소유자 등과 사업시행자 간의 성실한 협의 이후에 이루어지는 절차인 토지수용위원회의 수용재결이 있은 후에는 토지소유자 등과 사업시행자가 다시 협의하여 토지 등의 취득이나 사용 및 그에 대한 보상에 관하여 임의로 계약을 체결할 수 없다.

16 ①②③

군사행정법에 대한 설명으로 가장 옳은 것은?

① 군무원은 봉급 외의 수당을 받을 수 없지만, 직무수행에 드는 실비는 변상 받을 수 있다.

② 공익근무요원은 특정한 목적을 위해 소집되어 공익분야에 종사하는 사람으로서 보충역에 편입되어 있는 자이므로 군인이라 판단할 수 있다.

③ 5급 이상의 일반군무원은 국방부장관의 제청으로 대통령만이 임용할 수 있으나, 6급 이하의 일반 군무원은 국방부장관과 국방부장관의 위임에 따른 각 군 참모총장만이 임용할 수 있다.

④ 주한 미군에 근무하면서 북한의 음성통신을 영어로 번역하는 업무를 수행하는 한국인 군무원에 대하여 미군 측의 고용해제 통보 후 국방부장관이 행한 직권면직의 인사발령은 항고소송의 대상이 되는 행정처분이라 보기 어렵다.

17 ①②③

취소소송의 대상적격에 대한 설명으로 옳지 않은 것은? (단, 다툼이 있는 경우 판례에 의함)

① 건축신고 반려행위가 이루어진 단계에서 당사자로 하여금 반려행위의 적법성을 다투어 그 법적 불안을 해소한 다음 건축행위에 나아가도록 함으로써 장차 있을지도 모르는 위험에서 미리 벗어날 수 있도록 길을 열어주고, 위법한 건축물의 양산과 그 철거를 둘러싼 분쟁을 조기에 근본적으로 해결할 수 있게 하는 것이 법치행정의 원리에 부합하므로 건축신고 반려행위는 항고소송의 대상이 된다.

② 수익적 행정행위 신청에 대한 거부처분은 당사자의 신청에 대하여 관할 행정청이 거절하는 의사를 대외적으로 명백히 표시함으로써 성립되며, 거부처분이 있은 후 당사자가 다시 신청을 한 경우에는 그 내용이 새로운 신청을 하는 취지라도 관할 행정청이 이를 다시 거절하는 것은 새로운 거부처분이 되지 아니한다.

③ 과세표준과 세액을 증액하는 증액경정처분은 당초신고나 결정에서 확정된 과세표준과 세액을 포함하여 전체로서 하나의 과세표준과 세액을 다시 결정하는 것이므로, 당초 신고나 결정에 대한 불복기간의 경과 여부 등에 관계없이 오직 증액경정처분만이 항고소송의 심판대상이 된다.

④ 기존의 행정처분을 변경하는 내용의 행정처분이 뒤따르는 경우, 후속처분이 종전처분을 완전히 대체하는 것이거나 그 주요 부분을 실질적으로 변경하는 내용인 경우에는 특별한 사정이 없는 한 종전 처분은 그 효력을 상실하고 후속처분만이 항고소송의 대상이 된다.

18 ①②③

행정상 입법예고절차에 대한 설명으로 가장 옳지 않은 것은?

① 행정상 입법예고의 대상은 제정·개정 또는 폐지되려는 법령을 포함한다.

② 행정청은 특별한 사유가 있다고 하더라도 예고된 입법안의 전문에 대한 열람 또는 복사의 요청에 응해야 한다.

③ 자치법규의 행정상 입법예고기간은 예고할 때 정할 수 있으나, 특별한 사정이 없으면 20일 이상으로 하여야 한다.

④ 입법내용의 성질상 예고의 필요가 없거나 곤란하다고 판단되거나, 그 내용상 국민의 권리·의무 또는 일상생활과 관련이 없다면 입법예고를 할 필요는 없다.

19 ①②③

「공공데이터의 제공 및 이용 활성화에 관한 법률」에 대한 설명으로 가장 옳지 않은 것은?

① 공공기관은 해당 공공기관이 보유·관리하는 공공데이터 중 제3자의 권리가 포함된 것으로 이용허락을 받지 않은 정보인 경우에는 기술적으로 제3자의 권리가 포함된 정보를 분리할 수 있다 하더라도 제3자 보호를 위해서 제공을 하여서는 안 된다.

② 공공기관의 장은 해당 기관이 보유하고 있는 공공데이터의 목록을 행정안전부장관에게 등록하여야 하며, 행정안전부장관은 등록의 누락이 있는지를 조사하여 누락된 공공데이터 목록의 등록을 요청할 수 있다.

③ 공공데이터의 제공거부 및 제공중단을 받은 자는 공공데이터제공분쟁조정위원회에 분쟁조정신청을 할 수 있으며, 조정의 내용은 재판상 화해와 동일한 효력을 갖는다.

④ 공공기관의 장은 해당 기관이 생성 또는 취득하여 관리하는 공공데이터의 안정적 품질관리 및 적정한 품질수준의 확보를 위하여 필요한 조치를 취하여야 한다.

20 ①②③

군사행정법에 대한 설명으로 가장 옳지 않은 것은?

① 모든 군무원은 형의 선고나 군무원인사법 또는 국가공무원법에서 정한 사유에 따르지 아니하고는 본인의 의사에 반하여 휴직·직위해제·강임(降任) 또는 면직을 당하지 아니한다.

② 장교, 준사관 및 부사관이 전상·공상을 제외한 심신장애로 인하여 6개월 이상 근무하지 못하게 되었을 때나 불임·난임으로 장기간의 치료가 필요하여 휴직을 신청한 때에는 임용권자는 휴직을 명하여야 한다.

③ 육군의 경우 장기복무전형에 불합격한 단기복무하사관에 대하여 일시적으로 전역 지원을 하지 아니하는 한 복무연장을 해주고 있다고 해도 이는 필요에 의한 일시적인 조치에 불과하다.

④ 음주운전을 하여 차량접촉사고를 낸 후 출동한 경찰의 음주측정에 정당한 사유 없이 불응하여 벌금을 받은 동원관리관으로 근무하던 자에 대한 품위유지의무 위반을 이유로 한 해임은 재량권의 범위를 일탈·남용한 것이라고 볼 수 없어 적법하다.

21 ①②③

지방자치법에 대한 설명으로 가장 옳지 않은 것은? (단, 다툼이 있는 경우에는 판례에 의함)

① 기관위임사무는 지방자치단체의 사무가 아니라 국가 등의 사무이므로 명문의 규정이 없는 한 조례제정의 대상이 되지 않는다.

② 수업료, 입학금의 지원에 관한 사무는 지방자치법에서 정한 지방자치단체 고유의 자치사무이다.

③ 교육감의 소속 교육공무원에 대한 징계사무는 지방자치단체의 자치사무에 해당한다.

④ 시·도와 시·군 및 자치구는 그 사무를 처리함에 있어서 서로 경합하지 아니하도록 하여야 하며, 사무가 서로 경합할 경우 시·군 및 자치구에서 먼저 처리한다.

22 [1][2][3]

행정법의 일반원칙에 대한 설명으로 가장 옳지 않은 것은?
(단, 다툼이 있는 경우에는 판례에 의함)

① 상급행정기관이 하급행정기관에 대해 발하는 업무처리 지침이나 법령의 해석적용에 관한 기준은 일반적으로 행정조직 내부에서만 효력을 가질 뿐 대외적 구속력을 가지는 것은 아니므로 행정처분이 그에 위반하였다 하더라도 그 사정만으로 곧바로 위법한 것으로 되는 것은 아니다.

② 수익적 행정행위의 직권취소나 철회는 개인의 신뢰보호를 위하여 제한될 수 있다는 것이 학설과 판례의 일반적 입장이다.

③ 헌법 제12조 제1항에 따른 적법절차 원칙은 형사소송절차에 국한되지 않고 모든 국가작용 전반에 대하여 적용된다.

④ 권한남용금지의 원칙은 행정의 목적과 행정권한을 행사한 행정공무원의 내심의 의도까지 통제하려는 것은 아니다.

23 [1][2][3]

경찰행정법에 대한 설명으로 가장 옳은 것은?

① 경찰의 임무에는 외국 정부기관 및 국제기구와의 국제협력이 존재하지 않는다.

② 법률에 규정된 자치경찰의 사무에는 성적 목적을 위한 다중이용장소 침입행위에 대한 수사사무는 포함되지 않는다.

③ 경찰관이 직사살수의 방법으로 집회나 시위 참가자들을 해산시키려면, 먼저 집회 및 시위에 관한 법률에서 정한 해산 사유를 구체적으로 고지하는 해산명령을 시행한 후에 가능하다.

④ 경찰관은 정신착란을 일으키거나 술에 만취한 사람, 자살을 시도하는 사람, 미아, 병자, 부상자와 같이 응급구호가 필요하다고 믿을 만한 상당한 이유가 있는 사람을 발견한 경우에는 보건의료기관이나 공공구호기관에 긴급구호를 요청하여야 한다.

24 [1][2][3]

행정심판법에 대한 설명으로 옳지 않은 것은? (단, 다툼이 있는 경우 판례에 의함)

① 집행정지의 요건을 갖춘 때에는 직권으로 또는 당사자의 신청에 의하여 처분의 효력, 처분의 집행 또는 절차의 속행의 전부 또는 일부의 정지를 결정할 수 있지만, 처분의 효력정지는 처분의 집행 또는 절차의 속행을 정지함으로써 그 목적을 달성할 수 있을 때에는 허용되지 아니한다.

② 행정심판의 청구인은 행정심판법이 규정하는 가구제제도인 집행정지를 이용할 수 있더라도, 처분 또는 부작위가 위법·부당하다고 상당히 의심되는 경우로서 당사자에게 생길 중대한 불이익이나 급박한 위험을 방지할 필요가 있는 경우에는 임시처분을 이용할 수 있다.

③ 행정심판위원회는 심판청구의 대상이 되는 처분 또는 부작위 외의 사항에 대하여는 재결하지 못하며, 심판청구의 대상이 되는 처분보다 청구인에게 불리한 재결을 하지 못한다.

④ 행정심판위원회는 사건의 심리를 위하여 필요하다고 인정하면 직권으로 증거조사를 할 수 있고, 당사자가 주장하지 아니한 사실에 대하여도 심리할 수 있다.

25 ①②③

국가배상법 제2조의 책임(공무원의 위법한 직무집행행위로 인한 배상책임)에 대한 설명으로 옳지 않은 것은? (단, 다툼이 있는 경우 판례에 의함)

① 어떠한 행정처분이 후에 항고소송에서 취소되었다고 할지라도 그 기판력에 의하여 당해 행정처분이 곧바로 공무원의 고의 또는 과실로 인한 것으로서 불법행위를 구성한다고 단정할 수는 없는 것이고, 그 행정처분의 담당공무원이 보통 일반의 공무원을 표준으로 하여 볼 때 객관적 주의의무를 결하여 그 행정처분이 객관적 정당성을 상실하였다고 인정될 정도에 이른 경우이어야 한다.

② '법령에 위반하여'라고 함은 엄격하게 형식적 의미의 법령에 명시적으로 공무원의 작위의무가 정하여져 있음에도 이를 위반하는 경우만을 의미하는 것은 아니고, 인권존중·권력남용금지·신의성실과 같이 공무원으로서 마땅히 지켜야 할 준칙이나 규범을 지키지 아니하고 위반한 경우를 포함하여 널리 그 행위가 객관적인 정당성을 결여하고 있는 경우도 포함한다.

③ 「공익사업을 위한 토지 등의 취득 및 보상에 관한 법률」 및 구 「토지공사법」의 규정에 의하여, 본래 시·도지사나 시장·군수 또는 구청장의 업무에 속하는 대집행권한을 위탁받은 한국토지공사는 행정주체의 지위에 있으면서, 동시에 지방자치단체 등의 기관으로서 '공무원'에 해당한다.

④ 공무원이 고의 또는 과실로 그에게 부과된 직무상 의무를 위반하였을 경우라고 하더라도 직무상의 의무 위반과 피해자가 입은 손해 사이에 상당인과관계가 인정되기 위하여는 공무원에게 부과된 직무상 의무의 내용이 전적으로 또는 부수적으로 사회구성원 개인의 안전과 이익을 보호하기 위하여 설정된 것이어야 한다.

2020   9급 기출문제

모바일 OMR 답안분석 서비스

☑ 시험시간 25분   ☑ 해설편 104쪽

01 ①②③

행정법의 효력에 대한 설명으로 옳지 않은 것은? (다툼이 있는 경우 판례에 의함)

① 행정법규는 시행일부터 그 효력을 발생한다.

② 법령이 변경된 경우 신 법령이 피적용자에게 유리하여 이를 적용하도록 하는 경과규정을 두는 등의 특별한 규정이 없는 한 「헌법」 제13조 등의 규정에 비추어 볼 때 그 변경 전에 발생한 사항에 대하여는 변경 후의 신 법령이 아니라 변경 전의 구 법령이 적용되어야 한다.

③ 법령불소급의 원칙은 법령의 효력발생 전에 완성된 요건 사실에 대하여 당해 법령을 적용할 수 없다는 의미일 뿐, 계속 중인 사실이나 그 이후에 발생한 요건 사실에 대한 법령적용까지를 제한하는 것은 아니다.

④ 진정소급입법의 경우에는 신뢰보호의 이익을 주장할 수 있으나 부진정소급입법의 경우에는 신뢰보호의 이익을 주장할 수 없다.

02 ①②③

행정규칙 형식의 법규명령에 대한 설명으로 옳지 않은 것은? (다툼이 있는 경우 판례에 의함)

① 헌법이 인정하고 있는 위임입법의 형식은 예시적인 것으로 보아야 할 것이고, 그것은 법률이 행정규칙에 위임하더라도 그 행정규칙은 위임된 사항만을 규율할 수 있으므로, 국회입법의 원칙과 상치되지도 않는다.

② 재산권 등과 같은 기본권을 제한하는 작용을 하는 법률이 입법위임을 할 때에는 법규명령에 위임함이 바람직하고, 금융감독위원회의 고시와 같은 행정규칙 형식으로 입법위임을 할 때에는 적어도 「행정규제기본법」 제4조 제2항 단서에서 정한 바와 같이 법령이 전문적·기술적 사항이나 경미한 사항으로서 업무의 성질상 위임이 불가피한 사항에 한정된다.

③ 법률이 행정규칙 형식으로 입법위임을 하는 경우에는 행정규칙의 특성상 포괄위임금지의 원칙은 인정되지 않는다.

④ 상위법령의 위임에 의하여 정하여진 행정규칙은 위임한 계를 벗어나지 아니하는 한 그 상위법령의 규정과 결합하여 대외적인 구속력이 있는 법규명령으로서의 효력을 갖게 된다.

03 ①②③

인가에 대한 설명으로 옳지 않은 것은? (다툼이 있는 경우 판례에 의함)

① 기본행위가 적법·유효하고 보충행위인 인가처분 자체에 흠이 있다면 그 인가처분의 무효나 취소를 주장할 수 있다.

② (구)외자도입법에 따른 기술도입계약에 대한 인가는 기본행위인 기술도입계약을 보충하여 그 법률상 효력을 완성시키는 보충적 행정행위에 지나지 아니하므로 기본행위인 기술도입계약의 해지로 인하여 소멸되었다면 위 인가처분은 처분청의 직권취소에 의하여 소멸한다.

③ 「공유수면매립법」 등 관계법령상 공유수면매립의 면허로 인한 권리의무의 양도·양수에 있어서의 면허관청의 인가는 효력요건으로서, 면허로 인한 권리의무양도약정은 면허관청의 인가를 받지 않은 이상 법률상 아무런 효력도 발생할 수 없다.

④ 인가처분에 흠이 없다면 기본행위에 흠이 있다고 하더라도 따로 기본행위의 흠을 다투는 것은 별론으로 하고 기본행위의 흠을 내세워 바로 그에 대한 인가처분의 무효확인 또는 취소를 구할 수는 없다.

04 ①②③

행정지도에 대한 설명으로 옳지 않은 것은? (다툼이 있는 경우 판례에 의함)

① 행정지도가 단순한 행정지도로서의 한계를 넘어 규제적·구속적 성격을 상당히 강하게 갖는 것이라면 헌법소원의 대상이 되는 공권력의 행사로 볼 수 있다.

② 행정관청이 국토이용관리법 소정의 토지거래계약 신고에 관하여 공시된 기준시가를 기준으로 매매 가격을 신고하도록 행정지도를 하여 그에 따라 피고인이 허위신고를 한 것이라면 그 범법행위는 정당화 된다.

③ 구 「남녀차별금지및구제에관한법률」상 국가인권위원회의 성희롱결정과 이에 따른 시정조치의 권고는 성희롱 행위자로 결정된 자의 인격권에 영향을 미침과 동시에 공공기관의 장 또는 사용자에게 일정한 법률상의 의무를 부담시키는 것이므로 국가인권위원회의 성희롱결정 및 시정조치권고는 행정소송의 대상이 되는 행정처분에 해당한다.

④ 적법한 행정지도로 인정되기 위해서는 우선 그 목적이 적법한 것으로 인정될 수 있어야 할 것이므로, 행정청이 행한 주식매각의 종용이 정당한 법률적 근거 없이 자의적으로 주주에게 제재를 가하는 것이라면 행정지도의 영역을 벗어난 것이라고 보아야 할 것이다.

05 ☐1☐2☐3

헌법재판소 결정례와 대법원 판례의 내용으로 옳지 않은 것은? (다툼이 있는 경우 판례에 의함)

① 현역군인만을 국방부의 보조기관 및 차관보·보좌기관과 병무청 및 방위사업청의 보조기관 및 보좌기관에 보할 수 있도록 정하여 군무원을 제외하고 있는 정부조직법 관련 조항은 군무원인 청구인들의 평등권을 침해한다고 보아야 한다.

② 행정소송에 있어서 처분청의 처분권한 유무는 직권조사 사항이 아니다.

③ 행정권한의 위임이 행하여진 때에는 위임관청은 그 사무를 처리할 권한을 잃는다.

④ 자동차운전면허시험 관리업무는 국가행정사무이고 지방자치단체의 장인 서울특별시장은 국가로부터 그 관리업무를 기관위임 받아 국가행정기관의 지위에서 그 업무를 집행하므로, 국가는 면허 시험장의 설치 및 보존의 하자로 인한 손해배상책임을 부담한다.

06 ☐1☐2☐3

개인정보 보호법상 고유식별정보에 관한 설명으로 옳지 않은 것은?

① 「여권법」에 따른 여권번호나 「출입국관리법」에 따른 외국인등록번호는 고유식별정보이다.

② 고유식별정보를 처리하려면 정보주체에게 정보의 수집·이용·제공 등에 필요한 사항을 알리고 다른 개인정보의 처리에 대한 동의와 함께 일괄적으로 동의를 받아야 한다.

③ 개인정보처리자가 이 법에 따라 고유식별정보를 처리하는 경우에는 그 고유식별정보가 분실·도난·유출·위조·변조 또는 훼손되지 아니하도록 대통령령으로 정하는 바에 따라 암호화 등 안전성 확보에 필요한 조치를 하여야 한다.

④ 개인정보처리자는 다른 개인정보의 처리에 대한 동의와 별도로 동의를 받은 경우라 하더라도 주민등록번호는 법에서 정한 예외적 인정사유에 해당하지 않는 한 처리할 수 없다.

07 ☐1☐2☐3

신뢰보호 원칙에 대한 설명으로 옳지 않은 것은? (다툼이 있는 경우 판례에 의함)

① 신뢰보호 원칙의 법적 근거로는 신의칙설 또는 법적 안정성을 드는 것이 일반적인 견해이다.

② 신뢰보호원칙의 실정 법적 근거로는 「행정절차법」 제4조 제2항, 「국세기본법」 제18조 제3항 등을 들 수 있다.

③ 대법원은 실권의 법리를 신뢰보호 원칙의 파생원칙으로 본다.

④ 조세법령의 규정내용 및 행정규칙 자체는 과세 관청의 공적 견해 표명에 해당하지 아니한다.

08 ☐1☐2☐3

정보공개에 대한 설명으로 옳지 않은 것은?

① 정보의 공개를 청구하는 자는 해당 정보를 보유하거나 관리하고 있는 공공기관에 법령상의 요건을 갖춘 정보공개 청구서를 제출하거나 말로써 정보의 공개를 청구할 수 있다.

② 공공기관은 공개 청구된 공개 대상 정보의 전부 또는 일부가 제3자와 관련이 있다고 인정할 때에는 그 사실을 제3자에게 지체 없이 통지하여야 하며, 필요한 경우에는 그의 의견을 들을 수 있다.

③ 「공공기관의 정보공개에 관한 법률」 제11조 제3항에 따라 공개 청구된 사실을 통지받은 제3자는 그 통지를 받은 날부터 7일 이내에 해당 공공기관에 대하여 자신과 관련된 정보를 공개하지 아니할 것을 요청할 수 있다.

④ 「공공기관의 정보공개에 관한 법률」 제21조 제2항에 따른 비공개 요청에도 불구하고 공공기관이 공개 결정을 할 때에는 공개 결정 이유와 공개 실시 일을 분명히 밝혀 지체 없이 문서로 통지하여야 하며, 제3자는 해당 공공기관에 문서로 이의신청을 하거나 행정심판 또는 행정소송을 제기할 수 있다.

09 [1][2][3]

통고처분에 대한 설명으로 옳지 않은 것은? (다툼이 있는 경우 판례에 의함)

① 지방국세청장이 조세범칙행위에 대하여 고발을 한 후에 동일한 조세범칙행위에 대하여 통고처분을 하여 조세범 칙행위자가 이를 이행하였다면 고발에 따른 형사절차의 이행은 일사부재리의 원칙에 반하여 위법하다.

②「도로교통법」에 따른 경찰서장의 통고처분은 행정소송의 대상이 되는 행정처분이 아니다.

③ 통고처분은 상대방의 임의의 승복을 그 발효요건으로 하는 것으로서 상대방의 재판받을 권리를 침해하는 것으로 인정되지 않는다.

④「관세법」상 통고처분을 할 것인지의 여부는 관세청장 또는 세관장의 재량에 맡겨져 있고, 따라서 관세청장 또는 세관장이 관세범에 대하여 통고처분을 하지 아니한 채 고발하였다는 것만으로는 그 고발 및 이에 기한 공소의 제기가 부적법하게 되는 것은 아니다.

10 [1][2][3]

다음은 1993년 8월 12일에 발하여진 대통령의 금융실명거래 및 비밀보장에 관한 긴급재정경제 명령(이하 '긴급재정경제명령'이라 칭함)에 관한 위헌확인소원에서 헌법재판소가 내린 결정 내용이다. 옳지 않은 것은? (다툼이 있는 경우 판례에 의함)

① 대통령의 긴급재정경제명령은 국가긴급권의 일종으로서 고도의 정치적 결단에 의하여 발동되는 행위이다.

② 대통령의 긴급재정경제명령은 이른바 통치행위에 속한다고 할 수 있다.

③ 통치행위를 포함하여 모든 국가작용은 국민의 기본권적 가치를 실현하기 위한 수단이라는 한계를 반드시 지켜야 한다.

④ 국민의 기본권 침해와 직접 관련되는 경우라도 그 국가작용이 고도의 정치적 결단에 의하여 행해진다면 당연히 헌법재판소의 심판대상이 되지 않는다.

11 [1][2][3]

다음 중 대법원 판례의 내용과 다른 것은? (다툼이 있는 경우 판례에 의함)

① 일정한 자격을 갖추고 소정의 절차에 따라 국립대학의 장에 의하여 임용된 조교는 법정된 근무기간 동안 신분이 보장되는 교육공무원법상의 교육공무원 내지「국가공무원법」상의 특정직 공무원 지위가 부여되지만, 근무관계는 공법상 근무 관계가 아닌 사법상의 근로계약관계에 해당한다.

② 행정규칙의 내용이 상위법령에 반하는 것이라면 법치국가원리에서 파생되는 법질서의 통일성과 모순금지 원칙에 따라 그것은 법질서상 당연무효이고, 행정내부적 효력도 인정될 수 없다.

③ 계약직공무원에 관한 현행 법령의 규정에 비추어 볼 때, 계약직공무원 채용계약해지의 의사표시는 일반공무원에 대한 징계처분과는 달라서 항고소송의 대상이 되는 처분 등의 성격을 가진 것으로 인정되지 아니한다.

④「국가공무원법」상 당연퇴직은 결격사유가 있을 때 법률상 당연히 퇴직하는 것이지, 공무원관계를 소멸시키기 위한 별도의 행정처분을 요하는 것이 아니며, 당연퇴직의 인사발령은 법률상 당연히 발생하는 퇴직사유를 공적으로 확인하여 알려주는 이른바 관념의 통지에 불과하고 공무원의 신분을 상실시키는 새로운 형성적 행위가 아니므로 행정소송의 대상이 되는 독립한 행정처분이라고 할 수 없다.

12 ①②③

「병역법」에 관련한 설명으로 옳지 않은 것은? (다툼이 있는 경우 판례에 의함)

① 현역입영대상자인 피고인이 정당한 사유 없이 병역의무부과통지서인 현역입영통지서의 수령을 거부하고 입영기일부터 3일이 경과하여도 입영하지 않은 경우 통지서 수령거부에 대한 처벌만 인정될 뿐 입영의 기피에 대한 처벌은 인정되지 않는다.

② 병역의무부과통지서인 현역입영통지서는 그 병역 의무자에게 이를 송달함이 원칙이고, 이러한 송달은 병역의무자의 현실적인 수령행위를 전제로 하고 있다고 보아야 하므로, 병역의무자가 현역입영통지의 내용을 이미 알고 있는 경우에도 여전히 현역입영통지서의 송달은 필요하다.

③ 현역입영대상자로서는 현실적으로 입영을 하였다고 하더라도, 입영 이후의 법률관계에 영향을 미치고 있는 현역병입영통지처분 등을 한 관할지방병무청장을 상대로 위법을 주장하여 그 취소를 구할 소송상의 이익이 있다.

④ 「병역법」상 보충역편입처분과 공익근무요원소집 처분이 각각 단계적으로 별개의 법률효과를 발생하는 독립된 행정처분이 아니므로, 불가쟁력이 생긴 보충역 편입처분의 위법을 이유로 공익근무요원소집처분의 효력을 다툴 수 있다.

13 ①②③

다수의 당사자 등이 공동으로 행정절차에 관한 행위를 할 때에 정하는 대표자에 관한 행정절차법의 규정 내용으로 옳지 않은 것은?

① 당사자 등은 대표자를 변경하거나 해임할 수 있다.

② 대표자는 각자 그를 대표자로 선정한 당사자 등을 위하여 행정절차에 관한 모든 행위를 할 수 있다. 다만, 행정절차를 끝맺는 행위에 대하여는 당사자 등의 동의를 받아야 한다.

③ 대표자가 있는 경우에는 당사자 등은 그 대표자를 통하여서만 행정절차에 관한 행위를 할 수 있다.

④ 다수의 대표자가 있는 경우 그 중 1인에 대한 행정청의 행위는 모든 당사자 등에게 효력이 있다. 다만, 행정청의 통지는 대표자 1인에게 하여도 그 효력이 있다.

14 ①②③

사실행위에 관한 판례의 내용으로 옳지 않은 것은? (다툼이 있는 경우 판례에 의함)

① 교도소장이 수형자를 '접견내용 녹음·녹화 및 접견 시 교도관 참여대상자'로 지정한 행위는 수형자의 구체적 권리의무에 직접적 변동을 가져오는 행정청의 공법상 행위로서 항고소송의 대상이 되는 '처분'에 해당한다.

② 구청장이 사회복지법인에 특별감사 결과, 지적 사항에 대한 시정지시와 그 결과를 관계서류와 함께 보고하도록 지시한 경우, 그 시정지시는 항고소송의 대상이 되는 행정처분에 해당하지 아니한다.

③ 교도소 수형자에게 소변을 받아 제출하게 한 것은, 형을 집행하는 우월적인 지위에서 외부와 격리된 채 형의 집행에 관한 지시, 명령을 복종하여야 할 관계에 있는 자에게 행해진 것으로서 권력적 사실행위이다.

④ 국세징수법에 의한 체납처분의 집행으로서 한 압류처분은, 행정청이 한 공법상의 처분이고, 따라서 그 처분이 위법이라고 하여 그 취소를 구하는 소송은 행정소송이다.

15 □1□2□3

다음 중 대법원 판례의 내용과 다른 것은? (다툼이 있는 경우 판례에 의함)

① 방사능에 오염된 고철을 타인에게 매도하는 등으로 유통시킴으로써 거래 상대방이나 전전 취득한 자가 방사능오염으로 피해를 입게 되었더라도 그 원인자는 방사능오염 사실을 모르고 유통시켰을 경우에는 환경정책기본법 제44조 제1항에 따라 피해자에게 피해를 배상할 의무는 없다.

② 토양은 폐기물 기타 오염물질에 의하여 오염될 수 있는 대상일 뿐 오염토양이라 하여 동산으로서 '물질'인 폐기물에 해당한다고 할 수 없고, 나아가 오염토양은 법령상 절차에 따른 정화 대상이 될 뿐 법령상 금지되거나 그와 배치되는 개념인 투기나 폐기 대상이 된다고 할 수 없다.

③ 행정청이 폐기물처리사업계획서 부적합 통보를 하면서 처분서에 불확정개념으로 규정된 법령상의 허가기준 등을 충족하지 못하였다는 취지만을 간략히 기재하였다면, 부적합 통보에 대한 취소소송절차에서 행정청은 그 처분을 하게 된 판단 근거나 자료 등을 제시하여 구체적 불허가사유를 분명히 하여야 한다.

④ 불법행위로 영업을 중단한 자가 영업 중단에 따른 손해배상을 구하는 경우 영업을 중단하지 않았으면 얻었을 순이익과 이와 별도로 영업 중단과 상관없이 불가피하게 지출해야 하는 비용도 특별한 사정이 없는 한 손해배상의 범위에 포함될 수 있다.

16 □1□2□3

행정법규 위반에 대한 제재조치의 설명으로 옳지 않은 것은? (다툼이 있는 경우 판례에 의함)

① 행정법규 위반에 대한 제재조치는 행정목적의 달성을 위하여 행정법규 위반이라는 객관적 사실에 착안하여 가하는 제재이므로, 반드시 현실적인 행위자가 아니라도 법령상 책임자로 규정된 자에게 부과되며, 그러한 제재조치의 위반자에게 고의나 과실이 있어야 부과할 수 있다.

② 법규가 예외적으로 형사소추 선행 원칙을 규정하고 있지 않은 이상 형사판결 확정에 앞서 일정한 위반사실을 들어 행정처분을 하였다고 하여 절차적 위반이 있다고 할 수 없다.

③ 제재적 행정처분은 권익침해의 효과를 가져오므로 철회권이 유보되어 있거나, 법률유보의 원칙상 명문의 근거가 있어야 하며, 행정청이 이러한 권한을 갖고 있다고 하여도 그러한 권한의 행사는 의무에 합당한 재량에 따라야 한다.

④ 세무서장 등은 납세자가 허가·인가·면허 및 등록을 받은 사업과 관련된 소득세, 법인세 및 부가가치세를 대통령령으로 정하는 사유 없이 체납하였을 때에는 해당 사업의 주무관서에 그 납세자에 대하여 허가 등의 갱신과 그 허가 등의 근거 법률에 따른 신규 허가 등을 하지 아니할 것을 요구할 수 있다.

17 ①②③

행정심판법의 규정 내용으로 옳지 않은 것은?

① 관계 행정기관의 장이 특별행정심판 또는 행정심판법에 따른 행정심판 절차에 대한 특례를 신설하거나 변경하는 법령을 제정·개정할 때에는 미리 법무부 장관과 협의하여야 한다.

② 행정청의 처분 또는 부작위에 대하여는 다른 법률에 특별한 규정이 있는 경우 외에는 이 법에 따라 행정심판을 청구할 수 있다.

③ 대통령의 처분 또는 부작위에 대하여는 다른 법률에서 행정심판을 청구할 수 있도록 정한 경우 외에는 행정심판을 청구할 수 없다.

④ 행정청이란 행정에 관한 의사를 결정하여 표시하는 국가 또는 지방자치단체의 기관, 그 밖에 법령 또는 자치법규에 따라 행정 권한을 가지고 있거나 위탁을 받은 공공단체나 그 기관 또는 사인(私人)을 말한다.

18 ①②③

행정소송의 대상이 되는 처분에 관한 판례의 내용으로 옳지 않은 것은? (다툼이 있는 경우 판례에 의함)

① 당사자가 지방노동위원회의 처분에 대하여 불복하기 위해서는 처분 송달일로부터 10일 이내에 중앙노동위원회에 재심을 신청하고 중앙노동위원회의 재심판정서 송달일로부터 15일 이내에 고용노동부 장관을 피고로 하여 재심판정취소의 소를 제기하여야 할 것이다.

② 지방의회 의장에 대한 불신임의결은 의장으로서의 권한을 박탈하는 행정처분의 일종으로서 항고 소송의 대상이 된다.

③ 조례가 집행행위의 개입 없이도 그 자체로서 직접 국민의 구체적인 권리의무나 법적 이익에 영향을 미치는 등의 법률상 효과를 발생하는 경우 그 조례는 항고소송의 대상이 되는 행정처분에 해당한다.

④ 항정신병 치료제의 요양급여 인정기준에 관한 보건복지부 고시가 다른 집행행위의 매개 없이 그 자체로서 제약회사, 요양기관, 환자 및 국민건강보험공단 사이의 법률관계를 직접 규율 한다는 이유로 항고소송의 대상이 되는 행정 처분에 해당한다.

19 ①②③

소의 이익에 관한 판례의 내용으로 옳지 않은 것은? (다툼이 있는 경우 판례에 의함)

① 소음·진동배출시설에 대한 설치허가가 취소된 후 그 배출시설이 어떠한 경위로든 철거되어 다시 복구 등을 통하여 배출시설을 가동할 수 없는 상태라면 이는 배출시설 설치허가의 대상이 되지 아니하므로 외형상 설치허가 취소행위가 잔존하고 있다고 하여도 특단의 사정이 없는 한 이제 와서 굳이 위 처분의 취소를 구할 법률상의 이익이 없다.

② 원자로 및 관계 시설의 부지사전승인처분은 나중에 건설허가처분이 있게 되더라도 그 건설허가처분에 흡수되어 독립된 존재가치를 상실하는 것이 아니므로, 부지사전승인 처분의 취소를 구할 이익이 있다.

③ 법인세 과세표준과 관련하여 과세관청이 법인의 소득처분 상대방에 대한 소득처분을 경정하면서 증액과 감액을 동시에 한 결과 전체로서 소득 처분금액이 감소된 경우, 법인이 소득금액변동 통지의 취소를 구할 소의 이익이 없다.

④ 건물철거대집행계고처분취소 소송 계속 중 건물철거대집행의 계고처분에 이어 대집행의 실행으로 건물에 대한 철거가 이미 사실행위로서 완료된 경우에는 원고로서는 계고처분의 취소를 구할 소의 이익이 없게 된다.

20 ☐①②③

재결 자체에 고유한 위법이 있는 경우와 관련된 내용으로 옳지 않은 것은? (다툼이 있는 경우 판례에 의함)

① 권한이 없는 행정심판위원회에 의한 재결의 경우가 그 예이다.

② 재결 자체의 내용상 위법도 재결 자체에 고유한 위법이 있는 경우에 포함된다.

③ 제3자효를 수반하는 행정행위에 대한 행정심판청구의 인용재결은 원처분과 내용을 달리 하는 것이므로 그 인용재결의 취소를 구하는 것은 원처분에는 없는 재결에 고유한 하자를 주장하는 것이라고 하더라도 당연히 항고소송의 대상이 되는 것은 아니다.

④ 행정처분에 대한 행정심판의 재결에 이유모순의 위법이 있다는 사유는 재결처분 자체에 고유한 하자로서 재결처분의 취소를 구하는 소송에서는 그 위법사유로서 주장할 수 있으나, 원처분의 취소를 구하는 소송에서는 그 취소를 구할 위법 사유로서 주장할 수 없다.

21 ☐①②③

「공공기관의 정보공개에 관한 법률」의 내용으로 옳지 않은 것은? (다툼이 있는 경우 판례에 의함)

① 정보공개를 거부하기 위해서는 반드시 그 정보가 진행 중인 재판의 소송기록 그 자체에 포함된 내용의 정보일 필요는 없으나, 재판에 관련된 일체의 정보가 그에 해당하는 것은 아니고 진행 중인 재판의 심리 또는 재판 결과에 구체적으로 영향을 미칠 위험이 있는 정보에 한정된다고 보는 것이 타당하다.

② 처분청이 처분 당시에 적시한 구체적 사실을 변경하지 아니하는 범위 내에서 단지 그 처분의 근거법령만을 추가·변경하거나 당초의 처분사유를 구체적으로 표시하는 것에 불과한 경우에는 새로운 처분사유를 추가하거나 변경하는 것이라고 볼 수 없다.

③ 학교환경위생구역 내 금지행위(숙박시설) 해제 결정에 관한 학교환경위생정화위원회의 회의록에 기재된 발언내용에 대한 해당 발언자의 인적 사항 부분에 관한 정보는 「공공기관의 정보공개에 관한 법률」 제7조 제1항 제5호 소정의 비공개 대상에 해당한다고 볼 수 없다.

④ 의사결정과정에 제공된 회의관련자료나 의사결정 과정이 기록된 회의록 등은 의사가 결정되거나 의사가 집행된 경우에는 더 이상 의사결정과정에 있는 사항 그 자체라고는 할 수 없으나, 의사결정과정에 있는 사항에 준하는 사항으로서 비공개 대상정보에 포함될 수 있다.

22 ☐①②③

「국가배상법」 제2조와 관련한 내용으로 옳지 않은 것은? (다툼이 있는 경우 판례에 의함)

① 국·공립대학 교원에 대한 재임용거부처분이 재량권을 일탈·남용한 것으로 평가되어 그것이 불법행위가 됨을 이유로 국·공립대학 교원 임용권자에게 손해배상책임을 묻기 위해서는 당해 재임용거부가 국·공립대학 교원 임용권자의 고의 또는 과실로 인한 것이라는 점이 인정되어야 한다.

② 입법부가 법률로써 행정부에게 특정한 사항을 위임했음에도 불구하고 행정부가 정당한 이유 없이 이를 이행하지 않는다면 권력분립의 원칙과 법치국가 내지 법치행정의 원칙에 위배되는 것으로서 위법함과 동시에 위헌적인 것이 된다.

③ 유흥주점에 감금된 채 윤락을 강요받으며 생활하던 여종업원들이 유흥주점에 화재가 났을 때 미처 피신하지 못하고 유독가스에 질식해 사망한 사안에서, 지방자치단체의 담당 공무원이 위 유흥주점의 용도변경, 무허가 영업 및 시설기준에 위배된 개축에 대하여 시정명령 등 식품위생법상 취하여야 할 조치를 게을리 한 직무상 의무위반행위와 위 종업원들의 사망 사이에 상당인과관계가 존재한다.

④ 「국가배상법」 제2조 제1항의 '법령을 위반하여'라고 함은 엄격하게 형식적 의미의 법령에 명시적으로 공무원의 행위의무가 정하여져 있음에도 이를 위반하는 경우만을 의미하는 것은 아니고, 인권존중·권력남용금지·신의성실과 같이 공무원으로서 마땅히 지켜야 할 준칙이나 규범을 지키지 아니하고 위반한 경우를 비롯하여 널리 그 행위가 객관적인 정당성을 결여하고 있는 경우도 포함한다.

23 ①②③

무효와 취소의 구별실익에 관한 내용으로 옳지 않은 것은?

① 취소할 수 있는 행정행위에 대하여서만 사정재결, 사정판결이 인정된다.

② 행정심판전치주의는 무효선언을 구하는 취소소송과 무효확인소송 모두에 적용되지 않는다.

③ 무효확인판결에 간접강제가 인정되지 않는 것은 입법의 불비라는 비판이 있다.

④ 판례에 따르면, 무효선언을 구하는 취소소송은 제소기간의 제한이 인정된다고 한다.

24 ①②③

이행강제금에 대한 설명으로 옳지 않은 것은? (다툼이 있는 경우 판례에 의함)

① 현행 「건축법」상 위법건축물에 대한 이행강제 수단으로 대집행과 이행강제금이 인정되고 있는데, 행정청은 개별사건에 있어서 위반내용, 위반자의 시정의지 등을 감안하여 대집행과 이행강제금을 선택적으로 활용할 수 있다.

② 「건축법」에서 무허가 건축행위에 대한 형사 처벌과 「건축법」 제80조 제1항에 의한 시정명령위반에 대한 이행강제금의 부과는 「헌법」 제13조 제1항이 금지하는 이중처벌에 해당한다고 할 수 없다.

③ 비록 건축주 등이 장기간 시정명령을 이행하지 아니 하였더라도, 그 기간 중에는 시정명령의 이행 기회가 제공되지 아니하였다가 뒤늦게 시정명령의 이행 기회가 제공된 경우라면, 시정명령의 이행 기회가 제공되지 아니한 과거의 기간에 대한 이행강제금까지 한꺼번에 부과할 수 있다.

④ 「부동산 실권리자명의 등기에 관한 법률」상 장기 미등기자가 이행강제금 부과 전에 등기신청의무를 이행하였다면 이행강제금의 부과로써 이행을 확보하고자 하는 목적은 이미 실현된 것이므로 이 법상 규정된 기간이 지나서 등기신청의무를 이행한 경우라 하더라도 이행강제금을 부과할 수 없다.

25 ①②③

처분의 신청에 관한 행정절차법의 규정 내용으로 옳지 않은 것은?

① 행정청에 처분을 구하는 신청은 문서로 하여야 한다. 다만, 다른 법령 등에 특별한 규정이 있는 경우와 행정청이 미리 다른 방법을 정하여 공시한 경우에는 그러하지 아니하다.

② 행정청은 신청에 필요한 구비서류, 접수기관, 처리기간, 그 밖에 필요한 사항을 게시(인터넷 등을 통한 게시를 포함)하거나 이에 대한 편람을 갖추어두고 누구나 열람할 수 있도록 하여야한다.

③ 행정청은 신청에 구비서류의 미비 등 흠이 있는 경우에는 보완에 필요한 상당한 기간을 정하여 지체 없이 신청인에게 보완을 요구할 수 있다.

④ 행정청은 신청인의 편의를 위하여 다른 행정청에 신청을 접수하게 할 수 있다. 이 경우 행정청은 다른 행정청에 접수할 수 있는 신청의 종류를 미리 정하여 공시하여야 한다.

2020 | 7급 기출문제

모바일
OMR
답안분석
서비스

☑ 시험시간 25분 ☑ 해설편 119쪽

01 1 2 3

행정상 손해배상에 대한 설명으로 옳지 않은 것은? (다툼이 있는 경우 판례에 의함)

① 자기책임설은 공무원의 직무상 행위의 위법 여부와 상관없이 국가가 자기의 행위에 대한 배상책임을 지는 것으로 보는 견해이다.

② 법관의 재판에 법령의 규정을 따르지 아니한 잘못이 있는 경우에는 이로써 바로 그 재판상 직무행위가 국가배상법 제2조 제1항에서 말하는 위법한 행위로 되어 국가의 손해배상책임이 발생한다.

③ 과실의 기준은 당해 공무원이 아니라 당해 직무를 담당하는 평균적 공무원을 기준으로 한다는 견해는 과실의 객관화(과실 개념을 객관적으로 접근)를 위한 시도라 할 수 있다.

④ 손해는 법익침해로 인한 모든 불이익을 말하며, 재산상의 손해이든 비재산적 손해(생명 · 신체 · 정신상의 손해)이든, 적극적 손해이든 소극적 손해이든 불문한다.

02 1 2 3

부작위위법확인소송에 대한 설명으로 옳지 않은 것은? (다툼이 있는 경우 판례에 의함)

① 부작위위법확인소송의 확정판결은 제3자에 대하여도 효력이 있다.

② 부작위위법확인의 소는 부작위상태가 계속되는 한 그 위법의 확인을 구할 이익이 있다고 보아야 하므로 원칙적으로 제소기간의 제한을 받지 않는다.

③ 부작위위법확인의 소는 신청에 대한 부작위의 위법을 확인하여 소극적인 위법상태를 제거하는 동시에 신청의 실체적 내용이 이유 있는 것인가도 심리하는 것을 목적으로 한다.

④ 부작위위법확인소송에 있어서의 판결은 행정청의 특정 부작위의 위법 여부를 확인하는 데 그치고, 적극적으로 행정청에 대하여 일정한 처분을 할 의무를 직접 명하지는 않는다.

03 ☐1 ☐2 ☐3

행정의 주요 행위형식에 대한 설명으로 옳지 않은 것은? (다툼이 있는 경우 판례에 의함)

① 행정청인 관리권자로부터 관리업무를 위탁받은 공단이 우월적 지위에서 일정한 법률상 효과를 발생하게 하는 공단입주 변경계약은 공법계약으로 이의 취소는 공법상 당사자소송으로 해야 한다.

② 어업권면허에 선행하는 우선순위결정은 행정청이 우선권자로 결정된 자의 신청이 있으면 어업권면허처분을 하겠다는 것을 약속하는 행위로서 강학상 확약에 불과하다.

③ 행정사법작용에 관한 법적 분쟁은 특별한 규정이 없는 한 민사소송을 통해 구제를 도모하여야한다.

④ 행정자동결정이 행정사실행위에 해당한다고 하게 되면 그것은 직접적인 법적 효과는 발생하지 않으며 다만 국가배상청구권의 발생 등 간접적인 법적 효과만 발생함이 원칙이다.

04 ☐1 ☐2 ☐3

재량행위에 대한 설명으로 옳지 않은 것은? (다툼이 있는 경우 판례에 의함)

① 재량행위의 경우 행정청은 재량권의 한계 내에서는 법이 정한 요건을 충족하더라도 그 행위를 해야 할 의무는 없는 것이다.

② 재량권의 일탈·남용 여부에 대한 법원의 심사는 사실오인, 비례·평등의 원칙 위배, 당해 행위의 목적 위반이나 동기의 부정 유무 등을 그 판단 대상으로 한다.

③ 「국토의 계획 및 이용에 관한 법률」이 정한 용도지역 안에서의 건축허가는 개발행위허가의 성질도 갖는데, 개발행위허가는 허가기준 및 금지요건이 불확정개념으로 규정된 부분이 많아 그 요건에 해당하는지 여부는 행정청의 판단여지에 속한다.

④ 자유재량에 있어서도 그 범위의 넓고 좁은 차이는 있더라도 법령의 규정뿐만 아니라 관습법 또는 일반적 조리에 의한 일정한 한계가 있는 것으로서 위 한계를 벗어난 재량권의 행사는 위법하다.

05 ☐1 ☐2 ☐3

행정청의 권한의 위임에 대한 설명으로 옳지 않은 것은? (다툼이 있는 경우 판례에 의함)

① 행정권한의 위임은 법률이 위임을 허용하고 있는 경우에 한하여 인정된다.

② 시·도지사는 지방자치단체의 조례에 의하여 기관위임사무를 구청장 등에게 재위임할 수는 없다.

③ 수임사무의 처리가 부당한지 여부의 판단은 위법성 판단과 달리 합목적적·정책적 고려도 포함된다.

④ 전결규정에 위반하여 원래의 전결권자가 아닌 보조기관 등이 처분권자인 행정관청의 이름으로 행한 행정처분은 무효의 처분이다.

06 ☐1 ☐2 ☐3

허가에 대한 설명으로 옳지 않은 것은? (다툼이 있는 경우 판례에 의함)

① 건축허가는 대물적 성질을 갖는 것이어서 행정청으로서는 허가를 할 때에 건축주 또는 토지소유자가 누구인지 등 인적요소에 관하여는 형식적 심사만 한다.

② 구 「학원의설립·운영에관한법률」 제5조 제2항에 의한 학원의 설립인가는 강학상의 이른바 인가에 해당하는 것으로서 그 인가를 받은 자에게 특별한 권리를 부여하는 것이고 일반적인 금지를 특정한 경우에 해제하여 학원을 설립할 수 있는 자유를 회복시켜 주는 것이 아니다.

③ 유료직업 소개사업의 허가갱신은 허가취득자에게 종전의 지위를 계속 유지시키는 효과를 갖는 것에 불과하고 갱신 후에는 갱신 전의 법위반사항을 불문에 붙이는 효과를 발생하는 것이 아니므로 일단 갱신이 있은 후에도 갱신 전의 법위반 사실을 근거로 허가를 취소할 수 있다.

④ 허가 등의 행정처분은 원칙적으로 처분 시의 법령과 허가기준에 의하여 처리되어야 하고 허가신청 당시의 기준에 따라야 하는 것은 아니며, 비록 허가신청 후 허가기준이 변경되었다 하더라도 그 허가관청이 허가신청을 수리하고도 정당한 이유 없이 그 처리를 늦추어 그 사이에 허가기준이 변경된 것이 아닌 이상 변경된 허가기준에 따라서 처분을 하여야 한다.

07 ☐①②③

행정절차에 대한 설명으로 옳지 않은 것은? (다툼이 있는 경우 판례에 의함)

① 당사자 등은 인허가 등의 취소, 신분·자격의 박탈, 법인이나 조합 등의 설립허가의 취소에 관한 처분 시 의견제출 기한 내에 청문의 실시를 신청할 수 있다.

② 행정청은 처분을 함에 있어 국민생활에 큰 영향을 미치는 처분으로서 대통령령으로 정하는 처분에 대하여 대통령령으로 정하는 수 이상의 당사자 등이 공청회 개최를 요구하는 경우 공청회를 개최한다.

③ 행정청은 국민생활에 매우 큰 영향을 주는 사항, 많은 국민의 이해가 상충되는 사항, 많은 국민에게 불편이나 부담을 주는 사항, 그 밖에 널리 국민의 의견을 수렴할 필요가 있는 사항에 대한 정책, 제도 및 계획을 수립·시행하거나 변경하려는 경우에 한해 이를 예고할 의무가 있다.

④ 판례는 당사자가 신청하는 허가 등을 거부하는 처분을 하면서 당사자가 그 근거를 알 수 있을 정도로 이유를 제시한 경우에는 처분의 근거와 이유를 구체적으로 명시하지 않았더라도 그로 인해 처분이 위법하게 되는 것은 아니라고 보았다.

08 ☐①②③

취소소송에 대한 설명으로 옳지 않은 것은? (다툼이 있는 경우 판례에 따름)

① 처분성이 인정되는 국민권익위원회의 조치요구에 대해 소방청장은 취소소송을 제기할 당사자 능력과 원고적격을 갖는다.

② 사증발급의 법적 성질과 출입국관리법의 입법 목적을 고려할 때 외국인은 사증발급 거부처분의 취소를 구할 법률상 이익이 있다.

③ 거부처분이 행정심판의 재결을 통해 취소된 경우 재결에 따른 후속처분이 아니라 그 재결의 취소를 구하는 것은 분쟁해결의 유효적절한 수단이라고 할 수 없어 소의 이익이 없다.

④ 병무청장의 병역의무 기피자의 인적사항 공개 결정은 취소소송의 대상이 되는 처분에 해당한다.

09 ☐①②③

행정상 강제집행에 대한 설명으로 옳지 않은 것은? (다툼이 있는 경우 판례에 의함)

① 군수가 군사무위임조례의 규정에 따라 무허가 건축물에 대한 철거대집행사무를 하부 행정 기관인 읍·면에 위임하였다면, 읍·면장에게는 관할구역 내의 무허가 건축물에 대하여 그 철거대집행을 위한 계고처분을 할 권한이 있다.

② 이행강제금은 간접적인 행정상 강제집행 수단이며, 대체적 작위의무 위반에 대하여도 부과될 수 있다.

③ 직접강제는 대체적 작위의무뿐만 아니라 비대체적 작위의무·부작위의무·수인의무 등 일체의 의무의 불이행에 대해 행할 수 있다.

④ 「개발제한구역의 지정 및 관리에 관한 특별조치법」에 따르면, 이행강제금을 부과·징수할 때마다 그에 앞서 시정명령 절차를 다시 거쳐야 한다.

10 ☐①②③

지방자치법에 대한 설명으로 옳지 않은 것은? (다툼이 있는 경우 판례에 의함)

① 법률의 위임 없이 보육시설 종사자의 정년을 규정한 조례안에 대한 재의결은 무효이다.

② 위임사무에 관한 명령이나 처분의 시정명령의 경우에는 그의 위법·부당성이 사유가 되나, 자치사무에 관한 명령이나 처분의 시정명령의 경우에는 그의 위법성만이 사유가 된다.

③ 법률이 주민의 권리의무에 관한 사항에 관하여 구체적으로 범위를 정하지 않은 채 조례로 정하도록 포괄적으로 위임한 경우에도 지방자치단체는 법령에 위반되지 않는 범위 내에서 각 지역의 실정에 맞게 주민의 권리의무에 관한 사항을 조례로 제정할 수 있다.

④ 지방의회의 의결이 법령에 위반되거나 공익을 현저히 해친다고 판단되면 주무부장관은 시·도에 대하여 재의를 요구하게 할 수 있는 동시에 그 시·도지사에게 그 의결에 대한 제소를 지시하거나 직접 제소 및 집행정지 결정을 신청할 수 있다.

11 ☐①②③

공법과 사법의 구별에 대한 설명으로 옳지 않은 것은? (다툼이 있는 경우 판례에 의함)

① 국유재산법상 국유재산의 무단점유자에 대한 변상금 부과는 공권력을 가진 우월적 지위에서 행하는 행정처분이다.

② 국가나 지방자치단체에 근무하는 청원경찰은 국가공무원법이나 지방공무원법상의 공무원은 아니므로 그 근무관계는 사법상의 고용계약 관계로 볼 수 있다.

③ 구 예산회계법상 입찰보증금의 국고귀속조치는 국가가 사법상의 재산권의 주체로서 행위 하는 것이다.

④ 조세채무관계는 공법상의 법률관계이고 그에 관한 쟁송은 원칙적으로 행정사건으로서 행정소송법의 적용을 받는다.

12 ☐①②③

강학상 특허에 대한 설명으로 옳지 않은 것은? (다툼이 있는 경우 판례에 의함)

① 관세법상 보세구역의 설영특허는 보세구역의 설치, 경영에 관한 권리를 설정하는 이른바 공기업의 특허로서 그 특허의 부여 여부는 행정청의 자유재량에 속한다.

② 하천의 점용허가를 받은 사람은 그 하천부지를 권원 없이 점유·사용하는 자에 대하여 직접 부당이득의 반환 등을 구할 수도 있다.

③ 여객자동차 운수사업법에 의한 개인택시운송 사업면허는 특정인에게 권리나 이익을 부여하는 행정행위로서 법령에 특별한 규정이 없는 한 재량행위이다.

④ 행정청이 도시 및 주거환경정비법 등 관련 법령에 근거하여 행하는 조합설립인가처분은 단순히 사인들의 조합설립행위에 대한 보충행위로서의 성질을 갖는 것에 그치고 법령상 요건을 갖출 경우 도시 및 주거환경정비법상 주택재건축사업을 시행할 수 있는 권한을 갖는 행정주체(공법인)로서의 지위를 부여하는 일종의 설권적 처분의 성격을 갖지 않는다.

13 ☐①②③

행정입법에 대한 설명으로 옳지 않은 것은? (다툼이 있는 경우 판례에 의함)

① 법령의 위임이 없음에도 법령에 규정된 처분 요건에 해당하는 사항을 부령에서 변경하여 규정한 경우에는 그 부령의 규정은 행정청 내부의 사무처리 기준 등을 정한 것으로서 행정조직 내에서 적용되는 행정명령의 성격을 지닐 뿐 국민에 대한 대외적 구속력은 없다고 보아야 한다.

② 조례에 대한 법률의 위임은 법규명령에 대한 법률의 위임과 같이 반드시 구체적으로 범위를 정하여 할 필요가 없으며 포괄적인 것으로 족하다.

③ 법률이 공법적 단체 등의 정관에 자치법적 사항을 위임한 경우에도 헌법 제75조가 정하는 포괄적인 위임입법의 금지는 원칙적으로 적용된다.

④ 법규명령의 위임의 근거가 되는 법률에 대하여 위헌결정이 선고되면 그 위임규정에 근거하여 제정된 법규명령도 원칙적으로 효력을 상실한다.

14 ☐①②③

행정벌에 대한 설명으로 옳지 않은 것은? (다툼이 있는 경우 판례에 의함)

① 조세범처벌절차법에 의하여 범칙자에 대한 세무관서의 통고처분은 행정소송의 대상이다.

② 고의 또는 과실이 없는 질서위반행위는 과태료를 부과하지 아니한다.

③ 자신의 행위가 위법하지 아니한 것으로 오인하고 행한 질서위반행위는 그 오인에 정당한 이유가 있는 때에 한하여 과태료를 부과하지 아니한다.

④ 행정청은 당사자가 납부기한까지 과태료를 납부하지 아니한 때에는 납부기한을 경과한 날부터 체납된 과태료에 대하여 100분의 3에 상당하는 가산금을 징수한다.

15 1 2 3

행정상 손실보상에 대한 설명으로 옳지 않은 것은? (다툼이 있는 경우 판례에 의함)

① 수용에 따른 손실보상액 산정의 경우 헌법 제23조 제3항에 따른 정당한 보상이란 원칙적으로 피수용재산의 객관적인 재산가치를 완전하게 보상하여야 한다는 완전보상을 뜻한다.

② 공익사업을 위한 토지 등의 취득 및 보상에 관한 법률상 잔여지 수용청구를 받아들이지 않은 토지수용위원회의 재결에 대하여 토지소유자가 불복하여 제기하는 소송은 항고소송에 해당하여 토지수용위원회를 피고로 하여야 한다.

③ 공익사업을 위한 토지 등의 취득 및 보상에 관한 법률에 의한 보상합의는 공공기관이 사경제주체로서 행하는 사법상 계약의 실질을 가지는 것이다.

④ 공익사업으로 인하여 영업을 폐지하거나 휴업하는 자는 공익사업을 위한 토지 등의 취득 및 보상에 관한 법률상의 재결절차를 거치지 않은 채 곧바로 사업시행자를 상대로 손실보상을 청구하는 것은 허용되지 않는다.

16 1 2 3

준법률행위적 행정행위에 대한 설명으로 옳지 않은 것은? (다툼이 있는 경우 판례에 의함)

① 수리는 행정청이 타인의 행위를 유효한 것으로서 수령하는 인식의 표시행위이며, 공무원의 사표수리는 "형성적 행위"로서의 성질을 갖는다고 볼 수 있다.

② 토지수용에 있어서의 사업인정의 고시는 이미 성립한 행정행위의 효력발생요건으로서의 통지에 해당한다.

③ 선거인명부에의 등록은 공증으로 법령에 정해진 바에 따라 권리행사의 요건이 된다.

④ 확인은 특정한 사실 또는 법률관계의 존재 여부 또는 정당성 여부를 공적으로 확정하는 효과를 발생시키므로 확인행위에는 일반적으로 불가변력(실질적 존속력)이 발생한다.

17 1 2 3

지방자치법에 대한 설명으로 옳지 않은 것은? (다툼이 있는 경우 판례에 의함)

① 국가사무가 지방자치단체의 장에게 위임된 기관위임사무와 같이 지방자치단체의 장이 국가기관의 지위에서 수행하는 사무라고 할 수 있는 것은 원칙적으로 자치조례의 제정범위에 속한다.

② 지방자치단체는 법인으로 한다.

③ 지방자치단체는 법령이나 상급 지방자치단체의 조례를 위반하여 그 사무를 처리할 수 없다.

④ 지방자치단체는 조례를 위반한 행위에 대하여 조례로써 1천만원 이하의 과태료를 정할 수 있다.

18 1 2 3

당사자소송에 대한 설명으로 옳지 않은 것은? (다툼이 있는 경우 판례에 따름)

① 당사자소송에는 취소소송의 직권심리에 관한 규정이 준용된다.

② 당사자소송으로 제기해야 할 사건을 민사소송으로 잘못 제기한 경우, 수소법원이 행정소송에 대한 관할을 가지고 있지 않다면 당해 소송이 당사자소송으로서의 소송요건을 갖추지 못하였음이 명백하지 않는 한 당사자소송의 관할법원으로 이송하여야 한다.

③ 당사자소송에는 취소소송의 피고적격에 관한 규정이 준용된다.

④ 당사자소송에는 취소소송의 행정심판에 관한 규정이 준용되지 않는다.

19 ☐①②③

행정법의 법원에 대한 설명으로 옳지 않은 것은?

① 행정법은 그 대상인 행정의 다양성과 전문성 등으로 인하여 단일법전화되어 있지 않다.

② 독일의 법학자인 프리츠 베르너(Fritz Werner)는 '행정법은 구체화된 헌법'이라고 표현하였다.

③ 대통령은 법률에서 구체적으로 범위를 정하여 위임받은 사항과 법률을 집행하기 위하여 필요한 사항에 관하여 대통령령을 발할 수 있다.

④ 지방자치단체는 법률의 위임이 있는 경우에 자치사무에 관한 사항을 조례로 정할 수 있다.

20 ☐①②③

행정법의 일반원칙에 대한 설명으로 옳지 않은 것은? (다툼이 있는 경우 판례에 의함)

① 헌법재판소는 국·공립학교 채용시험에 국가유공자와 그 가족이 응시하는 경우 만점의 10퍼센트를 가산하도록 했던 구 「국가유공자등예우및지원에관한법률」 및 「5·18민주유공자예우에관한법률」의 규정이 일반 응시자들의 평등권을 침해한다고 보았다.

② 헌법재판소는 납세자가 정당한 사유 없이 국세를 체납하였을 경우 세무서장이 허가, 인가, 면허 및 등록과 그 갱신이 필요한 사업의 주무관서에 그 납세자에 대하여 허가 등을 하지 않을 것을 요구할 수 있도록 한 국세징수법상 관허사업 제한 규정이 부당결부금지 원칙에 반하여 위헌이라고 판단하였다.

③ 행정의 자기구속의 원칙을 적용함에 있어 종전 행정관행의 내용이 위법적인 경우에는 위법인 수익적 내용의 평등한 적용을 요구하는 청구권은 인정될 수 없다.

④ 같은 정도의 비위를 저지른 자들임에도 불구하고 그 직무의 특성 등에 비추어 개전의 정이 있는지 여부에 따라 징계 종류의 선택과 양정에서 다르게 취급하는 것은 평등의 원칙에 반하지 않는다.

21 ☐①②③

행정심판에 대한 설명으로 옳지 않은 것은? (다툼이 있는 경우 판례에 의함)

① 「행정심판법」에 따르면, 심판청구에 대한 재결이 있는 경우에는 당해 재결 및 동일한 처분 또는 부작위에 대하여 다시 심판청구를 제기할 수 없다.

② 재결청이 취소심판의 청구가 이유 있다고 인정하여 처분청에 처분을 취소할 것을 명하면 처분청으로서는 재결의 취지에 따라 처분을 취소하여야 한다.

③ 「행정심판법」은 심판청구의 심리·재결에 있어서 불고불리 및 불이익변경금지원칙을 조문으로 명문화 하고 있다.

④ 행정심판청구에는 행정소송제기와는 달리 처분의 효력이나 그 집행 또는 절차의 속행에 영향을 미치는 집행정지원칙이 적용된다.

22 ☐①②③

토지행정법에 대한 설명으로 옳지 않은 것은? (다툼이 있는 경우 판례에 의함)

① 표준지로 선정된 토지의 공시지가에 불복하기 위하여는 구 「지가공시및토지등의평가에관한법률」의 이의신청절차를 밟지 아니한 채 그 표준지에 대한 조세부과처분의 취소를 구하는 소송에서 그 공시지가의 위법성을 다툴 수는 없다.

② 구 「지가공시및토지등의평가에관한법률」에 의하여 시장, 군수, 구청장이 한 개별토지가액의 결정은 행정소송의 대상이 되는 행정처분으로 보아야 할 것이다.

③ 토지거래계약허가제에 있어서 허가란 규제지역 내의 모든 국민에게 전반적으로 토지거래의 자유를 원칙적으로 금지하고 일정한 요건을 갖춘 경우에만 사후에 금지를 해제하여 계약체결의 자유를 회복시켜 주는 성질의 것이다.

④ 토지거래계약에 관한 허가구역의 지정은 개인의 권리 내지 법률상의 이익을 구체적으로 규제하는 효과를 가져 오게 하는 행정청의 처분에 해당하고, 따라서 이에 대하여는 원칙적으로 항고소송을 제기할 수 있다.

23 123

공물의 사용관계에 대한 설명으로 옳지 않은 것은? (다툼이 있는 경우 판례에 의함)

① 자유(보통, 일반)사용에 놓이는 공물은 사후에 사용허가를 요하지 아니하며, 국공립학교 운동장의 사용은 일반인의 자유(보통, 일반)사용의 대상이 되는 것이 원칙이다.

② 도로의 특별사용은 반드시 독점적, 배타적인 것이 아니라 그 사용목적에 따라서는 도로의 일반사용과 병존이 가능한 경우도 있다.

③ 공물관리권은 적극적으로 공물 본래의 목적을 달성시킴을 목적으로 하며, 공물경찰권은 소극적으로 공물상의 안녕과 질서에 대한 위해를 방지함을 목적으로 한다.

④ 하천의 점용허가권은 하천의 관리주체에 대하여 일정한 특별사용을 청구할 수 있는 채권에 지나지 아니하고 대세적 효력이 있는 물권이라 할 수 없다.

24 123

민중소송과 기관소송에 대한 설명으로 옳지 않은 것은? (다툼이 있는 경우 판례에 의함)

① 「공직선거법」상 선거소송은 민중소송에 해당한다.

② 민중소송 또는 기관소송으로써 처분 등의 취소를 구하는 소송에는 그 성질에 반하지 아니하는 한 취소소송에 관한 규정을 준용한다.

③ 「지방자치법」상 지방의회 재의결에 대해 지방자치단체장이 제기하는 소송은 기관소송에 해당한다.

④ 「행정소송법」은 민중소송에 대해서는 법률이 정한 경우에 법률이 정한 자에 한하여 제기하도록 하는 법정주의를 취하고 있으나, 기관소송에 대해서는 이러한 제한을 두지 않아 기관소송의 제기가능성은 일반적으로 인정된다.

25 123

행정정보공개 및 개인정보보호에 대한 설명으로 옳지 않은 것은? (다툼이 있는 경우 판례에 의함)

① 정보공개심의회는 공공기관의 장의 자문에 응하여 공개 청구된 정보의 공개 여부를 결정하는 법적인 의무와 권한을 가진 주체이다.

② 정보공개청구권은 법률상 보호되는 구체적인 권리이므로 청구인이 공공기관에 대하여 정보 공개를 청구하였다가 거부처분을 받은 것 자체가 법률상 이익의 침해에 해당한다.

③ 의사결정과정에 제공된 회의 관련 자료나 의사결정과정이 기록된 회의록 등은 의사가 결정되거나 의사가 집행된 경우에는 더 이상 의사결정과정에 있는 사항 그 자체라고는 할 수 없으나, 의사결정과정에 있는 사항에 준하는 사항으로서 비공개대상정보에 포함될 수 있다.

④ 개인정보자기결정권의 보호대상이 되는 개인 정보는 인격주체성을 특징짓는 사항으로서 개인의 동일성을 식별할 수 있게 하는 일체의 정보를 의미하며, 반드시 개인의 내밀한 영역에 속하는 정보에 국한되지 않고 공적생활에서 형성되었거나 이미 공개된 개인정보까지도 포함한다.

2019.12.21. 시행

2019 | **추가채용** 기출문제

모바일
OMR
답안분석
서비스

✅ 시험시간 25분 ✅ 해설편 133쪽

01 ①②③
다음 중 사법관계에 해당하는 것으로 옳은 것은?

① 국유재산에 대한 사용 · 수익 허가
② 산업단지 입주변경계약의 취소
③ 중학교 의무교육 위탁관계
④ 국유일반재산의 대부료 납입고지

02 ①②③
다음 중 인 · 허가 의제제도에 관한 설명으로 옳은 것은? (다툼이 있는 경우 판례에 의함)

① 인 · 허가 의제가 인정되는 경우 의제되는 법률에 규정된 주민의 의견청취 등의 절차를 거칠 필요는 없다.
② 채광계획인가로 공유수면점용허가가 의제되는 경우 공유수면관리청이 재량적 판단에 의하여 불허가를 결정하였더라도 채광계획 인가관청은 채광계획인가를 할 수 있다.
③ 인 · 허가의제는 행정청의 소관사항과 관련하여 권한행사의 변경을 가져오므로 법령의 근거를 필요로 하지 않는다.
④ 사업시행자가 주택건설사업계획 승인을 받음으로써 도로점용허가가 의제된 경우 당연히 도로법상의 도로점용료 납부의무를 부담한다.

03 ①②③
다음 중 법률유보원칙에 관한 설명으로 옳지 않은 것은?

① 법률유보원칙은 의회민주주의원리, 법치국가원리, 기본권 보장을 그 이념적 기초로 한다.
② 법률우위원칙은 법 자체의 체계와 관련된 것이지만, 법률유보원칙은 입법과 행정과 관련되어 있다.
③ 법률유보원칙에서 법률이란 국회에서 제정한 형식적 의미의 법률뿐만 아니라 법률에서 구체적으로 위임을 받은 법규명령도 포함된다.
④ 헌법재판소는 한국방송공사 수신료 사건과 관련하여 법률유보원칙과 행정유보원칙 모두를 인정하였다.

04 ①②③
다음 중 공법상 계약으로 옳지 않은 것은? (다툼이 있는 경우 판례에 의함)

① 공익사업법상의 협의취득 또는 보상합의
② 별정우체국장의 지정
③ 공무를 위탁받은 사인과 일반 사인이 체결하는 계약
④ 국가 또는 지방자치단체와 국민사이에 체결되는 공해방지협정 또는 환경보전협정

05 [1][2][3]

다음 중 행정법상 시효 및 기간에 관한 설명으로 옳지 않은 것은? (다툼이 있는 경우 판례에 의함)

① 국가나 지방자치단체를 당사자로 하는 금전채권은 다른 법률에 특별한 규정이 없는 한 5년간 이를 행사하지 않을 때에는 시효로 인하여 소멸한다.

② 국회법에 따른 기간을 계산할 때에는 첫날을 산입하지 아니하며, 공무원연금법에 따른 급여를 받을 권리는 급여의 사유가 발생한 날부터 3년간 행사하지 아니하면 시효로 인하여 소멸한다.

③ 행정법상 시효의 중단과 정지에 관해서는 다른 법령에 특별한 규정이 없는 한 민법의 규정이 준용된다.

④ 국세기본법 또는 세법에서 규정하는 기간의 계산은 국세기본법 또는 그 세법에 특별한 규정이 있는 것을 제외하고는 「민법」에 따른다.

06 [1][2][3]

다음 중 행정주체로 옳지 않은 것은?

① 대한민국

② 강원도의회

③ 도시 및 주거환경 정비법상의 주택재건축 정비사업조합

④ 한국토지주택공사

07 [1][2][3]

다음 중 행정지도에 관한 설명으로 옳지 않은 것은?

① 행정지도를 하는 자는 그 상대방이 행정지도에 따르도록 강제할 수 있으며, 이에 따르지 않을 경우 불이익한 조치를 할 수 있다.

② 행정지도의 상대방은 해당 행정지도의 방식·내용 등에 관하여 행정기관에 의견을 제출할 수 있다.

③ 행정기관이 같은 행정목적을 실현하기 위하여 많은 상대방에게 행정지도를 하려는 경우에는 특별한 사정이 없으면 행정지도에 공통적인 내용이 되는 사항을 공표하여야 한다.

④ 행정지도가 말로 이루어지는 경우에 상대방이 서면의 교부를 요구하면 그 행정지도를 하는 자는 직무 수행에 특별한 지장이 없으면 이를 교부하여야 한다.

08 [1][2][3]

다음 중 행정상 법률관계에서 당사자에 관한 설명으로 옳지 않은 것은? (다툼이 있는 경우 판례에 의함)

① 행정청이 행정소송의 피고적격이 인정되는 경우 행정주체가 된다.

② 공공단체의 행정주체로서의 지위는 국가로부터 전래된 것이다.

③ 대한상공회의소, 국립의료원, 정신문화연구원 등은 공공단체로서 행정객체의 지위가 인정될 수도 있다.

④ 취소소송은 다른 법률에 특별한 규정이 없는 한 그 처분 등을 행한 행정청을 피고로 하며, 당사자소송은 국가·공공단체 그 밖의 권리주체를 피고로 한다.

09 [1][2][3]

다음 중 통치행위에 대한 설명으로 옳지 않은 것은? (다툼이 있는 경우 판례에 의함)

① 금융실명제에 관한 대통령의 긴급재정경제명령은 통치행위에 해당하지만, 그것이 국민의 기본권 침해와 직접 관련되는 경우에는 헌법재판소의 심판대상이 된다.

② 대통령의 독립유공자 서훈취소는 법원이 사법심사를 자제하여야 할 고도의 정치성을 띤 행위라고 볼 수는 없다.

③ 통치행위는 고도의 정치적 작용에 해당하므로 사법적 통제·정치적 통제로부터 자유롭다.

④ 남북정상회담의 개최는 고도의 정치적 성격을 지니고 있는 행위라 할 것이므로 특별한 사정이 없는 한 그 당부를 심판하는 것은 사법권의 내재적·본질적 한계를 넘어서는 것이 되어 적절하지 못하다.

10 ①②③

다음 중 행정절차법에 관한 설명으로 옳지 않은 것은? (다툼이 있는 경우 판례에 의함)

① 행정청은 당사자에게 의무를 부과하거나 권익을 제한하는 처분을 하는 경우에는 미리 일정한 사항을 당사자등에게 통지하고 의견청취를 하여야 한다.

② 침익적 행정처분을 하는 경우 청문이나 공청회를 필요적으로 거쳐야 하는 경우에 해당하지 않는다면 의견제출절차도 거치지 않아도 된다.

③ 해당 처분의 성질상 의견청취가 현저히 곤란하거나 명백히 불필요하다고 인정될 만한 상당한 이유가 있는 경우에는 사전통지 및 의견청취 절차를 거치지 아니할 수 있다.

④ 처분에 대한 사전통지를 하고 의견제출의 기회를 준다면 많은 액수의 손실보상금을 기대하여 공사를 강행할 우려가 있다는 사정만으로 이 사건 처분이 "당해 처분의 성질상 의견청취가 현저히 곤란하거나 명백히 불필요하다고 인정될만한 상당한 이유가 있는 경우"에 해당한다고 볼 수 없다.

11 ①②③

다음 중 지방자치법상 주민투표에 관한 설명으로 옳지 않은 것은? (다툼이 있는 경우 판례에 의함)

① 지방자치법상 주민투표권은 법률상 권리이다.

② 주민투표의 실시여부는 지방자치단체의 장의 임의적 재량에 속한다.

③ 중앙행정기관의 장은 지방자치단체의 국가정책의 수립에 관하여 주민의 의견을 듣기 위하여 필요하다고 인정하는 때에는 주민투표의 실시구역을 정하여 관계 지방자치단체의 장에게 주민투표의 실시를 요구할 수 있으나, 지방자치단체의 장은 중앙행정기관의 장에게 주민투표의 실시를 요구할 수 없다.

④ 주민투표를 실시하기 위해서는 주민 또는 지방의회의 청구가 있어야 한다.

12 ①②③

다음 중 행정대집행법상의 대집행이 가능한 경우에 해당하는 것으로 옳은 것은? (다툼이 있는 경우 판례에 의함)

① 주택건설촉진법상 주민들의 휴식공간으로 사용하기 위하여 설치된 조경시설 등을 훼손하여 유치원 어린이 놀이터로 만들고 주민들의 출입을 통제하는 울타리를 둘러 주민의 출입을 막았는데, 원상복구 시정명령을 위한 별도의 법적인 근거가 없는 경우

② 행정청이 토지구획정리사업의 환지예정지를 지정하고 그 사업에 편입되는 건축물 등 지장물의 소유자 또는 임차인에게 지장물의 자진 이전을 요구한 후 이에 응하지 않자 지장물의 이전에 대한 대집행을 계고하고 다시 대집행영장을 통지한 경우, 별도의 근거규정이 없는 경우

③ 협의취득 시 건물소유자가 매매대상 건물에 대한 철거의무를 부담하겠다는 취지의 약정을 하였으나 이를 행하지 않은 경우

④ 군청 내 일반 공무원들의 휴게실 겸 회의실 등의 용도로도 함께 사용되어 오던 중, 위 직장협의회 소속 공무원들이 법외 단체인 전국공무원노동조합에 가입하고 사무실로 임의 사용하자, 수차에 걸친 자진폐쇄 요청하였음에도 이에 응하지 않은 경우

13 ①②③

다음 중 법적 성질이 다른 하나로 옳은 것은? (다툼이 있는 경우 판례에 의함)

① 공유수면매립면허

② 조세부과처분

③ 학교법인 임원선임에 대한 감독청의 취임승인

④ 재임용거부취지의 임용기간만료통지

14 ①②③

다음은 행정입법에 관한 헌법재판소의 결정의 일부이다. 괄호 안에 들어갈 것으로 옳은 것으로만 묶인 것은? (다툼이 있는 경우 판례에 의함)

> 오늘날 의회의 입법독점주의에서 (   )로 전환하여 일정한 범위 내에서 행정입법을 허용하게 된 동기가 사회적 변화에 대응한 입법수요의 급증과 종래의 형식적 권력분립주의로는 현대 사회에 대응할 수 없다는 기능적 권력분립론에 있다는 점 등을 감안하여 헌법 제40조와 헌법 제75조, 제95조의 의미를 살펴보면, 국회입법에 의한 수권이 입법기관이 아닌 행정기관에게 법률 등으로 구체적인 범위를 정하여 위임한 사항에 관하여는 당해 행정기관에게 법정립의 권한을 갖게 되고, 입법자가 규율의 형식도 선택할 수도 있다 할 것이므로, 헌법이 인정하고 있는 (   )의 형식은 (   )인 것으로 보아야 할 것이고, 그것은 법률이 행정규칙에 위임하더라도 그 행정규칙은 위임된 사항만을 규율할 수 있으므로, 국회입법의 원칙과 상치되지도 않는다.

〈보 기〉
㉠ 위임입법금지주의   ㉡ 입법중심주의
㉢ 법규명령   ㉣ 위임입법
㉤ 예시적   ㉥ 열거적

① ㉠, ㉢, ㉤
② ㉠, ㉣, ㉥
③ ㉡, ㉣, ㉤
④ ㉡, ㉢, ㉥

15 ①②③

다음 중 개인정보 보호법에 관한 설명으로 옳지 않은 것은? (다툼이 있는 경우 판례에 의함)

① 개인정보를 처리하거나 처리하였던 자가 업무상 알게 된 개인정보를 누설하거나 권한 없이 다른 사람이 이용하도록 제공한 것이라는 사정을 알면서도 영리 또는 부정한 목적으로 개인정보를 제공받은 자라면, 개인정보를 처리하거나 처리하였던 자로부터 직접 개인정보를 제공받지 아니하더라도 '개인정보를 제공 받은 자'에 해당한다.

② 이미 공개된 개인정보를 정보주체의 동의가 있었다고 객관적으로 인정되는 범위 내에서 수집·이용·제공 등 처리를 할 때는 정보주체의 별도의 동의는 불필요하다고 보아야 한다.

③ 피해자의 의사와 무관하게 주민등록번호가 유출된 경우에는 조리상 주민등록번호의 변경을 요구할 신청권을 인정함이 타당하고, 구청장의 주민등록번호 변경신청 거부행위는 항고소송의 대상이 되는 행정처분에 해당한다.

④ 개인정보처리자의 고의 또는 중대한 과실로 인하여 개인정보가 분실·도난·유출·위조·변조 또는 훼손된 경우로서 정보주체에게 손해가 발생한 때에는 법원은 그 손해액의 3배를 넘지 아니하는 범위에서 손해배상액을 정할 수 있다. 이 경우 일반손해배상을 청구한 정보주체는 사실심 변론종결시까지 법정손해배상의 청구로 변경할 수 없다.

16 ⚀⚁⚂

다음 중 지방자치단체의 장에 고유한 권한사항으로 옳은 것으로만 묶인 것은? (다툼이 있는 경우 판례에 의함)

> ㉠ 주민투표부의권
> ㉡ 규칙제정권
> ㉢ 재의요구권
> ㉣ 청원의 접수 및 수리
> ㉤ 조례제정권
> ㉥ 행정감사권
> ㉦ 예산의 심의 · 확정 및 결산의 승인
> ㉧ 소속직원에 대한 임면 및 지휘 · 감독

① ㉠, ㉡, ㉢, ㉣
② ㉠, ㉡, ㉢, ㉧
③ ㉡, ㉢, ㉣, ㉤
④ ㉡, ㉢, ㉣, ㉥

17 ⚀⚁⚂

대한민국 국민인 갑은 A대학교 총장에게 해당 학교 체육특기생들의 3년간 출석 및 성적 관리에 대한 정보공개청구를 하였으나, A대학교 총장은 제3자에 관한 정보라는 이유로 이를 거부하였다. 다음 설명 중 옳지 않은 것은? (다툼이 있는 경우 판례에 의함)

① 대한민국 국민인 갑은 해당 정보에 대한 공개를 청구할 권리를 가진다.
② 갑이 정보공개를 청구하였다가 거부처분을 받은 것 자체가 법률상 이익의 침해에 해당한다.
③ 체육특기생들의 비공개요청이 있는 경우 A대학교 총장은 해당 정보를 공개하여서는 아니 된다.
④ 정보공개의무를 지는 공공기관에는 국 · 공립대학교뿐만 아니라 사립대학교도 포함된다.

18 ⚀⚁⚂

다음 중 개인정보 보호법에 대한 설명으로 옳지 않은 것은? (다툼이 있는 경우 판례에 의함)

① 개인정보 보호법의 적용을 받는 것은 생존하는 개인의 정보에 국한되므로 사망한 사람이나 법인의 정보는 이에 해당하지 않는다.
② 인간의 존엄과 가치, 행복추구권에서 도출되는 일반적 인격권 및 사생활의 비밀과 자유에 의하여 보장되는 개인정보자기결정권은 자신에 관한 정보가 언제 누구에게 어느 범위까지 알려지고 또 이용되도록 할 것인지를 정보주체가 스스로 결정할 수 있는 권리이다.
③ 개인정보자기결정권의 보호대상이 되는 개인정보는 개인의 신체, 신념, 사회적 지위, 신분 등과 같이 개인의 인격주체성을 특징짓는 사항으로서 개인의 동일성을 식별할 수 있게 하는 일체의 정보로서 개인의 내밀한 영역에 속하는 정보에 국한되고, 공적 생활에서 형성되었거나 이미 공개된 개인정보는 포함되지 않는다.
④ 개인정보는 살아 있는 개인에 관한 정보로서 성명, 주민등록번호 및 영상 등을 통하여 개인을 알아볼 수 있는 정보를 말하며 해당정보만으로 특정 개인을 알아볼 수 없더라도 다른 정보와 쉽게 결합하여 알아 볼 수 있는 것을 포함한다.

19 ①②③

다음 중 행정행위의 취소와 철회에 대한 설명으로 옳은 것은? (다툼이 있는 경우 판례에 의함)

① 행정행위의 철회는 일단 유효하게 성립한 행정행위를 그 행위에 위법 또는 부당한 하자가 있음을 이유로 소급하여 그 효력을 소멸시키는 별도의 행정처분이다.

② 행정행위의 취소사유는 행정행위의 성립 당시에 존재하였던 하자를 말하고, 철회사유는 행정행위가 성립된 이후에 새로이 발생한 것으로서 행정행위의 효력을 존속시킬 수 없는 사유를 말한다.

③ 행정행위의 취소는 적법요건을 구비하여 완전히 효력을 발하고 있는 행정행위를 사후적으로 그 행위의 효력의 전부 또는 일부를 장래에 향해 소멸시키는 행정처분이다.

④ 수익적 행정처분의 하자가 당사자의 사실은폐나 기타 사위의 방법에 의한 신청행위에 기인한 것이라면 행정청이 당사자의 신뢰이익을 고려하지 않고 취소하였다면 재량권 남용이다.

20 ①②③

다음 중 행정의 실효성 확보수단에 관한 설명으로 옳지 않은 것은? (다툼이 있는 경우 판례에 의함)

① 과징금은 의무위반행위로 인한 불법적인 이익을 박탈하기 위하여 부과하는 것으로서, 과징금부과처분을 할 때 위반자의 고의 또는 과실을 요건으로 한다.

② 대집행은 타인이 대신하여 행할 수 있는 행위를 의무자가 이행하지 아니하는 경우 다른 수단으로써 그 이행을 확보하기 곤란하고 또한 그 불이행을 방치함이 심히 공익을 해할 것으로 인정될 때 실시할 수 있다.

③ 행정법규위반에 대하여 벌금 이외에 과징금을 부과하는 것은 이중처벌금지의 원칙에 반하지 않는다.

④ 이행강제금은 대체적 작위의무의 위반에 대하여도 부과될 수 있다.

21 ①②③

다음 중 행정소송에 관한 설명으로 옳지 않은 것은? (다툼이 있는 경우 판례에 의함)

① 개발제한구역제도 개선방안을 발표한 행위도 대내외적 효력이 없는 단순한 사실행위에 불과하므로 공권력의 행사라고 할 수 없다.

② 정부의 수도권 소재 공공기관의 지방이전 시책을 추진하는 과정에서 도지사가 도내 특정시를 혁신도시 최종입지로 선정한 행위는 소송의 대상이 되는 행정처분에 해당한다.

③ 행정처분 취소소송에 있어서는 처분청은 당초의 처분사유와 기본적 사실관계에 있어서 동일성이 인정되는 한도 내에서만 새로운 처분사유를 추가하거나 변경할 수 있다.

④ 국가배상법에 의한 배상심의회의 결정은 행정처분이 아니므로 행정소송의 대상이 아니다.

22 ①②③

다음 중 행정심판에 관한 설명으로 옳지 않은 것은? (다툼이 있는 경우 판례에 의함)

① 행정심판의 재결에 대하여 피청구인인 처분 행정청은 행정소송을 제기하지 못한다고 해석하더라도 헌법에 위반되는 것은 아니다.

② 행정심판의 경우에도 국선대리인 제도가 인정되므로 청구인이 경제적 능력으로 대리인을 선임할 수 없는 경우에는 행정심판위원회가 선정하여 지원할 수 있다.

③ 처분명령재결이 내려졌는데도 피청구인이 처분을 하지 아니하면 직접 처분이 가능하므로 간접강제는 허용되지 않는다.

④ 감사원의 처분에 대해서는 감사원 소속 행정심판위원회에 행정심판을 제기하여야 한다.

23 1 2 3

다음 중 행정절차법상 입법예고에 대한 설명으로 옳지 않은 것은? (다툼이 있는 경우 판례에 의함)

① 입법예고기간은 예고할 때 정하되, 특별한 사정이 없으면 20일, 자치법규는 15일 이상으로 한다.

② 행정청은 대통령령을 입법예고하는 경우 국회 소관 상임위원회에 이를 제출하여야 한다.

③ 행정청은 입법예고를 할 때에 입법안과 관련이 있다고 인정되는 중앙행정기관, 지방자치단체, 그 밖의 단체 등이 예고사항을 알 수 있도록 예고사항을 통지하거나 그 밖의 방법으로 알려야 한다.

④ 행정청은 예고된 입법안의 전문에 대한 열람 또는 복사를 요청받았을 때에는 특별한 사유가 없으면 그 요청에 따라야 하며, 복사에 드는 비용을 복사를 요청한 자에게 부담시킬 수 있다.

24 1 2 3

불법 시위에 대하여 경찰서장은 해산명령을 내릴 수 있다. 다음 중 해산명령의 법적 성질로 옳은 것은? (다툼이 있는 경우 판례에 의함)

① 행정지도

② 하명

③ 통지

④ 허가

25 1 2 3

다음 중 사정재결과 사정판결에 대한 설명으로 옳지 않은 것은? (다툼이 있는 경우 판례에 의함)

① 사정재결은 심판청구가 이유가 있다고 인정하는 경우에도 이를 인용하는 것이 공공복리에 크게 위배된다고 인정하면 그 심판청구를 기각하는 재결을 말한다.

② 사정재결을 하는 경우 위원회는 재결의 주문에서 그 처분 또는 부작위가 적법하거나 부당하다는 것을 구체적으로 밝혀야 하고, 사정재결을 할 때에는 청구인에 대하여 상당한 구제방법을 취하거나 상당한 구제방법을 취할 것을 피청구인에게 명할 수 있다.

③ 사정판결이란 원고의 청구가 이유 있다고 인정하는 경우 처분등을 취소하는 것이 원칙이지만, 현저히 공공복리에 적합하지 아니하다고 인정하는 때 법원이 원고의 청구를 기각하는 판결을 말한다.

④ 사정판결의 적용요건인 현저히 공공복리에 적합하지 아니한가는 위법·부당한 행정처분을 취소·변경하여야 할 필요와 그 취소·변경으로 인하여 발생할 수 있는 공공복리에 반하는 사태 등을 비교 교량하여 그 적용여부를 판단하여야 한다.

2019 기출문제

모바일
OMR
답안분석
서비스

☑ 시험시간 25분　☑ 해설편 149쪽

01 ①②③

다음 중 행정정보공개에 대한 판례의 입장으로 옳지 않은 것은?

① 법원 이외의 공공기관이 공공기관의 정보공개에 관한 법률 제9조 제1항 제4호에서 정한 '진행 중인 재판에 관련된 정보'에 해당한다는 사유로 정보공개를 거부하기 위하여는 반드시 그 정보가 진행 중인 재판의 소송기록 자체에 포함된 내용일 필요는 없다.

② 피청구인이 청구인에 대한 형사재판이 확정된 후 그중 제1심 공판정심리의 녹음물을 폐기한 행위는 법원행정상의 구체적인 사실행위로서 헌법소원심판의 대상이 되는 공권력의 행사로 볼 수 있다.

③ 방송법에 의하여 설립·운영되는 한국방송공사(KBS)는 공공기관의 정보공개에 관한 법률 시행령 제2조 제4호의 '특별법에 의하여 설립된 특수법인'으로서 정보공개의무가 있는 공공기관에 해당한다.

④ 오로지 공공기관의 담당공무원을 괴롭힐 목적으로 정보공개청구를 하는 경우처럼 권리의 남용에 해당하는 것이 명백한 경우에는 정보공개청구권의 행사를 허용하지 아니한다.

02 ①②③

다음 중 판례의 입장으로 옳지 않은 것은?

① 도로법 시행규칙의 개정으로 도로경계선으로부터 15m를 넘지 않는 접도구역에서 송유관을 설치하는 행위가 관리청의 허가를 얻지 않아도 되는 행위로 변경되어 더 이상 그 행위에 부관을 붙일 수 없게 되었다 하더라도, 종전 시행규칙에 의하여 적법하게 행해진 허가와 접도구역 내 송유시설 이설비용 지급의무에 관한 부담이 개정 시행규칙의 시행으로 그 효력을 상실하게 되는 것은 아니다.

② 일반적으로 법률의 위임에 의하여 효력을 갖는 법규명령의 경우, 구법에 위임의 근거가 없어 무효였더라도 사후에 법개정으로 위임의 근거가 부여되면 그때부터는 유효한 법규명령이 된다.

③ 지하철공사의 근로자가 지하철 연장운행 방해행위로 유죄판결을 받은 경우라면 그 후 공사와 노조가 위 연장운행과 관련하여 조합간부 및 조합원의 징계를 최소화하며 해고자가 없도록 한다는 내용의 합의를 하였다 하더라도 이를 해고의 면에서 그 행위자를 면책하기로 한다는 합의로 볼 수는 없으므로, 공사가 취업규칙에 근거하여 해당 근로자에 대하여 한 당연퇴직조치는 면책합의에 배치된다고 볼 수 없다.

④ 행정소송법상 행정청이 일정한 처분을 하지 못하도록 부작위를 구하는 청구는 허용되지 않는 부적법한 소송이라 할 것이다.

03 ☐1 ☐2 ☐3

다음 중 행정행위의 부관에 관한 설명으로 옳지 않은 것은?(다툼이 있는 경우 판례에 의함)

① 조건이나 부담은 행정행위의 효과를 제한하거나 의무를 부과하는 종된 의사표시이다.

② 부관 중 부담은 부종성이 약하므로 독립쟁송이 가능하다.

③ 운행시간과 구역을 제한하여 행한 택시영업의 허가는 부담부 행정행위에 해당한다.

④ 통상적으로 부관은 제한·조건·기간 등의 용어로 사용되기도 한다.

04 ☐1 ☐2 ☐3

다음 중 법규명령의 통제에 대한 설명으로 옳지 않은 것은? (다툼이 있는 경우 판례에 의함)

① 국민권익위원회는 법령의 위임에 따른 훈령·예규·고시·공고 등 행정규칙의 부패유발요인을 분석·검토하여 그 법령 등의 소관 기관의 장에게 그 개선을 위하여 필요한 사항을 권고할 수 있다.

② 대법원은 구체적 규범통제를 행하면서 법규명령의 특정 조항이 위헌·위법인 경우 무효라고 판시하였고, 이 경우 무효로 판시된 당해 조항은 일반적으로 효력이 부인된다.

③ 행정소송법은 행정소송에 대한 대법원 판결에 의하여 명령·규칙이 헌법 또는 법률에 위반된다는 것이 확정된 경우에는 대법원은 지체 없이 그 사유를 행정안전부장관에게 통보하여야 하고, 통보를 받은 행정안전부장관은 지체 없이 이를 관보에 게재하여야 한다고 규정하고 있다.

④ 재량권 행사의 준칙인 행정규칙이 그 정한 바에 따라 되풀이 시행되어 행정관행이 성립되어 평등의 원칙이나 신뢰보호의 원칙에 따라 행정기관이 그 상대방에 대한 관계에서 그 규칙에 따라야 할 자기구속을 받게 되는 경우에는 대외적인 구속력을 가지게 되어 헌법소원의 대상이 된다.

05 ☐1 ☐2 ☐3

다음 중 개인적 공권에 대한 설명으로 옳지 않은 것은? (다툼이 있는 경우 판례에 의함)

① 공무원연금수급권은 국가에 대하여 적극적으로 급부를 요구하는 것이므로 헌법 규정만으로는 이를 실현할 수 없어 법률에 의한 형성이 필요하고, 그 구체적인 내용 즉, 수급 요건, 수급권자의 범위 및 급여금액 등은 법률에 의하여 비로소 확정된다.

② 행정처분에 있어서 불이익처분의 상대방은 직접 개인적 이익의 침해를 받은 자로서 원고적격이 인정되지만 수익처분의 상대방은 그의 권리나 법률상 보호되는 이익이 침해되었다고 볼 수 없으므로 달리 특별한 사정이 없는 한 취소를 구할 이익이 없다.

③ 청구인의 주거지와 건축선을 경계로 하여 인정하고 있는 건축물이 건축법을 위반하여 청구인의 일조권을 침해하는 경우 피청구인에게 건축물에 대하여 건축법 제79조, 제80조에 근거하여 시정명령을 하여 줄 것을 청구했으나, 피청구인이 시정명령을 하지 아니하였다면 피청구인의 시정명령 불행사는 위법하다.

④ 경찰은 국민의 생명, 신체 및 재산의 보호 등 기타 공공의 안녕과 질서유지도 직무로 하고 있고 그 직무의 원활한 수행을 위한 권한은 일반적으로 경찰관의 전문적 판단에 기한 합리적인 재량에 위임되어 있는 것이나, 그 취지와 목적에 비추어 볼 때 구체적인 사정에 따라 경찰관이 그 권한을 행사하여 필요한 조치를 취하지 아니하는 것이 현저하게 불합리하다고 인정되는 경우에는 그러한 권한의 불행사는 직무상의 의무를 위반한 것이 되어 위법하게 된다.

06 ①②③

다음 중 공공기관의 정보공개에 관한 법률상의 정보공개에 대한 설명으로 옳지 않은 것은? (다툼이 있는 경우 판례에 의함)

① 모든 국민은 정보의 공개를 청구할 권리를 가지고, 여기의 국민에는 자연인과 법인뿐만 아니라 권리능력 없는 사단도 포함된다.

② "정보"란 공공기관이 직무상 작성 또는 취득하여 관리하고 있는 문서(전자문서를 포함한다)·도면·사진·필름·테이프·슬라이드 및 그 밖에 이에 준하는 매체 등에 기록된 사항을 말한다.

③ 청구인이 정보공개 청구 후 20일이 경과하도록 정보공개 결정이 없는 때에는 정보공개 청구 후 20일이 경과한 날부터 30일 이내에 해당 공공기관에 문서로 이의신청을 할 수 있다.

④ 정보공개 청구인이 공공기관에 대하여 정보공개를 청구하였다가 거부처분을 받은 것 자체는 법률상 이익의 침해에 해당한다고 볼 수 없다.

07 ①②③

다음 중 행정소송의 소송요건에 대한 설명으로 옳지 않은 것은?

① 원고 적격, 소의 이익, 처분성 등은 행정소송의 소송요건에 해당한다.

② 소송요건을 갖추지 못한 경우라면 이는 부적법한 소로서 각하판결을 내려야 한다.

③ 소송요건은 불필요한 소송을 배제하여 법원의 부담을 경감하기 위하여 요구되는 것으로서 당사자가 이를 주장·입증하여야 한다.

④ 소송요건을 갖추었는지 여부를 심리하는 것을 요건심리라 한다.

08 ①②③

다음 중 판례의 입장으로 옳지 않은 것은?

① 어업권면허에 선행하는 우선순위결정은 행정청이 우선권자로 결정된 자의 신청이 있으면 어업권면허처분을 하겠다는 것을 약속하는 행위로서 강학상 확약에 불과하고 행정처분은 아니다.

② 계약직 공무원 채용계약해지의 의사표시는 일반 공무원에 대한 징계처분과는 달라서 항고소송이 되는 처분 등의 성격을 가진 것으로 인정되지는 않지만, 행정처분과 마찬가지로 행정절차법에 의하여 근거와 이유는 제시하여야 한다.

③ 위법한 행정지도에 따라 행한 사인의 행위는 법령에 명시적으로 정하지 않는 한 그 위법행위가 정당화될 수 없다.

④ 국가가 사인과 계약을 체결할 때에는 국가계약법령에 따른 계약서를 따로 작성하는 등 요건과 절차를 이행하여야 할 것이고, 설령 국가와 사인 사이에 계약이 체결되었더라도 이러한 법령상 요건과 절차를 거치지 아니한 계약은 효력이 없다.

09 ①②③

다음 중 개인정보 보호법상 개인정보 보호에 대한 설명으로 옳지 않은 것은?

① 개인정보 보호법상 '개인정보'란 살아 있는 개인에 관한 정보로서 사자(死者)나 법인의 정보는 포함되지 않는다.

② 개인정보 보호법은 민간에 의하여 처리되는 정보까지는 보호대상으로 하지 않는다.

③ 행정절차법도 사생활이나 경영상 또는 거래상의 비밀을 정당한 이유 없이 누설하면 안 된다는 개인정보 보호에 관한 규정을 두고 있다.

④ 정보주체는 개인정보처리자가 개인정보 보호법을 위반한 행위로 손해를 입으면 개인정보처리자에게 손해배상을 청구할 수 있으며, 이 경우 그 개인정보처리자는 고의 또는 과실이 없음을 입증하지 아니하면 책임을 면할 수 없다.

10 ☐1☐2☐3

다음 중 행정계획에 대한 설명으로 옳지 않은 것은? (다툼이 있는 경우 판례에 의함)

① 비구속적 행정계획은 원칙적으로 행정소송의 대상이 될 수 없으나 국민의 기본권에 직접적으로 영향을 끼치고 앞으로 법령의 뒷받침에 의하여 그대로 실시될 것이 틀림없을 것으로 예상되는 경우에는 예외적으로 헌법소원의 대상이 될 수 있다.

② 위법한 행정계획으로 인하여 구체적으로 손해를 입은 경우에는 국가를 상대로 손해배상을 청구할 수 있다.

③ 대법원은 택지개발예정지구 지정처분을 일종의 행정계획으로서 재량행위에 해당한다고 보았다.

④ 행정계획의 개념은 강학상의 것일 뿐 대법원 판례에서 이를 직접적으로 정의한 바는 없다.

11 ☐1☐2☐3

다음은 부동산 거래신고 등에 관한 법률 조문의 일부이다. 이에 대한 설명으로 옳지 않은 것은? (다툼이 있는 경우 판례에 의함)

> 부동산 거래신고 등에 관한 법률
> 제11조(허가구역 내 토지거래에 대한 허가) ① 허가구역에 있는 토지에 관한 소유권·지상권(소유권·지상권의 취득을 목적으로 하는 권리를 포함한다)을 이전하거나 설정(대가를 받고 이전하거나 설정하는 경우만 해당한다)하는 계약(예약을 포함한다. 이하 "토지거래계약"이라 한다)을 체결하려는 당사자는 공동으로 대통령령으로 정하는 바에 따라 시장·군수 또는 구청장의 허가를 받아야 한다. 허가받은 사항을 변경하려는 경우에도 또한 같다.
> ⑥ 제1항에 따른 허가를 받지 아니하고 체결한 토지거래계약은 그 효력이 발생하지 아니한다.

① 토지거래허가의 대상은 사법적(私法的) 법률행위이다.

② 토지거래허가구역으로 지정된 토지에 대한 토지거래허가는 사인 간의 사법상 법률행위의 효과를 완성시켜 주는 행정행위이다.

③ 무효인 토지거래계약에 대하여 토지거래허가를 받았다면 토지거래계약이 무효이므로 그에 대한 토지거래허가처분도 위법하게 된다.

④ 토지거래허가는 건축법상의 건축허가와는 달리 인가의 성격을 갖고 있다.

12 ①②③

다음 중 행정절차법상 행정절차에 대한 설명으로 옳지 않은 것은?

① 행정절차법은 감사원이 감사위원회의의 결정을 거쳐 행하는 사항에 대하여는 적용하지 아니한다.

② 행정청은 대통령령·부령을 입법예고하는 경우에는 이를 국회 소관 상임위원회에 제출하여야 한다.

③ 적법한 요건을 갖춘 신고서가 접수기관에 도달된 때에는 신고의 의무가 이행된 것으로 본다.

④ 행정청은 신고에 구비서류의 미비 등 흠이 있는 경우에는 보완에 필요한 상당한 기간을 정하여 지체 없이 신고인에게 보완을 요구하여야 하며 신고인이 일정한 기간 내에 보완을 하지 아니하였을 때에는 그 이유를 구체적으로 밝혀 해당 신고서를 되돌려 보내야 한다.

13 ①②③

다음 중 행정의 자동결정에 대한 설명으로 옳지 않은 것은? (다툼이 있는 경우 판례에 의함)

① 행정의 자동결정의 예로는 신호등에 의한 교통신호, 컴퓨터를 통한 중·고등학생의 학교 배정 등을 들 수 있다.

② 행정의 자동결정도 행정작용의 하나이므로 행정의 법률적합성과 행정법의 일반원칙에 의한 법적 한계를 준수하여야 한다.

③ 교통신호기의 고장으로 사고가 발생하여 손해가 발생한 경우 국가배상법에 따른 국가배상청구가 가능하다.

④ 행정의 자동결정은 컴퓨터를 통하여 이루어지는 자동적 결정이기 때문에 행정행위의 개념적 요소를 구비하는 경우에도 행정행위로서의 성격을 인정하는 데 어려움이 있다.

14 ①②③

다음 중 소송에 대한 설명으로 옳지 않은 것은? (다툼이 있는 경우 판례에 의함)

① 공무원연금관리공단의 인정에 의하여 퇴직연금을 지급받아 오던 중 구 공무원연금법령의 개정 등으로 퇴직연금 중 일부 금액의 지급이 정지된 경우에는 당연히 개정된 법령에 따라 퇴직연금이 확정되는 것이지 공무원연금관리공단의 퇴직연금 결정과 통지에 의하여 비로소 그 금액이 확정되는 것이 아니므로 공무원연금관리공단이 퇴직연금 중 일부 금액에 대하여 지급거부의 의사표시를 하였다면 이는 거부처분으로서 항고소송의 대상이 된다.

② 사업주가 당연가입자가 되는 고용보험 및 산재보험에서 보험료납부의무부존재확인의 소는 공법상의 법률관계 자체를 다투는 소송으로서 공법상 당사자소송이다.

③ 원고가 고의 또는 중대한 과실 없이 당사자소송으로 제기하여야 할 것을 항고소송으로 잘못 제기한 경우에, 당사자소송으로서의 소송요건을 결하고 있음이 명백하여 당사자소송으로 제기되었더라도 어차피 부적법하게 되는 경우가 아닌 이상, 법원으로서는 원고가 당사자소송으로 소 변경을 하도록 하여 심리·판단하여야 한다.

④ 지방자치단체가 보조금 지급결정을 하면서 일정 기한 내에 보조금을 반환하도록 하는 교부조건을 부가한 사안에서, 이러한 부관상 의무는 보조사업자가 지방자치단체에 부담하는 공법상 의무이므로 보조사업자에 대한 지방자치단체의 보조금반환청구는 당사자소송의 대상이다.

15 ☐1☐2☐3

다음 중 국가배상법 제5조에 따른 배상책임에 대한 설명으로 옳지 않은 것은? (다툼이 있는 경우 판례에 의함)

① 영조물의 설치 또는 관리의 하자란 공물이 그 용도에 따라 통상 갖추어야 할 안전성을 갖추지 못한 것을 말한다.

② 국가배상법 제5조 소정의 공공의 영조물이란 공유나 사유임을 불문하고 행정주체에 의하여 특정 공공의 목적에 공여된 유체물 또는 물적 설비를 의미하므로 만약 사고지점 도로가 군민의 통행에 제공되었다면 도로관리청에 의하여 노선 인정 기타 공용개시가 없었더라도 이를 영조물이라 할 수 있다.

③ 가변차로에 설치된 두 개의 신호등에서 서로 모순되는 신호가 들어오는 오작동이 발생하였고 그 고장이 현재의 기술수준상 부득이한 것이라고 가정하더라도 그와 같은 사정만으로 손해발생의 예견가능성이나 회피가능성이 없어 영조물의 하자를 인정할 수 없는 경우라고 단정할 수 없다.

④ 영조물의 설치 및 관리에 있어서 항상 완전무결한 상태를 유지할 정도의 고도의 안전성을 갖추지 아니하였다고 하여 영조물의 설치 또는 관리에 하자가 있다고 단정할 수는 없다.

16 ☐1☐2☐3

다음 중 행정상 손해배상에 대한 설명으로 옳지 않은 것은? (다툼이 있는 경우 판례에 의함)

① 근대국가의 성립 초기에는 국가무책임의 원칙이 지배적이었다.

② 재량위반이 부당에 그치는 경우에는 국가는 배상책임이 없다.

③ 헌법은 공무원의 직무상 불법행위로 인한 배상책임만 규정하고 있다.

④ 직무행위 여부의 판단기준은 외형 및 공무원의 주관적 의사에 의한다는 것이 통설·판례의 입장이다.

17 ☐1☐2☐3

다음 중 부작위위법확인소송에 대한 설명으로 옳지 않은 것은? (다툼이 있는 경우 판례에 의함)

① 부작위위법확인소송은 처분의 신청을 한 자로서 부작위의 위법의 확인을 구할 법률상 이익이 있는 자만이 제기할 수 있다.

② 부작위가 성립되기 위해서는 당사자의 신청이 있어야 하며 신청의 내용에는 사경제적 계약의 체결 요구나 비권력적 사실행위의 요구 등도 포함된다.

③ 부작위의 직접 상대방이 아닌 제3자라 하여도 당해 행정처분의 부작위위법확인을 구할 법률상의 이익이 있는 경우에는 원고적격이 인정된다.

④ 부작위상태가 계속되는 한 부작위위법의 확인을 구할 이익이 있다고 보아야 하므로 제소기간의 제한을 받지 않는다.

18 ☐1☐2☐3

다음 중 행정법의 일반원칙에 대한 설명으로 옳지 않은 것은? (다툼이 있는 경우 판례에 의함)

① 제1종 보통면허로 운전할 수 있는 차량을 음주운전한 경우에는 제1종 보통면허의 취소 외에 동일인이 소지하고 있는 제1종 대형면허와 원동기장치자전거면허까지 취소할 수 있다.

② 재량권 행사의 준칙인 행정규칙이 그 정한 바에 따라 되풀이 시행되어 행정관행이 이루어지게 되면 평등의 원칙이나 신뢰보호의 원칙에 따라 행정기관은 그 상대방에 대한 관계에서 그 규칙에 따라야 할 자기구속을 받게 된다.

③ 위법한 행정처분이라 하더라도 수차례에 걸쳐 반복적으로 행하여진 경우라면 행정의 자기구속의 원칙이 적용된다.

④ 지방자치단체장이 사업자에게 주택사업계획승인을 하면서 그 주택사업과는 아무런 관련이 없는 토지를 기부채납하도록 하는 부관을 주택사업계획승인에 붙인 경우, 그 부관은 부당결부금지의 원칙에 위반되어 위법이다.

19 ☐1☐2☐3

다음 중 행정심판법에 따른 행정심판에 관한 설명으로 가장 옳은 것은? (다툼이 있는 경우 판례에 의함)

① "부작위"란 행정청이 당사자의 신청에 대하여 상당한 기간 내에 일정한 처분을 하여야 할 법령상 의무가 있는 데도 처분을 하지 아니하는 것을 말한다.

② 여러 명의 청구인이 공동으로 심판청구를 할 때에는 청구인들 중에서 5명 이하의 선정대표자를 선정할 수 있다.

③ 재결은 피청구인 또는 위원회가 심판청구서를 받은 날부터 90일 이내에 하여야 한다.

④ 행정심판 청구의 변경은 서면으로 신청하여야 한다.

20 ☐1☐2☐3

다음 중 행정강제에 대한 설명으로 옳지 않은 것은? (다툼이 있는 경우 판례에 의함)

① 행정상 강제집행은 법률에 근거하여서만 행해질 수 있다.

② 비대체적 작위의무 또는 부작위의무를 이행하지 아니하는 경우에 그 의무자에게 심리적 압박을 가하여 의무의 이행을 강제하기 위해 과하는 금전벌을 직접강제라 한다.

③ 대집행을 위해서는 먼저 의무의 이행을 최고하는 행위로서의 계고를 하여야 한다.

④ 강제징수를 위한 독촉은 통지행위인 점에서 대집행에 있어서의 계고와 성질이 같다.

21 ☐1☐2☐3

다음 중 행정행위의 하자의 승계에 대한 설명으로 옳지 않은 것은? (다툼이 있는 경우 판례에 의함)

① 하자의 승계를 인정하면 인정하지 않는 경우에 비하여 국민의 권익구제의 범위가 더 넓어지게 된다.

② 선행행위에 무효의 하자가 존재하는 경우 선행행위와 후행행위가 결합하여 하나의 법적 효과를 목적으로 하는 경우에는 하자의 승계가 인정된다.

③ 과세처분과 체납처분 사이에는 취소사유인 하자의 승계가 인정되지 않는다.

④ 제소기간이 경과하여 선행행위에 불가쟁력이 발생하였다면 하자의 승계는 문제되지 않는다.

22 ☐1☐2☐3

다음 중 대집행에 대한 설명으로 옳지 않은 것은? (다툼이 있는 경우 판례에 의함)

① 대집행이 인정되기 위해서는 대체적 작위의무의 불이행이 있어야 하고 다른 수단으로는 그 의무이행의 확보가 곤란하여야 하며 불이행을 방치하는 것이 심히 공익을 해하는 것으로 인정되어야 한다.

② 1장의 문서로 위법건축물의 자진철거를 명함과 동시에 소정 기한 내에 철거의무를 이행하지 않을 시 대집행할 것을 계고할 수 있다.

③ 판례는 반복된 계고의 경우 1차 계고뿐만 아니라 제2차·제3차 계고처분의 처분성도 인정된다고 보고 있다.

④ 공법상 의무의 불이행에 대해 행정상 강제집행절차가 인정되는 경우에는 따로 민사소송의 방법으로 의무이행을 구할 수는 없다.

23 ①②③

다음 중 행정상 공법관계로 옳은 것으로만 묶인 것은? (다툼
이 있는 경우 판례에 의함)

> 가. 국유(잡종)재산에 관한 대부료 납입고지
> 나. 입찰보증금 국고귀속조치
> 다. 창덕궁 비원 안내원의 채용계약
> 라. 지방자치단체에서 근무하는 청원경찰의 근무관계
> 마. 국유재산 무단점유자에 대한 변상금 부과처분

① 가, 나
② 가, 라
③ 라, 마
④ 다, 마

24 ①②③

다음 중 질서위반행위규제법의 내용에 대한 설명으로 옳지 않
은 것은? (다툼이 있는 경우 판례에 의함)

① 행정청이 질서위반행위에 대하여 과태료를 부과하고자
하는 때에는 미리 당사자에게 대통령령으로 정하는 사항
을 통지하고, 10일 이상의 기간을 정하여 의견을 제출할
기회를 주어야 한다.

② 판례에 따르면, 질서위반행위를 한 자가 자신의 책임 없
는 사유로 위반행위에 이르렀다고 주장한다 하더라도 법
원이 그 내용을 살펴 행위자에게 고의나 과실이 있는지
여부를 따져보아야 하는 것은 아니다.

③ 행정청의 과태료 부과처분을 받은 자가 그 통지를 받은
날부터 60일 이내에 해당 행정청에 서면으로 이의를 제
기하면 행정청의 과태료 부과처분은 그 효력을 상실한다.

④ 행정청의 과태료 처분이나 법원의 과태료 재판이 확정된
후 법률이 변경되어 그 행위가 질서위반행위에 해당하지
아니하게 된 때에는 변경된 법률에 특별한 규정이 없는
한 과태료의 징수 또는 집행을 면제한다.

25 ①②③

다음 중 공법상 부당이득에 대한 설명으로 옳지 않은 것은?
(다툼이 있는 경우 판례에 의함)

① 공법상 부당이득이란 법률상 원인 없이 타인의 재산 또는
노무로 인하여 이득을 얻고 타인에게 손해를 가한 자에
대하여 그 이득의 반환의무를 과하는 것을 말한다.

② 개발부담금 부과처분이 취소된 이상 그 후의 부당이득으
로서의 과오납금반환에 관한 법률관계는 단순한 민사 관
계에 불과한 것이 아니므로, 행정소송절차에 따라 반환청
구를 하여야 한다.

③ 원천징수의무자가 원천납세의무자로부터 원천징수대상
이 아닌 소득에 대하여 세액을 징수·납부하였거나 징수
하여야 할 세액을 초과하여 징수·납부하였다면, 국가는
원천징수의무자로부터 이를 납부 받는 순간 아무런 법률
상의 원인 없이 보유하는 부당이득이 된다.

④ 조세부과처분이 무효임을 전제로 하여 이미 납부한 세금
의 반환을 청구하는 것은 민사상의 부당이득반환청구로
서 민사소송절차에 따라야 한다.

2018 기출문제

☑ 시험시간 25분 ☑ 해설편 165쪽

01 1 2 3

다음 중 이행강제금에 관한 설명으로 옳지 않은 것은? (다툼이 있는 경우 판례에 의함)

① 이행강제금은 과거의 의무위반에 대한 제재보다는 장래의 의무이행의 확보에 주안점을 두기 때문에 행정벌과는 그 취지를 달리한다.

② 건축법상의 위법건축물에 대한 이행강제수단으로 대집행과 이행강제금이 인정되고 있으며, 이는 행정청이 합리적인 재량에 의해 선택적으로 활용할 수 있는 이상 중첩적 제재에 해당한다고 볼 수 없다.

③ 구 건축법상 이행강제금 납부의무는 상속인 기타의 사람에게 승계될 수 없는 일신전속적인 성질의 것이므로 이미 사망한 사람에게 이행강제금을 부과하는 내용의 처분이나 결정은 당연무효이다.

④ 구 건축법상 이행강제금의 부과에 대한 불복은 법률의 규정여부에도 불구하고 비송사건절차법에 따른다.

02 1 2 3

다음 중 행정입법에 관한 설명으로 옳지 않은 것은? (다툼이 있는 경우 판례에 의함)

① 조례는 집행행위의 개입 없이 그 자체로서 직접 국민의 권리·의무나 법적 이익에 영향을 미치더라도 항고소송의 대상이 될 수 없다.

② 군법무관임용 등에 관한 법률이 군법무관의 보수를 법관 및 검사의 예에 준하도록 규정하면서 그 구체적 내용을 시행령에 위임하고 있음에도 불구하고 행정부가 정당한 이유 없이 시행령을 제정하지 않았다면 이는 군법무관의 보수청구권을 침해하는 것으로서 국가배상법상 불법행위에 해당한다.

③ 법령보충적 행정규칙은 행정기관에 법령의 구체적 사항을 정할 수 있는 권한을 부여한 상위법령과 결합하여 대외적 효력을 갖게 된다.

④ 법률이 주민의 권리의무에 관한 사항을 조례에 위임하는 경우에는 헌법 제75조에서 정한 포괄적인 위임입법의 금지는 원칙적으로 적용되지 않는다.

03 ①②③

다음 중 판례가 통치행위로 본 사례로 옳은 것으로만 묶은 것은? (다툼이 있는 경우 판례에 의함)

> ㄱ. 대북송금행위
> ㄴ. 이라크 파병
> ㄷ. 대통령의 서훈취소

① ㄱ
② ㄴ
③ ㄴ, ㄷ
④ ㄱ, ㄷ

04 ①②③

다음 중 하자의 승계가 인정되는 경우로 옳은 것은? (다툼이 있는 경우 판례에 의함)

① 개별공시지가결정과 개발부담금부과처분
② 과세처분과 체납처분
③ 도시계획결정과 수용재결
④ 직위해제처분과 면직처분

05 ①②③

다음 중 행정지도에 관한 설명으로 옳지 않은 것은? (다툼이 있는 경우 판례에 의함)

① 행정지도는 그 목적 달성에 필요한 최소한도에 그쳐야 하며, 행정지도의 상대방의 의사에 반하여 부당하게 강요하여서는 아니 된다.
② 행정기관은 상대방이 행정지도에 따르지 않았다는 이유로 불이익한 조치를 취하여서는 아니 된다.
③ 위법한 행정지도라 할지라도 행정지도에 따라 행한 행위라면 위법성이 조각된다.
④ 행정지도가 행정기관의 권한 범위 내에서 이루어진 정당한 행위인 경우라면 비록 손해가 발생하였다 하더라도 그 손해에 대하여 배상책임이 없다.

06 ①②③

다음 중 행정계획에 관한 설명으로 옳지 않은 것은? (다툼이 있는 경우 판례에 의함)

① 행정주체가 행정계획을 입안하고 결정함에 있어서 이익형량을 전혀 행하지 아니하거나 이익형량의 고려대상에 마땅히 포함시켜야 할 사항을 누락한 경우 또는 이익형량을 하였으나 정당성과 객관성이 결여된 경우에는 그 행정계획결정은 형량에 하자가 있어 위법하다.
② 비구속적 행정계획이라도 국민의 기본권에 직접적으로 영향을 끼치고, 앞으로 법령의 뒷받침에 의하여 그대로 실시될 것이 틀림없을 것으로 예상될 수 있을 때에는, 공권력행위로서 예외적으로 헌법소원의 대상이 될 수 있다.
③ 폐기물처리사업의 적정통보를 받은 자가 폐기물처리업 허가를 받기 위해서 국토이용계획의 변경이 선행되어야 하는 경우, 폐기물처리사업의 적정통보를 받은 자는 국토이용계획변경의 입안 및 결정권자인 관계행정청에 대하여 그 계획변경을 신청할 법규상 또는 조리상 권리를 가진다.
④ 확정된 행정계획이라도 사정변경이 있는 경우에는 일반적으로 조리상 계획변경청구권이 인정된다.

07 ①②③

다음 중 행정심판법상 재결의 효력으로 옳지 않은 것은?

① 불가변력
② 형성력
③ 기속력
④ 사정재결력

08 123

다음 중 사인의 공법행위에 관한 설명으로 옳지 않은 것은? (다툼이 있는 경우 판례에 의함)

① 군인사정책상의 필요에 따라 복무연장지원서와 전역지원서를 동시에 제출한 경우, 복무연장지원의 의사표시를 우선하되, 그것이 받아들여지지 아니하는 경우에 대비하여 원에 의하여 전역하겠다는 조건부 의사표시를 한 것이므로 그 전역지원의 의사표시도 유효한 것으로 보아야 한다.

② 전역지원의 의사표시가 진의 아닌 의사표시라면 그 무효에 관한 법리를 선언한 민법 제107조 제1항 단서의 규정에 따라 무효로 보아야 한다.

③ 공무원이 강박에 의하여 사직서를 제출한 경우, 사직의 의사표시는 그 강박의 정도에 따라 무효 또는 취소사유가 되며, 그 정도가 의사결정의 자유를 박탈할 정도에 이른 것이라면 사직의 의사표시는 무효가 될 것이다.

④ 범법행위를 한 공무원이 수사기관으로부터 사직종용을 받고 형사처벌을 받아 징계파면될 것을 염려하여 사직서를 제출한 경우 그 사직의사결정을 강요에 의한 것으로 볼 수는 없다.

09 123

다음 중 행정계약에 관한 설명으로 옳지 않은 것은? (다툼이 있는 경우 판례에 의함)

① 공익사업을 위한 토지 등의 취득 및 보상에 관한 법률에 따른 토지 등의 협의취득은 공법상 계약이 아닌 사법상의 법률행위에 해당한다.

② 행정절차법은 공법상 계약의 체결절차에 관한 기본적인 사항을 규율하고 있다.

③ 서울특별시립무용단원의 위촉 및 해촉은 공법상 계약이라고 할 것이고, 그 단원의 해촉에 대해서는 공법상 당사자소송으로 그 무효확인을 청구할 수 있다.

④ 국립의료원 부설주차장에 관한 위탁관리용역 운영계약은 관리청이 사경제주체로서 행하는 사법상의 계약이라 할 수 없다.

10 123

다음 중 행정행위의 취소와 철회에 관한 설명으로 옳지 않은 것은? (다툼이 있는 경우 판례에 의함)

① 수익적 행정행위의 경우에는 그 처분을 취소하여야 할 공익상 필요가 취소로 인하여 당사자가 입게 될 불이익을 정당화할 만큼 강한 경우에 한하여 취소할 수 있다.

② 하자 없이 성립한 행정행위의 효력을 장래에 향하여 소멸시키는 것을 행정행위의 취소라 하고, 일단 유효하게 성립한 행정행위를 그 행위에 위법 또는 부당한 하자가 있음을 이유로 소급하여 그 효력을 소멸시키는 별도의 행정행위를 행정행위의 철회라고 한다.

③ 취소권을 행사함에 있어서 법령상의 근거가 필요한지 여부에 대하여 판례는 별도의 법적 근거가 없더라도 처분청은 스스로 취소가 가능하다고 본다.

④ 행정행위의 철회는 처분청만이 할 수 있으며, 감독청은 법률에 근거가 있는 경우에 한하여 철회권을 가진다.

11 123

다음 중 행정소송법상 항고소송의 대상이 되는 처분으로 옳은 것은? (다툼이 있는 경우 판례에 의함)

① 민원사무처리에 관한 법률이 정한 '거부처분에 대한 이의신청'을 받아들이지 않는 취지의 기각 결정

② 지적공부소관청이 토지대장을 직권으로 말소한 행위

③ 수도권매립지관리공사가 행한 입찰참가자격 제한조치

④ 중소기업 정보화지원사업에 따른 지원금 출연을 위하여 중소기업청장이 체결한 협약의 해지 및 지급받은 정부지원금에 대한 환수통보

12 [1][2][3]

다음 중 신고에 관한 설명으로 옳지 않은 것은? (다툼이 있는 경우 판례에 의함)

① 행위요건적 신고에 대하여 관할 행정청의 신고필증의 교부가 없더라도 적법한 신고가 있는 이상 신고의 법적효력에는 영향이 없다.

② 건축법에 따른 건축신고를 반려하는 행위는 항고소송의 대상이 되지 않는다.

③ 정보제공형 신고를 하지 않고 신고의 대상이 된 행위를 한 경우 과태료 등의 제재가 가능하지만 신고 없이 행한 행위 자체의 효력은 유효하다.

④ 영업양도에 따른 지위승계신고를 수리하는 행정청의 행위는 양도·양수인 사이의 영업양도사실의 신고를 접수하는 행위에 그치는 것이 아니라, 영업허가자의 변경이라는 법률효과를 발생시키는 행위이다.

13 [1][2][3]

다음 중 행정절차법상 사전통지에 대한 설명으로 옳지 않은 것은?

① 신청에 대한 거부처분은 당사자의 권익을 제한하는 처분에 해당하므로 처분의 사전통지의 대상이 된다.

② 행정청은 식품위생법 규정에 의하여 영업자지위승계신고 수리처분을 함에 있어서 종전의 영업자에 대하여 행정절차법상 사전통지를 하고 의견제출 기회를 주어야 한다.

③ 국가공무원법상 직위해제처분을 하는 경우, 처분의 사전통지 및 의견청취 등에 관한 행정절차법 규정은 별도로 적용되지 않는다.

④ 건축법상의 공사중지명령에 대해 미리 사전통지를 하고 의견제출의 기회를 준다면 많은 액수의 손실보상금을 기대하여 공사를 강행할 우려가 있다는 사정은 처분의 사전통지 및 의견제출절차의 예외사유에 해당하지 않는다.

14 [1][2][3]

다음 중 공공기관의 정보공개에 관한 설명으로 옳지 않은 것은? (다툼이 있는 경우 판례에 의함)

① 정보공개 청구권은 법률상 보호되는 구체적인 권리이므로 청구인이 공공기관에 대하여 정보공개를 청구하였다가 거부처분을 받은 것 자체가 법률상 이익의 침해에 해당한다.

② 정보공개를 청구하는 자가 공공기관에 대해 출력물의 교부 등 공개방법을 특정하여 정보공개 청구를 한 경우에 법률상 예외사유에 해당하지 않는다면 공개청구를 받은 공공기관으로서는 다른 공개방법을 선택할 재량권이 없다.

③ 정보공개 청구권자인 국민에는 자연인은 물론 법인, 권리능력 없는 사단·재단도 포함되고, 법인, 권리능력 없는 사단·재단 등의 경우에는 설립목적을 불문한다.

④ 정보공개거부처분에 대한 정보공개 청구소송에서 정보공개거부처분에 대한 취소판결이 확정되었다면 행정청에 대해 판결의 취지에 따른 재처분의무가 인정될 뿐 그에 대하여 간접강제까지 허용되는 것은 아니다.

15 [1][2][3]

다음 중 고시에 관한 설명으로 옳지 않은 것은? (다툼이 있는 경우 판례에 의함)

① 고시 또는 공고의 법적 성질은 일률적으로 판단될 것이 아니라 고시에 담겨진 내용에 따라 구체적인 경우마다 달리 결정된다.

② 고시가 일반·추상적 성격을 가질 때는 법규명령 또는 행정규칙에 해당하지만, 고시가 구체적인 규율의 성격을 갖는다면 행정처분에 해당한다.

③ 고시 또는 공고에 의하여 행정처분을 하는 경우에는 고시 또는 공고가 효력을 발생하는 날에 행정처분이 있음을 알았다고 보아야 한다.

④ 헌법상 위임입법의 형식은 열거적이기 때문에, 국민의 권리·의무에 관한 사항을 고시 등 행정규칙으로 정하도록 위임한 법률 조항은 위헌이다.

16 ①②③

다음 중 공무원의 징계에 관한 설명으로 옳지 않은 것은? (다툼이 있는 경우 판례에 의함)

① 상급자와 다투고 폭언하는 행위에 대하여 장관이 행한 서면 경고는 국가공무원법상의 징계처분에 해당한다.

② 경찰공무원이 그 단속의 대상이 되는 신호위반자에게 1만 원을 요구하여 금품을 수수한 행위에 대하여 해임처분을 한 것은 징계재량권의 일탈·남용이라 할 수 없다.

③ 공무원은 직무와의 관련 여부를 떠나 공무원의 체면이나 위신을 떨어뜨리는 행동을 하면 국가공무원법상 징계의 사유에 해당한다.

④ 지방공무원의 동의 없는 전출명령은 위법하여 취소되어야 하므로, 전출명령이 적법함을 전제로 내린 당해 지방공무원에 대한 징계처분은 징계양정에 있어 재량권을 일탈하여 위법하다.

17 ①②③

다음 중 행정행위의 부관에 관한 설명으로 옳은 것으로만 묶인 것은? (다툼이 있는 경우 판례에 의함)

> ㄱ. 부관은 기속행위에만 붙일 수 있고, 재량행위에는 붙일 수 없다.
> ㄴ. 부관이 붙은 행정행위 전체를 쟁송의 대상으로 하면서 부관만의 취소를 구하는 부진정일부취소소송은 허용되지 않는다.
> ㄷ. 사정변경으로 인하여 당초에 부담을 부가한 목적을 달성할 수 없게 된 경우에는 원칙적으로 사후부관이 가능하다.
> ㄹ. 행정청은 부담을 부가하기 이전에 상대방과 협의하여 부담의 내용을 협약의 형식으로 미리 정한 다음 행정처분을 하면서 이를 부가할 수는 없다.
> ㅁ. 부담과 조건의 구분이 명확하지 않을 경우, 부담이 당사자에게 조건보다 유리하기 때문에 원칙적으로 부담으로 추정해야 한다.

① ㄱ, ㄴ, ㅁ   ② ㄴ, ㅁ
③ ㄴ, ㄷ, ㅁ   ④ ㄱ, ㄷ, ㄹ, ㅁ

18 ①②③

다음 중 행정권한의 위임에 관한 설명으로 옳지 않은 것은? (다툼이 있는 경우 판례에 의함)

① 권한을 위임하기 위해서는 법적 근거가 있어야 하고, 법령의 근거가 없는 권한의 위임은 무효이다.

② 권한의 위임은 권한의 일부를 위임하는 것에 한정되고, 권한의 전부를 위임하는 것은 허용되지 않는다.

③ 권한의 위임 및 재위임에 관하여 규정하고 있는 정부조직법 제6조 제1항의 규정은 개별적인 권한 위임의 법률상 근거가 될 수 없다.

④ 내부위임을 받아 원행정청 명의를 밝히지 아니하고는 그의 명의로 처분 등을 할 권한이 없는 행정청이 권한 없이 그의 명의로 한 처분에 대하여 항고소송이 제기된 경우, 처분명의자인 행정청이 피고가 된다.

19 ①②③

다음 중 행정절차법상 청문을 하여야 하는 경우로 옳지 않은 것은?

① 다른 법령 등에서 청문을 하도록 규정하고 있는 경우

② 행정청이 필요하다고 인정하는 경우

③ 인허가 등을 취소하는 처분을 하는 경우

④ 법인이나 조합 등의 설립허가를 취소하는 처분시 의견제출기한 내에 당사자 등의 신청이 있는 경우

20 ①②③

다음 중 공물에 관한 설명으로 옳지 않은 것은? (다툼이 있는 경우 판례에 의함)

① 행정재산을 관재당국이 모르고 매각하는 처분을 한 경우, 그 매각처분은 무효이다.

② 행정재산이 본래의 용도에 제공되지 않는 상태에 있다는 사정만으로는 이에 대한 공용폐지의 의사표시가 있다고 볼 수 없다.

③ 도로의 특별사용이란 도로의 특정부분을 유형적·고정적으로 특정한 목적을 위하여 사용하는 것을 의미하므로, 반드시 독점적·배타적인 것이어야 한다.

④ 국유재산의 무단점유자에 대한 변상금부과처분에 따라 발생하는 변상금징수권은 공법상의 법률관계에 기한 공법상의 권리이다.

21 [1][2][3]

다음 중 행정상 손실보상에 관한 설명으로 옳지 않은 것은? (다툼이 있는 경우 판례에 의함)

① 이주대책은 헌법 제23조 제3항에 규정된 정당한 보상에 포함되는 것이라기보다는 생활보상의 일환으로서 국가의 정책적인 배려에 의하여 마련된 제도로서 이주대책의 실시 여부는 입법자의 입법정책적 재량의 영역에 속한다.

② 법률이 이주대책의 대상자에서 세입자를 제외하고 있다 하더라도 세입자의 재산권을 침해하여 위헌이라고는 할 수 없다.

③ 이주대책에 의한 수분양권은 법률의 규정만으로 직접 발생한다.

④ 토지의 일부가 접도구역으로 지정·고시됨으로써 사용가치 및 교환가치의 하락 등이 발생하더라도 잔여지 손실보상의 대상에 해당하지 않는다.

22 [1][2][3]

다음 중 국가배상법 제5조에 의한 영조물의 설치·관리의 하자로 인한 손해배상에 관한 설명으로 옳지 않은 것은? (다툼이 있는 경우 판례에 의함)

① 국가배상법에는 영조물 점유자의 면책규정이 있는 데 반하여 민법에는 공작물 점유자의 면책규정이 없다.

② 국가배상법 제5조상의 영조물이란 국가 또는 지방자치단체에 의하여 특정 공공의 목적에 공여된 유체물 내지 물적 설비를 말하며, 국가 또는 지방자치단체가 소유권, 임차권, 그 밖의 권한에 기하여 관리하고 있는 경우뿐만 아니라 사실상 관리하고 있는 경우도 포함된다.

③ 영조물의 설치 또는 관리의 하자란 공공의 목적에 제공된 영조물이 그 용도에 따라 통상 갖추어야 할 안전성을 갖추지 못한 상태에 있음을 말한다.

④ 학생이 담배를 피우기 위하여 3층 건물의 화장실 밖의 난간을 지나다가 실족하여 사망한 경우, 학교시설의 설치·관리상의 하자는 인정되지 않는다.

23 [1][2][3]

다음 중 원고의 청구가 이유 있음에도 불구하고 공익을 이유로 기각하는 판결로 옳은 것은?

① 사정판결　　　② 취소판결

③ 유효확인판결　　④ 무효확인판결

24 [1][2][3]

다음 중 신뢰보호원칙에 관한 설명으로 옳지 않은 것은? (다툼이 있는 경우 판례에 의함)

① 신뢰보호원칙이 적용되기 위한 행정기관의 공적인 견해표명 여부를 판단할 때는 행정조직상의 형식적인 권한분장에 의하여 판단하여야 한다.

② 신뢰의 대상인 행정청의 선행조치는 반드시 문서의 형식으로 행하여질 필요는 없으며 구두에 의해서도 가능하다.

③ 귀책사유의 유무는 상대방과 그로부터 신청행위를 위임받은 수임인 등 관계자 모두를 기준으로 판단한다.

④ 행정청의 확약 또는 공적 견해표명이 있은 후에 사실적·법률적 상태가 변경되었다면, 그와 같은 확약 또는 공적 의사표명은 행정청의 별다른 의사표시를 기다리지 않고 실효된다.

25 [1][2][3]

다음 중 행정법에 관한 설명으로 옳지 않은 것은? (다툼이 있는 경우 판례에 의함)

① 재량준칙이 공표된 것만으로는 자기구속의 원칙이 적용될 수 없고, 재량준칙이 되풀이 시행되어 행정관행이 성립한 경우이어야 자기구속의 원칙이 적용될 수 있다.

② 판례는 행정의 자기구속의 원리의 근거를 평등의 원칙이나 신뢰보호원칙에서 찾고 있다.

③ 재량준칙이 정한 바에 따라 되풀이 시행되어 행정관행이 이루어지게 되면 행정기관은 상대방에 대한 관계에서 그 규칙에 따라야 할 자기구속을 받게 되므로, 이러한 경우에는 특별한 사정이 없는 한 그에 반하는 처분은 재량권을 일탈·남용한 위법한 처분이 된다.

④ 주택사업을 승인하면서 입주민이 이용하는 진입도로의 개설 및 확장 등의 기부채납의무를 부담으로 부과하는 것은 부당결부금지의 원칙에 반한다.

2017 | 기출문제

☑ 시험시간 25분   ☑ 해설편 180쪽

01 ☐1☐2☐3

다음 중 통치행위에 관한 설명으로 옳은 것은? (다툼이 있는 경우 판례에 의함)

① 헌법재판소는 이라크파병 결정을 통치행위로 보지 않았다.
② 국회는 통치행위의 주체가 될 수 없다.
③ 대법원은 계엄선포를 통치행위로 인정했다.
④ 통치행위는 이로 인하여 직접 국민의 기본권 침해가 이루어졌다 해도 헌법소원의 대상으로 볼 수 없다.

02 ☐1☐2☐3

다음 중 행정쟁송에 관한 설명으로 옳은 것은?

① 행정심판위원회의 재결은 대법원의 확정판결과 비슷한 효력을 가진다.
② 소송요건은 사실심 변론종결시까지 유지되어야 한다.
③ 통고처분은 행정소송의 대상이 되는 처분에 속한다.
④ 예외적 · 필요적 행정심판전치주의에 해당하는 경우 취소소송과 취소심판을 동시에 제기하면 그 즉시 각하판결을 하여야 한다.

03 ☐1☐2☐3

다음 중 병역의무와 관련된 내용으로 옳지 않은 것으로만 묶인 것은?

> ㄱ. 병역징집의 주체는 국가이다.
> ㄴ. 강제징집이 원칙이지만, 지원병제도도 배제하고 있지 않다.
> ㄷ. 병무청장의 처분으로 병역의무를 지는 국민의 법적 지위가 구체화된다.
> ㄹ. 병무청장은 중앙행정기관이므로 부령을 발할 수 있다.
> ㅁ. 병무청장은 국방부 소속이다.

① ㄱ, ㄴ   ② ㄷ
③ ㄷ, ㅁ   ④ ㄹ

04 ☐1☐2☐3

다음 중 행정입법에 관한 설명으로 옳지 않은 것은? (다툼이 있는 경우 판례에 의함)

① 법규명령 자체에 대한 항고소송은 인정하지 않는 것이 원칙이다.
② 법규명령이 헌법소원의 대상이 될 것인가에 대하여 이를 긍정하는 것이 헌법재판소의 입장이다.
③ 법규명령이 법률에 위반되었는지 여부가 재판의 전제가 된 경우에는 모든 법원에 판단권이 있으나, 대법원만이 최종적으로 심사할 권한을 갖는다.
④ 법령보충적 행정규칙은 상위 법령과 결합하더라도 법규성이 부정된다.

05 ☐①②③

다음 중 행정상 손실보상청구에 관한 설명으로 옳지 않은 것은?

① 비재산적 법익침해에 대한 희생보상청구권은 판례에 따르면 일반적으로 인정되고 있다.
② 손실보상은 헌법 제23조 제3항에 따라 법률로써 하고 이때의 법률은 국회가 제정한 형식적 의미의 법률을 의미한다.
③ 판례에 의하면 손실보상청구소송은 민사소송에 의하는 것이 원칙이다.
④ 징발물이 국유재산 또는 공유재산인 경우에는 보상을 하지 아니한다.

06 ☐①②③

다음 중 질서위반행위규제법에서 규정한 과태료에 대한 설명으로 옳지 않은 것은?

① 신분에 의하여 성립하는 질서위반행위에 신분이 없는 자가 가담한 때에는 신분이 없는 자에 대하여도 질서위반행위가 성립한다.
② 행정청이 질서위반행위에 대하여 과태료를 부과하고자 하는 때에는 미리 당사자에게 10일 이상의 기간을 정하여 의견을 제출할 기회를 주어야 한다.
③ 과태료는 행정청의 과태료 부과처분이나 법원의 과태료 재판이 확정된 후 3년간 징수하지 아니하거나 집행하지 아니하면 시효로 인하여 소멸한다.
④ 자신의 행위가 위법하지 아니한 것으로 오인하고 행한 질서위반행위는 그 오인에 정당한 이유가 있는 때에 한하여 과태료를 부과하지 아니한다.

07 ☐①②③

다음 중 상대방의 동의에 의한 특별권력관계의 성립에서 그 성질이 가장 다른 하나를 고른 것은?

① 공무원 채용관계의 설정
② 국공립대학교 입학
③ 국공립도서관 이용관계의 설정
④ 학령아동의 초등학교 취학

08 ☐①②③

다음 중 적법한 건축물에 철거명령이 내려진 경우 원고가 취소소송을 제기하면서 취할 수 있는 가장 적절한 권리구제수단으로 옳은 것은?

① 철거명령 자체의 효력정지를 구해야 한다.
② 강제집행절차인 계고처분의 전부나 일부정지로 속행을 중지하여야 한다.
③ 효력정지와 집행정지 둘 다 가능하다.
④ 계고처분의 취소소송에서 철거명령의 하자를 주장하는 것으로 충분하다.

09 ☐①②③

다음 중 병역법의 내용으로 옳지 않은 것은?

① 병역의무에 대한 특례를 인정하지 않고 있다.
② 현역병이 징역·금고·구류의 형을 받은 경우에는 그 형의 집행일수는 현역 복무기간에 산입(算入)하지 아니한다.
③ 예비군, 민방위도 국방의 의무에 포함된다.
④ 군 복무 중 재해로 인하여 발생한 손실에 대해서는 관련 법률이 정하는 바에 의하여 보상금을 지급한다.

10 ☐①②③

다음 중 공법상 시효제도에 관한 설명으로 옳지 않은 것은? (다툼이 있는 경우 판례에 의함)

① 금전채권의 소멸시효에 관해서 국가재정법과 지방재정법은 다른 법률에 특별한 규정이 없는 한 5년으로 정하고 있다.
② 공법상 부당이득반환청구권은 원칙적으로 사권에 해당하므로 10년의 소멸시효가 적용된다.
③ 국유재산 무단점유자에 대하여 행한 변상금부과처분에 대해 변상금이 체납된 경우 변상금청구권 역시 5년의 소멸시효가 적용된다.
④ 국세징수권자의 납입고지에 의하여 발생한 시효중단의 효력은 그 납입고지에 의한 부과처분이 취소되더라도 소멸되는 것은 아니다.

11 ①②③

다음 중 수리를 요하는 신고로 옳지 않은 것은?

① 골프장 회원 모집 계획 신고

② 납골당 설치 신고

③ 골프장 이용료 변경 신고

④ 양수인 양도인 지위승계 신고

12 ①②③

다음 중 시보 임용 기간에 있는 공무원에 관한 설명으로 옳은 것은?

① 시보 임용 기간 중에는 공무원법상 신분보장을 받지 못함이 원칙이다.

② 5급 공무원을 신규 채용하는 경우에는 6개월, 6급 이하의 공무원을 신규 채용하는 경우에는 3개월간 각각 시보(試補)로 임용한다.

③ 성실의 의무는 명문규정은 없지만 당연히 지켜야 한다.

④ 시보 임용 당시 결격사유가 있었다면 정규 공무원 임용 당시 결격사유가 사라지더라도 그 임용행위는 당연무효이다.

13 ①②③

다음 중 의무불이행의 방치가 심히 공익을 해칠 수 있어 대집행이 가능한 것으로 옳은 것은?

① 불법 증축한 부분을 철거할 경우 헬기의 안전 이착륙에 지장이 있게 되는 경우

② 건축허가 면적보다 0.02평방미터 초과한 불법 증축의 경우

③ 구조변경허가와 달리 증·개축된 건물이 공사 전보다 건물모양이 산뜻해지고, 안정감이 증대한 반면, 법위반부분을 철거하는 경우 건물의 외관만을 손상시키고 쓰임새가 줄어드는 경우

④ 개발제한구역 내 불법 건축된 교회 건물

14 ①②③

다음 중 공공기관의 정보공개에 관한 법률상 정보공개에 대한 설명으로 옳은 것은?

① 단순히 공무원을 괴롭힐 목적으로 정보공개를 요청하는 경우에도 응하여야 한다.

② 전자적 형태로 보유·관리하는 정보에 대하여 청구인이 전자적 형태로 공개하여 줄 것을 요청하는 경우에는 그 정보의 성질상 현저히 곤란한 경우를 제외하고는 청구인의 요청에 따라야 한다.

③ 검찰보존사무규칙에서 불기소사건 기록 등의 열람·등사 등을 제한하는 것은 공공기관의 정보공개에 관한 법률에 따른 '다른 법률 또는 명령에 의하여 비공개사항으로 규정된 경우'에 해당되어 적법하다.

④ 공공기관은 비공개대상정보에 해당하는 부분과 공개가 가능한 부분이 혼합되어 있는 경우 정보공개를 거부하여야 한다.

15 ①②③

다음 중 행정행위의 부관에 관한 설명으로 옳은 것은? (다툼이 있는 경우 판례에 의함)

① 부담이 무효인 경우 부담의 이행으로 한 사법상 법률행위의 효력은 당연무효이다.

② 통설·판례에 따르면 부담만을 대상으로 하여 독자적으로 취소소송을 제기할 수 없다.

③ 법률효과의 일부배제는 부관이 아니라는 것이 판례의 태도이다.

④ 행정행위의 부관은 행정행위의 조건, 기한 등을 법령이 직접 규정하고 있는 법정부관과 구별된다.

16 1 2 3

다음 중 아래 지문에 해당되는 행정법의 일반원칙을 순서대로 바르게 나열한 것은?

> 가. 행정청은 법령 등의 해석 또는 행정청의 관행이 일반적으로 국민들에게 받아들여졌을 때에는 공익 또는 제3자의 정당한 이익을 현저히 해칠 우려가 있는 경우를 제외하고는 새로운 해석 또는 관행에 따라 소급하여 불리하게 처리하여서는 아니 된다.
> 나. 경찰관의 직권은 그 직무 수행에 필요한 최소한도에서 행사되어야 하며 남용되어서는 아니 된다.

① 비례원칙, 부당결부금지원칙
② 신뢰보호원칙, 평등원칙
③ 비례원칙, 평등원칙
④ 신뢰보호원칙, 비례원칙

17 1 2 3

다음 중 서울지방경찰청장이 서초구경찰서장에게 내부위임한 사무를 서초구경찰서장이 적법한 절차와 형식에 따른 처분을 한 경우 이에 대한 취소소송의 피고로 옳은 것은?

① 서울지방경찰청
② 서울지방경찰청장
③ 서초구경찰서
④ 서초구경찰서장

18 1 2 3

다음 중 공무수탁사인에 대한 설명으로 옳지 않은 것은?

① 판례는 소득세의 원천징수의무자를 공무수탁사인으로 인정하고 있다.
② 공무수탁사인의 위법한 처분은 행정쟁송의 대상이 된다.
③ 교육법에 의하여 학위를 수여하는 사립대학총장은 공무수탁사인에 해당한다.
④ 공무수탁사인의 위법한 행위에 대한 손해는 행정상 손해배상청구가 가능하다.

19 1 2 3

다음 중 하자의 승계가 가능한 것으로 옳은 것은?

① 직위해제 – 직권면직
② 표준공시지가결정 – 수용재결
③ 보충역편입처분 – 사회복무요원 소집처분
④ 상이등급결정 – 상이등급개정

20 1 2 3

다음 중 국가배상법에 대한 설명으로 옳지 않은 것은? (다툼이 있는 경우 판례에 의함)

① 구청 공무원의 시영아파트 입주권 매매행위는 직무행위에 해당하므로 국가배상청구가 가능하다.
② 공무원의 허위 아파트입주권 부여 대상 확인을 믿고 아파트입주권을 매입하여 매수인이 손해를 입은 경우라면 국가배상청구의 대상이 된다.
③ 피해자가 손해를 입은 동시에 이익을 얻은 경우에는 손해배상액에서 그 이익에 상당하는 금액을 빼야 한다.
④ 군인과 군무원의 경우 이중배상은 금지된다.

21 1 2 3

다음 중 공공기관의 정보공개에 관한 법률에 대한 설명 중 a~d에 들어갈 숫자로 옳은 것은?

> 가. 공공기관은 정보공개 청구를 받으면 그 청구를 받은 날부터 (a)일 이내로 공개 여부를 결정하여야 한다.
> 나. 청구인이 정보공개와 관련한 공공기관의 비공개 결정 또는 부분 공개 결정에 불복이 있거나, 정보공개 청구 후 (b)일이 경과하도록 정보공개 결정이 없는 때에는, 공공기관으로부터 정보공개 여부의 결정 통지를 받은 날 또는 정보공개 청구 후 (c)일이 경과한 날부터 (d)일 이내에 해당 공공기관에 문서로 이의신청을 할 수 있다.

	a	b	c	d
①	10	20	20	30
②	10	10	10	30
③	20	10	20	30
④	10	20	10	20

22 ①②③

다음 중 ⓒ, ⓔ에 들어갈 수 있는 내용으로 옳은 것은?

무효등확인소송 (행정소송법 제38조 제1항)	부작위위법확인소송 (행정소송법 제38조 제2항)
취소소송의 규정이 대부분 적용되나, ① (㉠) ② (㉡) ③ 재량처분의 취소 ④ 사정판결 등에 관한 규정은 준용되지 않는다.	취소소송의 규정이 대부분 적용되나, ① (㉢) ② (㉣) ③ 사정판결 ④ 사정판결 시 피고의 소송비용부담 등에 관한 규정은 준용되지 않는다.

① 예외적 행정심판전치주의, 처분변경으로 인한 소의 변경

② 제소기간의 제한, 집행정지결정 · 집행정지취소결정

③ 처분변경으로 인한 소의 변경, 집행정지결정 · 집행정지취소결정

④ 제소기한의 제한, 처분변경으로 인한 소의 변경

23 ①②③

다음 중 빈칸에 들어갈 내용으로 가장 옳은 것은?

> "행정처분취소청구를 기각하는 판결이 확정된 경우에 당해 처분이 위법하지 아니하다는 점이 판결에서 확정된 이상 원고가 다시 이를 무효라 하여 무효확인소송을 제기할 수 없다."는 법원의 판결에 부여되는 효력을 ( )이라 한다.

① 구속력

② 기판력

③ 불가쟁력

④ 형성력

24 ①②③

다음 중 처분에 관한 설명으로 옳은 것은? (다툼이 있는 경우 판례에 의함)

① 행정절차법상 처분의 사전통지의 대상이 되는 '당사자에게 의무를 부과하거나 권익을 제한하는 처분'에는 '신청에 대한 거부처분'이 포함되지 않는다.

② 법률에 따라 통고처분을 할 수 있으면 행정청은 통고처분을 하여야 하며, 통고처분 이외의 조치를 할 재량은 없다.

③ 해당 처분의 성질상 의견청취가 현저히 곤란하거나 명백히 불필요하다고 인정될 만한 상당한 이유가 있는 경우 사전통지를 아니할 수 있으며, 이 경우 행정청은 처분 후에 당사자 등에게 통지를 하지 아니한 사유를 알려야 한다.

④ 도로법 제25조 제3항에 의한 도로구역변경고시의 경우는 행정절차법상 사전통지나 의견청취의 대상이 되는 처분에 해당한다.

25 ①②③

다음 중 행정절차법상 청문의 실시에 대한 설명으로 옳은 것은?

① 개별법에 청문을 하도록 규정해 놓은 경우에도 당사자의 신청이 있어야만 청문을 할 수 있다.

② 행정청은 청문을 하려면 청문이 시작되는 날부터 7일 전까지 당사자 등에게 통지하여야 한다.

③ 행정청과 당사자 사이에 행정절차법상 규정된 청문절차를 배제하는 내용의 협약이 체결되었다고 하여, 그러한 협약이 청문의 실시에 관한 행정절차법 규정의 적용이 배제된다거나 청문을 실시하지 않아도 되는 예외적인 경우에 해당한다고 할 수 없다.

④ 행정청은 처분 후 1개월 이내에 당사자 등이 요청하는 경우에는 청문 · 공청회 또는 의견제출을 위하여 제출받은 서류나 그 밖의 물건을 반환하여야 한다.

군무원 기출이 답이다
경영학

문제편 목차

2021 | **9급** 기출문제

✅ 시험시간 25분 ✅ 해설편 192쪽

01 ①②③
조직을 구축할 때 분업을 하는 이유로 가장 옳지 않은 것은?

① 업무몰입의 지원
② 숙련화의 제고
③ 관찰 및 평가 용이성
④ 전문화의 촉진

02 ①②③
테일러의 과학적 관리법의 설명으로 가장 옳지 않은 것은?

① 내적 보상을 통한 동기부여
② 표준화를 통한 효율성 향상
③ 선발, 훈련, 평가의 합리화
④ 계획과 실행의 분리

03 ①②③
헌법이 보장하고 있는 노동자의 3가지 기본 권리에 해당하지 않는 것은?

① 단결권
② 단체협의권
③ 단체교섭권
④ 단체행동권

04 ①②③
가치사슬 분석에서 본원적 주된 활동에 해당하지 않는 것은?

① 구매
② 생산
③ 판매
④ 연구개발

05 ①②③
타인자본 비율에 따라 기업의 수익에 차이가 발생하는 현상을 의미하는 용어로 가장 적절한 것은?

① 레버리지 효과
② 가중 효과
③ 톱니바퀴 효과
④ 비례 효과

06 ①②③
다음은 기업이 세계화를 추진하는 과정에서 취할 수 있는 다양한 방법들이다. 이 중에서 경영관리를 위한 이슈나 의사결정이 가장 많이 발생하는 것은?

① 글로벌 소싱(Global Sourcing)
② 전략적 제휴(Strategic Alliance)
③ 해외 자회사(Foreign Subsidiary)
④ 프랜차이즈(Franchise)

07 ⬚1⬚2⬚3

손익분기점을 파악하기 위해 반드시 필요한 정보에 해당하지 않는 것은?

① 총고정비용
② 제품단위당 변동비용
③ 제품가격
④ 영업이익

08 ⬚1⬚2⬚3

다음 중 생산성이 저하될 위험이 가장 큰 상황에 해당되는 것은?

① 집단 응집력이 높고 집단과 조직목표가 일치하는 경우
② 집단 응집력이 높지만 집단과 조직목표가 일치하지 않는 경우
③ 집단 응집력이 낮지만 집단과 조직목표가 일치하는 경우
④ 집단 응집력이 낮고 집단과 조직목표가 일치하지 않는 경우

09 ⬚1⬚2⬚3

전사적 자원관리(ERP)의 장점으로 가장 옳지 않은 것은?

① 경영자원의 통합적 관리
② 자원의 생산성 극대화
③ 차별화된 현지 생산
④ 즉각적인 의사결정 지원

10 ⬚1⬚2⬚3

진성 리더십(Authentic Leadership)의 내용과 관련이 없는 것은?

① 명확한 비전제시
② 리더의 자아인식
③ 내재화된 도덕적 신념
④ 관계의 투명성

11 ⬚1⬚2⬚3

다음 중 경영기능과 그 내용이 가장 적절하지 않은 것은?

① 계획화(Planning) − 목표설정
② 조직화(Organizing) − 자원획득
③ 지휘(Leading) − 의사소통, 동기유발
④ 통제(Controlling) − 과업달성을 위한 책임의 부과

12 ⬚1⬚2⬚3

재무상태표에 대한 설명으로 가장 옳지 않은 것은?

① 재무상태표는 자산, 부채 및 자본으로 구분한다.
② 재무상태표를 통해 기업의 유동성과 재무상태를 파악할 수 있다.
③ 재무상태표는 일정기간 동안의 경영성과를 나타낸 재무제표이다.
④ 재무상태표의 자산항목은 유동자산과 비유동자산으로 구분한다.

13 ☐1☐2☐3

직장 내 교육훈련(OJT)에 관한 설명으로 가장 옳지 않은 것은?

① 교육훈련 프로그램 설계 시 가장 먼저 해야 할 것은 필요성 분석이다.

② 직장상사와의 관계를 돈독하게 만들 수 있다.

③ 교육훈련이 현실적이고 실제적이다.

④ 많은 종업원들에게 통일된 훈련을 시킬 수 있다.

14 ☐1☐2☐3

소비자 구매행동에 영향을 미치는 요인 중 내적인 동기요인과 가장 관련이 없는 것은?

① 소비자의 태도

② 가족

③ 학력

④ 나이

15 ☐1☐2☐3

개인적 권력에 해당하는 것은?

① 부하 직원의 휴가 요청을 받아들이지 않을 수 있는 영향력

② 다른 직원에게 보너스를 제공하는 것을 결정할 수 있는 영향력

③ 높은 지위로 인해 다른 직원에게 작업 지시를 내릴 수 있는 영향력

④ 다른 직원에게 전문지식을 제공하여 발생하는 영향력

16 ☐1☐2☐3

신상품 개발 프로세스에 관한 설명으로 가장 적절한 것은?

① 아이디어 창출단계에서 많은 수의 아이디어 창출에 중점을 둔다.

② 제품컨셉트 개발단계에서 시제품을 만든다.

③ 신상품 컨셉트는 아이디어를 소비자가 사용하는 언어나 그림 등을 통하여 추상적으로 표현한 것이다.

④ 시장테스트는 제품 출시 후에 소규모로 실시된다.

17 ☐1☐2☐3

식스 시그마와 관련된 내용으로 옳지 않은 것은?

① 매우 높은 품질을 확보하기 위한 혁신활동이다.

② 백만 개 중에 8개 정도의 불량만을 허용하는 수준이다.

③ 시그마는 정규분포에서의 표준편차를 의미한다.

④ 모토로라가 시작해서 GE에 의해 널리 알려졌다.

18 ☐1☐2☐3

JIT(Just-In Time) 생산시스템의 특징에 해당하지 않는 것은?

① 적시구매

② 소로트의 반복생산

③ 안전재고의 저장

④ 다기능공의 존재

19 ☐1☐2☐3

생산시스템 설계과정에 해당하지 않는 것은?

① 생산입지선정

② 자원계획

③ 설비배치

④ 제품설계

20 ☐①②③

재무분석에 관한 설명으로 가장 옳지 않은 것은?

① 재무분석은 기업과 관련된 의사결정에 필요한 정보를 제공하기 위하여 설계된 일종의 정보가공 시스템이다.

② 재무분석은 경영자가 내부통제 또는 재무예측을 위하여 기업의 재무상태와 경영성과의 적정성 여부를 검토하는 것을 의미한다.

③ 재무분석을 좁은 의미로 말할 때는 주로 재무비율분석을 지칭한다.

④ 재무분석 시 주로 회계적 자료를 이용한다.

21 ☐①②③

순현가(NPV)의 특성으로 옳지 않은 것은?

① 투자안의 모든 현금흐름을 사용한다.

② 모든 개별 투자안들 간의 상호관계를 고려한다.

③ 가치의 가산원칙이 성립한다.

④ 화폐의 시간가치를 고려한다.

22 ☐①②③

다음 중 재무관리자의 역할이 아닌 것은?

① 투자결정

② 자본조달결정

③ 회계처리

④ 배당결정

23 ☐①②③

경영자들이 내리는 의사결정에는 다양한 오류들이 존재한다. 다음 중 매몰비용 오류에 해당하는 것은?

① 선별적으로 정보를 구성하고 선택하는 오류

② 과거의 선택과 부합되는 정보만을 선택하는 오류

③ 실패 원인을 내부가 아닌 외부에서만 찾는 오류

④ 과거의 선택에 매달리고 집착하는 오류

24 ☐①②③

경영과 관리의 차이점에 대한 설명으로 옳지 않은 것은?

① 경영은 지향성을 가지고 조직을 운영하는 활동이라 할 수 있다.

② 경영은 기업을 운영하고 통제하는 활동이라 할 수 있다.

③ 관리는 업무를 조직화하고 감독하는 활동이라 할 수 있다.

④ 관리는 일을 진행하고 통제하는 활동이라 할 수 있다.

25 ☐①②③

품질경영에 관한 설명으로 가장 옳은 것은?

① 지속적 개선을 위한 도구로 데밍(E. Deming)은 PDAC (Plan-Do-Act-Check) 싸이클을 제시하였다.

② 싱고 시스템은 통계적 품질관리 기법을 일본식 용어로 표현한 것이다.

③ 품질과 관련하여 발생하는 비용은 크게 예방 및 검사 등 사전조치에 관련된 비용과 불량이 발생한 이후의 사후조치에 관련된 비용으로 분류해 볼 수 있다.

④ 품질의 집 구축과정은 기대품질과 지각품질의 차이를 측정하고 차이분석을 하는 작업이다.

2021 | 7급 기출문제

모바일
OMR
답안분석
서비스

✅ 시험시간 25분　✅ 해설편 198쪽

01 1 2 3

성격과 가치관에 대한 설명으로 가장 옳지 않은 것은?

① 성격의 유형에서 내재론자(Internals)와 외재론자(Externals)는 통제의 위치(Locus Of Control)에 따라 분류된다.

② 성격측정도구로는 MBTI와 빅파이브 모형이 있다.

③ 가치관은 개인의 판단기준으로 인간의 특성을 구분 짓는 요소 중 가장 상위개념으로 생각할 수 있다.

④ 로키치는(Rokeach)는 가치관을 수단적 가치(Instrumental Value)와 궁극적 가치(Terminal Value)로 분류하고, 궁극적 가치로서 행동방식, 용기, 정직, 지성 등을 제시했다.

02 1 2 3

감가상각의 옳은 방법이 아닌 것은?

① 대상 자산의 원가에서 잔존가치를 차감한 금액을 추정내용연수로 나누어 매년 동일한 금액을 차감하는 방법

② 추정내용연수의 합계와 잔여내용연수의 비율을 이용하여 구한 금액을 차감하는 방법

③ 대상 자산의 기초 장부가액에 일정한 상각률을 곱하여 구한 금액을 차감하는 방법

④ 대상 자산의 잔존가치를 매년 동일하게 차감하는 방법

03 1 2 3

투자안 평가를 위한 실물옵션 접근법과 순현재가치법의 차이에 대한 설명으로 옳은 것은?

① 실물옵션 접근법에서는 불확실성, 순현재가치법에서는 위험의 개념을 사용한다.

② 실물옵션 접근법에서는 확장옵션, 순현재가치법에서는 포기옵션에 초점을 맞춘다.

③ 실물옵션 접근법에서는 현금흐름이 고정되어 있지 않다고 가정하지만 순현재가치법에서는 현금흐름이 고정되어 있다고 가정한다.

④ 실물옵션 접근법에서는 만기가 고정되어 있지 않다고 가정하지만 순현재가치법에서는 만기가 고정되어 있다고 가정한다.

04 1 2 3

조직문화의 구성요소에 대한 7S 모형은 맥킨지(Mckinsey)가 개발한 모형으로 조직문화에 영향을 주는 조직내부요소를 7가지 요인으로 나타낸 것이다. 이 7가지 요인에 해당하지 않는 것은?

① 조직구조(Structure)

② 학습(Study)

③ 관리기술(Skill)

④ 공유가치(Shared Value)

05 ☐1 ☐2 ☐3

지각과정과 지각이론에 대한 설명으로 옳지 않은 것은?

① 지각의 정보처리 과정은 게스탈트 과정(Gestalt Process)
  이라고도 하며 선택, 조직화, 해석의 3가지 방법으로 이
  루어진다.

② 일관성은 개인이 일정하게 가지는 방법이나 태도에 관련
  된 것으로 한번 형성을 하게 된다면 계속적으로 같은 습
  성을 유지하려 한다.

③ 켈리(Kelly)의 입방체 이론은 외적 귀인성을 일관성
  (Consistency)이 높고, 일치성(Consensus), 특이성
  (Distincitiveness)이 낮은 경우로 설명했다.

④ 지각의 산출물은 개인의 정보처리 과정과 지각적 선택에 의
  해서 달라지는데 이는 개인의 심리적 특성과 연관이 있다.

06 ☐1 ☐2 ☐3

이익을 계산하는 방법에 대한 설명으로 옳지 않은 것은?

① 매출액에서 총비용을 차감

② 판매가격에서 단위변동비를 차감

③ 공헌이익에서 총고정비를 차감

④ 총변동비와 총고정비의 합을 매출액에서 차감

07 ☐1 ☐2 ☐3

**경영학의 역사적 흐름에 따라 제시된 이론의 설명으로 가장
옳지 않은 것은?**

① 테일러의 과학적 관리법에서 차별적 성과급제란 표준을
  설정하고 표준을 달성한 작업자에게 높은 임금을 지급하
  는 것을 말한다.

② 베버(Weber)가 주장한 관료주의(Bureaucracy)란 합리적
  이고 이상적이며 매우 효율적인 조직은 분업, 명쾌하게
  정의된 조직의 위계, 공식적인 규칙과 절차, 인간적(개인
  적)인 면을 최대한 고려한 관계 등의 원칙에 근거한다는
  것이다.

③ 페이욜의 관리과정론에서는 관리활동을 계획화, 조직화,
  지휘, 조정, 통제의 5단계로 구분했다.

④ 길브레스 부부는 모션픽쳐(Motion Picture)를 통해 과업
  을 기본동작으로 분해했다.

08 ☐1 ☐2 ☐3

**조직이론에서의 동형화(Isomorphism)에 대한 설명으로 옳은
것은?**

① 조직이 중요한 자원을 공급받기 위해 자원을 공급하는 조
  직과 유사하게 변화하는 것

② 조직이 주어진 환경에서 생존하기 위해 해당 환경 내의
  다른 조직들과 유사하게 변화하는 것

③ 조직 내 구성원들이 응집력을 갖기 위해 유사하게 변화하
  는 것

④ 조직 내 상위계층과 하위계층의 구성원들이 유사한 전략
  적 방향을 갖게 되는 것

09 ☐1☐2☐3

생산전략과 경쟁우선순위에 대한 설명으로 가장 옳지 않은 것은?

① 품질(Quality)경쟁력은 산출된 제품과 설계된 사양의 일치정도인 설계품질(Quality Of Design)의 측면으로 생각해 볼 수 있다.

② 유연성(Flexibility)경쟁력은 제품 수량의 유연성과 고객화의 2가지 측면으로 구분할 수 있으며, 고객이 원하는 시점에 제품을 전달하는 능력은 적시인도(On-Time Delivery)를 의미한다.

③ 경쟁우선순위의 상충모형에서는 품질(Quality)은 원가(Cost)와 상충되며 신뢰성(Reliability)은 유연성(Flexibility)과 상충되는 관계를 가진다.

④ 라인흐름전략(Product-Focused Strategy)은 저원가에 대한 강조를 중요시 여기며 대량의 표준화된 제품을 만들기 위한 전략이다.

10 ☐1☐2☐3

기업집단화에 대한 설명으로 가장 옳지 않은 것은?

① 카르텔(Cartel)은 동종기업 간 경쟁을 배제하고 시장을 통제하는 데 그 목적을 두고 있으며, 경제적, 법률적으로 봤을 때 독립성을 유지하고 있지 않다.

② 기업집단화의 방법으로는 수직적 통합과 수평적 통합이 있으며, 그중 수평적 통합은 같은 산업에서 활동단계가 비슷한 기업 간의 결합을 의미한다.

③ 자동차 제조 회사에서 자동차 판매에 필요한 금융리스사를 인수한다면 이는 수직적 통합 중 전방통합에 속한다.

④ 기업집단화는 시장통제와 경영합리화라는 목적을 지니고 있으며, 이는 시장의 과점적 지배와 규모의 경제 실현과 같은 경제적 영향을 미치게 된다.

11 ☐1☐2☐3

다음 제시된 조직구조 형태에 대한 설명 중 매트릭스 조직이 가지는 특징에 해당되는 것만을 모두 고르면?

> a. 두 개 이상의 조직 형태가 목적에 의해 결합한 형태이다.
> b. 프로젝트를 수행하기 위해 만들어지는 한시적인 조직 형태이다.
> c. 기존 조직구성원과 프로젝트 구성원 사이에 갈등이 생길 가능성이 크다.
> d. 업무 참여시 전문가와 상호작용이 가능하므로 창의적인 업무 수행이 가능하다.
> e. 명령일원화의 원칙이 적용되며 조직 운영의 비용이 작게 발생한다.

① a, d

② a, b

③ c, d, e

④ b, c, d

12 ☐1☐2☐3

포터의 가치사슬 모형에 대한 설명으로 옳지 않은 것은?

① 직접적으로 이윤을 창출하는 활동을 기간활동(Primary Activities)이라 한다.

② 가치 사슬은 다른 기업과 연계될 수 없다.

③ 판매 후 서비스 활동은 하류(Downstream) 가치사슬에 포함된다.

④ 기업의 하부 구조는 보조 활동(Support Activities)에 포함된다.

13 ☐☐☐

전략의 통제 기법인 균형성과표(BSC)와 경영혁신 기법에 관련된 설명으로 가장 옳지 않은 것은?

① 균형성과표에서는 주주와 고객을 위한 외부적 측정치와 내부프로세스인 학습과 성장의 균형이 필요하다.

② 시간기반경쟁(Time Based Competition)은 고객이 원하는 재화와 서비스를 가장 빨리, 그리고 적당한 시점에 제공하는 활동을 의미한다.

③ 노나카 이쿠지로(Nonaka Ikuziro)의 지식경영에서는 지식을 형식지와 암묵지로 구분했으며, 암묵지는 지식 전파 속도가 늦은 반면에 형식지는 전파속도가 빠르다.

④ 전략적 제휴(Strategic Alliance)에서는 경쟁이 무의미하기 때문에 차별화와 저비용을 동시에 추구하도록 전략을 구성한다.

14 ☐☐☐

기업의 경쟁우위에 대한 설명으로 가장 옳지 않은 것은?

① 산업 등 외부환경 조건이 아닌 기업자원 수준의 요인이 기업의 경쟁력을 주로 결정한다고 설명하는 이론은 자원기반이론이다.

② 자원기반이론에 의하면 기업의 지속적 경쟁 우위는 높은 진입장벽으로 인해 창출된다.

③ 자원기반이론에 의하면 가치가 있지만 희소하지 않은 기업자원은 경쟁 등위를 창출할 수 있다.

④ 다섯 가지 세력 모형(Five-Force Model)은 산업 수준의 요인이 기업의 경쟁력을 주로 결정한다고 설명한다.

15 ☐☐☐

태도와 학습에 대한 설명으로 가장 옳지 않은 것은?

① 강화이론에서 부정적 강화(Negative Reinforcement)는 바람직하지 못한 행위를 소멸시키기 위한 강화방법이다.

② 단속적 강화 유형에서 빠른 시간 내에 안정적인 성과 달성을 하기 위해서는 고정비율법이 효과적이다.

③ 레빈(Lewin)은 태도의 변화과정을 해빙, 변화, 재동결의 과정을 거쳐 이루어진다고 했으며 이러한 태도 변화는 개인수준 뿐만 아니라 집단, 조직 수준에서도 같은 방법으로 나타나게 된다.

④ 마이어와 알렌(Meyer & Allen)은 조직몰입(Organization Commitment)을 정서적(Affective) 몰입, 지속적(Continuance) 몰입, 규범적(Normative) 몰입으로 나누어 설명했다.

16 ☐☐☐

다음 중 리더십에 관련된 이론에 대한 설명으로 가장 옳지 않은 것은?

① 하우스(House)의 경로목표이론에서 상황적 변수는 집단의 과업내용, 부하의 경험과 능력, 부하의 성취욕구이다.

② 거래적 리더십(Transaction Leadership)은 장기적인 목표를 강조해 부하들이 창의적 성과를 낼 수 있게 환경을 만들어 주며, 새로운 변화와 시도를 추구하게 된다.

③ 변혁적 리더십(Transformational Leadership)은 영감적 동기와 지적자극과 같은 방법을 통해서 부하들의 행동에 변화를 일으키는 리더십이다.

④ 리더-멤버 교환이론(LMX)이론에서 내집단(In-Group)은 리더와 부하와의 교환관계가 높은 집단으로 승진의 기회가 생기면 리더는 내집단을 먼저 고려하게 된다.

17 ☐1 ☐2 ☐3

제품설계의 방법에 대한 설명으로 가장 옳지 않은 것은?

① 최종제품 설계는 기능설계, 형태설계, 생산설계로 구분하며 그중 형태설계는 제품의 모양, 색깔, 크기 등과 같은 외형과 관련된 설계이다.

② 가치분석(Value Analysis)은 불필요하게 원가를 유발하는 요소를 제거하고자 하는 방법을 의미한다.

③ 동시공학(Concurrent Engineering)은 제품개발 속도를 줄이기 위해 각 분야의 전문가들이 기능식 팀(Functional Team)을 구성하고 모든 업무를 각자 동시에 진행하는 제품개발 방식이다.

④ 품질기능전개(QFD)는 품질개선의 방법으로 표준화된 의사소통을 통해 고객의 요구를 각 단계에서 전달하는 기법으로 시행착오를 줄이는 데 그 목적이 있다.

18 ☐1 ☐2 ☐3

생산능력(Capacity)에 대한 설명으로 가장 옳지 않은 것은?

① 규모의 경제(Economic Of Scale)는 생산량이 고정비를 흡수하게 됨으로써 단위당 고정비용이 감소하는 것을 의미한다.

② 실제생산능력(Actual Output Rate)은 생산시스템이 실제로 달성하는 산출량이다.

③ 병목(Bottleneck)을 고려한 정상적인 조건하에서 보여지는 산출량은 유효생산능력(Effective Capacity)이다.

④ 생산능력 이용률(Capacity Utilization)은 설계생산능력(Design Capacity)이 커지면 함께 증가한다.

19 ☐1 ☐2 ☐3

규모의 불경제(Diseconomies Of Scale)의 원인으로 가장 적절하지 않은 것은?

① 설비규모의 과도한 복잡성에서 초래되는 비효율성

② 과도한 안전 비용에서 초래되는 비효율성

③ 과도한 고정비에서 초래되는 비효율성

④ 과도한 근로인력 규모에서 초래되는 비효율성

20 ☐1 ☐2 ☐3

공급사슬관리에 대한 설명으로 가장 옳지 않은 것은?

① 채찍효과(Bullwhip Effect)는 수요변동의 폭이 도매점, 소매점, 제조사, 공급자의 순으로 점점 커지는 것을 의미한다.

② 지연차별화(Delayed Differentiation)의 개념은 제품의 차별화가 지연되면 고객의 불만족을 야기하므로 초기에 차별화된 제품 및 서비스를 개발 및 제공하자는 것이다.

③ 신속반응시스템(Quick Response System)을 갖추기 위해서는 POS(Point Of Sale)나 EDI(Electronic Data Interchange)와 같이 정보를 신속하게 획득, 공유할 수 있는 프로그램이 필요하다.

④ 판매자가 수송된 상품을 입고시키지 않고 물류센터에서 파레트 단위로 바꾸어 소매업자에게 배송하는 것을 크로스 도킹(Cross Docking)이라고 한다.

21 □1□2□3

소비자가 특정 제품에 대해 가지는 중요성에 대한 관여도 (Involvement)의 설명으로 가장 옳지 않은 것은?

① 저관여 제품의 구매 소비자는 불만족한 경우 다른 상표를 구매하는 다양성 추구의 경향을 보이며 구매 시 판매촉진에 많이 영향을 받는다.

② 고관여 제품의 구매 소비자는 다양한 정보를 이용해 능동적으로 제품 및 상표정보를 탐색하고 정보처리과정을 철저하게 수행하는 동기수준이 높게 나타난다.

③ 고관여 제품의 구매 소비자는 구매 후 인지부조화가 자주 일어나며 비교쇼핑을 선호해 구매 후 자신의 구매에 대해 인정받고 싶어한다.

④ 제품에 대한 소비자의 관여도가 높은 경우에는 소비자가 광고에 노출되었을 때 형성된 광고에 대한 태도가 광고 대상인 제품에 대한 소비자의 태도에 영향을 미치게 되어 광고를 좋아 하는지 싫어하는지의 여부가 제품에 대한 태도형성에 큰 영향을 미친다.

22 □1□2□3

STP 전략에 대한 설명으로 가장 옳지 않은 것은?

① 시장세분화(Market Segmentation)란 전체시장을 일정한 기준에 의해 동질적인 세분시장으로 구분하는 과정이다.

② 지리적, 인구통계적, 심리특정적, 구매행동적으로 상이한 고객들로 구분하여 시장을 세분화한다.

③ 시장위치선정(Market Positioning)이란 각 세분시장의 매력성을 평가하고 여러 세분시장 가운데서 기업이 진출하고자 하는 하나 또는 그 이상의 세분시장을 선정하는 과정이다.

④ 제품의 구매나 사용이 사회적 관계 속에서 갖는 상징적 (Symbolic) 의미를 강조하는 경우에 가장 적절한 포지셔닝은 제품사용자에 의한 포지셔닝이다.

23 □1□2□3

서비스 품질측정 도구인 SERVQUAL과 종합적 품질경영인 TQM에 대한 설명으로 가장 옳지 않은 것은?

① SERVQUAL은 기대 서비스와 인지된 서비스차이를 통해 고객만족을 조사하기 위한 도구이다.

② SERVQUAL의 서비스 품질을 판단하는 차원에는 신뢰성 (Reliability), 보증성(Assurance), 유형성(Tangible), 공감성(Empathy), 반응성(Responsiveness)이 있다.

③ TQM에서 '원천에서의 품질관리(Quality At The Source)'의 의미는 제품의 원재료 품질이 중요하므로 납품업체의 품질관리에 힘쓰라는 것을 의미한다.

④ TQM은 경영시스템으로 최고경영자의 장기적인 열의가 필요하고 지속적인 개선을 통해 종업원들이 주인의식을 가져야 한다.

24 □1□2□3

제품과 상표에 대한 설명으로 가장 옳지 않은 것은?

① 제품믹스의 폭이란 전체 제품라인의 수를 말한다.

② 브랜드 인지도(Brand Awareness)란 소비자가 브랜드를 재인식하거나 회상할 수 있는 능력을 말한다.

③ 상표전략에서 라인확장(Line Extension)이란 새로운 제품에 기존상표를 사용하는 전략으로 광고비용을 절약해 주지만 특정 제품이 실패할 경우 다른 제품에 영향을 준다.

④ 복수상표(Multi Branding)란 동일제품범주에서 다수의 상표를 도입하는 것으로 특성에 따른 상표를 제공하고 진열공간을 많이 확보할 수 있으나 마케팅 비용이 많이 발생할 수 있다.

25 □1□2□3

다음 중 총괄생산계획에서 고려하지 않는 비용으로 옳은 것은?

① 채용과 해고비용

② 재고유지비용

③ 초과근무비용

④ 생산입지 선정비용

2020 기출문제

☑ 시험시간 25분 ☑ 해설편 205쪽

01 123
페이욜(H. Fayol)이 주장한 리더의 역할이 아닌 것은?

① 구성원의 조정
② 예산편성
③ 계획
④ 통제

02 123
암묵지에 예시로 옳지 않은 것은?

① 개인만의 노하우
② 몸에 체화된 지식
③ 컴퓨터 매뉴얼
④ 주관적 측면의 지식

03 123
A회사는 재고자산에 대해 이동평균법을 적용하고 있다. 이동평균법으로 계산한 기말재고자산금액은 얼마인가? (단, 소수점 이하는 버림으로 한다)

기초자산		
1월	매입 10개	단위당 200원
2월	매입 30개	단위당 220원
3월	매출 20개	단위당 250원
4월	매입 50개	단위당 230원
5월	매출 40개	단위당 280원
기말재고 30개		

① 약 6,510원
② 약 6,600원
③ 약 6,771원
④ 약 6,900원

04 123
재고비용에 대한 설명으로 옳지 않은 것은?

① 재고비용은 창고비용을 포함하지 않는다.
② 생산라인 가동을 준비하는 비용을 준비비용이라고 한다.
③ 재고비용은 재고부족과 관련된 비용도 포함한다.
④ 재고량을 조사하는데 소요하는 비용은 재고비용에 포함된다.

05 123
프로젝트 조직의 특성으로 옳은 것은?

① 단순한 환경에 어울리는 조직형태이다.
② 업무가 줄어들어 조직의 효율성이 극대화 된다.
③ 프로젝트 조직의 특성상 대체로 장기적으로 유지된다.
④ 프로젝트 규모에 따라 인력의 수를 유동적으로 조정할 수 있다.

06 123
의사결정과정을 순서대로 나열한 것은?

㉠ 문제 인식	㉡ 기준별 가중치 부여
㉢ 의사 결정	㉣ 효과성평가 및 진단
㉤ 대안 탐색	㉥ 대안 평가
㉦ 대안 선택	㉧ 의사결정 기준 설정

① ㉠ - ㉡ - ㉧ - ㉤ - ㉥ - ㉦ - ㉢ - ㉣
② ㉠ - ㉡ - ㉧ - ㉤ - ㉦ - ㉥ - ㉢ - ㉣
③ ㉠ - ㉧ - ㉡ - ㉤ - ㉥ - ㉦ - ㉢ - ㉣
④ ㉠ - ㉧ - ㉡ - ㉤ - ㉦ - ㉥ - ㉢ - ㉣

07 ①②③

개방시스템의 구조적 절차로 옳은 것은?

① 피드백 – 투입 – 과정 – 산출
② 투입 – 피드백 – 과정 – 산출
③ 투입 – 과정 – 산출 – 피드백
④ 투입 – 과정 – 피드백 – 산출

08 ①②③

기업의 사회적 책임에 대한 설명들 중 바르지 않은 것은?

① 법적 책임: 회계의 투명성, 성실한 세금 납부, 소비자의 권익 보호 등의 책임이다.
② 자선적 책임: 사회공헌 활동에 대한 기업의 지원을 의미한다.
③ 윤리적 책임: 정해진 법 안에서 기업 활동하는 것을 뜻한다.
④ 경제적 책임: 이윤 극대화와 고용 창출 등의 책임을 말한다.

09 ①②③

기능식 조직과 사업부제 조직을 비교한 설명으로 옳지 않은 것은?

① 기능식 조직은 사업부제 조직에 비해 자원의 효율성이 낮다.
② 기능식 조직은 사업부제 조직에 비해 부서 간 상호조정의 어려움이 있다.
③ 사업부제 조직은 기능식 조직에 비해 목표관리가 용이하다.
④ 사업부제 조직은 기능식 조직에 비해 빠른 환경변화 대응이 용이하다.

10 ①②③

자재소요계획(MRP)의 구성요소가 아닌 것은?

① 자재명세서(BOM)
② 재고기록철(IR)
③ 주일정계획(MPS)
④ 생산능력소요계획(CRP)

11 ①②③

재무비율 용어와 분류내용을 올바르게 짝지은 것은?

재무비율		분류내용	
수익성 비율	활동성 비율	당좌 비율	부채 비율
유동성 비율	레버리지 비율	투자수익률	재고회전율

① 레버리지 비율 – 부채 비율
② 수익성 비율 – 재고회전율
③ 활동성 비율 – 당좌비율
④ 유동성 비율 – 투자수익률

12 ①②③

중소기업의 특징으로 옳지 않은 것은?

① 작은 시장규모
② 소유와 경영의 미분리
③ 시장수요 변동에 대한 탄력적 대응
④ 자본의 비한계성

13 ①②③

포트폴리오를 통한 분산투자에 관한 설명으로 틀린 것은?

① 상관계수가 1일 때 위험 분산 효과가 크다.
② 여러 종목에 투자할수록 위험이 낮아진다.
③ 체계적 위험(Systematic Risk)이란 분산투자로 제거되지 않는 위험을 뜻한다.
④ 종업원 파업, 법적 문제는 비체계적 위험(Unsystematic Risk)에 속한다.

14 ☐1☐2☐3

시장 표적화 전략 유형 중 시장 전문화 전략과 제품 전문화 전략의 특징으로 옳지 않은 것은?

① 제품 전문화 전략은 새로운 기술 등장에 취약하다.
② 시장 전문화 전략은 생산, 유통, 촉진의 전문화로 높은 투자수익률을 낸다.
③ 시장 전문화 전략은 단일제품 복수 시장일 경우 유리하다.
④ 제품 전문화 전략을 통해 전문적인 제품 분야에서 강한 명성의 구축이 가능하다.

15 ☐1☐2☐3

다음 중 직무설계의 네 가지 접근법에 대한 설명으로 틀린 것은?

① 기계적 접근 – 기술 다양성
② 동기부여적 접근 – 직무 확대화
③ 인간공학적 접근 – 작업환경
④ 정신능력적 접근 – 정보관리

16 ☐1☐2☐3

재무회계와 관리회계에 대한 설명으로 옳은 것은?

① 재무회계는 기업의 특성에 따라 보고서 형식이 다양한 반면, 관리회계는 일정한 회계원칙 형식에 따라 보고서를 작성한다.
② 재무회계는 외부정보이용자를 주 고객으로 하는 반면, 관리회계는 내부정보이용자를 주 고객으로 한다.
③ 재무회계는 미래지향 정보를 주로 다루는 반면, 관리회계는 과거관련 정보를 주로 다룬다.
④ 재무회계는 경영자에게 유용한 정보를 제공하는 반면, 관리회계는 주주 및 채권자에게 정보를 제공하는데 목적을 두고 있다.

17 ☐1☐2☐3

유통과정에서 수직적 통합의 단점이 아닌 것은?

① 기업 활동의 유연성이 낮아진다.
② 각 경로 구성원이 가진 특허권 보호가 어려워진다.
③ 유통경로 내에서 한 경로구성원에 의한 권력 횡포가 발생할 수 있다.
④ 관련 활동 간의 불균형으로 원가열위가 발생할 수도 있다.

18 ☐1☐2☐3

균형성과표(BSC)에서 고려하지 않는 관점은?

① 고객 관점
② 경영전략 관점
③ 재무 관점
④ 학습 및 성장 관점

19 ☐1☐2☐3

경쟁의 역동성에 관한 설명으로 옳지 않은 것은?

① 경영주기는 기업마다 다르게 나타난다.
② 저속 주기순환은 타기업의 모방이 느리기 때문에 안정적으로 대응 가능하다.
③ 고속 주기순환은 매출 극대화를 위해 고객 충성도를 높이는 것을 시도한다.
④ 평균 주기순환은 모방을 상쇄한다.

20 ☐1☐2☐3

감가상각방법에 해당하는 것이 아닌 것은?

① 정률법
② 이중체감법
③ 생산성비율법
④ 연수합계법

21

해크먼(R.Hackman)과 올드햄(G.Oldham)이 제시한 직무특성 모형의 핵심직무특성이 아닌 것은?

① 기술다양성
② 과업정체성
③ 동기부여
④ 피드백

22

행위기준고과법(BARS)에 대한 설명이 아닌 것은?

① 주요사건 서술법과 평정척도법을 결합한 평가법이다.
② 비교적 개발이 간단하고 적은 시간과 비용이 투입되기 때문에 실무에 많이 적용된다.
③ 피고과자 행위의 지속적인 관찰이 곤란하다.
④ 척도개발과정에 주관성 개입의 여지가 있다.

23

상황이론에서 고려하는 상황요인이 아닌 것은?

① 전략기술
② 기업의 구조
③ 기업의 규모
④ 유일 · 최선의 관리방식

24

작업집단(Work Group)에 대한 설명이 아닌 것은?

① 공통된 리더십이 존재한다.
② 개별적 책임 영역 내에서 결과물을 산출해낸다.
③ 집단의 목표는 정보공유로서 기술적 성격이 강하다.
④ 업무시너지가 비교적 크지 않다.

25

부채를 통하여 자금을 조달받는 경우에 해당하는 설명으로 옳지 않은 것은?

① 부채 조달 시 소유권을 포기하지 않게 된다.
② 부채 조달 시 기업의 현금 흐름이 나빠질 수 있다.
③ 채권에 대한 이자 지급은 법인세 상승을 가져온다.
④ 이율이 낮아지면 대출의 기회비용이 낮아진다.

2019 추가채용 기출문제

모바일 OMR 답안분석 서비스

✔ 시험시간 25분   ✔ 해설편 211쪽

01 ①②③
다음 중 자재소요계획(MRP)의 구성요소로 옳지 않은 것은?

① 기준생산계획(MPS)
② 자재명세서(BOM)
③ 재고기록(IR)
④ 작업일정계획(OP)

02 ①②③
다음 중 수요예측에 관한 설명 중 옳지 않은 것은?

① 수요예측의 대상이 되는 수요는 독립수요이다.
② 주문생산에서 수요예측은 중요시 된다.
③ 수요예측기법의 평가기준에는 정확성, 간편성, 충실성 등이 있다.
④ 수요예측을 할 때 우연변동은 고려대상이 아니다.

03 ①②③
다음 중 기업 내 · 외부 환경을 분석하여 기회와 위협에 대한 분석 및 기업 역량에 대한 강점과 약점을 분석하는 기법으로 옳은 것은?

① 가치사슬분석
② 시장침투 전략
③ 사업포트폴리오 분석
④ SWOT분석

04 ①②③
다음 중 집단성과급을 도입함으로써 기대할 수 있는 장점으로 옳은 것은?

① 표준작업량과 표준작업시간 등의 설정에 있어 노사 간의 갈등을 줄일 수 있다.
② 기업이 적정한 생산량을 유지하는 데 있어 감독비용을 줄일 수 있다.
③ 집단의 응집성을 완화할 수 있다.
④ 업무 프로세스가 측정 가능해 개인별 성과 측정이 용이하다.

05 ①②③
다음 중 의사결정지원시스템에 대한 설명 중 옳지 않은 것은?

① 관련성 있는 데이터를 포함하고 있는 데이터 베이스에 접근을 용이하게 해주는 기능을 수행한다.
② 구조적인 의사결정에만 쓰인다.
③ 의사결정지원시스템을 통한 효과적인 문제해결은 사용자와 시스템 간의 대화를 통해 향상된다.
④ 기업경영에 당면하는 여러 가지 문제를 해결하기 위해 복수의 대안을 개발하고 비교 평가하여 최적안을 선택하도록 하는 시스템이다.

06 ①②③
다음 중 주주에 대한 설명으로 옳지 않은 것은?

① 주주는 채권자보다 앞서 이자비용을 받는다.
② 주주는 출자한도 내에서 유한책임을 진다.
③ 주주는 회사의 궁극적인 주인이다.
④ 주주는 주식을 양도하여 주주의 지위를 벗어날 수 있다.

07 ☐①②③
다음 중 손익계산서에 대한 설명으로 옳은 것은?

① 수익에서 비용을 차감하지 않고 기업의 경영 성과를 보여준다.
② 기업의 재무 상태를 나타내는 보고서이다.
③ 일정기간 동안의 경영성과를 보여주는 것이다.
④ 기업의 현금이 어떻게 조달되는지 보여주는 것이다.

08 ☐①②③
다음 중 리더십 이론으로 옳지 않은 것은?

① 특성이론
② ERG이론
③ PM이론
④ 상황이론

09 ☐①②③
다음 중 경영자에 관한 내용으로 옳지 않은 것은?

① 소유경영자는 단기이익을 추구한다.
② 소유경영자는 위험을 부담하고 상대적 높은 수익을 추구한다.
③ 전문경영자는 소유자와 독립하여 기업을 경영하는 자로서 기업 경영상의 결정에 대해 판단의 자유를 가진다.
④ 전문경영자는 이해집단으로부터 권한을 위임받아 기업의 존속과 성장을 위해 최고 의사를 결정하여 하부에 지시하는 기능을 가진 자이다.

10 ☐①②③
다음 중 시장세분화에 대한 설명으로 옳지 않은 것은?

① 시장세분화는 동질적 시장을 가정하여 하위시장으로 구분하는 것이다.
② 시장세분화가 성공하기 위해서는 시장 사이에 충분한 차별성이 존재하여야 한다.
③ 시장세분화를 통해 경쟁자보다 해당시장에서 먼저 경쟁우위를 확보할 수 있다.
④ 제품구매고객을 분류하는 대표적 기준으로는 인구통계적 기준, 가치관·성격을 비롯한 심리특성적 기준 등이 있다.

11 ☐①②③
어떤 제품의 실제수요는 110만 대이고 예측수요가 100만 대이다. 지수평활계수가 0.6일 때 올해 예측 수요로 옳은 것은?

① 104만 대
② 106만 대
③ 96만 대
④ 94만 대

12 ☐①②③
다음 중 마케팅믹스(4P)로 옳지 않은 것은?

① 제품(Product)
② 가격(Price)
③ 장소(Place)
④ 포장(Package)

13 ☐①②③
다음 중 재무비율이 높아질 때, 개선되는 것으로 옳지 않은 것은?

① 부채비율
② 총자본순이익률
③ 매출액순이익률
④ 이자보상비율

14 ☐1☐2☐3
다음 중 순현가법에 대한 설명 중 옳지 않은 것은?

① 화폐시간가치를 고려한다.
② 모든 현금흐름을 고려한다.
③ 할인율이 필요하다.
④ 매출액을 기준으로 한다.

15 ☐1☐2☐3
다음 중 포터의 경쟁전략에 대한 설명으로 옳지 않은 것은?

① 소기업이 집중화전략을 쓰는 경우 저원가전략은 고려하지 않아도 된다.
② 소기업이 집중화전략을 사용하는 경우 차별화 전략은 고려할 수 있다.
③ 시장점유율이 높은 기업은 원가우위전략을 통하여 시장지배력을 강화할 수 있다.
④ 시장점유율이 낮은 기업은 차별화전략을 통하여 시장점유율의 확대를 모색할 수 있다.

16 ☐1☐2☐3
다음 중 재고비용으로 옳지 않은 것은?

① 자본의 기회비용
② 창고유지비용
③ 진부화비용
④ 매출손실비용

17 ☐1☐2☐3
다음 중 채권에 대한 설명으로 옳지 않은 것은?

① 채권이란 회사에서 발행하는 유가증권으로 일정한 이자의 지급을 예정하여 발행하는 타인자본이다.
② 채권은 주식과는 다르게 만기가 정해져 있다.
③ 채권의 발행기관은 정부와 지자체, 특수법인 등이 있다.
④ 영구채권(Perpetual Bond)은 일정한 기간 동안 이자만 지급하는 채권으로 만기가 도래했을 때 이자와 원금을 모두 지급해야 하는 채권이다.

18 ☐1☐2☐3
다음 중 파생상품에 대한 설명으로 옳지 않은 것은?

① 콜옵션은 사는 것을 의미하고, 풋옵션은 파는 것을 의미한다.
② 미국형은 만기에만 결제가 가능하고 유럽형은 언제든지 결제가 가능하다.
③ 선물, 옵션 스왑계약은 대표적인 파생상품에 해당한다.
④ 파생상품은 거래 장소에 따라 장내거래와 장외거래로 구분된다.

19 ☐1☐2☐3
다음 제품수명주기 중 성장기에 대한 설명으로 옳은 것은?

① 제품의 품질에 대한 신뢰성을 확보하고 경쟁기업의 진입에 대비한다.
② 제품을 차별화하면서 기존고객의 점유율을 유지하고 새로운 고객을 창출한다.
③ 마케팅믹스를 수정하고 상품모델의 다양화를 추구한다.
④ 마케팅 전략을 통하여 수익성이 낮은 시장에서 철수하거나 시장 참여를 축소한다.

20 ☐1☐2☐3

다음 중 국제경영에 대한 설명으로 옳은 것은?

① 라이센싱계약은 해외시장에 이미 진입해 있는 자회사와는 이루어질 수 없다.

② 프랜차이징을 통해 해외 지역의 빠른 성장을 위한 자원 확보가 가능하며, 상대적으로 많은 비용이 든다.

③ 계약생산은 외국의 기업과 계약을 맺어 생산을 한 뒤 마케팅과 판매를 해당 외국 기업에서 직접 담당하도록 하는 것을 말한다.

④ 전략적 제휴는 장기적인 관점에서 협력을 유지하는 경우이다.

21 ☐1☐2☐3

다음 중 마케팅조사를 위한 자료수집에 대한 설명으로 옳지 않은 것은?

① 2차 자료는 1차 자료에 비하여 획득비용이 저렴하다.

② 2차 자료는 1차 자료에 비하여 직접 마케팅과 관련된 자료를 수집하는 것이므로 마케팅조사에 있어서 관련성이 높다.

③ 1차 자료는 2차 자료에 비하여 정보의 질이 우수하다.

④ 1차 자료는 2차 자료에 비해 시간과 비용이 많이 든다.

22 ☐1☐2☐3

다음 중 영업순이익으로 옳은 것은?

• 총매출액	:	2,000,000원
• 매출원가	:	1,000,000원
• 판매관리비용	:	400,000원
• 이자비용	:	30,000원
• 법인세비용	:	240,000원

① 1,000,000원

② 600,000원

③ 570,000원

④ 330,000원

23 ☐1☐2☐3

다음 중 매슬로우의 욕구로 옳지 않은 것은?

① 자아실현 욕구

② 성장욕구

③ 존경욕구

④ 생리적 욕구

24 ☐1☐2☐3

다음 중 직무충실화의 내용으로 옳은 것은?

① 과업량을 늘리고 권한은 그대로 유지한다.

② 과업량을 늘리고 그에 따른 권한과 책임 및 자율성을 추가한다.

③ 과업을 주기적으로 변경함으로써 과업의 단조로움을 극복한다.

④ 직원들 간에 담당하는 직무의 교환을 통해 다른 직무를 경험하게 한다.

25 ☐1☐2☐3

다음 중 가빈의 8가지 품질에 대한 설명으로 옳지 않은 것은?

① 성능 – 제품이 가지고 있는 운영적 특성

② 특징 – 제품이 가지고 있는 기능을 보충하는 보조적인 차이

③ 적합성 – 제품이 정해진 규격에 맞는 정도

④ 신뢰성 – 소비자가 받아들이는 제품에 대한 만족도

2019 기출문제

모바일
OMR
답안분석
서비스

✅ 시험시간 25분 ✅ 해설편 218쪽

01 ☐1☐2☐3
다음 중 탐색조사로 옳지 않은 것은?

① 관찰조사
② 패널조사
③ 사례조사
④ 면접조사

02 ☐1☐2☐3
다음 중 자산의 효율적 활용도를 알 수 있는 것으로 옳은 것은?

① 수익성 비율
② 유동성 비율
③ 활동성 비율
④ 안전성 비율

03 ☐1☐2☐3
A회사에서 세탁기를 제조할 때 단위당 변동비는 20만 원이고, 총고정비는 2천만 원이다. 1,000개를 팔아서 2천만 원의 이익을 얻기 위해서는 원가가산방식으로 할 때 제품의 단위당 가격으로 옳은 것은? (단, 고정비용은 비용에 포함)

① 20만 원
② 22만 원
③ 24만 원
④ 26만 원

04 ☐1☐2☐3
다음 중 파스칼과 피터스의 7S모형으로 옳지 않은 것은?

① 공유가치
② 전략
③ 구성원
④ 소프트웨어

05 ☐1☐2☐3
다음 중 적시생산시스템(JIT)과 자재소요계획(MRP)의 차이에 대한 설명으로 옳지 않은 것은?

① JIT는 푸시(Push)시스템, MRP는 풀(Pull)시스템이다.
② JIT의 재고는 부채, MRP의 재고는 자산이다.
③ JIT는 무결점을, MRP는 소량의 결점을 인정한다.
④ JIT는 일본의 도요타자동차에서 개발한 기법이다.

06 ☐1☐2☐3
다음 중 제품 판매에 있어서 소매와 도매로 나누는 기준으로 옳은 것은?

① 제품별
② 고객별
③ 기능별
④ 지역별

07 ① ② ③

다음 중 환경오염의 원인으로 옳지 않은 것은?

① 인구증가
② 도시화
③ 국제화
④ 산업화

08 ① ② ③

다음 중 자신의 문제를 말하기 껄끄러울 때 남의 얘기에 빗대어 말하게 하는 방법으로 옳은 것은?

① 프로빙 기법
② 래더링 기법
③ 투사법
④ 에스노그라피

09 ① ② ③

다음 중 첫 테스트에서 먹은 것 때문에 두 번째 먹었을 때 맛있는지 모르는 효과로 옳은 것은?

① 성숙효과
② 매개효과
③ 상호작용효과
④ 시험효과

10 ① ② ③

다음 중 우선주에 대한 설명으로 옳은 것은?

① 회사의 이익과 관계없이 미리 배당금이 정해져 있다.
② 이자가 미리 정해져 있다.
③ 세금 감면 혜택이 있다.
④ 우선주에 대해서 비용을 공제하기 전이라도 우선 배당이 이루어진다.

11 ① ② ③

다음 중 자동차 완제품 회사와 자동차 부품 업체 간의 결합 유형으로 옳은 것은?

① 수직적 결합
② 수평적 결합
③ 구조적 결합
④ 통합적 결합

12 ① ② ③

다음 중 비관련다각화의 특징으로 옳지 않은 것은?

① 핵심 역량을 활용할 수 있다.
② 내부의 자원을 효율적으로 활용할 수 있다.
③ 범위의 경제에 효과가 있다.
④ 현금흐름이 좋다.

13 ① ② ③

다음 중 성과급의 특징에 대한 설명으로 옳지 않은 것은?

① 집단성과급에는 스캔론플랜, 럭커플랜, 임프로쉐어플랜이 있다.
② 노동자에게 동기부여를 주고, 공평성과 합리성을 준다.
③ 작업량에만 치중하여 제품의 품질 저하를 초래할 우려가 있다.
④ 기본급이 고정되어 있어서 계산이 쉽다.

14 ① ② ③

다음 중 적대적 M&A 수단으로 옳지 않은 것은?

① 위임장경쟁
② 공개시장매수
③ 주식공개매수
④ 역매수 제의

15 ☐1☐2☐3

다음 중 단위생산과 대량생산에 해당하는 조직유형으로 옳은 것은?

	단위생산	대량생산
①	유기적 조직	유기적 조직
②	유기적 조직	기계적 조직
③	기계적 조직	유기적 조직
④	기계적 조직	기계적 조직

16 ☐1☐2☐3

다음 중 의사소통 네트워크에 대한 설명으로 옳지 않은 것은?

① 수레바퀴형은 집단 내 강력한 리더가 존재하고, 모든 정보는 리더를 중심으로 집중되며 이를 통해 다른 사람에게 전달된다.

② 원형은 의사소통 속도가 빠르다.

③ 라인조직과 스텝조직이 혼합된 조직에 적합한 유형은 Y형이다.

④ 사슬형과 원형이 만족도가 가장 높다.

17 ☐1☐2☐3

다음 중 창업 시 고려해야 할 사항으로 옳지 않은 것은?

① 기술성

② 경제성

③ 시장성

④ 성장성

18 ☐1☐2☐3

다음 중 조직의 경영관리과정에 관한 설명으로 옳지 않은 것은?

① '계획 – 조직 – 지휘 – 통제' 순서로 이어진다.

② 조직화는 수행 업무와 수행방법 및 담당자(리더)를 정한다.

③ 지휘는 갈등을 해결하고 업무 수행을 감독하는 역할을 한다.

④ 계획은 목표와 전략 수립을 하면서 조정을 한다.

19 ☐1☐2☐3

다음 중 마이클 포터의 가치사슬모형에서 보조 활동에 해당하지 않는 것은?

① 인프라 기반시설

② 기술개발

③ 제품의 사후지원

④ 인적자원 개발

20 ☐1☐2☐3

다음 중 고객의 입장과 가장 가까운 컨셉으로 옳은 것은?

① 생산 컨셉

② 제품 컨셉

③ 판매 컨셉

④ 마케팅 컨셉

21 ☐1☐2☐3

다음 중 차별화 전략에 해당하지 않는 것은?

① 경쟁

② 제품

③ 서비스

④ 이미지

22 ☐1☐2☐3

다음 중 주식회사의 특징으로 옳지 않은 것은?

① 투자자로부터 거액의 자본 조달이 용이하다.

② 주식회사의 3대 기구는 주주총회, 이사회, 감사이다.

③ 소유자가 경영에 참가해야만 하므로 소유와 경영이 일치한다.

④ 주주는 출자액 한도 내에서만 자본 위험에 대해 책임을 진다.

23 ☐1 ☐2 ☐3

다음 〈보기〉 중 간접적 자본 조달 수단으로 옳은 것을 모두 고른 것은?

┌─────────────── 〈보 기〉 ───────────────┐
│ ㄱ. 주식 발행   ㄴ. 기업어음 발행   │
│ ㄷ. 은행차입   ㄹ. 회사채 발행   │
└──┘

① ㄱ, ㄴ   ② ㄴ, ㄷ

③ ㄴ, ㄹ   ④ ㄷ, ㄹ

24 ☐1 ☐2 ☐3

다음 중 기업의 사회적 책임투자(SRI)에 해당하지 않는 것은?

① 중소기업벤처에 투자한다.

② 기업지배구조를 고려해 투자한다.

③ 유해행위를 하는 기업에게 투자를 철회한다.

④ 지역 기금에 투자한다.

25 ☐1 ☐2 ☐3

다음 중 생산자가 원가를 가장 중요한 기준으로 하여 가격을 책정하는 방식으로 옳은 것은?

① 지각기준 가격결정

② 목표이익률 가격결정

③ 모방 가격결정

④ 입찰참가 가격결정

2018 기출문제

☑ 시험시간 25분 ☑ 해설편 225쪽

01 1 2 3
다음 회계정보의 질적 특성 중 신뢰성의 해당하지 않는 것은?

① 적시성
② 검증가능성
③ 표현의 충실성
④ 중립성

02 1 2 3
다음 중 재무제표에 대한 설명으로 옳은 것으로만 묶인 것은?

ㄱ. (부채비율)$=\dfrac{(유동부채)+(비유동부채)}{(자기자본)}$

ㄴ. (자기자본비율)$=\dfrac{(자본)}{(총부채)}$

ㄷ. (총자산회전율)$=\dfrac{(매출액)}{(평균총자산)}$

ㄹ. (주당순이익)$=\dfrac{(당기순이익)}{(주식수)}$

ㅁ. (주가수익률)$=\dfrac{(우선주 1주당 주가)}{(주당순이익)}$

① ㄱ, ㄷ, ㄹ
② ㄱ, ㄷ, ㅁ
③ ㄴ, ㄷ, ㅁ
④ ㄴ, ㄹ, ㅁ

03 1 2 3
다음 중 경영자에 대한 설명으로 옳지 않은 것은?

① 최고경영자는 주로 기업의 전반적인 계획업무에 집중한다.
② 전문경영자는 소유경영자의 자산을 증식하기 위해 고용된 대리인이다.
③ 직능경영자는 재무, 회계, 인사 등 중에 특정 부서만을 전담한다.
④ 일선경영자는 현장실무능력이 요구된다.

04 1 2 3
다음 중 노조가입의 유무와 상관없이 조합원과 비조합원 중 임의로 채용 가능한 제도로 옳은 것은?

① 오픈숍
② 클로즈드숍
③ 유니온숍
④ 에이전시숍

05 1 2 3
제품의 현재가격은 2,000원이고, 웨버상수(K)는 0.2이다. 소비자가 차이를 느끼지 못하도록 가격인상을 최대화하고자 할 때 가능한 가격대로 옳은 것은?

① 현재가격<2,300원
② 2,300≤현재가격<2,400원
③ 2,400≤현재가격<2,500원
④ 2,500≤현재가격<2,600원

06 ①②③

해크먼(R.Hackman)과 올드햄(G.Oldham)의 직무특성이론 중 직무에 대한 의미감과 관련 있는 요소로 옳지 않은 것은?

① 기술다양성
② 직무정체성
③ 자율성
④ 직무중요성

07 ①②③

다음 대안평가 방식 중 TV 제품을 구매하려고 할 때 특정 속성(예 TV의 화질)의 값을 우선적으로 고려하여 선택하는 방식으로 옳은 것은?

① 사전편집식
② 분리식
③ 결합식
④ 순차적 제거식

08 ①②③

다음 중 동기부여이론에 대한 설명으로 옳은 것은?

① 매슬로우(Maslow)는 욕구를 '생리적 욕구 – 사회적 욕구 – 안전 욕구 – 존경 욕구 – 자아실현 욕구'로 구분하였다.
② 앨더퍼(Alderfer)의 ERG 이론에 따르면 현재욕구가 좌절되면 상위욕구가 증가된다.
③ 맥클리랜드(McClelland)는 3가지 욕구 중 성취욕구를 가장 중요시했다.
④ 허츠버그(Herzberg)의 2요인이론에 따르면 임금은 동기요인에 해당한다.

09 ①②③

다음 중 수직적 통합에 대한 설명으로 옳지 않은 것은?

① 자전거 부품업체가 자전거 제조업체를 통합하면 수직적 전방통합이다.
② 수직적 통합은 자원이 분산되어 전문성이 감소될 수 있다.
③ 수직적 통합 시 관리에 유연성이 증가한다.
④ 수직적 통합은 제품의 생산과정상이나 유통경로상에서 공급자나 수요자를 통합하는 전략이다.

10 ①②③

다음 설명 중 옳지 않은 것은?

① 구체적 이미지의 브랜드가 추상적 이미지의 브랜드보다 확장 범위가 넓다.
② 라인 확장은 기존의 제품범주에 속하는 신제품에 그 브랜드명을 그대로 사용하는 전략이다.
③ 복수브랜드는 동일한 제품범주 내에서 여러 개의 브랜드를 사용하는 전략이다.
④ 카테고리 확장은 기존 브랜드와 다른 제품범주에 속하는 신제품에 기존 브랜드를 사용하는 전략이다.

11 ①②③

다음 중 제품수명주기 사이클에서 성숙기의 특징에 대한 설명으로 옳지 않은 것은?

① 매출이 점점 증가한다.
② 광고 지출이 많다.
③ 연구개발비 지출이 증가한다.
④ 경쟁 기업은 가격 제품을 인하한다.

12 ☐1☐2☐3

다음 중 절대 영점이 존재하는 척도로 옳은 것은?

① 명목척도
② 서열척도
③ 등간척도
④ 비율척도

13 ☐1☐2☐3

세탁기 1대를 만드는 데 제조원가가 140만 원이고, 매출총이익률이 30%일 때 세탁기 1대의 가격으로 옳은 것은?

① 180만 원
② 190만 원
③ 200만 원
④ 210만 원

14 ☐1☐2☐3

다음 중 마케팅 전략에 대한 설명으로 옳지 않은 것은?

① 기존 제품으로 새로운 시장에 진출하는 경우는 시장개발 전략에 해당한다.
② 의류업체가 의류뿐만 아니라 액세서리, 가방, 신발 등을 판매하는 경우는 제품개발 전략에 해당한다.
③ 호텔이 여행사를 운영하는 경우 관련다각화 전략에 해당한다.
④ 아기비누를 피부가 민감한 성인에게 파는 경우 시장침투 전략에 해당한다.

15 ☐1☐2☐3

다음 중 복제 가능한 범위의 경제의 효과로 옳지 않은 것은?

① 위험 감소
② 시장지배력
③ 세금 혜택
④ 종업원 보상

16 ☐1☐2☐3

다음 중 피셔와 유리의 협상갈등 해결이론에 대한 설명으로 옳지 않은 것은?

① 사람과 문제를 분리시킨다.
② 상황보다 이익에 집중한다.
③ 둘 다 이익을 볼 수 있는 합의점을 찾는다.
④ 객관적 기준에 근거한 결과를 주장한다.

17 ☐1☐2☐3

다음 설명 중 옳지 않은 것은?

① 탄력근무제는 회사 측의 요구로 실시될 수 있으며 회사의 상황이 급할 때 유용하다.
② 유연시간근무제는 워크숍, 회의시간 등의 일정관리 조정이 용이하다.
③ 선택시간제는 회의시간의 일정을 맞추기가 힘들다.
④ 교대근무제는 생활패턴이 망가질 수 있다.

18 ☐1☐2☐3

다음 중 소프트웨어 개발 시 관리방법에 대한 설명으로 옳지 않은 것은?

① 폭포수 이론은 자원을 순차적으로 배분하는 관리방법이다.
② 애자일 이론은 반복·점진적 방식을 통해 지속적으로 요구사항 개발과 변경을 수용한다.
③ 폭포수 이론은 유연성이 높고 비용이 적게 든다.
④ 애자일 이론은 이터레이션이라는 일정 기간 단위를 반복한다.

19 ☐☐☐

다음 중 신뢰성 검사방식에 대한 설명으로 옳지 않은 것은?

① 실시-재실시 검사는 동일한 대상에게 동일한 시험을 시간을 두고 재실시하는 방법이다.

② 양분법은 하나의 검사를 양쪽으로 나누어 측정하는 방법이다.

③ 대체형식법은 같은 시험을 다시 실시하는 방법이다.

④ 복수양식법은 대등한 2개 이상의 측정도구로 동일한 대상을 검사하는 방법이다.

20 ☐☐☐

다음 중 인력 자원 예측 접근법에 대한 설명으로 옳지 않은 것은?

① 하향적 접근법은 주로 인력수요를 예측하는 데 있어 상위계층의 주도하에 수요를 예측하는 것이다.

② 인적 자원의 조절은 인력의 수급이 일치하지 않을 때 수요 및 공급이 시행된다.

③ 델파이기법은 회귀식을 만들어낸다.

④ 마코브 분석은 공급량을 예측하는 기법이다.

21 ☐☐☐

다음 중 산업재에서 가장 많이 활용되는 마케팅 방법으로 옳은 것은?

① 광고

② 홍보(PR)

③ 판매촉진

④ 인적판매

22 ☐☐☐

다음 중 소비자 대상 판매촉진활동에 해당하지 않는 것은?

① 샘플 제공

② 푸시 지원금

③ 사은품 제공

④ 현금 환급

23 ☐☐☐

다음 중 소비자들에게 면도기를 저렴한 가격으로 구매하게 한다음 면도날을 비싼 가격으로 판매하는 가격 전략으로 옳은 것은?

① 부산물 가격결정

② 선택사양제품 가격결정

③ 종속제품 가격결정

④ 묶음제품 가격결정

24 ☐☐☐

다음 중 고과자가 피고과자를 평가할 때 다른 피고과자나 고과자 자신과 비교하여 평가함으로써 나타나는 오류로 옳은 것은?

① 대비효과

② 시간오류

③ 투사효과

④ 후광효과

25 ☐☐☐

다음 중 동인(Motive) 이론에 대한 설명으로 옳지 않은 것은?

① 동인 이론에서 개인의 행동은 후천적 학습을 통하여 배워진 동기와 행동경향에 의하여 형성된다고 가정한다.

② 2차적 동인은 학습된 이론이다.

③ 동인은 욕구의 결핍 정도의 영향을 받는다.

④ 일반적 동인은 1차적 동인과 2차적 동인 사이에 있으면서 학습된 이론이다.

2017 | 기출문제

✅ 시험시간 25분   ✅ 해설편 233쪽

01 ☐☐☐

다음 중 제품에 대하여 소비자가 높은 관여도(Involvement)를 보이는 경우 취할 수 있는 소비자 구매행동으로 옳은 것은?

> ㉠ 복잡한 구매행동(Complex Buying Behavior)
> ㉡ 부조화 감소 구매행동(Dissonance-Reducing Buying Behavior)
> ㉢ 다양성 추구 구매행동(Variety-Seeking Buying Behavior)
> ㉣ 습관적 구매행동(Habitual Buying Behavior)

① ㉠, ㉡
② ㉡, ㉢
③ ㉡, ㉣
④ ㉠, ㉢

02 ☐☐☐

다음 중 소비자의 구매결정과정 5단계를 순서대로 바르게 나열한 것은?

> ㉠ 대안평가
> ㉡ 구매 후 행동
> ㉢ 문제인식
> ㉣ 구매결정
> ㉤ 정보탐색

① ㉤ - ㉠ - ㉢ - ㉣ - ㉡
② ㉢ - ㉠ - ㉣ - ㉤ - ㉡
③ ㉤ - ㉢ - ㉠ - ㉡ - ㉣
④ ㉢ - ㉤ - ㉠ - ㉣ - ㉡

03 ☐☐☐

다음 중 매슬로우(Maslow)의 욕구단계이론의 욕구들을 낮은 단계에서 높은 단계의 순서대로 바르게 나열한 것은?

> ㉠ 안전 욕구   ㉡ 생리적 욕구
> ㉢ 사회적 욕구   ㉣ 자아실현 욕구
> ㉤ 존경 욕구

① ㉠ - ㉡ - ㉢ - ㉣ - ㉤
② ㉠ - ㉡ - ㉢ - ㉤ - ㉣
③ ㉡ - ㉠ - ㉢ - ㉤ - ㉣
④ ㉡ - ㉢ - ㉠ - ㉣ - ㉤

04 ☐☐☐

다음 중 총자산이 2,800만 원이며, 자본금이 1,000만 원, 이익잉여금이 300만 원일 때, 부채의 값으로 옳은 것은?

① 0원
② 1,300만 원
③ 1,500만 원
④ 1,800만 원

05 ☐☐☐

다음 중 일정 금액을 투자했을 때 2년 후 6,050만 원을 만들기 위해 투자해야 할 원금으로 옳은 것은? (단, 연이율은 10%이며, 천 원 단위에서 반올림한다)

① 5,050만 원
② 5,000만 원
③ 4,850만 원
④ 4,800만 원

06 ☐1 ☐2 ☐3

다음 중 현금흐름표(Statement of Cash Flows)에 나타나는 3가지 구성 요소로 옳지 않은 것은?

① 재무활동 현금흐름
② 영업활동 현금흐름
③ 투자활동 현금흐름
④ 정보활동 현금흐름

07 ☐1 ☐2 ☐3

다음 노나카(Nonaka)의 지식경영에서, 형식지와 암묵지의 변동과정 4가지 중 옳은 것은?

① 암묵지 → 암묵지 : 내재화(Internalization)
② 암묵지 → 형식지 : 사회화(Socialization)
③ 형식지 → 형식지 : 통합화(Combination)
④ 형식지 → 암묵지 : 외재화(Externalization)

08 ☐1 ☐2 ☐3

다음 중 마케팅믹스(Marketing Mix)의 4P 전략으로 옳지 않은 것은?

① 포지셔닝(Positioning)
② 가격(Price)
③ 유통경로(Place)
④ 촉진(Promotion)

09 ☐1 ☐2 ☐3

다음 중 서비스 마케팅의 특징으로 옳지 않은 것은?

① 서비스는 생산과 동시에 소비된다.
② 서비스는 무형적 특성을 가지므로 물리적 요소가 결합될 수 없다.
③ 서비스는 제공자에 따라 서비스의 품질이 달라지기 때문에 표준화하기 어렵다.
④ 서비스의 공급이 수요보다 많더라도 재고로 비축할 수 없다.

10 ☐1 ☐2 ☐3

10,000명이 인터넷 광고를 열람하였고 그중 100명이 그 회사 홈페이지를 방문하였다. 그 100명 중 50명이 제품을 구매하였고 그중 12명만이 제품을 재주문하였을 때 이 회사 제품의 재구매율로 옳은 것은?

① 24%
② 5%
③ 1%
④ 0.05%

11 ☐1 ☐2 ☐3

A기업에서는 최근에 개발한 B상품의 판매가격을 개당 1,000원으로 정하였다. B상품을 생산하는 데 필요한 개당 변동비는 800원, 고정비는 600,000원이라고 할 때 B상품의 손익분기점 매출량으로 옳은 것은?

① 1,000개
② 1,500개
③ 3,000개
④ 5,000개

12 ☐1 ☐2 ☐3

다음 중 가격전략에 대한 설명으로 옳지 않은 것은?

① 유인 가격전략이란 잘 알려진 제품의 가격을 저렴한 가격으로 판매하는 전략이다.
② 결합제품 가격전략이란 두 가지 이상의 제품 또는 서비스 등을 결합하여 하나의 특별한 가격으로 판매하는 방식이다.
③ 옵션제품 가격전략에서는 옵션제품에 대하여 높은 가격이 책정되는 경향이 있다.
④ 단수 가격전략은 비용 단위를 단순화할 수 있는 장점을 가진다.

13 ☐1 ☐2 ☐3

다음 중 BCG 매트릭스에 대한 설명으로 옳지 않은 것은?

① BCG 매트릭스는 산업이나 시장의 성장률과 상대적 시장 점유율로 사업 기회를 분석하는 기법이다.

② 시장성장률은 보통 10%를 기준으로 고저를 나눈다.

③ Star 영역에서 현금흐름은 긍정적이다.

④ Cash Cow 영역일 때는 현상유지 전략이 필요하다.

14 ☐1 ☐2 ☐3

다음 중 포드 시스템의 현대적 대량생산 공정 원리에 해당하지 않는 것은?

① 기계의 전문화

② 제품의 단순화

③ 작업의 복잡화

④ 부품의 표준화

15 ☐1 ☐2 ☐3

다음 중 카르텔에 대한 설명으로 옳지 않은 것은?

① 각각의 기업은 완전한 독립성을 유지한다.

② 동종산업이 수평적으로 결합한 형태이다.

③ 기업결합 중 가장 강력한 형태이다.

④ 카르텔 등을 방지하기 위해 우리나라에는 공정거래위원회가 존재한다.

16 ☐1 ☐2 ☐3

다음 중 민츠버그(Mintzberg)가 주장한 경영자의 세 가지 역할에 해당하는 것으로 옳지 않은 것은?

① 정보전달자로서의 역할

② 상품전달자로서의 역할

③ 의사결정자로서의 역할

④ 대인관계에서의 역할

17 ☐1 ☐2 ☐3

다음 중 리더십에 대한 설명으로 옳은 것은?

① 변혁적 리더십은 부하가 미래에 대한 비전을 받아들이고 추구하도록 격려한다.

② 서번트 리더십은 리더와 구성원 간의 교환 관계에 기반을 두고, 부하들을 보상·처벌의 연속선에서 통제하는 리더십이다.

③ 거래적 리더십에서 리더는 부하들이 자기통제에 의해 자신을 스스로 이끌어 나가도록 역할모델이 된다.

④ 변혁적 리더십은 감정에 호소하여 의사나 가치관을 변혁시킨다.

18 ☐1 ☐2 ☐3

다음 중 제품수명주기(Product Life Cycle)에 따른 경쟁자, 이익, 고객층, 가격의 변화를 설명하는 것으로 옳지 않은 것은?

	도입기	성장기	성숙기	쇠퇴기
① 경쟁자 :	적거나 소수	증가	다수	감소
② 이익 :	없거나 마이너스	창출되기 시작	최대 정점	잠식
③ 고객층 :	혁신층	조기 수용자	조기 다수자	후기 수용자
④ 가격 :	원가가산 가격	시장침투 가격	경쟁대응 가격	가격 인상

19 ☐1 ☐2 ☐3

다음의 정보가 주어졌을 때 매출원가와 판매가능자산 값으로 옳은 것은?

- 기초재고자산 150만 원
- 기말재고자산 180만 원
- 당기상품매입액 800만 원

	매출원가	판매가능자산
①	770만 원	180만 원
②	770만 원	950만 원
③	830만 원	180만 원
④	830만 원	950만 원

20 ①②③

다음 〈보기〉에서 설명하고 있는 것으로 옳은 것은?

───〈보 기〉───

공급자로부터 최종소비고객에게 제품 및 서비스가 도달하기까지의 전체 시스템을 최적화하여 관리하는 작업흐름으로서 채찍효과를 보완하기 위해 등장하였다.

① SCM
② ERM
③ 6시그마
④ JIT

21 ①②③

다음 설명 중 옳지 않은 것은?

① 제조 기업이 원재료의 공급업자를 인수·병합하는 것을 전방통합이라 한다.
② 기업이 같거나 비슷한 업종의 경쟁사를 인수하는 것을 수평적 통합이라 한다.
③ 기업이 기존 사업과 관련이 없는 신사업으로 진출하여 여러 기업을 지배하에 두는 것을 복합기업이라 한다.
④ 제조 기업이 제품의 유통을 담당하는 기업을 인수·합병하는 것을 전방통합이라 한다.

22 ①②③

다음 중 균형성과표(BSC)의 구성요소로 옳지 않은 것은?

① 학습과 성장 관점
② 내부 프로세스 관점
③ 고객 관점
④ 환경 관점

23 ①②③

다음 중 허츠버그(Herzberg)의 2요인이론에 대한 설명으로 옳은 것은?

① 위생요인의 예로는 고용안정성, 업무조건, 회사정책, 성취감 등이 있다.
② 허츠버그는 만족과 관련된 요인을 불만족 해소와 만족 증진 차원으로 나누었다.
③ 위생요인의 관리를 통해 직원의 동기수준(만족도)을 높일 수 있다.
④ 허츠버그는 불만족 원인의 제거를 통해 만족의 상승을 이끌어낼 수 있다고 보았다.

24 ①②③

다음 〈보기〉에서 설명하고 있는 것으로 옳은 것은?

───〈보 기〉───

어떤 사업에 대해 사업기간 동안의 현금수익 흐름을 현재가치로 환산하여 합한 값이 투자지출과 같아지도록 할인하는 이자율을 말한다.

① 평균이익률
② 내부수익률
③ 순현재가치
④ 수익성지수

25 ①②③

다음 〈보기〉에서 설명하고 있는 것으로 옳은 것은?

───〈보 기〉───

특정 과제나 목표를 달성하기 위해 구성하는 임시조직으로서, 조직의 유연성, 구성원의 전문성, 동태성 등을 특징으로 한다.

① 기능별 조직
② 사업부제 조직
③ 매트릭스 조직
④ 프로젝트 조직

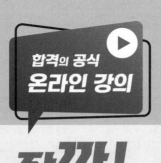

합격의 공식
온라인 강의

잠깐!

혼자 공부하기 힘드시다면 방법이 있습니다.
시대에듀의 동영상강의를 이용하시면 됩니다.
www.sdedu.co.kr ➡ 회원가입(로그인) ➡ 강의 살펴보기

군무원 합격은
시대고시가 답이다!

1 탄탄한 기본기로 군무원 합격의 길을 열다!

군무원 시험 출제경향을 완벽하게 반영한, 군무원 시험만을 위한 수험서
군도(軍道)로 합격의 길을 여세요.

기본서 군도 군무원 국어 / 군도 군무원 행정법 / 군도 군무원 행정학 / 군도 군무원 경영학
군도 군무원 국가정보학 / 군도 군무원 심리학 / 군도 군무원 사이버직렬 / 군도 군무원 정보사회론

종합서 **군무원 한다! 시리즈**
군무원 9급 행정직 한권으로 다잡기 / 군무원 9급 군수직 한권으로 다잡기

유튜브와 함께하는 기출로 끝 시리즈
기출로 끝내는 군무원 국어 / 행정법 / 행정학

2 군무원 수험생들이 선택한, 믿을 수 있는 기출복원문제집!

군무원 기출 분야 최장기간 1위!(2016.12~2019.03, 2019.07~, Yes24 기준)
가장 많은 수험생들이 선택한, 믿을 수 있는 군무원 기출복원문제집으로 학습하세요.

**기출
문제집** 기출이 답이다 군무원 기출복원문제집 국어
기출이 답이다 군무원 기출복원문제집 행정법
기출이 답이다 군무원 기출복원문제집 행정학
기출이 답이다 군무원 기출복원문제집 군수직
기출이 답이다 군무원 기출복원문제집 통신공학

3 실전에 강한 필승(必勝) 전략!

올해 군무원은 내 차례!
실전 전략까지 책임지는 (주)시대고시기획의 도서로 시험에서 필승(必勝)하세요.

모의고사 **필승 봉투모의고사 시리즈**
군무원 행정직 / 군수직 / 전기직 / 전산직 / 기계직 / 정보직 /
차량직·전차직 / 행정직·군수직

면 접 면접관이 공개하는 군무원 면접 합격의 공식

※ 도서 구성 및 세부 이미지는 변동될 수 있습니다.

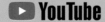

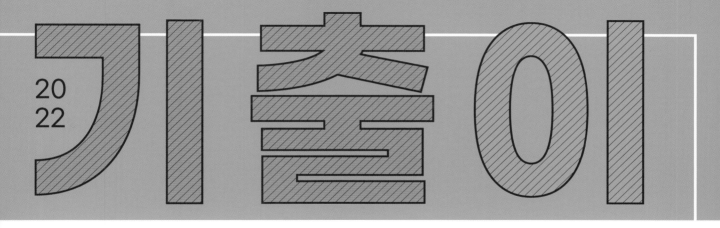

군무원 군수직

2022

합격의 공식 시대에듀

5개년 24회

정답 및 해설

편저 | SD 군무원시험연구소

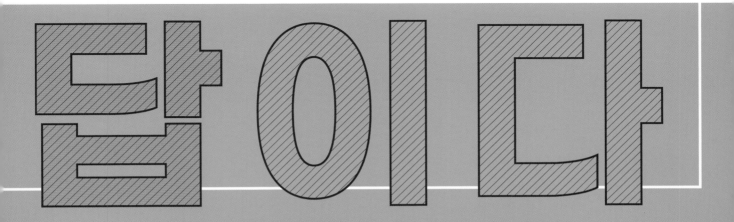

SD에듀
(주)시대고시기획

군무원
군수직

5 개년 24 회

군무원 기출이 답이다
국어

해설편 목차

2021 | 9급 기출문제해설

영역 분석

문법	10문항	★★★★★★★★★★	40%
문학	6문항	★★★★★★	24%
비문학	5문항	★★★★★	20%
어휘	4문항	★★★★	16%

빠른 정답

01	02	03	04	05	06	07	08	09	10
②	④	②	④	③	①	④	③	②	②
11	12	13	14	15	16	17	18	19	20
②	①	④	②	④	③	③	①	④	③
21	22	23	24	25					
③	①	①	①	②					

---

01 [1][2][3]　　　　정답 ②

영역 국어 규범 > 올바른 문장 표현　　　난이도 중

[정답의 이유]

② 내노라하는(×) → 내로라하는(○): '내로라하다'는 역사적으로 '나[我]+-이-+-오-+-다 → 내로라'에서 온 것이다. '내놓다'의 의미가 아니므로 '내노라'로 써서는 안 된다.

[오답의 이유]

① • 갈음: 다른 것으로 바꾸어 대신함
　• 가름: 쪼개거나 나누어 따로따로 되게 하는 일 / 승부나 등수 따위를 정하는 일
③ • 겉잡다: 겉으로 보고 대강 짐작하여 헤아리다.
　• 걷잡다: 한 방향으로 치우쳐 흘러가는 형세 따위를 붙들어 잡다.
④ • 부딪치다: '부딪다'를 강조하여 이르는 말
　• 부딪히다: '부딪다'의 피동사
　• 부딪다: 무엇과 무엇이 힘 있게 마주 닿거나 마주 대다. 또는 닿거나 대게 하다. / 예상치 못한 일이나 상황 따위에 직면하다.

---

02 [1][2][3]　　　　정답 ④

영역 국어 규범 > 한글 맞춤법 > 띄어쓰기　　　난이도 중

[정답의 이유]

④ 돕기는∨커녕(×) → 돕기는커녕(○): '는커녕'은 '앞말을 지정하여 어떤 사실을 부정하는 뜻을 강조하는 보조사'로서 한 단어이므로 붙여 쓴다.

[오답의 이유]

① '척'은 '그럴듯하게 꾸미는 거짓 태도나 모양'을 뜻하는 의존 명사이므로 앞말과 띄어 쓴다.
② '몇'은 '그리 많지 않은 얼마만큼의 수를 막연하게 이르는 말'을 뜻한다. 뒤에 나오는 의존 명사 '등' 수식하는 관형사로 쓰였으므로 뒷말과 띄어 쓴다.
③ '데'는 책을 다 읽는 '일'이나 '것'의 뜻을 나타내는 말로 쓰인 의존 명사이므로 앞말과 띄어 쓴다.

---

03 [1][2][3]　　　　정답 ②

영역 어휘 > 한자어　　　난이도 상

[정답의 이유]

② 保版(×) → 補版(○): ⓒ에 쓰인 '보판'은 판목을 보관[保]한다는 의미가 아니라, 훼손된 부분을 보수[補]한다는 의미이다.
　• 보판(保版 지킬 보, 판목 판): 인쇄판을 해체하지 아니하고 보관하여 둠
　• 보판(補版 기우다 보, 판목 판): 마루 앞에 임시로 잇대어 만든 자리에 쓰이는 널조각

[오답의 이유]

① ㉠: 훼손(毀損 헐 훼, 덜 손): 체면이나 명예를 손상함 / 헐거나 깨뜨려 못 쓰게 만듦
③ ⓒ: 매목(埋木 묻을 매, 나무 목): 나무를 깎아서 만든 쐐기. 재목 따위의 갈라진 틈이나 구멍을 메우는 데 쓴다.
④ ㉣: 상감(象嵌 형상 상, 돌이 중첩한 모양 감): 수정할 곳을 도려내고 옳은 활자를 끼워 판을 고치는 일

04 ①②③ 정답 ④

| 영역 국어 문법 > 문법의 종합적 이해 | 난이도 중 |

정답의 이유

현재진행형이란 현재 움직임이 계속되고 있음을 나타내는 동사 시제의 형태이다. '고르다 3'은 동사가 아닌 형용사이므로 현재진행형을 나타낼 수 없다.

05 ①②③ 정답 ③

| 영역 어휘 > 단어의 의미 | 난이도 중 |

오답의 이유

① 고르다 2의 「1」에 해당한다.
② 고르다 3의 「2」에 해당한다.
④ 고르다 1에 해당한다.

06 ①②③ 정답 ①

| 영역 독해 > 순서 맞추기 | 난이도 하 |

정답의 이유

(가) 문단에서 '문(文)'의 큰 범위의 개념을 제시하고, (나) 문단에서 시대가 변하면서 '문'의 개념 분화되고 축소되었다고 서술하고 있다. 이때 제시된 문장이 (가)와 (나) 문단 사이에 들어가야 (가)에서 (나)로 변화된 양상이 매끄럽게 이어진다. 또한 (나)~(라) 모두 문학의 범위를 좁게 보는 관점에 대한 내용이므로 (나)에 앞서 제시된 문장이 들어가는 것이 알맞다.

07 ①②③ 정답 ④

| 영역 국어 규범 > 한글 맞춤법 | 난이도 상 |

정답의 이유

④ 두음 법칙에 따르면, 모음이나 'ㄴ' 받침 뒤에 이어지는 '렬, 률'은 '열, 율'로 적도록 규정하고 있다(한글 맞춤법 제3장 5절 11항). '백분율'은 '백분-'의 'ㄴ' 받침 뒤에 '률'이 이어지는 것이므로 '율'을 쓰는 것이다.

오답의 이유

① 뺐겼나(×) → 빼앗겼나(○): '빼앗다'가 기본형이고, 여기에 피동 접미사 '-기-'가 결합한 것이므로 '빼앗기다'로 써야한다. 즉, 빼앗

겼나는 '빼앗(기본형)-+-기(피동 접미사)-+-었(과거 시제 선어말어미)-+-나(의문형 종결 어미)'로 구성된 것이다.
② 하룻동안(×) → 하루∨동안(○): '하룻동안'은 한 단어가 아니므로 '하루∨동안'으로 써야 한다.
③ 번번히(×) → 번번이(○): 부사의 끝음절이 분명히 '이'로만 소리 나는 것은 '-이'로 적는다(한글 맞춤법 제6장 1절 51항). '번번이'는 끝소리가 분명히 '이'로 나는 경우이므로 '번번이'로 적는다.

08 ①②③ 정답 ③

| 영역 독해 > 통일성·응집성 | 난이도 중 |

정답의 이유

제시문은 성격에 대한 논의를 이야기하기 위해 골턴에 대해 소개하고 있다. 2문단에 따르면, 초기 진화론자였던 골턴의 관념은 빅토리아 시대적 편견을 가지고 있었기 때문에 오늘날에는 설득력이 부족하다. 그러나 진화가 인간에게도 영향을 끼쳤다고 본 골턴의 직관은 옳았다고 설명하고 있다.

정리하자면, 골턴의 주장은 오늘날에는 한계가 있지만, 당시에는 앞선 관념이었다는 것이다. 따라서 ㉠에는 골턴의 주장과 그 주장에 대한 한계를 담고 있는 두 문장을 이어줄 수 있는 역접의 접속어 '그러나', '그런데'가 들어갈 수 있다. 그리고 ㉡의 앞 문장은 그의 관념이 오늘날에 설득력이 떨어지는 이유가 되므로 ㉡에는 '따라서'가 들어가야 한다.

09 ①②③ 정답 ②

| 영역 국어 규범 > 외래어 표기법 | 난이도 상 |

오답의 이유

① 리모콘(×) → 리모컨(○), 버턴(×) → 버튼(○)
③ 컨센트(×) → 콘센트(○)
④ 썬루프(×) → 선루프(○), 스폰지(×) → 스펀지(○)

10 ①②③ 정답 ②

| 영역 고전 시가 > 「상춘곡」 | 난이도 상 |

정답의 이유

② 화자인 '나'는 시냇물[벽계수(碧溪水)] 앞의 초가집[모옥(茅屋)]에서 사립문[시비(柴扉)] 주변과 정자(亭子)로 공간이동을 하면서 점층적으로 자연에 몰입하고 있다.

① '홍진(紅塵)에 묻힌 분'은 속세에 사는 사람들로서, 화자가 이들을 부르면서 자신의 이야기를 시작하지만, 이들의 대답은 나타나 있지 않다.

③ 화자는 봄의 아름다움을 주관적으로 예찬하고 있다. 또한 '이웃'에게 산수 구경을 함께하자고 권유하고 있을 뿐 이웃을 통해 봄의 아름다움을 표현하고 있지는 않다.

④ 작품에는 여음이 나타나지 않는다.

정극인, 「상춘곡」 현대어 풀이
속세에 묻혀 사는 분들이여, 이 나의 생활이 어떠한가?
옛 사람들의 풍류를 내가 미칠까, 못 미칠까?
세상의 남자로 태어나 나만한 사람이 많지만
자연에 묻혀 사는 지극한 즐거움을 모르는 것인가?
몇 칸짜리 초가집을 맑은 시냇물 앞에 지어 놓고
소나무와 대나무가 우거진 속에 자연의 주인이 되었구나!
엊그제 겨울 지나 새봄이 돌아오니
복숭아꽃과 살구꽃은 저녁 햇빛 속에 피어 있고
푸른 버들과 향기로운 풀은 가랑비 속에 푸르도다.
칼로 재단해 내었는가, 붓으로 그려 내었는가?
조물주 신비스러운 솜씨가 사물마다 야단스럽구나!
수풀에서 우는 새는 봄기운을 이기지 못하여 소리마다 아양을 떠는 모습이로다.
자연과 내가 한 몸이니 흥겨움이야 다르겠는가?
사립문 주변을 걷기도 하고 정자에 앉아 보기도 하니
천천히 거닐며 시를 읊조리며 지내는 산속의 하루가 적적한데
한가로운 가운데 참된 즐거움을 아는 사람이 없이 혼자로구나.
이봐 이웃 사람들아, 산수 구경 가자꾸나.

정극인, 「상춘곡」
• 갈래: 서정가사, 양반가사, 정격가사
• 시기: 조선 전기
• 성격: 묘사적, 예찬적, 서정적
• 운율: 3 · 4조(4 · 4조)의 4음보 연속체
• 주제: 속세를 떠나 자연에 몰입하여 봄을 완상하고 인생을 즐기는 안빈낙도의 노래
• 특징
  – 화자의 시선에 따른 시상 전개
  – 감정을 이입해 주제를 부각시킴
  – 설의법, 대구법, 직유법, 의인법, 고사 인용 등 다양한 수사법이 사용
• 출전: 『불우헌집(不憂軒集)』

11 ①②③ 정답 ②

영역 고전 시가 > 「상춘곡」 난이도 **중**

(가)를 현대어로 '수풀에서 우는 새는 봄기운[춘기(春氣)]을 이기지 못하여 소리마다 아양[교태(嬌態)]을 떠는 모습이다.'라고 해석할 수 있다. 이는 화자의 마음을 자연물인 '새'에게 감정 이입하여 나타낸 것으로, 이를 통해 자연 속의 화자와 자연물(새)이 모두 봄의 경치를 만끽하고 있다는 화자의 만족감을 알 수 있다.

12 ①②③ 정답 ①

영역 국어 문법 > 문법의 종합적 이해 난이도 **중**

㉠ '기울였다'는 기본형 '기울다'에 사동 접미사 '-이-'가 결합한 것이다. 즉, '기울-+-이(사동 접미사)-+-었(과거 시제 선어말 어미)-+-다'로 분석할 수 있다. 문맥을 봐도, 그가 스스로 귀가 기울도록 만든 것이지 다른 힘에 의하여 귀가 움직인 것이 아니기 때문에 '기울였다'가 피동사가 아님을 알 수 있다.

13 ①②③ 정답 ④

영역 국어 규범 > 로마자 표기법 난이도 **중**

④ 정릉은 [정능]으로 소리 나므로 'Jeongneung'으로 표기한다.

① sundai(×) → sundae(○): 순대[순대]의 'ㅐ'는 'ae'로 표기한다(로마자 표기법 제2장 1항).

② Gwanghimun(×) → Gwanghuimun(○): 'ㅢ'는 'ㅣ'로 소리 나더라도 'ui'로 적는다(로마자 표기법 제2장 1항 붙임 1). 따라서 '광희문'은 [광히문]으로 소리 나더라도 'Gwanghuimun'으로 표기한다.

③ Wangsibni(×) → Wangsimni(○): 국어의 로마자 표기는 국어의 표준 발음법에 따라 적는 것을 원칙으로 한다(로마자 표기법 제1장 1항). '왕십리'는 자음동화로 인해 [왕심니]로 소리 나므로 'Wangsimni'로 적는다.

14 ① ② ③   정답 ②

| 영역 국어 규범 > 한글 맞춤법 > 문장 부호 | 난이도 **중** |

정답의 이유

② 열거된 항목 중 어느 하나가 자유롭게 선택될 수 있음을 보일 때는 대괄호([ ])가 아니라 중괄호({ })를 사용하여 '건물{에, 로, 까지}'로 써야 한다.

오답의 이유

① 고유어에 대응하는 한자어를 함께 보일 때 대괄호를 쓴다.

③ 괄호 안에 또 괄호를 쓸 필요가 있을 때 바깥쪽의 괄호로 대괄호를 쓴다.

④ 원문에 대한 이해를 돕기 위해 설명이나 논평 등을 덧붙일 때 대괄호를 쓴다.

15 ① ② ③   정답 ④

| 영역 어휘 > 문맥에 맞는 단어 넣기 | 난이도 **하** |

정답의 이유

(가) 문단에 따르면, ㉠의 확산으로 인해 경성의 거리가 획일적인 풍경으로 바뀌었으며, 뉴욕과 파리와 경성에서 동시에 ㉠하였다. 이를 통해 ㉠이 '유행(流行 흐를 유, 다닐 행)'임을 추론할 수 있다.

오답의 이유

① 성행(盛行 성할 성, 다닐 행): 매우 성하게 유행함

② 편승(便乘 편할 편, 탈 승): 남이 타고 가는 차편을 얻어 탐 / 세태나 남의 세력을 이용하여 자신의 이익을 거둠을 비유적으로 이르는 말

③ 기승(氣勝 기운 기, 이길 승): 성미가 억척스럽고 굳세어 좀처럼 굽히지 않음. 또는 그 성미

16 ① ② ③   정답 ③

| 영역 독해 > 순서 맞추기 | 난이도 **중** |

정답의 이유

• (가)에서 유행을 주제로 논의를 시작하였고, 이를 (다)에서 이어받아 유행의 구체적인 사례인 '파자마'에 대해 예를 들고 있다.

• (다)에서 뉴욕과 경성의 유행 속도가 거의 동시적이었다는 논의를 (나)에서 이어받는다. 패션은 근대적 유행에 따라 뉴욕과 동일해도 당시 조선은 전근대였으므로 뉴욕과 동일하지 않았다.

• (나)에서 조선이 전근대적 배경을 갖고 있었다는 논의를 (마)에서 이어받는다. 조선은 미디어로 인해 근대로 이행해 '속성 세계인'으로 변모할 수 있었다.

• (마)에서 언급된 '속성 세계인'이 (라)로 이어지면서 논의가 마무리된다. 미디어를 통해 식민지 조선이 규방 밖으로 나와 자본주의적 근대를 알게 된 것이다.

따라서 제시문은 (가)에 이어 (다) – (나) – (마) – (라)로 배열되는 것이 적절하다.

17 ① ② ③   정답 ③

| 영역 독해 > 세부 내용 파악하기 | 난이도 **하** |

정답의 이유

③ '침의패션'에 대해 서술하고 있는 (다)에 따르면, 서구에서 시작한 유행이 일본을 거쳐 한국으로 전달되었다고 설명한다. 따라서 침의패션은 일본이 아니라 서구에서 먼저 시작되었다.

18 ① ② ③   정답 ①

| 영역 형태론 > 단어의 형성 | 난이도 **상** |

오답의 이유

② 사랑채: 舍廊(집 사, 사랑채 랑)+채

③ 쌍동밤: 雙童(두 쌍, 아이 동)+밤

④ 장작불: 長斫(길 장, 벨 작)+불

19 ① ② ③   정답 ④

| 영역 현대 소설 > 세부 내용 파악하기 | 난이도 **하** |

정답의 이유

㉣ '신작로'는 최근의 삼포를 나타낸다.

오답의 이유

㉠·㉡·㉢은 모두 삼포의 10년 전을 나타낸다.

20 [1][2][3]

정답 ③

영역 현대 소설 > 세부 내용 파악하기   난이도 중

[정답의 이유]

정 씨는 달라진 삼포의 소식을 노인으로부터 듣고는 고향 삼포로 가는 발걸음이 내키질 않는다. '마음의 정처를 방금 잃어버렸'다고 생각하기 때문이다. 따라서 ③과 같이 정 씨가 그리워했던 마음의 정처, 고향의 모습이 모두 사라지고 '폐허'가 되었다고 느끼는 것이다.

21 [1][2][3]

정답 ③

영역 고전 시가 > 「여수장우중문」, 어휘 > 한자 성어   난이도 상

[정답의 이유]

제시된 작품은 을지문덕의 「여수장우중문」이다. '여수장우중문'이란 '수나라 장군 우중문에게 보낸다'는 뜻이다. 수나라 양제가 우중문, 우문술 두 장군을 필두로 30만 대군을 이끌고 612년(고구려 영양왕 23년) 고구려를 침범했을 때, 을지문덕 장군이 살수(지금의 청천강)에서 적군을 대파한 역사적 사건과 관련된다. 이때 을지문덕이 우중문에게 보낸 한시로서, 적장에 대한 거짓 찬양으로써 적장을 우롱하고 있는 을지문덕의 기개가 드러난다. 따라서 이 시의 주된 정조는 '일이 뜻대로 이루어져 기쁜 표정이 얼굴에 가득하다.'는 뜻의 ③ 득의만면(得意滿面 얻을 득, 뜻 의, 찰 만, 낯 면)이다.

[오답의 이유]

① 유유자적(悠悠自適 멀 유, 멀 유, 스스로 자, 맞을 적): 속세를 떠나 아무 속박 없이 조용하고 편안하게 삶

② 연연불망(戀戀不忘 그리워할 연, 그리워할 연, 아니 불, 잊을 망): 그리워서 잊지 못함

④ 산자수명(山紫水明 산 산, 자줏빛 자, 물 수, 밝을 명): 산은 자줏빛이고 물은 맑다는 뜻으로, 경치가 아름다움을 이르는 말

(•) 적중레이더

乙支文德(을지문덕), 「與隋將于仲文(여수장우중문)」 현대어 풀이

神策究天文 신책구천문
신비한 방책은 하늘의 이치를 다했고
妙算窮地理 묘산궁지리
기묘한 꾀는 땅의 이치를 다했노라.
戰勝功旣高 전승공기고
전쟁에 이겨 공이 이미 높으니
知足願云止 지족원운지
만족함을 알고 멈추기를 바라노라.

(•) 작품 해설

을지문덕, 「여수장우중문」

• 갈래: 오언고시(五言古詩)
• 구성: 4단 구성(기 · 승 · 전 · 결)
• 표현 기법: 반어법
• 주제: 수나라 장군 우중문을 일부러 희롱함
• 의의: 현전하는 우리나라 최고의 한시
• 해제: 이 시는 수나라 장수인 우중문(于仲文)에게 보낸 시로, 수나라 양제(煬帝)는 3차례에 걸쳐 30만 대군을 이끌고 고구려를 침입하였으나, 고구려의 을지문덕은 번번이 후퇴작전을 벌여 압록강에서 평양성 30리 밖 살수(薩水)까지 수나라 군을 유인하는 데 성공하였다. 이때 을지문덕은 적장 우중문에게 이 시를 보내고 반격하여 대승을 거두었다. 살수대첩 이후 수나라 군은 겨우 2천여 명만이 살아 돌아갈 수 있었다.
• 출전: 『삼국사기』 「열전(列傳) – 을지문덕(乙支文德)」

22 [1][2][3]

정답 ①

영역 어휘 > 관용어   난이도 중

[정답의 이유]

혼수를 간소하게 하라는 요청이 화자의 부담감을 줄여주었다고 하였으므로, '감히 청하지는 못하였으나 본래 바라고 있던 바'라는 말을 뜻하는 ① '불감청이언정 고소원이어서'가 ㉠에 적절하다.

23 [1][2][3]

정답 ①

영역 현대시 > 시어의 의미   난이도 중

[정답의 이유]

작품에는 '나그네'가 등장하는데, 흘러가는 '구름, 물길'이 나그네의 떠도는 속성과 유사하다. 이를 조지훈(1920~1968) 시인이 주로 활동했던 1940~60년대 시대적 배경과 관련지어 보면, 유랑하는 우리 국민의 현실을 암시하고 있음을 알 수 있다.

24 ①②③   정답 ①

영역 국어 규범 > 표준 발음법   난이도 **중**

정답의 이유

① 마천루[마천누](×) → [마철루](○): 'ㄴ'은 'ㄹ'의 앞이나 뒤에서 [ㄹ]로 발음한다(표준 발음법 제20항).

25 ①②③   정답 ②

영역 독해 > 주제 파악하기   난이도 **하**

정답의 이유

제시문은 세계화의 흐름이 우리를 주목하고 있으므로, 이 기회를 잘 살려 세계 시장에 우리의 예술을 알려야 한다고 주장하고 있다. 따라서 ②와 같이 미래에 대한 희망과 포부를 담고 있는 글이라고 할 수 있다.

2021 7급 기출문제해설

영역 분석

문법	8문항	★★★★★★★★	32%
문학	8문항	★★★★★★★★	32%
비문학	4문항	★★★★	16%
어휘	5문항	★★★★★	20%

빠른 정답

01	02	03	04	05	06	07	08	09	10
④	③	③	②	④	②	①	③	④	④
11	12	13	14	15	16	17	18	19	20
②	①	①	①	②	③	④	③	②	①
21	22	23	24	25					
②	②	④	③	①					

01 ①②③ 　　　　　　　　　 정답 ④

영역 국어 규범 > 한글 맞춤법 > 띄어쓰기　　난이도 중

정답의 이유

④ 십이∨억∨오십육∨만∨개(×) → 십이억∨오십육만∨개(○): 수를 적을 적에는 '만(萬)' 단위로 띄어 쓰며(한글 맞춤법 제44항), 단위를 나타내는 명사는 띄어 쓴다(한글 맞춤법 제43항).

오답의 이유

① '떠내려가∨버렸다'는 '물 위에 떠서 물결을 따라 옮겨 가다.'라는 뜻의 동사 '떠내려가다' 뒤에 보조 동사 '버리다'가 이어진 것으로, 보조 용언의 띄어쓰기(한글 맞춤법 제47항)에 따라, '떠내려가∨버렸다'와 같이 띄어 쓴다.

② '지'가 시간의 경과를 나타내는 경우에는 의존 명사이므로 띄어 쓴다.

③ '내지(乃至)'는 '얼마에서 얼마까지'나 '혹은'의 뜻을 나타내는 부사이므로 띄어 쓴다.

02 ①②③ 　　　　　　　　　 정답 ③

영역 국어 규범 > 표준어 규정　　난이도 하

정답의 이유

③ 윗어른(×) → 웃어른(○): 위아래의 대립이 없을 때는 '웃-'을 쓴다. 따라서 '웃어른'을 표준어로 삼는다(표준어 규정 12항).

오답의 이유

① 수컷을 이르는 접두사는 '수-'로 통일하되, '숫양, 숫염소, 숫쥐'의 단어의 접두사는 '숫-'으로 한다(표준어 규정 제7항).

② '강낭콩'은 중국의 '강남(江南)' 지방에서 들여온 콩이기 때문에 붙여진 이름인데, '강남'의 형태가 변하여 '강낭'이 되었다. 어원에서 멀어진 형태로 굳어져서 널리 쓰이는 것은, 그것을 표준어로 삼는다(표준어 규정 제5항).

④ 기술자에게는 '–장이', 그 외에는 '–쟁이'가 붙는 형태를 표준어로 삼는다(표준어 규정 제9항 붙임 2). 유기장이는 '키버들로 고리짝이나 키 따위를 만들어 파는 일을 직업으로 하는 사람'을 뜻하므로 '–장이'라고 쓴다.

03 ①②③ 　　　　　　　　　 정답 ③

영역 독해 > 글의 전개 방식　　난이도 중

정답의 이유

상위 개념(유개념)에서 하위 개념(종개념)으로 나누는 것이 '구분'이고, 그 반대가 '분류'이다.

제시문은 상위 개념인 '알타이어족'에서 하위 개념 '터키어 · 몽골어 · 만주어 · 퉁구스어 · 한국어 · 일본어 등'을 나누고 있으므로 구분에 해당한다.

04 [1][2][3]   정답 ②

| 영역 현대시 > 작품 파악하기 | 난이도 중 |

정답의 이유

제시된 작품은 김기택의 「우주인」이다. 화자는 '허공', '없다는 것은', '모른다', '보고 싶다', '삐뚤삐뚤', '발자국' 등의 시어 반복을 통해 현실의 고난을 극대화하고 희망을 갈구하고 있다.

오답의 이유

① 현실의 고난이 허구적 상상을 통해 드러나고 있지만, 극복하는 모습은 나타나지 않는다.
③ 시적 화자의 옛 경험에 대한 사실적 묘사는 찾아볼 수 없다.
④ 화자는 '~싶다'고 반복하며 미래에 대한 희망을 찾고 있다. 과거로 돌아가고 싶다는 소망은 나타나지 않는다.

05 [1][2][3]   정답 ④

| 영역 현대시 > 주제 파악하기 | 난이도 중 |

정답의 이유

두 번째 시의 '황해도 장사', 세 번째 시의 '대한', 네 번째 시의 '이토(이토 히로부미)'라는 단어를 통해 '안중근'을 추모하고 있는 글들이라는 것을 짐작할 수 있다. 안중근은 황해도 출신의 한말 독립운동가로 만주 하얼빈에서 침략의 원흉 이토 히로부미[伊藤博文]를 사살하고 순국하였다.

06 [1][2][3]   정답 ②

| 영역 고전 시가 > 「관동별곡」 | 난이도 중 |

정답의 이유

제시된 작품은 송강 정철의 「관동별곡」의 일부이다. 「관동별곡」은 정철이 1580(선조 13년)에 강원도 관찰사가 되어 원주에 부임한 후 내금강, 외금강, 해금강과 관동팔경을 두루 유람하며 그 여정을 노래한 기행가사이다. 제시된 부분은 정철이 서울을 떠나[고신거국(孤臣去國)] 철원의 북관정[북관뎡(北寬亭)]에 올라가서도 임금이 계신 곳[삼각산(三角山) 뎨일봉(第一峯)]을 그리는 모습이다.

🔊 적중레이더

정철, 「관동별곡」 일부 현대어 풀이
소양강 내려온 물이 어디로 흘러든단 말인가.
서울 떠난 외로운 신하 백발도 많고 많다.
철원에서 밤을 겨우 새우고 북관정에 올라가니
삼각산 제일봉이 웬만하면 보이겠네.

07 [1][2][3]   정답 ①

| 영역 고전 시가 > 작품에 대한 이해 | 난이도 중 |

정답의 이유

① 「상춘곡」은 정극인이 자연에 은거하면서 지은 가사이다.

오답의 이유

② 「사미인곡」은 조선 선조 때 송강 정철이 당파싸움으로 인해 관직에서 물러나 고향 창평(昌平)에 내려가 지은 가사이다. 정철이 남녀 간의 애정에 빗대어 자신의 임금에 대한 애정을 표현하고 있다.
③ 「관동별곡」은 정철이 강원도 관찰사로 부임하여 원주로 가는 여정을 노래한 기행가사이다. 따라서 자연 속에서 사는 모습은 나타나지 않고, 계속해서 화자의 시선(공간)이 이동한다.
④ 「도산십이곡」은 조선 중기에 퇴계 이황이 지은 시조로, 전육곡을 '언지(言志)', 후육곡을 '언학(言學)'이라고 규정하였다. 자연을 통해 배우는 모습이 나타나지만 자연 속에 살면서 지은 시조는 아니다.

08 [1][2][3]   정답 ③

| 영역 현대시 > 시어의 의미 | 난이도 중 |

정답의 이유

ⓒ은 '나의 울음'을 비유한 것이다.

오답의 이유

㉠·㉡·㉣은 '꽃'으로 상징되며, 화자 '나'가 의미를 파악할 수 없는 미지의 존재를 가리키고 있다.

📖 작품 해설

김춘수, 「꽃을 위한 서시」
• 갈래: 자유시, 서정시, 관념시
• 성격: 관념적, 철학적, 상징적
• 율격: 내재율
• 표현: 비유적, 상징적
• 제재: 꽃
• 주제: 사물의 존재에 대한 내면적 탐구정신

09 ①②③ 　　　　　　　　　　　　　정답 ④

영역 국어 규범 > 외래어 표기법　　　　　난이도 상

오답의 이유

① 트롯(×) → 트로트(○): '승마에서, 말의 총총걸음을 이르는 말 / 1910년대 초기에 미국에서 시작한 사교 춤곡. 또는 그 춤'의 의미로 쓰일 경우 '트롯(trot)'으로 적지만, '우리나라 대중가요의 하나'라는 의미로 쓰일 경우 '트로트'로 써야 한다.

② 컨퍼런스(×) → 콘퍼런스(○)

③ 글래스(×) → 글라스(○)

10 ①②③ 　　　　　　　　　　　　　정답 ④

영역 어휘 > 속담　　　　　　　　　　난이도 하

정답의 이유

④ 하늘 보고 손가락질한다[주먹질한다]

• 상대가 되지도 않는 보잘것없는 사람이 건드려도 꿈쩍도 안 할 대상에게 무모하게 시비를 걸며 욕함을 비유적으로 이르는 말

• 어떤 일을 이루려고 노력을 하나 그럴 만한 능력이 없으므로 공연한 짓을 함을 비유적으로 이르는 말

11 ①②③ 　　　　　　　　　　　　　정답 ②

영역 국어 규범 > 한글 맞춤법 > 띄어쓰기　　난이도 중

정답의 이유

② 완화하는데(×) → 완화하는∨데(○): '데'가 의존 명사로 쓰일 때에는 앞말과 띄어 써야 한다. '완화하는 데'는 완화하는 '일'이나 '것'의 의미로 쓰였으므로 앞말과 띄어 쓴다.

오답의 이유

① -ㄹ뿐더러: '어떤 일이 그것만으로 그치지 않고 나아가 다른 일이 더 있음'을 나타내는 연결 어미이므로 앞의 어간과 붙여 쓴다.

③ 지난여름: '바로 전에 지나간 여름'을 뜻하는 한 단어이므로 붙여 쓴다.

④ -ㄴ커녕: '앞말을 지정하여 어떤 사실을 부정하는 뜻을 강조'하는 보조사이므로 앞말과 붙여 쓴다.

12 ①②③ 　　　　　　　　　　　　　정답 ①

영역 어휘 > 단어의 의미　　　　　　　난이도 상

정답의 이유

'빗먹다'는 칼이나 톱을 대상으로 쓰는 말로, 생각을 주체로 쓰기에는 적절하지 않다.

• 빗먹다: 물건을 벨 때 칼이나 톱이 먹줄대로 나가지 아니하고 비뚤어지게 잘못 들어가다.

오답의 이유

② 상없다: 보통의 이치에서 벗어나 막되고 상스럽다.

③ 치살리다: 지나치게 치켜세우다.

④ 데알다: 자세히 모르고 대강 또는 반쯤만 알다.

13 ①②③ 　　　　　　　　　　　　　정답 ①

영역 독해 > 제목 파악하기　　　　　　난이도 중

정답의 이유

제시문은 박목월 시인의 「가정(家庭)」에 대해 시를 쓰게 된 배경과 연관 지어 설명하고 있다. 또한 박목월 시인의 체험이 담긴 '가난'에 대한 주제의식과 시의 격조에 대해 긍정적으로 평가하고 있다. 따라서 '시인의 진심과 격조'가 글의 제목으로 적절하다.

14 ①②③ 　　　　　　　　　　　　　정답 ①

영역 어휘 > 한자어　　　　　　　　　난이도 중

정답의 이유

① ㉠과 같이 저항의 '센 정도'를 뜻하는 '강도'의 한자는 '強道(강할 강, 길 도)'가 아닌 '強度(강할 강, 법도 도)'로 표기한다.

오답의 이유

② ㉡ 통제(統制 거느릴 통, 절제할 제): 일정한 방침이나 목적에 따라 행위를 제한하거나 제약함 / 권력으로 언론·경제 활동 따위에 제한을 가하는 일

③ ㉢ 행간(行間 다닐 행, 사이 간): 글에 직접적으로 나타나 있지 아니하나 그 글을 통하여 나타내려고 하는 숨은 뜻을 비유적으로 이르는 말

④ ㉣ 단서(端緒 끝 단, 실마리 서): 어떤 문제를 해결하는 방향으로 이끌어 가는 일의 첫 부분

15 [1][2][3] 정답 ②

영역 현대시 > 시어의 의미   난이도 **중**

정답의 이유

작품에서는 폭포가 '쉴 사이 없이', '번개와 같이', '취할 순간조차 마음에 주지 않고' 떨어진다고 묘사하고 있다. 또한 '안정'은 작품 안에서 '나타(懶惰)'와 병치되어 같은 맥락으로 쓰인 시어이다. '나타(懶惰)와 안정을 뒤집어 놓은 듯이'란 폭포가 떨어지는 모양이 '나타와 안정'과 정반대(뒤집어 놓은)라는 것이다. 이를 통해 '나타'가 '쉴 사이'와 근접한 시어임을 알 수 있다. 폭포는 쉴 사이 '없이' 떨어지기 때문이다. 참고로, '나타(懶惰)'는 '행동, 성격 따위가 느리고 게으름(= 나태)'을 뜻한다.

16 [1][2][3] 정답 ③

영역 어휘 > 한자 성어   난이도 **상**

정답의 이유

후생가외(後生可畏 뒤 후, 날 생, 옳을 가, 두려워할 외): 젊은 후학들을 두려워할 만하다는 뜻으로, 후진들이 선배들보다 젊고 기력이 좋아, 학문을 닦음에 따라 큰 인물이 될 수 있으므로 가히 두렵다는 말
③ 날이 갈수록 후배들이 예의가 없다는 문맥에 '後生可畏(후생가외)'는 어울리지 않는다.

오답의 이유

① 불문곡직(不問曲直 아니 불, 물을 문, 굽을 곡, 곧을 직): 옳고 그름을 따지지 아니함
② 도청도설(道聽塗說 길 도, 들을 청, 길 도, 말씀 설): 길에서 듣고 길에서 말한다는 뜻으로, 길거리에 퍼져 돌아다니는 뜬소문을 이르는 말
④ 면종복배(面從腹背 낯 면, 좇을 종, 배 복, 배반할 배): 겉으로는 복종하는 체하면서 내심으로는 배반함

17 [1][2][3] 정답 ④

영역 국어 규범 > 표준 발음법   난이도 **중**

정답의 이유

④ 공권력은 [공꿜력]이 아니라 [공꿘녁]으로 발음한다. 자음 'ㄴ'은 자음 'ㄹ'의 앞이나 뒤에서 [ㄹ]로 발음(표준 발음법 제20항)하나, '공권력'은 이 표준 발음법을 적용하지 않고 사람들의 실제 발음을 고려하여 [공꿘녁]을 표준 발음으로 인정한다. 이에 반해 '권력'은 표준 발음법에 따라 [궐력]으로 발음하니 주의해야 한다.

18 [1][2][3] 정답 ③

영역 국어 규범 > 로마자 표기법   난이도 **중**

정답의 이유

국어의 로마자 표기는 국어의 표준 발음법에 따라 적는 것을 원칙(로마자 표기법 제1항)으로 한다. 마천령은 [마철령]으로 소리 나므로 'Macheollyeong'으로 표기하는 것이 적절하다.

오답의 이유

① 가평군은 'Gapyeong-goon'이 아닌 'Gapyeong-gun'으로 표기한다. '도, 시, 군, 구, 읍, 면, 리, 동'의 행정 구역 단위와 '가'는 각각 'do, si, gun, gu, eup, myeon, ri, dong, ga'로 적고, 그 앞에는 붙임표(-)를 넣는다(로마자 표기법 제5항).
② 갈매봉은 'Galmaibong'이 아닌 'Galmaebong'으로 표기한다. 로마자 표기법에서 단모음 'ㅐ'는 'ae'로 표기한다.
④ 백령도는 [뱅녕도]로 소리 나므로 'Baeknyeongdo'가 아닌 'Baengnyeongdo'로 표기한다.

19 [1][2][3] 정답 ②

영역 어휘 > 단어의 의미   난이도 **상**

정답의 이유

주말(朱抹 붉을 주, 지울 말): 붉은 먹을 묻힌 붓으로 글자 따위를 지우다.
② '주말(朱抹)'은 붉은 선으로 '표시'가 아니라 '지우는' 행위이다.

오답의 이유

① • 게기(揭記 걸 게, 기록할 기): 기록하여 내어 붙이거나 걸어 두어서 여러 사람이 보게 함
   • 기재(記載 기록할 기, 실을 재): 문서 따위에 기록하여 올림
③ • 계리(計理 셀 계, 다스릴 리): 계산하여 정리함
   • 회계(會計 모일 회, 셀 계): 나가고 들어오는 돈을 따져서 셈을 함 / 개인이나 기업 따위의 경제 활동 상황을 일정한 계산 방법으로 기록하고 정보화함
④ • 개임(改任 고칠 개, 맡길 임): 다른 사람으로 바꾸어 임명함
   • 교체(交替 사귈 교, 바꿀 체): 사람이나 사물을 다른 사람이나 사물로 대신함
   • 임명(任命 맡길 임, 목숨 명): 일정한 지위나 임무를 남에게 맡김

20 [1][2][3] 정답 ①

영역 고전 시가 > 「동동」 난이도 중

정답의 이유

① 「동동(動動)」이 궁중에서 연주된 가사인 것은 맞으나 국가의 번영을 찬양하는 내용은 아니다. 임과 이별한 여인의 애절한 마음을 노래하고 있다.

📖 **작품 해설**

작자 미상, 「동동(動動)」

- 갈래: 고려 가요
- 성격: 민요풍의 송도가
- 제재: 임과의 이별
- 주제: 임과 이별한 한 여인의 애절한 정서와 각 달의 풍속
- 구성: 전 13연(서사＋12달). 달거리 형식(월령체)
- 의의: 국문학사상 최초의 월령체(月令體) 노래
- 특징
  - 고려시대에 구전되어 내려오다가 조선시대에 문자로 정착되었다.
  - '동동'이라는 제목은 매장마다 되풀이되는 후렴구 "아으 동동 다리"에서 따온 것으로 '동동'이 북소리의 구음(口音) '동동'을 표기한 것이라는 견해가 지배적이다.
  - 민요의 달거리는 달마다 세시풍속을 노래의 배경으로 삼고 있는데, 「동동」은 세시풍속이 달마다 설정되어 있는 것이 아니다. 어떤 달은 확실히 드러나 있고 어떤 달은 무엇을 노래하는지 불확실한 것도 있다.
- 출전: 『악학궤범(樂學軌範)』 권5

21 [1][2][3] 정답 ②

영역 현대 소설 > 주제 파악하기 난이도 중

정답의 이유

제시문은 화자의 오빠가 보위군관에게 총을 맞는 장면을 회상하고 있다. 아들이 총상 당하는 모습을 목도한 어머니는 아들과 같이 까무러치고 만다. 그리고 오빠는 결국 며칠 만에 운명하였다. 즉, 제목 '엄마의 말뚝'은 아들의 죽음이 엄마의 가슴에 말뚝처럼 깊이 박혀있음을 나타내는 것이다.

22 [1][2][3] 정답 ②

영역 독해 > 글의 맥락 파악하기 난이도 중

정답의 이유

모럴리스트(moralist)란 16세기부터 18세기에 프랑스에서 인간성과 인간이 살아가는 법을 탐구하여 이것을 수필이나 단편적인 글로 표현한 문필가를 이르는 말로 도덕학자 또는 도덕 지상주의자라고 부르기도 한다. 따라서 '대상을 정확히 관찰'하는 시인의 성향을 일컫는 말로 적절하지 않다.

23 [1][2][3] 정답 ④

영역 국어 규범 > 표준 발음법 난이도 중

정답의 이유

ⓒ 한자어에서 'ㄹ' 받침 뒤에 연결되는 'ㄷ, ㅅ, ㅈ'은 된소리로 발음한다(표준 발음법 제26항). 한자어의 된소리되기는 일률적이지 않으나 홀대(忽待)는 한자어의 된소리되기 규칙에 따라 [홀때]로 발음한다.

ⓒ 효과는 [효:과/효:꽈] 복수로 발음할 수 있다.

ⓔ 교과의 표준 발음이 [교:과]만 인정되다가 [교:꽈]도 인정됨에 따라, 교과서의 표준 발음 역시 [교:과서/교:꽈서]로 복수 인정된다.

오답의 이유

㉠의 창고(倉庫)는 [창꼬]가 아니라 [창고]로 발음한다.

24 [1][2][3] 정답 ③

영역 독해 > 순서 맞추기 난이도 중

정답의 이유

- 지시 대명사나 접속어가 없는 (마)가 첫 번째 순서로 와야 한다.
- (마)에서 처음 언급 된 '위계'를 (다)에서 '그 위계'라고 이어받아 위계를 따지지 않았을 때의 부작용을 설명하고 있다.
- (나)가 앞의 (마) – (다)의 논의를 포괄하여 위계를 따져야 하는 이유에 대해 설명하고 있다.
- (가)에서 위계를 정하는 데 있어 결정적 요인인 '나이'에 대해 처음 언급하고 있다.
- (라)에서 (가)의 '앞서 언급한 나이' 외의 높임법 결정 요인에 대해 열거하고 있다.

따라서 (마) – (다) – (나) – (가) – (라)의 순서가 적절하다.

25 [1][2][3]

영역 국어 규범 > 한글 맞춤법   난이도 상

정답의 이유

①의 '의론'은 '의견'의 의미로 쓰이고 있으므로 '의론'이 문맥에 알맞게 쓰였다.

- 의론(議論): 어떤 사안에 대하여 각자의 의견을 제기함. 또는 그런 의견
- 의논(議論): 어떤 일에 대하여 서로 의견을 주고받음

오답의 이유

② 퍼래지다(×) → 퍼레지다(○): '퍼렇다'에 '-어지다'가 결합하면 모음조화에 따라 '퍼레지다'가 된다.

③ 그리고는(×) → 그러고는(○): 접속 부사 '그리고' 뒤에는 보조사 '는'이 결합하지 않는다. 동사 '그러다'의 활용형인 '그러고'에 보조사 '는'이 결합되어 '그러고는'이 되는 것이다.

④ 잘다랗게(×) → 잗다랗게(○): 끝소리가 'ㄹ'인 말과 딴 말이 어울릴 적에 'ㄹ' 소리가 'ㄷ' 소리로 나는 것은 'ㄷ'으로 적는다(한글 맞춤법 제29항). '잗다랗다'는 형용사 '잘다'에 접미사 '-다랗다'가 결합한 파생어로서 [잗따라타]로 소리 나므로 '잗다랗다'라고 적는다.

2020 9급 기출문제해설

☑ 점수 (　　)점/100점　☑ 문제편 016쪽

영역 분석

문법	14문항	★★★★★★★★★★★★★★	56%
문학	1문항	★	4%
비문학	5문항	★★★★★	20%
어휘	5문항	★★★★★	20%

빠른 정답

01	02	03	04	05	06	07	08	09	10
④	③	②	①	②	④	③	①	④	③
11	12	13	14	15	16	17	18	19	20
③	②	①	③	②	③	④	④	③	④
21	22	23	24	25					
①	②	①	②	④					

01 ☐1☐2☐3

정답 ④

영역 통사론 > 문장의 짜임　　　　난이도 중

정답의 이유

문장에서 주어와 서술어가 한 번만 쓰이면 홑문장, 두 번 이상 쓰이면 겹문장이다. ④에 나타나는 서술어는 '피었다' 하나이므로 홑문장이다.

오답의 이유

① '어제 모자를 샀다.'가 관형절 '모자가 빨갛다.'를 안고 있는 겹문장이다.
② '봄이 오니'와 '꽃이 피었다.'가 종속적으로 이어진 겹문장이다.
③ '남긴 만큼 버려지고'와 '버린 만큼 오염된다.'가 대등하게 이어진 겹문장이다.

1 다음 설명을 고려할 때, 문장의 유형이 나머지 셋과 다른 것은?

'15 경찰 ①

> 문장은 주어와 서술어가 한 번 나타나는 홑문장과 두 번 이상 나타나는 겹문장으로 구분된다. 겹문장에는 홑문장들이 이어지는 이어진문장과 홑문장이 다른 문장 속의 한 문장 성분이 되는 안은문장의 두 유형이 있다.

① 그는 큰 차를 샀다.　관형절을 안은 문장
② 나는 그 책을 읽고 싶다.　홑문장
③ 토끼는 앞발이 짧다.　서술절을 안은 문장
④ 나는 기차가 떠났음을 알았다.　명사절을 안은 문장

02 ☐1☐2☐3

정답 ③

영역 국어 규범 > 올바른 문장 표현　　　　난이도 중

정답의 이유

③ '인명 사고'와 '차량 파손' 모두 서술어 '일으킬 수 있다'와 호응하며, '가벼운 물건이라도'의 보조사 '이라도'의 쓰임도 문맥상 적절하다.

오답의 이유

① 필수적 부사어 '남에게'가 생략되어 있어 적절하지 않은 문장이다. '인생을 살다 보면 남을 도와주기도 하고 남에게 도움을 받기도 한다.'로 쓰는 것이 바람직하다.
② '환담'이란 '정답고 즐겁게 서로 나누는 이야기'를 의미한다. 따라서 상을 당한 형의 상황에는 어울리지 않는 단어이다.
④ '여간한'이란 '아니다', '않다' 따위의 부정어와 호응한다. 따라서 '여간한 우대가 아니었다.'와 같이 쓰는 것이 바람직하다.

03 ☐1 ☐2 ☐3 정답 ②

영역 어휘 > 순화어 난이도 **상**

[정답의 이유]
② 스크린 도어(screen door) → 안전문

[오답의 이유]
① '핸드레일(handrail)'의 경우 규범 표기가 미확정이나 ②의 '스크린 도어(screen door)'를 '안전문'으로 국립국어원 「말터 순화어 (2004.7.27.)」, 문화체육관광부고시 「문화행정용어(2013.3.8.)」 제 2013-9호 등에서 명시하고 있으므로 ①의 '안전손잡이'를 적절한 순화어로 보는 것이 바람직하다.

🌀 **이렇게 출제됐어요**

1 밑줄 친 외래어를 다듬은 말로 옳지 않은 것은? '17 국회직 9급
① 최근 하루에 한 가지 상품이나 서비스를 대폭 할인된 가격으로 판매하는 소셜 커머스(social commerce)가 인기를 끌고 있다. → 공동할인구매
② 블랙컨슈머(black consumer)가 늘면 사업자의 서비스 비용이 증가 하고, 그 비용은 전체 소비자에게 악영향을 미치게 된다. → 암거래 소 비자(→ 악덕 소비자)
③ 핵 문제를 둘러싸고 미국과 북한이 치킨게임(chicken game)을 벌이고 있다. → 끝장 승부
④ 문제의 해결을 위해서는 기존의 틀에서 벗어나 제로베이스(zero base) 에서 생각하고 새롭게 출발해야 한다. → 백지 상태
⑤ 최근 스마트폰 열풍이 불면서 무선 인터넷 활용이 급증하고 있다. 이 때문에 무료로 인터넷을 사용할 수 있는 와이파이(Wi-Fi) 지역도 점점 늘어나고 있다. → 근거리무선망

04 ☐1 ☐2 ☐3 정답 ①

영역 문학 일반 > 표현 방법 난이도 **상**

[정답의 이유]
'블루칼라'는 육체 노동자가 주로 푸른 작업복을 입는 데서 유래한 단 어로서 '생산직에 종사하는 육체 노동자'를 뜻하는 단어이다. 따라서 육체 노동자들을 대표할 수 있는 특징적인 옷의 색깔을 가지고 노동 자 계층을 비유하고 있으므로 대유법이 사용된 표현이다.

[오답의 이유]
② '마음'을 쉽게 깨지는 '유리'에 비유하여 '산산조각이 났다'고 비유 하고 있으므로 원관념이 생략된 은유법이 사용되었다.
③ 여성들이 느끼는 보이지 않지만 존재하는 '사회적 장벽'을 투명하 여 마치 없는 것 같으나 뚫고 넘어갈 수는 없는 '유리 천장'에 비유 하고 있으므로 원관념이 생략된 은유법이 사용되었다.

④ 사회의 '최하층'을 '밑바닥'에 비유하고 있으므로 원관념이 생략된 은유법이 사용되었다.

05 ☐1 ☐2 ☐3 정답 ②

영역 독해 > 요약하기 난이도 **하**

[정답의 이유]
6~7번째 문장의 '그러므로 ~ 부담이 지나치지 않게 해야 한다.'와 마지막 문장에 제시문의 중심 내용이 모두 담겨 있으므로 이를 모두 포함하여 한 문장으로 정리한 ②가 적절한 요약문이다.

[오답의 이유]
① 4~5번째 문장에서 '무조건 신체를 움직인다고 해서 다 운동이 되 는 것은 아니며, 무리하게 움직이면 오히려 역효과를 가져온다.'고 설명하고 있으므로 '가급적 쉬어서는 안 된다.'는 요약은 적절하지 않다.
③ 전체 내용을 아우르지 못하므로 요약문으로는 적절하지 않다.
④ 운동의 긍정적인 측면과 부정적 측면에 대한 언급은 제시문에 나 타나지 않는다.

06 ☐1 ☐2 ☐3 정답 ④

영역 국어 규범 > 로마자 표기법 난이도 **하**

[정답의 이유]
④ 금강 Keumgang(×) → Geumgang(○): 금강은 [금강]으로 발음 되는데 로마자 표기법 제2장 제2항의 '붙임 1'에서 "'ㄱ, ㄷ, ㅂ'은 모음 앞에서는 'g, d, b'로, 자음 앞이나 어말에서는 'k, t, p'로 적는 다."고 밝히고 있으므로 모음 'ㅡ' 앞에 쓰인 초성의 'ㄱ'은 'G'로 써 서 'Geumgang'으로 표기해야 한다.

[오답의 이유]
① 'Jongno 2(i)-ga'의 'Jongno'는 도로명(Jong-ro)이 아닌 행정 구 역명으로서 발음 [종노]를 반영하여 'Jongno'로 적절하게 썼다.
② '신라'는 [실라]로 발음되는데, 이처럼 'ㄹㄹ'로 발음되는 경우 'll'을 써야 하므로 'Silla'는 적절한 표기이다.
③ '속리산'은 [송니산]으로 발음되므로 'Songnisan'은 적절한 표기 이다.

07 ①②③

정답 ③

영역 통사론 > 사동과 피동   난이도 중

정답의 이유

③ '밀다'에 피동 접미사 '-리-'를 결합하면 피동사 '밀리다'는 만들 수 있으나, '밀리다'는 사동사로 쓰이지 않는다. '밀다'의 사동사는 '밀게 하다'로 쓴다.

오답의 이유

①·②·③은 사동사와 피동사를 만드는 접미사 중 공통으로 쓰이는 '-이-, -히-, -리-, -기-' 중 하나와 결합하여 같은 형태와 방식의 사동사와 피동사를 만든다.

① '보다'에 접미사 '-이-'가 결합한 '보이다'는 사동사와 피동사 모두로 쓰인다.
　예 · 피동: 마을이 보이다.
　　　· 사동: 부모님께 친구들을 보이다.

② '잡다'에 접미사 '-히-'가 결합한 '잡히다'는 사동사와 피동사 모두로 쓰인다.
　예 · 피동: 도둑이 경찰에게 잡히다.
　　　· 사동: 술집에 학생증을 술값으로 잡히다.

③ '안다'에 접미사 '-기-'가 결합한 '안기다'는 사동사와 피동사 모두로 쓰인다.
　예 · 피동: 동생은 아버지에게 안기다.
　　　· 사동: 엄마가 아빠에게 아이를 안기다.

이렇게 출제됐어요

1 피동과 사동에 대한 설명으로 가장 옳지 않은 것은?   '16 서울시 7급
① 동사에 따라서는 사동사와 피동사의 형태가 같은 경우도 있다.
② 사동 접사는 타동사뿐 아니라 자동사나 형용사와도 결합할 수 있다.
③ 사동문과 피동문 각각에 대응하는 주동문과 능동문이 없는 경우도 있다.
④ 일반적으로 단형 사동은 사동주의 직접 행위는 물론 간접 행위도 나타내는데, 장형 사동은 사동주의 직접(→ 간접) 행위를 나타낸다.

08 ①②③

정답 ①

영역 어휘 > 속담   난이도 상

정답의 이유

㉠의 나그네의 "이리저리 얻어먹고 단게유"라는 말을 통해 나그네가 남의 집에서 하룻밤을 전전하며 밥을 얻어먹고 다니고 있음을 알 수 있다. 따라서 '아주 가난하여 떠돌아다니며 얻어먹을 정도'를 비유하는 속담인 ①이 나그네의 처지와 관련된다.

오답의 이유

② 태산 명동에 서일필이라: 태산이 쩡쩡 울리도록 야단법석을 떨었는데 결과는 생쥐 한 마리가 튀어나왔을 뿐이라는 뜻으로, 아주 야단스러운 소문에 비하여 결과는 별것 아님

③ 터진 방앗공이에 보리알 끼듯 하였다: 버리자니 아깝고 파내자니 품이 들어 할 수 없이 내버려 둘 수밖에 없음 / 성가신 어떤 방해물이 끼어든 경우

④ 보리누름까지 세배한다: 보리가 누렇게 익을 무렵, 즉 사오월까지도 세배를 한다는 뜻으로 형식적인 인사 차림이 너무 과함

작품 해설

김유정, 「산골 나그네」
· 갈래: 단편 소설
· 배경: 산골 어느 주막집
· 시점: 전지적 작가 시점
· 주제: 가난한 사람들의 애환과 비애
· 해제: 병든 남편의 솜옷을 위하여 위장 혼인까지 하고 야간도주한 여인의 행위에서 아이러니가 드러난다. 작품에서 작가는 강한 휴머니즘의 정신을 가지고 불행한 시대를 살아가는 불쌍한 사람들의 눈물겨운 삶을 생생하게 형상화하였다. 산골을 배경으로 가난한 사람들의 애환을 그리고 있다는 점과, 기법 면에서 토속적 어휘를 많이 구사하고 있다는 점, 아이러니와 유머를 활용하고 있다는 점에서, 김유정의 작가적 경향을 잘 대변하는 작품이라고 볼 수 있다.

09 ①②③

정답 ④

영역 형태론 > 품사   난이도 중

정답의 이유

④ '둘째'는 체언 '며느리'를 수식하며, 순서나 차례를 말하고 있으므로 수 관형사이다.

오답의 이유

① 용언 '먹고 있었다'를 수식하고 있으므로 '혼자'는 부사이다.
② 용언 '가시겠다면'을 수식하고 있으므로 '정녕'은 부사이다.
③ 용언 '좋아한다'를 수식하고 있으므로 '제일'은 부사이다.

품사 통용

형태가 같고 의미도 유사한 하나의 단어가 여러 가지의 품사로 쓰이는 경우를 말한다.

1. 부사와 명사의 구별

   뒤에 용언이 오면 부사, 조사가 오면 명사이다.

   예 • 어머니께서 시골에서 오늘 오셨다. (부사)

   • 오늘은 왠지 기분이 울적하다. (명사)

2. 수사와 명사의 구별

   차례를 나타내면 수사이고, 차례를 나타낸 말이 사람을 지칭하거나 '첫째로' 꼴로 쓰여 무엇보다도 앞서는 것을 뜻하면 명사이다.

   예 • 그의 성적은 첫째이고, 그녀의 성적은 둘째이다. (수사)

   • 우리 동네 목욕탕은 매월 첫째 주 화요일에 쉰다. (수 관형사)

   • 첫째는 공무원이고, 둘째는 회사원이다. (명사)

   • 신발은 첫째로 발이 편안해야 한다. (명사)

---

10 ①②③   정답 ③

영역 어휘 > 한자어	난이도 상

정답의 이유

③ ⓒ의 '방역'은 '紡疫(길쌈 방, 전염병 역)'이 아닌 '防疫(막을 방, 전염병 역)'으로 쓴다. '전염병이 발생하거나 유행하는 것을 미리 막는 일'을 뜻한다.

오답의 이유

① ㉠ 침체(沈滯 잠길 침, 막힐 체): 어떤 현상이나 사물이 진전하지 못하고 제자리에 머무름

② ㉡ 위축(萎縮 시들 위, 줄일 축): 마르거나 시들어서 우그러지고 쭈그러듦 / 어떤 힘에 눌려 졸아들고 기를 펴지 못함

④ ㉣ 차치(且置 또 차, 둘 치): 내버려 두고 문제 삼지 않음

---

11 ①②③   정답 ③

영역 국어 규범 > 한글 맞춤법 > 띄어쓰기	난이도 하

정답의 이유

③ '만에'가 '세 번'과 같은 횟수 뒤에 나타날 경우 의존 명사로서 앞말과 띄어 쓴다.

오답의 이유

① '-차'는 목적의 뜻을 더하는 접미사로, 명사 뒤에서 '~하려고, ~하기 위해'의 의미로 쓰인다면 앞의 명사와 붙여 쓴다.

② '만큼'은 앞의 내용에 상당한 수량이나 정도임을 나타내는 의존 명사로, '있을'과 같이 어간과 관형사형 전성 어미가 결합한 용언 뒤에서 띄어 쓴다.

④ '들'이 '쌀, 보리, 콩, 조, 기장'과 같이 단어의 나열 뒤에 나타날 경우 의존 명사로서 앞말과 띄어 쓴다.

의존 명사가 조사, 어미의 일부, 접미사 등과 형태가 같은 경우

1. 들

   (1) '남자들, 학생들, 사람들, 그들, 너희들, 사건들'처럼 셀 수 있는 명사나 대명사에 붙어 복수의 뜻을 더하는 경우는 접미사이므로 앞말에 붙여 쓴다. '들'이 '이 방에서 텔레비전을 보고 있어라.'처럼 문장의 주어가 복수임을 나타낼 경우는 보조사이다.

   (2) '쌀, 보리, 콩, 조, 기장 들을 오곡(五穀)이라 한다.'와 같이 두 개 이상의 사물을 열거하는 구조에서 '그런 따위'란 뜻을 나타내는 경우는 의존 명사이므로 앞말과 띄어 쓴다. 이때의 '들'은 의존 명사 '등(等)'으로 바꾸어 쓸 수 있다. 'ㅂ, ㄷ, ㄱ 등은 파열음이다.'에서 쓰는 '등'이나 '냉장고, 텔레비전, 세탁기 따위의 가전제품이 집에 있다.'에서 쓰는 '따위'도 마찬가지이다.

2. 만

   (1) '하나만 알고, 둘은 모른다. 이것은 그것만 못하다.'처럼 체언에 붙어서 한정 또는 비교의 뜻을 나타내는 경우는 보조사이므로 붙여 쓴다.

   (2) '떠난 지 사흘 만에 돌아왔다. 온 지 1년 만에 떠나갔다.'와 같이 시간의 경과를 나타내는 경우에는 의존 명사이므로 띄어 쓴다.

   (3) '세 번 만에 시험에 합격했다. 다섯 번 만이다.'의 경우 횟수를 나타내는 말 뒤에 쓰여 '앞말이 가리키는 횟수를 끝으로'의 뜻을 나타내는 경우에는 의존 명사이므로 띄어 쓴다.

3. 만큼

   (1) '중학생이 고등학생만큼 잘 안다. 키가 전봇대만큼 크다.'처럼 체언 뒤에 붙어서 '앞말과 비슷한 정도로'라는 뜻을 나타내는 경우는 격 조사이므로 붙여 쓴다.

   (2) '볼 만큼 보았다. 애쓴 만큼 얻는다.'와 같이, 용언의 관형사형 뒤에서 '그런 정도로' 또는 '실컷'이란 뜻을 나타내는 경우는 의존 명사이므로 띄어 쓴다.

4. 차(次)

   (1) '인사차 들렀다. 사업차 외국에 나갔다.'처럼 명사 뒤에 붙어 '목적'의 뜻을 더하는 경우에는 접미사이므로 붙여 쓴다.

   (2) '고향에 갔던 차에 선을 보았다. 마침 가려던 차였다.'와 같이 용언의 관형사형 뒤에 나타날 때는 의존 명사이므로 띄어 쓴다.

12　1 2 3　정답 ②

영역 국어 규범 > 언어 예절　　　　난이도 상

정답의 이유

국립국어원에서 배포한 「표준 언어 예절(2011)」에 근거하여 상황에 맞는 적절한 언어 예절을 갖춰야 한다.

② 집에서 손님을 보낼 때 하는 인사말은 '안녕히 가십시오.'인데, 특별한 경우 손윗사람에게는 '살펴 가십시오.'도 가능하다. 간혹 '안녕히 돌아가십시오.'라고 쓰는 경우가 있는데 '돌아가다'라는 말이 '죽는다'는 의미나 '빙 돌아서 간다'는 뜻을 나타내는 경우가 있어 되도록 쓰지 않는 것이 좋다.

오답의 이유

① '좋은 아침'은 외국어를 직역한 말이므로 이에 대한 전통적인 인사말인 '안녕하십니까?'를 쓰는 것이 좋다고 밝히고 있다.

③ 윗사람의 생일을 축하하는 말로는 '내내 건강하시기 바랍니다.'나 '더욱 강녕하시기 바랍니다.'가 괜찮다. 이 밖에 '건강하십시오.'는 바람직하지 않다. '건강하다'는 형용사이므로 명령문을 만들 수 없을뿐더러 어른에게 하는 인사말로 명령형 문장은 될 수 있으면 피해야 하기 때문이다.

④ 손님이 들어오면 우선 인사를 하고 나서 무엇을 도와 드릴지 여쭈어보는 것이 적절하다.

13　1 2 3　정답 ①

영역 독해 > 순서 맞추기　　　　난이도 중

정답의 이유

(가)는 훈민정음 글자의 원리를 설명하고 있다. 따라서 훈민정음에 대해 소개하고 있는 문장 뒤와 모음의 원리인 천지인을 설명하고 있는 문장의 앞인 ①의 위치가 적절하다.

14　1 2 3　정답 ③

영역 독해 > 통일성·응집성　　　　난이도 하

정답의 이유

⊙의 앞에서는 훈민정음의 장점에 대해 설명하고 있고, 뒤에서는 훈민정음의 장점으로 인해 글을 쉽게 배울 수 있다는 결과를 설명하고 있다. 따라서 앞의 내용이 뒤의 내용의 이유나 원인, 근거가 될 때 쓰는 접속 부사인 '그러므로'가 ⊙에 들어가는 것이 적절하다.

15　1 2 3　정답 ②

영역 국어 규범 > 올바른 문장 표현　　　　난이도 중

오답의 이유

① '하루 일과를'과 이어지는 '일어나자마자'가 서로 호응하지 않는다. 따라서 '하루 일과는 일어나자마자 ～'와 같이 쓰는 것이 자연스럽다.

③ '하물며'는 앞의 사실이 그러하다면 뒤의 사실은 말할 것도 없다는 뜻의 접속 부사로서, 주로 물음의 뜻을 나타내는 종결 어미 '–느냐, –라' 등과 호응한다. 따라서 '～ 하물며 네가 풀겠다고 덤비느냐.'와 같이 쓰는 것이 자연스럽다.

④ '것'은 서술어 '것이다'와 호응한다. 따라서 '～ 당부하고 싶은 것은 주변 환경을 탓하지 마시기 바란다는 것입니다.'와 같이 쓰는 것이 자연스럽다.

16　1 2 3　정답 ③

영역 어휘 > 의미 관계 파악하기　　　　난이도 하

정답의 이유

'성김'과 '빽빽함'은 반의 관계이다. 그런데 '넉넉하다'와 '푼푼하다'는 둘 다 여유가 있다는 의미로서 유의 관계를 이룬다.

• 넉넉하다: 크기나 수량 따위가 기준에 차고도 남아 여유가 있다.
• 푼푼하다: 모자람이 없이 넉넉하다.

오답의 이유

② • 무르다: 여리고 단단하지 않다. / 물기가 많아서 단단하지 않다. / 마음이 여리거나 힘이 약하다.
　• 야무지다: 사람의 성질이나 행동, 생김새 따위가 빈틈이 없이 꽤 단단하고 굳세다.

🔵 **이렇게 출제됐어요**

1 다음 단어들과 공통적으로 대립하는 반의어는?　　　'14 경찰 ①

• (입을) 다물다	• (문을) 닫다
• (뚜껑을) 덮다	• (마개를) 막다
• (자물쇠를) 잠그다	

④ 열다

17 ☐1☐2☐3 　　　　　　정답 ④

영역 국어 규범 > 한글 맞춤법　　　　　　난이도 중

오답의 이유
ⓒ 담궈(×) → 담가(○): '담그다'가 기본형이므로 '담가'로 활용한다.
ⓔ 졸였다(×) → 조리다(○): '졸이다'는 찌개나 국의 국물을 줄게 하는 것을 이르는 말인 반면, '조리다'는 양념의 맛이 재료에 푹 스며들도록 국물이 거의 없을 정도로 바짝 끓여내는 것을 이르는 말이다. 따라서 '∼ 생선도 조렸다.'로 쓰는 것이 적절하다.
ⓗ 하느라고(×) → 하노라고(○): '하느라고'는 앞말이 뒷말의 목적이나 원인이 됨을 나타내는 반면, '하노라고'는 자기 나름대로 꽤 노력했음을 표현하는 말이다. 따라서 문맥상 '하노라고'로 쓰는 것이 적절하다.

18 ☐1☐2☐3 　　　　　　정답 ④

영역 어휘 > 한자 성어　　　　　　난이도 상

정답의 이유
제시문은 선비의 긍정적인 면에 대해 설명하고 있다. 그런데 ④ 梁上君子(양상군자 들보 양, 윗 상, 임군 군, 아들 자)란 들보 위의 군자라는 뜻으로, 도둑을 완곡하게 이르는 말이므로 제시문에서 설명하고 있는 선비와는 어울리지 않는다.

오답의 이유
① 見利思義(견리사의 볼 견, 이로울 리, 생각 사, 옳을 의): 눈앞의 이익을 보면 의리를 먼저 생각함
② 勞謙君子(노겸군자 일할 노, 겸손할 겸, 임군 군, 아들 자): 큰일을 해냈으면서도 겸손한 사람
③ 修己安人(수기안인 닦을 수, 몸 기, 편안 안, 사람 인): 자신의 마음을 다해 노력하며 그 노력으로 인해 모두가 평안해짐

19 ☐1☐2☐3 　　　　　　정답 ③

영역 형태론 > 조사　　　　　　난이도 상

정답의 이유
'기쁨의 열매'에서 관형격 조사 '의'로 인해 '기쁨'과 '열매'가 비유적으로 같은 의미를 띠고 있다. ③의 '인도(人道)의 간과(干戈)'도 이와 마찬가지로 '인도(人道)'와 '간과(干戈)'가 비유적으로 쓰여 같은 의미를 지닌다고 볼 수 있다.

오답의 이유
① '조선'이 '독립국임'을 의미한다.
② '천(天)'이 '명명(明命)함'을 의미한다.
④ '대의(大義)'가 '극명(克明)함'을 의미한다.

20 ☐1☐2☐3 　　　　　　정답 ④

영역 어휘 > 단어의 의미　　　　　　난이도 하

정답의 이유
제시문에서는 킬트의 독특한 체크무늬가 각 씨족의 상징으로 자리 잡게 된 유래에 대해 설명하고 있다. 따라서 '새로운 문화 현상, 학설 따위가 당연한 것으로 사회에 받아들여짐'의 의미를 가지고 있는 '정착(定着 정할 정, 붙을 착)'으로 바꿔 쓰는 것이 적절하다.

21 ☐1☐2☐3 　　　　　　정답 ①

영역 독해 > 세부 내용 파악하기　　　　　　난이도 하

정답의 이유
제시문에 따르면, 페르소나는 사회와 관련된 자아의 한 측면이고 그림자는 인간의 본능 성향과 관련된 자아의 한 측면이다. 따라서 페르소나는 현실적인 속성, 그림자는 근원적인 속성을 지닌다고 할 수 있다.

오답의 이유
② 자아는 페르소나와 그림자로 이루어져 있으며, 페르소나만 추구한다면 그림자가 위축되어 결국 자기 자신으로부터 소외를 당해 무기력해진다고 설명하고 있다. 따라서 자아가 무기력하게 되는 것은 페르소나를 멀리 할 때가 아니라 페르소나만 추구할 때이다.
③ 그림자는 원시적인 본능 성향을 의미하므로 도덕성을 추구하지 않는다. 도덕성을 추구하는 것은 사회적 요구와 관련된 페르소나이다.
④ 제시문을 통해 그림자를 억압하게 되면 충동적인 면이 줄어드는 대신 자발성, 창의성, 통찰력, 깊은 정서 등의 긍정적인 면 역시 억압된다는 것을 알 수 있다. 그러나 그림자를 억압한다고 해서 페르소나를 더욱 추구하게 되는지에 대해서는 나타나지 않는다.

22 □1□2□3 정답 ②

영역 국어 규범 > 표준 발음법　　　　　　　　　　**난이도** 하

정답의 이유

② 끊기다 → [끈키다]: '끊기다'에서 어간의 겹받침 'ㄶ'의 'ㅎ'이 'ㄱ' 으로 시작하는 어미와 만나면 'ㅋ'으로 축약되어 [끈키다]로 발음 된다.

오답의 이유

① 어간의 겹받침 'ㄺ'이 'ㄱ'으로 시작하는 어미를 만나면 'ㄹ'로 발음 된다.

③ 앞말의 종성 'ㄷ'과 뒷말의 초성 'ㅎ'이 만나면 'ㅌ'으로 축약된다.

④ 어간의 겹받침 'ㄼ'은 주로 'ㄹ'이 발음되나 예외적으로 'ㄱ'으로 시 작하는 어미 앞에서는 'ㅂ'이 발음된다. 다만, '밟'은 자음 앞에서 [밥]으로 발음한다.

⊙ 이렇게 출제됐어요

1 「표준 발음법」에 맞지 않는 것은?　　　　　　　　　　'16 경찰 ①

① 맑대[말따](→ [막따])　　　② 흙과[흑꽈]
③ 넓대[널따]　　　　　　　　④ 밟다[밥:따]

---

23 □1□2□3 정답 ①

영역 형태론 > 단어의 형성　　　　　　　　　　**난이도** 중

정답의 이유

단어의 구조는 크게 단일어와 복합어로 분류되고, 복합어는 파생어와 합성어로 분류할 수 있다.

① 도시락은 하나의 실질 형태소로 이루어진 단일어이다.

오답의 이유

② · ③ · ④ 복합어이다.

② 어근 '선생'에 접미사 '-님'이 결합한 파생어이다.

③ 접두사 '날-'에 어근 '고기'가 결합한 파생어이다.

④ 어근 '밤'과 '나무'가 결합한 합성어이다.

⊙ 이렇게 출제됐어요

1 다음 중 단어 형성 방법이 나머지와 다른 것은?　　　　'17 소방직 ⑤

① 돌배　　파생어(접두사+명사)
② 새해　　합성어(관형어+체언)
③ 돌다리　합성어(명사+명사)
④ 우짖다　합성어(용언의 연결 어미 생략 형태)

---

24 □1□2□3 정답 ②

영역 독해 > 세부 내용 파악하기　　　　　　　　　　**난이도** 하

정답의 이유

② 항생제의 내성에 대한 언급은 찾아볼 수 없다.

오답의 이유

제시문의 1문단 첫 번째 문장을 통해 항생제의 정의가 나타나므로 ① 을 확인할 수 있다. 또한 2문단을 통해 항균 작용의 기제에 대해 알 수 있으므로 ③을 확인할 수 있다. 마지막으로 자연적으로 존재하는 항생제는 자연 요법제, 화학적으로 합성된 항생제는 화학 요법제로 분류한다는 설명을 통해 ④를 확인할 수 있다.

---

25 □1□2□3 정답 ④

영역 언어 일반 > 논증의 오류　　　　　　　　　　**난이도** 상

정답의 이유

① · ② · ③은 '미끄러운 경사면의 오류(fallacy of slippery slope)'를 범하고 있다. 반면, ④의 '식이요법이 알코올 중독에 이르게 한다.'는 연쇄반응은 서로 인과관계가 없으므로 '미끄러운 경사면의 오류'라고 보기 어렵다.

미끄러운 경사면의 오류란. 미끄럼틀을 한번 타기 시작하면 끝까지 미끄러져 내려갈 수밖에 없듯이 연쇄반응이 이어지면서 잘못된 결론 에 도달하게 되는 오류를 뜻한다. 그런데 그 연쇄반응 사이에는 서로 인과성이 있어서 처음의 시작과 결론만 보면 논리적으로 말이 되지 않지만 이어지는 연쇄반응끼리는 서로 관련된다.

⊙ 적중레이더

미끄러운 경사면의 오류(fallacy of slippery slope)

일명 '도미노의 오류'로, 미끄럼틀을 한번 타기 시작하면 끝까지 미끄 러져 내려간다는 점에서 '연쇄반응 효과의 오류'라고 할 수 있다.

예 인터넷 실명제를 시행해서는 안 된다. 인터넷 실명제를 시행하게 되면 개인은 자신의 사적인 면을 인터넷에 노출하기를 꺼리게 될 것이고, 인터넷을 통해 자유롭게 개성을 표현하는 일이 극도로 줄 어들게 될 것이다. 그렇게 되면 머지않아 우리나라 문화 예술계는 창의성과 상상력을 잃게 될 것이다.

2020 **7급** 기출문제해설

영역 분석

문법	7문항	★★★★★★★	28%
문학	5문항	★★★★★	20%
비문학	6문항	★★★★★★	24%
어휘	6문항	★★★★★★	24%
화법과 작문	1문항	★	4%

빠른 정답

01	02	03	04	05	06	07	08	09	10
③	②	③	①	②	②	①	①	②	②
11	12	13	14	15	16	17	18	19	20
④	④	①	③	②	④	①	④	②	③
21	22	23	24	25					
④	①	④	③	②					

---

01 ①②③ 정답 ③

영역 독해 > 독서 지식 난이도 상

정답의 이유

③ 필자 역시 글을 선택하는 기준이 될 수 있으나, 다른 보기에 비해 그 중요도가 낮다고 볼 수 있다.

오답의 이유

① 글을 선택할 때는 독자 자신의 '글을 읽는 목적'과 '배경지식', '수준' 등을 고려해야 한다.

② 사회 문화적 맥락과 상황 맥락에 따라 글을 선택하는 기준이 달라질 수 있다.

④ '글의 내용'은 글 그 자체이므로 글 선택의 지배적인 기준이다.

---

02 ①②③ 정답 ②

영역 어휘 > 올바른 단어 표현 난이도 상

정답의 이유

ⓒ '탐사'란 '샅샅이 더듬어 조사한다.'는 뜻을 지닌다. 그런데 관람객이 직접 유적지를 조사하는 것이 아니므로 '탐사'가 아닌 '방문'으로 쓰는 것이 적절하다.

ⓒ '개별'이란 '여럿 중에서 하나씩 따로 나뉘어 있는 상태'를 뜻한다. 그런데 뒤에 이어지는 '관광 관리 계획'은 하나씩 따로 구별할 수 있는 성질의 것이 아니므로 '개별'과는 어울리지 않는다.

오답의 이유

㉠ 보존(保存): 잘 보호하고 간수하여 남김

㉣ 경주(傾注): 힘이나 정신을 한곳에만 기울임

---

03 ①②③ 정답 ③

영역 어휘 > 속담 난이도 중

정답의 이유

'말 같지 않은 말은 귀가 없다'는 속담의 뜻은 '이치에 맞지 아니한 말은 못 들은 척한다.'는 의미이다.

---

04 ①②③ 정답 ①

영역 어휘 > 한자어 난이도 상

정답의 이유

㉠ 묵상(默想 잠잠할 묵, 생각 상): 눈을 감고 말없이 마음속으로 생각함

ⓒ 고찰(考察 생각할 고, 살필 찰): 어떤 것을 깊이 생각하고 연구함

오답의 이유

• 묵상(墨床 먹 묵, 평상 상): 먹을 올려놓고 쓰는 받침

• 고찰(古刹 옛 고, 절 찰): 역사가 오래된 옛 절

05 [1][2][3]　　　　　　　　　　　　　　　　　정답 ②

영역 음운론 > 자음의 체계　　　　　　　　　　　　　난이도 **하**

[정답의 이유]

파열음에는 'ㄱ(ㄲ, ㅋ), ㄷ(ㄸ, ㅌ), ㅂ(ㅃ, ㅍ)'이 있는데, 제시된 선택지 중 잇몸소리(치조음)에 해당하는 것은 'ㄷ'뿐이다. 'ㄴ'과 'ㅅ'은 잇몸소리이나 각각 비음과 마찰음에 해당한다. 'ㅈ'은 센입천장소리(경구개음)이면서 파찰음에 해당한다.

(((•))) 적중레이더

국어의 자음 체계도

조음 방법		조음 위치	양순음 (兩脣音)	치조음 (齒槽音)	경구개음 (硬口蓋音)	연구개음 (軟口蓋音)	후음 (喉音)
안울림 소리 [無聲音]	파열음 (破裂音)	예사소리	ㅂ	ㄷ		ㄱ	
		된소리	ㅃ	ㄸ		ㄲ	
		거센소리	ㅍ	ㅌ		ㅋ	
	파찰음 (破擦音)	예사소리			ㅈ		
		된소리			ㅉ		
		거센소리			ㅊ		
	마찰음 (摩擦音)	예사소리		ㅅ			ㅎ
		된소리		ㅆ			
울림소리 [有聲音]	비음(鼻音)		ㅁ	ㄴ		ㅇ	
	유음(流音)			ㄹ			

(◉) 이렇게 출제됐어요

1 설명이 옳지 않은 것은?　　　　　　　　　　　'17 국가직 9급

① 'ㄴ, ㅁ, ㅇ'은 <u>유음</u>(→ 비음)이다.
② 'ㅅ, ㅆ, ㅎ'은 마찰음이다.

06 [1][2][3]　　　　　　　　　　　　　　　　　정답 ②

영역 현대시 > 시어의 의미　　　　　　　　　　　　난이도 **중**

[정답의 이유]

작품은 순수한 삶과 절대자에게로의 귀의를 희망하는 화자의 마음을 '기(旗)'로 상징하여 표현하였다. 작품에 '절제된 사랑'은 형상화되어 있지 않다.

[오답의 이유]

① 화자는 5연에서 '하얀 모래벌 같은 마음씨의 벗'을 찾고 있는데, 이를 통해 화자가 '순수한 삶'을 원한다는 것을 알 수 있다.

③ 화자는 7연에서 '때로 울고 / 때로 기도드린다'고 말하고 있다. 따라서 화자가 신께 간절히 기도하는 마음으로 삶을 살아가고 있음을 알 수 있다.

④ 시적 사아는 순수한 삶을 살기를 간절하게 바라고 있다. 참고로, '희원'이란 '어떤 일을 이루거나 하기를 바람'을 뜻한다.

(📖) 작품 해설

김남조, 「정념(情念)의 기(旗)」

• 갈래: 자유시, 서정시
• 성격: 낭만적, 애상적, 종교적
• 제재: 기(旗), 기도
• 주제: 순수한 삶에 대한 열망과 종교적 희구(希求)
• 특징
　– 직유와 은유, 상징, 의인법 등의 다양한 비유적 표현이 나타남
　– 시구의 반복으로 '혼란'에서 '평안'으로 변모하는 태도가 시상 전개로 나타남
　– '기(旗)'는 지상(한계)에 묶여 있으면서도 하늘(자유)을 지향한다는 점에서 모순적인 인간의 존재를 상징함

07 [1][2][3]　　　　　　　　　　　　　　　　　정답 ①

영역 현대시 > 작품 파악하기　　　　　　　　　　　난이도 **중**

[정답의 이유]

㉠에서 시적 화자는 자신의 마음을 '기(旗)'에 비유하여 그동안 자신이 살아온 삶에 대해 회상하고 있다. 이러한 자세는 자신의 태도나 행동을 스스로 살피고 성찰하고 있다는 점에서 '자성(自省 스스로 자, 살필 성)'에 가깝다. 성찰을 통해 자신을 꾸짖는 모습이나 체념하는 태도는 ㉠에 나타나지 않는다.

• 자책(自責 스스로 자, 꾸짖을 책): 자신의 결함이나 잘못에 대하여 스스로 깊이 뉘우치고 자신을 책망함
• 체념(諦念 살필 체, 생각 념): 희망을 버리고 아주 단념함 / 도리를 깨닫는 마음
• 회한(悔恨 뉘우칠 회, 한 한): 뉘우치고 한탄함

08 [1][2][3]　　　　　　　　　　　　　　　　　정답 ①

영역 현대시 > 작품 파악하기　　　　　　　　　　　난이도 **중**

[정답의 이유]

㉡의 '혼란과 열기를 이기지 못해'라는 시구는 순수한 삶을 지향하는 시적 자아의 내면이 현재 불안정하게 흔들리고 있는 상태임을 나타내는 것이다. ㉢에 나타난 '무거운 비애' 역시 화자 부정적인 내면을 반영하고 있으나 이는 현재 흔들리고 있는 내면이 아니라 침체되어 있는 정적인 부정성을 나타내는 것이다. 한편, ㉢에는 편안한 시적 자아의 내면 상태가, ㉣에는 절대자에게로 귀의를 희구(希求)하는 화자의 자세가 드러난다.

09 ①②③   정답 ②

영역 독해 > 글의 맥락 파악하기   난이도 **하**

정답의 이유

제시문은 오늘날의 일의 시간에 대한 통념을 비판하면서 새로운 시간을 생성하는 시간 혁명을 주장하고 있다. 이때, 5번째와 7번째 문장에서 'ⓘ도 다른 시간을 만들어내지 못한다.', '일반적으로 받아들여지고 있는 견해와는 달리 ⓛ은 시간의 위기, 시간의 질병을 극복할 수 없다.'고 말하고 있으므로 ⓘ과 ⓛ이 통상적으로 '일의 시간'이 아닌 생성의 시간으로 인식되지만 사실은 '일의 시간'에 해당하는 어떤 사례를 말하고 있다고 추론할 수 있다. 따라서 ⓘ과 ⓛ에는 공통적으로 '느리게 살기'가 들어가는 것이 알맞다.

10 ①②③   정답 ②

영역 국어 규범 > 표준 발음법   난이도 **하**

정답의 이유

ⓘ '짧네요'의 겹받침 'ㄼ'은 자음군 단순화에 따라 자음 앞에서 [ㄹ]로 발음하여 [짤네요]가 되는데, 이때 '–네–'가 앞의 'ㄹ'에 동화(유음화)되어 [짤레요]로 발음된다.
ⓛ '맑거나'의 겹받침 'ㄺ'은 예외적으로 'ㄱ'으로 시작하는 어미 앞에서 [ㄹ]로 발음한다. 따라서 [말거나]가 되는데, 이때 '–거–'가 앞 어근 'ㄹ'의 영향으로 된소리되기를 거쳐 [말꺼나]로 발음된다.
ⓒ '떫지'의 겹받침 'ㄼ'은 자음 앞에서 [ㄹ]로 발음하여 [떨지]가 되는데, 이때 '–지'가 앞의 'ㄹ'의 영향으로 된소리되기를 거쳐 [떨찌]로 발음된다.

11 ①②③   정답 ④

영역 독해 > 세부 내용 파악하기   난이도 **하**

정답의 이유

제시문에 따르면 언어 표현은 자연시간의 순서를 따른다. 그런데 ④의 '문 닫고 들어오라'는 안으로 들어온 후에 문을 닫으라는 의미이므로 논리적으로 시간의 순서에 맞지 않는다.

오답의 이유

① · ② 각각 꽃이 펴야 질 수 있고, 수입이 들어와야 지출을 할 수 있으므로 제시문의 설명에 부합한다.
③ '머리끝부터 발끝' 역시 위쪽이 앞서고 아래쪽이 나중에 온다는 어순 병렬의 원리에 부합한다.

12 ①②③   정답 ④

영역 통사론 > 문장의 짜임   난이도 **하**

정답의 이유

문장은 안은문장과 이어진문장을 통해 겹문장으로 확장된다. ① · ② · ③은 모두 안은문장을 이용해 문장을 확장한 반면, ④는 종속적으로 이어진문장이다. '봄이 오면 꽃이 핀다.'에 사용된 '–면'은 조건을 나타내는 종속적 연결 어미이다.

오답의 이유

① '사람이 담배를 피우다.'가 관형절로 안겨 있는 겹문장이다.
② '철수가 말이 없다.'가 부사절로 안겨 있는 겹문장이다.
③ '그가 귀국했다.'가 인용절로 안겨 있는 겹문장이다.

13 ①②③   정답 ①

영역 어휘 > 한자어   난이도 **상**

정답의 이유

ⓘ 부조리(不條理 아니 부, 가지 조, 다스릴 리): 이치에 맞지 아니하거나 도리에 어긋남
ⓛ 응시(凝視 엉길 응, 볼 시): 눈길을 모아 한 곳을 똑바로 바라봄
ⓒ 여과(濾過 거를 여, 지날 과): 거름종이나 여과기를 써서 액체 속에 들어 있는 침전물이나 입자를 걸러 내는 일 / 주로 부정적인 요소를 걸러 내는 과정을 비유적으로 이르는 말

오답의 이유

• 응시(鷹視 매 응, 볼 시): 매처럼 날카롭게 노려봄
• 여과(勵果 힘쓸 여, 실과 과): 조선 시대에 둔, 토관직(土官職)의 정육품 무관 벼슬

14 ①②③   정답 ③

영역 의미론 > 의미의 변화   난이도 **중**

정답의 이유

③ 얼굴은 사람의 전체 모습으로서의 '형체'를 뜻하다가 '눈, 코, 입이 있는 머리의 앞면', 즉 '안면'으로 의미가 축소되었다.

1 〈보기〉의 어휘들은 통시적으로 변화된 양상을 보여 준다. 이들에 대한 설명으로 가장 옳지 않은 것은?   '19 서울시 7급 ①

┌─ 보기 ─────────────────────────────┐
(가) 놈: 사람 평칭 → 남자의 비칭   의미의 축소
(나) 겨레: 종친, 친척 → 민족, 동족   의미의 확대
(다) 아침밥 > 아침   형태의 일부가 생략됨
(라) 맛비 > 장맛비   형태의 일부가 추가됨
└──────────────────────────────────┘

① (가)는 시대의 변화에 따라 의미가 축소된 예이다.

② (나)는 시대의 변화에 따라 의미가 확대된 예이다.

③ (다)는 형태의 일부가 생략된 후 나머지에 전체 의미가 잔류한 예이다.

④ (라)는 형태의 일부가 덧붙여진 후에도 전체 의미가 <u>변하지 않은</u>(→ 변한) 예이다.

　　– 맛비: '장마(여름철에 여러 날을 계속해서 비가 내리는 현상이나 날씨)'의 옛말

　　– 장맛비: 장마 때에 오는 비

---

15 ☐1☐2☐3   정답 ②

영역 화법과 작문 > 설득 전략   난이도 중

정답의 이유

② '화자의 신뢰성'을 높여서 청중을 설득하고자 하는 전략은 인성적 설득 전략에 해당한다.

오답의 이유

① '청자의 감정'에 호소하고자 하는 감성적 설득 전략에 해당한다.

③ 주장과 근거의 '논리성'을 따지고 있으므로 이성적 설득 전략에 해당한다.

④ 근거의 타당성. 객관성. 신뢰성 등을 높이려고 하고 있으므로 이성적 설득 전략에 해당한다.

📡 적중레이더

설득 전략의 종류

설득 전략은 이성적·감성적·인성적 설득 전략으로 구분할 수 있다.

• 이성적 설득 전략: 논리적이고 이성적인 방법으로 화자의 주장을 통계 자료나 전문가의 의견 등을 활용하여 뒷받침하는 전략

• 감성적 설득 전략: 청중의 감정에 호소하여 청중의 마음을 움직이는 전략

• 인성적 설득 전략: 화자의 인품. 전문성 등과 같은 화자의 됨됨이를 바탕으로 하여 내용에 신뢰를 갖게 하는 전략

---

16 ☐1☐2☐3   정답 ④

영역 독해 > 글의 맥락 파악하기   난이도 중

정답의 이유

㉠ 영화에서 본 3D 프린터의 이야기를 하고 있으므로 ㉠에는 영화의 구성 단위인 '장면'이 들어가는 게 적절하다.

㉡ 3D 프린터가 그간 제품을 개발할 때 만들던 샘플을 대체하는 ㉡을 만들어낸다고 말하고 있으므로, ㉡에는 샘플과 같은 의미의 '시제품'이 들어가는 게 적절하다.

㉢ 3D 프린터가 인공뼈. 수술 전 연습을 위한 인체 구조물. 사고로 얼굴 일부를 다친 환자를 위한 부분 가면 등을 만드는 데 사용된다고 하였으므로 3D 프린터가 '의료용'으로 유용하다는 것을 알 수 있다.

㉣ 제시문은 1~3문단을 통해 3D 프린터가 우리 생활 속에 들어와 유용하게 사용되고 있는 예를 서술하고, 4문단을 통해 아직은 다소 이르지만 곧 우리 실생활에 3D 프린터가 깊게 녹아들 시대가 올 것이라며 글을 마무리하고 있다. 따라서 ㉣에는 문맥상 가까운 미래에 곧 그렇게 될 것이라는 의미의 '조만간'이 들어가는 게 적절하다.

---

17 ☐1☐2☐3   정답 ①

영역 형태론 > 단어의 형성   난이도 하

정답의 이유

㉠은 통사적 합성어의 한 유형이다. ① '들어가다'는 어간 '들–'에 연결 어미 '–어'와 용언의 어간 '가다'가 결합한 형태이므로 ㉠의 예에 해당한다.

오답의 이유

② '부슬비'는 '부슬(부사)+비(명사)' 구성의 비통사적 합성어이다. 국어의 일반적인 단어 배열법에서는 부사가 명사를 수식하지 않기 때문이다.

③ '불고기'는 '불(명사)+고기(명사)' 구성의 통사적 합성어이다.

④ '높푸르다'는 '높–(어간)+푸르다(용언)' 구성의 비통사적 합성어이다. 국어의 일반적인 단어 배열법에서는 어간에 용언이 바로 결합하지 못하고. 연결 어미를 필요로 하기 때문이다.

😀 이렇게 출제됐어요

1 비통사적 합성어로만 묶은 것은?   '17 국가직 7급

③ 부슬비(부사+명사). 늦더위(관형사형 어미 생략). 굶주리다(연결 어미 생략)

18 1 2 3 　　　　　　　　　　　　　정답 ④

영역 독해 > 독서 지식　　　　　　　　　난이도 상

정답의 이유

'주제 통합적 읽기'란 다양한 자료들을 분석적으로 읽고 정리하는 전문적 독서 방법이다. 하나의 주제나 화제와 관련된 다양한 독서 자료를 비교·대조하면서 종합적으로 분석하여 읽고, 자신의 관점이나 아이디어를 재구성하는 독서 방법이다. 즉, 이러한 관점에 따라 주제 통합적 읽기의 절차를 크게 정리하자면, ④ 하나의 주제를 정해 다양한 독서 자료를 선정하여 읽고 이를 비교, 분석하여 자신의 관점을 재구성하는 것이라고 할 수 있다.

📡 적중레이더

주제 통합적 독서의 과정
1. 독서의 목적 구체화하기(읽기를 통해 해결하려는 질문 명확히 하기)
2. 질문을 구체적으로 정하고, 이를 해결할 수 있는 각 분야의 글 찾기(도서관의 도서 목록, 서평 등을 확인하기)
3. 분야, 글쓴이의 관점, 형식이 다른 글을 서로 비교하며 읽기(주장을 비판적으로 검토하고 유용한 정보 추려 내기)
4. 자신의 관점에 따라 정보를 가려내고, 화제에 대한 자신의 견해 정리하기(자료 재구성하기)

19 1 2 3 　　　　　　　　　　　　　정답 ②

영역 국어 규범 > 외래어 표기법　　　　　　난이도 하

정답의 이유

② 'tower'는 '타워'로 표기한다.

20 1 2 3 　　　　　　　　　　　　　정답 ③

영역 고전 소설 > 『금오신화』　　　　　　　난이도 하

정답의 이유

③ 양생이 고독함의 정서를 드러내고 있으나 그것이 이별 때문이라는 단서는 작품을 통해 찾을 수 없다. 단지 양생은 짝이 없는 자신의 처지를 외로워하며 운명적인 인연을 찾고 싶어 한다.

오답의 이유

① 양생이 읊조린 시에서 화자는 '나무', '비취새', '원앙새' 등에 빗대어 자신의 외로운 처지를 드러내고 있다.

② 양생은 봄을 맞아 더욱 외로움을 느끼고 있으므로 작품의 계절적 배경과 인물의 정서가 밀접하게 관련되어 있다.

④ 양생은 바둑알과 등불로 자신의 인연을 점치고 있다. 이를 통해 양생이 운명과 같은 인연을 기다리고 있음을 알 수 있다.

21 1 2 3 　　　　　　　　　　　　　정답 ④

영역 어휘 > 고유어　　　　　　　　　　　난이도 상

정답의 이유

제시문에서 설명하고 있는 표제어는 '혜성(彗星)'으로, 순우리말로는 '꼬리별', '살별'이라고 한다.

오답의 이유

① '별똥별'은 지구의 대기권 안으로 들어와 빛을 내며 떨어지는 작은 물체, 즉 '유성(流星)'을 일상적으로 이르는 말이다.

② '떠돌이별'은 중심 별의 강한 인력의 영향으로 타원 궤도를 그리며 중심 별의 주위를 도는 천체, 즉 '행성(行星)'을 일컫는 순우리말이다.

③ '샛별'은 지구에 가장 가까이 있는 천체, 즉 '금성(金星)'을 일상적으로 이르는 순우리말이다.

22 1 2 3 　　　　　　　　　　　　　정답 ①

영역 어휘 > 한자어　　　　　　　　　　　난이도 상

정답의 이유

㉠의 항성은 문맥상 '천구 위에서 서로의 상대 위치를 바꾸지 않고 별자리를 구성하는 별'을 의미하는 '恒星(항상 상, 별 성)'으로 쓰는 것이 적절하다. 글쓴이가 제시문에서 항성(恒星)을 북극성과 같이 항상 같은 위치에서 삶의 길잡이가 되어주는 책에 비유하고 있기 때문이다. ①의 '亢星(높을 항, 별 성)'은 이십팔수의 둘째 별자리에 있는 별로, 처녀자리에 있는 별을 의미하므로 문맥상 부적절하다.

오답의 이유

㉡·㉢·㉣은 모두 문맥의 의미에 맞는 적절한 한자어로 썼다.

㉡ 행성(行星 다닐 행, 별 성): 중심 별의 강한 인력의 영향으로 타원 궤도를 그리며 중심 별의 주위를 도는 천체

㉢ 유성(流星 흐를 유, 별 성): 지구의 대기권 안으로 들어와 빛을 내며 떨어지는 작은 물체

㉣ 북극성(北極星 북녘 북, 다할 극, 별 성): 작은곰자리에서 가장 밝은 별

23 [1][2][3]   정답 ④

영역 독해 > 세부 내용 파악하기   난이도 하

[정답의 이유]

제시문은 책을 항성 · 행성 · 유성에 비유하고 있다. '항성'을 '좋은 책'에 비유하고 있는데, 좋은 책은 세상살이의 일반성에 관한 이해를 넓혀 주는 동시에 개인적 삶의 특수성까지도 풍부하게 해 주어 변화하는 세상과 그 속에 숨은 삶의 본질을 꿰뚫어 본다. 반면, 필자는 '유성'을 '그렇고 그런 수준의 책'에 비유하고 있다. 따라서 유성과 같은 책을 읽으면 삶의 본질을 꿰뚫어 볼 수 있다는 진술은 적절하지 않다.

24 [1][2][3]   정답 ③

영역 국어 규범 > 한글 맞춤법   난이도 하

[정답의 이유]

'-느라고'는 앞절의 사태가 뒷절의 사태에 목적이나 원인이 될 때 사용하는 연결 어미이고, '-노라고'는 나름대로 꽤 노력했음을 나타내는 연결 어미이므로 구분하여 사용해야 한다. 따라서 문맥상 ㉠에는 늦게 잔 '원인'이 공부라는 의미의 '-느라고'가 들어가야 한다. ㉡에는 사흘 밤낮을 '노력'한다고 했는데 결과가 좋지 않았다는 의미이므로 '-노라고'가 들어가야 한다.

📡 **적중레이더**

'-느라고'와 '-노라고'의 구별

-느라고	'~하는 일로 말미암아'라는 의미로 이유나 원인을 나타냄 예 웃음을 참느라고 힘들었다. 　　책을 읽느라고 밤을 새웠다.
-노라고	'자기 나름대로는 한다고'라는 의미로 화자가 자신의 행동에 대한 의도나 목적을 나타냄 예 잠도 못 자며 하노라고 했는데 결과가 어떨지 모르겠다.

25 [1][2][3]   정답 ②

영역 현대 소설 > 세부 내용 파악하기   난이도 중

[정답의 이유]

(가)에서는 대포소리를 '멀리서 은은한'이라고 표현하였으므로 화자에게 대포소리가 아주 멀리서 들리고 있다. (나)에서는 대포소리가 '다가왔다 멀어졌다'한다고 표현하였으므로 화자에게 대포소리가 가까워졌다 멀어졌다를 반복하고 있다. (다)에서는 '다가오는 저 소리'라고 하였으므로 대포소리가 화자에게 점점 가까워지고 있다. 이를 통해 (가)에서 (다)까지 대포소리가 점점 가까워지고 있음을 알 수 있다. (라)에서는 '포소리보다 가까운' 울부짖음이 '현'의 의식 속에서 들려왔다고 표현하고 있다. 이를 통해 대포소리가 내면의 소리에 비견될 만큼 '현'과 가까운 거리에서 들려왔음을 추측할 수 있다.

📖 **작품 해설**

선우휘, 「불꽃」

- 갈래: 단편 소설, 전후 소설
- 구성: 역순행적 구성
- 시점: 전지적 작가 시점
- 배경
  - 시간: 1919년 3 · 1 운동부터 6 · 25 전쟁까지
  - 공간: P 고을
- 주제: 비극의 극복과 실천하는 적극적인 삶의 의지
- 특징
  - 의식의 흐름에 의한 내적 독백을 통해 글을 전개
  - 입체적 인물형인 '현'의 태도 변화를 통해 작가가 추구하는 바람직한 삶의 모습 제시
  - 제목에 상징적 의미를 부여해 생의 강렬한 의지를 드러냄

2019 추가채용 기출문제해설

영역 분석

문법	12문항	★★★★★★★★★★★★	48%
문학	7문항	★★★★★★★	28%
비문학	3문항	★★★	12%
어휘	3문항	★★★	12%

빠른 정답

01	02	03	04	05	06	07	08	09	10
②	④	②	④	③	④	③	③	③	②
11	**12**	**13**	**14**	**15**	**16**	**17**	**18**	**19**	**20**
④	①	③	②	①	④	①	②	③	③
21	**22**	**23**	**24**	**25**					
④	④	③	④	④					

---

01 1 2 3 정답 ②

영역 국어 규범 > 한글 맞춤법 > 준말	난이도 중

[정답의 이유]

한글 맞춤법 제5절 준말에 해당하는 문제이다. 제32항의 규정에 따라 단어의 끝모음이 줄어지고 자음만 남은 것은 그 앞의 음절에 받침으로 적어야 한다.

② '국말이'는 준말이 아닌, '국'과 '말이'의 두 단어가 어울린 합성어이다. 두 개의 단어가 어울려 합성어가 될 때는 원형을 밝히어 적는다는 원칙(한글 맞춤법 제27항)에 따른 것이다.

[오답의 이유]

① '기럭아'는 '기러기야'의 준말이다. '기러기'의 끝모음 '이'가 줄어지고 남은 자음 'ㄱ'을 앞 음절 '러'의 받침으로 적은 것이다.

③ '애꾸눈아'는 '애꾸눈이야'의 준말이다. '애꾸눈이'의 끝모음인 접미사 '-이'가 줄어든 것이다.

④ '엊저녁'은 '어제저녁'의 준말이다. '어제저녁'이 줄어들어 [얻쩌녁]이 될 때, 둘째 음절 '제'에서 남은 'ㅈ'을 첫째 음절 '어'의 받침으로 적은 것이다.

---

02 1 2 3 정답 ④

영역 문학사 > 박지원 소설	난이도 상

[정답의 이유]

「예덕선생전」은 조선 정조 때에 박지원이 지은 한문 단편 소설로서, 「연암집(燕巖集)」의 별집(別集)인 권8 「방경각외전(放璚閣外傳)」에 실려 있다. 따라서 ④ '방경각외전(放璚閣外傳)'이 가장 정확한 답이다.

「방경각외전」에는 「예덕선생전(穢德先生傳)」 외에도 「마장전(馬駔傳)」, 「민옹전(閔翁傳)」, 「광문자전(廣文者傳)」, 「양반전(兩班傳)」, 「김신선전(金神仙傳)」, 「우상전(虞裳傳)」, 「역학대도전(易學大盜傳)」, 「봉산학자전(鳳山學者傳)」 등 총 9편이 실려 있다.

[오답의 이유]

① 「연암집(燕巖集)」은 조선 후기의 문신이자 학자인 박지원의 시문집으로 17권 6책으로 이루어져 있다. 조선 후기 실학파 중에 이용후생학파(利用厚生學派)의 대표적 인물이라 할 수 있는 박지원의 문학과 사상을 엿볼 수 있는 중요한 자료를 많이 수록하고 있다. 또한 「연암집」에는 18세기에 와서 패사소품류(稗史小品類)의 영향을 받아 출현하기 시작한 한문 단편 소설로 구성된 「방경각외전」이 있다.

② 「열하일기(熱河日記)」는 박지원이 청나라에 다녀온 후에 작성한 견문록이다. 1780년(정조 4) 연암 박지원은 친척을 따라 청나라 건륭제(고종)의 칠순연(七旬宴)에 참석하는 사신의 일원으로 동행하게 되었다. 중국 연경(燕京)을 지나 청나라 황제의 여름 별장지인 열하(熱河)까지 여행한 기록을 담았는데, 중국의 명사들과 교류하며 중국의 문물·제도를 목격하고 견문한 내용을 각 분야로 나누어 기록하였다.

③ 「과농소초(課農小抄)」는 박지원이 편찬한 농서이다. 1798년(정조 22) 11월 정조는 농업상의 여러 문제점을 해결하고자 전국에 농정을 권하고 농서를 구하는 윤음(綸音)을 내렸다. 이에 당시 면천의 군수였던 박지원이 1799년 3월 「과농소초」를 올렸다.

03 ⃞1⃞2⃞3 정답 ②

| 영역 국어 규범 > 한글 맞춤법 > 띄어쓰기 | 난이도 하 |

정답의 이유

한글 맞춤법 제5장 띄어쓰기의 제4절 고유 명사 및 전문 용어와 관련한 문제이다. ②는 한글 맞춤법 제48항의 성과 이름, 성과 호 등은 붙여 쓰고, 이에 덧붙는 호칭어, 관직명 등은 띄어 쓴다는 규정을 인용하면서, 그 내용에 알맞은 예시를 보여주고 있다.

오답의 이유

① '성과 이름, 성과 호 등은 붙여 쓴다.'는 설명은 한글 맞춤법 제48항의 규정을 일부 인용한 것이며, 예문에서 성과 이름, 성과 호를 띄어 쓰고 있어 규정을 지키지 않고 있다.

③ '전문 용어는 단어별로 띄어 쓴다.'는 설명은 한글 맞춤법 제50항의 전문 용어는 단어별로 띄어 씀을 원칙으로 하되, 붙여 쓸 수 있다는 규정을 일부 인용하고 있으나, 예시가 부적절하다. 한글 맞춤법 제50항에 따르면 '만성 골수성 백혈병'을 원칙으로 하고, '만성골수성백혈병'도 허용된다. 그러나 ③의 예시는 원칙과 허용 규정 모두에 어긋난다.

④ '성명 이외의 고유 명사는 단어별로 띄어 쓴다.'는 설명은 한글 맞춤법 제49항의 성명 이외의 고유 명사는 단어별로 띄어 씀을 원칙으로 하되, 단위별로 띄어 쓸 수 있다는 규정을 일부 인용하고 있으나, 예시가 부적절하다. 한글 맞춤법 제49항에 따르면 '한국 대학교 사범 대학'을 원칙으로 하고, '한국대학교 사범대학'도 허용된다. 그러나 ④의 예시는 원칙과 허용 규정 모두에 어긋난다.

🎯 이렇게 출제됐어요

1 띄어쓰기가 옳은 것은? '18 지방직 7급
② 김 양의 할머니는 안동 권씨라고 합니다.
③ 내일이 이 충무공(→ 이충무공) 탄신 500돌이라고 합니다.

04 ⃞1⃞2⃞3 정답 ②

| 영역 통사론 > 사동과 피동 | 난이도 중 |

정답의 이유

발문의 '누군가에게 동작을 하도록 시키는 것을 나타내는 표현'이란 사동 표현을 의미한다. 즉, 사동 표현이 아닌 것을 골라야 한다.
②의 '당하다'는 어휘에 피동의 의미가 담겨 있는 단어이며, 문장 전체의 의미에도 주체가 다른 힘에 의하여(적에게) 어떤 동작(기습)의 대상이 되어 그 작용을 받는(당하다) 피동의 성질이 나타난다.

오답의 이유

① '먹게 하다'는 '먹다'의 어간에 보조 용언 '-게 하다'가 붙은 통사적 사동문이다.

③ '보냈다'는 용언 '보내다'의 어간에 과거 시제의 선어말 어미 '-었-'이 붙은 것이다. 여기서 '보내다'는 어휘적 사동 표현, 즉 어휘 자체에 사동의 의미가 담겨 있다.

④ '진정시키다'는 '진정하다'의 어간에 사동 접사 '-시키-'가 붙은 파생적 사동이다.

🎯 이렇게 출제됐어요

1 밑줄 친 사동 표현이 바르게 사용된 문장은? '17 기상직 7급
① 군 당국은 김 중위를 대위로 승진시켰다.
② 그는 차를 최대한 벽에 가깝게 주차시켰다(→ 주차했다).
③ 위원회는 김 회장을 해임시킬(→ 해임할) 수밖에 없었다.
④ 법원은 판결까지의 기간을 단축시킬(→ 단축할) 것으로 알려졌다.

05 ⃞1⃞2⃞3 정답 ③

| 영역 어휘 > 한자 성어 | 난이도 중 |

정답의 이유

③ 사필귀정은 모든 일은 반드시 바른길로 돌아간다는 의미의 한자 성어로서 '事必歸正(일 사, 반드시 필, 돌아갈 귀, 바를 정)'과 같이 '바를 정(正)'을 쓴다. 따라서 '事必歸定'에 '정할 정(定)'을 쓴 것이 잘못되었다.

① · ② · ④는 사자성어에 따른 한자가 적절히 쓰였다.

① 이심전심(以心傳心 써 이, 마음 심, 전할 전, 마음 심): 마음과 마음으로 서로 뜻이 통한다는 의미의 한자 성어이다.

② 전전반측(輾轉反側 돌아누울 전, 구를 전, 돌이킬 반, 곁 측): 누워서 몸을 이리저리 뒤척이며 잠을 이루지 못한다는 뜻으로, 전전불매(輾轉不寐)도 같은 의미의 한자 성어이다.

④ 인과응보(因果應報 인할 인, 결과 과, 응할 응, 갚을 보): 전생에 지은 선악에 따라 현재의 행과 불행이 있고, 현세에서의 선악의 결과에 따라 내세에서 행과 불행이 있는 일을 의미하는 한자 성어이다.

🔊 적중레이더

이심전심(以心傳心)과 뜻이 같은 한자 성어

염화미소 (拈華微笑)	말로 통하지 아니하고 마음에서 마음으로 전하는 일. 석가모니가 영산회(靈山會)에서 연꽃 한 송이를 대중에게 보이자 마하가섭만이 그 뜻을 깨닫고 미소 지으므로 그에게 불교의 진리를 주었다고 하는 데서 유래
염화시중 (拈華示衆)	말로 통하지 아니하고 마음에서 마음으로 전하는 일
심심상인 (心心相印)	말없이 마음과 마음으로 뜻을 전함
불립문자 (不立文字)	불도의 깨달음은 마음에서 마음으로 전하는 것이므로 말이나 글에 의지하지 않는다는 말
교외별전 (敎外別傳)	불교 선종에서, 부처의 가르침을 말이나 글에 의하지 않고 바로 마음에서 마음으로 전하여 진리를 깨닫게 하는 법

⚙ 이렇게 출제됐어요

1 다음 상황에 어울리는 한자 성어로 가장 적절한 것은?　'16 국가직 9급

> 김만중의 「사씨남정기」에서 사 씨는 교 씨의 모함을 받아 집에서 쫓겨난다. 사악한 교 씨는 문객인 동청과 작당하여 남편인 유한림마저 모함한다. 그러나 결국은 교 씨의 사악함이 만천하에 드러나고 유한림이 유배지에서 돌아오자 교 씨는 처형되고 사 씨는 누명을 벗고 다시 집으로 돌아오게 된다.

④ 사필귀정(事必歸正)

2 밑줄 친 단어에 가장 적절한 한자는?　'16 사복직 9급

> 나는 구청의 담당자에게 연유를 설명하고 서류를 찾아와서 서류 내용을 정정해야만 했다.

① 訂正(정정: 글자나 글 따위의 잘못을 고쳐서 바로잡음)

06　1 2 3　정답 ④

영역 판소리 > 구성 요소	난이도 상

[정답의 이유]

판소리의 구성 요소 중 하나인 '더늠'에 대해 묻는 문제이다. 더늠이란, 판소리에서 명창이 자신의 독특한 방식으로 다듬어 부르는 어떤 마당의 한 대목을 일컫는 말로 ④ '명창이 한 마당 전부를 다듬어 놓은 소리'는 '더늠'이 아니라 '바디'를 가리킨다.

① · ② · ③은 더늠에 대해 잘 설명하고 있다.

① 더늠은 명창이 독창적으로 소리와 사설 및 발림을 짜서 연행한 판소리의 한 대목으로서 그 명창의 장기로 인정되고, 또 다른 창자들에 의해 널리 연행되어 후대에 전승된다.

② 어떤 판소리 창자가 부른 특정한 대목이 더늠이 되기 위해서는 독창적이면서 예술적으로 뛰어나야 하는데, 이 독창성과 예술성은 주로 음악적인 측면에서 구현되는 경우가 대부분이다.

③ 판소리 한 마당의 특정 대목이 어떤 명창의 장기로 인정되고 널리 불리게 되면 더늠에는 판소리 명창 개인의 이름이 붙게 되고, 시대와 유파를 넘어서 전승되게 된다.

🔊 적중레이더

판소리의 구성 요소

창(소리)	판소리의 주축을 이루는 요소로 광대(소리꾼)가 가락에 맞추어 부르는 노래
아니리(사설)	판소리에서 극적 사건의 변화, 시간의 경과, 등장인물들의 대화나 심리 묘사 또는 그들의 독백 등을 말로 설명하거나 대화로 표현하는 기능
발림(너름새)	창자가 소리 도중에 하는 춤이나 몸짓과 같은 소리꾼이 하는 모든 육체적 동작
너름새	발림과 같은 의미 외에, 광대가 소리 · 아니리 · 발림을 적절히 구사하여 관중들을 매료시키는 능력이 있을 때 '너름새가 좋다'와 같이 쓰임
추임새	판소리 중간의 대목에서 고수(북을 치는 사람)가 내는 흥을 돋우는 '얼씨구', '그렇지', '아무렴', '잘한다', '좋다', '저런' 등의 소리
더늠	판소리 명창들이 자신의 독특한 방식으로 다듬어 부르는 어떤 마당의 한 대목
바디	판소리에서 명창이 스승으로부터 전승하여 한 마당 전부를 음악적으로 절묘하게 다듬어 놓은 소리

07 ①②③ 　　　　　　　　　　　　　　　정답 ③

| 영역 판소리 > 구성 요소 | 난이도 상 |

정답의 이유

제시문에서는 판소리를 오페라에 빗대어 설명하고 있다. 특히, ⓒ이 있는 문단에서는 판소리에는 장편의 노래만 있는 것이 아니라고 하면서 ⓒ을 '일상적 말투로 이루어진' 것으로 설명하고 있다. 따라서 ⓒ은 '아니리'임을 알 수 있다. 아니리는 판소리에서 극적 사건의 변화, 시간의 경과, 등장인물들의 대화나 심리 묘사 또는 그들의 독백 등을 노래(창)가 아닌 말로 설명하거나 대화로 표현하는 기능으로 '사설'이라고도 한다.

오답의 이유

①·②·④는 모두 판소리의 구성 요소이나, '일상적 말투로 이루어진' 특성을 지니지 않는다.

🔎 **이렇게 출제됐어요**

1 ㉠~㉣에 해당하는 판소리 용어를 바르게 짝지은 것은?

'18 서울시 7급 ②

> ㉠ "얼씨구" 하며 분위기를 돋우었다.
> ㉡ 사랑을 속삭이는 노래는 부르는
> ㉢ 월매와 말을 주고받는
> ㉣ 허둥지둥 도망치는 모습을 몸짓으로 흉내 내는

④ 추임새, 소리, 아니리, 발림

08 ①②③ 　　　　　　　　　　　　　　　정답 ③

| 영역 독해 > 순서 맞추기 | 난이도 중 |

정답의 이유

글 전체의 문단 순서를 알맞게 배열하는 문제이다.

- (다)에서 '제임스 러브록'이라는 인물에 대해 처음 소개하고 있으므로 (다)가 가장 첫 번째 순서임을 알 수 있다.
- (다)의 마지막 문장에서 제임스 러브록이 말한 '사이보그'를 (가)가 이어 받아 제임스 러브록이 말하는 '사이보그'의 의미를 설명하고 있다.
- (나)에서 제임스 러브록의 말을 인용하며 사이보그에 대한 설명을 구체화하고 있다.
- 이를 바탕으로 마지막으로 (라)에서 지구 멸망 시 사이보그의 행동을 예측하며 글을 마무리하고 있다.

따라서 '(다) – (가) – (나) – (라)'의 순서가 적절하다.

오답의 이유

이 글은 제임스 러브록이 주장하는 사이보그를 주요 소재로 하고 있다. 따라서 제임스 러브록과 그의 이론, 그리고 사이보그가 처음으로 소개되는 (다)가 첫 번째 순서로 구성되어야 한다. 그런데 ①·②·④는 모두 (다)가 아닌 다른 문단을 첫 문단으로 제시했기 때문에 정답이 될 수 없다.

09 ①②③ 　　　　　　　　　　　　　　　정답 ③

| 영역 어휘 > 고유어 | 난이도 상 |

정답의 이유

③ '세섯덩이'는 김맬 때에, 떠서 앞으로 엎는 흙덩어리를 일컫는다. '개피떡 세 개를 붙여서 만든 떡'은 '셋붙이'이다.

🔎 **이렇게 출제됐어요**

1 제시된 단어의 뜻풀이가 바르지 않은 것은?

'14 서울시 9급

① 궁도련님: 부유한 집에서 자라나 세상의 어려운 일을 잘 모르는 사람
② 윤똑똑이: 사리에 어둡고, 아는 것이 없는 사람(→ 자기만 혼자 잘나고 영악한 체하는 사람)
③ 책상물림: 책상 앞에 앉아 글공부만 하여 세상일을 잘 모르는 사람
④ 두루치기: 한 사람이 여러 방면에 능통함. 또는 그런 사람
⑤ 대갈마치: 온갖 어려운 일을 겪어서 아주 야무진 사람

10 ①②③ 　　　　　　　　　　　　　　　정답 ②

| 영역 국어 규범 > 로마자 표기법 | 난이도 중 |

정답의 이유

②의 ㉡·㉢·㉤은 모두 로마자 표기법에 따른 올바른 표기이다.

㉡ 학여울은 [항녀울]로 발음되므로 'Hangnyeoul'로 표기한다.

㉢ 합덕은 [합떡]으로 발음되나, 로마자 표기법 제3장 제1항의 된소리되기는 표기에 반영하지 않는다는 [붙임] 규정에 따라 'Hapdeok'으로 표기한다. 또한 로마자 표기법 제2장 제2항의 'ㄱ, ㄷ, ㅂ'은 모음 앞에서는 'g, d, b'로, 자음 앞이나 어말에서는 'k, t, p'로 적는다는 [붙임 1] 규정에 따라 종성 'ㅂ'을 'p'로 표기해야 한다.

㉤ 구리는 [구리]로 발음되며 'ㄱ'이 'ㅜ' 모음 앞에 위치하므로 'g'로 표기해야 한다. 또한 로마자 표기법 제2장 제2항의 'ㄹ'은 모음 앞에서는 'r'로, 자음 앞이나 어말에서는 'l'로 적는다는 [붙임 2]의 규정에 따라 'Guri'로 표기한다.

㉠ 구미는 [구미]로 발음되며, 'ㄱ'이 'ㅜ' 모음 앞에 위치하므로 'g'로 표기하여 'Gumi'로 적어야 한다.

㉢ 왕십리는 [왕심니]로 발음되므로 'Wangsimni'로 표기한다.

㉣ 로마자 표기법 제2장 제2항 [붙임 2]에서는 'ㄹ'은 모음 앞에서는 'r'로, 자음 앞이나 어말에서는 'l'로 적는다. 단, 'ㄹㄹ'은 'll'로 적는다고 규정하고 있다. 울릉은 [울릉]으로 발음되어 'ㄹㄹ'이 나타나므로 'll'을 사용하여 'Ulleung'으로 표기해야 한다.

🎯 이렇게 출제됐어요

1 국어의 로마자 표기가 옳지 않은 것은? '14 국가직 9급

① 왕십리: Wangsimri(→ Wangsimni)
② 울릉: Ulleung
③ 백마: Baengma
④ 학여울: Hangnyeoul

---

11 [1][2][3] 정답 ④

영역 어휘 > 고유어 난이도 중

고유어의 의미와 문맥에 맞는 쓰임을 묻는 문제이다. ④ '핫옷'은 솜옷 즉, 안에 '솜을 두어 만든 옷'을 말하며 '핫–'은 '솜을 둔'의 뜻을 더하는 접두사이다. 그런데 모시는 여름 옷감으로 많이 쓰이는 시원한 소재의 피륙이다. 따라서 '날씨가 더워 모시로 만든 핫옷을 꺼내 입었다.'는 문장은 '핫옷'의 의미를 잘못 쓴 것이다.

① · ② · ③의 밑줄 친 단어들은 문장 안에서 의미상 적절하게 쓰이고 있다.

① '보늬'는 밤이나 도토리 따위의 속껍질이다. 따라서 동수가 도토리의 보늬를 벗겨 냈다는 문장은 의미상 적절하다.

② '닁큼닁큼'은 '머뭇거리지 않고 잇따라 빨리'라는 의미이다. 따라서 원숭이가 먹이를 닁큼닁큼 받아먹었다는 문장은 의미상 적절하다.

③ '엇셈'은 '서로 주고받을 것을 비겨 없애는 셈'이다. 따라서 외상값을 고구마로 엇셈했다는 문장은 의미상 적절하다.

---

12 [1][2][3] 정답 ①

영역 형태론 > 단어의 형성 난이도 하

파생어와 합성어를 구분하는 문제이다. ① '높푸르다'는 '높다'의 어근과 '푸르다'의 어근이 결합하여 만들어진 비통사적 합성어이다. 반면, ② · ③ · ④는 파생어이므로 ①만 단어의 형성 방법이 다르다.

② '풋고추'는 접두사 '풋–'에 '고추'가 결합된 파생어이다.

③ '시뻘겋다'는 접두사 '시–'에 '뻘겋다'가 결합된 파생어이다.

④ '덧붙이다'는 접두사 '덧–'에 '붙이다'가 결합된 파생어이다.

📡 적중레이더

복합어(파생어와 합성어)

• 복합어는 단일어(하나의 형태소로 이루어진 단어)와 대비되는 개념으로서, 두 개 이상의 형태소로 이루어진 단어이다. 복합어를 구성하고 있는 둘 이상의 형태소의 성격이 무엇인가에 따라 복합어는 합성어와 파생어로 구분된다.

• 파생어는 어근과 접사의 결합으로 이루어진 단어이다. 접사가 어근에 붙어서 단어가 새로 만들어지는 현상을 '파생'이라고 한다. 파생어는 접사가 어근에 붙는 위치에 따라서 나눌 수 있다. 어근의 앞에 붙는 접사는 접두사, 어근의 뒤에 붙는 접사는 접미사라고 한다. 따라서 파생어는 '접두사+어근' 또는 '어근+접미사'의 형태로 결합되어 있다.

• 합성어는 두 개 이상의 어근이 결합한 복합어로, 접사 없이 어근과 어근이 직접 합쳐서 만들어진 단어를 말한다. 합성법의 유형은 통사적 합성법과 비통사적 합성법으로 구분된다. 통사적 합성법은 우리말의 일반적 단어 배열과 같은 유형의 합성(명사+명사, 관형어+명사, 주어+서술어 등)을 말하는데, '돌다리(명사+명사)'나 '작은형(관형어+명사)' 등이 그 예이다. 이와 달리 비통사적 합성법은 일반적 단어 배열에 어긋나는 합성(용언의 어근+명사)을 말하는데, 늦은 더위를 뜻하는 '늦더위'나 '부슬비' 등을 예로 들 수 있다.

🎯 이렇게 출제됐어요

1 단어의 형성 방법이 다른 것은? '19 소방직

① 기와집(→ 합성어: 기와+집)
② 지우개(→ 파생어: 지우다+–개)
③ 선생님(→ 파생어: 선생+–님)
④ 개살구(→ 파생어: 개–+살구)

13 ① ② ③ 　　　　　　　　　　　　정답 ③

영역 문학 일반 > 시조에 대한 이해　　　　난이도 중

정답의 이유

제시문의 작품은 왕방연의 시조이다. 따라서 이 문제는 시조 갈래의 형식적 특징을 묻고 있는 것이다. 시조마다 한두 자 차이가 있을 수 있지만 종장 첫째 구만은 3음절을 반드시 지켜야 한다. 따라서 ③에서 종장의 첫 음보가 4음절이라는 설명은 틀렸다.

오답의 이유

①·②·④는 모두 시조의 형식에 대해 바르게 설명하고 있다.

시조는 우리 민족이 만든 독특한 정형시의 하나이다. 시조는 14세기 경인 고려 말기에서 조선 초기에 걸쳐 정제된 것으로 추정되고 있으며, 현재까지 지속적으로 창작되고 있는 우리 고유의 정형시이다. 시조의 형식은 평시조를 기준으로 할 때, 3·4조의 음수율을 이루고 3장 6구, 45자 안팎으로 이루어져 있으며 4음보격이다.

📡 적중레이더

왕방연, 「千萬里 머나먼 길에」 현대어 풀이

천만리 머나먼 길에 고운 임 이별하옵고

내 마음 둘 데 없어 냇가에 앉아 있으니

저 물도 내 마음 같아서 울며 밤길 가는구나

📖 작품 해설

왕방연, 「千萬里 머나먼 길에」

• 갈래: 평시조

• 시기: 조선 세조 때

• 성격: 이별가, 연군가(戀君歌)

• 주제: 임과의 안타까운 이별, 임금에 대한 연민

• 특징

- 작가인 왕방연은 조선 세조 때 금부도사(禁府都事)였는데, 노산군(魯山君)으로 강봉(降封)된 단종을 유배지인 강월도 영월까지 호송한 인물이다. 이 작품은 왕방연이 단종을 호송하고 돌아오는 길에 지은 작품이라고 전해진다.

- 작품 속의 '고운 임'을 단종으로 보면, 이 작품은 '연군가(戀君歌)'적 성격을 띠게 된다.

- 화자의 슬픈 감정을 물에 감정 이입하여 표현하고 있다.

- 과장법(천만리 머나먼 길)을 사용하여 임과의 거리, 이별의 슬픔을 형상화하고 있다.

14 ① ② ③ 　　　　　　　　　　　　정답 ②

영역 국어 규범 > 표준어 규정　　　　난이도 중

정답의 이유

언어 현실에서 자주 혼동되어 쓰이는 '웃-'과 '윗-'을 구별하여 쓰도록 한 표준어 규정 제12항에 관한 문제이다. 일반적으로 '위, 아래'의 개념상 대립이 성립하지 않는 경우는 '웃-'으로 쓰고, 그 외에는 '윗-'을 표준어로 삼았다.

㉠ '웃옷'은 맨 겉에 입는 옷을 일컫는다. '웃옷'은 이와 짝하는 '아랫옷'이 없으므로 '윗옷'으로 쓰지 않고 '웃-'으로 쓴다. 따라서 날씨가 추워 외투를 걸쳐 입었다는 문맥에는 '웃옷'이 적절하다. 한편, 위에 입는 옷을 가리키는 '윗옷'도 표준어이다. 이때의 '윗-'은 '아래'와 대립하는 뜻이다.

㉡ '윗몸'은 허리 윗부분의 몸을 일컫는다. 위, 아래의 대립이 성립하기 때문에 '윗-'이라고 구별하여 적어야 한다. 문장의 의미상으로도 상반신을 뒤로 젖혔다는 뜻이므로 문맥에 알맞게 쓰였다.

㉣ '윗입술'은 위쪽의 입술이다. 즉, '아랫입술'과 대비되어 위, 아래의 대립이 성립하는 것이다. 따라서 문장에서 '윗-'으로 바르게 표기하였다.

오답의 이유

㉢ '윗쪽'은 사이시옷을 쓰지 않는 '위쪽'으로 표기해야 한다. 표준어 규정 '다만 1'에서는 된소리나 거센소리 앞에서는 '위-'로 함을 명시하고 있다. 따라서 '위쪽'은 뒷말 '쪽'이 이미 된소리이므로 사이시옷을 쓰지 않는 것이다.

㉤ '웃도리'는 '아랫도리'와 대비되어 위, 아래의 대립이 성립하기 때문에 '윗도리'로 표기해야 한다.

🔍 개념 확인

1 병원은 윗층에 있어요.	(O, X)
2 윗어른을 공경해야 한다.	(O, X)
3 특별히 웃돈을 주고 구했다.	(O, X)

정답 1 X 2 X 3 O

15 ①②③　　　정답 ①

영역 국어 규범 > 표준어 규정　　　난이도 하

정답의 이유

① '샛별'은 '금성(金星)'을 일상적으로 이르는 말로, '계명(啓明), 신성(晨星), 효성(曉星)'이라고도 한다. 또 장래에 큰 발전을 이룩할 만한 사람을 비유적으로 이를 때 쓰기도 한다. 그러나 '샛별'의 '새'는 '동쪽' 또는 '흰[白]'을 뜻하므로 새벽에 뜨는 별의 의미를 내포하고 있지 않다. 따라서 '새벽별'은 '샛별'의 복수 표준어가 아니며, '샛별'의 의미로 쓸 때는 비표준어이다.

오답의 이유

②·③·④ 모두 복수 표준어에 해당한다.

◎✗ 개념 확인

밑줄 친 부분이 복수 표준어로서 올바른 표기인지 판별하시오.

1 호박 넝쿨/덩굴에 달린 애호박　　　　　　　　　(O, X)

2 정원에는 장미 덩굴/덩쿨이 무성하게 자라 있었다.　(O, X)

3 몸살이 나서 닷새나 되우/된통/되게 앓았다.　　　(O, X)

정답 1 O 2 X 3 O

16 ①②③　　　정답 ④

영역 국어 규범 > 표준 발음법　　　난이도 중

정답의 이유

• 야금야금[야금냐금/야그먀금]: 합성어 및 파생어에서, 앞 단어나 접두사의 끝이 자음이고 뒤 단어나 접미사의 첫음절이 '이, 야, 여, 요, 유'인 경우에는, 'ㄴ' 음을 첨가하여 [니, 냐, 녀, 뇨, 뉴]로 발음한다(표준 발음법 제29항). 따라서 [야금냐금]으로 발음한다. 그런데 '다만'을 덧붙여 일부 단어들은 'ㄴ' 음을 첨가하여 발음하되, 표기대로 발음할 수 있다고 밝히고 있다. 그중 '야금야금'이 포함되어 있으므로 '야금야금'의 표기에 따라 [야그먀금]으로 발음할 수도 있다.

• 낯선[낟썬]: 받침 'ㄲ, ㅋ', 'ㅅ, ㅆ, ㅈ, ㅊ, ㅌ', 'ㅍ'은 어말 또는 자음 앞에서 각각 대표음 [ㄱ, ㄷ, ㅂ]으로 발음한다(표준 발음법 제9항). 따라서 '낯선'의 '낯'은 [낟]으로 발음한다. 또한 받침 'ㄱ, ㄷ, ㅂ' 뒤에 연결되는 'ㄱ, ㄷ, ㅂ, ㅅ, ㅈ'은 된소리로 발음한다(표준 발음법 제23항). 따라서 [낟]의 받침 'ㄷ' 뒤에 '선'이 연결되었으므로 [낟썬]으로 발음하는 것이다.

• 쌓인[싸인]: 받침 'ㅎ(ㄶ, ㅀ)' 뒤에 모음으로 시작된 어미나 접미사가 결합되는 경우에는, 'ㅎ'을 발음하지 않는다(표준 발음법 제12항 4).

• 상견례[상견녜]: 'ㄴ'은 'ㄹ'의 앞이나 뒤에서 [ㄹ]로 발음한다(표준 발음법 제20항). 그러나 '다만'을 덧붙여 일부 단어들은 'ㄹ'을 [ㄴ]으로 발음한다고 밝히고 있다. 그중 '상견례[상견녜]'가 포함되어 있으므로 '상견례'는 '례'의 'ㄹ'을 [ㄴ]으로 발음하여 [상견녜]로 발음함을 알 수 있다.

📡 적중레이더

표준 발음법 제29항

합성어 및 파생어에서, 앞 단어나 접두사의 끝이 자음이고 뒤 단어나 접미사의 첫음절이 '이, 야, 여, 요, 유'인 경우에는, 'ㄴ' 음을 첨가하여 [니, 냐, 녀, 뇨, 뉴]로 발음한다. 다만, 다음과 같은 말들은 'ㄴ' 음을 첨가하여 발음하되, 표기대로 발음할 수 있다.

이죽–이죽[이중니죽/이주기죽]	검열[검ː녈/거ː멸]
야금–야금[야금냐금/야그먀금]	금융[금늉/그륭]
율랑–율랑[율랑뇰랑/율랑율랑]	

표준 발음법 제20항

'ㄴ'은 'ㄹ'의 앞이나 뒤에서 [ㄹ]로 발음한다. 다만, 다음과 같은 단어들은 'ㄹ'을 [ㄴ]으로 발음한다.

의견란[의ː견난]	상견례[상견녜]
임진란[임ː진난]	횡단로[횡단노]
생산량[생산냥]	이원론[이ː원논]
공권력[공꿘녁]	입원료[이붠뇨]
결단력[결딴녁]	구근류[구근뉴]
동원령[동ː원녕]	

17 ①②③　　　정답 ①

영역 독해 > 순서 맞추기　　　난이도 중

정답의 이유

〈보기〉의 문장은 '이러한 언어의 변화'로 시작한다. 따라서 〈보기〉에 앞서 '언어의 변화'에 대한 언급이 있어야 글이 일관성 있게 전개될 수 있다. (가)에서는 언어의 변화가 언어를 구성하는 모든 측면에서 일어난다는 의미의 문장으로 문단을 끝맺고 있다. 따라서 ① (가)의 뒤에 〈보기〉가 와야 적절하다. 더 나아가, 〈보기〉에서 언급한 '공시태'에 대해 (나)에서 설명하고 있으므로 〈보기〉가 (가)의 뒤, (나)의 앞에 위치할 때 글이 논리적으로 전개됨을 확인할 수 있다.

18 1 2 3 정답 ②

정답의 이유

㉠은 끊임없이 변화하는 언어의 특성에 대해 말하고 있다. 언어가 계속해서 변화한다는 것은 ② 언어의 '역사성'에 해당하는 특성이다.

오답의 이유

① 언어의 자의성: 언어의 형식과 의미가 가지는 관계가 필연적이지 않다는 것을 말한다. 가령, '어머니'가 영어로는 'mother', 독일어에서는 'mutter'와 같이 서로 다르게 나타나는 것처럼 언어의 내면적 의미와 외연적 형식의 관계는 절대적이지 않다.

③ 언어의 사회성: 언어는 사회적 필요에 따라 만들어진 사회적 약속이라는 것을 말한다. 언어는 같은 언어를 사용하는 사람들이 사회적으로 합의해 놓은 약속 체계이기 때문에 그 언어를 사용하는 사람들이라면 누구나 약속 체계를 지켜야 한다. 그렇지 않으면 언어가 언어로서의 자격을 잃게 된다.

④ 언어의 창조성: 한정된 어휘나 문법 체계를 통해 무한히 많은 말을 표현할 수 있다는 것을 말한다. 창조성으로 말미암아 인간은 한정된 음운이나 어휘를 토대로 무한한 문장을 만들어서 사용할 수 있고, 처음 들어보는 문장을 이해할 수 있다.

📡 적중레이더

언어의 특성

기호성	언어는 일정한 내용을 일정한 형식으로 나타내는 기호 체계임
자의성	일정한 내용을 일정한 형식으로 나타낼 때, 내용과 형식 사이에는 필연적인 관련성이 없음
사회성	언어는 그 언어를 사용하는 사람들 사이의 약속이기 때문에 개인이 임의로 바꿀 수 없음
역사성	언어는 시간의 흐름에 따라 끊임없이 사라지고 새로 생기고 변함
규칙성	언어에는 반드시 지켜야 하는 규칙이 있음
창조성	언어를 가지고 무한히 많은 말들을 만들어 표현할 수 있음

🎯 이렇게 출제됐어요

1 다음 ( ) 안에 들어갈 말로 가장 적절한 것은?   '17 서울시 사복직 9급

> '·'가 현대 국어에서 더 이상 사용되지 않고, '믈[水]'이 현대 국어에 와서 '물'로 형태가 바뀌었으며, '어리다'가 '어리석다[愚]'로 쓰이다가 현대 국어에 와서 나이가 '어리다[幼]'의 뜻으로 바뀌어 쓰이는 것 등과 같은 예에서 알 수 있는 언어의 특성을 언어의 ( )이라고 한다.

② 역사성

2 다음에서 알 수 있는 언어의 특성은?   '16 소방직

> "빵은 맛있다!"라는 문장을 배운 어린 아이는 "밥은 맛있다!", "과자는 맛있다!"처럼 자신이 기존에 알고 있는 말과 결합하여 새로운 문장을 만들 수 있다.

③ 창조성

19 1 2 3 정답 ③

정답의 이유

제시문에서는 ㉡ '통시태'에 대해 '같은 언어의 다른 변화 시기에 속하는 다른 언어 상태를 말한다.'고 설명하고 있다. 즉, 어떤 언어가 시간의 흐름에 따라 변화하는 모습이 통시태인 것이다. 그런데 ③의 신조어의 등장과 방언의 실현은 어떤 한 시기의 언어 상태, 즉 공시태에 해당한다. 현재의 모습만 알 수 있을 뿐 언어의 변화 양상을 살펴볼 수 없기 때문이다.

오답의 이유

①·②·④는 시간의 흐름에 따라 변화하는 언어의 모습에 해당하므로 ㉡ 통시태의 예로 적절하다.

20 [1][2][3]　　　　　　　　　　　　　　　정답 ③

영역 국어 규범 > 한글 맞춤법 > 띄어쓰기　　　　난이도 중

정답의 이유

한글 맞춤법 제41항에서는 조사의 띄어쓰기에 대해 그 앞말에 붙여 쓴다고 규정하면서, 조사가 둘 이상 연속되거나 어미 뒤에 붙을 때에도 그 앞말에 붙여 쓴다고 설명하고 있다. ③에서 '여기에서부터가 서울입니다.'의 '에서부터'는 격 조사 '에서'와 보조사 '부터'가 결합하여 범위의 시작 지점이나 어떤 행동의 출발점, 비롯되는 대상임을 나타내는 것이므로 붙여 쓴다. 또한 '입니다'는 서술격 조사 '이다'를 '하십시오체'로 표현한 것이므로 앞말에 붙여 쓴다.

오답의 이유

① '내지'는 한글 맞춤법 제45항의 두 말을 이어 주거나 열거할 적에 쓰이는 다음의 말들은 띄어 쓴다는 규정에 따라 앞말과 띄어 쓴다. 따라서 '열 내지 스물'과 같이 띄어 써야 한다.

② '만큼'은 한글 맞춤법 제42항의 의존 명사는 띄어 쓴다는 규정에 따라 앞말과 띄어 써야 한다. '만큼'이 '먹을'과 같이 용언의 관형사형 뒤에 나타날 경우에는 의존 명사이다. 따라서 '음식을 각자 먹을 만큼 떠서 먹어라.'와 같이 띄어 쓴다. 반면, '만큼'이 체언 뒤에 붙어 '앞말과 비슷한 정도로'라는 뜻을 나타내는 경우에는 조사이므로 앞말과 붙여 써야 한다.

④ 수는 한글 맞춤법 제44항에 따라 '만(萬)' 단위로 띄어 쓴다. 따라서 '십신억 삼천사백오십육만 칠천팔백구십팔'과 같이 띄어 쓴다.

이렇게 출제됐어요

1　띄어쓰기가 옳은 것은?　　　　　　　　　　'15 서울시 7급
③ 저 도서관만큼 크게 지으시오.

2　띄어쓰기가 옳은 것은?　　　　　　　　　　'14 국가직 7급
② 이분이 우리 총무 팀의 팀장 겸 감사 부장이십니다.

21 [1][2][3]　　　　　　　　　　　　　　　정답 ④

영역 고전 시가 > 「사미인곡」　　　　　　　　난이도 중

정답의 이유

제시문은 정철의 「사미인곡(思美人曲)」 서사 부분이다. 「사미인곡」의 서사에서 화자는 임과의 인연과 버림받은 자신의 신세를 한탄하고 있다. (가)를 현대어로 풀이하자면, '계절이 때를 알아 가는 듯 다시 오니 듣고 보고 하는 중에 느낄 일도 많고 많다.' 정도로 해석할 수 있다. 화자는 임과 이별한 상황에서도 시간이 흐르고, 홀로 느끼는 바가 많다고 말하고 있다. 따라서 ④ 임이 부재한 상황에 세월만 흐르는 것을 안타까워하고 있는 것이다.

적중레이더

정철, 「사미인곡」 현대어 풀이

이 몸 생겨날 때 임을 따라 생겼으니
한평생 연분을 하늘이 모르겠느냐.
나 하나 젊어 있고 임 하나 날 사랑하시니
이 마음 이 사랑 견줄 데 전혀 없다.
평생토록 임과 함께 살기를 원했는데
늙어서야 무슨 일로 외로이 그리는가.
엊그제 임을 모셔 광한전에 올랐는데
그 사이 어찌하여 지상에 내려왔느냐.
올 때에 빗은 머리 흐트러진 지 삼 년일세.
연지분 있지마는 누굴 위하여 단장할까.
마음에 맺힌 시름 첩첩이 쌓여 있어
짓는 것이 한숨이요, 흐르는 것이 눈물이라.
인생은 유한한데 시름도 그지없다.
무심한 세월은 물 흐르듯 하는구나.
계절이 때를 알아 가는 듯 다시 오니
듣고 보고 하는 중에 느꺼운 일도 많고 많다.

작품 해설

정철, 「사미인곡」
- 갈래: 서정 가사
- 형식: 3(4) · 4조, 4음보
- 성격: 충신연주지사(忠臣戀主之詞)
- 주제: 연군의 정, 임금을 그리는 마음
- 특징: 이별한 여인의 목소리를 빌어 임금을 사모하는 마음을 노래함
- 의의
  - 정철의 「속미인곡(續美人曲)」과 더불어 가사 문학의 절정을 이룬 작품
  - 우리말 구사의 극치
  - 정서의 「정과정(鄭瓜亭)」의 계보를 잇는 충신연주지사(忠臣戀主之詞) 작품
- 구성
  - 서사: 임과의 인연과 버림받은 자신의 신세 한탄
  - 본사 1(춘원): 임에게 매화를 보내고 싶은 마음
  - 본사 2(하원): 임에게 옷을 지어 보내고 싶은 마음
  - 본사 3(추원): 임에 대한 사모의 정과 선정에 대한 갈망
  - 본사 4(동원): 임에 대한 근심과 사랑
  - 결사: 임에 대한 영원한 사랑의 다짐

22 ①②③
정답 ④

영역 고전 시가 > 「사미인곡」　　　　　　　　　난이도 중

정답의 이유

④ ②의 '디ᄂᆞ니 눈믈이라'는 눈물이 지나간다는 의미가 아니라, '흐르는(떨어지는) 것이 눈물이라'는 뜻이다.

오답의 이유

① '괴다'는 특별히 귀여워하고 사랑한다는 뜻으로, ⊙은 '님 하나 날 사랑하시니'로 해석할 수 있다.

② '혼디'는 함께, '녜다'는 살다, 지낸다는 뜻으로, ⓒ은 '함께 살고자 하였더니'로 해석할 수 있다.

③ ⓒ은 '흐트러진 지 삼 년일세'로 해석할 수 있다.

ⓞⓧ 개념 확인

1 ⓐ에서 화자는 임이 부재하는 상황에서는 치장하는 것도 무의미하다고 생각한다.　　　　　　　　　　　　　　(O, X)

2 조선 시대 정철의 「사미인곡(思美人曲)」과 「속미인곡(續美人曲)」은 고려 시대 정서의 「정과정(鄭瓜亭)」의 계보를 잇는 충신연주지사이다.　　　　　　　　　　　　　　　　(O, X)

정답 1 O 2 O

23 ①②③
정답 ③

영역 국어 규범 > 올바른 문장 표현　　　　　　　난이도 중

정답의 이유

격 조사 '로서'와 '로써'의 쓰임을 구분하는 문제이다. '로서'는 지위나 신분 또는 자격을 나타낸다. '로써'는 어떤 물건의 재료나 원료를 나타내거나 어떤 일의 수단이나 도구를 나타낸다. ③의 '로서'는 학생의 지위나 신분을 의미하고 있으므로 적절히 쓰였다.

오답의 이유

① 교장 선생님의 지위나 신분에 대해 이야기하고 있으므로 '로서'를 써서 '그 사람은 교장 선생님으로서 할 일을 다했다.'와 같이 써야 한다.

② 대화를 통해 갈등을 푼다는 의미이므로 대화가 갈등 해소의 수단임을 알 수 있다. 따라서 '로써'를 써서 '이 문제를 대화로써 풀 수 있을까?'와 같이 써야 한다.

④ 환경 피해를 줄여서 경제 발전에 이바지한다는 의미이므로 환경 피해를 줄이는 것이 경제 발전의 수단임을 알 수 있다. 따라서 '로써'를 써서 '에너지 소비로 인한 환경 피해를 줄임으로써 국민 경제의 건전한 발전에 이바지한다는 것에 동의한다.'와 같이 써야 한다.

◎ 이렇게 출제됐어요

1 밑줄 친 부분이 「한글 맞춤법」 규정에 맞는 것은?　'16 법원직 9급
② 담배를 끊음으로써 용돈을 줄이겠다.

24 ①②③
정답 ④

영역 국어 규범 > 한글 맞춤법　　　　　　　　　난이도 중

정답의 이유

한글 맞춤법 제51항에 따르면, 부사의 끝음절이 분명히 '이'로만 나는 것은 '-이'로 적고, '히'로만 나거나 '이'나 '히'로 나는 것은 '-히'로 적는다. ④ '꼼꼼이'는 '이'와 '히' 모두로 발음되므로 '-히'를 사용하여 '꼼꼼히'로 써야 한다. 참고로, '-하다'가 붙는 어근 뒤에는 대체로 '-히'가 붙는다.

오답의 이유

① '조용히'는 '이'와 '히' 모두로 발음되므로 '-히'를 쓴다.

② '번듯이'는 '이'로만 발음되므로 '-이'를 쓴다. 참고로, 'ㅅ' 받침 뒤에는 대체로 '-이'가 붙는다.

③ '따뜻이'는 '이'로만 발음되므로 '-이'를 쓴다. 역시 'ㅅ' 받침 뒤에 '-이'가 붙었다.

⦿ 적중레이더

부사화 접미사 '-이', '-히'

부사의 끝음절이 [이]로 나는지 [히]로 나는지를 직관적으로 명확히 구별하기는 어려우나 다음과 같은 경향성을 참조하여 구별할 수는 있다. 다만 이것만으로 구별할 수 없는 경우가 있으므로 단어마다 국어사전에서 확인하는 것이 좋다.

1. '이'로 적는 것
　1) 겹쳐 쓰인 명사 뒤

겹겹이	곳곳이	길길이	나날이
낱낱이	다달이	땀땀이	뭇뭇이
번번이	샅샅이	알알이	앞앞이
줄줄이	짬짬이	철철이	골골샅샅이

　2) 'ㅅ' 받침 뒤

지긋이	나긋나긋이	남짓이	뜨뜻이
버젓이	번듯이	빠듯이	지긋이

　3) 'ㅂ' 불규칙 용언의 어간 뒤

가벼이	괴로이	기꺼이	너그러이
부드러이	새로이	쉬이	외로이
즐거이			

4) '-하다'가 붙지 않는 용언 어간 뒤

| 같이 | 굳이 | 길이 | 깊이 |
| 높이 | 많이 | 실없이 | 헛되이 |

5) 부사 뒤(한글 맞춤법 제25항 2 참조)

| 곰곰이 | 더욱이 | 생긋이 | 오뚝이 |
| 일찍이 | 히죽이 | | |

2. '히'로 적는 것
1) '-하다'가 붙는 어근 뒤(단, 'ㅅ' 받침 제외)

간편히	고요히	공평히	과감히
극히	급히	급급히	꼼꼼히
나른히	능히	답답히	딱히
속히	엄격히	정확히	족히

2) '-하다'가 붙는 어근에 '-히'가 결합하여 된 부사에서 온 말

| 익히(← 익숙히) | 특히(← 특별히) |

3) 어원적으로는 '하다'가 붙지 않는 어근에 부사화 접미사가 결합한 형태로 분석되더라도, 그 어근 형태소의 본뜻이 유지되고 있지 않은 단어의 경우는 익어진 발음 형태대로 '히'로 적는다.

| 작히 |

1 밑줄 친 부분이 「한글 맞춤법」에 맞는 것은?　　　'13 지방직 7급

① 약속을 번번히(→ 번번이) 어긴다.
② 그는 의젓이 행동한다.
③ 곰곰히(→ 곰곰이) 생각에 잠기었다.
④ 딱이(→ 딱히) 갈 만한 곳도 없다.

---

25 1 2 3　　　　　　　　　　　　　　　　　정답 ④

영역 전통 연희 > 남사당놀이에 대한 이해　　　난이도 **상**

정답의 이유

남사당놀이에 관해 묻는 문제이다. 남사당놀이, 일명 남사당패 놀이는 유랑 예인 집단인 남사당패가 길놀이를 하며 놀이판에 도착하여 '풍물 – 버나 – 살판 – 어름 – 덧뵈기 – 덜미'의 순서로 진행하는 여섯 가지의 전통 연희이자 놀이이다. 이것은 노래와 춤, 음악, 놀이가 결합된 총체적 성격을 지닌다.

④ '살판'은 땅에서 부리는 재주를 말한다. 기본 동작은 앞구르기, 뒤구르기, 공중제비, 공중비틀기, 물구나무서기와 이동하기, 3회전 공중돌기, 앉은뱅이걸음 등이 있다. 따라서 ④의 '살판'에 대한 설명은 틀렸다.

📡 적중레이더

남사당놀이
• 풍물(농악): 풍물은 공연 시작을 알리고 사람들을 공연장으로 끌어모으는 역할을 담당했다. 삼한 시대부터 전해져 내려오던 놀이로, 초기에는 간단히 북과 장구를 치는 것이 전부였다가 시간이 흐르면서 여러 악기가 더해지고 인원도 많아졌다. 풍물패는 최소 24명 정도가 1조를 이뤄 남사당패에서 가장 큰 규모를 자랑한다.
• 버나(사발 돌리기): 약 40cm 길이의 나무 막대기를 사용하여 쳇바퀴를 돌리는 복잡한 기술을 선보인다.
• 살판(땅재주): 이 마당에서는 지상에서 다양한 곡예를 펼친다.
• 어름(줄타기): 어름사니가 팽팽한 외줄 위에서 여러 가지 곡예를 펼치는 사이사이에 바닥의 어릿광대와 재담을 주고받으며 가창을 하기도 한다. 줄은 높이 2.5m에 약 9~10m의 길이로 설치된다.
• 덧뵈기(가면극): 13명의 연희자가 등장하는 네 마당은 공연의 시작을 알리는 마당씻이, 잘못된 외래문화 수입을 비판하는 옴탈마당, 양반을 조롱하는 샌님잡이, 문란한 성에 대해 비판하는 먹중으로 구성된다.
• 덜미(꼭두각시놀음): 31종의 인형 총 51개가 등장하며 2마당 7거리로 공연된다. 인형 조종자들이 막 뒤에서 인형을 조종하면서 악사들과 함께 무대 앞에 앉은 화자들과 대화를 주고받는다.

2019 | 기출문제해설

☑ 점수 (　　)점/100점　☑ 문제편 033쪽

영역 분석

문법	16문항	★★★★★★★★★★★★★★★★	64%
문학	5문항	★★★★★	20%
비문학	2문항	★★	8%
어휘	1문항	★	4%
화법과 작문	1문항	★	4%

빠른 정답

01	02	03	04	05	06	07	08	09	10
③	②	④	③	④	①	②	②	①	①
11	12	13	14	15	16	17	18	19	20
②	④	④	③	④	④	①	①	①	④
21	22	23	24	25					
②	③	④	③	③					

01 　1 2 3　　　　정답 ③

영역 국어 규범 > 한글 맞춤법　　　　난이도 중

정답의 이유

한글 맞춤법에 해당하는 문제이다. 한글 맞춤법 제21항 2의 (1) 규정에 따라 겹받침의 끝소리가 드러나지 아니하는 것, (2) 어원이 분명하지 아니하거나 본뜻에서 멀어진 것은 소리대로 적는다.

ⓐ '널따란'은 겹받침의 끝소리가 드러나지 않는 경우에 해당하므로 '널따란'으로 표기하는 것이 적절하다.

ⓑ '넓다'의 어간 '넓-'에 자음으로 시작하는 접미사가 결합한 경우, 본뜻이 유지되면서 겹받침 끝소리인 'ㅂ'이 소리 나는 경우에는 원형을 밝혀 적는다. 따라서 '넓죽해서'로 표기하는 것이 옳다.

ⓒ '굵다'에서 '굵다랗다'가 될 때에는 뒤에 있는 받침인 'ㄱ'이 발음이 되므로 원형을 밝혀 '굵다랗대[국:따라타]'로 적는다. 즉, 겹받침에서 앞의 소리가 발음이 되면 원형을 밝혀 적지 않고, 뒤의 소리가 발음이 되면 원형을 밝혀 적는다. '굵다란'도 ⓑ와 마찬가지로 겹받침 중 뒤의 소리가 발음되는 경우이므로 '굵다란'으로 표기한다.

오답의 이유

ⓒ 둘 이상의 단어가 어울리거나 접두사가 붙어서 이루어진 말은 각각 그 원형을 밝히어 적는다(한글 맞춤법 제27항). 따라서 '싫증'으로 표기하는 것이 옳다.

ⓓ '얇다란'은 ⓐ와 마찬가지로 겹받침의 끝소리가 드러나지 않는 경우에 해당하므로 '얄따란'으로 표기해야 한다.

02 　1 2 3　　　　정답 ②

영역 고전 시가 > 「용비어천가」　　　　난이도 상

정답의 이유

② 밑줄 친 글자인 '기픈, 깊고, 높고, 몬, 닢'의 표기를 보면 종성(받침)에 'ㄷ, ㅍ'을 표기하였음을 알 수 있다. 이 가운데 'ㅍ'은 초성에만 쓰이는 자음인데 이를 종성에도 표기하고 있으므로 종성의 글자를 별도로 만들지 않고 초성에 쓰이는 글자를 다시 사용한다는 종성 제자 원리인 '종성부용초성(終聲復用初聲)'이 적용되었음을 알 수 있다.

그러나 실제로 '종성부용초성(終聲復用初聲)' 원칙이 적용된 문헌은 『월인천강지곡』과 『용비어천가』 두 문헌뿐이고, 대체로 종성으로 'ㄱ, ㆁ, ㄷ, ㄴ, ㅂ, ㅁ, ㅅ, ㄹ' 8자만 사용해도 족하다는 의미의 '팔종성가족용법(八終聲可足用法)'이 적용되었다.

오답의 이유

④ 종성독용팔자(終聲獨用八字): 종성에는 'ㄱ(기역/其役), ㆁ(이웅/異凝), ㄷ(디귿/池末), ㄴ(니은/尼隱), ㅂ(비읍/非邑), ㅁ(미음/眉音), ㅅ(시옷/時衣), ㄹ(리을/梨乙)'의 8개 글자만 쓴다는 규칙을 말한다. 이는 『훈민정음해례』에서 규정한 '팔종성법(八終聲法)'과 같은 의미이다.

「용비어천가」 현대어 풀이

[2장]

뿌리가 깊은 나무는 바람에 흔들리지 않으므로, 꽃이 좋고 열매가 많습니다.

샘이 깊은 물은 가뭄에도 물이 끊어지지 않으므로, 냇물이 되어 바다로 흘러갑니다.

[34장]

강물은 깊고 배는 없건마는 하늘이 명하시매 (금나라 태조는) 말 탄 채로 (그 깊은 강을) 건너신 것입니다.

성은 높고 사닥다리는 없건마는 하늘이 도우시매 (태조는) 말을 탄 채로 (그 높은 성을) 내리신 것입니다.

[84장]

임금이 어지시건마는 태자를 못 얻으시매 누운 나무가 일어선 것입니다.

나라가 오래건마는 하늘의 명 다해 가매 이운 나무에 새 잎이 난 것입니다.

📖 작품 해설

정인지 외, 「용비어천가」

• 갈래: 서사시, 악장
• 성격: 송축적, 서사적, 예찬적
• 표현: 대구법, 영탄법, 설의법 등의 다양한 수사법을 사용
• 특징
　– 한글로 된 최초의 장편 서사시
　– 15세기 중세 국어 연구의 귀중한 자료
　– 세종 27년(1445년) 집필
　– 1장, 125장 등의 파격장을 제외하고는 기본적으로 2절 4구의 대구 형식을 취함
• 주제: 조선 왕조 창업의 정당성

🎯 이렇게 출제됐어요

1 중세 국어 표기법에 대한 설명 중 옳은 것을 모두 고른 것은?

'18 서울시 7급 ①

㉠ 종성 표기에는 원칙적으로 'ㄱ, ㆁ, ㄷ, ㄴ, ㅂ, ㅁ, ㅅ, ㄹ'의 8자만 쓰였다. → 팔종성법(八終聲法)

㉣ 음절을 초성, 중성, 종성의 3분법으로 분석하였으나 종성 글자는 따로 만들지 않고 초성 글자를 그대로 다시 썼다. → 종성부용초성(終聲復用初聲)

㉤ 'ㅇ'을 순음 아래 이어쓰면 순경음이 된다. → ㆄ, ㅸ, ㅱ, ㆄ

---

03 [1][2][3]　　　　　정답 ④

영역 국어 규범 > 한글 맞춤법 > 준말　　　난이도 중

정답의 이유

④ '다투었군요'는 모음 'ㅗ, ㅜ'로 끝난 어간에 '-아/-어, -았-/-었-'이 어울려 'ㅘ/ㅝ, ㅘㅆ/ㅝㅆ'으로 될 적에는 준 대로 적는다(한글 맞춤법 제35항)는 규정에 따라 '다퉜군요'로 표기할 수 있다.

오답의 이유

① 'ㅟ' 뒤에 '-었-'이 어울려 준다는 규정이 없으므로 '바뀌었다'로 표기해야 한다.

② 표준어 규정 제26항에서 복수 표준어인 '-이에요/-이어요'의 쓰임을 보면 자음으로 끝난 명사 뒤에는 '-이에요/-이어요'가 붙고 축약은 할 수 없으나 모음으로 끝난 명사 뒤에는 '-이에요/-이어요'가 붙고 축약도 가능하다. 예를 들어 자음으로 끝난 명사인 '책'의 경우 '책이에요/책이어요'는 가능하지만 '책예요, 책여요'로 표기하는 것은 불가능하고, 모음으로 끝난 명사인 '나무'는 '나무이에요/나무이어요'로 표기할 수도 있고 '나무예요/나무여요'로도 표기할 수 있다. '품종이어요'는 '책'과 같이 자음으로 끝난 명사이므로 '품종여요'로 줄여 쓸 수 없다.

③ '줄어들었습니다'는 줄어 쓴다는 규정에 해당하지 않으므로 '줄어들었습니다'로 표기해야 한다.

---

04 [1][2][3]　　　　　정답 ③

영역 국어 규범 > 로마자 표기법　　　난이도 상

정답의 이유

• '김치'는 보통 명사이므로 첫 글자를 소문자로 쓰고 모음 앞에 'ㄱ'은 'g'로 써야 하지만 국립 국어원이 2014년 발표한 한식명 로마자 표기법에 따라 'k'로 쓰는 것도 가능하다. 따라서 'gimchi' 혹은 'kimchi'로 표기한다.

• '설날'은 표준 발음이 [설:랄]이므로 'ㄹㄹ'에 해당하여 'll'로 표기해야 한다. 또한 'ㄹ'이 모음 앞에서는 'r'로 표기하고, 자음 앞이나 어말에서는 'l'로 표기하므로 '설날[설:랄]'은 'seollal'과 같이 표기한다.

• '왕십리'는 표준 발음이 [왕심니]이고 고유 명사이므로 'Wangsimni'로 표기해야 한다.

• '벚꽃'은 표준 발음이 [벋꼳]이고, 'ㄷ'은 모음 앞에서는 'd'로 표기하고 자음 앞이나 어말에서는 't'로 표기하므로 'beotkkot'으로 표기한다.

• '속리산'은 표준 발음이 [송니산]이고 고유 명사에 해당하므로 'Songnisan'으로 표기한다.

- '불국사'의 표준 발음은 [불국싸]이고 고유 명사이다. 로마자 표기는 된소리를 표기에 반영하지 않으므로 'Bulguksa'로 표기해야 한다.
- '대관령'은 표준 발음이 [대:괄령]이고 고유 명사에 해당하므로 'Daegwallyeong'으로 표기해야 한다.
- '백마강'은 표준 발음이 [뱅마강]이고 고유 명사이다. 또한 로마자 표기법 제6항에 따라 자연 지물명, 문화재명, 인공 축조물명은 붙임표 없이 붙여 쓴다고 했으므로 'Baengmagang'으로 표기해야 한다.

05 1 2 3   정답 ④

영역 어휘 > 한자 성어   난이도 **하**

정답의 이유

빈칸 추론 문제로 빈칸의 앞뒤 문맥을 보면 노파가 팔려는 물건을 내가 갖고 싶어 한다는 것을 알 수 있다. 따라서 이와 유사한 의미의 한자 성어는 '침을 만 길이나 흘린다'는 뜻의 제 소유로 만들고 싶어서 몹시 탐냄을 이르는 말인 ④ 垂涎萬丈(드리울 수, 침 연, 일만 만, 어른 장)이다.

오답의 이유

① 小貪大失(작을 소, 탐할 탐, 큰 대, 잃을 실): 작은 것을 탐하다가 큰 것을 잃음을 이르는 말이다.
② 寤寐不忘(잠깰 오, 잠잘 매, 아닐 불, 잊을 망): 자나 깨나 잊지 못함을 이르는 말이다.
③ 十匙一飯(열 십, 숟가락 시, 한 일, 밥 반): 밥 열 술이 한 그릇이 된다는 뜻으로, 여러 사람이 조금씩 힘을 합하면 한 사람을 돕기 쉬움을 이르는 말이다.

06 1 2 3   정답 ①

영역 국어사 > 고전 문헌의 이해   난이도 **중**

정답의 이유

① 최세진이 1527년에 쓴 『훈몽자회』는 한국어를 기술하기 위해 만든 것이 아니라 어린이들의 한자 학습을 위해 간행한 교재이다. 한자의 음훈을 한글로 풀이했기 때문에 중세 국어의 어휘를 알 수 있는 자료이다.

오답의 이유

② 『한불자전』: 파리외방선교회가 1880년에 간행한 책으로, 한국어를 불어로 풀이한 사전이다. 따라서 『한불자전』은 한국어를 기술하기 위해서 만든 교재라 할 수 있다.

③ 『말모이』: 우리나라 최초의 국어사전으로 주시경 등이 1911년에 조선 광문회에서 편찬하였으나 완성하지는 못하였다.
④ 『큰사전』: 1929년 조선어 사전 편찬회가 창립되어 편찬한 대규모의 종합 국어사전으로 1957년에 완성되었다. 28년의 편찬 기간 동안 조선어 사전 편찬회가 조선어 학회에 통합되고, 조선어 학회가 한글 학회로 이름을 개칭하여 한글 학회가 엮은 사전이 되었다.

07 1 2 3   정답 ②

영역 통사론 > 높임법   난이도 **상**

정답의 이유

〈보기〉의 '아버지가 쓰시던 물건을 그분께 가져다 드렸습니다.'에는 '-시-'를 통해 주체 높임법이 사용되었으며, '께', '드리다'를 통해 객체 높임법이 사용되었다. 또한 '드렸습니다'를 통해 상대 높임법을 실현하였다. 즉, 〈보기〉에 제시된 문장에는 주체·객체·상대 높임법이 모두 나타난다.
② '계시다'를 통한 주체 높임법이 실현되었으며, '(선생님께) 여쭈었던'을 통해 객체 높임법이 실현되었다. 그리고 '-습니다'를 통한 상대 높임법이 실현되어 주체·객체·상대 높임법이 모두 나타나고 있음을 알 수 있다.

오답의 이유

① '모시고'를 통해서 객체 높임법이 실현되었음을 알 수 있으며, '-습니다'에는 상대 높임법이 쓰였다. 그러나 주체 높임법은 쓰이지 않았다.
③ '께서'를 통해 주체 높임법이 사용되었고, '주셨습니다'를 통해 상대 높임법이 실현되었으나, 객체 높임법은 쓰이지 않았다.
④ '께서', '계시다'를 통해 주체 높임법이 사용되었고, '계십니다'를 통해 상대 높임법이 실현되었으나 객체 높임법은 사용되지 않았다.

🔎 이렇게 출제됐어요

1 다음 글의 (   ) 안에 들어갈 문장으로 적절한 것은?   '19 국가직 9급

┌ 보기 ─────────────────────────────
이러한 높임 표현은 한 문장에서 복합적으로 실현되기도 하는데, (   )의 경우, 대화의 상대, 서술어의 주체, 서술어의 객체를 모두 높인 표현이다.
└─────────────────────────────

③ 어머니께서 아주머니께 이 김치를 드리라고 하셨습니다.
　→ -습니다(상대 높임), 께서, -시-(주체 높임), 께, 드리다(객체 높임)

08 [1][2][3] 　　　　　　　　　　　　　　정답 ②

영역 수필 > 순서 맞추기　　　　　　　　　난이도 중

정답의 이유

(라) 비자반 중 일등품 위에 특급품이라는 것이 있음을 소개하고 있다. 반면에 머리카락 같은 흉터가 있을 때 특급품이며 일급보다 더 비싸진다고 이야기한다.

(나) 반면이 갈라지는 사고가 생겼으나 회생의 여지가 있을 때 헝겊을 싸고 뚜껑을 덮어서 간수해 둔다고 말하고 있다.

(다) 1～3년까지 내버려 두면 바둑판은 제 힘으로 제 상처를 고쳐서 유착하고 균열진 자리에 머리카락 같은 흔적이 남는다고 이야기하고 있다.

(가) 균열이 생겼다가 도로 유착·결합했다는 것이 비자반의 특질인 유연성을 보여주는 졸업 증서임을 알려주고 있다.

따라서 제시문의 전개 순서는 화제를 제시한 (라)가 제일 처음 오고, 특급품에 있는 가느다란 흉터를 설명하는 (나), 그리고 상처가 1～3년이란 시간이 흘러 유착한다는 (다), 상처가 갖는 의미를 설명하는 (가)가 마지막에 오는 것이 적절하다.

📖 작품 해설

김소운, 「특급품」
- 갈래: 수필
- 성격: 교훈적, 유추적
- 표현: 작가의 생각과 사실을 혼합해 독자의 이해를 도움
- 제재: 삶의 이해와 애정
- 구성: 3단 구성(기-서-결)
  - 기: 비자반(榧子盤)의 사례
  - 서: 인생의 과실과 비자의 유연성
  - 결: 유연성으로 과실을 다스림
- 주제: 과실을 극복해낸 인생의 가치, 유연한 삶
- 출전: 『건망허망(健忘虛妄)』(1952)

09 [1][2][3] 　　　　　　　　　　　　　　정답 ①

영역 수필 > 주제 파악하기　　　　　　　　　난이도 중

정답의 이유

김소운의 수필 「특급품」의 주제는 상처가 생겼더라도 이를 극복하면 진정한 '특급품'이 될 수 있다는 것이다. 따라서 정답은 ① '과실이 생겨도 융통성 있게 헤쳐 나가야 한다.'이다.

오답의 이유

② 제시문은 각박한 현실에 맞서서 대항하는 것이 아니라 불측의 사고에 대응하는 유연한 자세에 대해서 이야기하고 있다.

③ 제시문은 대상을 신비로운 상태로 남겨 두는 것과 아무런 관련이 없다.

④ 「특급품」은 불측의 사고를 유연하게 극복하라는 것일 뿐 위기를 기회로 삼으라는 것과는 거리가 멀다.

10 [1][2][3] 　　　　　　　　　　　　　　정답 ①

영역 국어 규범 > 한글 맞춤법 > 띄어쓰기　　　난이도 중

정답의 이유

① 부자∨간(×) → 부자간(○): '간'은 사이나 관계를 나타내는 의존 명사이므로 앞말과 띄어 써야 한다. 하지만 '부자간, 모자간, 부부간' 등과 같은 단어는 하나의 낱말(합성어)로 굳어졌으므로 붙여 쓰는 것이 적절하다.

오답의 이유

② 재학∨중(○): '중'은 '무엇을 하는 동안'이라는 의미의 의존 명사이므로 앞말과 띄어 쓴다.

③ 만난∨지도(○): '지'가 시간의 경과를 나타낼 때는 의존 명사이므로 앞말과 띄어 쓴다.

④ 보는∨데만(○): '데'가 '곳, 장소, 일, 것, 경우' 등의 의미로 쓰일 때는 의존 명사이다. 제시된 문장에서는 '일'이나 '것'의 뜻을 나타내는 의존 명사로 쓰였으므로 앞말과 띄어 쓴다.

⚙️ 이렇게 출제됐어요

1 띄어쓰기가 옳지 않은 것은?　　　　　　　　'18 지방직 9급
③ 저 집은 부부 간(→ 부부간)에 금실이 좋아.

2 밑줄 친 부분의 띄어쓰기가 바르지 않은 것은?　　'14 국가직 9급
② 요즘 세대간(→ 세대∨간) 갈등이 심화되었다.　　의존 명사 '간'

3 ⊙～ⓔ 중 고친 띄어쓰기가 옳지 않은 것은?　　　'15 경찰 ③
① ⊙ 떠난지 → 떠난 지　　의존 명사 '지'
② ⓒ 뜻한것 → 뜻한 것　　의존 명사 '것'
③ ⓒ 친구처럼(○) → 친구 처럼(×)　　조사 '처럼'
④ ⓔ 이룰수 → 이룰 수　　의존 명사 '수'

11 [1][2][3]   정답 ②

정답의 이유

② 표준어 규정 제22항 '고유어 계열의 단어가 생명력을 잃고 그에 대응되는 한자어 계열의 단어가 널리 쓰이면, 한자어 계열의 단어를 표준어로 삼는다.'라는 규정에 따라 '개다리소반'이 표준어이고, '개다리밥상'은 비표준어이다.

오답의 이유

①·③·④ 모두 표준어 규정 제22항에 따라 '총각무, 방고래, 산누에' 등은 표준어이고, '알타리무, 구들고래, 멧누에' 등은 비표준어이다.

12 [1][2][3]   정답 ④

영역 국어 일반론 > 사전 찾기   난이도 하

정답의 이유

④ '신신당부하다'는 명사인 '신신당부(申申當付)'에서 접미사인 '–하다'가 붙은 경우로, 하나의 단어이기 때문에 사전에 검색이 된다.

오답의 이유

① '생각대로'는 명사인 '생각'에 보조사인 '대로'가 붙은 경우로, 하나의 단어가 아니기 때문에 『표준국어대사전』에는 검색되지 않는다.

② '그릇째'는 명사인 '그릇'에 접미사인 '–째'가 붙은 경우로, 하나의 단어가 아니기 때문에 『표준국어대사전』에는 검색되지 않는다.

③ '들려주곤'은 기본형이 '들려주다'이므로 '들리다'가 아니라 '들려주다'를 검색해야 한다.

13 [1][2][3]   정답 ④

영역 국어 규범 > 한글 맞춤법 > 준말   난이도 중

정답의 이유

④ '올곧지 않다'는 한글 맞춤법 제39항 '어미 '–지' 뒤에 '않–'이 어울려 '–잖–'이 될 적에는 준 대로 적는다.'라는 규정에 따라 '올곧잖다'로 써야 한다.

오답의 이유

① '당찮다'는 '당하지 않다'의 준말로 '–하지' 뒤에 '않–'이 어울려 '–찮–'이 된다는 규정에 따라 '당찮다'로 표기하는 것이 적절하다.

② '그렇잖다'는 '그렇지 않다'의 준말로 '–지 않–'이 어울려 '–잖–'이 되므로 '그렇잖다'로 표기하는 것이 적절하다.

③ '달갑잖다'는 '달갑지 않다'의 준말로 '–지 않–'이 어울려 '–잖–'이 되므로 '달갑잖다'로 쓰는 것이 적절하다.

14 [1][2][3]   정답 ③

영역 국어 규범 > 한글 맞춤법 > 사이시옷   난이도 상

정답의 이유

'근삿값'은 한자어인 '근사(近似)'에 순우리말인 '값'이 결합한 합성어로 [근:사깝/근:삳깝]과 같이 뒷말의 첫소리가 된소리로 발음되는 단어이다. 따라서 순우리말과 한자어로 이루어진 합성어로서 앞말이 모음으로 끝난 경우 뒷말의 첫소리가 된소리로 발음되므로 한글 맞춤법 제30항 2 (1)에 따라 사이시옷을 받치어 적는다.

③ '전셋집'은 한자어인 '전세(傳貰)'와 순우리말인 '집'으로 이루어진 합성어로 [전세찝/전섿찝]과 같이 뒷말의 첫소리가 된소리로 발음되므로 '근삿값'과 마찬가지로 사이시옷을 받치어 적는다.

오답의 이유

① '시냇물'은 순우리말인 '시내+물'로 이루어진 합성어로서 앞말이 모음으로 끝난 경우이다. 또한 뒷말의 첫소리 'ㄴ, ㅁ' 앞에서 'ㄴ' 소리가 덧나는 경우이므로 한글 맞춤법 제30항 1 (2)에 따라 사이시옷을 받치어 적는다.

② '조갯살'은 순우리말인 '조개+살'로 이루어진 합성어로서 앞말이 모음으로 끝난 경우이다. 또한 뒷말의 첫소리가 된소리로 발음되므로 한글 맞춤법 제30항 1 (1)에 따라 사이시옷을 받치어 적는다.

④ '두렛일'은 순우리말인 '두레+일'로 이루어진 합성어로서 앞말이 모음으로 끝난 경우이다. 뒷말의 첫소리 모음 앞에서 'ㄴㄴ' 소리가 덧나는 경우에 해당하므로 한글 맞춤법 제30항 1 (3)에 따라 사이시옷을 받치어 적는다.

사이시옷

- 순우리말로 된 합성어로서 앞말이 모음으로 끝난 경우

뒷말의 첫소리가 된소리로 나는 것	고랫재, 귓밥, 나룻배, 나뭇가지, 냇가, 댓가지, 뒷갈망, 맷돌, 머릿기름, 모깃불, 못자리, 바닷가, 뱃길, 볏가리, 부싯돌, 선짓국, 쇳조각, 아랫집, 우렁잇속, 잇자국, 잿더미, 조갯살, 찻집, 쳇바퀴, 킷값, 핏대, 햇볕, 혓바늘
뒷말의 첫소리 'ㄴ, ㅁ' 앞에서 'ㄴ' 소리가 덧나는 것	멧나물, 아랫니, 텃마당, 아랫마을, 뒷머리, 잇몸, 깻묵, 냇물, 빗물
뒷말의 첫소리 모음 앞에서 'ㄴㄴ' 소리가 덧나는 것	도리깻열, 뒷윷, 두렛일, 뒷일, 뒷입맛, 베갯잇, 욧잇, 깻잎, 나뭇잎, 댓잎

- 순우리말과 한자어로 된 합성어로서 앞말이 모음으로 끝난 경우

뒷말의 첫소리가 된소리로 나는 것	귓병, 머릿방, 뱃병, 봇둑, 사잣밥, 샛강, 아랫방, 자릿세, 전셋집, 찻잔, 찻종, 촛국, 콧병, 탯줄, 텃세, 핏기, 햇수, 횟가루, 횟배
뒷말의 첫소리 'ㄴ, ㅁ' 앞에서 'ㄴ' 소리가 덧나는 것	곗날, 제삿날, 훗날, 툇마루, 양칫물
뒷말의 첫소리 모음 앞에서 'ㄴㄴ' 소리가 덧나는 것	가욋일, 사삿일, 예삿일, 훗일

- 두 음절로 된 다음 6개의 한자어 '곳간(庫間), 셋방(貰房), 숫자(數字), 찻간(車間), 툇간(退間), 횟수(回數)'를 제외하고 한자어와 한자어 사이에는 사이시옷을 표기하지 않는다.

⚙ 이렇게 출제됐어요

1 사이시옷 표기가 올바르지 않은 것은?   '14 국회직 9급

② 전셋방(→ 전세방): 한자어 사이에는 사이시옷을 표기하지 않음

2 표기가 모두 옳은 것은?   '15 국회직 9급

① 우윳빛(牛乳빛), 전셋집(傳貰집), 전세방(傳貰房), 인사말(人事말: 사잇소리가 나지 않음), 머릿방(머릿房: 안방 뒤에 딸린 작은 방)

---

15   1 2 3   정답 ④

영역 독해 > 세부 내용 파악하기	난이도 중

정답의 이유

④ (가) 문단에서 CD는 저음역의 음악 정보를 제대로 담지 못한다고 하였고, (나) 문단에서 이러한 오류가 발생하는 이유는 디지털화의 기본 처리 과정에서 해상도를 충분히 확보하지 못해 음악 정보가 원본과 다른 근삿값으로 바뀌어 기록되기 때문이라고 하였다. 또한 이를 이해하기 쉽게 소수점 한 자리까지 처리할 수 있는 성적 시스템과 소수점 이하를 처리하지 못하는 시스템을 비교한 사례를 들고 있다. 즉, 해상도가 떨어지는 CD의 디지털 전환은 저음역의 미세한 차이를 차원이 다른 결과로 바꿔 버린다는 것을 독자가 이해하기 쉽도록 다른 시스템을 예시로 든 것이며, CD가 소수점 이하를 처리할 수 있는지 여부를 설명한 것은 아니다.

오답의 이유

① (가) 문단의 '고음역이 깨끗하게 들리는 CD는 ~'이라는 부분과 (다) 문단의 '잡음 없는 깨끗한 소리를 전달한다는 장점과 ~'라는 부분에서 확인할 수 있다.

② (다) 문단의 '디지털의 오류는 44.1kHz, 16비트 해상도의 ~CD가 안고 있는 치명적인 단점이다.'라는 부분에서 확인할 수 있다.

③ (라) 문단의 'CD와 LP로 비교하여 들어 보면, ~ 클래식 음악을 CD로 듣고 있으면, 마치 모래 위에 지어진 집처럼 위태롭고 불안한 느낌이 들곤 한다.'라는 부분에서 확인할 수 있다.

---

16   1 2 3   정답 ④

영역 독해 > 글의 설명 방식	난이도 상

정답의 이유

④ (가) 문단에서는 CD를 '반쪽짜리 그릇'이라고 표현하였으므로 은유법이 사용되었다. (다) 문단에서는 CD를 '작은 그릇'이라고 표현하였으므로 은유법이 사용되었고, '깍두기 현상이 나타나듯'에서 직유법이 사용되었다. (라) 문단에서는 '모래 위에 지어진 집처럼'에서 직유법이 사용되었다. 따라서 (가)·(다)·(라) 문단은 은유법과 직유법을 사용하고 있음을 알 수 있다.

오답의 이유

① (가)는 결과이고, (나)는 원인에 해당한다.

② (나)는 수학적 원리를 이용하여 설명하고 있으나, (다)는 수학적 원리를 이용하여 설명하지 않았다.

③ (다)와 (라)는 CD의 단점을 설명하고 있다.

17 [1][2][3]

영역 국어 규범 > 한글 맞춤법 > 띄어쓰기　　　난이도 하

정답의 이유

① 갔던데요(×) → 갔던∨데요(○): '데'가 '곳, 장소, 일, 것, 경우'를 나타내는 의존 명사로 쓰이는 경우 앞말과 띄어 쓴다. '갔던 데요' 의 '데'는 '곳, 장소'를 나타내는 의존 명사이므로 앞말과 띄어 써야 한다.

오답의 이유

② · ③ · ④ 모두 의존 명사인 '곳, 장소, 일, 것, 경우'에 해당하지 않고 종결 어미로 사용되었으므로 앞말인 어간에 붙여 쓰는 것이 적절하다.

⊙ 이렇게 출제됐어요

1 띄어쓰기가 옳은 것은?　　　'16 서울시 9급
④ 나는∨나대로∨갈∨데가∨있으니∨너는∨네가∨가고∨싶은∨데로∨가거라.

18 [1][2][3]

정답 ①

영역 고전 시가 > 「관동별곡」　　　난이도 중

정답의 이유

① (가)는 '비로봉에 올라보니 그대는 누구이신가'가 아니라 '(금강산의 최고봉인) 비로봉 맨 꼭대기에 올라 본 사람이 누구이신가?' 정도로 해석해야 한다.

▤ 작품 해설

정철, 「관동별곡(關東別曲)」
- 갈래: 양반 가사, 기행 가사, 정격 가사
- 성격: 서사적, 서정적, 비유적, 유교적, 도교적, 묘사적, 충의적
- 표현
  - 우리말의 아름다움을 살린 표현의 사용
  - 영탄, 대구, 은유, 직유 등의 다양한 수사법 사용
  - 비유적 표현을 통한 역동적인 경치 묘사
- 제재: 금강산, 관동 팔경
- 구성: 3단 구성(서사 – 본사 – 결사)
  - 서사: 관찰사 부임과 관내 순시
  - 본사 1: 금강산 유람
  - 본사 2: 관동 팔경 유람
  - 결사: 망양정에서의 월출, 꿈속에서 신선을 만난 후의 감회
- 특징
  - 여정 및 산수, 고사, 감회 등 다양한 내용을 담고 있음

- 화자의 정서적 추이와 갈등이 함축적으로 드러남
- 3(4) · 4조, 4음보의 율격을 기본으로 함
- 추보식 구성의 시상 전개
- 생략을 활용하여 부임 과정을 속도감 있게 전개
- 선정(善政)의 포부, 연군지정(戀君之情), 우국지정(憂國之情)의 태도
- 충정, 애민, 신선(神仙) 등 유교 · 도교적인 사상적 배경이 나타남
- 위정자로서의 치세의 욕구와 개인으로서의 풍류의 욕구 사이에 갈등이 나타남
- 주제: 관동 지방의 절경과 연군, 선정의 포부, 애민 정신
- 출전: 『송강가사』

19 [1][2][3]

정답 ①

영역 화법과 작문 > 회의　　　난이도 중

정답의 이유

'회의 의안 심의 과정'에서 '의안'이란 회의에서 심의하고 토의할 안건이란 뜻으로 제출된 안건을 심의하는 과정을 묻는 문제이다.

① 안건이 제출되면 제출된 안건을 상정(토의할 안건을 회의 석상에 내어놓음)하고 안건을 제안한 사람이 안건에 대해 설명(제안 설명)한 후 회의에 참석한 사람들의 질의응답 과정을 거치게 된다. 그 다음 찬반토론을 거쳐 표결을 통해 안건을 처리한 후 폐회한다.

20 [1][2][3]

정답 ④

영역 국어 규범 > 올바른 문장 표현　　　난이도 중

정답의 이유

'새다'는 '날이 밝아 오다'라는 뜻의 자동사로 '날이 새다, 밤이 새다' 등과 같이 사용한다. ① · ② · ③ · ④ 모두 '한숨도 자지 아니하고 밤을 지내다'의 뜻으로 사용되었으므로 자동사인 '새다'가 아닌 타동사인 '새우다'를 써야 한다. 따라서 '밤을 새웠다'로 표기한 ④만 올바르다.

오답의 이유

① 목적어인 '밤을'이 있으므로 타동사인 '새우다'를 사용하여 '밤을 새워서라도'로 써야 한다.

② '밤새지'가 아니라 '밤새우지'로 써야 한다. 참고로 '밤새우다'는 '잠을 자지 않고 밤을 보내다'라는 뜻으로 하나의 단어이다.

③ '밤샌'이 아니라 '밤새운'으로 써야 한다.

21 [1][2][3]

영역 국어 규범 > 한글 맞춤법 > 두음 법칙 난이도 중

[정답의 이유]

한글 맞춤법 제10항 [붙임 2] '접두사처럼 쓰이는 한자가 붙어서 된 말이나 합성어에서, 뒷말의 첫소리가 'ㄴ' 소리로 나더라도 두음 법칙에 따라 적는다.'라는 규정에 따라 '공(空)+염불(念佛)'은 [공념불]로 발음되더라도 '공염불'로 써야 한다. 하지만 ② '신년도'는 [신년도]로 발음되며, '신년(新年)+도(度)'로 분석되는 구조이므로 위의 규정이 적용되지 않는다.

[오답의 이유]

① '공염불'은 한글 맞춤법 제10항 [붙임 2]의 규정에 따라 '공+염불'로 구성됨을 알 수 있다.

③ 한글 맞춤법 제11항 해설에 따라 '양(量)'이 고유어 '구름'과 결합하면 '구름양'이 되는 것은 '양'이 하나의 독립적인 단어로 인식되기 때문이다.

④ '출가하여 구족계를 받은 여자 승려'를 뜻하는 '비구니(比丘尼)'는 '출가하여 구족계를 받은 남자 승려'를 뜻하는 '비구(比丘)'에 여승을 뜻하는 '니(尼)'의 구성으로 이루어진 단어이다. 따라서 한글 맞춤법 제10항 [붙임 1] '단어의 첫머리 이외의 경우에는 본음대로 적는다.'라는 규정에 따라 '비구니'로 적는 것이다.

이렇게 출제됐어요

1 〈보기〉에 제시된 「한글 맞춤법」의 규정이 바르게 적용되지 않은 것은?

'14 경찰 ②

보기

제12항 한자음 '라, 래, 로, 뢰, 루, 르'가 단어의 첫머리에 올 적에는 두음 법칙에 따라 '나, 내, 노, 뇌, 누, 느'로 적는다.
[붙임 1] 단어의 첫머리 이외의 경우에는 본음대로 적는다.
[붙임 2] 접두사처럼 쓰이는 한자가 붙어서 된 단어는 뒷말을 두음 법칙에 따라 적는다.

① 낙원(樂園), 실락원(失樂園)(→ [붙임 2]에 따라, 실낙원)
② 내일(來日), 왕래(往來)
③ 노인(老人), 상노인(上老人)
④ 누각(樓閣), 광한루(廣寒樓)

22 [1][2][3]

정답 ③

영역 현대시 > 시어의 의미 난이도 하

[정답의 이유]

③ '찬밥'은 엄마의 고생을 나타내는 것이 아니라 화자인 '나'의 처지를 나타내는 시어이다.

[오답의 이유]

① '열무 삼십 단을 이고'는 엄마가 열무를 이고 시장에 간 것을 의미하므로 엄마의 고생을 나타내는 시어라고 할 수 있다.

② '해는 시든 지 오래'는 엄마가 늦게까지 집으로 돌아오지 않는 것을 의미하므로 엄마의 고생을 나타내는 시어라고 할 수 있다.

④ '배추잎 같은 발소리 타박타박'은 일을 끝내고 집으로 돌아오는 엄마의 발소리를 의미하므로 엄마의 고생을 나타내는 시어라고 할 수 있다.

작품 해설

기형도, 「엄마 걱정」

• 갈래: 자유시, 서정시
• 성격: 회상적, 감각적, 서사적
• 표현
  − 감각적 이미지의 사용
  − 감각적 심상을 통한 어린 시절의 외로움과 두려움의 표현
  − 상황을 제시하여 심리를 섬세하게 묘사
  − 유사한 문장의 반복과 변조를 이용한 리듬감 형성, 의미 심화
• 제재: 어머니를 기다리던 가난한 유년기
• 구성
  − 1연: 어머니의 고된 삶, 홀로 어머니를 기다리는 어린 화자의 불안한 마음
  − 2연: 어린 시절을 그리워하는 애틋함
• 특징: 내재율의 율격을 지님
• 주제: 시장에 간 엄마를 걱정하고 기다리던 어린 시절의 외로움
• 출전: 『입 속의 검은 잎』(1989)

23 ☐1 ☐2 ☐3

| 영역 현대시 > 표현 방법 | 난이도 중 |

[정답의 이유]

㉠의 '배추잎 같은 발소리'에는 원관념인 '발소리'를 보조 관념인 '배추잎'에 비유한 직유법이 사용되었다. 직유법은 비슷한 성질이나 모양을 가진 두 사물, 즉 원관념과 보조 관념을 '~같이', '~처럼', '~양', '~듯이' 등의 연결어를 사용하여 직접 연결하는 수사법이다. 이와 동일한 수사법이 쓰인 것은 원관념인 '나'를 '찬밥'에 비유한 ④ '찬밥처럼 방에 담겨'이다.

[오답의 이유]

① '고요한 빗소리'는 조용할 수 없는 빗소리를 고요하다고 표현하여 빗소리에 주변의 소리가 묻혀 오히려 적막하게 느껴지는 현상을 묘사하고 있으므로 역설법이 사용된 것으로 볼 수 있다.

② '내 유년의 윗목'은 외롭고 가난했던 유년 시절을 차가운 '윗목'에 비유한 것으로, 직유법이 아니라 'A의 B'인 은유법이 사용되었다.

③ '해가 시든 지 오래'는 해가 저문 지 오래되었다는 의미로 무생물인 '해'를 시들 수 있는 '꽃'과 같이 생물로 표현하였으므로 활유법이 사용되었음을 알 수 있다. 참고로 '해가 시들었다'는 시간이라는 추상적 개념을 '(꽃이) 시들었다'와 같이 눈에 보이게 시각화(구체화)시켜 표현한 것으로도 설명할 수 있다.

24 ☐1 ☐2 ☐3

| 영역 국어 규범 > 한글 맞춤법 > 문장 부호 | 난이도 중 |

[정답의 이유]

③ 기준 단위당 수량을 표시할 때 해당 수량과 기준 단위 사이에 쓰는 문장 부호는 가운뎃점이 아니라 빗금(/)이다. 예 1,000원/1개

[오답의 이유]

① '마침표'는 제목이나 표어에는 쓰지 않음을 원칙으로 한다.
예 압록강은 흐른다 / 꺼진 불도 다시 보자 / 건강한 몸 만들기

② 열거할 어구들을 생략할 때 사용하는 줄임표 앞에는 쉼표를 쓰지 않는다.
예 광역시는 광주, 대구, 대전……

④ 책의 제목이나 신문 이름 등을 나타낼 때는 겹낫표(『 』)와 겹화살괄호(≪ ≫)를 사용한다. 또한 겹낫표나 겹화살괄호 대신 큰따옴표를 쓸 수 있다.

🎯 이렇게 출제됐어요

1 문장 부호 사용법에 대한 설명으로 옳지 않은 것은? '17 국가직 7급 ㉠

① 의문문의 끝에 마침표나 느낌표를 쓰는 경우도 있다.

② 열거할 어구들을 일정한 기준으로 묶어서 나타낼 때 가운뎃점을 쓴다.

③ 바로 다음 말과 직접적인 관계에 있지 않음을 나타낼 때 쉼표를 쓴다.

④ 한 문장 안에 몇 개의 선택적인 물음이 이어질 때 **각 물음의 뒤**(→ 마지막 물음에만)에 물음표를 쓴다.

2 문장 부호의 용법 설명 중 옳은 것은? '15 경찰 ③

③ '나이[年齡]'에서 고유어에 대응하는 한자어를 보일 때에는 대괄호를 사용한다.

---

25 ☐1 ☐2 ☐3

| 영역 국어 규범 > 외래어 표기법 | 난이도 하 |

[정답의 이유]

③ 외래어 표기법 제1장 표기의 기본 원칙 제3항 "받침에는 'ㄱ, ㄴ, ㄹ, ㅁ, ㅂ, ㅅ, ㅇ'만을 쓴다."라는 규정에 따라 'ㄷ'이 아니라 'ㅅ'을 써야 한다. 참고로 받침에 사용하는 'ㄱ, ㄴ, ㄷ, ㄹ, ㅁ, ㅂ, ㅇ'과 관련이 있는 것은 음절의 끝소리 규칙이다.

[오답의 이유]

① 외래어 표기법 제1장 표기의 기본 원칙 제1항에 해당한다.

② 외래어 표기법 제1장 표기의 기본 원칙 제2항에 해당한다.

④ 외래어 표기법 제1장 표기의 기본 원칙 제4항에 해당한다.

🎯 이렇게 출제됐어요

1 다음 단어들 모두에 공통적으로 적용되는 외래어 표기의 원칙은?
'14 서울시 9급

> 콩트, 더블, 게임, 피에로

① 파열음 표기에는 된소리를 쓰지 않는 것을 원칙으로 한다.

2018 기출문제해설

영역 분석

문법	11문항	★★★★★★★★★★★	44%
문학	6문항	★★★★★★	24%
비문학	5문항	★★★★★	20%
어휘	3문항	★★★	12%

빠른 정답

01	02	03	04	05	06	07	08	09	10
④	④	①	③	③	③	②	②	④	①
11	**12**	**13**	**14**	**15**	**16**	**17**	**18**	**19**	**20**
①	②	①	①	④	②	④	②	②	③
21	**22**	**23**	**24**	**25**					
④	④	④	③	③					

- 일체: '모든 것'이나 '모든 것을 다'를 뜻한다. '일체로' 꼴로 쓰여 '전부 또는 완전히'라는 뜻을 나타내기도 한다.
  예 그는 재산 일체를 학교에 기부했다. / 근심 걱정일랑 일체 털어버리자.

((•)) 적중레이더

'일절'과 '일체'의 쓰임

일반적으로 '일절'은 부정하거나 금지하는 말과 어울린다. 또 '일체'는 조사(을, 를, 의 등)가 붙을 수 있지만 '일절'은 부사이기 때문에 조사를 붙일 수 없다. 그러나 이것을 수학 공식처럼 무조건 기계적으로 대입해서는 안 된다. 예를 들어 '일체의 조미료를 사용하지 않습니다.'와 '조미료를 일절 사용하지 않습니다.'는 둘 다 쓸 수 있다. 뒤에 부정어가 있기 때문에 '일절'로 써야 할 것 같지만 '모든 조미료를 사용하지 않는다.'라는 뜻일 땐 '일체'를, '조미료를 절대로 사용하지 않는다.'라는 의미일 땐 '일절'을 쓴다.

01 123　　　　정답 ④

영역 국어 규범 > 올바른 문장 표현　　　난이도 중

정답의 이유

④ 양태 부사어는 특정 서술어와 호응을 이루는데, '절대'는 부정 서술어와 호응을 이루는 것이 자연스럽다. 따라서 '불법 운전을 절대 해서는 안 된다.'는 어법에 맞는 문장이다.

오답의 이유

① 나이 드는 데로(×) → 나이 드는 대로(○): '어떤 모양이나 상태와 같이'를 뜻하는 의존 명사는 '대로'이다.

② 처들어왔으니(×) → 쳐들어왔으니(○): '적이 무력으로 침입하여 들어오다.'는 뜻의 바른 표현은 '쳐들어오다'이다.

③ 일체(×) → 일절(○): '일체'는 모두, '일절'은 절대, 도무지의 뜻이므로 '일절'이 맞다.

- 일절: '아주, 전혀, 절대로'의 뜻으로, 사물을 부인하거나 행위를 금지할 때 쓴다. 문장 속에서 앞의 내용을 부정할 때 쓰이는 말이다. 주로 '없다', '않다' 등 부정적인 단어와 어울린다.
  예 출입을 일절 금하다. / 일절 간섭하지 마시오.

02 123　　　　정답 ④

영역 국어 규범 > 한글 맞춤법 > 띄어쓰기　　　난이도 상

정답의 이유

④ '물샐틈없다'는 '물을 부어도 샐 틈이 없다.'는 뜻으로, 조금도 빈틈이 없음을 비유적으로 이르는 한 단어이다. 따라서 붙여 쓰는 것이 옳다.

오답의 이유

① 잘할∨뿐더러(×) → 잘할뿐더러(○): '-ㄹ뿐더러, -ㄹ망정, -ㄹ수록'은 연결 어미이므로 앞말에 붙여 쓴다. '-ㄹ뿐더러'는 어떤 일이 그것만으로 그치지 않고 나아가 다른 일이 더 있음을 뜻한다.

② 하잘∨것∨없는(×) → 하잘것없는(○): '하잘것없다'는 '시시하여 해 볼 만한 것이 없다. 또는 대수롭지 아니하다.'는 뜻의 합성어이므로 붙여 쓴다.

③ 보잘것∨없으면서(×) → 보잘것없으면서(○): '보잘것없다'는 '볼만한 가치가 없을 정도로 하찮다.'는 뜻의 합성어이므로 붙여 쓴다.

이렇게 출제됐어요

1 띄어쓰기가 옳은 것은? '17 국회직 8급

④ 보잘것없는∨수입이지만∨저는∨이∨일이∨좋습니다.

---

03 ⃞1⃞2⃞3 정답 ①

영역 독해 > 통일성 · 응집성 난이도 중

정답의 이유

제시문은 국내 드라마와 해외 드라마를 비교하여 국내 드라마의 경쟁력이 떨어지는 원인을 '획일화된 소재(콘텐츠)'로 보고 있다. ㉠은 앞부분에서 언급한 해외 드라마의 장점을 언급하고 있으나, 소재가 아닌 스토리의 다양한 전개 방법에 대하여 설명하고 있으므로 흐름상 ㉠을 삭제하는 것이 매끄럽다.

오답의 이유

② · ③ · ④ 국내 드라마와 달리 외국 드라마는 '다양한 소재(콘텐츠)'를 기반으로 하여 경쟁력이 있다고 말하고 있다.

---

04 ⃞1⃞2⃞3 정답 ③

영역 형태론 > 품사 난이도 하

정답의 이유

③ 밑줄 친 '청춘'은 10대 후반에서 20대에 걸치는 인생의 젊은 나이 또는 그런 시절을 이르는 말로 명사이며, 문장 성분만 독립어이다.

오답의 이유

놀람, 감탄, 화자의 의지, 부르는 말은 감탄사이다.

① '어'는 놀라거나, 당황하거나, 초조하거나, 다급할 때 나오는 소리로 감탄사이다.

② '어머나'는 '어머'를 강조하여 내는 소리로 감탄사이다.

④ '얘'는 부르는 말로 감탄사이다.

이렇게 출제됐어요

1 밑줄 친 단어 중 품사가 다른 하나는? '18 기상직 9급

① 글쎄, 그 일은 나도 잘 모르겠어. 감탄사

② 설마 너까지 나를 의심하는 것은 아니겠지? 부사

③ 그는 자리에서 일어났다. 그리고 창문을 열었다. 접속 부사

④ 오월로 접어든 산골짝의 날씨는 이제야 겨우 봄기운이 느껴진다. 부사

---

05 ⃞1⃞2⃞3 정답 ③

영역 고전 시가 > 「누항사」 난이도 상

정답의 이유

제시된 작품은 박인로의 「누항사」 중 일부로 가난한 화자가 밭을 갈기 위해 소가 필요해서 이웃집에 빌리러 간 장면이다.

㉠ 소를 빌리러 허겁지겁 달려가는 상황이므로 ㉠에 어울리는 말은 '허

위허위'이다.

- 허위허위: 1. 손발 따위를 이리저리 내두르는 모양 2. 힘에 겨워 힘들어하는 모양 예 허위허위 달려가서

ⓒ 이웃집 주인에게 소를 빌리지 못한 상황이므로 고개를 떨구고 맥없이 물러나올 수밖에 없다. 원문에는 '설피설피'로 명시되어 있으나 해당 문제의 보기에 '설피설피'가 없었으므로 가장 근접한 의미였던 '타박타박'을 골라야 한다.

- 타박타박: 조금 느릿느릿 힘없는 걸음으로 걸어가는 모양
- 설피설피: 맥없이 어슬렁어슬렁 걷는 모습

오답의 이유

① 궁싯궁싯: 1. 잠이 오지 아니하여 누워서 몸을 이리저리 자꾸 뒤척거리는 모양 2. 어찌할 바를 몰라 이리저리 자꾸 머뭇거리는 모양

② ・ 너울너울: 1. 물결이나 늘어진 천, 나뭇잎 따위가 부드럽고 느릿하게 굽이져 자꾸 움직이는 모양 2. 팔이나 날개 따위를 활짝 펴고 자꾸 위아래로 부드럽게 움직이는 모양

・ 다문다문: 1. 시간적으로 잦지 아니하고 좀 드문 모양 2. 공간적으로 배지 아니하고 사이가 좀 드문 모양

④ ・ 허둥허둥: 어찌할 줄을 몰라 갈팡질팡하며 자꾸 다급하게 서두르는 모양

・ 설핏설핏: 1. 짜거나 엮은 것이 여럿이 다 거칠고 성긴 모양 2. 잠깐잠깐 나타나거나 떠오르는 모양 3. 잠깐잠깐 풋잠이나 얕은 잠에 빠져드는 모양

📖 작품 해설

박인로, 「누항사(陋巷詞)」
- 갈래: 가사
- 연대: 조선 광해군 3년(1611년)
- 성격: 사실적, 전원적
- 제재: 가난한 삶
- 주제: 가난을 원망하지 않고 자연을 벗 삼으며 윤리적인 삶을 살려고 하는 의지
- 특징
 − 한문 어구와 고사가 많이 사용됨
 − 현실적인 삶의 모습을 구체적이고 생생하게 묘사함
 − 4음보의 율격이 나타남
- 의의
 − 가난한 삶을 사실적으로 형상화하여 이전의 강호가도의 가사와는 다른 독특한 작품 세계를 보여 줌
 − 일상생활의 언어를 폭넓게 사용하여 생동감 있는 표현이 많이 나타나고 있음
- 구성
 [1] 썩은 짚을 땔감으로 쓰고, 덜 데운 숭늉으로 고픈 배를 채움
 [2] 전쟁에 참전했던 일을 회상함
 [3] 소를 빌리려다 수모만 당함
 [4] 농사를 포기함
 [5] 자연을 벗 삼으며 절로 늙기를 소망함
 [6] 빈이무원, 단사표음하는 삶을 지향함
 [7] 태평천하에 충효, 화형제, 신붕우에 힘씀

💡 이렇게 출제됐어요

1 ⓐ~ⓓ 중 화자가 다른 하나는? '15 법원직 9급
ⓐ 초경(初更)도 거읜듸 긔 엇지 와 겨신고 → 소를 가진 이웃 사람이 하는 말
ⓑ 년년(年年)에 이러ᄒ기 구차(苟且)ᄒ 줄 알건마ᄂ → 시적 화자
ⓒ 쇼 업손 궁가(窮家)애 혜염 만하 왓삽노라 → 시적 화자
ⓓ 실위(實爲) 그러ᄒ면 혈마 어이ᄒ고 → 시적 화자

06 1 2 3 정답 ③

영역 국어사 > 고전 문헌의 이해 난이도 상

정답의 이유

③ 『훈몽자회』에서는 초성과 종성으로 함께 쓰인 8자와 초성으로만 사용됐다. 즉 받침으로 쓸 수 없던 8자를 나누어 제시하고 있다. 따라서 초성에 'ㅈ, ㅊ, ㅋ, ㅌ, ㅍ, ㅎ' 6개만 사용하였다는 설명은 옳지 않다.

오답의 이유

① 1527년(중종 22) 조선의 학자이던 최세진은 어린아이들에게 한자를 가르치기 위한 목적으로 『훈몽자회』를 편찬했다.

② 『훈몽자회』에서는 초성과 종성에 모두 쓰일 수 있는 '초성종성통용팔자(初聲終聲通用八字)'와 초성에만 쓰일 수 있는 '초성독용팔자(初聲獨用八字)'를 나누어 배열했다.

초성종성 통용팔자	ㄱ	ㄴ, ㄷ, ㄹ	ㅁ, ㅂ	ㅅ	ㆁ
	아음	설음	순음	치음	아음 (후음)
초성 독용팔자	ㅋ	ㅌ	ㅍ	ㅈ, ㅊ, ㅿ	ㅇ, ㅎ
	아음	설음	순음	치음	후음

④ 『훈몽자회』에서는 11개 모음의 순서를 'ㅏ, ㅑ, ㅓ, ㅕ, ㅗ, ㅛ, ㅜ, ㅠ, ㅡ, ㅣ, ·'로 제시하였다.

📡 적중레이더

최세진, 「훈몽자회」
- 중종 때 최세진이 편찬한 어린이 한자 학습서이다.
- 우리글의 명칭을 '반절'이라 칭했다.
- 한글 자모의 명칭을 최초로 부여하고, 자모의 순서를 정했다. 이 자모의 순서가 오늘날과 유사하다.
- 8종성법을 사용하였다.
- 우리말에 필요 없는 'ㆆ'이 소멸되었다.

07 ① ② ③   정답 ②

영역 통사론 > 높임법   난이도 하

정답의 이유

② 종결 어미를 사용하여 상대에게 친근감을 나타내거나 거리감을 표시할 수 있다. 친근감이 있으면서 청자에게 존대하는 문체는 비격식체 중 '해요체'이다.

오답의 이유

① '-ㅂ니다'는 격식체 중 아주 높임체로 상대에 대한 높임과 거리감을 나타낸다.

③ '-오'는 상대를 약간 높일 때 쓰는 하오체의 어미이다.

④ '-게'는 상대를 약간 낮출 때 쓰는 하게체의 어미이다.

적중레이더

문장의 종류에 따른 상대 높임의 실현

높임 문형	격식체				비격식체	
	해라체	하게체	하오체	합쇼체	해체	해요체
평서형	-(는/ㄴ)다.	-네.	-오.	-(ㅂ)니다.	-어.	-어요.
의문형	-(느)냐?	-(느)ㄴ가?	-오?	-(ㅂ)니까?	-어?	-어요?
감탄형	-(는)구나!	-(는)구먼!	-(는)구려!	-	-어!	-어요!
명령형	-어라.	-게.	-오.	-(ㅂ)시오.	-어.	-어요.
청유형	-자.	-세.	-	-(ㅂ)시다.	-어.	-어요.

이렇게 출제됐어요

1 ⓒ의 밑줄 친 부분이 높이고 있는 인물은?   '14 사복직 9급

ⓒ 할머니, 아버지가 고모에게 전화하는 것을 들었어요.

→ 비격식체의 해요체 어미 '-어요'를 사용하여 청자인 '할머니'를 높이고 있는 상대 높임 표현

2 상대 높임법의 등급이 다른 하나는?   '17 서울시 7급

① 여보게, 어디 가는가?   (→ 하게체)

② 김 군, 벌써 봄이 왔다네.   (→ 하게체)

③ 오후에 나와 같이 산책하세.   (→ 하게체)

④ 어느덧 벚꽃이 다 지는구려.   (→ 하오체)

08 ① ② ③   정답 ②

영역 독해 > 제목 파악하기   난이도 중

정답의 이유

제시문은 관계 내에서 갈등이 발생했을 때를 가정하여 사례를 제시한 후 적절한 대응 전략을 설명하고 있다. 따라서 제시문의 제목으로 가장 적절한 것은 ② '갈등 대응 전략'이다.

오답의 이유

①·③·④ 제목은 글의 요지를 함축한 표현이므로 그 범위가 너무 포괄적이어도 안 되고, 너무 세부적이어도 안 된다.

적중레이더

주제(主題)와 제목(題目)

• 구체적인 사례가 제시되어 있을 때에는 그 사례를 일반화할 수 있는 내용이 주제가 된다.

• 핵심어를 포함하는 문장이 주제문이며, 이를 함축하면 제목이 된다.

09 ① ② ③   정답 ④

영역 독해 > 주제 파악하기   난이도 중

정답의 이유

제시문은 관계 속 갈등 상황은 성급한 판단에서 비롯되므로 성급한 판단을 피하고 객관적 방향으로 표현해야 하는데, 이때 묘사적 언어를 사용해야 한다고 설명한다. 따라서 제시문의 요지는 ④ '성급한 판단을 피하고 묘사적 언어를 사용해야 한다.'가 적절하다.

오답의 이유

② 객관적으로 말을 한다고 문제가 해결되는 것이 아니고, 통합적 해결책을 찾기 위한 출발점이 된다고 하였다.

적중레이더

글의 요지

요지란 대개 필자가 글을 통해 독자에게 전달하고자 하는 '생각'을 뜻한다.

10 ① ② ③   정답 ①

영역 국어 규범 > 한글 맞춤법 > 띄어쓰기   난이도 상

정답의 이유

① '관계 내에'의 '내(內)'는 '(일부 시간적·공간적 범위를 나타내는 명사와 함께 쓰여) 일정한 범위의 안'을 뜻하는 의존 명사이다. ㉠에서 '내'는 '관계'라는 일정 범위 안에서 관련을 맺고 있음을 뜻하고 있으므로 의존 명사로서 '관계'와 띄어 쓴다.

오답의 이유

② '그만하다'는 '상태, 모양, 성질 따위의 정도가 그러하다'는 뜻의 한 단어이다. 따라서 ㉡의 '그만 한'은 '그만한'과 같이 붙여 써야 한다.

③ ⓒ의 '쥐꼬리만하다'는 '쥐꼬리만 하다'와 같이 띄어 써야 한다. '만'은 보조사이므로 체언 '쥐꼬리'와 붙여 쓰고, '한'은 동사 '하다'의 관형사형이기 때문에 앞말과 띄어 쓰는 것이다.

④ '제'는 대명사 '저'에 관형격 조사 '의'가 붙어 줄어든 형태로, 한 단어의 관형사이다. 따라서 '제 이익만'과 같이 다른 단어와 띄어 써야 한다.

11 ⬚1⬚2⬚3   정답 ①

영역 어휘 > 단어의 의미	난이도 상

정답의 이유

① '질정없다'는 '(무엇이) 갈피를 잡아 뚜렷이 결정한 것이 없다.'는 뜻의 형용사이다.

〔예〕 너는 아직도 질정없는 소리를 하고 있구나.

오답의 이유

② 상글하다: '눈과 입을 귀엽게 움직이며 소리 없이 정답게 웃다.'를 뜻하는 동사이다.

③ 부지하다(扶持-/扶支-): '상당히 어렵게 보존하거나 유지하여 나가다.'를 뜻하는 동사이다.

④ 억실억실: '얼굴 모양이나 생김새가 선이 굵고 시원시원한 모양'을 뜻하는 부사이다.

📡 적중레이더

박경리, 『토지』
박경리의 장편 대하소설인 『토지』는 구한말부터 1945년 해방에 이르기까지를 배경으로 한 작품이다. 한말 지주 가문인 최씨 일가와 주변 인물들의 삶을 통해 인간의 보편성에 대한 심도 깊은 탐구와 새로운 삶에 대한 전망을 보여주고 있다.

12 ⬚1⬚2⬚3   정답 ②

영역 독해 > 순서 맞추기	난이도 하

정답의 이유

〈보기〉의 시작 부분에서 '이 말을 다시 하자면'이라고 말하면서 '실패하고 좌절하는 연습을 하기 때문에 결과적으로 좌절한다.'고 부연하고 있다. 따라서 〈보기〉의 앞에는 이와 관련된 내용이 오면 되는데 (나)에서 '불운한 상황을 비관적으로 바라보고, 인생이 위급 상황인 양 행동하는 습관에 젖어 있다면 우리 삶이 그렇게 된다.'고 말하고 있다. 그러므로 〈보기〉는 (나)의 뒤에 와야 한다.

📡 적중레이더

보조 단락
- 연결 단락: 앞의 내용을 이어받아 뒤의 부분으로 이어 주는 화제 전환 문단
- 부연 단락: 중심 문단에서 제시한 내용에 덧붙여 보다 자세하게 서술하는 문단
- 예시 단락: 중심 문단의 내용을 구체적인 사례를 들어 뒷받침하는 문단
- 강조 단락: 이미 충분히 해명된 내용을 다시 한 번 반복하고 요약하는 문단
- 상술 단락: 주제문의 내용을 구체적으로 풀이하고 있는 문단

13 ⬚1⬚2⬚3   정답 ①

영역 국어 규범 > 로마자 표기법	난이도 중

정답의 이유

로마자 표기는 표준 발음법에 따라 적는 것이 원칙이므로 '웃는 순간 어색함이 사라진다.'는 [운는 순간 어새카미 사라진다]에 맞게 써야 한다. 따라서 ① 'unneun sungan eosaekami sarajinda'가 적절하다.

오답의 이유

② 로마자 표기 외에 별도의 부호는 사용하지 않으며, 붙임표는 행정 구역 경계에 쓴다.

③ 체언 내부의 축약에서만 [h]를 밝혀 적으므로 'eosaekhami'는 옳지 않다. 또한 'sarachinda'는 'sarajinda'로 써야 한다.

④ 'utneun'과 'eosaekhami'가 틀렸다.

📡 적중레이더

로마자 표기법 제3장
제1항 음운 변화가 일어날 때에는 변화의 결과에 따라 다음과 같이 적는다.

- 자음 사이에서 동화 작용이 일어나는 경우

백마[뱅마] Baengma	신문로[신문노] Sinmunno
종로[종노] Jongno	왕십리[왕심니] Wangsimni
별내[별래] Byeollae	신라[실라] Silla

- 'ㄴ, ㄹ'이 덧나는 경우

학여울[항녀울] Hangnyeoul	알약[알략] allyak

- 구개음화가 되는 경우

해돋이[해도지] haedoji	같이[가치] gachi
맞히다[마치다] machida	

• 'ㄱ, ㄷ, ㅂ, ㅈ'이 'ㅎ'과 합하여 거센소리로 소리 나는 경우

좋고[조코] joko	놓다[노타] nota
잡혀[자펴] japyeo	낳지[나치] nachi

다만, 체언에서 'ㄱ, ㄷ, ㅂ' 뒤에 'ㅎ'이 따를 때에는 'ㅎ'을 밝혀 적는다.

묵호(Mukho)	집현전(Jiphyeonjeon)

14 ①②③   정답 ①

영역 어휘 > 한자 성어 · 속담   난이도 중

정답의 이유

① '비렁뱅이가 하늘을 불쌍히 여긴다'는 '빌어먹는 형편에 하늘을 보고 처지가 가련하다고 한다.'는 뜻으로, 주제넘게 동정을 하거나 엉뚱한 일을 걱정하는 경우를 비유적으로 일컫는 속담이다. 따라서 '같은 병을 앓는 사람끼리 서로 연민한다.'는 뜻의 '동병상련(同病相憐)'과는 어울리지 않는다.
  • 걸인연천(乞人憐天): 비렁뱅이가 하늘을 불쌍히 여긴다는 속담의 한역으로 주제넘게 엉뚱한 일을 걱정한다는 의미로 쓰인다.

오답의 이유

② 마호체승(馬好替乘): 말도 갈아타는 것이 좋다는 뜻으로, 예전 것도 좋지만 새로운 것으로 바꾸어 보는 것도 즐겁다는 말이다.
③ 작학관보(雀學鸛步): 참새가 황새의 걸음을 배운다는 뜻으로, 자기의 역량은 생각하지 아니하고 억지로 남을 모방함을 비유적으로 이르는 말이다.
④ 외부내빈(外富內貧): 겉으로는 부유하여 보이나 실상은 구차하고 가난함을 뜻한다.

🔊 적중레이더

그 밖의 한역 속담

• 가재는 게 편이다: 草綠同色(초록동색)
• 고래 싸움에 새우 등 터진다: 鯨戰蝦死(경전하사)
• 낫 놓고 기역자도 모른다: 目不識丁(목불식정)
• 등잔 밑이 어둡다: 燈下不明(등하불명)
• 목마른 놈이 우물 판다: 渴而穿井(갈이천정)
• 바늘 도둑이 소도둑 된다: 針盜盜牛(침도도우)
• 쇠귀에 경 읽기: 牛耳讀經 (우이독경)
• 우물 안 개구리: 井底之蛙(정저지와)
• 제 논에 물 대기: 我田引水(아전인수)

15 ①②③   정답 ④

영역 독해 > 세부 내용 파악하기   난이도 중

정답의 이유

청소년들이 책임감을 갖게 하기 위해서는 행위의 목적보다는 행위의 과정과 결과의 중요성을 강조해야 한다. 책임감 교육에서는 두 번째 문단에서 확인할 수 있는 것처럼 어떤 행동을 할 것인가에 판단과 선택 · 결정 등 행위의 과정이 중요하며, 네 번째 문단에서 언급했듯이 행위의 결과에 스스로 책임질 수 있도록 해야 한다. 이처럼 책임감 교육에서는 행위의 목적보다 행위의 과정과 결과가 모두 중요하다.

오답의 이유

① 첫 번째 문단의 '책임과 무책임은 선천적인 특성이 아니라 성장의 과정에서 배워 습득되는 것이다.'를 통해서 파악할 수 있는 내용이다. 책임감은 후천적으로 길러지는 것이다.
② 제시문의 세 번째에서 다섯 번째 문단을 통해서 파악할 수 있는 내용이다. 책임감을 가르치려면 처음에는 쉬운 일부터 시작해서 차츰 어려운 수준의 일에 도전하도록 해야 한다.
③ 세 번째 문단의 '～ 이때 교사들이 그런 행동을 심하게 꾸짖는다면, 그 학생은 좌절감을 느끼고 다시는 자신이 책임져야 할 행동을 하려 하지 않을 것이다.'를 통해서 파악할 수 있는 내용이다.

16 ①②③   정답 ②

영역 국어 규범 > 표준 발음법   난이도 중

정답의 이유

② • 절약[저략]: '절약'은 복합어가 아니므로 연음해서 [저략]으로 발음한다.
  • 몰상식한[몰쌍시칸]: 한자어에서 'ㄹ' 받침 뒤에 'ㄷ, ㅅ, ㅈ'은 된소리 발음이므로 몰상식[몰쌍식]으로 발음하며, 거센소리(자음 축약)가 일어나 [몰쌍시칸]으로 발음한다.
  • 낯설어[낟써러]: '낯설어'는 교체(음절의 끝소리 규칙)와 된소리되기에 의해 [낟써러]로 발음한다.
  • 읊조렸어[읍쪼려써]: '읊조렸어'는 자음군 단순화와 된소리되기에 의해 [읍쪼려써]로 발음한다.

17 ☐1 ☐2 ☐3 정답 ④

정답의 이유

제시된 작품은 「온달전」을 재해석한 현대시로서, 윤석산 시인의 「온달전 – 온달의 죽음」이라는 작품이다.

④ 실존했던 인물인 고구려의 장수 온달과 평강 공주의 결연을 소재로 한 「온달전」은 「삼국사기」 「열전」에 실린 이야기이다. 따라서 「삼국유사」 「기이」 편에 실린 내용을 재해석하였다는 설명은 옳지 않다.

오답의 이유

① 제시된 작품은 「온달전」에서 '온달의 죽음' 부분을 다루고 있다. 그 내용을 살펴보면 온달이 죽어 장례를 지내야 하는데 관이 땅에 붙어 떨어지지 않자 평강공주가 관을 들리게 했다는 것이므로 '상여 부착 설화(喪輿附着說話)'의 원형을 엿볼 수 있다.

② · ③ 제시된 작품은 죽음을 맞이한 '온달'을 화자로 하며, 평강공주에 대한 마음을 고백하듯이 드러내고 있다.

📖 작품 해설

김부식 등, 「온달전」

• 갈래: 전기(傳記), 설화
• 배경: 고구려 평강왕 때
• 제재: 평강공주와 온달의 결혼
• 주제: 평강공주의 주체적 삶의 태도와 온달의 영웅적 면모
• 특징
　– 역사적으로 실존 인물의 이야기를 다룸
　– 인물에 대한 '전(傳)' 형식의 설화임
• 출전: 「삼국사기」의 「열전」
• 읽기 자료

> 온달과 평강공주의 이야기는 당시의 사회 · 경제적 변화의 과정에서 부(富)를 축적한 평민 계층이 지배 체제의 개편 과정에서 정치 · 경제적 상승을 할 수 있었던 사회 변동기였다는 사료(史料)로 거론되기도 합니다. 그리고 '바보 온달'이란 별명도 사실은 온달의 미천한 출신에 대한 지배 계층의 경멸과 경계심이 만들어 낸 이름이라고 분석되기도 합니다.
> …(중략)…
> 완고한 신분의 벽을 뛰어 넘어 미천한 출신의 바보 온달을 선택한 평강공주의 결단과 드디어 용맹한 장수로 일어서게 한 평강공주의 주체적 삶에는 민중들의 소망과 언어가 담겨 있기 때문입니다.
> – 신영복, 「어리석은 자의 우직함이 세상을 조금씩 바꿔 갑니다」

18 ☐1 ☐2 ☐3 정답 ②

정답의 이유

② 중국 인명은 과거인과 현대인을 구분하여 과거인은 종전의 한자음대로 표기하고, 현대인은 원칙적으로 중국어 표기법에 따라 표기하되, 필요한 경우 한자를 병기한다. 따라서 공자(孔子)는 '공자'로, 등소평(鄧小平)은 '덩샤오핑'으로 적되 그간 한국식 독음으로 표기하던 관행이 인정되어 '등소평'으로 적을 수 있다.

오답의 이유

① 원지음이 아닌 제3국의 발음으로 통용되고 있는 것은 관용을 따른다. '앙카라'와 '간디'는 원지음을 따른 예이다.
　예 Hague 헤이그, Caesar 시저
③ 일본의 인명과 지명은 과거와 현대의 구분 없이 일본어 표기법에 따라 표기하는 것을 원칙으로 하되, 필요한 경우 한자를 병기한다.
　예 이등박문(伊藤博文) → 이토 히로부미
　　 풍신수길(豊臣秀吉) → 도요토미 히데요시
④ 지명이 산맥, 산, 강 등의 뜻이 들어 있는 것은 '산맥', '산', '강' 등을 겹쳐 적는다.
　예 Monte Rosa 몬테로사산, Mont Blanc 몽블랑산, Himalaya 히말라야산맥

19 ☐1 ☐2 ☐3 정답 ②

정답의 이유

② '알리다'는 '다른 사람에게 어떤 것을 소개하여 알게 하다.'라는 뜻의 사동사이므로 '알려져 있다'처럼 쓸 수 있다.

오답의 이유

① 제시된 문장에서 '소개'하는 주체는 '나'이므로 '소개시키다'는 불필요한 사동을 쓴 경우에 해당한다. 따라서 '내가 친구 한 명을 소개해 준다고 했다.'로 고치는 것이 적절하다.
③ '과학자들이 연구함'은 과도한 명사형이므로 '과학자들은 연구로 과학의 발전에 이바지한다.'로 고치는 것이 적절하다.
④ '대학 축제'는 무정물이기 때문에 분위기를 만들 수는 없다. 따라서 '대학 축제 덕분에 학교가 화합의 분위기가 되었다.'로 고치는 것이 적절하다.

20 ①②③   정답 ③

영역 중세 국어 > 주격 조사   난이도 **상**

정답의 이유

중세 국어에서 두드러진 특징은 '주격 조사'이다. '이'는 자음 아래에 쓰였고 'ㅣ'는 'ㅣ' 밖의 모음 아래에 쓰였다. 또한 'ㅣ' 모음 아래에서는 주격 조사가 생략되었다. 현대 국어에서 주격 조사로 쓰이는 '가'는 근대 국어 이후에 발생하였다.

③ '奉天討罪(봉천토죄)'는 끝 음이 'ㅣ'이므로 주격 조사가 생략되고, '四方諸侯(사방제후)'는 'ㅣ' 이외의 모음으로 끝났으므로 주격 조사 'ㅣ'를 써야 한다.

((•)) **적중레이더**

「용비어천가」 현대어 풀이

[제8장]

태자를 하늘이 가리시어, 그 형의 뜻이 이루어지시매, 성손을 내신 것입니다.

세자를 하늘이 가리시어, 임금의 명이 내리시거늘 성자를 내신 것입니다.

[제9장]

(주나라의 무왕이) 하늘의 명을 받들고 상나라 주의 죄를 치매, 사방의 제후들이 모이더니 주나라의 성스러운 교화가 오라시어 서이까지도 또 모이니

(조선의 태조가) 의를 부르짖고, 위화도에서 군사를 돌이키시매 천리의 인민이 보이더니, 이씨의 성스런 교화가 깊으시어 북적까지도 또 모이니

21 ①②③   정답 ④

영역 설화 > 전설에 대한 이해   난이도 **중**

정답의 이유

전설은 믿음을 강화하기 위해 그 내용이 구체성을 띤다. 그래서 전설은 "세종 5년, 전라남도 남원군에서…" 식으로 구체적 시공간이 제시되고, 증거물도 구체적이며 심지어 확인이 가능한 형태를 띠는 것이 특징이다. 따라서 ④ '그 못이 즉 내려다보이는 저 푸른 못이다.'가 제시문이 전설임을 보여주는 대목이다.

((•)) **적중레이더**

신화 · 전설 · 민담

구분	신화	전설	민담
전승 범위	국가	지역	세계
전승자의 태도	신성성	신빙성	재미나 교훈 삼아
주인공	신, 신적 존재	비범한 인물	평범한 인물 혹은 그 이하
배경	태초, 신성한 시공간	구체적 시공간	막연한 시공간
증거물	광범위한 증거	구체적 증거	없음
결말	위대한 승리	비극적 결말	행복한 결말
자아와 세계의 갈등	자아＝세계	자아＜세계	자아＞세계

22 ①②③   정답 ②

영역 어휘 > 한자어   난이도 **상**

정답의 이유

제시문은 마을 사람들이 흘린 원한의 눈물이 장자 첨지의 집을 삼키고 원소를 이루었다는 설화이므로 원망할 원(怨), 연못 소(沼)를 써서 ② '怨沼'로 표기하는 것이 적절하다.

오답의 이유

① 苑沼(나라동산 원, 못 소): 동산과 못

③ 原沼(언덕 원, 못 소)

④ 元沼(으뜸 원, 못 소)

📖 **작품 해설**

「장자못 설화」

- 갈래: 지명 전설, 광포 전설
- 성격: 서사적, 교훈적, 비현실적
- 주제
  - 탐욕에 대한 경계[인과응보(因果應報), 권선징악(勸善懲惡)]
  - 인간 존재의 한계

23 □1□2□3   정답 ④

정답의 이유

④ 풍유법(諷諭法): 속담이나 격언처럼 어떤 개념이나 사실을 직접
   표현하지 않고 다른 대상에 빗대어 풍자적·암시적으로 표현하는
   수사법이다. 제시된 시에서는 풍유법이 쓰이지 않았다.

오답의 이유

① 의인법: '새들이 ~ 외로움 때문이고', '산 그림자도 ~ 내려온다'에
   서 볼 수 있듯이 대상을 인격화하고 있다.

② 대구법: 비슷한 구절을 나란히 배열해서 규칙적인 운율을 형성하
   는 것으로 '눈이 오면 눈길을 걸어가고, 비가 오면 빗길을 걸어가
   라'에서 볼 수 있다.

③ 반복법: '외로움 때문이고, 외로움 때문이다. 외로워서, 외로워서'
   가 여러 차례 반복되면서 그 의미를 강조하고 있다.

📖 작품 해설

정호승, 「수선화에게」
• 갈래: 서정시, 자유시
• 성격: 감상적, 교훈적, 애상적
• 제재: 수선화, 고독한 삶
• 주제: 사랑의 외로움과 쓸쓸함
• 특징
  – 수선화에게 이야기하는 형식으로, 여기서 수선화는 시의 청자이
    자 모든 인간을 의미함
  – 담담한 어조로 외로움에 순응하면서 살아갈 것을 타이르듯 이야
    기함
• 구성
  – 1~3행: 외로움은 인간의 숙명이므로 그것을 받아들여야 함
  – 4~6행: 외로움을 견디며 담담하게 살아가야 함
  – 7~12행: 세상의 모든 존재들이 외로움을 견디며 살아가고 있음

24 □1□2□3   정답 ③

정답의 이유

제시된 시는 화자가 수선화에게 이야기하는 형식으로, 여기서 수선화
는 시의 청자이며, 모든 인간을 의미한다. 따라서 ⊙의 '너'는 ③ '수선
화'이다.

25 □1□2□3   정답 ③

정답의 이유

시적 화자는 '고독'이라는 것이 인간 누구에게나 있는 것인 숙명 같은
것이므로 이러한 외로움을 견디며 담담하게 살아갈 것을 말하고 있
다. 따라서 제시된 시의 주제는 ③ '고독의 속성'이라고 할 수 있다.

2017 기출문제해설

☑ 점수 ( )점/100점　☑ 문제편 045쪽

영역 분석

문법	11문항	★★★★★★★★★★★	44%
문학	4문항	★★★★	16%
비문학	5문항	★★★★★	20%
어휘	5문항	★★★★★	20%

빠른 정답

01	02	03	04	05	06	07	08	09	10
④	①	④	①	③	③	③	①	③	④
11	12	13	14	15	16	17	18	19	20
③	③	②	②	③	①	②	①	④	④
21	22	23	24	25					
①	④	③	①	④					

🧭 이렇게 출제됐어요

1 학교 문법을 기준으로 할 때 품사가 다른 것은?　'14 방재직 9급

① 모든 권세를 버리고 산으로 들어갔다.　관형사
② 다른 생각은 하지 말고 공부나 해라.　관형사
③ 여러 나라가 올림픽에 참가했다.　관형사
④ 많은 사람이 우리 의견에 동조했다.　형용사

01 [1][2][3]　정답 ④

영역 형태론 > 품사　난이도 상

[정답의 이유]
④ '바른'은 '오른'을 뜻하는 '관형사'이다.

[오답의 이유]
'① (나무가) 곧은, ② (이별이) 아쉬운, ③ (걸음이) 가벼운'은 모두 서술성이 있으므로 형용사의 관형사형이다. 따라서 품사는 형용사이다.

📡 적중레이더

관형사와 관형사형
다음의 예에서 볼 수 있듯이 똑같은 형태가 관형사 용법과 관형사형 용법을 모두 가지는 경우도 있다.

> ㉠ 나와 생각이 <u>다른</u> 사람은 지금 여기를 떠나도 좋다.
> ㉡ 이 옷은 마음에 안 드니 <u>다른</u> 것을 가져와 보세요.

㉠의 '다른'은 형용사 '다르다'의 활용형으로 형용사의 관형사형이고, ㉡의 '다른'은 관형사로 굳어진 것이다.

02 [1][2][3]　정답 ①

영역 국어 규범 > 한글 맞춤법 > 띄어쓰기　난이도 상

[정답의 이유]
① '오는데도'의 '-데'는 어미이므로 붙여 쓴다.

[오답의 이유]
② 설득하는데(×) → 설득하는∨데(○): '일'이나 '것'의 뜻을 나타내는 '데'는 의존 명사이므로 띄어 쓴다.
③ 예쁜데다가(×) → 예쁜∨데다가(○): '일'이나 '것'의 뜻을 나타내는 '데'는 의존 명사이므로 띄어 쓴다.
④ 고마울데가(×) → 고마울∨데가(○): '데'가 '경우'의 뜻을 나타내는 말이므로 띄어 쓴다.

📡 적중레이더

연결 어미 '-데' vs 의존 명사 '데'
어미 '-데'는 '뒷절에서 어떤 일을 설명하거나 묻거나 시키거나 제안하기 위하여 그 대상과 상관되는 상황'을 미리 말하는 것이고, 의존 명사 '데'는 '장소, 일, 것, 경우'의 뜻으로 쓰일 때이다.

> ㉠ 내가 밥을 먹는데, 영희가 왔다.
> 　그가 우리 것까지 다 사는데, 아무도 말리지 않았다.
> ㉡ 해장국을 먹는 데(에) 고춧가루를 더 넣었다.
> 　어머니가 장을 본 데(에) 내 과자도 있었다.

㉠의 예문은 뒷절의 내용을 설명하기 위해 앞절의 내용을 미리 연결 어미 '-는데'를 통해 나타낸 경우이다.
㉡의 예문은 '해장국을 먹는 곳에, 어머니가 장을 본 곳에' 어떤 것이

추가되었다는 의미로, 이때의 '데'는 장소를 뜻한다.
의존 명사 '데'는 연결 어미와는 달리 조사 '에'가 붙을 수 있다. 그러
므로 연결 어미인지 의존 명사인지를 구분하기 어려울 때는 '에'를 붙
여 보면 쉽게 알 수 있다.

😎 이렇게 출제됐어요

1 띄어쓰기가 틀린 문장은?　　　　　　　　　　　　'19 소방직

③ 이∨약초는∨감기를∨낫게∨<u>하는데</u>(→ 하는∨데)∨쓰인다.

2 띄어쓰기가 옳은 것은?　　　　　　　　　　　　'15 기상직 7급

② 그가∨십∨년∨만에∨고향으로∨<u>돌아온</u>∨데는∨그녀의∨힘이∨컸다.

---

03 ① ② ③ 　　　　　　　　　　　　　　　　　정답 ④

영역 독해 > 내용 추론하기　　　　　　　　　　　　난이도 중

정답의 이유

④ 술을 자주 마시다 보면 주량이 늘고 얼굴도 덜 붉어지는 경향이
있는데 이는 뇌 일부분이 알코올에 적응하기 때문이고 이 경우에
도 아세트알데하이드는 분해되지 않고 체내에 남는다고 하였으므
로 '주량이 늘면 아세트알데하이드를 더 잘 분해한다.'는 설명은
옳지 않다.

---

04 ① ② ③ 　　　　　　　　　　　　　　　　　정답 ①

영역 고전 시가 > 「용비어천가」　　　　　　　　　　난이도 중

정답의 이유

① 〈보기〉의 작품은 조선 건국의 정당성을 홍보하기 위해 창작된 것
으로 궁중 행사나 왕의 행차에 사용된 음악의 가사이다. 형식상으
로는 '악장'이고, 내용상으로는 '왕조 서사시'이다. 따라서 경기체가
의 대표작이라는 설명은 틀렸다.

📡 적중레이더

정인지 외, 「용비어천가」
세종 27년(1445)에 정인지 · 권제 · 안지 등이 왕명을 받아 목조 · 익
조 · 도조 · 환조 및 태조 · 태종 등 6대의 사적과 조선 창업의 유래를
중국 고사에 비유, 찬송하여 지은 노래이다. 모두 125장으로 된 이
노래는 훈민정음으로 적은 최초의 문헌으로서 우리 국문학사상 존재
가치가 클 뿐 아니라, 중세 국어 연구의 귀중한 자료가 된다.

「용비어천가」 현대어 풀이
[2장]
뿌리가 깊은 나무는 바람에 흔들리지 아니하므로, 꽃이 좋고 열매도
많으니
샘이 깊은 물은 가뭄에도 그치지 않고, 내가 되어서 바다에 이르게
되니

😎 이렇게 출제됐어요

1 ⓐ~ⓓ에 대한 설명으로 바르지 않은 것은?　　　　　'16 경찰 ②

① ⓐ에는 <u>주격 조사</u>(→ 보조사 '은')와 만나 형태가 변한 명사가 포함되어
있다.

② ⓑ는 소리 나는 대로 적는 당시의 표기법에는 어긋난다.

③ ⓒ에는 현대 국어의 명사 '가뭄'의 옛 형태가 포함되어 있다.

④ ⓓ에서 조사가 생략되었다면 '내'의 형태로 쓰였을 것이다.

---

05 ① ② ③ 　　　　　　　　　　　　　　　　　정답 ③

영역 국어 규범 > 표준어 규정　　　　　　　　　　난이도 상

정답의 이유

③ '어수룩하다 - 어리숙하다'는 뜻이나 어감의 차이가 있어 별도의
표준어를 추가로 인정한 것이다.

오답의 이유

① · ② · ④ 같은 뜻으로 많이 쓰여 표준어로 인정한 경우에 해당한다.

📡 적중레이더

같은 뜻으로 많이 쓰여 복수 표준어로 인정한 경우

기존 표준어	추가 표준어
간질이다	간지럽히다
남우세스럽다	남사스럽다
목물	등물
만날	맨날
묏자리	묫자리
복사뼈	복숭아뼈
세간	세간살이
쌈싸래하다	쌈싸름하다
고운대	토란대
허섭스레기	허접쓰레기
토담	흙담
구안괘사	구안와사
굽실	굽신
눈두덩	눈두덩이
삐치다	삐지다
-고 싶다	-고프다

영역 어휘 > 한자 성어   난이도 중

정답의 이유

③ 간담상조(肝膽相照 간 간, 쓸개 담, 서로 상, 비칠 조): 간과 쓸개를 서로 비춘다는 뜻으로 진심으로 서로를 대하는 것을 비유하거나, 친구 사이의 진정한 우정을 비유하는 말이다.

오답의 이유

① 고장난명(孤掌難鳴 외로울 고, 손바닥 장, 어려울 난, 울 명): 한쪽 손뼉만으로는 소리가 울리지 않는다는 뜻으로, 혼자서는 일을 이루기가 어려움을 비유적으로 이르는 말이다.

② 남부여대(男負女戴 사내 남, 질 부, 여자 여, 일 대): 남자는 짐을 지고 여자는 짐을 인다는 뜻으로, 가난한 사람들이나 재난을 당한 사람들이 살 곳을 찾지 못하고 온갖 고생을 하며 이리저리 떠돌아다님을 비유적으로 이르는 말이다.

④ 구밀복검(口蜜腹劍 입 구, 꿀 밀, 배 복, 칼 검): 입에는 꿀이 있고 뱃속에는 칼을 품고 있다는 뜻으로, 말로는 친한 체하나 속으로는 미워하거나 해칠 생각이 있음을 비유적으로 이르는 말이다.

07 ☐1☐2☐3   정답 ③

영역 국어 규범 > 호칭어 · 지칭어   난이도 하

정답의 이유

③ '사돈어른'은 항렬이 같은 관계에서만 쓸 수 있는 말이므로, '사장(査丈)어른'이 올바른 표현이다.

오답의 이유

① '아내 남동생의 아내'는 '처남의 댁' 또는 '처남댁'이 맞다.

② '남편 누나의 남편'은 '아주버님', '남편 여동생의 남편'은 '서방님'이다.

④ 조위금 봉투에는 '부의(賻儀)' 또는 '근조(謹弔)'라고 쓰는 것이 적절하다.

((↑)) 적중레이더

배우자의 동기에 대한 호칭어와 지칭어

대상	호칭어	지칭어
아내의 오빠	형님〈연상인 경우〉(아주머님) 처남〈연하인 경우〉(처남댁, 처남의 댁)	형님, 처남(처남댁, 처남의 댁)
아내의 남동생	처남(처남댁)	처남(처남댁)
아내의 언니	처형(형님)	처형(형님)
아내의 여동생	처제(동서)	처제(동서)
남편의 형	아주버님(형님)	아주버님(형님)〈시댁시댁에 지칭하는 경우〉 시아주버님(큰동서)
남편의 남동생	도련님〈미혼인 경우〉(동서) 서방님〈기혼인 경우〉(동서)	도련님, 서방님(동서)〈시댁에 지칭하는 경우〉 시동생(동서)
남편의 누나	형님(아주버님)	형님(아주버님)〈시댁에 지칭하는 경우〉 시누이(시누이 남편)
남편의 여동생	아기씨, 아가씨(서방님)	아기씨, 아가씨(서방님)〈시댁에 지칭하는 경우〉 시누이(시누이 남편)

※ ( ) 안은 배우자

08 ☐1☐2☐3   정답 ①

영역 어휘 > 속담   난이도 상

정답의 이유

① '논 팔아 굿 하니 맏며느리 춤춘다'는 '당면하고 있는 딱하고 답답한 사정을 누구보다도 가장 뼈아프게 알아야 할 사람이 도리어 반대 방향으로 나감'을 이르는 말이다.

오답의 이유

② 눈 어둡다더니 다홍고추만 잘 딴다: '남이 도움을 청하면 못한다고 했다가도 자신의 일은 잘함'을 뜻하는 말로서, 마음이 음흉하고 잇속에 밝은 사람 또는 제 일만 알아 남의 일은 핑계만 대고 도와주지 않는 사람을 비유적으로 이르는 말이다.

③ 봄에 간 병아리 가을에 와서 세어 본다: '봄에 깬 병아리를 중병아리가 되는 가을에 가서야 그 수를 세어 본다는 뜻'으로, 이해타산에 어리숙함을 비유적으로 이르는 말이다.

④ 느린 소도 성낼 때가 있다: 언제나 무던하고 순하게 보이는 사람도 화가 나면 무섭다는 뜻이다.

09 [1][2][3]

영역 독해 > 순서 맞추기　　　　　　　　　　난이도 중

[정답의 이유]

③ '원유는 미생물이 있으므로 열처리를 해야 한다'는 (가)를 시작으로, 미생물의 종류에 따라 미생물을 제거하는 데 필요한 시간과 온도가 다르기 때문에 열처리를 할 때 필요한 조건이 있음을 이야기한 (다), 열처리 조건으로 '저온 살균법'과 '저온 순간 살균법'을 설명한 (나), 그리고 '초고온처리법'을 부연한 (라) 순서로 와야 한다.

🔊 적중레이더

순서(順序) 문제의 해결

· 문단의 순서를 배열할 때에 '접속어'와 '지시어'는 큰 역할을 한다. 대개 접속어나 지시어로 시작되는 문장이나 문단이 어떤 단락이나 글의 맨 앞에 오는 일은 없다는 것도 염두에 둘 필요가 있다.

· 지시어나 대명사는 앞에 나온 내용을 대신하여 가리키는 말이므로, 이것들의 쓰임을 잘 살피면 문단의 순서를 찾아내는 데 큰 도움을 받을 수 있다.

· 몇 개의 문단이 섞여 있고, 그중 한 문단에만 지시어나 대명사가 없을 경우 그 문단이 맨 앞에 놓인다.

· 지시어가 관형형의 형태로 쓰여 뒤의 명사를 수식할 경우, 그 명사에 대해 설명하고 있는 문단을 찾는다.

10 [1][2][3]

정답 ④

영역 독해 > 세부 내용 파악하기　　　　　　　난이도 상

[정답의 이유]

④ 마지막 문단을 통해 최후통첩 실험에 따르면 인간은 불공정한 제안에 대하여 단호히 거부하고, 상대방도 이득을 취할 수 없도록 응징한다는 것을 알 수 있다.

[오답의 이유]

① 최후통첩 실험은 돈을 주는 사람이 금액을 선택하는 것이므로, 돈 받는 사람이 금액을 선택하면 결과가 다르게 나타날지는 알 수 없다.

② 최후통첩 실험에 따르면 인간은 경우에 따라 이기적일 수도 있고, 이타적일 수도 있다.

③ 제안된 금액이 30% 미만이면 거부되는 경우가 많았다고 말했을 뿐이므로 항상 거래가 성립되었다고 단정할 수 없다.

11 [1][2][3]

정답 ③

영역 국어 규범 > 로마자 표기법　　　　　　　난이도 하

[정답의 이유]

③ 로마자 표기법 제2장 제1항 [붙임 2]에 장모음의 표기는 따로 하지 않는다는 규정이 있으나 〈보기〉의 예로는 그 규정을 확인할 수 없다.

[오답의 이유]

① 로마자 표기법 제3장 제1항 [붙임]에 따라 된소리되기는 표기에 반영하지 않는다. '낙동강'은 [낙똥강]으로 소리 나지만, 'Nakdonggang'으로 적는다.

② 로마자 표기법 제3장 제3항은 고유명사는 첫 글자를 대문자로 적는다고 규정하고 있으므로 이에 따라 'Jiphyeonjeon, Nakdonggang, Mukho'로 적는다.

④ 로마자 표기법 제3장 제1항의 체언에서 'ㄱ, ㄷ, ㅂ' 뒤에 'ㅎ'이 따를 때에는 'ㅎ'을 밝혀 적는다는 규정에 따라 '집현전'과 '묵호'는 각각 [지편전]과 [무코]로 소리 나지만, 'Jiphyeonjeon', 'Mukho'로 적는다.

⭐ 이렇게 출제됐어요

1 국어의 로마자 표기와 그에 대한 설명으로 가장 적절한 것은?

'18 경찰 ①

① 압구정[압꾸정] – Apgujeong – 된소리되기는 표기에 반영하지 않는다.

12 [1][2][3]

정답 ③

영역 어휘 > 단어의 의미　　　　　　　　　　난이도 하

[정답의 이유]

밑줄 친 '훔치다'는 중심 의미로 쓰인 경우로서 '물기나 때 따위가 묻은 것을 닦아 말끔하게 하다.'라는 뜻이다.

③ '풀을 훔치다'는 '논이나 밭을 맨 뒤 얼마 있다가 손으로 잡풀을 뜯어내다.'는 의미이므로 주변 의미로 쓰인 경우이다.

[오답의 이유]

① · ② · ④ '훔치다'는 모두 중심 의미로 쓰였다.

다의어와 동음이의어 구별

다의어와 동음이의어를 구별하는 기준은 각각의 의미들 사이에 유사성이 있는가 하는 점이다.

'다리'라는 단어를 예로 들어 보자.

> ㉠ 사람의 '다리'
> ㉡ 책상의 '다리'
> ㉢ 강 위의 '다리'

사람의 다리와 책상의 다리는 물체의 아래쪽에서 윗부분을 받치고 있다는 관점에서 보면 유사한 점이 있다. 그러나 강을 건너는 '다리'는 사람의 다리나 책상의 다리와는 아무런 유사점이 없다. 그래서 ㉠과 ㉡은 다의 관계에 있고, ㉠과 ㉢, ㉡과 ㉢은 동음이의 관계에 있다고 할 수 있다. 또 다의어는 '하나의 단어가 지니는 다양한 의미'를 가지고 있으므로 사전에 실릴 때는 한 개의 단어로 실린다. 반면 동음이의어는 사전에 실릴 때 각각의 단어로 실린다.

💡 이렇게 출제됐어요

1 〈보기〉는 「한글 맞춤법」 제30항 사이시옷 표기의 일부이다. ㉠, ㉡, ㉢에 들어갈 단어가 바르게 연결된 것은?　　　　'16 서울시 7급

> ─ 보기 ─
> 제30항 사이시옷은 다음과 같은 경우에 받치어 적는다.
> 1. 순우리말로 된 합성어로서 앞말이 모음으로 끝난 경우
>   (1) 뒷말의 첫소리가 된소리로 나는 것　　　고랫재, 귓밥, ㉠
>   (2) 뒷말의 첫소리 'ㄴ, ㅁ' 앞에서 'ㄴ' 소리가 덧나는 것
>   　　　　　　　　　　　　　　　뒷머리, 아랫마을, ㉡
>   (3) 뒷말의 첫소리 모음 앞에서 'ㄴㄴ' 소리가 덧나는 것
>   　　　　　　　　　　　　　　　도리깻열, 뒷윷, ㉢

	㉠	㉡	㉢
①	못자리	멧나물	두렛일

13　[1][2][3]　　　　　　　　　　　　　　　　정답 ②

영역 국어 규범 > 한글 맞춤법 > 사이시옷　　　난이도 상

정답의 이유

사잇소리 현상은 합성어를 이룰 때, 된소리로 발음되거나 'ㄴ'이 한 개, 혹은 두 개 덧나는 현상이다.

② 가욋일[가왼닐/가웬닐]은 'ㅣ' 모음 앞에서 'ㄴㄴ'이 첨가되는 사잇소리 현상이다.

오답의 이유

'① 제삿날[제ː산날], ③ 툇마루[퇸ː마루], ④ 양칫물[양친물]'은 'ㄴ, ㅁ' 앞에서 'ㄴ'이 하나 첨가되는 사잇소리 현상이다.

📡 적중레이더

사잇소리의 용례
- 모음+안울림 예사소리 → 사이시옷을 적고 된소리로 발음한다.
  예 뱃사공[배싸공/밷싸공], 촛불[초뿔/촏뿔], 시냇개[시ː내까/시ː낻까], 등굣길[등교낄/등굗낄]
- 모음+ㅁ, ㄴ → 'ㄴ' 소리가 하나 덧난다.
  예 잇몸[인몸], 콧날[콘날], 콧물[콘물], 제삿날[제ː산날], 뱃놀이[밴노리], 노랫말[노랜말]
- 뒷말이 모음 'ㅣ'나 반모음 'ㅣ[j]'로 시작될 때 → 'ㄴ' 소리가 하나 또는 둘 덧난다.
  예 논일[논닐], 물약[물냑 → 물략], 나랏일[나란닐], 나뭇잎[나문닙], 허드렛일[허드렌닐]

14　[1][2][3]　　　　　　　　　　　　　　　　정답 ②

영역 국어 규범 > 한글 맞춤법 > 띄어쓰기　　　난이도 상

정답의 이유

② '제 1차 세계대전'에서 '제(第)–'는 차례를 나타내는 접두사로서 뒤의 어근(語根)과 반드시 붙여 써야 하므로 '제1차 세계대전'으로 써야 한다. '세계대전'은 띄어 쓰는 것을 원칙으로 하되 붙여 쓰는 것을 허용한다.

오답의 이유

① '어릴 적'은 관형어 '어릴'과 의존 명사 '적'이므로 띄어 써야 한다.

③ 일반적으로 '–씨'는 호칭어이므로 앞말과 띄어 쓴다. 반면 '본관'을 뜻하는 '–씨'는 접미사이므로 앞말에 붙여 쓴다.

④ '숙질간'은 한 단어이므로 붙여 쓴다. '남매간, 고부간, 모녀간, 부부간, 부자간'처럼 한 단어로 굳어진 경우는 붙여 쓸 수 있지만, 그 밖의 경우에는 띄어 써야 한다.

📡 적중레이더

의존 명사 '씨' vs 접사 '–씨'
- 의존 명사 '씨': (성년이 된 사람의 성이나 성명, 이름 아래에 쓰여) 그 사람을 높이거나 대접하여 부르거나 이르는 말이며 공식적·사무적인 자리나 다수의 독자를 대상으로 하는 글에서가 아닌 한 윗사람에게는 쓰기 어려운 말로, 대체로 동료나 아랫사람에게 씀
  예 김 씨, 길동 씨, 홍길동 씨
- 접사 '–씨': (인명에서 성을 나타내는 명사 뒤에 붙어) '그 성씨 자체', '그 성씨의 가문이나 문중'의 뜻을 더하는 접미사
  예 김씨, 이씨, 박씨 부인, 최씨 문중

1 다음의 띄어쓰기에 대한 설명으로 가장 적절한 것은?　　'19 경찰 ①

③ 교재의∨제∨일장: '제-'는 접두사이므로 뒷말에 붙여 써야 하는데, 띄어 썼으므로 맞지 않다. → 제일 장 / 제일장

2 밑줄 친 부분의 띄어쓰기가 옳지 않은 것은?　　'18 국가직 9급

② 제 3장(→ 제3장 / 제3 장)의 내용을 요약해 주세요.

3 띄어쓰기가 옳은 것은?　　'18 지방직 7급

② 김 양의 할머니는 안동 권씨라고 합니다.

---

15 ①②③　　정답 ③

영역 현대 소설 > 인물의 의도　　난이도 중

정답의 이유

③ 제시문은 이청준의 소설 「눈길」의 일부이다. '며느리'는 집안이 망하고, 아들을 떠나보낼 당시에 어머니의 심경을 알아내려고, 계속해서 어머니가 말을 이어갈 수 있게 질문을 하고 있다.

오답의 이유

① 어머니가 어떤 행동을 하는 것이 아니므로 행동을 격려하는 것은 아니다.
② 어머니가 잘못한 것이 아니므로 책망을 하는 것은 아니다.
④ 어머니가 거짓을 말하는 것이 아니므로 진실을 말할 때까지 신문하고 있는 것은 아니다.

📖 작품 해설

이청준, 「눈길」
- 갈래: 단편 소설, 순수 소설, 귀향 소설
- 성격: 회고적, 상징적, 서정적
- 배경
  - 시간: 1970년대 어느 해 겨울
  - 공간: 시골
- 시점: 1인칭 주인공
- 주제: 어머니의 무한한 사랑에 대한 깨달음과 인간적 화해
- 특징
  - 회상과 대화를 통해 과거의 사실을 드러내는 역순행적 구성 방식을 취함
  - 상징적 의미를 가진 소재를 사용하여 주제를 효과적으로 드러냄
- 해제: 이 작품은 어머니에 대한 책임을 회피하려는 아들과 아들에게 물질적 도움을 주지 못한 것에 대해 미안함을 느끼는 어머니 사이의 갈등과 화해의 과정을 그리고 있다.

---

16 ①②③　　정답 ①

영역 어휘 > 한자어　　난이도 상

정답의 이유

① '내가 처한 모든 상황에 염증(炎症)이 난다.'에서 '염증'은 '싫증'의 뜻으로 사용되었다. 따라서 '염증(厭症, 싫어할 염, 증세 증)'을 써야 한다.

오답의 이유

② 희석(稀釋): '용액에 물이나 다른 용매를 더하여 농도를 묽게 함'을 이르는 말이다.
③ 덕택(德澤): '덕분'을 뜻한다.
④ 회자(膾炙): '회와 구운 고기'라는 뜻으로, '칭찬을 받으며 사람의 입에 자주 오르내림'을 이르는 말이다.

---

17 ①②③　　정답 ②

영역 국어 규범 > 외래어 표기법　　난이도 하

정답의 이유

② '섀도우복싱'은 '섀도복싱'으로 적어야 한다. 외래어 표기법 제3장 제1절 제8항에서 "중모음은 각 단모음의 음가를 살려서 적되, [ou]는 '오'로, [auə]는 '아워'로 적는다."로 규정하고 있으므로 [ou]는 '오'로 적는다.

오답의 이유

① 'target'은 발음에 따른 표기로 '타깃'으로 적는다.
③ 'enquête[ãkɛt]'는 외래어 표기법 제2장 표기 일람표 표1에 따라 [ã]은 '앙'으로, [ɛ]는 '에'로 적는다. 외래어 표기법 제3장 제3절 프랑스어의 표기 제1항 파열음([p], [t], [k], [b], [d], [g]) (어말에서는 '으'를 붙여서 적는다.)에 따라, '앙'켓'이 아닌 '앙'케트'가 되어 '앙케트'로 표기한다.
④ 'barricade'는 외래어 표기법 제2장 표기 일람표 표1에 따라 [d]를 [드]로 써 '바리케이드'로 표기한다.

1 외래어 표기가 모두 맞는 것은?　　'13 지방직 9급

③ symbol: 심벌, sonata: 소나타, targer: 타깃

18 [1][2][3] 정답 ①

영역 국어 문법 > 문법의 종합적 이해 **난이도 중**

[정답의 이유]

① '틀리다'는 '1. 셈이나 사실 따위가 그르게 되거나 어긋남 2. 바라거나 하려는 일이 순조롭게 되지 못함'의 뜻을 지닌 '동사'이다. 그리고 어간 '틀리-'에 부사형 전성 어미 '-게'가 붙었으므로 문장 성분은 '부사어'이다.

[오답의 이유]

② 형용사는 사물의 성질이나 상태를 나타내는 품사로, 현상·상태·감정 등을 묘사한다. 부사어는 용언의 내용을 한정하는 문장 성분으로 부사와 부사의 구실을 하는 단어·어절·관용어, 그리고 체언에 부사격 조사가 붙은 말, 형용사가 어미 '-게' 따위로 활용한 말, 부사성 의존 명사구 따위가 있다.

③ 동사는 사람이나 사물의 움직임을 나타내는 품사로 움직임, 동작, 행위 등을 묘사한다.

④ 관형어는 체언 앞에서 체언의 뜻을 꾸며 주는 구실을 하는 문장 성분으로, 관형사·체언·체언에 관형격 조사 '의'가 붙은 말, 동사와 형용사의 관형사형, 동사와 형용사의 명사형에 관형격 조사 '의'가 붙은 말 따위가 있다.

19 [1][2][3] 정답 ④

영역 독해 > 내용 추론하기 **난이도 상**

[정답의 이유]

④ 민간 위탁 제도에 의한 공공 서비스 제공은 수익적인 측면과 성과 측정의 어려움 때문에 공공 서비스의 공익성을 불안정하게 만들 수 있다. 따라서 면밀히 검토하여 신중하게 결정해야 한다.

[오답의 이유]

① 정부는 관련 조직을 유지하면서 서비스의 전문성을 강화하기 위해 민간 위탁 제도를 도입한다고 했으므로, 민간 위탁 제도가 '획일화된 서비스'를 제공한다고 말할 수는 없다.

② 공공 서비스 공급을 확대하기 위한 정부의 민간 위탁 방식이 단일화되어 있다는 사실은 언급되지 않았다.

③ 민간 위탁 업체는 수익성을 중심으로 공공 서비스를 제공하기 때문에, 수익이 나지 않을 경우에는 제공하는 서비스가 기대 수준에 미치지 못할 수는 있으나 적용되지 않는 것은 아니다.

20 [1][2][3] 정답 ④

영역 국어 규범 > 올바른 문장 표현 **난이도 상**

[정답의 이유]

④ '직분, 즉 해야 할 일을 해야 한다는 것이다.'는 성분 간 호응이 자연스럽고, 나머지 문장들처럼 필수 성분이 생략되거나 대등성의 오류를 범하고 있지 않다.

[오답의 이유]

① '소생의 자식 결혼 시 축복과 격려하여 주신 데 대하여 감사를 드립니다.'에서 '축복과 격려하여'를 '축복하고 격려하여'로 고쳐야 한다.

② '귀하의 노고와 번영을 진심으로 기원합니다.'를 '귀하의 노고를 위로하고 번영을 진심으로 기원합니다.'로 고쳐야 한다.

③ '정성을 다한 시공과 최대한 공사 기간을 단축하여'를 '정성을 다하여 시공하고 최대한 공사 기간을 단축하여'로 고쳐야 한다.

(((•))) 적중레이더

문장 다듬기 방법
- 필요한 성분을 다 갖추고 있는가?
  - 주어 / 목적어 / 부사어의 부당한 생략 유무 확인
- 불필요한 성분은 없는가?
  - 단어 및 의미의 중복 여부 확인
- 성분끼리 자연스럽게 어울리는가?
  - 주어와 서술어 / 목적어와 서술어 / 부사어와 서술어 / 수식어와 피수식어의 호응 확인
- 지나친 관형화 구성 또는 명사화 구성이지는 않은가?
  - 관형화 / 명사화 구성인지 확인
- 의미가 정확한가?
  - 수식 / 비교 대상 / 병렬 구문 / 부정문 / 주체의 모호성 및 단어의 논리적 모순에 의한 모호성 유무 확인
- 우리말답지 않은 표현이 있지는 않은가?
  - 영어 / 일본어식 표현 유무 확인

21 [1][2][3] 정답 ①

영역 어휘 > 올바른 단어 표현 **난이도 중**

[정답의 이유]

① '갑작스러운 시어머니의 방문에 그녀는 안절부절못했다.'에서 '안절부절못했다'는 '마음이 초조하고 불안하여 어찌할 바를 모르다.'의 뜻으로 바르게 쓰였다.

[오답의 이유]

② '난이도를 낮춰 시험이 쉬웠다.'에서 '난이도'는 '어려움과 쉬움의 정도'를 뜻하는 말이므로 어려운 정도를 나타내는 '난도'로 고쳐야 한다.

③ '음악을 듣는 와중에 수업 종이 울렸다.'에서 '와중'은 '일이나 사건 따위가 시끄럽고 복잡하게 벌어지는 가운데'의 뜻이므로 '음악을 듣는 도중에'로 고쳐야 한다.

④ '그는 경기도지사를 역임했다.'에서 '역임'은 '여러 직위를 두루 거쳐 지냄'의 뜻이므로 '지냈다'로 써야 한다.

22 [1][2][3]　　　　　　　　　　　　　　　　정답 ④

| 영역 현대 소설 > 세부 내용 파악하기 | 난이도 하 |

정답의 이유

④ ㉣ '하얀 페인트를 입힌 나무토막 글씨'는 개발로 달라진 동네 풍경과는 달리 예전 그대로의 모습을 가지고 있는 것이다.

오답의 이유

① ㉠ '연립과 단독 양옥들'은 개발로 달라진 마을의 집들을 의미한다.

② ㉡ '물건'은 까치상회가 제법 신수가 훤해지면서 다종다양해진 '진열품'이다.

③ ㉢ '앵글'은 까치상회의 늘어난 물건을 진열하기 위해 제작한 '선반'이다.

> **📖 작품 해설**
>
> 박영한, 「왕룽일가」
> • 해제: 연작 소설 「왕룽일가」는 소시민들의 질박한 삶의 모습과 변화하는 풍속의 묘사를 통해 1960년대 이후 근대화에 따른 도시화의 세태 풍경을 여실하면서도 흥미롭게 그려내고 있다.
> • 성격: 현대 소설, 연작 소설
> • 주제: 도시 문화에 침윤당하는 피폐한 농촌의 현실

23 [1][2][3]　　　　　　　　　　　　　　　　정답 ③

| 영역 독해 > 세부 내용 파악하기 | 난이도 중 |

정답의 이유

③ 제시문의 두 번째 문단에서 '개별 경제 주체가 제3자의 이익이나 손해까지 고려하여 행동하지는 않을 것이기 때문이다.'라고 했으므로, 개별 경제 주체가 자신의 손해를 막기 위해 제3자의 이익이나 손해를 고려한다는 서술은 틀린 설명이다.

오답의 이유

① 첫 번째 문단에서 외부성을 '어떤 경제 주체의 행위가 자신과 거래하지 않는 제3자에게 의도하지 않게 이익이나 손해를 주는 것'이라고 정의 내리고 있다.

② 세 번째 문단 첫 번째 문장에서 확인할 수 있다.

④ 마지막 문단에서 확인할 수 있다.

24 [1][2][3]　　　　　　　　　　　　　　　　정답 ①

| 영역 현대시 > 시어의 의미 | 난이도 중 |

정답의 이유

(가)~(라)는 모두 백석 시인의 작품이다. (가)는 '나와 나타샤와 흰 당나귀' (나)는 '내가 생각하는 것은', (다)는 '내가 이렇게 외면하고', (라)는 '흰 바람벽이 있어' 중의 일부이다.

① '시인이 사랑하는 여인에게 아무것도 해줄 수 없는 무기력함을 의미한다.'는 틀린 설명이다. 이 장면은 눈이 내려서 화자가 '나타샤'를 그리워하고 있는 것이지 아무것도 할 수 없는 무기력함을 표현한 것이 아니다.

25 [1][2][3]　　　　　　　　　　　　　　　　정답 ④

| 영역 국어 규범 > 한글 맞춤법 | 난이도 하 |

정답의 이유

④ '넉넉지'는 맞는 말이다. '넉넉하지'처럼 '-하다'가 붙어 줄어질 경우, 앞말이 안울림 소리 받침이면, '-하'가 통째로 준다.

오답의 이유

① 새벽녁(×) → 새벽녘(○)

② 짐작컨대(×) → 짐작건대(○)

③ 눈을 부치고(×) → 눈을 붙이고(○)

> **((•)) 적중레이더**
>
> 한글 맞춤법 제40항
> 제40항 [붙임 2] 어간의 끝음절 '하'가 아주 줄 적에는 준 대로 적는다.
>
> | 본말 | 준말 |
> | --- | --- |
> | 거북하지 | 거북지 |
> | 생각하건대 | 생각건대 |
> | 생각하다 못해 | 생각다 못해 |
> | 깨끗하지 않다 | 깨끗지 않다 |
> | 넉넉하지 않다 | 넉넉지 않다 |
> | 못하지 않다 | 못지않다 |
> | 섭섭하지 않다 | 섭섭지 않다 |
> | 익숙하지 않다 | 익숙지 않다 |

군무원 기출이 답이다
행정법

해설편 목차

2021 | 9급 기출문제해설

☑ 점수 (　　)점/100점　☑ 문제편 054쪽

영역 분석

행정법 서론	6문제	★★★★★★	24%
일반행정작용법	6문제	★★★★★★	24%
행정상 쟁송	5문제	★★★★★	20%
행정절차와 행정공개	3문제	★★★	12%
행정구제법	2문제	★★	8%
행정의 실효성 확보수단	2문제	★★	8%
특별행정작용법	1문제	★	4%

빠른 정답

01	02	03	04	05	06	07	08	09	10
④	②	①	①	④	③	②	①	④	①
11	12	13	14	15	16	17	18	19	20
③	②	①	③	③	③	③	③	②	②
21	22	23	24	25					
④	③	③	②	④					

01 ①②③　　　　　　　　　　　　　정답 ④

영역 행정법 서론 > 사인의 공법행위　　　　난이도 중

정답의 이유

④ 인·허가의제 효과를 수반하는 건축신고는 일반적인 건축신고와는 달리, 특별한 사정이 없는 한 행정청이 그 실체적 요건에 관한 심사를 한 후 수리하여야 하는 이른바 '수리를 요하는 신고'로 보는 것이 옳다(대판 2011.1.20, 2010두14954 전합).

오답의 이유

② 민원사무처리에관한법률에 의하면, 행정기관은 민원사항의 신청이 있는 때에는 다른 법령에 특별한 규정이 있는 경우를 제외하고는 그 접수를 보류하거나 거부할 수 없으며, 민원서류에 흠이 있는 경우에는 보완에 필요한 상당한 기간을 정하여 지체 없이 민원인에게 보완을 요구할 수 있는바, 위 규정 소정의 보완의 대상이 되는 흠은 보완이 가능한 경우이어야 함은 물론이고, 그 내용 또한 형식적·절차적인 요건이거나, 실질적인 요건에 관한 흠이 있는 경우라도 그것이 민원인의 단순한 착오나 일시적인 사정 등에 기한 경우 등이라야 한다(대판 2004.10.15, 2003두6573).

> **민원처리에 관한 법률**
> 제9조(민원의 접수) ① 행정기관의 장은 민원의 신청을 받았을 때에는 다른 법령에 특별한 규정이 있는 경우를 제외하고는 그 접수를 보류하거나 거부할 수 없으며, 접수된 민원문서를 부당하게 되돌려 보내서는 아니 된다.
> 제22조(민원문서의 보완·취하 등) ① 행정기관의 장은 접수한 민원문서에 보완이 필요한 경우에는 상당한 기간을 정하여 지체 없이 민원인에게 보완을 요구하여야 한다.
> ② 민원인은 해당 민원의 처리가 종결되기 전에는 그 신청의 내용을 보완하거나 변경 또는 취하할 수 있다. 다만, 다른 법률에 특별한 규정이 있거나 그 민원의 성질상 보완·변경 또는 취하할 수 없는 경우에는 그러하지 아니하다.

※ 원 시험에서는 "② ~ 행정청은 보완을 요구할 수 있다."로 되어 ②·④ 모두 복수정답으로 인정되었다.

③ 건축신고 반려행위는 항고소송의 대상이 된다(대판 2010.11.18, 2008두167 전합).

🔍 이렇게 출제됐어요

1 사인의 공법행위에 대한 설명으로 옳지 않은 것은? (다툼이 있는 경우 판례에 의함)　　'21 지방직 7급

① 사인의 공법상 행위는 명문으로 금지되거나 성질상 불가능한 경우가 아닌 한 그에 따른 행정행위가 행하여질 때까지 자유로이 철회할 수 있다.

② 수리를 요하는 신고에서 행정청의 수리행위에 신고필증 교부의 행위가 반드시 필요한 것은 아니다.

③ 「식품위생법」에 의하여 허가영업의 양도에 따른 지위승계신고를 수리하는 허가관청의 행위는 사업허가자의 변경이라는 법률효과를 발생시키는 행위이다.

④ 사인의 공법행위에 적용되는 일반규정은 없으며, 특별한 규정이 없는 한 「민법」상 비진의 의사표시의 무효에 관한 규정은 사인의 공법행위에 적용된다(→ 「민법」상 비진의 의사표시의 무효규정은 사인의 공법행위에 적용되지 않는다).

02 ☐1☐2☐3 정답 ②

영역 행정법 서론 > 행정법상 일반원칙 　　　　난이도 중

정답의 이유

② 평등이란 형식적 의미의 평등이 아니라 공정·형평의 관념에 반하지 않는 실질적인 평등을 가리키는 것이므로(대판 2007.11.29, 2004그74 등), 다른 것을 다르게 차별하는 것도 평등의 원칙에 위배되지 않는다(→ 상대적·실질적 평등).

오답의 이유

① 헌법 제32조 제6항의 문언은 엄격하게 해석할 필요가 있고, 위 조항에 따라 우선적인 근로의 기회를 부여받는 대상자는 '국가유공자', '상이군경', 그리고 '전몰군경의 유가족'이라고 보아야 한다. 따라서 국가유공자의 가족은 위 헌법 조항에 의한 보호대상에 포함되지 않으므로, '국가유공자의 가족'의 경우 가산점의 부여는 헌법이 직접 요청하고 있는 것이 아니다. 따라서 국가유공자의 가족들에게 만점의 10%라는 높은 가산점을 부여하는 것은 일반 공직시험 응시자들의 평등권을 침해한다(헌재 2006.2.23, 2004헌마675).

③·④ 재량권 행사의 준칙인 행정규칙이 그 정한 바에 따라 되풀이 시행되어 행정관행이 이루어지게 되면 평등의 원칙이나 신뢰보호의 원칙에 따라 행정기관은 그 상대방에 대한 관계에서 그 규칙에 따라야 할 자기구속을 받게 되므로, 이러한 경우에는 특별한 사정이 없는 한 그에 위반하는 처분은 평등의 원칙이나 신뢰보호의 원칙에 위배되어 재량권을 일탈·남용한 위법한 처분이 된다(대판 2009.12.24, 2009두7967).

03 ☐1☐2☐3 정답 ①

영역 행정상 쟁송 > 행정소송 　　　　난이도 중

정답의 이유

① 합의제 행정청의 처분에 대하여는 합의제 행정청 그 자체가 피고가 된다. 예를 들어 공정거래위원회의 과징금부과처분에 대해서는 공정거래위원회가 피고가 된다. 다만 개별법에 달리 규정이 있는 경우 그에 따른다.

오답의 이유

② 행정소송법 제14조에 의한 피고경정은 사실심 변론종결에 이르기까지 허용되는 것으로 해석하여야 할 것이고, 굳이 제1심 단계에서만 허용되는 것으로 해석할 근거는 없다(대결 2006.2.23, 2005부4).

③ 행정소송법 제42조(취소소송에 관한 제21조를 준용함)

> **제21조(소의 변경)** ① 법원은 취소소송을 당해 처분 등에 관계되는 사무가 귀속하는 국가 또는 공공단체에 대한 당사자소송 또는 취소소송외의 항고소송으로 변경하는 것이 상당하다고 인정할 때에는 청구의 기초에 변경이 없는 한 사실심의 변론종결시까지 원고의 신청에 의하여 결정으로써 소의 변경을 허가할 수 있다.
> ② 제1항의 규정에 의한 허가를 하는 경우 피고를 달리하게 될 때에는 법원은 새로이 피고로 될 자의 의견을 들어야 한다.

④ 행정소송법 제14조 제1항

04 ☐1☐2☐3 정답 ①

영역 일반행정작용법 > 행정행위 　　　　난이도 중

정답의 이유

① 행정행위를 한 처분청은 비록 처분 당시에 별다른 하자가 없었고, 처분 후에 이를 철회할 별도의 법적 근거가 없더라도 원래의 처분을 존속시킬 필요가 없게 된 사정변경이 생겼거나 중대한 공익상 필요가 발생한 경우에는 그 효력을 상실케 하는 별개의 행정행위로 이를 철회할 수 있다. 다만 수익적 행정행위를 취소 또는 철회하거나 중지시키는 경우에는 이미 부여된 국민의 기득권을 침해하는 것이 되므로, 비록 취소 등의 사유가 있다고 하더라도 그 취소권 등의 행사는 기득권의 침해를 정당화할 만한 중대한 공익상의 필요 또는 제3자의 이익을 보호할 필요가 있고, 이를 상대방이 받는 불이익과 비교·교량하여 볼 때 공익상의 필요 등이 상대방이 입을 불이익을 정당화할 만큼 강한 경우에 한하여 허용될 수 있다(대판 2017.3.15, 2014두41190).

오답의 이유

②·③·④ 위의 대판 2017.3.15, 2014두41190 참고

🔍 이렇게 출제됐어요

1 행정행위의 취소와 철회에 대한 설명으로 옳지 않은 것은? (다툼이 있는 경우 판례에 의함) 　　'21 지방직 9급

① 과세관청은 과세처분의 취소를 다시 취소함으로써 이미 효력을 상실한 과세처분을 소생시킬 수 있다(→ 판례는 수익적 행정행위의 취소의 취소에 대하여는 원칙적으로 긍정하지만, 부담적 행정행위의 취소의 취소는 원칙적으로 부정한다. 절충설).

③ 수익적 행정행위의 철회는 특별한 다른 규정이 없는 한 「행정절차법」상의 절차에 따라 행해져야 한다.

영역 행정법 서론 > 행정법　　　　　　　　　난이도 **중**

정답의 이유

④ 소급입법은 새로운 입법으로 이미 종료된 사실관계 또는 법률관계에 작용케 하는 진정소급입법과 현재 진행중인 사실관계 또는 법률관계에 작용케 하는 부진정소급입법으로 나눌 수 있다. 부진정소급입법은 원칙적으로 허용되지만 소급효를 요구하는 공익상의 사유와 신뢰보호의 요청 사이의 교량과정에서 신뢰보호의 관점이 입법자의 형성권에 제한을 받을 뿐이다(헌재 1999.7.22. 97헌바76).

오답의 이유

① 지방자치법 제26조 제8항

③ 법령을 소급적용하더라도 일반 국민의 이해에 직접 관계가 없는 경우, 오히려 그 이익을 증진하는 경우, 불이익이나 고통을 제거하는 경우 등의 특별한 사정이 있는 경우에 한하여 예외적으로 법령의 소급적용이 허용될 여지가 있을 따름이다(대판 2021.3.11. 2020두49850).

🔖 이렇게 출제됐어요

1 행정법의 법원(法源)의 효력에 대한 설명으로 옳지 않은 것은?
　　　　　　　　　　　　　　　　　　　　　'21 국가직 7급

① 헌법개정 · 법률 · 조약 · 대통령령 · 총리령 및 부령의 공포는 관보에 게재함으로써 한다.

② 「국회법」에 따라 하는 국회의장의 법률 공포는 서울특별시에서 발행되는 둘 이상의 일간신문에 게재함으로써 한다.

③ 법령의 공포일은 해당 법령을 게재한 관보 또는 신문이 발행된 날로 한다.

④ 관보의 내용 해석 및 적용 시기 등에 대하여 종이관보가 전자관보보다 우선적 효력을 가진다(→ 종이관보와 전자관보는 동일한 효력).

> **법령 등 공포에 관한 법률**
> **제11조(공포 및 공고의 절차)** ① 헌법개정 · 법률 · 조약 · 대통령령 · 총리령 및 부령의 공포와 헌법개정안 · 예산 및 예산 외 국고부담계약의 공고는 관보(官報)에 게재함으로써 한다.
> ② 「국회법」 제98조 제3항 전단에 따라 하는 국회의장의 법률 공포는 서울특별시에서 발행되는 둘 이상의 일간신문에 게재함으로써 한다.
> ③ 제1항에 따른 관보는 종이로 발행되는 관보(이하 "종이관보"라 한다)와 전자적인 형태로 발행되는 관보(이하 "전자관보"라 한다)로 운영한다.
> ④ 관보의 내용 해석 및 적용 시기 등에 대하여 종이관보와 전자관보는 동일한 효력을 가진다.

영역 행정절차와 행정공개 > 행정절차법　　　　　난이도 **중**

정답의 이유

③ 청문 주재자는 직권으로 또는 당사자의 신청에 따라 필요한 조사를 할 수 있으며, 당사자등이 주장하지 아니한 사실에 대하여도 조사할 수 있다(행정절차법 제33조 제1항).

오답의 이유

① 청문 주재자에게 공정한 청문 진행을 할 수 없는 사정이 있는 경우 당사자등은 행정청에 기피신청을 할 수 있다. 이 경우 행정청은 청문을 정지하고 그 신청이 이유가 있다고 인정할 때에는 해당 청문 주재자를 지체 없이 교체하여야 한다(행정절차법 제29조 제2항). 청문 주재자는 위의 사유에 해당하는 경우에는 행정청의 승인을 받아 스스로 청문의 주재를 회피할 수 있다(행정절차법 제29조 제3항).

② 행정절차법 제31조 제1항

④ 행정절차법 제36조

영역 일반행정작용법 > 기타행정행위　　　　　　난이도 **중**

정답의 이유

② 건축법 규정에 비추어 보면, 행정청이 위법 건축물에 대한 시정명령을 하고 나서 위반자가 이를 이행하지 아니하여 전기 · 전화의 공급자에게 그 위법 건축물에 대한 전기 · 전화공급을 하지 말아줄 것을 요청한 행위는 권고적 성격의 행위에 불과한 것으로서 전기 · 전화공급자나 특정인의 법률상 지위에 직접적인 변동을 가져오는 것은 아니므로 이를 항고소송의 대상이 되는 행정처분이라고 볼 수 없다(대판 1996.3.22. 96누433).

오답의 이유

① 행정지도가 강제성을 띠지 않은 비권력적 작용으로서 행정지도의 한계를 일탈하지 아니하였다면, 그로 인하여 상대방에게 어떤 손해가 발생하였다 하더라도 행정기관은 그에 대한 손해배상책임이 없다(대판 2008.9.25. 2006다18228).

③ 행정절차법 제48조 제2항

> **제48조(행정지도의 원칙)** ① 행정지도는 그 목적 달성에 필요한 최소한도에 그쳐야 하며, 행정지도의 상대방의 의사에 반하여 부당하게 강요하여서는 아니 된다.
> ② 행정기관은 행정지도의 상대방이 행정지도에 따르지 아니하였다는 것을 이유로 불이익한 조치를 하여서는 아니 된다.

④ 행정지도는 국가배상법상의 직무행위에 해당한다. 즉 국가배상법

이 정한 배상청구의 요건인 '공무원의 직무 범위'에는 행정지도와 같은 비권력적 작용도 포함된다.

08 ①②③

영역 행정절차와 행정공개 > 정보공개와 개인정보보호   난이도 중

정답 ①

정답의 이유

① 개인정보처리자는 정보주체가 필요한 최소한의 정보 외의 개인정보 수집에 동의하지 아니한다는 이유로 정보주체에게 재화 또는 서비스의 제공을 거부하여서는 아니 된다(개인정보 보호법 제16조 제3항).

오답의 이유

② 개인정보 보호법 제51조

③ 개인정보 보호법 제39조의13

④ 개인정보자기결정권의 보호대상이 되는 개인정보는 개인의 신체, 신념, 사회적 지위, 신분 등과 같이 개인의 인격주체성을 특징짓는 사항으로서 그 개인의 동일성을 식별할 수 있게 하는 일체의 정보라고 할 수 있고, 반드시 개인의 내밀한 영역이나 사사(私事)의 영역에 속하는 정보에 국한되지 않고 공적 생활에서 형성되었거나 이미 공개된 개인정보까지 포함한다(헌재 2005.7.21, 2003헌마282).

09 ①②③

영역 행정상 쟁송 > 행정소송   난이도 중

정답 ④

정답의 이유

④ 행정소송법 제44조(취소소송에 관한 제26조를 준용함)

> **제26조(직권심리)** 법원은 필요하다고 인정할 때에는 직권으로 증거조사를 할 수 있고, 당사자가 주장하지 아니한 사실에 대하여도 판단할 수 있다.

오답의 이유

① 행정소송법 제3조 제2호

② 공법상 계약의 한쪽 당사자가 다른 당사자를 상대로 효력을 다투거나 이행을 청구하는 소송은 공법상의 법률관계에 관한 분쟁이므로 분쟁의 실질이 공법상 권리·의무의 존부·범위에 관한 다툼이 아니라 손해배상액의 구체적인 산정방법·금액에 국한되는 등의 특별한 사정이 없는 한 공법상 당사자소송으로 제기하여야 한다(대판 2021.2.4, 2019다277133).

③ 원고가 고의 또는 중대한 과실 없이 행정소송으로 제기하여야 할 사건을 민사소송으로 잘못 제기한 경우, 수소법원으로서는 만약 그 행정소송에 대한 관할도 동시에 가지고 있다면 이를 행정소송으로 심리·판단하여야 하고, 그 행정소송에 대한 관할을 가지고 있지 아니하다면 관할법원에 이송하여야 한다(대판 2021.2.4, 2019다277133).

🔎 **이렇게 출제됐어요**

1 당사자소송에 대한 설명으로 옳지 않은 것은? (다툼이 있는 경우 판례에 의함)   '21 국가직 7급

① 당사자소송에는 항고소송에서의 집행정지규정은 적용되지 않고 「민사집행법」상의 가처분규정은 준용된다.

② 지방자치단체가 보조금 지급결정을 하면서 일정 기한 내에 보조금을 반환하도록 교부 조건을 부가한 경우, 보조사업자에 대한 지방자치단체의 보조금반환청구는 당사자소송의 대상이 된다.

③ 국가에 대한 납세의무자의 부가가치세 환급세액 지급청구는 당사자소송이 아니라 민사소송의 절차에 따라야 한다(→ 민사소송이 아닌 당사자소송의 절차에 따라야 한다)(대판 2013.3.21, 2011다95564).

④ 조세부과처분의 당연무효를 전제로 하여 이미 납부한 세금의 반환을 청구하는 것은 민사상 부당이득반환청구로서 당사자 소송이 아니라 민사소송절차에 따른다.

10 ①②③

영역 일반행정작용법 > 허가   난이도 중

정답 ①

정답의 이유

① 허가를 받지 않은 거래계약이라고 하여도 원칙적으로는 그 사법적 효력까지 부인되는 것은 아니다(대판 1994.5.24, 93다53450 등 참고).

오답의 이유

② 허가는 상대적 금지에 대해서만 가능하며, 절대적 금지의 경우에는 인정되지 않는다(도박, 마약, 미성년자 흡연에 대한 허가는 인정될 수 없다).

③ 허가는 일반적·상대적으로 금지되어 있는 행위를 법령에 의하여 특정한 경우에 특정인에 대하여 해제하는 행정행위를 의미한다. 부작위의무의 해제 또는 자연적 자유의 회복이라고도 한다. 따라서 허가는 일반적, 상대적, 예방적 금지의 해제이다.

11 ⬚1⬚2⬚3　　　　　　정답 ③

영역 행정법 서론 > 행정법　　　　　　난이도 하

정답의 이유

ㄱ. 행정의 적극적 추진(행정기본법 제4조 제1항)

ㄴ. 법치행정의 원칙(행정기본법 제8조)

ㄷ. 평등의 원칙(행정기본법 제9조)

ㄹ. 부당결부금지의 원칙(행정기본법 제13조)

ㅁ. 부관(행정기본법 제17조 제1항)

행정기본법

제17조(부관) ① 행정청은 처분에 재량이 있는 경우에는 부관(조건, 기한, 부담, 철회권의 유보 등을 말한다. 이하 이 조에서 같다)을 붙일 수 있다.

② 행정청은 처분에 재량이 없는 경우에는 법률에 근거가 있는 경우에 부관을 붙일 수 있다.

③ 행정청은 부관을 붙일 수 있는 처분이 다음 각 호의 어느 하나에 해당하는 경우에는 그 처분을 한 후에도 부관을 새로 붙이거나 종전의 부관을 변경할 수 있다.

　1. 법률에 근거가 있는 경우

　2. 당사자의 동의가 있는 경우

　3. 사정이 변경되어 부관을 새로 붙이거나 종전의 부관을 변경하지 아니하면 해당 처분의 목적을 달성할 수 없다고 인정되는 경우

④ 부관은 다음 각 호의 요건에 적합하여야 한다.

　1. 해당 처분의 목적에 위배되지 아니할 것

　2. 해당 처분과 실질적인 관련이 있을 것

　3. 해당 처분의 목적을 달성하기 위하여 필요한 최소한의 범위일 것

🔍 **이렇게 출제됐어요**

1 행정의 법원칙 중 행정기본법에 명문으로 규정하고 있는 것이 아닌 것은?

'21 행정사

① 행정의 자기구속의 원칙(→ 자기구속의 원칙은 직접규정이 없음)

② 부당결부금지의 원칙

③ 성실의무 및 권한남용금지의 원칙

④ 비례의 원칙

⑤ 평등의 원칙

12 ⬚1⬚2⬚3　　　　　　정답 ②

영역 행정법 서론 > 행정상 법률관계　　　　　　난이도 중

정답의 이유

② 광업권설정허가처분과 그에 따른 광산개발로 인하여 재산상·환경상 이익의 침해를 받거나 받을 우려가 있는 토지나 건축물의 소유자와 점유자 또는 이해관계인 및 주민들은 그 처분 전과 비교하여 수인한도를 넘는 재산상·환경상 이익의 침해를 받거나 받을 우려가 있다는 것을 증명함으로써 그 처분의 취소를 구할 원고적격을 인정받을 수 있다(대판 2008.9.11. 2006두7577).

오답의 이유

① 대판 2006.7.28. 2004두6716

③ 대판 1993.7.27. 93누8139

④ 일반적으로 법인의 주주는 당해 법인에 대한 행정처분에 관하여 사실상이나 간접적인 이해관계를 가질 뿐이어서 스스로 그 처분의 취소를 구할 원고적격이 없는 것이 원칙이라고 할 것이지만, 그 처분으로 인하여 궁극적으로 주식이 소각되거나 주주의 법인에 대한 권리가 소멸하는 등 주주의 지위에 중대한 영향을 초래하게 되는데도 그 처분의 성질상 당해 법인이 이를 다툴 것을 기대할 수 없고 달리 주주의 지위를 보전할 구제방법이 없는 경우에는 주주도 그 처분에 관하여 직접적이고 구체적인 법률상 이해관계를 가진다고 보이므로 그 취소를 구할 원고적격이 있다(대판 2004.2.3. 2000두2648).

🔍 **이렇게 출제됐어요**

1 판례상 항고소송의 원고적격이 인정되는 경우만을 모두 고르면?

'21 국가직 9급

ㄱ. 중국 국적자인 외국인이 사증발급 거부처분의 취소를 구하는 경우(→ 외국인에게는 사증발급 거부처분의 취소를 구할 법률상 이익이 인정되지 않는다)(대판 2018.5.15. 2014두42506)

ㄴ. 소방청장이 처분성이 인정되는 국민권익위원회의 조치요구에 불복하여 조치요구의 취소를 구하는 경우

ㄷ. 지방법무사회가 법무사의 사무원 채용승인 신청을 거부하여 사무원이 될 수 없게 된 자가 지방법무사회를 상대로 거부처분의 취소를 구하는 경우

ㄹ. 개발제한구역 중 일부 취락을 개발제한구역에서 해제하는 내용의 도시관리계획변경결정에 대하여 개발제한구역 해제대상에서 누락된 토지의 소유자가 위 결정의 취소를 구하는 경우(→ 개발제한구역 해제대상에서 누락된 토지의 소유자는 위 결정의 취소를 구할 법률상 이익이 없다)(대판 2008.7.10. 2007두10242)

13

정답 ①

영역 행정구제법 > 서설

난이도 상

정답의 이유

① 결과제거청구권은 원상회복에 목적이 있으므로 위법한 상태의 제거만을 내용으로 한다. 위법행위의 결과물인 손해에 대해서는 국가배상청구권이 인정될 수 있을 뿐이다.

💿 이렇게 출제됐어요

1 공법상 결과제거청구권의 행사요건 및 한계에 관한 설명으로 틀린 것은?

'05 서울시 9급

① 행정청의 침해는 권력적인 것이든 비권력적인 것이든 관계없다.

② 침해의 대상은 재산적이든 비재산적이든 불문한다.

③ 위법한 상태가 계속 존재하여야 한다.

④ 위법한 상태가 적법하게 된 경우에는 결과제거청구권을 행사할 수 없다.

⑤ 타인의 법률상 이익을 침해하는 것뿐만 아니라 사실상 이익을 침해하는 경우에도 결과제거청구권이 성립한다(→ 타인의 권익침해는 보호받을 만한 가치 있는 권리 또는 법률상 이익을 침해하여야 한다. 사실상의 이익(반사적 이익)을 침해하는 경우에는 공법상 결과제거청구권이 성립되지 않는다).

14

정답 ④

영역 행정상 쟁송 > 행정심판

난이도 중

정답의 이유

④ 행정심판의 재결기간(행정심판법 제45조)은 강행규정이 아니다.

오답의 이유

② 재결의 기속력은 반복금지의무(소극적 의무), 재처분의무(적극적 의무), 결과제거의무(원상회복의무) 등을 내용으로 한다.

③ 행정심판법 제47조는 불고불리의 원칙(제1항), 불이익변경금지의 원칙(제2항)을 규정하고 있으며, 인용재결은 행정청을 기속하므로(제49조 제1항) 처분청은 불복할 수 없다.

제47조(재결의 범위) ① 위원회는 심판청구의 대상이 되는 처분 또는 부작위 외의 사항에 대하여는 재결하지 못한다.

② 위원회는 심판청구의 대상이 되는 처분보다 청구인에게 불리한 재결을 하지 못한다.

제49조(재결의 기속력 등) ① 심판청구를 인용하는 재결은 피청구인과 그 밖의 관계 행정청을 기속(羈束)한다.

② 재결에 의하여 취소되거나 무효 또는 부존재로 확인되는 처분이 당사자의 신청을 거부하는 것을 내용으로 하는 경우에는 그 처분을 한 행정청은 재결의 취지에 따라 다시 이전의 신청에 대한 처분을 하여야 한다.

💿 이렇게 출제됐어요

1 재결의 기속력에 대한 설명으로 옳은 것만을 모두 고르면? (다툼이 있는 경우 판례에 의함)

'21 지방직 9급

ㄱ. 재결에 의하여 취소되거나 무효 또는 부존재로 확인되는 처분이 당사자의 신청을 거부하는 것을 내용으로 하는 경우에는 그 처분을 한 행정청은 재결의 취지에 따라 다시 이전의 신청에 대한 처분을 하여야 한다.

ㄴ. 재결의 기속력은 인용재결의 경우에만 인정되고, 기각재결에서는 인정되지 않는다.

ㄷ. 기속력은 재결의 주문에만 미치고, 처분 등의 구체적 위법사유에 관한 판단에는 미치지 않는다(→ 재결의 기속력은 주문과 구체적 위법사유(판단이유)에 미친다).

ㄹ. 행정심판 인용재결에 따른 행정청의 재처분 의무에도 불구하고 행정청이 인용재결에 따른 처분을 하지 아니하는 경우에, 행정심판위원회는 청구인의 신청이 없어도 결정으로 일정한 배상을 하도록 명할 수 있다(→ 인용재결에 따른 처분을 하지 아니하면 청구인의 결정에 따라 일정한 배상을 하도록 명할 수 있다. 행정심판법 제50조의2 제1항).

15

정답 ④

영역 행정상 쟁송 > 행정소송

난이도 하

정답의 이유

④ 병무청장이 법무부장관에게 '가수 갑이 공연을 위하여 국외여행허가를 받고 출국한 후 미국 시민권을 취득함으로써 사실상 병역의무를 면탈하였으므로 재외동포 자격으로 재입국하고자 하는 경우 국내에서 취업, 가수활동 등 영리활동을 할 수 없도록 하고, 불가능할 경우 입국 자체를 금지해 달라'고 요청함에 따라 법무부장관이 갑의 입국을 금지하는 결정을 하고, 그 정보를 내부전산망인 '출입국관리정보시스템'에 입력하였으나, 갑에게는 통보하지 않은 사안에서, 행정청이 행정의사를 외부에 표시하여 행정청이 자유롭게 취소·철회할 수 없는 구속을 받기 전에는 '처분'이 성립하지 않으므로 법무부장관이 출입국관리법에 따라 위 입국금지결정을 했다고 해서 '처분'이 성립한다고 볼 수는 없고, 위 입국금지결정은 법무부장관의 의사가 공식적인 방법으로 외부에 표시된 것이 아니라 단지 그 정보를 내부전산망인 '출입국관리정보시스템'에 입력하여 관리한 것에 지나지 않으므로, 위 입국금지결정은 항고소송의 대상이 될 수 있는 '처분'에 해당하지 않는다(대판 2019. 7.11, 2017두38874).

영역 일반행정작용법 > 기타행정행위   난이도 중

정답의 이유

③ 행정주체는 구체적인 행정계획을 입안·결정함에 있어서 비교적 광범위한 형성의 자유를 가진다고 할 것이지만, 행정주체가 가지는 이와 같은 형성의 자유는 무제한적인 것이 아니라 그 행정계획에 관련되는 자들의 이익을 공익과 사익 사이에서는 물론이고 공익 상호 간과 사익 상호 간에도 정당하게 비교교량하여야 한다는 제한이 있는 것이고, 따라서 행정주체가 행정계획을 입안·결정함에 있어서 이익형량을 전혀 행하지 아니하거나 이익형량의 고려 대상에 마땅히 포함시켜야 할 사항을 누락한 경우 또는 이익형량을 하였으나 정당성·객관성이 결여된 경우에는 그 행정계획결정은 재량권을 일탈·남용한 것으로서 위법하다(대판 1996.11.29, 96누8567).

영역 행정의 실효성 확보수단 > 행정조사   난이도 하

정답의 이유

③ 처벌보다는 법령 등을 준수하도록 유도하여야 한다(행정절차법 제4조 제4항).

오답의 이유

① 행정조사기본법 제4조 제1항
② 행정조사기본법 제4조 제3항
④ 행정조사기본법 제4조 제6항

제4조(행정조사의 기본원칙) ① 행정조사는 조사목적을 달성하는데 필요한 최소한의 범위 안에서 실시하여야 하며, 다른 목적 등을 위하여 조사권을 남용하여서는 아니 된다.
② 행정기관은 조사목적에 적합하도록 조사대상자를 선정하여 행정조사를 실시하여야 한다.
③ 행정기관은 유사하거나 동일한 사안에 대하여는 공동조사 등을 실시함으로써 행정조사가 중복되지 아니하도록 하여야 한다.
④ 행정조사는 법령등의 위반에 대한 처벌보다는 법령등을 준수하도록 유도하는 데 중점을 두어야 한다.
⑤ 다른 법률에 따르지 아니하고는 행정조사의 대상자 또는 행정조사의 내용을 공표하거나 직무상 알게 된 비밀을 누설하여서는 아니된다.
⑥ 행정기관은 행정조사를 통하여 알게 된 정보를 다른 법률에 따라 내부에서 이용하거나 다른 기관에 제공하는 경우를 제외하고는 원래의 조사목적 이외의 용도로 이용하거나 타인에게 제공하여서는 아니된다.

영역 일반행정작용법 > 행정상 입법   난이도 중

정답의 이유

③ 서울대학교의 "94학년도 대학입학고사주요요강"은 사실상의 준비행위 내지 사전안내로서 행정쟁송의 대상이 될 수 있는 행정처분이나 공권력의 행사는 될 수 없지만 그 내용이 국민의 기본권에 직접 영향을 끼치는 내용이고 앞으로 법령의 뒷받침에 의하여 그대로 실시될 것이 틀림없을 것으로 예상되어 그로 인하여 직접적으로 기본권 침해를 받게 되는 사람에게는 사실상의 규범작용으로 인한 위험성이 이미 현실적으로 발생하였다고 보아야 할 것이므로 이는 헌법소원의 대상이 되는 헌법재판소법 제68조 제1항 소정의 공권력의 행사에 해당된다(헌재 1992.10.1, 92헌마68·76 병합).

오답의 이유

① 행정규칙인 부령이나 고시가 법령의 수권에 의하여 법령을 보충하는 사항을 정하는 경우에는 그 근거 법령규정과 결합하여 대외적으로 구속력이 있는 법규명령으로서의 성질과 효력을 가진다 할 것인데, 보충규범인 행정규칙의 내용에 해당되는 행위가 공소사실이나 범죄사실로 기재되어 있고, 법률의 적용란에 근거 법령규정이 명시되어 있다면 보충규범이 법률의 적용란에 따로 명시되어 있지 않다고 하더라도 이를 들어 판결에 영향을 미친 위법이 있다고는 할 수 없다(대판 2007.5.10, 2005도59).

영역 특별행정작용법 > 공용부담법   난이도 상

정답의 이유

② 환매권의 발생기간을 제한한 것은 사업시행자의 지위나 이해관계인들의 토지이용에 관한 법률관계 안정, 토지의 사회경제적 이용효율 제고, 사회일반에 돌아가야 할 개발이익이 원소유자에게 귀속되는 불합리 방지 등을 위한 것인데, 그 입법목적은 정당하고 이와 같은 제한은 입법목적 달성을 위한 유효적절한 방법이라 할 수 있다. 그러나 2000년대 이후 다양한 공익사업이 출현하면서 공익사업 간 중복·상충 사례가 발생하였고, 산업구조 변화, 비용 대비 편익에 대한 지속적 재검토, 인근 주민들의 반대 등에 직면하여 공익사업이 지연되다가 폐지되는 사례가 다수 발생하고 있다. 이와 같은 상황에서 환매권 발생기간 '10년'을 예외 없이 유지하게 되면 토지수용 등의 원인이 된 공익사업의 폐지 등으로 공공필요가 소멸하였음에도 단지 10년이 경과하였다는 사정만으로 환매권이 배제되는 결과가 초래될 수 있다. 다른 나라의 입법례에 비추어 보아도 발생기간을 제한하지 않거나 더 길게 규정하면서 행사기간 제한 또는 토지에 현저한 변경이 있을 때 환매거절권을 부여하는

등 보다 덜 침해적인 방법으로 입법목적을 달성하고 있다. 이 사건 법률조항은 침해의 최소성 원칙에 어긋난다(헌재 2020.11.26. 2019헌바131).

[오답의 이유]

① 공익사업을 위한 토지 등의 취득 및 보상에 관한 법률(이하, 약칭 토지보상법) 제91조 제1항

③ 위의 헌재 2020.11.26. 2019헌바131

④ 이 사건 법률조항의 위헌성은 환매권의 발생기간을 제한한 것 자체에 있다기보다는 그 기간을 10년 이내로 제한한 것에 있다. 이 사건 법률조항의 위헌성을 제거하는 다양한 방안이 있을 수 있고 이는 입법재량 영역에 속한다. 이 사건 법률조항의 적용을 중지하더라도 환매권 행사기간 등 제한이 있기 때문에 법적 혼란을 야기할 뚜렷한 사정이 있다고 보이지는 않는다. 이 사건 법률조항 적용을 중지하는 헌법불합치결정을 하고, 입법자는 가능한 한 빠른 시일 내에 이와 같은 결정 취지에 맞게 개선입법을 하여야 한다(헌재 2020.11.26. 2019헌바131).

20 [1][2][3]   정답 ②

영역 행정구제법 > 손해전보제도   난이도 하

[정답의 이유]

② 군인·군무원의 이중배상금지에 관한 규정(국가배상법 제2조 제1항 단서)은 영조물책임(국가배상법 제5조)의 경우에도 적용된다.

[오답의 이유]

① 국가배상법 제2조 제1항

③ 국가배상법 제2조 제2항

④ 국가배상법 제2조 제1항 단서

> 제2조(배상책임) ① 국가나 지방자치단체는 공무원 또는 공무를 위탁받은 사인(이하 "공무원"이라 한다)이 직무를 집행하면서 고의 또는 과실로 법령을 위반하여 타인에게 손해를 입히거나, 자동차손해배상보장법에 따라 손해배상의 책임이 있을 때에는 이 법에 따라 그 손해를 배상하여야 한다. 다만, 군인·군무원·경찰공무원 또는 예비군대원이 전투·훈련 등 직무 집행과 관련하여 전사(戰死)·순직(殉職)하거나 공상(公傷)을 입은 경우에 본인이나 그 유족이 다른 법령에 따라 재해보상금·유족연금·상이연금 등의 보상을 지급받을 수 있을 때에는 이 법 및 민법에 따른 손해배상을 청구할 수 없다.
> ② 제1항 본문의 경우에 공무원에게 고의 또는 중대한 과실이 있으면 국가나 지방자치단체는 그 공무원에게 구상(求償)할 수 있다

🔆 이렇게 출제됐어요

1 국가배상법 제2조 제1항 단서의 이중배상금지에 관한 설명으로 옳지 않은 것은? (다툼이 있으면 판례에 따름)   '21 행정사

① 피해자가 군인·군무원·경찰공무원 또는 예비군대원이어야 한다.

② 병역법상 공익근무요원은 군인에 해당하여 이중배상이 금지되는 자에 속한다(→ 공익근무요원은 군인에 해당하지 않으므로, 이중배상이 금지되는 자에 해당하지 않는다)(대판 1997.3.28. 97다4036).

③ 전투·훈련 또는 이에 준하는 직무집행 뿐만 아니라 일반 직무집행에 관하여도 적용된다.

④ 전투훈련 중 민간인이 군인과 공동불법행위를 한 경우 민간인은 자신의 부담 부분만을 피해 군인에게 배상하면 된다는 것이 대법원판례의 입장이다.

⑤ 전투·훈련 등 직무집행과 관련하여 전사·순직하거나 공상을 입은 손해에 한한다.

21 [1][2][3]   정답 ④

영역 행정절차와 행정공개 > 정보공개와 개인정보보호

[정답의 이유]

④ 공공기관은 비공개 대상 정보(정보공개법 제9조)에 해당하지 않는 한, 공개의 구체적 범위, 주기, 시기 및 방법 등을 미리 정하여 정보통신망 등을 통하여 알리고, 이에 따라 정기적으로 공개하여야 한다(정보공개법 제7조 제1항).

[오답의 이유]

① 정보공개법 제5조 제1항

②·③ 정보공개법 제6조의2

🔆 이렇게 출제됐어요

1 정보공개에 대한 판례의 입장으로 옳지 않은 것은?   '21 국가직 9급

① 국민의 알 권리의 내용에는 일반 국민 누구나 국가에 대하여 보유·관리하고 있는 정보의 공개를 청구할 수 있는 이른바 일반적인 정보공개청구권이 포함된다.

② 정보공개청구권은 법률상 보호되는 구체적인 권리이므로 청구인이 공공기관에 대하여 정보공개를 청구하였다가 거부처분을 받은 것 자체가 법률상 이익의 침해에 해당한다.

③ 「공공기관의 정보공개에 관한 법률」상 공개청구의 대상이 되는 정보란 공공기관이 직무상 작성 또는 취득하여 현재 보유·관리하고 있는 원본인 문서만을 의미한다(→ 문서의 원본일 필요는 없다)(대판 2006.5.25. 2006두3049).

④ 정보공개가 신청된 정보를 공공기관이 보유·관리하고 있지 아니한 경우에는 특별한 사정이 없는 한 정보공개거부처분의 취소를 구할 법률상의 이익이 없다.

22 ⓵⓶⓷ 　　　　　　　　　　　　　정답 ③

정답의 이유

③ 부과처분을 위한 과세관청의 질문조사권이 행해지는 세무조사결정이 있는 경우 납세의무자는 세무공무원의 과세자료 수집을 위한 질문에 대답하고 검사를 수인하여야 할 법적 의무를 부담하게 되는 점, …(중략)…, 세무조사결정은 납세의무자의 권리·의무에 직접 영향을 미치는 공권력의 행사에 따른 행정작용으로서 항고소송의 대상이 된다(대판 2011.3.10, 2009두23617,23624).

오답의 이유

① 대판 1992.6.12, 91누13564

② 대집행과 직접강제는 직접적 의무이행 확보수단인 데 반하여, 이행강제금은 일정한 기간까지 의무를 이행하지 않을 때 일정한 금전적인 부담이 부과된다는 것을 통지함으로써 의무자에게 심리적 압박을 주어 의무를 이행하게 하려는 간접적인 의무이행수단이라는 점에서 구별된다. 이행강제금은 장래의 이행을 확보하기 위한 강제수단일 뿐이어서 의무의 불이행시에는 여러 차례에 걸쳐 부과할 수도 있으며, 처벌적 성격의 과태료와 성질을 달리하기 때문에 과태료나 형벌과 병과될 수도 있다.

④ 이러한 명도의무는 그것을 강제적으로 실현하면서 직접적인 실력행사가 필요한 것이지 대체적 작위의무라고 볼 수 없으므로 특별한 사정이 없는 한 행정대집행법에 의한 대집행의 대상이 될 수 있는 것이 아니다(대판 2005.8.19, 2004다2809).

🔍 이렇게 출제됐어요

1 행정의 실효성 확보수단의 예와 그 법적 성질의 연결이 옳지 않은 것은? (다툼이 있는 경우 판례에 의함)　　　　'21 국가직 9급

① 「건축법」에 따른 이행강제금의 부과 – 집행벌
② 「식품위생법」에 따른 영업소 폐쇄 – 직접강제
③ 「공유재산 및 물품 관리법」에 따른 공유재산 원상복구명령의 강제적 이행 – 즉시강제(→ 행정대집행의 방법으로 공유재산에 설치한 시설물을 철거할 수 있고, 이러한 행정대집행의 절차가 인정)(대판 2017. 4.13, 2013다207941)
④ 「부동산등기 특별조치법」에 따른 과태료의 부과 – 행정벌

23 ⓵⓶⓷ 　　　　　　　　　　　　　정답 ③

정답의 이유

③ 당사자 사이에 석탄산업법 시행령 제41조 제4항 제5호 소정의 재해위로금에 대한 지급청구권에 관한 부제소합의가 있었다고 하더

라도 그러한 합의는 무효라고 할 것이다(대판 1999.1.26, 98두12598).

오답의 이유

① 헌재 1997.11.27, 97헌바10

② 회사합병이 있는 경우에는 피합병회사의 권리·의무는 사법상의 관계나 공법상의 관계를 불문하고 그의 성질상 이전을 허용하지 않는 것을 제외하고는 모두 합병으로 인하여 존속한 회사에게 승계되는 것으로 보아야 할 것이고, 감사인지정제외처분은 회계법인이 일정한 법위반행위를 한 감사인에 대하여 하는 '기타 필요한 조치'의 하나로서 일종의 수익적 행정행위의 철회로서의 성질을 가지는 점 등에 비추어 볼 때, 감사인지정 및 감사인지정제외와 관련한 공법상의 관계는 감사인의 인적·물적 설비와 위반행위의 태양과 내용 등과 같은 객관적 사정에 기초하여 이루어지는 것으로서 합병으로 존속하는 법인에게 승계된다고 봄이 상당하고, 또한, 손해배상공동기금은 모든 회계법인이 그 업무로 인하여 제3자에게 가한 손해를 배상하기 위하여 당해 사업연도 회계감사보수총액을 기준으로 의무적으로 적립하는 것이고, 손해배상공동기금의 추가적립은 회계법인이 법을 위반하여 연간적립금 중 일정 비율을 추가로 적립하는 것이며 행정법상 의무이행확보수단으로서 일종의 금전적 제재의 성질을 가지는 점 등에 비추어 볼 때, 손해배상공동기금 및 그 추가적립과 관련한 공법상의 관계는 감사인의 감사보수총액과 위반행위의 태양 및 내용 등과 같은 객관적 사정에 기초하여 이루어지는 것으로서 합병으로 존속법인에게 승계된다(대판 2004.7.8, 2002두1946).

④ 사업정지 등의 제재처분은 사업자 개인의 자격에 대한 제재가 아니라 사업의 전부나 일부에 대한 것으로서 대물적 처분의 성격을 갖고 있다. 그러므로 위와 같은 지위승계에는 종전 석유판매업자가 유사석유제품을 판매함으로써 받게 되는 사업정지 등 제재처분의 승계가 포함되어 그 지위를 승계한 자에 대하여 사업정지 등의 제재처분을 취할 수 있다고 보아야 한다(대판 2003.10.23, 2003두8005; 대판 1986.7.22, 86누203).

24 ⓵⓶⓷ 　　　　　　　　　　　　　정답 ②

정답의 이유

② 수익적 행정처분에 있어서는 법령에 특별한 근거규정이 없다고 하더라도 그 부관으로서 부담을 붙일 수 있고, 그와 같은 부담은 행정청이 행정처분을 하면서 일방적으로 부가할 수도 있지만 부담을 부가하기 이전에 상대방과 협의하여 부담의 내용을 협약의 형식으로 미리 정한 다음 행정처분을 하면서 이를 부가할 수도 있다(대판 2009.2.12, 2005다65500).

③ 대판 1997.5.30, 97누2627

④ 건축허가를 하면서 일정 토지를 기부채납하도록 하는 내용의 허가 조건은 부관을 붙일 수 없는 기속행위 내지 기속적 재량행위인 건축허가에 붙인 부담이거나 또는 법령상 아무런 근거가 없는 부관이어서 무효이다(대판 1995.6.13, 94다56883).

⊙ 이렇게 출제됐어요

1 행정행위의 부관에 대한 설명으로 옳지 않은 것은? (다툼이 있는 경우 판례에 의함) '21 지방직 9급

① 행정청은 처분에 재량이 없는 경우에는 법률에 근거가 있는 경우에 부관을 붙일 수 있다.

② 부담이 처분 당시 법령을 기준으로 적법하다면 처분 후 부담의 전제가 된 주된 처분의 근거 법령이 개정됨으로써 행정청이 더 이상 부관을 붙일 수 없게 되었다 하더라도 곧바로 그 효력이 소멸하게 되는 것은 아니다.

③ 처분과 실제적 관련성이 없어 부관으로 붙일 수 없는 부담이라도 사법상 계약의 형식으로 처분의 상대방에게 부과할 수 있다(→ 행정처분과 실제적 관련성이 없어 부관으로 붙일 수 없는 부담을 사법상 계약의 형식으로 행정처분의 상대방에게 부과할 수 없음).

④ 행정재산에 대한 사용·수익허가에서 공유재산의 관리청이 정한 사용·수익허가의 기간에 대해서는 독립하여 행정소송을 제기할 수 없다.

영역 행정상 쟁송 > 행정소송 난이도 하

④ 행정입법부작위에 대해서 대법원은 부작위위법확인소송의 대상성을 부정한다. 그 결과 헌법재판소는 헌법소원의 제기가 가능하다는 입장이다(헌재 1999.1.28, 97헌마9).

③ 시행명령을 제정 또는 개정하였지만 그것이 불충분 또는 불완전하게 된 경우에는 이를 부진정행정입법부작위라고 한다. 따라서 행정입법부작위가 아니다.

⊙ 이렇게 출제됐어요

1 행정입법에 대한 설명으로 옳은 것은? (다툼이 있는 경우 판례에 의함) '21 지방직 9급

③ 대통령령의 입법부작위에 대한 국가배상책임은 인정되지 않는다(→ 보수청구권은 단순한 기대이익을 넘어서는 것으로서 법률의 규정에 의해 인정된 재산권의 한 내용이 되는 것으로 봄이 상당하고, 따라서 행정부가 정당한 이유 없이 시행령을 제정하지 않은 것은 위 보수청구권을 침해하는 불법행위에 해당한다(대판 2007.11.29, 2006다3561).

2021 | 7급 기출문제해설

☑ 점수 (   )점/100점 ☑ 문제편 062쪽

영역 분석

영역	문제 수		비율
일반행정작용법	6문제	★★★★★★	24%
행정상 쟁송	5문제	★★★★★	20%
행정법 서론	4문제	★★★★	16%
행정조직법	3문제	★★★	12%
행정의 실효성 확보수단	3문제	★★★	12%
특별행정작용법	2문제	★★	8%
행정절차와 행정공개	2문제	★★	8%

빠른 정답

01	02	03	04	05	06	07	08	09	10
②	③	④	④	②	④	②	④	③	①
11	**12**	**13**	**14**	**15**	**16**	**17**	**18**	**19**	**20**
①	③	①	①	④	③	④	②	②	①
21	**22**	**23**	**24**	**25**					
②	③	①	①	④					

01 ①②③　　　　　　　　　정답 ②

영역 일반행정작용법 > 행정행위　　　난이도 중

[정답의 이유]
② 행정행위의 적법성에 대한 증명책임은 피고인 행정청에게 있다.

[오답의 이유]
① 행정처분이 아무리 위법하다고 하여도 당연무효인 사유가 있는 경우를 제외하고는 아무도 그 하자를 이유로 무단히 그 효과를 부정하지 못하는데, 이를 행정행위의 공정력이라고 한다.
③ 민사소송에 있어서 어느 행정처분의 당연무효 여부가 선결문제로 되는 때에는 이를 판단하여 당연무효임을 전제로 판결할 수 있고 반드시 행정소송 등의 절차에 의하여 그 취소나 무효확인을 받아야 하는 것은 아니다(대판 2010.4.8, 2009다90092).
④ 개발제한구역의 지정 및 관리에 관한 특별조치법에 의하여 행정청으로부터 시정명령을 받은 자가 이를 위반한 경우, 그로 인하여 개발제한구역법에 정한 처벌을 하기 위하여는 시정명령이 적법한 것이라야 하고, 시정명령이 당연무효가 아니더라도 위법한 것으로 인정되는 한 개발제한구역법 위반죄가 성립될 수 없다(대판 2017. 9.21, 2017도7321).

02 ①②③　　　　　　　　　정답 ③

영역 행정조직법 > 지방자치법　　　난이도 중

[정답의 이유]
③ 법령상 지방자치단체의 장이 처리하도록 하고 있는 사무가 자치사무인지 아니면 기관위임사무인지 여부를 판단함에 있어서는 그에 관한 법령의 규정 형식과 취지를 우선 고려하여야 할 것이지만, 그 밖에 그 사무의 성질이 전국적으로 통일적인 처리가 요구되는 사무인지, 그에 관한 경비부담과 최종적인 책임귀속의 주체가 누구인지 등도 함께 고려하여 판단하여야 한다(대판 2010.12.9, 2008다71575).

[오답의 이유]
① 부랑인선도시설 및 정신질환자요양시설의 지도·감독사무에 관한 법규의 규정 형식과 취지가 보건사회부장관 또는 보건복지부장관이 위 각 시설에 대한 지도·감독권한을 시장·군수·구청장에게 위임 또는 재위임하고 있는 것으로 보이는 점, 위 각 시설에 대한 지도·감독사무가 성질상 전국적으로 통일적인 처리가 요구되는 것인 점, 위 각 시설에 대한 대부분의 시설운영비 등의 보조금을 국가가 부담하고 있는 점, 장관이 정기적인 보고를 받는 방법으로 최종적인 책임을 지고 있는 것으로 보이는 점 등을 종합하면, 부랑인선도시설 및 정신질환자요양시설에 대한 지방자치단체장의 지도·감독사무는 보건복지부장관 등으로부터 기관위임된 국가사무에 해당한다(대판 2006.7.28, 2004다759).
② 인천광역시의회가 의결한 '인천광역시 공항고속도로 통행료지원 조례안'이 규정하고 있는 인천국제공항고속도로를 이용하는 지역주민에게 통행료를 지원하는 내용의 사무는, 지방자치법에서 정한 주민복지에 관한 사업으로서 지방자치사무이다(대판 2008.6.12, 2007추42).

④ 지방자치단체의 사무에 관한 그 장의 명령이나 처분이 법령에 위반되거나 현저히 부당하여 공익을 해친다고 인정되면 시·도에 대하여는 주무부장관이, 시·군 및 자치구에 대하여는 시·도지사가 기간을 정하여 서면으로 시정할 것을 명하고, 그 기간에 이행하지 아니하면 이를 취소하거나 정지할 수 있다. 이 경우 자치사무에 관한 명령이나 처분에 대하여는 법령을 위반하는 것에 한한다(지방자치법 제169조 제1항).

03 [1][2][3] 　　　　　　　　　정답 ④

정답의 이유

※ 원래 시험에서는 "④ 공무원연금 수급권은 법률에 의하여 비로소 확정된다."라고 하고, 출제오류로 인한 '모두 정답'으로 처리하였다. 헌법적으로는 "~ 법률로 확정된다."가 수긍이 가지만, 행정법적으로는 "지급결정"이 있어야 구체적 권리가 확정된다고 해석하는 것이 맞다.

((•)) 적중레이더

판례 비교

- 공무원연금 수급권과 같은 사회보장수급권은 '모든 국민은 인간다운 생활을 할 권리를 가지고, 국가는 사회보장·사회복지의 증진에 노력할 의무를 진다.'고 규정한 헌법 제34조 제1항 및 제2항으로부터 도출되는 사회적 기본권 중의 하나로서, 이는 국가에 대하여 적극적으로 급부를 요구하는 것이므로 헌법규정만으로는 이를 실현할 수 없어 법률에 의한 형성이 필요하고, 그 구체적인 내용 즉 수급요건, 수급권자의 범위 및 급여금액 등은 법률에 의하여 비로소 확정된다(헌재 2013.9.26, 2011헌바272).
- 구 공무원연금법 제26조 제1항, 제80조 제1항, 공무원연금법시행령 제19조의2의 각 규정을 종합하면, 같은 법 소정의 급여는 급여를 받을 권리를 가진 자가 당해 공무원이 소속하였던 기관장의 확인을 얻어 신청하는 바에 따라 공무원연금관리공단이 그 지급결정을 함으로써 그 구체적인 권리가 발생하는 것이므로, 공무원연금관리공단의 급여에 관한 결정은 국민의 권리에 직접 영향을 미치는 것이어서 행정처분에 해당하고, 공무원연금관리공단의 급여결정에 불복하는 자는 공무원연금급여재심위원회의 심사결정을 거쳐 공무원연금관리공단의 급여결정을 대상으로 행정소송을 제기하여야 한다(대판 1996.12.6, 96누6417).

오답의 이유

① 사관생도는 군 장교를 배출하기 위하여 국가가 모든 재정을 부담하는 특수교육기관인 육군3사관학교의 구성원으로서, 학교에 입학한 날에 육군 사관생도의 병적에 편입하고 준사관에 준하는 대우를 받는 특수한 신분관계에 있다. 따라서 그 존립 목적을 달성하기 위하여 필요한 한도 내에서 일반 국민보다 상대적으로 기본권이 더 제한될 수 있으나, 그러한 경우에도 법률유보원칙, 과잉금지원칙 등 기본권 제한의 헌법상 원칙들을 지켜야 한다(대판 2018.8.30, 2016두60591).

② 사법인인 학교법인과 학생의 재학관계는 사법상 계약에 따른 법률관계에 해당한다. 지방자치단체가 학교법인이 설립한 사립중학교에 의무교육대상자에 대한 교육을 위탁한 때에 그 학교법인과 해당 사립중학교에 재학 중인 학생의 재학관계도 기본적으로 마찬가지이다(대판 2018.12.28, 2016다33196).

③ 불이익 처분의 상대방은 직접 개인적 이익을 침해당하므로 불이익 처분 취소소송에서 원고적격이 인정된다.

04 [1][2][3] 　　　　　　　　　정답 ④

정답의 이유

④ 행정재산의 사용허가기간은 5년 이내로 한다(국유재산법 제35조 제1항).

오답의 이유

① 국유재산법에 의한 변상금 부과·징수권은 민사상 부당이득반환청구권과 법적 성질을 달리하므로, 국가는 무단점유자를 상대로 변상금 부과·징수권의 행사와 별도로 국유재산의 소유자로서 민사상 부당이득반환청구의 소를 제기할 수 있다(대판 2014.9.4, 2013다3576).

② 변상금의 체납 시 국세징수법에 의하여 강제징수토록 하고 있는 점 등에 비추어 보면 국유재산의 관리청이 그 무단점유자에 대하여 하는 변상금 부과처분은 순전히 사경제주체로서 행하는 사법상의 법률행위라 할 수 없고 이는 관리청이 공권력을 가진 우월적 지위에서 행한 것으로서 행정소송의 대상이 되는 행정처분이라고 보아야 한다(대판 1988.2.23, 87누1046).

③ 공유재산의 관리청이 행정재산의 사용·수익에 대한 허가는 순전히 사경제주체로서 행하는 사법상의 행위가 아니라 관리청이 공권력을 가진 우월적 지위에서 행하는 행정처분으로서 특정인에게 행정재산을 사용할 수 있는 권리를 설정하여 주는 강학상 특허에 해당한다(대판 1998.2.27, 97누1105).

05 ① ② ③   정답 ②

영역 행정상 쟁송 > 행정소송	난이도 중

정답의 이유

② 과세처분을 취소하는 판결이 확정되면 그 과세처분은 처분시에 소급하여 소멸하므로 그 뒤에 과세관청에서 그 과세처분을 경정(갱정)하는 경정(갱정)처분을 하였다면 이는 존재하지 않는 과세처분을 경정(갱정)한 것으로서 그 하자가 중대하고 명백한 당연무효의 처분이다(대판 1989.5.9, 88다카16096).

오답의 이유

① 소송에서 다투어지고 있는 권리 또는 법률관계의 존부가 동일한 당사자 사이의 전소에서 이미 다루어져 이에 관한 확정판결이 있는 경우에 당사자는 이에 저촉되는 주장을 할 수 없고, 법원도 이에 저촉되는 판단을 할 수 없음은 물론, 위와 같은 확정판결의 존부는 당사자의 주장이 없더라도 법원이 이를 직권으로 조사하여 판단하지 않으면 안되고, 더 나아가 당사자가 확정판결의 존재를 사실심 변론종결시까지 주장하지 아니하였더라도 상고심에서 새로이 이를 주장, 입증할 수 있는 것이다(대판 1989.10.10, 89누1308).

③ 취소판결의 기속력(행정소송법 제29조 제1항)은 무효확인소송의 경우에도 준용된다(행정소송법 제38조 제1항). 따라서 무효확인소송에서는 취소판결의 제3자효와 기속력에 관한 규정이 준용된다.

④ 어떤 행정처분을 위법하다고 판단하여 취소하는 판결이 확정되면 행정청은 취소판결의 기속력에 따라 그 판결에서 확인된 위법사유를 배제한 상태에서 다시 처분을 하거나 그 밖에 위법한 결과를 제거하는 조치를 할 의무가 있다(대판 2020.6.25, 2019두56135).

06 ① ② ③   정답 ④

영역 행정법 서론 > 행정법	난이도 하

정답의 이유

④ 행정기본법 제14조 제3항 단서

오답의 이유

① 행정기본법 제14조 제1항

② 행정기본법 제14조 제2항

③ 행정기본법 제14조 제3항 본문

제14조(법 적용의 기준) ① 새로운 법령등은 법령등에 특별한 규정이 있는 경우를 제외하고는 그 법령등의 효력 발생 전에 완성되거나 종결된 사실관계 또는 법률관계에 대해서는 적용되지 아니한다.
② 당사자의 신청에 따른 처분은 법령등에 특별한 규정이 있거나 처분 당시의 법령등을 적용하기 곤란한 특별한 사정이 있는 경우를 제외하고는 처분 당시의 법령등에 따른다.
③ 법령등을 위반한 행위의 성립과 이에 대한 제재처분은 법령등에 특별한 규정이 있는 경우를 제외하고는 법령등을 위반한 행위 당시의 법령등에 따른다. 다만, 법령등을 위반한 행위 후 법령등의 변경에 의하여 그 행위가 법령등을 위반한 행위에 해당하지 아니하거나 제재처분 기준이 가벼워진 경우로서 해당 법령등에 특별한 규정이 없는 경우에는 변경된 법령등을 적용한다.

07 ① ② ③   정답 ②

영역 행정조직법 > 국가행정조직법	난이도 중

정답의 이유

② 행정처분의 취소 또는 무효확인을 구하는 행정소송은 다른 법률에 특별한 규정이 없는 한 소송의 대상인 행정처분 등을 외부적으로 그의 명의로 행한 행정청을 피고로 하여야 하는 것으로서 그 행정처분을 하게 된 연유가 상급행정청이나 타행정청의 지시나 통보에 의한 것이라 하여 다르지 않다고 할 것이며, 권한의 위임이나 위탁을 받아 수임행정청이 정당한 권한에 기하여 그 명의로 한 처분에 대하여는 말할 것도 없고, 내부위임이나 대리권을 수여받은 데 불과하여 원행정청 명의나 대리관계를 밝히지 아니하고는 그의 명의로 처분 등을 할 권한이 없는 행정청이 권한 없이 그의 명의로 한 처분에 대하여도 처분명의자인 행정청이 피고가 되어야 할 것이다(대판 1995.12.22, 95누14688).

오답의 이유

① 체납취득세에 대한 압류처분권한은 도지사로부터 시장에게 권한위임된 것이고 시장으로부터 압류처분권한을 내부위임받은 데 불과한 구청장으로서는 시장 명의로 압류처분을 대행처리할 수 있을 뿐이고 자신의 명의로 이를 할 수 없다 할 것이므로 구청장이 자신의 명의로 한 압류처분은 권한 없는 자에 의하여 행하여진 위법무효의 처분이다(대판 1993.5.27, 93누6621).

③ 행정권한의 위임은 법령상 권한 자체의 귀속 변경을 초래하므로, 반드시 법적 근거가 있어야 한다. 따라서 법령의 근거가 없는 권한의 위임은 무효이다.

④ 행정기관은 법령으로 정하는 바에 따라 그 소관사무의 일부를 보조기관 또는 하급행정기관에 위임하거나 다른 행정기관·지방자치단체 또는 그 기관에 위탁 또는 위임할 수 있다. 이 경우 위임 또는 위탁을 받은 기관은 특히 필요한 경우에는 법령으로 정하는 바

에 따라 위임 또는 위탁을 받은 사무의 일부를 보조기관 또는 하급행정기관에 재위임할 수 있다(행정조직법 제6조 제1항).

08 ①②③ 정답 ④

정답의 이유

④ 주택건설촉진법 제33조에 의한 주택건설사업계획의 승인은 상대방에게 권리나 이익을 부여하는 효과를 수반하는 이른바 수익적 행정처분으로서, 법령에 행정처분의 요건에 관하여 일의적으로 규정되어 있지 아니한 이상 행정청의 재량행위에 속한다(대판 1997. 3.14, 96누16698).

오답의 이유

① 대판 2020.6.25, 2019두52980

② 특히 환경의 훼손이나 오염을 발생시킬 우려가 있는 개발행위에 대한 행정청의 허가와 관련하여 재량권의 일탈 · 남용 여부를 심사할 때에는 해당 지역 주민들의 토지이용실태와 생활환경 등 구체적 지역 상황과 상반되는 이익을 가진 이해관계자들 사이의 권익 균형 및 환경권의 보호에 관한 각종 규정의 입법 취지 등을 종합하여 신중하게 판단하여야 한다. '환경오염 발생 우려'와 같이 장래에 발생할 불확실한 상황과 파급효과에 대한 예측이 필요한 요건에 관한 행정청의 재량적 판단은 그 내용이 현저히 합리성을 결여하였다거나 상반되는 이익이나 가치를 대비해 볼 때 형평이나 비례의 원칙에 뚜렷하게 배치되는 등의 사정이 없는 한 폭넓게 존중하여야 한다. 그리고 처분이 재량권을 일탈 · 남용하였다는 사정은 그 처분의 효력을 다투는 자가 주장 · 증명하여야 한다(대판 2021.3.25, 2020두51280).

③ 공유수면 관리 및 매립에 관한 법률에 따른 공유수면의 점용 · 사용허가는 특정인에게 공유수면 이용권이라는 독점적 권리를 설정하여 주는 처분으로서 처분 여부 및 내용의 결정은 원칙적으로 행정청의 재량에 속하고, 이와 같은 재량처분에 있어서는 재량권 행사의 기초가 되는 사실인정에 오류가 있거나 그에 대한 법령적용에 잘못이 없는 한 처분이 위법하다고 할 수 없다(대판 2017.4.28, 2017두30139).

09 ①②③ 정답 ③

정답의 이유

③ 행정청이 의무이행 기한이 1988. 5. 24.까지로 된 이 사건 대집행계고서를 5. 19. 원고에게 발송하여 원고가 그 이행종기인 5. 24. 이를 수령하였다면, 설사 피고가 대집행영장으로써 대집행의 시기를 1988. 5. 27. 15:00로 늦추었더라도 위 대집행계고처분은 상당한 이행기한을 정하여 한 것이 아니어서 대집행의 적법절차에 위배한 것으로 위법한 처분이다(대판 1990.9.14, 90누2048).

오답의 이유

① 학원의 설립 · 운영에 관한 법률에 의하면, 학원을 설립 · 운영하고자 하는 자는 소정의 시설과 설비를 갖추어 등록을 하여야 하고, 그와 같은 등록절차를 거치지 아니한 경우에는 관할 행정청이 직접 그 무등록 학원의 폐쇄를 위하여 출입제한 시설물의 설치와 같은 조치(직접강제)를 취할 수 있게 되어 있으나, 달리 무등록 학원의 설립 · 운영자에 대하여 그 폐쇄를 명(작위의무의 부과: 하명)할 수 있는 것으로는 규정하고 있지 아니하므로, 위와 같은 폐쇄조치에 관한 규정이 그와 같은 폐쇄명령의 근거 규정이 된다고 할 수도 없다(대판 2001.2.23, 99두6002).

② 이 사건 법률조항은 '건축물의 안전과 기능, 미관을 향상시켜 공공복리의 증진을 도모하기 위한 것'으로 이러한 목적 달성을 위하여 시정명령에 불응하고 있는 건축법 위반자에 대하여 이행강제금을 부과함으로써 시정명령에 응할 것을 강제하고 있으며 …(중략)… 또한 개별사건에 있어서 위반내용, 위반자의 시정의지 등을 감안하여 허가권자는 행정대집행과 이행강제금을 선택적으로 활용할 수 있고, 행정대집행과 이행강제금 부과가 동시에 이루어지는 것이 아니라 허가권자의 합리적인 재량에 의해 선택하여 활용하는 이상 이를 중첩적인 제재에 해당한다고 볼 수 없다(헌재 2011.10. 25, 2009헌바140).

④ 한국자산공사가 당해 부동산을 인터넷을 통하여 재공매(입찰)하기로 한 결정 자체는 내부적인 의사결정에 불과하여 항고소송의 대상이 되는 행정처분이라고 볼 수 없고, 또한 한국자산공사가 공매통지는 공매의 요건이 아니라 공매사실 자체를 체납자에게 알려주는 데 불과한 것으로서, 통지의 상대방의 법적 지위나 권리 · 의무에 직접 영향을 주는 것이 아니라고 할 것이므로 이것 역시 행정처분에 해당한다고 할 수 없다(대판 2007.7.27, 2006두8464).

영역 일반행정작용법 > 행정상 입법　　　　　난이도 **상**

정답의 이유

① 경찰청 예규로 정해진 채증규칙은 법률로부터 구체적인 위임을 받아 제정한 것이 아니며, 집회·시위 현장에서 불법행위의 증거자료를 확보하기 위해 행정조직의 내부에서 상급행정기관이 하급행정기관에 대하여 발령한 내부기준으로 행정규칙이다. 청구인들을 포함한 이 사건 집회 참가자는 이 사건 채증규칙에 의해 직접 기본권을 제한받는 것이 아니라, 경찰의 이 사건 촬영행위에 의해 비로소 기본권을 제한받게 된다. 따라서 청구인들의 이 사건 채증규칙에 대한 심판청구는 헌법재판소법 제68조 제1항이 정한 기본권 침해의 직접성 요건을 충족하지 못하였으므로 부적법하다(헌재 2018.8.30. 2014헌마843).

오답의 이유

② 행정규칙은 법규명령과는 달리 공포를 그 요건으로 하지 않는다.

③ '행정규칙'은 상위법령의 구체적 위임이 있지 않는 한 행정조직 내부에서만 효력을 가질 뿐 대외적으로 국민이나 법원을 구속하는 효력이 없다. 다만 행정규칙이 이를 정한 행정기관의 재량에 속하는 사항에 관한 것인 때에는 그 규정 내용이 객관적 합리성을 결여하였다는 등의 특별한 사정이 없는 한 법원은 이를 존중하는 것이 바람직하다. 그러나 행정규칙의 내용이 상위법령에 반하는 것이라면 법치국가원리에서 파생되는 법질서의 통일성과 모순금지원칙에 따라 그것은 법질서상 당연무효이고, 행정내부적 효력도 인정될 수 없다. 이러한 경우 법원은 해당 행정규칙이 법질서상 부존재하는 것으로 취급하여 행정기관이 한 조치의 당부를 상위법령의 규정과 입법 목적 등에 따라서 판단하여야 한다(대판 2020.11.26. 2020두42262).

④ 항고소송의 대상이 되는 행정처분이란 원칙적으로 행정청의 공법상 행위로서 특정 사항에 대하여 법규에 의한 권리의 설정 또는 의무의 부담을 명하거나 기타 법률상 효과를 발생하게 하는 등으로 일반 국민의 권리 의무에 직접 영향을 미치는 행위를 가리키는 것이지만, 어떠한 처분의 근거나 법적인 효과가 행정규칙에 규정되어 있다고 하더라도, 그 처분이 행정규칙의 내부적 구속력에 의하여 상대방에게 권리의 설정 또는 의무의 부담을 명하거나 기타 법적인 효과를 발생하게 하는 등으로 그 상대방의 권리 의무에 직접 영향을 미치는 행위라면, 이 경우에도 항고소송의 대상이 되는 행정처분에 해당한다고 보아야 한다(대판 2021.2.10. 2020두47564).

영역 일반행정작용법 > 기타행정행위　　　　　난이도 **상**

정답의 이유

① 개인의 자유와 권리에 직접 영향을 미치는 계획은 처분성을 가지므로, 국민들에게 고시 등으로 알려져야만 대외적으로 효력이 발생한다.

오답의 이유

② 도시계획법의 규정을 종합하여 보면 도시계획의 입안에 있어 해당 도시계획안의 내용을 공고 및 공람하게 한 것은 다수 이해관계자의 이익을 합리적으로 조정하여 국민의 권리자유에 대한 부당한 침해를 방지하고 행정의 민주화와 신뢰를 확보하기 위하여 국민의 의사를 그 과정에 반영시키는데 있는 것이므로 이러한 공고 및 공람 절차에 하자가 있는 도시계획결정은 위법하다(대판 2000.3.23. 98두2768).

③ 구 국토이용관리법상 주민이 국토이용계획의 변경에 대하여 신청을 할 수 있다는 규정이 없을 뿐만 아니라, 국토건설종합계획의 효율적인 추진과 국토이용질서를 확립하기 위한 국토이용계획은 장기성, 종합성이 요구되는 행정계획이어서 원칙적으로는 그 계획이 일단 확정된 후에 어떤 사정의 변동이 있다고 하여 그러한 사유만으로는 지역주민이나 일반 이해관계인에게 일일이 그 계획의 변경을 신청할 권리를 인정하여 줄 수는 없을 것이지만, 장래 일정한 기간 내에 관계 법령이 규정하는 시설 등을 갖추어 일정한 행정처분을 구하는 신청을 할 수 있는 법률상 지위에 있는 자의 국토이용계획변경신청을 거부하는 것이 실질적으로 당해 행정처분 자체를 거부하는 결과가 되는 경우에는 예외적으로 그 신청인에게 국토이용계획변경을 신청할 권리가 인정된다고 봄이 상당하므로, 이러한 신청에 대한 거부행위는 항고소송의 대상이 되는 행정처분에 해당한다(대판 2003.9.23. 2001두10936).

④ 비구속적 행정계획안이나 행정지침이라도 국민의 기본권에 직접적으로 영향을 끼치고, 앞으로 법령의 뒷받침에 의하여 그대로 실시될 것이 틀림없을 것으로 예상될 수 있을 때에는, 공권력행위로서 예외적으로 헌법소원의 대상이 될 수 있다(헌재 2000.6.1. 99헌마538).

영역 행정법 서론 > 행정법　　　　　난이도 **중**

정답의 이유

③ 지방자치단체가 일방 당사자가 되는 이른바 '공공계약'이 사경제의 주체로서 상대방과 대등한 위치에서 체결하는 사법상 계약에 해당하는 경우 그에 관한 법령에 특별한 정함이 있는 경우를 제외

하고는 사적 자치와 계약자유의 원칙 등 사법의 원리가 그대로 적용된다(대판 2018.2.13, 2014두11328).

[오답의 이유]

① 산림청장이나 그로부터 권한을 위임받은 행정청이 산림법 등이 정하는 바에 따라 국유임야를 대부하거나 매각하는 행위는 사경제적 주체로서 상대방과 대등한 입장에서 하는 사법상 계약이지 행정청이 공권력의 주체로서 상대방의 의사 여하에 불구하고 일방적으로 행하는 행정처분이라고 볼 수 없으며 이 대부계약에 의한 대부료 부과 조치 역시 사법상 채무이행을 구하는 것으로 보아야지 이를 행정처분이라고 할 수 없다(대판 1993.12.7, 91누11612).

② 허가권자인 지방자치단체의 장이 한 건축협의 거부행위는 비록 그 상대방이 국가 등 행정주체라 하더라도, 행정청이 행하는 구체적 사실에 관한 법집행으로서의 공권력 행사의 거부 내지 이에 준하는 행정작용으로서 행정소송법 제2조 제1항 제1호에서 정한 처분에 해당한다고 볼 수 있고, 이에 대한 법적 분쟁을 해결할 실효적인 다른 법적 수단이 없는 이상 국가 등은 허가권자를 상대로 항고소송을 통해 그 거부처분의 취소를 구할 수 있다고 해석된다(대판 2014.3.13, 2013두15934).

🎯 이렇게 출제됐어요

1 공법과 사법의 관계에 대한 설명으로 옳은 것만을 〈보기〉에서 모두 고르면? (다툼이 있는 경우 판례에 의함)　　　'21 국회직 8급

─ 보기 ─
ㄱ. 국가를 당사자로 하는 계약에 관한 법률 상 국가가 당사자가 되는 공공계약은 국가가 사경제의 주체로서 상대방과 대등한 위치에서 체결하는 사법상의 계약에 해당한다.
ㄴ. 국가를 당사자로 하는 계약에 관한 법률상 국가기관에 의한 입찰참가자격제한행위는 사법상 관념의 통지에 해당한다(→ 제재적 성격의 권력적 사실행위이며 판례는 처분성을 인정하고 있다).
ㄷ. 공기업이나 준정부기관의 입찰참가자격제한은 계약에 근거할 수도 있고, 행정처분에 해당할 수도 있다.
ㄹ. 사립학교 교원의 징계는 사립학교의 공적 성격을 고려할 때 행정처분에 해당한다(→ 사립학교 교원에 대한 학교법인의 해임처분은 행정처분이 아니다)(대판 92누13707).
ㅁ. 행정재산의 사용·수익 허가는 강학상 특허로서 공법관계의 일종에 해당한다.

---

13 ⬜①②③　　　　　　　　　　　　　　　　　　　　　정답 ②

[정답의 이유]

② 중소기업기술정보진흥원장이 갑 주식회사와 중소기업 정보화지원 사업 지원대상인 사업의 지원에 관한 협약을 체결하였는데, 협약이 갑 회사에 책임이 있는 사업실패로 해지되었다는 이유로 협약에서 정한 대로 지급받은 정부지원금을 반환할 것을 통보한 사안에서, 협약의 해지 및 그에 따른 환수통보는 행정청이 우월한 지위에서 행하는 공권력의 행사로서 행정처분에 해당한다고 볼 수 없다(대판 2015.8.27, 2015두41449).

[오답의 이유]

① 지방자치단체인 피고가 사인인 원고 등에게 이 사건 시설의 운영을 위탁하고 그 위탁운영비용을 지급하는 것을 내용으로 하는 용역계약으로서, 상호 대등한 입장에서 당사자의 합의에 따라 체결한 사법상 계약에 해당한다(대판 2019.10.17, 2018두60588).

③ 공공사업의 시행자가 공특법에 따라 그 사업에 필요한 토지를 협의취득하는 행위는 사경제주체로서 행하는 사법상의 매매행위에 지나지 아니하므로 원고는 민사소송의 방법으로 피고를 상대로 잔여지 매수청구 및 손실보상을 구할 수 있다(대판 2004.9.24, 2002다68713).

🎯 이렇게 출제됐어요

1 공법상 계약에 대한 설명으로 옳지 않은 것은? (다툼이 있는 경우 판례에 의함)　　　'21 국가직 9급

① 행정청이 자신과 상대방 사이의 법률관계를 일방적인 의사표시로 종료시켰다고 하더라도 곧바로 그 의사표시가 행정청으로서 공권력을 행사하여 행하는 행정처분이라고 단정할 수는 없고, 관계 법령이 상대방의 법률관계에 관하여 구체적으로 어떻게 규정하고 있는지에 따라 개별적으로 판단하여야 한다.

② 채용계약상 특별한 약정이 없는 한, 지방계약직공무원에 대하여 「지방공무원법」, 「지방공무원 징계 및 소청 규정」에 정한 징계절차에 의하지 않고서는 보수를 삭감할 수 없다.

③ 중소기업 정보화지원사업에 대한 지원금출연협약의 해지 및 환수통보는 공법상 계약에 따른 의사표시가 아니라 행정청이 우월한 지위에서 행하는 공권력의 행사로서 행정처분이다(→ 행정처분에 해당되지 않음)(대판 2015.8.27, 2015두41449).

④ 계약직공무원 채용계약해지는 국가 또는 지방자치단체가 대등한 지위에서 행하는 의사표시로서 처분이 아니므로 「행정절차법」에 의하여 근거와 이유를 제시하여야 하는 것은 아니다.

14 ☐1☐2☐3

영역 행정절차와 행정공개 > 정보공개와 개인정보보호　　난이도 중

[정답의 이유]

① 많은 양의 트위터 정보처럼 개인정보와 이에 해당하지 않는 정보가 혼재된 경우, 국민의 사생활의 비밀을 보호하고 개인정보에 대한 권리를 보장하고자 하는 개인정보 보호법의 입법취지에 비추어 그 수집, 제공 등 처리에는 전체적으로 개인정보 보호법상 개인정보에 대한 규정이 적용된다고 해석하는 것이 타당하다(서울고법 2015.2.9, 2014노2820).

[오답의 이유]

② 개인정보자기결정권으로 보호하려는 내용을 위 각 기본권들 및 헌법원리들 중 일부에 완전히 포섭시키는 것은 불가능하다고 할 것이므로, 그 헌법적 근거를 굳이 어느 한 두개에 국한시키는 것은 바람직하지 않은 것으로 보이고, 오히려 개인정보자기결정권은 이들을 이념적 기초로 하는 독자적 기본권으로서 헌법에 명시되지 아니한 기본권이라고 보아야 할 것이다(헌재 2005.5.26, 99헌마513 전합).

③ 살아있는 개인에 대한 정보만을 의미한다(개인정보 보호법 제2조 제1호).

④ 개인정보 보호법은 민간부분뿐만 아니라 공공기관의 개인정보보호에도 적용된다(개인정보 보호법 제2조 제6호, 제5조).

15 ☐1☐2☐3

정답 ④

영역 행정상 쟁송 > 행정심판　　난이도 하

[정답의 이유]

④ 행정심판법 제43조 제3항

[오답의 이유]

① 90일 이내에 제기하여야 한다(행정소송법 제20조 제1항).

> **제20조(제소기간)** ① 취소소송은 처분등이 있음을 안 날부터 90일 이내에 제기하여야 한다. 다만, 제18조 제1항 단서에 규정한 경우와 그 밖에 행정심판청구를 할 수 있는 경우 또는 행정청이 행정심판청구를 할 수 있다고 잘못 알린 경우에 행정심판청구가 있은 때의 기간은 재결서의 정본을 송달받은 날부터 기산한다.
> ② 취소소송은 처분등이 있은 날부터 1년(제1항 단서의 경우는 재결이 있은 날부터 1년)을 경과하면 이를 제기하지 못한다. 다만, 정당한 사유가 있는 때에는 그러하지 아니하다.
> ③ 제1항의 규정에 의한 기간은 불변기간으로 한다.

② 의무이행심판의 경우, 행정심판위원회는 직접 신청에 따른 처분을 할 수 있다(행정심판법 제43조 제5항).

> **제43조(재결의 구분)** ① 위원회는 심판청구가 적법하지 아니하면 그 심판청구를 각하(却下)한다.
> ② 위원회는 심판청구가 이유가 없다고 인정하면 그 심판청구를 기각(棄却)한다.
> ③ 위원회는 취소심판의 청구가 이유가 있다고 인정하면 처분을 취소 또는 다른 처분으로 변경하거나 처분을 다른 처분으로 변경할 것을 피청구인에게 명한다.
> ④ 위원회는 무효등확인심판의 청구가 이유가 있다고 인정하면 처분의 효력 유무 또는 처분의 존재 여부를 확인한다.
> ⑤ 위원회는 의무이행심판의 청구가 이유가 있다고 인정하면 지체 없이 신청에 따른 처분을 하거나 처분을 할 것을 피청구인에게 명한다.

③ 사정재결은 무효등확인심판에는 적용하지 아니한다(행정심판법 제44조 제3항).

16 ☐1☐2☐3

정답 ③

영역 행정조직법 > 공무원법　　난이도 중

[정답의 이유]

③ 공무원이 국가를 상대로 실질이 보수에 해당하는 금원의 지급을 구하려면 공무원의 '근무조건 법정주의'에 따라 국가공무원법령 등 공무원의 보수에 관한 법률에 그 지급근거가 되는 명시적 규정이 존재하여야 하고, 나아가 해당 보수 항목이 국가예산에도 계상되어 있어야만 한다(대판 2018.2.28, 2017두64606).

[오답의 이유]

① 지방공무원법에서 규정하고 있는 고충심사제도는 공무원으로서의 권익을 보장하고 적정한 근무환경을 조성하여 주기 위하여 근무조건 또는 인사관리 기타 신상문제에 대하여 법률적인 쟁송의 절차에 의하여서가 아니라 사실상의 절차에 의하여 그 시정과 개선책을 청구하여 줄 것을 임용권자에게 청구할 수 있도록 한 제도로서, 고충심사결정 자체에 의하여는 어떠한 법률관계의 변동이나 이익의 침해가 직접적으로 생기는 것은 아니므로 고충심사의 결정은 행정상 쟁송의 대상이 되는 행정처분이라고 할 수 없다(대판 1987.12.8, 87누657,658).

② 행정소송법 제18조 제3항 제1호에서 행정심판을 제기함이 없이 취소소송을 제기할 수 있는 경우로 규정하고 있는 '동종사건에 관하여 이미 행정심판의 기각재결이 있는 때'에서의 '동종사건'이라 함은 당해 사건은 물론이고 당해 사건과 기본적인 동질성이 있는 사건을 말한다. 원심판결 이유에 의하면 원심은, 방위산업체에서 산업기능요원으로 의무종사한 기간이 지방공무원 보수규정 [별표 2] 제1호 (가)목의 '군복무 경력'에 포함됨을 이유로 하는 원고의 초임호봉 재획정 신청을 거부한 피고의 이 사건 처분은 원고의 의

사에 반하는 불리한 처분에 해당하므로, 원고가 이에 관한 행정소송을 제기하기 위해서는 지방공무원법 제20조의2 규정에 의하여 소청심사위원회의 심사·결정을 거쳐야 함에도 이를 거치지 아니하여 이 사건 소는 부적법하다(대판 2015.8.27, 2014두4344).

④ 공무원연금법이나 근로자퇴직급여 보장법에서 정한 퇴직급여는 적법한 공무원으로서의 신분을 취득하거나 근로고용관계가 성립하여 근무하다가 퇴직하는 경우에 지급되는 것이다. 임용 당시 공무원 임용결격사유가 있었다면, 비록 국가의 과실에 의하여 임용결격자임을 밝혀내지 못하였다 하더라도 임용행위는 당연무효로 보아야 하고, 당연무효인 임용행위에 의하여 공무원의 신분을 취득한다거나 근로고용관계가 성립할 수는 없다. 따라서 임용결격자가 공무원으로 임용되어 사실상 근무하여 왔다 하더라도 적법한 공무원으로서의 신분을 취득하지 못한 자로서는 공무원연금법이나 근로자퇴직급여 보장법에서 정한 퇴직급여를 청구할 수 없다. 나아가 이와 같은 법리는 임용결격사유로 인하여 임용행위가 당연무효인 경우뿐만 아니라 임용행위의 하자로 임용행위가 취소되어 소급적으로 지위를 상실한 경우에도 마찬가지로 적용된다(대판 2017.5.11, 2012다200486).

🔅 이렇게 출제됐어요

1 국가공무원법상 징계처분과 소청 등에 관한 설명으로 옳지 않은 것은? (다툼이 있으면 판례에 따름) '21 행정사

① 공무원에 대한 직위해제처분은 징계처분이다(→ 6가지 징계에 포함되지 않음).

② 직위해제처분과 그 후속 직권면직 처분은 별개 독립의 처분으로 일사부재리원칙에 위배되지 않는다.

③ 소청심사위원회가 소청 사건을 심사할 때 소청인에게 진술 기회를 주지 아니한 결정은 무효이다.

④ 소청심사위원회의 결정은 처분 행정청을 기속한다.

⑤ 소청심사위원회의 결정은 그 이유를 구체적으로 밝힌 결정서로 하여야 한다.

---

17 1 2 3 정답 ④

영역 일반행정작용법 > 행정행위 난이도 상

[정답의 이유]

④ 구 헌법재판소법 제47조 제1항은 "법률의 위헌결정은 법원 기타 국가기관 및 지방자치단체를 기속한다."고 규정하고 있는데, 이러한 위헌결정의 기속력과 헌법을 최고규범으로 하는 법질서의 체계적 요청에 비추어 국가기관 및 지방자치단체는 위헌으로 선언된 법률규정에 근거하여 새로운 행정처분을 할 수 없음은 물론이고, 위헌결정 전에 이미 형성된 법률관계에 기한 후속처분이라도 그것

이 새로운 위헌적 법률관계를 생성·확대하는 경우라면 이를 허용할 수 없다. 따라서 조세 부과의 근거가 되었던 법률규정이 위헌으로 선언된 경우, 비록 그에 기한 과세처분이 위헌결정 전에 이루어졌고, 과세처분에 대한 제소기간이 이미 경과하여 조세채권이 확정되었으며, 조세채권의 집행을 위한 체납처분의 근거규정 자체에 대하여는 따로 위헌결정이 내려진 바 없다고 하더라도, 위와 같은 위헌결정 이후에 조세채권의 집행을 위한 새로운 체납처분에 착수하거나 이를 속행하는 것은 더 이상 허용되지 않고, 나아가 이러한 위헌결정의 효력에 위배하여 이루어진 체납처분은 그 사유만으로 하자가 중대하고 객관적으로 명백하여 당연무효라고 보아야 한다(대판 2012.2.16, 2010두10907 전합).

[오답의 이유]

① 국세기본법상 증액경정처분이 있는 경우, 당초 신고나 결정은 증액경정처분에 흡수됨으로써 독립한 존재가치를 잃게 된다고 보아야 하므로, 원칙적으로는 당초 신고나 결정에 대한 불복기간의 경과 여부 등에 관계없이 증액경정처분만이 항고소송의 심판대상이 되고, 납세의무자는 그 항고소송에서 '당초 신고나 결정에 대한 위법사유'도 함께 주장할 수 있다(대판 2009.5.14, 2006두17390).

② 행정관청의 내부적인 사무처리의 편의를 도모하기 위하여 그의 보조기관 또는 하급행정관청으로 하여금 그의 권한을 사실상 행사하게 하는 것이므로, 권한위임의 경우에는 수임관청이 자기의 이름으로 그 권한행사를 할 수 있지만 내부위임의 경우에는 수임관청은 위임관청의 이름으로만 그 권한을 행사할 수 있을 뿐 자기의 이름으로는 그 권한을 행사할 수 없다(대판 1995.11.28, 94누6475).

③ 피고(국가보훈처장)가 행한 이 사건 통보행위 자체는 유족으로서 상훈법에 따라 훈장 등을 보관하고 있는 원고들에 대하여 그 반환 요구의 전제로서 대통령의 서훈취소결정이 있었음을 알리는 것에 불과하므로, 이로써 피고가 그 명의로 서훈취소의 처분을 하였다고 볼 것은 아니다. 나아가 이 사건 서훈취소 처분의 통지가 처분권한자인 대통령이 아니라 그 보좌기관인 피고(국가보훈처장)에 의하여 이루어졌다고 하더라도, 그 처분이 대통령의 인식과 의사에 기초하여 이루어졌고, 그 통지로 이 사건 서훈취소 처분의 주체(대통령)와 내용을 알 수 있으므로, 이 사건 서훈취소 처분의 외부적 표시의 방법으로서 위 통지의 주체나 형식에 어떤 하자가 있다고 보기도 어렵다(대판 2014.9.26, 2013두2518).

18 ☐1☐2☐3 정답 ②

정답의 이유

② 행정절차법 규정에 의하면, 행정청이 당사자에게 의무를 과하거나 권익을 제한하는 처분을 함에 있어서는 당사자 등에게 처분의 사전통지를 하고 의견제출의 기회를 주어야 하며, 여기서 당사자라 함은 행정청의 처분에 대하여 직접 그 상대가 되는 자를 의미한다 할 것이고, 영업자의 지위를 승계한 자가 관계 행정청에 이를 신고하여 행정청이 이를 수리하는 경우에는 종전의 영업자에 대한 영업허가 등은 그 효력을 잃는다 할 것인데, 위 규정들을 종합하면 위 행정청이 구 식품위생법 규정에 의하여 영업자지위승계신고를 수리하는 처분은 종전의 영업자의 권익을 제한하는 처분이라 할 것이고 따라서 종전의 영업자는 그 처분에 대하여 직접 그 상대가 되는 자에 해당한다고 봄이 상당하므로, 행정청으로서는 위 신고를 수리하는 처분을 함에 있어서 행정절차법 규정 소정의 당사자에 해당하는 종전의 영업자에 대하여 위 규정 소정의 행정절차를 실시하고 처분을 하여야 한다(대판 2003.2.14, 2001두7015).

오답의 이유

① · ③ · ④ 당사자 등에게 처분의 사전통지를 하고 의견제출의 기회를 주어야 하며, 여기서 당사자라 함은 행정청의 처분에 대하여 직접 그 상대가 되는 자를 의미한다 할 것이고, 한편 위 식품위생법 제25조 제2항, 제3항의 각 규정에 의하면, 지방세법에 의한 압류재산 매각절차에 따라 영업시설의 전부를 인수함으로써 그 영업자의 지위를 승계한 자가 관계 행정청에 이를 신고하여 행정청이 이를 수리하는 경우에는 종전의 영업자에 대한 영업허가 등은 그 효력을 잃는다 할 것인데, 위 규정들을 종합하면 위 행정청이 식품위생법 규정에 의하여 영업자지위승계신고를 수리하는 처분은 종전의 영업자의 권익을 제한하는 처분이라 할 것이고 따라서 종전의 영업자는 그 처분에 대하여 직접 그 상대가 되는 자에 해당한다고 봄이 상당하다(대판 2003.2.14, 2001두7015).

19 ☐1☐2☐3 정답 ②

정답의 이유

② 행정안전부장관이 최종 결정하고, 이에 이의가 있는 경우 대법원에 소송을 제기한다.

지방자치법

제4조(지방자치단체의 명칭과 구역) ③ 제1항에도 불구하고 다음 각 호의 지역이 속할 지방자치단체는 제4항부터 제7항까지의 규정에 따라 행정안전부장관이 결정한다.

  1. 「공유수면 관리 및 매립에 관한 법률」에 따른 매립지

⑥ 행정안전부장관은 제5항에 따른 기간이 끝난 후 제149조에 따른 지방자치단체중앙분쟁조정위원회(이하 이 조에서 "위원회"라 한다)의 심의 · 의결에 따라 제3항 각 호의 지역이 속할 지방자치단체를 결정하고, 그 결과를 면허관청이나 지적소관청, 관계 지방자치단체의 장 등에게 통보하고 공고하여야 한다.

⑧ 관계 지방자치단체의 장은 제3항부터 제7항까지의 규정에 따른 행정안전부장관의 결정에 이의가 있으면 그 결과를 통보받은 날부터 15일 이내에 대법원에 소송을 제기할 수 있다.

※ 출제오류로 인하여 모두 정답 처리가 된 문제로, 실제 시험에서는 "② 대법원"으로 되어 있음

20 ☐1☐2☐3 정답 ①

정답의 이유

① 공익사업의 시행으로 지가가 상승하여 발생하는 개발이익은 사업시행자의 투자에 의한 것으로서 피수용인 토지소유자의 노력이나 자본에 의하여 발생하는 것이 아니므로, 이러한 개발이익은 형평의 관념에 비추어 볼 때 토지소유자에게 당연히 귀속되어야 할 성질의 것이 아니고, 또한 개발이익은 공공사업의 시행에 의하여 비로소 발생하는 것이므로, 그것이 피수용 토지가 수용 당시 갖는 객관적 가치에 포함된다고 볼 수도 없다(헌재 2009.12.29, 2009헌바142 전합).

오답의 이유

② 개별공시지가가 아닌 표준지공시지가를 기준으로 보상액을 산정하도록 한 것은 개발이익이 배제된 수용 당시 피수용 재산의 객관적인 재산가치를 가장 정당하게 보상하는 것이라고 할 것이므로, 헌법 제23조 제3항에 위반된다고 할 수 없다(헌재 2011.8.30, 2009헌바245 전합).

③ 민간기업에게 사업시행에 필요한 토지를 수용할 수 있도록 규정할 필요가 있다는 입법자의 인식에도 합리적인 이유가 있다(헌재 2009.9.24, 2007헌바114 전합).

④ 수산업협동조합이 수산물 위탁판매장을 운영하면서 위탁판매 수수료를 지급받아 왔고, 그 운영에 대하여는 구 수산자원보호령에 의하여 그 대상지역에서의 독점적 지위가 부여되어 있었는데, 공유수면매립사업의 시행으로 그 사업대상지역에서 어업활동을 하

던 조합원들의 조업이 불가능하게 되어 일부 위탁판매장에서의 위탁판매사업을 중단하게 된 경우, 그로 인해 수산업협동조합이 상실하게 된 위탁판매수수료 수입은 사업시행자의 매립사업으로 인한 직접적인 영업손실이 아니고 간접적인 영업손실이라고 하더라도 피침해자인 수산업협동조합이 공공의 이익을 위하여 당연히 수인하여야 할 재산권에 대한 제한의 범위를 넘어 수산업협동조합의 위탁판매사업으로 얻고 있는 영업상의 재산이익을 본질적으로 침해하는 특별한 희생에 해당하고, 사업시행자는 공유수면매립면허고시 당시 그 매립사업으로 인하여 위와 같은 영업손실이 발생한다는 것을 상당히 확실하게 예측할 수 있었고 그 손실의 범위도 구체적으로 확정할 수 있으므로, 위 위탁판매수수료 수입손실은 헌법 제23조 제3항에 규정한 손실보상의 대상이 되고, 그 손실에 관하여 구 공유수면매립법 또는 그 밖의 법령에 직접적인 보상규정이 없더라도 공공용지의취득및손실보상에관한특례법시행규칙상의 각 규정을 유추적용하여 그에 관한 보상을 인정하는 것이 타당하다(대판 1999.10.8, 99다27231).

1 재산권 보장과 손실보상에 대한 설명으로 옳은 것은? (다툼이 있는 경우 판례에 의함) '21 국가직 7급

① 공용수용은 공공필요에 부합하여야 하므로, 수용 등의 주체를 국가 등의 공적 기관에 한정하여야 한다(→ 민간기업도 수용의 주체로 인정)(헌재 2009.9.24, 2007헌바114).

② 공익사업시행으로 인한 개발이익은 완전보상의 범위에 포함되는 피수용토지의 객관적 가치 내지 피수용자의 손실에 해당한다(→ 개발이익은 해당되지 않음)(헌재 1991.2.11, 90헌바17 등).

③ 구 「공유수면매립법」상 간척사업의 시행으로 인하여 관행어업권이 상실된 경우, 실질적이고 현실적인 피해가 발생한 경우에만 「공유수면매립법」에서 정하는 손실보상청구권이 발생한다.

④ 「공익사업을 위한 토지 등의 취득 및 보상에 관한 법률」에 따른 보상은 토지소유자나 관계인 개인별로 하는 것이 아니라 수용 또는 사용의 대상이 되는 물건별로 행해지는 것이다(→ 보상은 개인별로 하는 것이 원칙)(토지보상법 제64조).

21 ① 2 3 정답 ②

영역 행정상 쟁송 > 행정소송 난이도 중

정답의 이유

② 제재적 행정처분이 그 처분에서 정한 제재기간의 경과로 인하여 그 효과가 소멸되었으나, 부령인 시행규칙 또는 지방자치단체의 규칙(이하 이들을 '규칙'이라고 한다)의 형식으로 정한 처분기준에서 제재적 행정처분(이하 '선행처분'이라고 한다)을 받은 것을 가중사유나 전제요건으로 삼아 장래의 제재적 행정처분(이하 '후행처

분'이라고 한다)을 하도록 정하고 있는 경우, 제재적 행정처분의 가중사유나 전제요건에 관한 규정이 법령이 아니라 규칙의 형식으로 되어 있다고 하더라도, 그러한 규칙이 법령에 근거를 두고 있는 이상 그 법적 성질이 대외적·일반적 구속력을 갖는 법규명령인지 여부와는 상관없이, 관할 행정청이나 담당공무원은 이를 준수할 의무가 있으므로 이들이 그 규칙에 정해진 바에 따라 행정작용을 할 것이 당연히 예견되고, 그 결과 행정작용의 상대방인 국민으로서는 그 규칙의 영향을 받을 수밖에 없다. 따라서 그러한 규칙이 정한 바에 따라 선행처분을 받은 상대방이 그 처분의 존재로 인하여 장래에 받을 불이익, 즉 후행처분의 위험은 구체적이고 현실적인 것이므로, 상대방에게는 선행처분의 취소소송을 통하여 그 불이익을 제거할 필요가 있다. …(중략)… 규칙이 정한 바에 따라 선행처분을 가중사유 또는 전제요건으로 하는 후행처분을 받을 우려가 현실적으로 존재하는 경우에는, 선행처분을 받은 상대방은 비록 그 처분에서 정한 제재기간이 경과하였다 하더라도 그 처분의 취소소송을 통하여 그러한 불이익을 제거할 권리보호의 필요성이 충분히 인정된다고 할 것이므로, 선행처분의 취소를 구할 법률상 이익이 있다고 보아야 한다(대판 2006.6.22, 2003두1684 전합).

오답의 이유

① 토지구획정리사업법에 의한 환지처분이 일단 공고되어 그 효력을 발생한 이상 환지전체의 절차를 처음부터 다시 밟지 않는 한 그 일부만을 따로 떼어 환지처분을 변경할 길이 없으므로 그 환지처분 중 일부 토지에 관하여 환지도 지정하지 아니하고 또 정산금도 지급하지 아니한 위법이 있다 하여도 이를 이유로 민법상의 불법행위로 인한 손해배상을 구할 수 있으므로 그 환지확정처분의 일부에 대하여 취소를 구할 법률상 이익은 없다(대판 1985.4.23, 84누446).

③ 위법한 행정처분의 취소를 구하는 소는 위법한 처분에 의하여 발생한 위법상태를 배제하여 원상으로 회복시키고 그 처분으로 침해되거나 방해받은 권리와 이익을 보호·구제하고자 하는 소송이므로 비록 그 위법한 처분을 취소한다 하더라도 원상회복이 불가능한 경우에는 그 취소를 구할 이익이 없다 할 것인바, 건축허가에 기하여 이미 건축공사를 완료하였다면 그 건축허가처분의 취소를 구할 이익이 없다 할 것이고, 이와 같이 건축허가처분의 취소를 구할 이익이 없게 되는 것은 건축허가처분의 취소를 구하는 소를 제기하기 전에 건축공사가 완료된 경우 뿐 아니라 소를 제기한 후 사실심 변론종결일 전에 건축공사가 완료된 경우에도 마찬가지이다(대판 2007.4.26, 2006두18409).

④ 교원소청심사위원회의 파면처분 취소결정에 대한 취소소송 계속 중 학교법인이 교원에 대한 징계처분을 파면에서 해임으로 변경한 경우, 종전의 파면처분은 소급하여 실효되고 해임만 효력을 발생하므로, 소급하여 효력을 잃은 파면처분을 취소한다는 내용의 교원소청심사결정의 취소를 구하는 것은 법률상 이익이 없다(대판 2010.2.25, 2008두20765).

1 행정소송상 협의의 소익에 대한 설명으로 옳은 것만을 모두 고르면? (다툼이 있는 경우 판례에 의함)   '21 지방직 9급

> ㄱ. 월정수당을 받는 지방의회 의원에 대한 제명의결 취소소송 계속 중 의원의 임기가 만료된 경우 지방의회 의원은 그 제명의결의 취소를 구할 법률상 이익이 있다.
>
> ㄴ. 파면처분 취소소송의 사실심 변론종결 전에 금고 이상의 형을 선고받아 당연퇴직된 경우에도 해당 공무원은 파면처분의 취소를 구할 이익이 있다.
>
> ㄷ. 공익근무요원 소집해제신청을 거부한 후에 원고가 계속하여 공익근무요원으로 복무함에 따라 복무기간 만료를 이유로 소집해제처분을 한 경우, 원고는 거부처분의 취소를 구할 소의 이익이 있다 (→ 원고가 계속하여 공익근무요원으로 복무함에 따라 복무기간 만료를 이유로 소집해제처분을 한 경우, 원고가 입게 되는 권리와 이익의 침해는 소집해제처분으로 해소되었으므로 위 거부처분의 취소를 구할 소의 이익이 없다)(대판 2005.5.13, 2004두4369).

1 「행정소송법」에 따른 집행정지에 대한 설명으로 옳지 않은 것은? (다툼이 있는 경우 판례에 의함)   '21 지방직 9급

① 처분의 효력정지결정을 하려면 그 효력정지를 구하는 당해 행정처분에 대한 본안소송이 법원에 제기되어 계속중임을 요건으로 한다.

② 거부처분의 효력정지는 그 거부처분으로 인하여 신청인에게 생길 손해를 방지하는 데 필요하므로 신청인에게는 그 효력정지를 구할 이익이 있다(→ 거부처분이 있기 전의 신청시의 상태로 되돌아가는 데에 불과하고 행정청에게 신청에 따른 처분을 하여야 할 의무가 생기는 것이 아니므로, 거부처분의 효력정지는 그 거부처분으로 인하여 신청인에게 생길 손해를 방지하는 데 아무런 보탬이 되지 아니하여 그 효력정지를 구할 이익이 없다)(대결 1995.3.21, 95두26).

③ 처분의 효력정지는 처분의 집행 또는 절차의 속행을 정지함으로써 목적을 달성할 수 있는 경우에는 허용되지 아니한다.

④ 신청인의 본안청구의 이유 없음이 명백할 때는 집행정지가 인정되지 않는다.

---

22 [1][2][3]   정답 ③

영역 행정상 쟁송 > 행정소송   난이도 하

[정답의 이유]

③ 행정처분이 위법하거나 무효임을 주장하여 그 취소 또는 무효확인을 구하는 소송을 제기하더라도 행정처분의 효력이나 집행에는 영향이 없는 것이 원칙이다(행정소송법 제23조 제1항, 제38조 제1항)(대결 2008.12.29, 2008무107).

[오답의 이유]

① 집행정지의 장애사유로서의 '공공복리에 중대한 영향을 미칠 우려'라 함은 일반적·추상적인 공익에 대한 침해의 가능성이 아니라 당해 처분의 집행과 관련된 구체적·개별적인 공익에 중대한 해를 입힐 개연성을 말하는 것으로서 이러한 집행정지의 소극적 요건에 대한 주장·소명책임은 행정청에게 있다(대결 2004.5.12, 2003무41).

② 행정처분의 집행정지는 행정처분집행 부정지의 원칙에 대한 예외로서 인정되는 일시적인 응급처분이라 할 것이므로 집행정지결정을 하려면 이에 대한 본안소송이 법원에 제기되어 계속중임을 요건으로 하는 것이므로 집행정지결정을 한 후에라도 본안소송이 취하되어 소송이 계속하지 아니한 것으로 되면 집행정지결정은 당연히 그 효력이 소멸되는 것이고 별도의 취소조치를 필요로 하는 것이 아니다(대판 2007.6.28, 2005무75).

④ 행정소송법 제23조 제4항

---

23 [1][2][3]   정답 ①

영역 행정의 실효성 확보수단 > 행정조사   난이도 중

[정답의 이유]

① 행정기관은 법령등에서 행정조사를 규정하고 있는 경우에 한하여 행정조사를 실시할 수 있다. 다만, 조사대상자의 자발적인 협조를 얻어 실시하는 행정조사의 경우에는 그러하지 아니하다(행정조사기본법 제5조).

[오답의 이유]

② 행정조사기본법 제10조 제2항

③ 행정조사는 조사목적을 달성하는데 필요한 최소한의 범위 안에서 실시하여야 하며, 다른 목적 등을 위하여 조사권을 남용하여서는 아니 된다(행정조사기본법 제4조 제1항).

④ 행정조사기본법 제24조

---

24 [1][2][3]   정답 ①

영역 행정의 실효성 확보수단 > 행정상 강제   난이도 중

[정답의 이유]

① 행정상 즉시강제에 해당한다. 행정상 즉시강제란, 행정상 장애가 존재하거나 장애의 발생이 목전에 급박한 경우에 성질상 개인에게 의무를 명해서는 공행정 목적을 달성할 수 없거나 미리 의무를 명

할 시간적 여유가 없는 경우에, 개인에게 의무를 명함이 없이 행정기관이 직접 개인의 신체나 재산에 실력을 가해 행정상 필요한 상태의 실현을 목적으로 하는 작용을 의미한다(행정기본법 제30조 제1항 제5호).

오답의 이유

② 행정기본법 제33조 제1항
③ 행정기본법 제30조 제1항 제5호
④ 행정기본법 제33조 제2항

제30조(행정상 강제) ① 행정청은 행정목적을 달성하기 위하여 필요한 경우에는 법률로 정하는 바에 따라 필요한 최소한의 범위에서 다음 각 호의 어느 하나에 해당하는 조치를 할 수 있다.

5. 즉시강제: 현재의 급박한 행정상의 장해를 제거하기 위한 경우로서 다음 각 목의 어느 하나에 해당하는 경우에 행정청이 곧바로 국민의 신체 또는 재산에 실력을 행사하여 행정목적을 달성하는 것

가. 행정청이 미리 행정상 의무 이행을 명할 시간적 여유가 없는 경우

나. 그 성질상 행정상 의무의 이행을 명하는 것만으로는 행정목적 달성이 곤란한 경우

[시행일: 2023. 3. 24.]

제33조(즉시강제) ① 즉시강제는 다른 수단으로는 행정목적을 달성할 수 없는 경우에만 허용되며, 이 경우에도 최소한으로만 실시하여야 한다.

② 즉시강제를 실시하기 위하여 현장에 파견되는 집행책임자는 그가 집행책임자임을 표시하는 증표를 보여 주어야 하며, 즉시강제의 이유와 내용을 고지하여야 한다.

[시행일: 2023. 3. 24.]

---

25 ☐1 ☐2 ☐3   정답 ④

영역 일반행정작용법 > 행정상 입법   난이도 중

정답의 이유

④ 재량권 행사의 준칙인 행정규칙이 그 정한 바에 따라 되풀이 시행되어 행정관행이 이루어지게 되면 평등의 원칙이나 신뢰보호의 원칙에 따라 행정기관은 그 상대방에 대한 관계에서 그 규칙에 따라야 할 자기구속을 받게 되므로, 이러한 경우에는 특별한 사정이 없는 한 그를 위반하는 처분은 평등의 원칙이나 신뢰보호의 원칙에 위배되어 재량권을 일탈·남용한 위법한 처분이 된다(대판 2009.12.24. 2009두7967).

오답의 이유

① 식품위생법시행규칙은 재량준칙으로서 그에 기초한 영업정지처분은 재량행위이다.

② 재량준칙으로서 행정규칙이다.

③ 행정처분을 하기 위한 절차가 진행되는 기간 중에 반복하여 같은 위반행위를 하는 경우 또는 여러 위반행위의 경우 등에는 가중하도록 규정을 두고 있다.

2021 **5급** 기출문제해설

☑ 점수 (　　)점/100점　☑ 문제편 069쪽

영역 분석

일반행정작용법	7문제	★★★★★★★	28%
특별행정작용법	5문제	★★★★★	20%
행정절차와 행정공개	5문제	★★★★★	20%
행정조직법	2문제	★★	8%
행정법 서론	2문제	★★	8%
행정상 쟁송	2문제	★★	8%
행정의 실효성 확보수단	1문제	★	4%
행정구제법	1문제	★	4%

빠른 정답

01	02	03	04	05	06	07	08	09	10
④	①	②	①	②	②	③	①	③	④
11	12	13	14	15	16	17	18	19	20
①	③	③	①	④	④	②	②	①	①
21	22	23	24	25					
③	④	③	②	③					

01　1 2 3　정답 ④

영역 일반행정작용법 > 행정행위　난이도 중

정답의 이유

ㄱ(○): 위헌인 법률에 근거한 행정처분이 당연무효인지의 여부는 위헌결정의 소급효와는 별개의 문제로서, 위헌결정의 소급효가 인정된다고 하여 위헌인 법률에 근거한 행정처분이 당연무효가 된다고는 할 수 없다(대판 1994.10.28, 92누9463).

ㄴ(○): 위헌결정을 위한 계기를 부여한 사건(당해 사건), 위헌결정이 있기 전에 이와 동종의 위헌 여부에 관하여 헌법재판소에 위헌제청을 하였거나 법원에 위헌제청신청을 한 사건(동종사건), 따로 위헌제청신청을 아니하였지만 당해 법률조항이 재판의 전제가 되어 법원에 계속 중인 사건(병행사건)에 대하여 예외적으로 소급효가 인정되고, 위헌결정 이후에 제소된 사건

(일반사건)이라도 구체적 타당성의 요청이 현저하고 소급효의 부인이 정의와 형평에 반하는 경우에는 예외적으로 소급효를 인정할 수 있다(헌재 2013.6.27, 2010헌마535).

ㄷ(×): 이미 취소소송의 제기기간을 경과하여 확정력이 발생한 행정처분의 경우에는 위헌결정의 소급효가 미치지 않는다고 보아야 할 것이고, 일반적으로 법률이 헌법에 위반된다는 사정이 헌법재판소의 위헌결정이 있기 전에는 객관적으로 명백한 것이라고 할 수는 없으므로 특별한 사정이 없는 한 이러한 하자는 행정처분의 취소사유에 해당할 뿐 당연무효 사유는 아니다(헌재 2004.1.29, 2002헌바73).

ㄹ(○): 위헌결정의 기속력과 헌법을 최고규범으로 하는 법질서의 체계적 요청에 비추어 국가기관 및 지방자치단체는 위헌으로 선언된 법률규정에 근거하여 새로운 행정처분을 할 수 없음은 물론이고, 위헌결정 전에 이미 형성된 법률관계에 기한 후속처분이라도 그것이 새로운 위헌적 법률관계를 생성·확대하는 경우라면 이를 허용할 수 없다. 따라서 조세 부과의 근거가 되었던 법률규정이 위헌으로 선언된 경우, 비록 그에 기한 과세처분이 위헌결정 전에 이루어졌고, 과세처분에 대한 제소기간이 이미 경과하여 조세채권이 확정되었으며, 조세채권의 집행을 위한 체납처분의 근거규정 자체에 대하여는 따로 위헌결정이 내려진 바 없다고 하더라도, 위와 같은 위헌결정 이후에 조세채권의 집행을 위한 새로운 체납처분에 착수하거나 이를 속행하는 것은 더 이상 허용되지 않고, 나아가 이러한 위헌결정의 효력에 위배하여 이루어진 체납처분은 그 사유만으로 하자가 중대하고 객관적으로 명백하여 당연무효라고 보아야 한다(대판 2012.2.16, 2010두10907 전합).

1 행정처분이 행해진 이후에 근거법률이 위헌으로 결정될 경우 그 행정처분은 당연무효이다. (O, X)

2 위헌결정의 소급효가 인정된다고 하여 위헌인 법률에 근거한 행정처분이 당연무효가 된다고는 할 수 없고 오히려 이미 취소소송의 제기기간을 경과하여 확정력이 발생한 행정처분에는 위헌결정의 소급효가 미치지 않는다. (O, X)

정답 1 X(취소사유에 해당, 당연무효는 아님, 대판 2000.6.9, 2000다 16329) 2 O(대판 2002.11.8, 2001두3181)

02 [1][2][3] 정답 ①

영역 일반행정작용법 > 기타행정행위 난이도 중

정답의 이유

① 항고소송의 대상이 되는 행정처분은 행정청의 공법상의 행위로서 상대방 또는 기타 관계자들의 법률상 지위에 직접적으로 법률적인 변동을 일으키는 행위를 말하는 것이므로 세무당국이 소외 회사에 대하여 원고와의 주류거래를 일정기간 중지하여 줄 것을 요청한 행위는 권고 내지 협조를 요청하는 권고적 성격의 행위로서 소외 회사나 원고의 법률상의 지위에 직접적인 법률상의 변동을 가져오는 행정처분이라고 볼 수 없으므로, 항고소송의 대상이 될 수 없다 (대판 1980.10.27, 80누395).

오답의 이유

② 위법한 행정지도로 손해가 발생한 경우 국가배상법 제2조에서 정한 요건을 갖춘 경우 국가 등을 상대로 손해배상을 청구할 수 있다.

③ 건축법에 의하여 도로지정이 있게 되면 그 도로부지 소유자들은 건축법에 따른 토지사용상의 제한을 받게 되므로 도로지정은 도로의 구간·연장·폭 및 위치 등을 특정하여 명시적으로 행하여져야 하고, 따라서 계쟁 도로가 시유지로서 토지대장상 지목이 도로이고 도시계획확인도면의 대로부지와 연결된 동일 지번의 토지라고 하더라도 그 사실만으로는 시장·군수의 도로지정이 있었다고 볼 수 없고, 또한 행정관청이 건축허가시 도로의 폭에 관하여 행정지도를 하였다고 하여 시장·군수의 도로지정이 있었던 것으로 볼 수도 없다(대판 1999.8.24, 99두592).

④ 행정기관은 행정지도의 상대방이 행정지도에 따르지 아니하였다는 것을 이유로 불이익한 조치를 하여서는 아니 된다(행정절차법 제48조 제3항).

1 행정지도에 관한 설명으로 옳지 않은 것은? (다툼이 있는 경우 판례에 의함) '21 소방직

① 행정지도란 행정기관이 그 소관 사무의 범위에서 일정한 행정목적을 실현하기 위하여 특정인에게 일정한 행위를 하거나 하지 아니하도록 지도, 권고, 조언 등을 하는 행정작용을 말한다.

② 행정지도 중 규제적 구속적 행정지도의 경우에는 법적 근거가 필요하다는 견해가 있다.

③ 교육인적자원부장관(현 교육부장관)의 (구)공립대학 총장들에 대한 학칙시정요구는 고등교육법령에 따른 것으로, 그 법적 성격은 대학총장의 임의적인 협력을 통하여 사실상의 효과를 발생시키는 행정지도의 일종으로 헌법소원의 대상이 되는 공권력의 행사로 볼 수 없다(→ 학칙시정요구는 규제적·구속적 성격, 헌법소원의 대상이 되는 공권력의 행사에 해당)(헌재 2003.6.26, 2002헌마337).

④ 행정지도가 강제성을 띠지 않은 비권력적 작용으로서 행정지도의 한계를 일탈하지 아니하였다면, 그로 인해상대방에게 어떤 손해가 발생하였다고 해도 행정기관은 그에 대한 손해배상책임이 없다.

03 [1][2][3] 정답 ②

영역 일반행정작용법 > 행정행위 난이도 상

정답의 이유

② 주한미군 공여구역주변지역 등 지원 특별법의 인허가의제 조항은 목적사업의 원활한 수행을 위해 행정절차를 간소화하고자 하는 데 입법 취지가 있는데, 만일 사업시행승인 전에 반드시 사업 관련 모든 인허가의제 사항에 관하여 관계 행정기관의 장과 협의를 거쳐야 한다고 해석하면 일부의 인허가의제 효력만을 먼저 얻고자 하는 사업시행승인 신청인의 의사와 맞지 않을 뿐만 아니라 사업시행승인 신청을 하기까지 상당한 시간이 소요되어 그 취지에 반하는 점, 인허가의제 사항 중 일부만에 대하여도 관계 행정기관의 장과 협의를 거치면 인허가의제 효력이 발생할 수 있음을 명확히 하고 있는 점 등에 비추어 보면, 모든 인허가의제 사항에 관하여 관계 행정기관의 장과 일괄하여 사전 협의를 거칠 것을 요건으로 하는 것은 아니고, 사업시행승인 후 인허가의제 사항에 관하여 관계 행정기관의 장과 협의를 거치면 그때 해당 인허가가 의제된다고 보는 것이 타당하다(대판 2012.2.9, 2009두16305).

오답의 이유

① 대판 2016.11.25, 2015두37815

③ 대판 2011.1.20, 2010두14954 전합

④ 대판 2018.11.29, 2016두38792

1 인·허가 의제에 대한 설명으로 옳지 않은 것은? (다툼이 있는 경우 판례에 의함)

'21 국가직 9급

① 주택건설사업계획 승인권자가 구 주택법에 따라 도시·군관리계획 결정권자와 협의를 거쳐 관계 주택건설사업계획을 승인하면 도시·군관리계획결정이 이루어진 것으로 의제되고, 이러한 협의 절차와 별도로 국토의 계획 및 이용에 관한 법률 등에서 정한 도시·군관리계획 입안을 위한 주민 의견청취 절차를 거칠 필요는 없다.

② 건축물의 건축이 국토의 계획 및 이용에 관한 법률상 개발행위에 해당할 경우 그 건축의 허가권자는 국토계획법령의 개발행위허가기준을 확인하여야 하므로, 국토계획법상 건축물의 건축에 관한 개발행위허가가 의제되는 건축허가신청이 국토계획법령이 정한 개발행위허가기준에 부합하지 아니하면 허가권자로서는 이를 거부할 수 있다.

③ 건축법에서 관련 인·허가 의제 제도를 둔 취지는 인·허가 의제사항 관련 법률에 따른 각각의 인·허가요건에 관한 일체의 심사를 배제하려는 것이 아니다.

④ 주택건설사업계획 승인처분에 따라 의제된 인·허가가 위법함을 다투고자 하는 이해관계인은, 주택건설사업계획 승인처분의 취소를 구해야지 의제된 인·허가의 취소를 구해서는 아니되며, 의제된 인·허가는 주택건설사업계획 승인처분과 별도로 항고소송의 대상이 되는 처분에 해당하지 않는다(→ 인·허가는 주택건설사업계획 승인처분과 별도로 항고소송의 대상이 되는 처분에 해당)(대판 2018.11.29, 2016두38792).

---

04 1 2 3

정답 ①

영역 특별행정작용법 > 급부행정법　　　　　　난이도 중

[정답의 이유]
① 공물의 보통사용(일반사용)은 주로 공공용물에서 허용된다. 공공용물 자체가 일반공중의 사용에 제공된 것이기 때문이다. 그러나 공용물과 보존공물은 일반공중의 사용에 제공된 것이 아니므로 예외적으로 본래의 목적에 반하지 않는 경우에 한하여만 제한적으로 가능하다.

[오답의 이유]
② 공물의 보통사용에 관하여는 사용료를 징수하지 못함이 원칙이나 예외적으로 사용료를 징수하는 경우도 있다(예 도로법 제35조, 제36조에 의한 교량, 유료도로통행료, 하천법 제33조에 의한 사용료, 문화재보호법 제39조에 의한 관람료, 하수도법에 의한 하수도료).

③ 사용료를 납입하는 공물의 일반사용으로서 공법관계에 해당한다.

④ 공물의 특허사용은 원칙적으로 배타적 지배를 내용으로 하지 않고 공물주체에게 공물사용권을 주장할 수 있을 뿐이므로 채권적 성질을 가진다. 다만 어업권, 광업권 등은 법률규정에 의하여 물권으로서의 효력을 인정하는 규정을 다수 두고 있다(수산업법, 광업법 등).

---

05 1 2 3

정답 ②

영역 일반행정작용법 > 행정행위　　　　　　난이도 중

[정답의 이유]
② 표준지공시지가결정이 위법한 경우에는 그 자체를 행정소송의 대상이 되는 행정처분으로 보아 그 위법 여부를 다툴 수 있음은 물론, 수용보상금의 증액을 구하는 소송에서도 선행처분으로서 그 수용대상 토지 가격 산정의 기초가 된 비교표준지공시지가결정의 위법을 독립한 사유로 주장할 수 있다(대판 2008.8.21, 2007두13845).

[오답의 이유]
① 도시·군계획시설결정과 실시계획인가는 도시·군계획시설사업을 위하여 이루어지는 단계적 행정절차서 별도의 요건과 절차에 따라 별개의 법률효과를 발생시키는 독립적인 행정처분이다. 그러므로 선행처분인 도시·군계획시설결정에 하자가 있더라도 그것이 당연무효가 아닌 한 원칙적으로 후행처분인 실시계획인가에 승계되지 않는다(대판 2017.7.18, 2016두49938).

③ 사업시행계획에 관한 취소사유인 하자는 관리처분계획에 승계되지 아니하므로 그 하자를 들어 관리처분계획의 적법 여부를 다툴 수 없다(대판 2012.8.23, 2010두13463).

④ 대판 2013.3.14, 2012두6964

⊗ 개념 확인

1 공무원의 신분관계에서 공무원의 직위해제처분과 면직처분 사이에는 하자의 승계가 부인된다.　(O, X)

2 과거 소년이었을 때 죄를 범하여 형의 집행유예를 선고받은 사람이 장교·준사관 또는 하사관(현 부사관)으로 임용된 경우, 그 임용은 당연무효이다.　(O, X)

정답 1 ○ 2 ×(임용은 유효, 소년법 제67조 제1항)

---

06 1 2 3

정답 ②

영역 일반행정작용법 > 행정상 입법　　　　　　난이도 중

[정답의 이유]
② 오늘날 의회의 입법독점주의에서 입법중심주의로 전환하여 일정한 범위 내에서 행정입법을 허용하게 된 동기가 사회적 변화에 대응한 입법수요의 급증과 종래의 형식적 권력분립주의로는 현대사회에 대응할 수 없다는 기능적 권력분립론에 있다는 점 등을 감안하여 헌법 제40조와 헌법 제75조, 제95조의 의미를 살펴보면, 국회입법에 의한 수권이 입법기관이 아닌 행정기관에게 법률 등으로 구체적인 범위를 정하여 위임한 사항에 관하여는 당해 행정기관에

게 법정립의 권한을 갖게 되고, 입법자가 규율의 형식도 선택할 수 있다 할 것이므로, 헌법이 인정하고 있는 위임입법의 형식은 예시적인 것으로 보아야 할 것이고, 그것은 법률이 행정규칙에 위임하더라도 그 행정규칙은 위임된 사항만을 규율할 수 있으므로, 국회입법의 원칙과 상치되지도 않는다. 다만 행정규칙은 법규명령과 같은 엄격한 제정 및 개정절차를 요하지 아니하므로, 재산권 등과 같은 기본권을 제한하는 작용을 하는 법률이 입법위임을 할 때에는 대통령령, 총리령, 부령 등 법규명령에 위임함이 바람직하고, 고시와 같은 형식으로 입법위임을 할 때에는 적어도 행정규제기본법 제4조 제2항 단서에서 정한 바와 같이 법령이 전문적·기술적 사항이나 경미한 사항으로서 업무의 성질상 위임이 불가피한 사항에 한정된다 할 것이고, 그러한 사항이라 하더라도 포괄위임금지의 원칙상 법률의 위임은 반드시 구체적·개별적으로 한정된 사항에 대하여 행하여져야 한다(헌재 2006.12.28, 2005헌바59).

오답의 이유

① 소득세법시행령에 의하여 투기거래를 규정한 재산제세조사사무처리규정(국세청훈령 제980호)은 그 형식은 행정규칙으로 되어 있으나 시행령의 규정을 보충하는 기능을 가지면서 그와 결합하여 법규명령과 같은 효력(대외적인 구속력)을 가진다(대판 1989.11.14, 89누5676).

③·④ 법령의 규정이 특정 행정기관에게 법령 내용의 구체적 사항을 정할 수 있는 권한을 부여하면서 권한행사의 절차나 방법을 특정하지 아니한 경우에는 수임 행정기관은 행정규칙이나 규정 형식으로 법령 내용이 될 사항을 구체적으로 정할 수 있다. 이 경우 행정규칙 등은 당해 법령의 위임한계를 벗어나지 않는 한 대외적 구속력이 있는 법규명령으로서 효력을 가지게 되지만, 이는 행정규칙이 갖는 일반적 효력이 아니라 행정기관에 법령의 구체적 내용을 보충할 권한을 부여한 법령 규정의 효력에 근거하여 예외적으로 인정되는 것이다. 따라서 그 행정규칙이나 규정이 상위법령의 위임범위를 벗어난 경우에는 법규명령으로서 대외적 구속력을 인정할 여지는 없다. 이는 행정규칙이나 규정 '내용'이 위임범위를 벗어난 경우뿐 아니라 상위법령의 위임규정에서 특정하여 정한 권한행사의 '절차'나 '방식'에 위배되는 경우도 마찬가지이므로, 상위법령에서 세부사항 등을 시행규칙으로 정하도록 위임하였음에도 이를 고시 등 행정규칙으로 정하였다면 그 역시 대외적 구속력을 가지는 법규명령으로서 효력이 인정될 수 없다(대판 2012.7.5, 2010다72076).

---

07 ☐1☐ ☐2☐ ☐3☐   정답 ③

영역 행정절차와 행정공개 > 행정절차법   난이도 중

정답의 이유

③ 행정절차법 제46조의2

오답의 이유

① 국가기간교통망계획을 수립은 예외사유(행정절차법 제46조 제1항 단서의 각호: 국민의 권리·의무 또는 일상생활과 관련이 없는 사항)에 해당하지 않으므로 원칙적으로 예고하여야 한다.

② 행정예고기간은 예고 내용의 성격 등을 고려하여 정하되, 특별한 사정이 없으면 20일 이상으로 한다(행정절차법 제46조 제3항).

④ 행정청은 정책 등을 수립·시행하거나 변경하려는 경우에는 원칙적으로 예고하여야 한다(행정절차법 제46조). 다만 긴급한 사유 등(행정절차법 제46조 1항 단서의 각호)이 있을 때에는 예고하지 아니할 수 있다.

> **제46조(행정예고)** ① 행정청은 정책, 제도 및 계획(이하 "정책등"이라 한다)을 수립·시행하거나 변경하려는 경우에는 이를 예고하여야 한다. 다만, 다음 각 호의 어느 하나에 해당하는 경우에는 예고를 하지 아니할 수 있다.
> 1. 신속하게 국민의 권리를 보호하여야 하거나 예측이 어려운 특별한 사정이 발생하는 등 긴급한 사유로 예고가 현저히 곤란한 경우
> 2. 법령등의 단순한 집행을 위한 경우
> 3. 정책등의 내용이 국민의 권리·의무 또는 일상생활과 관련이 없는 경우
> 4. 정책등의 예고가 공공의 안전 또는 복리를 현저히 해칠 우려가 상당한 경우
> ② 제1항에도 불구하고 법령등의 입법을 포함하는 행정예고는 입법예고로 갈음할 수 있다.
> ③ 행정예고기간은 예고 내용의 성격 등을 고려하여 정하되, 특별한 사정이 없으면 20일 이상으로 한다.

영역 일반행정작용법 > 기타행정행위   난이도 중

정답의 이유

① 도시계획법령이 토지형질변경행위허가의 변경신청 및 변경허가에 관하여 아무런 규정을 두지 않고 있을 뿐 아니라, 처분청이 처분 후에 원래의 처분을 그대로 존속시킬 필요가 없게 된 사정변경이 생겼거나 중대한 공익상의 필요가 발생한 경우에는 별도의 법적 근거가 없어도 별개의 행정행위로 이를 철회·변경할 수 있지만 이는 그러한 철회·변경의 권한을 처분청에게 부여하는 데 그치는 것일 뿐 상대방 등에게 그 철회·변경을 요구할 신청권까지를 부여하는 것은 아니라 할 것이므로, 이와 같이 법규상 또는 조리상의 신청권이 없이 한 국민들의 토지형질변경행위 변경허가신청을 반려한 당해 반려처분은 항고소송의 대상이 되는 처분에 해당되지 않는다(대판 1997.9.12, 96누6219).

오답의 이유

② 국토의 계획 및 이용에 관한 법률은 도시계획시설결정으로 인한 개인의 재산권행사의 제한을 줄이기 위하여, 도시·군계획시설부 지의 매수청구권 등을 규정하고 있다. 이들 규정에 헌법상 개인의 재산권 보장의 취지를 더하여 보면, 도시계획구역 내 토지 등을 소유하고 있는 사람과 같이 당해 도시계획시설결정에 이해관계가 있는 주민으로서는 도시시설계획의 입안권자 내지 결정권자에게 도시시설계획의 입안 내지 변경을 요구할 수 있는 법규상 또는 조리상의 신청권이 있고, 이러한 신청에 대한 거부행위는 항고소송의 대상이 되는 행정처분에 해당한다(대판 2015.3.26, 2014두42742).

③ 국토이용관리법상 주민이 국토이용계획의 변경에 대하여 신청을 할 수 있다는 규정이 없을 뿐만 아니라, 국토건설종합계획의 효율적인 추진과 국토이용질서를 확립하기 위한 국토이용계획은 장기성, 종합성이 요구되는 행정계획이어서 원칙적으로는 그 계획이 일단 확정된 후에 어떤 사정의 변동이 있다고 하여 그러한 사유만으로는 지역주민이나 일반 이해관계인에게 일일이 그 계획의 변경을 신청할 권리를 인정하여 줄 수는 없을 것이지만, 장래 일정한 기간 내에 관계 법령이 규정하는 시설 등을 갖추어 일정한 행정처분을 구하는 신청을 할 수 있는 법률상 지위에 있는 자의 국토이용계획변경신청을 거부하는 것이 실질적으로 당해 행정처분 자체를 거부하는 결과가 되는 경우에는 예외적으로 그 신청인에게 국토이용계획변경을 신청할 권리가 인정된다고 봄이 상당하므로, 이러한 신청에 대한 거부행위는 항고소송의 대상이 되는 행정처분에 해당한다(대판 2003.9.23, 2001두10936).

④ 헌재 2000.6.1, 99헌마538

🔵 이렇게 출제됐어요

1 행정계획에 대한 설명으로 옳지 않은 것은? (다툼이 있는 경우 판례에 의함)   '21 지방직 7급

① 도시관리계획결정·고시와 그 도면에 특정 토지가 도시관리계획에 포함되지 않았음이 명백한데도 도시관리계획을 집행하기 위한 후속 계획이나 처분에서 그 토지가 도시관리계획에 포함된 것처럼 표시되어 있는 경우, 이는 원칙적으로 취소사유에 해당한다(→ 도시관리계획 변경절차를 거치지 않는 한 당연무효)(대판 2019.7.11, 2018두47783).

② 구 도시계획법상 행정청이 정당하게 도시계획결정의 처분을 하였다고 하더라도 이를 관보에 게재하여 고시하지 아니한 이상 대외적으로는 아무런 효력이 발생하지 않는다.

③ 행정주체가 행정계획을 입안·결정함에 있어서 이익형량을 하였으나 정당성과 객관성이 결여된 경우 그 행정계획결정은 위법하다.

④ 산업단지개발계획상 산업단지 안의 토지 소유자로서 산업단지개발계획에 적합한 시설을 설치하여 입주하려는 자는 산업단지지정권자 또는 그로부터 권한을 위임받은 기관에 대하여 산업단지개발 계획의 변경을 요청할 수 있는 법규상 또는 조리상 신청권이 있다.

영역 행정조직법 > 공무원법   난이도 하

정답의 이유

③ 국가공무원법 제78조는 징계를 요구하여야 하는 기속행위로 규정하고 있다.

> **제78조(징계사유)** ① 공무원이 다음 각 호의 어느 하나에 해당하면 징계 의결을 요구하여야 하고 그 징계 의결의 결과에 따라 징계처분을 하여야 한다.
> 1. 이 법 및 이 법에 따른 명령을 위반한 경우(=법령위반이 있는 때)
> 2. 직무상의 의무(다른 법령에서 공무원의 신분으로 인하여 부과된 의무를 포함한다)를 위반하거나 직무를 태만히 한 때(=직무상의 의무위반 또는 직무태만이 있는 때)
> 3. 직무의 내외를 불문하고 그 체면 또는 위신을 손상하는 행위를 한 때(=공무원의 체면 또는 위신에 손상을 입힌 때)

오답의 이유

① 국가공무원법 제75조 제1항

> **제75조(처분사유설명서의 교부)** ① 공무원에 대하여 징계처분 등을 할 때나 휴직·직위해제 또는 면직처분을 할 때에는 그 처분권자 또는 처분제청권자는 처분사유를 적은 설명서를 교부하여야 한다. 다만, 본인의 원에 따른 강임·휴직 또는 면직처분은 그러하지 아니하다.

② 국가공무원법 제79조

④ 국가공무원법 제16조 제1항에서 필수적 전치주의를 규정하고 있다.

> **제76조(심사의 청구)** ① 제75조에 따른 처분사유 설명서를 받은 공무원이 그 처분에 불복할 때에는 그 설명서를 받은 날부터, 공무원이 제75조에서 정한 처분 외에 본인의 의사에 반한 불리한 처분을 받았을 때에는 그 처분이 있은 것을 안 날부터 각각 30일 이내에 소청심사위원회에 이에 대한 심사를 청구할 수 있다. 이 경우 변호사를 대리인으로 선임할 수 있다.
>
> **제16조(행정소송과의 관계)** ① 제75조에 따른 처분, 그 밖에 본인의 의사에 반한 불리한 처분이나 부작위(不作爲)에 관한 행정소송은 소청심사위원회의 심사·결정을 거치지 아니하면 제기할 수 없다.

③ 농지법에 따른 이행강제금을 부과할 때에는 그때마다 이행강제금을 부과·징수한다는 뜻을 미리 문서로 알려야 하고, 이와 같은 절차를 거치지 아니하는 채 이행강제금을 부과하는 것은 이행강제금 제도의 취지에 반하는 것으로써 위법하다.

④ 건축법상 이행강제금은 위반행위에 대하여 시정명령을 받은 후 시정기간 내에 당해 시정명령을 이행하지 아니한 건축주 등에 대하여 부과하는 것으로서 그 이행강제금 납부의무는 상속인 기타의 사람에게 승계될 수 없는 일신전속적인 성질의 것이므로 이미 사망한 사람에게 이행강제금을 부과하는 내용의 처분이나 결정은 당연무효이다.

---

10 ①②③   정답 ④

영역 행정의 실효성 확보수단 > 새로운 의무이행 확보수단   **난이도** 중

정답의 이유

④ 건축법상의 이행강제금은 건축법의 위반행위에 대하여 시정명령을 받은 후 시정기간 내에 당해 시정명령을 이행하지 아니한 건축주 등에 대하여 부과되는 간접강제의 일종으로서 그 이행강제금 납부의무는 상속인 기타의 사람에게 승계될 수 없는 일신전속적인 성질의 것이므로 이미 사망한 사람에게 이행강제금을 부과하는 내용의 처분이나 결정은 당연무효이고, 이행강제금을 부과받은 사람의 이의에 의하여 비송사건절차법에 의한 재판절차가 개시된 후에 그 이의한 사람이 사망한 때에는 사건 자체가 목적을 잃고 절차가 종료한다(대판 2006.12.8, 2006마470).

오답의 이유

① 대판 2015.6.24, 2011두2170
② 대판 2016.7.14, 2015두46598
③ 대판 2002.8.16, 2002마1022

❂ 이렇게 출제됐어요

1 이행강제금에 대한 설명으로 옳지 않은 것은? (다툼이 있는 경우 판례에 의함)   '21 지방직 7급

① 건축법상 이행강제금은 시정명령의 불이행이라는 과거의 위반행위에 대한 제재가 아니라 시정명령을 이행하지 않고 있는 건축주 등에 대하여 다시 상당한 이행기한을 부여하고 기한 안에 시정명령을 이행하지 않으면 이행강제금이 부과된다는 사실을 고지함으로써 의무자에게 심리적 압박을 주어 시정명령에 따른 의무의 이행을 간접적으로 강제하는 수단의 성질을 가진다.

② 건축법상 행정청은 의무자가 행정상 의무를 이행할 때까지 이행강제금을 반복하여 부과할 수 있으나, 의무자가 의무를 이행하면 새로운 이행강제금의 부과를 즉시 중지하여야 하고 이미 부과한 이행강제금은 징수하지 아니한다(→ 이미 부과한 이행강제금은 징수)(행정기본법 제31조 제5항, 건축법 제80조).

---

11 ①②③   정답 ①

영역 일반행정작용법 > 행정행위   **난이도** 하

정답의 이유

① 3개월 이내에 공사에 착수하지 않으면 처분의 효력이 소멸되므로, 해제조건에 해당한다.

오답의 이유

② 상대방이 신청한 것과는 다른 처분을 하였으므로, 수정부담에 해당한다.

③ 행정청이 행정행위를 하면서 일정한 사유가 발생하는 경우에는 행정행위를 취소하거나 철회할 수 있음을 유보해 둔 것이므로, 철회권의 유보에 해당한다.

④ 법률에서 규정된 행정행위 효과를 행정청이 그 효과의 일부를 인정하지 않는 것이므로 법률효과의 일부배제에 해당한다.

❂ 이렇게 출제됐어요

1 A시장은 甲 소유 토지의 일부를 기부채납하는 조건(강학상 부담으로 본다)으로 甲이 신청한 개발제한구역 내의 토지형질변경행위허가를 한 후 甲과 기부채납 이행을 위한 증여계약을 체결하였다. 이에 관한 설명으로 옳지 않은 것은? (다툼이 있으면 판례에 따름)   '21 행정사

① 甲이 기부채납을 불이행할 경우, A시장은 토지형질변경행위허가를 철회할 수 있다.

② 甲은 기부채납의 부관만을 대상으로 하여 취소소송을 제기할 수 있다.

③ 기부채납의 부관이 당연무효이거나 취소되지 아니한 이상 甲은 위 부관으로 인한 증여계약의 중요부분의 착오를 이유로 증여계약을 취소할 수 없다.

④ 토지형질변경행위허가를 함에 있어 부관을 붙일 필요가 있는지의 유무 등을 판단함에 있어서는 A시장에게 재량의 여지가 있다.

⑤ A시장은 토지형질변경행위허가를 한 후에는 甲의 동의가 있는 경우라도 부관을 새로 붙일 수 없다(→ 사후부관으로 甲이 동의하면 부관 가능).

---

12 1 2 3 정답 ③

[정답의 이유]

③ 국민의 권익이 제한되거나 의무가 지속되는 기간의 계산에 있어서는 기간의 말일이 토요일 또는 공휴일인 경우에는 기간은 그날로 만료한다(행정기본법 제6조 제2항 제2호).

[오답의 이유]

① 행정기본법 제6조 제1항
② 행정기본법 제6조 제2항
④ 행정기본법 제7조 제1호

행정기본법

제6조(행정에 관한 기간의 계산) ① 행정에 관한 기간의 계산에 관하여는 이 법 또는 다른 법령등에 특별한 규정이 있는 경우를 제외하고는 「민법」을 준용한다.

② 법령등 또는 처분에서 국민의 권익을 제한하거나 의무를 부과하는 경우 권익이 제한되거나 의무가 지속되는 기간의 계산은 다음 각 호의 기준에 따른다. 다만, 다음 각 호의 기준에 따르는 것이 국민에게 불리한 경우에는 그러하지 아니하다.

1. 기간을 일, 주, 월 또는 연으로 정한 경우에는 기간의 첫날을 산입한다.
2. 기간의 말일이 토요일 또는 공휴일인 경우에는 기간은 그 날로 만료한다.

제7조(법령등 시행일의 기간 계산) 법령등(훈령·예규·고시·지침 등을 포함한다. 이하 이 조에서 같다)의 시행일을 정하거나 계산할 때에는 다음 각 호의 기준에 따른다.

1. 법령등을 공포한 날부터 시행하는 경우에는 공포한 날을 시행일로 한다.
2. 법령등을 공포한 날부터 일정 기간이 경과한 날부터 시행하는 경우 법령등을 공포한 날을 첫날에 산입하지 아니한다.
3. 법령등을 공포한 날부터 일정 기간이 경과한 날부터 시행하는 경우 그 기간의 말일이 토요일 또는 공휴일인 때에는 그 말일로 기간이 만료한다.

🔖 이렇게 출제됐어요

1 법령등 시행일의 기간 계산에 관한 설명으로 옳은 것을 모두 고른 것은?

'21 행정사

ㄱ. 법령등을 공포한 날부터 시행하는 경우에는 공포한 날을 시행일로 한다.
ㄴ. 법령등을 공포한 날부터 일정 기간이 경과한 날부터 시행하는 경우 법령을 공포한 날을 첫날에 산입하지 아니한다.
ㄷ. 법령등을 공포한 날부터 일정 기간이 경과한 날부터 시행하는 경우 그 기간의 말일이 토요일 또는 공휴일인 때에는 그 말일로 기간이 만료한다.
ㄹ. 대통령령은 특별한 규정이 없으면 공포한 날부터 10일(→ 20일)이 경과함으로써 효력을 발생한다.

---

④ ㄱ, ㄴ, ㄷ

---

13 1 2 3 정답 ③

[정답의 이유]

③ 행정청이 의무를 부과하거나 권익을 제한하는 처분을 할 때 의견제출의 기회를 주어야 하는 '당사자'는 '행정청의 처분에 대하여 직접 그 상대가 되는 당사자'를 의미한다. 그런데 '고시'의 방법으로 불특정 다수인을 상대로 의무를 부과하거나 권익을 제한하는 처분은 성질상 의견제출의 기회를 주어야 하는 상대방을 특정할 수 없으므로, 이와 같은 처분에 있어서까지 구 행정절차법 제22조 제3항에 의하여 그 상대방에게 의견제출의 기회를 주어야 한다고 해석할 것은 아니다(대판 2014.10.27, 2012두7745).

[오답의 이유]

① 행정절차법에 의하면, "해당 처분의 성질상 의견청취가 현저히 곤란하거나 명백히 불필요하다고 인정될 만한 상당한 이유가 있는 경우"나 "당사자가 의견진술의 기회를 포기한다는 뜻을 명백히 표시한 경우"에는 청문 등 의견청취를 하지 아니할 수 있는데, 여기에서 '의견청취가 현저히 곤란하거나 명백히 불필요하다고 인정될 만한 상당한 이유가 있는 경우'에 해당하는지는 해당 행정처분의 성질에 비추어 판단하여야 하며, 처분상대방이 이미 행정청에 위반사실을 시인하였다거나 처분의 사전통지 이전에 의견을 진술할 기회가 있었다는 사정을 고려하여 판단할 것은 아니다(대판 2017.4.7, 2016두63224).

② 행정절차법 제21조 제4항 제3호는 침해적 행정처분을 할 경우 청문을 실시하지 않을 수 있는 사유로서 "당해 처분의 성질상 의견청취가 현저히 곤란하거나 명백히 불필요하다고 인정될 만한 상당

한 이유가 있는 경우"를 규정하고 있으나, 여기에서 말하는 '의견청취가 현저히 곤란하거나 명백히 불필요하다고 인정될 만한 상당한 이유가 있는지 여부'는 당해 행정처분의 성질에 비추어 판단하여야 하는 것이지, 청문통지서의 반송 여부, 청문통지의 방법 등에 의하여 판단할 것은 아니며, 또한 행정처분의 상대방이 통지된 청문일시에 불출석하였다는 이유만으로 행정청이 관계 법령상 그 실시가 요구되는 청문을 실시하지 아니한 채 침해적 행정처분을 할 수는 없을 것이므로, 행정처분의 상대방에 대한 청문통지서가 반송되었다거나, 행정처분의 상대방이 청문일시에 불출석하였다는 이유로 청문을 실시하지 아니하고 한 침해적 행정처분은 위법하다 (대판 2001.4.13, 2000두3337).

④ 민원사무를 처리하는 행정기관이 민원 1회방문 처리제를 시행하는 절차의 일환으로 민원사항의 심의·조정 등을 위한 민원조정위원회를 개최하면서 민원인에게 회의일정 등을 사전에 통지하지 아니하였다 하더라도, 이러한 사정만으로 곧바로 민원사항에 대한 행정기관의 장의 거부처분에 취소사유에 이를 정도의 흠이 존재한다고 보기는 어렵다. 다만 행정기관의 장의 거부처분 이 재량행위인 경우에, 위와 같은 사전통지의 흠결로 민원인에게 의견진술의 기회를 주지 아니한 결과 민원조정위원회의 심의 과정에서 고려대상에 마땅히 포함시켜야 할 사항을 누락하는 등 재량권의 불행사 또는 해태로 볼 수 있는 구체적 사정이 있다면, 거부처분은 재량권을 일탈·남용한 것으로서 위법하다(대판 2015.8.27, 2013두1560).

---

14 ①②③ 정답 ①

영역 행정절차와 행정공개 > 정보공개와 개인정보보호 난이도 중

정답의 이유

① 정보공개 의무기관을 정하는 것은 입법자의 입법형성권에 속하고, 이에 따라 입법자는 구 공공기관의 정보공개에 관한 법률 제2조 제3호에서 정보공개 의무기관을 공공기관으로 정하였는바, 공공기관은 국가기관에 한정되는 것이 아니라 지방자치단체, 정부투자기관, 그 밖에 공동체 전체의 이익에 중요한 역할이나 기능을 수행하는 기관도 포함되는 것으로 해석되고, 여기에 정보공개의 목적, 교육의 공공성 및 공·사립학교의 동질성, 사립대학교에 대한 국가의 재정지원 및 보조 등 여러 사정을 고려해 보면, 사립대학교에 대한 국비 지원이 한정적·일시적·국부적이라는 점을 고려하더라도, 같은 법 시행령 제2조 제1호가 정보공개의무를 지는 공공기관의 하나로 사립대학교를 들고 있는 것이 모법인 구 공공기관의 정보공개에 관한 법률의 위임 범위를 벗어났다거나 사립대학교가 국비의 지원을 받는 범위 내에서만 공공기관의 성격을 가진다고 볼 수 없다(대판 2006.8.24, 2004두2783).

오답의 이유

② 대판 2016.11.10, 2016두44674

③ 대판 2009.12.10, 2009두12785

④ 공개청구자가 특정한 바와 같은 정보를 공공기관이 보유·관리하고 있지 않은 경우라면 특별한 사정이 없는 한 해당 정보에 대한 공개거부처분에 대하여는 취소를 구할 법률상 이익이 없다. 이와 관련하여 공개청구자는 그가 공개를 구하는 정보를 공공기관이 보유·관리하고 있을 상당한 개연성이 있다는 점에 대하여 입증할 책임이 있으나, 공개를 구하는 정보를 공공기관이 한때 보유·관리하였으나 후에 그 정보가 담긴 문서들이 폐기되어 존재하지 않게 된 것이라면 그 정보를 더 이상 보유·관리하고 있지 않다는 점에 대한 증명책임은 공공기관에 있다(대판 2013.1.24, 2010두18918).

🔖 이렇게 출제됐어요

1 정보공개청구권에 관한 설명으로 옳지 않은 것은? (다툼이 있는 경우 판례에 의함) '21 소방간부

① 「공공기관의 정보공개에 관한 법률」상 공개청구의 대상이 되는 정보란 공공기관이 직무상 작성 또는 취득하여 현재 보유·관리하고 있는 문서에 한정되는 것이기는 하나, 그 문서가 반드시 원본일 필요는 없다.

② 청구인이 정보공개와 관련한 공공기관의 결정에 대하여 불복이 있거나 정보공개 청구 후 20일이 경과하도록 정보공개결정이 없는 때에는 「행정심판법」에서 정하는 바에 따라 행정심판을 청구할 수 있다.

③ 정보공개를 요구받은 공공기관이 「공공기관의 정보공개에 관한 법률」에서 정한 비공개사유에 해당하는지를 주장·증명하지 아니한 채 개괄적인 사유만을 들어 공개를 거부하는 것은 허용되지 아니한다.

④ 정보공개청구권은 법률상 보호되는 구체적인 권리이므로 청구인이 공공기관에 대하여 정보공개를 청구하였다가 거부처분을 받은 것 자체가 법률상 이익의 침해에 해당한다.

⑤ 「공공기관의 정보공개에 관한 법률」이 예정하고 있지 아니하지만 우회적인 방법으로 정보를 공개하였다면, 해당 정보의 비공개결정의 취소를 구할 소의 이익은 소멸된다(→ 우회적인 방법은 정보공개법이 예정하고 있지 아니한 방법. 당해 정보의 비공개결정의 취소를 구할 소의 이익은 소멸되지 않는다)(대판 2016.12.15, 2012두11409·11416).

---

15 ①②③ 정답 ④

영역 특별행정작용법 > 공용부담법 난이도 중

정답의 이유

④ 공익사업을 위한 토지 등의 취득 및 보상에 관한 법률(이하 '토지보상법')은 사업시행자로 하여금 우선 협의취득 절차를 거치도록 하고, 협의가 성립되지 않거나 협의를 할 수 없을 때에 수용재결취득 절차를 밟도록 예정하고 있기는 하다. 그렇지만 일단 토지수용

위원회가 수용재결을 하였더라도 사업시행자로서는 수용 또는 사용의 개시일까지 토지수용위원회가 재결한 보상금을 지급 또는 공탁하지 아니함으로써 재결의 효력을 상실시킬 수 있는 점, 토지소유자 등은 수용재결에 대하여 이의를 신청하거나 행정소송을 제기하여 보상금의 적정 여부를 다툴 수 있는데, 그 절차에서 사업시행자와 보상금액에 관하여 임의로 합의할 수 있는 점, 공익사업의 효율적인 수행을 통하여 공공복리를 증진시키고, 재산권을 적정하게 보호하려는 토지보상법의 입법 목적에 비추어 보더라도 수용재결이 있은 후에 사법상 계약의 실질을 가지는 협의취득 절차를 금지해야 할 별다른 필요성을 찾기 어려운 점 등을 종합해 보면, 토지수용위원회의 수용재결이 있은 후라고 하더라도 토지소유자 등과 사업시행자가 다시 협의하여 토지 등의 취득이나 사용 및 그에 대한 보상에 관하여 임의로 계약을 체결할 수 있다고 보아야 한다(대판 2017.4.13, 2016두64241).

오답의 이유

① 토지보상법 제85조 제1항
② 토지보상법은 사업시행자가 토지 등을 수용하거나 사용하려면 국토교통부장관의 사업인정을 받아야 하고, 사업인정은 고시한 날부터 효력이 발생한다고 규정하고 있다. 이러한 사업인정은 수용권을 설정해 주는 행정처분으로서, 이에 따라 수용할 목적물의 범위가 확정되고, 수용권자가 목적물에 대한 현재 및 장래의 권리자에게 대항할 수 있는 공법상 권한이 생긴다(대판 2019.12.12, 2019두47629).
③ 대판 2010.1.28, 2008두1504

🔗 이렇게 출제됐어요

1 공익사업을 위한 토지 등의 취득 및 보상에 관한 법률에 관한 설명으로 옳지 않은 것은? (다툼이 있으면 판례에 따름) '21 행정사
① 사업인정처분이 당연무효이면 그것이 유효함을 전제로 이루어진 수용재결도 무효이다.
② 수용재결에 대한 이의신청은 행정소송을 하기 위한 필수적인 전심절차이다(→ 필수적 전심절차가 아님).
③ 수용재결에 대한 취소소송의 제기는 사업의 진행 및 토지의 수용 또는 사용을 정지시키지 아니한다.
④ 토지소유자가 보상금 증액청구소송을 제기할 경우 사업시행자를 피고로 하여야 한다.
⑤ 보상금증감청구소송의 제기기간은 이의신청을 거친 경우 이의신청에 대한 재결서를 받은 날부터 60일 이내이다.

영역 특별행정작용법 > 군사행정법   난이도 중

정답의 이유

④ 일반군속이기는 하지만 다른 군속과는 달리 정원이 별도로 관리되고 임용 즉시 휴직한 후 주한미군측에 파견되어 북한의 음성통신을 영어로 번역 · 전사하는 특수업무를 수행하면서 주한미군측으로부터 보수를 지급받는 번역사로 당초 임기 3년의 군속으로 기한부 임용되었다가 군속제도가 군무원제도로 개편된 후 주한미군측 고용기간을 임기로 하는 기한부 임용을 받은 것으로 간주되었는데 주한미군측의 고용해제 통보가 있었다면, 위 번역사들은 군무원관계를 소멸시키기 위한 임면권자의 별도 행정처분을 요하지 아니하고 임기만료로 당연퇴직하였으며, 국방부장관 등이 위 번역사들에 대하여 한 위 직권면직의 인사발령은 그 문언상의 표현에도 불구하고 법률상 당연히 발생된 퇴직의 사유 및 시기를 공적으로 확인하여 알려주는 관념의 통지에 불과할 뿐 군무원의 신분을 상실시키는 새로운 형성적 행위가 아니므로 항고소송의 대상이 되는 행정처분이라고 할 수 없다(대판 1997.10.24, 97누1686).

오답의 이유

① 군무원은 수당을 받을 뿐만 아니라(군무원인사법 제24조 제2항), 대통령령으로 정하는 바에 따라 직무수행에 드는 실비를 변상받을 수 있다(동법 제25조).
② 공익근무요원은 지방자치단체의 공익목적수행에 필요한 경비 · 감시 · 보호 또는 행정업무 등의 지원과 국제협력 또는 예술 · 체육의 육성을 위하여 소집되어 공익분야에 종사하는 사람으로서 보충역에 편입되어 있는 자이기 때문에, 소집되어 군에 복무하지 않는 한 군인이라고 말할 수 없으므로, 비록 병역법이 공익근무요원으로 복무 중 순직한 사람의 유족에 대하여 국가유공자등예우및지원에관한법률에 따른 보상을 하도록 규정하고 있다고 하여도, 공익근무요원이 국가배상법 제2조 제1항 단서의 규정에 의하여 국가배상법상 손해배상청구가 제한되는 군인 · 군무원 · 경찰공무원 또는 향토예비군대원에 해당한다고 할 수 없다(대판 1997.3.28, 97다4036).
③ 각 군 참모총장뿐만 아니라, 국방부직할부대장, 장성급부대장도 임명권자에 해당한다(군무원인사법 제6조 제2항 각호).

제6조(임용권자) ① 5급 이상의 일반군무원(제3조 제3항에 따라 같은 조 제1항 및 제2항에 따른 계급 구분이나 직군 및 직렬의 분류를 적용하지 아니하는 일반군무원 중 이에 상당하다고 대통령령으로 정하는 일반군무원을 포함한다. 이하 같다)은 국방부장관의 제청으로 대통령이 임용한다. 다만, 대통령으로부터 그 권한을 위임받은 경우에는 국방부장관이 임용할 수 있다.

② 6급 이하의 일반군무원(제3조 제3항에 따라 같은 조 제1항 및 제2항에 따른 계급 구분이나 직군 및 직렬의 분류를 적용하지 아니하는 일반군무원 중 이에 상당하다고 대통령령으로 정하는 일반군무원을 포함한다. 이하 같다)은 국방부장관이 임용한다. 다만, 국방부장관의 위임에 따라 다음 각 호의 사람이 임용할 수 있다.

   1. 각 군 참모총장(이하 "참모총장"이라 한다)
   2. 국방부 직할부대 · 기관의 장(이하 "국방부직할부대장"이라 한다)
   3. 장성급(將星級) 장교인 부대 · 기관의 장(이하 "장성급부대장"이라 한다)

---

17 [1][2][3]

정답 ②

영역 행정상 쟁송 > 행정소송   난이도 중

[정답의 이유]

② 수익적 행정처분을 구하는 신청에 대한 거부처분은 당사자의 신청에 대하여 관할 행정청이 이를 거절하는 의사를 대외적으로 명백히 표시함으로써 성립된다. 거부처분이 있은 후 당사자가 다시 신청을 한 경우에는 신청의 제목 여하에 불구하고 그 내용이 새로운 신청을 하는 취지라면 관할 행정청이 이를 다시 거절하는 것은 새로운 거부처분이라고 보아야 한다. 관계 법령이나 행정청이 사전에 공표한 처분기준에 신청기간을 제한하는 특별한 규정이 없는 이상 재신청을 불허할 법적 근거가 없으며, 설령 신청기간을 제한하는 특별한 규정이 있더라도 재신청이 신청기간을 도과하였는지는 본안에서 재신청에 대한 거부처분이 적법한가를 판단하는 단계에서 고려할 요소이지, 소송요건 심사단계에서 고려할 요소가 아니다(대판 2021.1.14, 2020두50324).

[오답의 이유]

① 건축주 등은 신고제하에서도 건축신고가 반려될 경우 당해 건축물의 건축을 개시하면 시정명령, 이행강제금, 벌금의 대상이 되거나 당해 건축물을 사용하여 행할 행위의 허가가 거부될 우려가 있어 불안정한 지위에 놓이게 된다. 따라서 건축신고 반려행위가 이루어진 단계에서 당사자로 하여금 반려행위의 적법성을 다투어 그 법적 불안을 해소한 다음 건축행위에 나아가도록 함으로써 장차 있을지도 모르는 위험에서 미리 벗어날 수 있도록 길을 열어 주고, 위법한 건축물의 양산과 그 철거를 둘러싼 분쟁을 조기에 근본적으로 해결할 수 있게 하는 것이 법치행정의 원리에 부합한다. 그러

므로 건축신고 반려행위는 항고소송의 대상이 된다고 보는 것이 옳다(대판 2010.11.18, 2008두167 전합).

③ 국세기본법상 증액경정처분이 있는 경우, 당초 신고나 결정은 증액경정처분에 흡수됨으로써 독립한 존재가치를 잃게 된다고 보아야 하므로, 원칙적으로는 당초 신고나 결정에 대한 불복기간의 경과 여부 등에 관계없이 증액경정처분만이 항고소송의 심판대상이 되고, 납세의무자는 그 항고소송에서 '당초 신고나 결정에 대한 위법사유'도 함께 주장할 수 있다(대판 2009.5.14, 2006두17390).

④ 기존의 행정처분을 변경하는 내용의 행정처분이 뒤따르는 경우, ⅰ) 후속처분이 종전처분을 완전히 대체하는 것이거나 주요 부분을 실질적으로 변경하는 내용인 경우(→종전처분 소멸)에는 특별한 사정이 없는 한 종전처분은 효력을 상실하고 후속처분만이 항고소송의 대상이 되지만, ⅱ) 후속처분의 내용이 종전처분의 유효를 전제로 내용 중 일부만을 추가 · 철회 · 변경하는 것이고 추가 · 철회 · 변경된 부분이 내용과 성질상 나머지 부분과 불가분적인 것이 아닌 경우(→종전처분과 후속처분의 병존)에는, 후속처분에도 불구하고 종전처분이 여전히 항고소송의 대상이 된다(대판 2015.11.19, 2015두295 전합).

🔖 **이렇게 출제됐어요**

1 판례상 취소소송의 대상이 되는 행정작용에 해당하는 경우만을 모두 고르면?   '21 지방직 7급

   ㄱ. 한국마사회의 조교사 · 기수 면허취소처분(→ 취소처분의 처분성 부정)(대판 2008.1.31, 2005두8269)
   ㄴ. 임용기간이 만료된 국립대학 조교수에 대하여 재임용을 거부하는 취지로 한 임용기간 만료의 통지
   ㄷ. 국가공무원법상 당연퇴직의 인사발령(→ 관념의 통지에 불과)(대판 1995.11.14, 95누2036)
   ㄹ. 어업권면허에 선행하는 확약인 우선순위결정(→ 어업권면허에 선행하는 우선순위결정은 강학상 확약에 불과)(대판 1995.1.20, 94누6529)
   ㅁ. 과세관청의 소득처분에 따른 소득금액변동통지

   ② ㄴ, ㅁ

18 [1][2][3] 정답 ②

정답의 이유

② 특별한 사유가 있는 경우에는 요청에 따르지 않아도 된다(행정절차법 제42조 제5항).

> **제42조(예고방법)** ① 행정청은 입법안의 취지, 주요 내용 또는 전문(全文)을 다음 각 호의 구분에 따른 방법으로 공고하여야 하며, 추가로 인터넷, 신문 또는 방송 등을 통하여 공고할 수 있다.
> 　1. 법령의 입법안을 입법예고하는 경우: 관보 및 법제처장이 구축·제공하는 정보시스템을 통한 공고
> 　2. 자치법규의 입법안을 입법예고하는 경우: 공보를 통한 공고
> ② 행정청은 대통령령을 입법예고하는 경우 국회 소관 상임위원회에 이를 제출하여야 한다.
> ⑤ 행정청은 예고된 입법안의 전문에 대한 열람 또는 복사를 요청받았을 때에는 특별한 사유가 없으면 그 요청에 따라야 한다.

오답의 이유

① 행정절차법 제41조 제1항 본문

③ 입법예고기간은 예고할 때 정하되, 특별한 사정이 없으면 40일(자치법규는 20일) 이상으로 한다(행정절차법 제43조).

④ 행정절차법 제41조 제1항 제3호

> **제41조(행정상 입법예고)** ① 법령등을 제정·개정 또는 폐지(이하 "입법"이라 한다)하려는 경우에는 해당 입법안을 마련한 행정청은 이를 예고하여야 한다. 다만, 다음 각 호의 어느 하나에 해당하는 경우에는 예고를 하지 아니할 수 있다.
> 　1. 신속한 국민의 권리 보호 또는 예측 곤란한 특별한 사정의 발생 등으로 입법이 긴급을 요하는 경우
> 　2. 상위 법령등의 단순한 집행을 위한 경우
> 　3. 입법내용이 국민의 권리·의무 또는 일상생활과 관련이 없는 경우
> 　4. 단순한 표현·자구를 변경하는 경우 등 입법내용의 성질상 예고의 필요가 없거나 곤란하다고 판단되는 경우
> 　5. 예고함이 공공의 안전 또는 복리를 현저히 해칠 우려가 있는 경우

19 [1][2][3] 정답 ①

정답의 이유

① 기술적으로 제3자의 권리가 포함된 정보를 분리할 수 있는 경우에는 그 해당부분을 제외한 공공데이터를 제공하여야 한다(약칭, 공공데이터법 제17조 제2항).

> **제17조(제공대상 공공데이터의 범위)** ① 공공기관의 장은 해당 공공기관이 보유·관리하는 공공데이터를 국민에게 제공하여야 한다. 다만, 다음 각 호의 어느 하나에 해당하는 정보를 포함하고 있는 경우에는 그러하지 아니한다.
> 　1. 「공공기관의 정보공개에 관한 법률」 제9조에 따른 비공개대상 정보
> 　2. 「저작권법」 및 그 밖의 다른 법령에서 보호하고 있는 제3자의 권리가 포함된 것으로 해당 법령에 따른 정당한 이용허락을 받지 아니한 정보
> ② 공공기관의 장은 제1항에도 불구하고 제1항 각 호에 해당하는 내용을 기술적으로 분리할 수 있는 때에는 제1항 각 호에 해당하는 부분을 제외한 공공데이터를 제공하여야 한다.
> ③ 행정안전부장관은 제1항제2호의 제3자의 권리를 포함하는 것으로 분류되어 제공대상에서 제외된 공공데이터에 대한 정당한 이용허락 확보를 위한 방안을 제시할 수 있으며, 공공기관의 장은 그 방안에 따라 필요한 조치를 취하여야 한다.

오답의 이유

② 공공데이터법 제18조 제2항

> **제18조(공공데이터 목록의 등록)** ① 공공기관의 장은 해당 공공기관의 소관 공공데이터 목록을 대통령령으로 정하는 바에 따라 행정안전부장관에게 등록하여야 한다.
> ② 행정안전부장관은 제1항에 따른 등록의 누락이 있는지를 조사하여 누락된 공공데이터 목록의 등록을 요청할 수 있다.
> ③ 행정안전부장관은 제1항 및 제2항에 따라 등록된 공공데이터 목록에 관한 정보를 그 내용별, 형태별, 이용대상별 등 이용에 용이하게 분류하여 관리·제공하여야 한다.
> ④ 행정안전부장관은 공공데이터의 체계적 관리와 제공 및 이용 활성화 정책의 효율적 집행을 위하여 제21조에 따른 공공데이터 포털에 공공데이터목록등록관리시스템을 구축·운영하여야 한다.

③ 공공데이터법 제31조 제1항

> **제31조(분쟁조정의 신청 및 처리기간)** ① 공공데이터의 제공거부 및 제공중단을 받은 자는 그 처분이 있는 날부터 60일 이내에 분쟁조정위원회에 분쟁조정을 신청할 수 있다.
> ② 분쟁조정위원회는 당사자 일방으로부터 분쟁조정 신청을 받았을 때에는 그 신청내용을 상대방에게 알려야 한다.
> ③ 분쟁조정위원회는 제1항에 따른 분쟁조정 신청을 받은 날부터 30일 이내에 이를 심사하여 조정안을 작성하여야 한다. 다만, 부득이한 사정이 있는 경우에는 분쟁조정위원회의 의결로 처리기간을 연장할 수 있다.
> ④ 분쟁조정위원회는 제3항 단서에 따라 처리기간을 연장한 경우에는 기간연장의 사유와 그 밖의 기간연장에 관한 사항을 지체 없이 신청인에게 알려야 한다.

④ 공공데이터법 제22조 제1항

영역 특별행정작용법 > 군사행정법   난이도 하

정답의 이유

① 1급 군무원은 제외된다(군무원인사법 제26조 단서).

> 제26조(의사에 반한 신분조치) 군무원은 형의 선고나 이 법 또는 「국가공무원법」에서 정한 사유에 따르지 아니하고는 본인의 의사(意思)에 반하여 휴직 · 직위해제 · 강임(降任) 또는 면직을 당하지 아니한다. 다만, 1급 군무원은 그러하지 아니하다.

오답의 이유

② 군인사법 제48조 제1항 제1호

③ 군인사법시행령 제4조 제1항은 장기복무전형에 불합격한 단기복무하사관의 복무 연장을 허가할 수 있는 권한을 부여한 것에 불과할 뿐 장기복무전형에 불합격한 단기복무하사관에게 현역정년까지 복무 연장을 할 수 있는 권리를 부여한 것이라고 보기는 어려우므로, 육군의 경우 장기복무전형에 불합격한 단기복무하사관에 대하여 일시적으로 전역 지원을 하지 아니하는 한 복무 연장을 해주고 있다고 하여도 이는 군인력 조정상의 필요에 의한 일시적인 조치에 불과해서 그와 같은 사정만으로 단기하사관으로 복무하던 자가 사고가 없었더라면 장기복무전형에 불합격하였다고 하더라도 중사의 연령정년까지 단기복무하사관으로서 연장 복무를 할 수 있으리라고 단정하기는 어렵다(대판 1998.2.13, 96다52236).

④ 군무원으로 임용되어 동원관리관으로 근무하던 갑이 술을 마신 상태로 주차장 내에서 자신의 차량을 운전하던 중 정차 중인 다른 승용차와 충돌하였고, 신고를 받고 출동한 경찰관으로부터 음주측정을 요구받았음에도 정당한 사유 없이 이에 응하지 않았다는 내용의 도로교통법 위반(음주측정거부)죄로 기소되어 벌금 1,000만 원을 선고받자, 갑이 위 비위행위로 품위유지의무(음주운전)를 위반하였다는 이유로 소속 부대 사단장이 갑을 해임한 경우, 그 처분은 군무원에게 적용되는 구 징계규정(육군규정 180)을 위반하였다고 볼 수 없고 재량권의 범위를 일탈 · 남용한 것이라고 볼 수 없어 적법하다(대구지법 2019.5.16, 2019구합20336).

영역 행정조직법 > 지방자치법   난이도 중

정답의 이유

③ 교육공무원 징계사무의 성격, 그 권한의 위임에 관한 교육공무원 법령의 규정 형식과 내용 등에 비추어 보면, 국가공무원인 교사에 대한 징계는 국가사무이고, 그 일부인 징계의결요구 역시 국가사무에 해당한다고 봄이 타당하다. 따라서 교육감이 담당 교육청 소속 국가공무원인 교사에 대하여 하는 징계의결요구 사무는 국가위임사무라고 보아야 한다(대판 2013.12.26, 2011추63).

오답의 이유

① 기관위임사무는 국가사무이므로 상위법령의 별도의 위임이 없는 한 조례제정의 대상이 되지 않는다.

② 대표적인 자치사무로는 ⅰ) 주민의 복리를 증진하기 위하여 시행되는 사무인 공공복리사무(예 공원, 학교, 병원, 도서관, 박물관, 수도사업, 주택, 후생사무 등), ⅱ) 지방자치단체의 존립을 위하여 필요한 사무인 단체존립사무(예 지방세, 분담금, 수수료, 사용료 등의 징수사무), ⅲ) 당해 지방자치단체의 재량에 맡겨져 있는 임의적 사무인 '수의사무'(예 도서관 설치사무, 농가부업 장려, 버스 · 지하철사무 등), ⅳ) 지방자치단체가 법령에 의하여 처리할 의무가 있는 사무인 '필요사무'(예 오물처리사무, 소방사무, 예방접종 시행, 하천관리사무 등)가 있다.

④ 시 · 도와 시 · 군 및 자치구는 사무를 처리할 때 서로 겹치지 아니하도록 하여야 하며, 사무가 서로 겹치면 시 · 군 및 자치구에서 먼저 처리한다(지방자치법 제14조 제3항).

🔍 이렇게 출제됐어요

1 지방자치법상 주민소송에 관한 설명으로 옳지 않은 것은? (다툼이 있으면 판례에 따름)   '21 행정사

① 주민소송을 제기하기 전에 주민감사청구를 거쳐야 한다.

② 지방의회의원에게 손해배상청구를 할 것을 요구하는 주민소송은 인정되지 않는다(→ 인정)(지방자치법 제17조 제2항 제4호).

③ 공금의 부과 · 징수 업무를 게을리 한 사실의 위법 확인을 요구하는 주민소송은 인정된다.

④ 행정처분인 해당 행위의 취소를 요구하는 주민소송은 인정된다.

⑤ 주민소송의 대상이 되는 위법한 행위나 해태사실은 감사청구한 사항과 동일할 필요는 없고 관련성이 있으면 된다.

영역 행정법 서론 > 행정상 법률관계　　　　　　난이도 중

[정답의 이유]

④ 법치주의 및 행정권한법정주의에 따라 모든 행정권한은 법령상 주어진 목적이 있으므로 법령상 규정된 목적이 아닌 다른 목적으로 행정권한을 사용하는 것은 원칙상 권한의 남용으로 위법하다고 보아야 한다. 행정권한의 남용의 기준은 "행정권을 주어진 목적과 실체적 관련이 없는 다른 목적으로 행사하는 것"이라고 할 수 있다 (대판 2017.12.13, 2015두3805).

[오답의 이유]

① 상급 행정기관이 하급 행정기관에 대하여 업무처리지침이나 법령의 해석적용에 관한 기준을 정하여 발하는 이른바 행정규칙은 일반적으로 행정조직 내부에서만 효력을 가질 뿐 대외적인 구속력을 갖는 것은 아니지만 법령의 규정이 특정 행정기관에게 그 법령 내용의 구체적 사항을 정할 수 있는 권한을 부여하면서 그 권한행사의 절차나 방법을 특정하고 있지 아니한 관계로 수임행정기관이 행정규칙의 형식으로 그 법령의 내용이 될 사항을 구체적으로 정하고 있는 경우, 그러한 행정규칙·규정은 행정조직 내부에서만 효력을 가질 뿐 대외적인 구속력을 갖지 않는 행정규칙의 일반적 효력으로서가 아니라 행정기관에 법령의 구체적 내용을 보충할 권한을 부여한 법령 규정의 효력에 의하여 그 내용을 보충하는 기능을 갖게 되고, 따라서 당해 법령의 위임 한계를 벗어나지 아니하는 한 그것들과 결합하여 대외적인 구속력이 있는 법규명령으로서의 효력을 갖게 된다(대판 1995.5.23, 94도2502).

② 행정행위를 한 처분청은 그 행위에 하자가 있는 경우에 별도의 법적 근거가 없더라도 스스로 이를 취소할 수 있는 것이며 다만 그 행위가 국민에게 권리나 이익을 부여하는 이른바 수익적 행정행위인 때에는 그 행위를 취소하여야 할 공익상 필요와 그 취소로 인하여 당사자가 입을 기득권과 신뢰보호 및 법률생활 안정의 침해 등 불이익을 비교교량한 후 공익상 필요가 당사자의 기득권 침해 등 불이익을 정당화할 수 있을 만큼 강한 경우에 한하여 취소할 수 있다(대판 1986.2.25, 85누664).

③ 헌법 제12조 제1항에서 규정하고 있는 적법절차의 원칙은 형사소송절차에 국한되지 아니하고 모든 국가작용 전반에 대하여 적용되며, 세무공무원이 과세권을 행사하는 경우에도 이러한 적법절차의 원칙은 마찬가지로 준수하여야 한다(대판 2016.4.15, 2015두52326).

영역 특별행정작용법 > 질서행정법(경찰행정법)　　　　난이도 중

[정답의 이유]

③ 위해성 경찰장비인 살수차와 물포는 필요한 최소한의 범위에서만 사용되어야 하고, 특히 인명 또는 신체에 위해를 가할 가능성이 더욱 커지는 직사살수는 타인의 법익이나 공공의 안녕질서에 직접적이고 명백한 위험이 현존하는 경우에 한해서만 사용이 가능하다고 보아야 한다. 또한 위해성 경찰장비인 살수차와 물포는 집회나 시위 참가자들을 해산하기 위한 목적의 경찰장비이고 경찰관이 직사살수의 방법으로 집회나 시위 참가자들을 해산시키는 것은 집회의 자유나 신체의 자유를 침해할 우려가 있으므로 적법절차의 원칙을 준수하여야 한다. 따라서 경찰관이 직사살수의 방법으로 집회나 시위 참가자들을 해산시키려면, 먼저 집회 및 시위에 관한 법률 제20조 제1항 각호에서 정한 해산 사유를 구체적으로 고지하는 적법한 절차에 따른 해산명령을 시행한 후에 직사살수의 방법을 사용할 수 있다고 보아야 한다. 경찰청 훈령인 '물포운용지침'에서도 '직사살수'의 사용요건 중 하나로서 '도로 등을 무단점거하여 일반인의 통행 또는 교통소통을 방해하고 경찰의 해산명령에 따르지 아니하는 경우'라고 규정하여, 사전에 적법한 '해산명령'이 있어야 함을 요구하고 있다(대판 2019.1.17, 2015다236196).

[오답의 이유]

① 국가경찰과 자치경찰의 조직 및 운영에 관한 법률(약칭, 경찰법) 제3조 제7호

> **제3조(경찰의 임무)** 경찰의 임무는 다음 각 호와 같다.
> 1. 국민의 생명·신체 및 재산의 보호
> 2. 범죄의 예방·진압 및 수사
> 3. 범죄피해자 보호
> 4. 경비·요인경호 및 대간첩·대테러 작전 수행
> 5. 공공안녕에 대한 위험의 예방과 대응을 위한 정보의 수집·작성 및 배포
> 6. 교통의 단속과 위해의 방지
> 7. 외국 정부기관 및 국제기구와의 국제협력
> 8. 그 밖에 공공의 안녕과 질서유지

② 자치경찰의 사무에 해당한다(국가경찰과 자치경찰의 조직 및 운영에 관한 법률 제4조 제제1항 제2호 라목의 4). 참고로 자기의 성적 욕망을 만족시킬 목적으로 화장실, 목욕장·목욕실 또는 발한실, 모유수유시설, 탈의실 등 불특정 다수가 이용하는 다중이용장소에 침입하거나 같은 장소에서 퇴거의 요구를 받고 응하지 아니하는 것은 성폭력범죄의 처벌 등에 관한 특례법 제12조에 의하여 범죄행위에 해당한다.

④ 의무가 아니라 권한으로 규정되어 있다(경찰관직무집행법 제4조 제1항). 즉, 보건의료기관이나 공공구호기관에 긴급구호를 요청하거나 경찰관서에 보호하는 등 적절한 조치를 할 수 있다.

제4조(보호조치) ① 경찰관은 수상한 행동이나 그 밖의 주위 사정을 합리적으로 판단해 볼 때 다음 각 호의 어느 하나에 해당하는 것이 명백하고 응급구호가 필요하다고 믿을 만한 상당한 이유가 있는 사람(이하 "구호대상자"라 한다)을 발견하였을 때에는 보건의료기관이나 공공구호기관에 긴급구호를 요청하거나 경찰관서에 보호하는 등 적절한 조치를 할 수 있다.
   1. 정신착란을 일으키거나 술에 취하여 자신 또는 다른 사람의 생명 · 신체 · 재산에 위해를 끼칠 우려가 있는 사람
② 제1항에 따라 긴급구호를 요청받은 보건의료기관이나 공공구호기관은 정당한 이유 없이 긴급구호를 거절할 수 없다.

24 1 2 3   정답 ②

영역 행정상 쟁송 > 행정심판   난이도 중

정답의 이유

② 집행정지로 목적을 달성할 수 있는 경우에는 임시처분이 허용되지 않는다(행정심판법 제31조 제3항).

제31조(임시처분) ① 위원회는 처분 또는 부작위가 위법 · 부당하다고 상당히 의심되는 경우로서 처분 또는 부작위 때문에 당사자가 받을 우려가 있는 중대한 불이익이나 당사자에게 생길 급박한 위험을 막기 위하여 임시지위를 정하여야 할 필요가 있는 경우에는 직권으로 또는 당사자의 신청에 의하여 임시처분을 결정할 수 있다.
③ 제1항에 따른 임시처분은 제30조제2항에 따른 집행정지로 목적을 달성할 수 있는 경우에는 허용되지 아니한다.

오답의 이유

① 행정심판법 제30조 제2항
③ 행정심판법 제47조
④ 행정심판법 제36조 제1항, 제39조

25 1 2 3   정답 ③

영역 행정구제법 > 손해전보제도   난이도 중

정답의 이유

③ 한국토지공사는 한국토지공사법에 의하여 정부가 자본금의 전액을 출자하여 설립한 법인이고, 한국토지공사의 사업에 관하여는 공익사업을 위한 토지 등의 취득 및 보상에 관한 법률의 규정에 의하여 본래 시 · 도지사나 시장 · 군수 또는 구청장의 업무에 속하는 대집행권한을 한국토지공사에게 위탁하도록 되어 있는바, 한국토지공사는 이러한 법령의 위탁에 의하여 대집행을 수권받은 자로서

공무인 대집행을 실시함에 따르는 권리 · 의무 및 책임이 귀속되는 행정주체의 지위에 있다고 볼 것이지 지방자치단체 등의 기관으로서 국가배상법 제2조 소정의 공무원에 해당한다고 볼 것은 아니다(대판 2010.1.28, 2007다82950,82967).

오답의 이유

① 대판 2003.11.27, 2001다33789
② 국가배상책임에 있어 공무원의 가해행위는 법령을 위반한 것이어야 하고, 법령을 위반하였다 함은 엄격한 의미의 법령 위반뿐 아니라 인권존중, 권력남용금지, 신의성실과 같이 공무원으로서 마땅히 지켜야 할 준칙이나 규범을 지키지 아니하고 위반한 경우를 포함하여 널리 그 행위가 객관적인 정당성을 결여하고 있음을 뜻하는 것이므로, 경찰관이 범죄수사를 함에 있어 경찰관으로서 의당 지켜야 할 법규상 또는 조리상의 한계를 위반하였다면 이는 법령을 위반한 경우에 해당한다(대판 2008.6.12, 2007다 64365).
④ 공무원이 고의 또는 과실로 그에게 부과된 직무상 의무를 위반하였을 경우라고 하더라도 국가는 그러한 직무상의 의무 위반과 피해자가 입은 손해 사이에 상당인과관계가 인정되는 범위 내에서만 배상책임을 지는 것이고, 이 경우 상당인과관계가 인정되기 위하여는 공무원에게 부과된 직무상 의무의 내용이 단순히 공공 일반의 이익을 위한 것이거나 행정기관 내부의 질서를 규율하기 위한 것이 아니고 전적으로 또는 부수적으로 사회구성원 개인의 안전과 이익을 보호하기 위하여 설정된 것이어야 한다(대판 2011.9.8, 2011다34521).

2020 | 9급 기출문제해설

☑ 점수 (   )점/100점 ☑ 문제편 080쪽

영역 분석

일반행정작용법	5문제	★★★★★	20%
행정법 서론	4문제	★★★★	16%
행정절차와 행정공개	4문제	★★★★	16%
행정의 실효성 확보수단	4문제	★★★★	16%
행정상 쟁송	4문제	★★★★	16%
특별행정작용법	3문제	★★★	12%
행정구제법	1문제	★	4%

빠른 정답

01	02	03	04	05	06	07	08	09	10
④	③	②	②	①	②	③	③	①	④
11	12	13	14	15	16	17	18	19	20
①	④	④	②	①	①	①	①	②	③
21	22	23	24	25					
③	③	②	③	③					

01 1 2 3   정답 ④

영역 행정법 서론 > 행정법   난이도 중

[정답의 이유]

소급입법은 새로운 입법으로 이미 종료된 사실관계 또는 법률관계에 작용케 하는 진정소급입법과 현재 진행중인 사실관계 또는 법률관계에 작용케 하는 부진정소급입법으로 나눌 수 있는바, 부진정소급입법은 원칙적으로 허용되지만 소급효를 요구하는 공익상의 사유와 신뢰보호의 요청 사이의 교량과정에서 신뢰보호의 관점이 입법자의 형성권에 제한을 가하게 되는데 반하여, 기존의 법에 의하여 형성되어 이미 굳어진 개인의 법적 지위를 사후입법을 통하여 박탈하는 것 등을 내용으로 하는 진정소급입법은 개인의 신뢰보호와 법적 안정성을 내용으로 하는 법치국가원리에 의하여 특단의 사정이 없는 한 헌법적으로 허용되지 아니하는 것이 원칙이고/ 다만 일반적으로 국민이 소급입법을 예상할 수 있었거나 법적 상태가 불확실하고 혼란스러워 보호할 만한 신뢰이익이 적은 경우와 소급입법에 의한 당사자의 손실이 없거나 아주 경미한 경우 그리고 신뢰보호의 요청에 우선하는 심히 중대한 공익상의 사유가 소급입법을 정당화하는 경우 등에는 예외적으로 진정소급입법이 허용된다(헌재 1999.7.22, 97헌바76, 98헌바50·51·52·54·55(병합) 전합).

[오답의 이유]

① 행정법령은 공포된 후 시행일로부터 효력이 발생한다. 따로 시행일에 대한 규정이 없으면 「법령 등 공포에 관한 법률」 제13조에 의해 공포한 날부터 20일이 경과함으로써 효력이 발생한다.

② 행정처분에 관한 구법과 신법의 제81조 내지 제83조를 대조하여 보면, 구법이 신법으로 개정되면서 구법 제81조에서 규정하던 시정명령 등을 할 수 있는 8가지 사유 중 2가지가 삭제되고, 앞서 본 바와 같이 구법 제82조 제2항에서 정하는 법 위반시의 과징금 부과상한이 50%에서 30%로 감경되었으며, 구법 제83조에서 규정하던 면허취소 등을 할 수 있는 10가지 사유 중 3가지가 삭제되는 등으로 신법이 피적용자에게 유리하게 개정되었음을 알 수 있는 바, 소급입법을 금지하고 있는 헌법 제13조 등의 규정에 비추어 볼 때 신법 부칙 제5조 제1항은 이와 같이 유리하게 개정된 행위에 대하여 행정처분을 할 경우 신법의 개정규정이 적용된다는 것을 밝힌 이른바 시혜적인 소급입법을 규정한 것으로 봄이 상당하다(대판 2002.12.10, 2001두3228).

③ 행정처분은 근거 법령이 개정된 경우에도 경과규정에서 달리 정함이 없는 한 처분 당시 시행되는 법령과 그에 정한 기준에 의하는 것이 원칙이다. 개정 법령이 기존의 사실 또는 법률관계를 적용대상으로 하면서 국민의 재산권과 관련하여 종전보다 불리한 법률효과를 규정하고 있는 경우에도 그러한 사실 또는 법률관계가 개정 법령이 시행되기 이전에 이미 완성 또는 종결된 것이 아니라면 개정 법령을 적용하는 것이 헌법상 금지되는 소급입법에 의한 재산권 침해라고 할 수는 없다. 다만 개정 전 법령의 존속에 대한 국민의 신뢰가 개정 법령의 적용에 관한 공익상의 요구보다 더 보호가치가 있다고 인정되는 경우에 그러한 국민의 신뢰를 보호하기 위하여 적용이 제한될 수 있는 여지가 있을 따름이다. 법령불소급의 원칙은 법령의 효력발생 전에 완성된 요건 사실에 대하여 당해 법령을 적용할 수 없다는 의미일 뿐, 계속 중인 사실이나 그 이후에 발생한 요건 사실에 대한 법령적용까지를 제한하는 것은 아니다(대판 2014.4.24, 2013두26552).

소급효금지의 원칙

```
┌─ 진정소급효 ─┬─ 원칙 – 금지
│              └─ 예외 – 허용 ┬─ 소급입법을 예측한 경우
│                             ├─ 기득권침해가 없는 경우
│                             ├─ 개인에게 이익을 주는 경우
│                             └─ 중대한 공익상의 사유
│
└─ 부진정소급효 ─┬─ 원칙 – 금지(신법적용)
                 └─ 예외 – 허용(구법적용)
                    └─ 구법에 대한 개인의 신뢰를 보호해 줄 필요가 큰 경우
```

1 행정입법에 대한 설명으로 옳은 것은? (다툼이 있는 경우 판례에 의함)

'20 지방 7급

① 처분적 조례에 대한 무효확인소송을 제기함에 있어서 피고적격이 있는 처분 등을 행한 행정청은 <u>지방의회이다</u>(→ 지방자치단체의 집행기관으로서 조례로서의 효력을 발생시키는 공포권이 있는 지방자치단체의 장이다)(대판 1996.9.20, 95누8003).

② 상위법령에서 세부사항 등을 시행규칙으로 정하도록 위임하였음에도 이를 고시 등 행정규칙으로 정하였다면 대외적 구속력을 가지는 법규명령으로서 효력이 인정될 수 없다.

③ 법률의 위임에 따라 효력을 갖는 법규명령이 위임의 근거가 없어 무효였더라도 나중에 법개정으로 위임의 근거가 부여되면 당해 <u>법규명령의 제정 시에 소급하여</u>(→ 그때부터)(대판 1995.6.30, 93추83) 유효한 법규명령이 된다.

④ 의료기관의 명칭표시판에 진료과목을 함께 표시하는 경우 글자 크기를 제한하고 있는 구『의료법 시행규칙』제31조는 그 자체로 국민의 구체적 권리의무나 법률관계에 직접적 변동을 초래하므로 <u>항고소송의 대상이 될 수 있다</u>(→ 항고소송의 대상이 될 수 없다)(대판 2007.4.12, 2005두15168).

---

02 1 2 3

정답 ③

영역 일반행정작용법 > 행정상 입법

난이도 하

[정답의 이유]

① · ② · ③ 의회의 입법독점주의에서 입법중심주의로 전환하여 일정한 범위 내에서 행정입법을 허용하게 된 동기가 사회적 변화에 대응한 입법수요의 급증과 종래의 형식적 권력분립주의로는 현대사회에 대응할 수 없다는 기능적 권력분립론에 있다는 점 등을 감안하여 헌법 제40조와 헌법 제75조, 제95조의 의미를 살펴보면, 국회입법에 의한 수권이 입법기관이 아닌 행정기관에게 법률 등으로 구체적인 범위를 정하여 위임한 사항에 관하여는 당해 행정기관에게 법정립의 권한을 갖게 되고, 입법자가 규율의 형식도 선택할 수 있다 할 것이므로, 헌법이 인정하고 있는 위임입법의 형식은 예시적인 것으로 보아야 할 것이고, 그것은 법률이 <u>행정규칙에 위임하더라도 그 행정규칙은 위임된 사항만을 규율할 수 있으므로, 국회입법의 원칙과 상치되지도 않는다.</u> 다만 행정규칙은 법규명령과 같은 엄격한 제정 및 개정절차를 요하지 아니하므로, 재산권 등과 같은 기본권을 제한하는 작용을 하는 법률이 입법위임을 할 때에는 대통령령, 총리령, 부령 등 법규명령에 위임함이 바람직하고, <u>고시와 같은 형식으로 입법위임을 할 때에는 적어도 행정규제기본법 제4조 제2항 단서에서 정한 바와 같이 법령이 전문적·기술적 사항이나 경미한 사항으로서 업무의 성질상 위임이 불가피한 사항에 한정된다</u> 할 것이고, 그러한 사항이라 하더라도 <u>포괄위임금지의 원칙상 법률의 위임은 반드시 구체적·개별적으로 한정된 사항에 대하여 행하여져야 한다</u>(헌재 2006.12.28, 2005헌바59 전합).

[오답의 이유]

④ 제정형식은 비록 법규명령이 아닌 고시·훈령·예규 등과 같은 행정규칙이더라도 그것이 상위법령의 위임한계를 벗어나지 않는 한 상위법령과 결합하여 대외적인 구속력을 갖는 법규명령으로서 기능하게 된다고 보아야 할 것인바, 헌법소원의 청구인이 법령과 예규의 관계규정으로 말미암아 <u>직접 기본권을 침해받았다면 이에 대하여 헌법소원을 청구할 수 있다</u>(헌재 2000.7.20, 99헌마455).

---

03 1 2 3

정답 ②

영역 일반행정작용법 > 행정행위

난이도 중

[정답의 이유]

(구)외자도입법 제19조에 따른 기술도입계약에 대한 인가는 <u>기본행위인 기술도입계약을 보충하여 그 법률상 효력을 완성시키는 보충적 행정행위</u>에 지나지 아니하므로 기본행위인 기술도입계약이 해지로 인하여 소멸되었다면 위 <u>인가처분은 무효선언이나 그 취소처분이 없어도 당연히 실효된다</u>(대판 1983.12.27, 82누491).

[오답의 이유]

① · ④ 기본행위가 적법·유효하고 보충행위인 인가처분 자체에 흠이 있다면 그 인가처분의 무효나 취소를 주장할 수 있다. 그러나 인가처분에 흠이 없다면 기본행위에 흠이 있다고 하더라도 따로 기본행위의 흠을 다투는 것은 별론으로 하고 <u>기본행위의 흠을 내세워 바로 그에 대한 인가처분의 무효확인 또는 취소를 구할 수는 없으므로</u>, 그 당부에 관하여 판단할 필요 없이 해당 부분 청구를 기각하여야 한다(대판 2016.12.15, 2015두51347).

③ 공유수면매립법 제20조 제1항 및 같은 법 시행령 제29조 제1항 등 관계법령의 규정내용과 공유수면매립의 성질 등에 비추어 볼 때, <u>공유수면매립의 면허로 인한 권리의무의 양도·양수에 있어서의 면허관청의 인가는 효력요건으로서</u>, 위 각 규정은 강행규정이라고 할 것인바, 위 면허의 공동명의자 사이의 면허로 인한 권리의

무양도약정은 면허관청의 인가를 받지 않은 이상 법률상 아무런 효력도 발생할 수 없다(대판 1991.6.25. 90누5184).

인가

개념	제3자의 법률적 행위를 보충하여 그의 법률상의 효과를 완성시키는 행위
성질	인가는 형성적 행위의 일종이며, 특별한 규정이 없는 한 기속행위에 속함
수정인가	인가는 신청에 의하여 행해지므로 쌍방적 행정행위이며, 상대방의 출원이 필요요건이므로 수정인가는 인정되지 않음(행정주체가 그 법률행위의 내용을 수정하여 인가하려고 하는 경우에는 법률의 명시적 근거가 있어야 함)
형식	인가는 반드시 특정인에 대하여 구체적인 처분의 형식으로 행해짐
효과	• 인가란 행해지면 비로소 제3자의 법률적 행위의 효과를 완성시켜주는 보충행위임 • 무인가행위는 무효이나 특별한 규정이 없는 한 행정상의 강제집행 또는 행정벌의 대상은 되지 않음
대상	인가는 성질상 반드시 법률적 행위만을 대상으로 하므로 사실행위는 제외되지만 법률적 행위인 한 공법상의 행위(토지거래계약허가, 주택건설촉진법상 재건축조합설립인가 등)이건 사법상의 행위(특허기업의 사업양도인가, 하천점유권의 양도인가 등)이건 불문함
인가와 기본적 행위의 관계	• 인가는 보충행위이므로 기본적 행위가 불성립 또는 무효로 된 경우에는 인가를 받더라도 유효하게 되지 않음. 즉 인가는 기본적 행위의 하자를 치유하는 효력이 없음 • 기본적 행위가 적법·유효하게 성립한 후 실효되면 인가도 당연히 효력을 상실함 • 기본적 행위에 하자가 있는 경우에는 기본적 행위를 쟁송의 대상으로 삼을 것이지, 인가를 다툴 것은 아님(판례)
기본적 행위와 인가에 대한 쟁송방법	• 기본적 행위에 하자가 있는 경우: 기본적 행위에 하자가 있는 경우에는 기본행위를 다툴 수 있지만 인가를 다툴 수는 없음 • 인가에 하자가 있는 경우: 인가에 하자가 있는 경우에는 인가를 다툴 수 있지만 기본행위를 다툴 수는 없음

((•)) 개념 확인

1 재단법인의 임원취임을 인가 또는 거부할 것인지 여부는 주무관청의 권한에 속하는 사항이라고 할 것이고, 재단법인의 임원취임승인 신청에 대하여 주무관청이 이에 기속되어 이를 당연히 승인(인가)하여야 하는 것은 아니다. (O, X)

2 공익법인의 기본재산 처분에 대한 허가의 법률적 성질이 형성적 행정행위로서의 인가에 해당하므로, 그 허가에 조건으로서의 부관의 부과가 허용되지 아니한다. (O, X)

정답 1 O(대판 2000.1.28. 98두16996)
2 X(대판 2005.9.28. 2004다50044)

영역 일반행정작용법 > 기타행정행위 난이도 중

정답의 이유

토지의 매매대금을 허위로 신고하고 계약을 체결하였다면 이는 계약예정금액에 대하여 허위의 신고를 하고 토지 등의 거래계약을 체결한 것으로서 구 국토이용관리법(1993.8.5. 법률 제4572호로 개정되기 전의 것) 제33조 제4호에 해당한다고 할 것이고, 행정관청이 국토이용관리법 소정의 토지거래계약신고에 관하여 공시된 기준시가를 기준으로 매매가격을 신고하도록 행정지도를 하여 그에 따라 허위신고를 한 것이라 하더라도 이와 같은 행정지도는 법에 어긋나는 것으로서 그와 같은 행정지도나 관행에 따라 허위신고행위에 이르렀다고 하여도 이것만 가지고서는 그 범법행위가 정당화될 수 없다(대판 1994.6.14. 93도3247).

오답의 이유

① 교육인적자원부장관의 대학총장들에 대한 이 사건 학칙시정요구는 고등교육법 제6조 제2항, 동법시행령 제4조 제3항에 따른 것으로서 그 법적 성격은 대학총장의 임의적인 협력을 통하여 사실상의 효과를 발생시키는 행정지도의 일종이지만, 그에 따르지 않을 경우 일정한 불이익조치를 예정하고 있어 사실상 상대방에게 그에 따를 의무를 부과하는 것과 다를 바 없으므로 단순한 행정지도로서의 한계를 넘어 규제적·구속적 성격을 상당히 강하게 갖는 것으로서 헌법소원의 대상이 되는 공권력의 행사라고 볼 수 있다(헌재 2003.6.26. 2002헌마337 전합).

행정지도의 종류

조성적 행정지도	일정한 질서의 형성, 발전적 유도를 위한 지식·기술·정보 등을 제공(영농지도, 중소기업에 대한 경영지도, 생활개선지도, 기술지식의 제공 등)
조정적 행정지도	이해대립 또는 과당경쟁을 조정(노사분쟁의 조정, 투자·수출량의 조절 등을 위한 지도)
규제적 행정지도	질서유지나 공공복리를 위한 사적활동의 억제 또는 제한(물가의 억제를 위한 행정지도, 환경위생불량업소의 시정권고, 공해방지를 위한 규제조치, 토지거래중지권고, 불공정거래에 대한 시정권고)

((•)) 개념 확인

1 일정한 행정목적을 실현하기 위하여 상대방인 국민에게 임의적인 협력을 요청하는 비권력적 사실행위를 행정지도라 한다. (O, X)

2 행정지도를 하는 자는 그 상대방에게 그 행정지도의 취지 및 내용을 밝혀야 하지만 신분은 생략할 수 있다. (O, X)

정답 1 O(행정절차법 제2조 제3호) **2** X(행정절차법 제49조 제1항)

1 행정지도에 대한 내용으로 옳지 않은 것은? '20 소방직

① 행정기관은 상대방이 행정지도에 따르지 아니하였다는 이유로 불이익 조치를 하여서는 아니 된다.

② 행정절차에 소요되는 비용은 원칙적으로 행정청이 부담하도록 규정되어 있다.

③ 행정지도의 상대방은 당해 행정지도의 방식·내용 등에 관하여 행정기관에 의견을 제출할 수 없다(→ 의견을 제출을 할 수 있다)(행정절차법 제50조).

④ 행정지도는 그 목적달성에 필요한 최소한도에 그쳐야 한다.

---

05 ☐ 1 2 3

정답 ①

영역 특별행정작용법 > 군사행정법   난이도 중

[정답의 이유]

군인과 군무원은 모두 국군을 구성하며 국토수호라는 목적을 위해 국가와 국민에게 봉사하는 특정직공무원이기는 하지만 각각의 책임·직무·신분 및 근무조건에는 상당한 차이가 존재한다. 이 사건 법률조항이 현역군인에게만 국방부 등의 보조기관 등에 보해질 수 있는 특례를 인정한 것은 국방부 등이 담당하고 있는 지상·해상·상륙 및 항공작전임무와 그 임무를 수행하기 위한 교육훈련업무에는 평소 그 업무에 종사해 온 현역군인들의 작전 및 교육경험을 활용할 필요성이 인정되는 반면, 군무원들이 주로 담당해 온 정비·보급·수송 등의 군수지원분야의 업무, 행정 업무 그리고 일부 전투지원분야의 업무는 국방부 등에 근무하는 일반직공무원·별정직공무원 및 계약직공무원으로서도 충분히 감당할 수 있다는 입법자의 합리적인 재량 판단에 의한 것이다. 따라서 이와 같은 차별이 입법재량의 범위를 벗어나 현저하게 불합리한 것이라 볼 수는 없으므로 이 사건 법률조항은 청구인들의 평등권을 침해하지 않는다(헌재 2008.6.26, 2005헌마1275 전합).

[오답의 이유]

② 대판 1997.6.19, 95누8669 전합

③ 유원지에 대한 도시계획시설의 설치, 정비, 개량에 관한 계획의 결정 및 변경결정에 관한 권한은 건설부장관으로부터 시, 도지사에게 위임된 것이고, 이와 같이 권한의 위임이 행하여진 때에는 위임관청은 그 사무를 처리할 권한을 잃는다(대판 1992.9.22, 91누11292)

④ 대판 1991.12.24, 91다34097

---

06 ☐ 1 2 3

정답 ②

영역 행정절차와 행정공개 > 정보공개와 개인정보보호   난이도 중

[정답의 이유]

개인정보 보호법 제24조(고유식별정보의 처리 제한) ① 개인정보처리자는 다음 각 호의 경우를 제외하고는 법령에 따라 개인을 고유하게 구별하기 위하여 부여된 식별정보로서 대통령령으로 정하는 정보(이하 "고유식별정보"라 한다)를 처리할 수 없다.

1. 정보주체에게 제15조 제2항 각 호 또는 제17조 제2항 각 호의 사항을 알리고 다른 개인정보의 처리에 대한 동의와 별도로 동의를 받은 경우

[오답의 이유]

① 동법 시행령 제19조(고유식별정보의 범위) 법 제24조 제1항 각 호 외의 부분에서 "대통령령으로 정하는 정보"란 다음 각 호의 어느 하나에 해당하는 정보를 말한다. 다만, 공공기관이 법 제18조 제2항 제5호부터 제9호까지의 규정에 따라 다음 각 호의 어느 하나에 해당하는 정보를 처리하는 경우의 해당 정보는 제외한다.

1. 「주민등록법」 제7조의2 제1항에 따른 주민등록번호
2. 「여권법」 제7조 제1항 제1호에 따른 여권번호
3. 「도로교통법」 제80조에 따른 운전면허의 면허번호
4. 「출입국관리법」 제31조 제5항에 따른 외국인등록번호

③ 동법 제24조(고유식별정보의 처리 제한) ③ 개인정보처리자가 제1항 각 호에 따라 고유식별정보를 처리하는 경우에는 그 고유식별정보가 분실·도난·유출·위조·변조 또는 훼손되지 아니하도록 대통령령으로 정하는 바에 따라 암호화 등 안전성 확보에 필요한 조치를 하여야 한다.

④ 동법 제24조의2(주민등록번호 처리의 제한) ① 제24조 제1항에도 불구하고 개인정보처리자는 다음 각 호의 어느 하나에 해당하는 경우를 제외하고는 주민등록번호를 처리할 수 없다.

---

07 ☐ 1 2 3

정답 ③

영역 행정법 서론 > 행정법   난이도 하

[정답의 이유]

실권 또는 실효의 법리는 법의 일반원리인 신의성실의 원칙에 바탕을 둔 파생원칙인 것이므로 공법관계 가운데 관리관계는 물론이고 권력관계에도 적용되어야 함을 배제할 수는 없다 하겠으나 그것은 본래 권리행사의 기회가 있음에도 불구하고 권리자가 장기간에 걸쳐 그의 권리를 행사하지 아니하였기 때문에 의무자인 상대방은 이미 그의 권리를 행사하지 아니할 것으로 믿을 만한 정당한 사유가 있게 되거나 행사하지 아니할 것으로 추인케 할 경우에 새삼스럽게 그 권리를 행사하는 것이 신의성실의 원칙에 반하는 결과가 될 때 그 권리행사를

허용하지 않는 것을 의미한다(대판 1988.4.27, 87누915).→ 대법원은 판례를 통해 실권의 법리를 신뢰보호원칙의 파생원칙으로 보고 있다.

오답의 이유

① 현재 '법적 안정성설'이 통설과 판례의 입장이다.
④ 조세법률관계에서 과세관청의 행위에 대하여 신의성실의 원칙이 적용되기 위하여는, 첫째, 과세관청이 납세자에게 신뢰의 대상이 되는 공적인 견해 표명을 하여야 하고, 둘째, 납세자가 과세관청의 견해 표명이 정당하다고 신뢰한 데 대하여 납세자에게 귀책사유가 없어야 하며, 셋째, 납세자가 그 견해 표명을 신뢰하고 이에 따라 무엇인가 행위를 하여야 하고, 넷째, 과세관청이 위 견해 표명에 반하는 처분을 함으로써 납세자의 이익이 침해되는 결과가 초래되어야 할 것이고, 한편, 조세법령의 규정내용 및 행정규칙 자체는 과세관청의 공적 견해 표명에 해당하지 아니한다(대판 2003.9.5, 2001두403)

⚙️ 이렇게 출제됐어요

1 신뢰보호원칙에 대한 설명으로 옳지 않은 것은? (다툼이 있는 경우 판례에 의함)   '20 지방직 7급

① 신뢰보호의 원칙과 행정의 법률적합성의 원칙이 충돌하는 경우 국민 보호를 위해 원칙적으로 신뢰보호의 원칙이 우선한다(→ 이익형량설이 통설과 판례이다).
② 수익적 행정처분의 하자가 당사자의 사실은폐에 의한 신청행위에 기인한 것이라면 당사자는 그 처분에 관한 신뢰이익을 원용할 수 없다(대판 1996.10.25, 95누14190).
③ 면허세의 근거법령이 제정되어 폐지될 때까지의 4년 동안 과세관청이 면허세를 부과할 수 있음을 알면서도 수출확대라는 공익상 필요에서 한 건도 부과한 일이 없었다면 비과세의 관행이 이루어졌다고 보아도 무방하다(대판 1982.6.8, 81누38).
④ 행정청이 상대방에게 장차 어떤 처분을 하겠다고 공적인 의사표명을 하면서 상대방에게 언제까지 처분의 발령을 신청하도록 유효기간을 둔 경우, 그 기간 내에 상대방의 신청이 없었다면 그 공적인 의사표명은 행정청의 별다른 의사표시를 기다리지 않고 실효된다(대판 1996.8.20, 95누10877).

08 ☐1☐2☐3   정답 ③

영역 행정절차와 행정공개 > 정보공개와 개인정보보호   난이도 중

정답의 이유

③ · ④ 정보공개법 제21조(제3자의 비공개 요청 등)
• 제11조 제3항에 따라 공개 청구된 사실을 통지받은 제3자는 그 통지를 받은 날부터 3일 이내에 해당 공공기관에 대하여 자신과 관련된 정보를 공개하지 아니할 것을 요청할 수 있다(제1항).

• 제1항에 따른 비공개 요청에도 불구하고 공공기관이 공개 결정을 할 때에는 공개 결정 이유와 공개 실시일을 분명히 밝혀 지체 없이 문서로 통지하여야 하며, 제3자는 해당 공공기관에 문서로 이의신청을 하거나 행정심판 또는 행정소송을 제기할 수 있다. 이 경우 이의신청은 통지를 받은 날부터 7일 이내에 하여야 한다(제2항).

오답의 이유

① 동법 제10조(정보공개의 청구방법)

제10조(정보공개의 청구방법) ① 정보의 공개를 청구하는 자(이하 "청구인"이라 한다)는 해당 정보를 보유하거나 관리하고 있는 공공기관에 다음 각 호의 사항을 적은 정보공개 청구서를 제출하거나 말로써 정보의 공개를 청구할 수 있다.
  1. 청구인의 성명 · 주민등록번호 · 주소 및 연락처(전화번호 · 전자우편주소 등을 말한다)
  2. 공개를 청구하는 정보의 내용 및 공개방법

② 동법 제11조(정보공개 여부의 결정)

제11조(정보공개 여부의 결정) ③ 공공기관은 공개 청구된 공개 대상 정보의 전부 또는 일부가 제3자와 관련이 있다고 인정할 때에는 그 사실을 제3자에게 지체 없이 통지하여야 하며, 필요한 경우에는 그의 의견을 들을 수 있다.

◎✕ 개념 확인

1 사립대학교에 정보공개를 청구하였다가 거부될 경우 사립대학교에 대한 국가의 지원이 한정적 · 국부적 · 일시적임을 고려한다면 사립대학교 총장을 피고로 하여 취소소송을 제기할 수 없다. (O, X)

2 공개를 구하는 정보를 공공기관이 한때 보유 · 관리하였으나 그 후에 그 정보가 담긴 문서 등이 폐기되어 존재하지 않게 된 것이라면 그 정보를 더 이상 보유 · 관리하고 있지 아니하다는 점에 대한 증명책임은 공공기관에 있다.   (O, X)

3 정보공개거부처분의 취소를 구하는 소송에서 공공기관이 청구정보를 증거 등으로 법원에 제출하여 법원을 통하여 그 사본을 청구인에게 교부 또는 송달되게 하여 청구인에게 정보를 공개하는 셈이 되었다면, 이러한 우회적인 방법에 의한 공개는 공공기관의 정보공개에 관한 법률에 의한 공개라고 볼 수 있다.   (O, X)

정답 **1** X(대판 2006.8.24, 2004두2783) **2** O(대판 2004.12.9, 2003두12707) **3** X(대판 2004.3.26, 2002두6583)

영역 행정의 실효성 확보수단 > 행정벌   난이도 중

정답의 이유

통고처분과 고발의 법적 성질 및 효과 등을 조세범칙사건의 처리 절차에 관한 조세범 처벌절차법 관련 규정들의 내용과 취지에 비추어 보면, 지방국세청장 또는 세무서장이 조세범 처벌절차법 제17조 제1항에 따라 통고처분을 거치지 아니하고 즉시 고발하였다면 이로써 조세범칙사건에 대한 조사 및 처분 절차는 종료되고 형사사건 절차로 이행되어 지방국세청장 또는 세무서장으로서는 동일한 조세범칙행위에 대하여 더 이상 통고처분(→ 무효)을 할 권한이 없다. 따라서 지방국세청장 또는 세무서장이 조세범칙행위에 대하여 고발을 한 후에 동일한 조세범칙행위에 대하여 통고처분을 하였더라도, 이는 법적 권한 소멸 후에 이루어진 것으로서 특별한 사정이 없는 한 효력이 없고, 조세범칙행위자가 이러한 통고처분을 이행하였더라도 조세범 처벌절차법 제15조 제3항에서 정한 일사부재리의 원칙이 적용될 수 없다(대판 2016.9.28, 2014도10748).

오답의 이유

② 도로교통법 제118조에서 규정하는 경찰서장의 통고처분은 행정소송의 대상이되는 행정처분이 아니므로 그 처분의 취소를 구하는 소송은 부적법하고, 도로교통법상의 통고처분을 받은 자가 그 처분에 대하여 이의가 있는 경우에는 통고처분에 따른 범칙금의 납부를 이행하지 아니함으로써 경찰서장의 즉결심판청구에 의하여 법원의 심판을 받을 수 있게 될 뿐이다(대판 1995.6.29, 95누4674).

③ 통고처분은 상대방의 임의의 승복을 그 발효요건으로 하기 때문에 그 자체만으로는 통고이행을 강제하거나 상대방에게 아무런 권리의무를 형성하지 않으므로 행정심판이나 행정소송의 대상으로서의 처분성을 부여할 수 없고, 통고처분에 대하여 이의가 있으면 통고내용을 이행하지 않음으로써 고발되어 형사재판절차에서 통고처분의 위법·부당함을 얼마든지 다툴 수 있기 때문에 관세법 제38조 제3항 제2호가 법관에 의한 재판받을 권리를 침해한다든가 적법절차의 원칙에 저촉된다고 볼 수 없다(헌재 1998.5.28, 96헌바4 전합).

④ 관세청장 또는 세관장은 관세범에 대하여 통고처분을 할 수 있고, 범죄의 정상이 징역형에 처하여질 것으로 인정되는 때에는 즉시 고발하여야 하며, 관세범인이 통고를 이행할 수 있는 자금능력이 없다고 인정되거나 주소 및 거소의 불명 기타의 사유로 인하여 통고를 하기 곤란하다고 인정되는 때에도 즉시 고발하여야 하는 바, 이들 규정을 종합하여 보면, 통고처분을 할 것인지의 여부는 관세청장 또는 세관장의 재량에 맡겨져 있고, 따라서 관세청장 또는 세관장이 관세범에 대하여 통고처분을 하지 아니한 채 고발하였다는 것만으로는 그 고발 및 이에 기한 공소의 제기가 부적법하게 되는 것은 아니다(대판 2007.5.11, 2006도1993).

영역 행정법 서론 > 행정법   난이도 하

정답의 이유

③·④ 통치행위를 포함하여 모든 국가작용은 국민의 기본권적 가치를 실현하기 위한 수단이라는 한계를 반드시 지켜야 하는 것이고, 헌법재판소는 헌법의 수호와 국민의 기본권 보장을 사명으로 하는 국가기관이므로 비록 고도의 정치적 결단에 의하여 행해지는 국가작용이라고 할지라도 그것이 국민의 기본권 침해와 직접 관련되는 경우에는 당연히 헌법재판소의 심판대상이 된다(헌재 1996.2.29, 93헌마186 전합).

오답의 이유

①·② 긴급재정경제명령은 정상적인 재정운용·경제운용이 불가능한 중대한 재정·경제상의 위기가 현실적으로 발생하여(그러므로 위기가 발생할 우려가 있다는 이유로 사전적·예방적으로 발할 수는 없다) 긴급한 조치가 필요함에도 국회의 폐회 등으로 국회가 현실적으로 집회될 수 없고 국회의 집회를 기다려서는 그 목적을 달할 수 없는 경우에 이를 사후적으로 수습함으로써 기존질서를 유지·회복하기 위하여(그러므로 공공복지의 증진과 같은 적극적 목적을 위하여는 발할 수 없다) 위기의 직접적 원인의 제거에 필수불가결한 최소의 한도내에서 헌법이 정한 절차에 따라 행사되어야 한다(헌재 1996.2.29, 93헌마186 전합).

개념 확인

> 1 대통령의 긴급재정경제명령은 국가긴급권의 일종으로서 고도의 정치적 결단에 의하여 발동되는 행위이고 그 결단을 존중하여야 할 필요성이 있는 행위라는 의미에서 이른바 통치행위에 속한다고 할 수 있으나, 그것이 국민의 기본권 침해와 직접 관련되는 경우에는 당연히 헌법재판소의 심판대상이 된다.   (O, X)
>
> **정답 1** O(헌재 1996.2.29, 93헌마186 전합)

영역 일반행정작용법 > 기타행정행위   난이도 중

정답의 이유

조교에 대한 보수 등의 근무조건에 관하여는 교육공무원법 내지 국가공무원법과 그 위임에 따라 제정된 개별 법령이 적용됨으로써, 공무원인 조교의 근무관계에 관하여도 공무원의 '근무조건 법정주의'에 따라 기본적으로 법령에 의해 그 권리의무의 내용이 정해지고 있다. 이러한 사정들을 고려하면, 교육공무원 내지 특정직공무원의 신분보장을 받는 대신 근무기간이 1년으로 법정된 조교에 대하여는, '기간의

정함이 있는 근로계약을 체결한 근로자'에 대한 불합리한 차별을 시정하고 그 근로조건 보호를 강화함으로써 노동시장의 건전한 발전에 이바지하기 위한 목적에서 도입된 기간제법이 그대로 적용된다고 볼 수 없다(대판 2019.11.14, 2015두52531).

② 행정규칙의 내용이 상위법령이나 법의 일반원칙에 반하는 것이라면 법치국가원리에서 파생되는 법질서의 통일성과 모순금지 원칙에 따라 그것은 법질서상 당연무효이고, 행정내부적 효력도 인정될 수 없다(대판 2020.5.28, 2017두66541).

③ 계약직공무원에 관한 현행 법령의 규정에 비추어 볼 때, 계약직공무원 채용계약해지의 의사표시는 일반공무원에 대한 징계처분과는 달라서 항고소송의 대상이 되는 처분 등의 성격을 가진 것으로 인정되지 아니하고, 일정한 사유가 있을 때에 국가 또는 지방자치단체가 채용계약 관계의 한쪽 당사자로서 대등한 지위에서 행하는 의사표시로 취급되는 것으로 이해되므로, 이를 징계해고 등에서와 같이 그 징계사유에 한하여 효력 유무를 판단하여야 하거나, 행정처분과 같이 행정절차법에 의하여 근거와 이유를 제시하여야 하는 것은 아니다(대판 2002.11.26, 2002두5948).

🎯 이렇게 출제됐어요

1 공법관계와 사법관계에 대한 설명으로 가장 적절하지 않은 것은? (다툼이 있는 경우 판례에 의함) '20 경찰 ②

② 국가나 지방자치단체에 근무하는 청원경찰은 국가공무원법이나 지방공무원법상의 공무원이므로(→ 국가공무원법이나 지방공무원법상의 공무원은 아니지만)(대판 1993.7.23, 92다47564), 그 근무관계를 사법상의 고용계약관계로 보기는 어려워 그에 대한 징계처분의 시정을 구하는 소는 행정소송의 대상이지 민사소송의 대상이 아니다.

---

12 ① ② ③ 정답 ④

영역 특별행정작용법 > 군사행정법 난이도 중

공익근무요원소집처분은 보충역편입처분을 받은 공익근무요원소집 대상자에게 기초적 군사훈련과 구체적인 복무기관 및 복무분야를 정한 공익근무요원으로서의 복무를 명하는 구체적인 행정처분이므로, 위 두 처분은 후자의 처분이 전자의 처분을 전제로 하는 것이기는 하나 각각 단계적으로 별개의 법률효과를 발생하는 독립된 행정처분이라고 할 것이므로, 따라서 보충역편입처분의 기초가 되는 신체등위 판정에 잘못이 있다는 이유로 이를 다투기 위하여는 신체등위 판정을 기초로 한 보충역편입처분에 대하여 쟁송을 제기하여야 할 것이며, 그 처분을 다투지 아니하여 이미 불가쟁력이 생겨 그 효력을 다툴 수 없게 된 경우에는, 병역처분변경신청에 의하는 경우는 별론으로 하고, 보충역편입처분에 하자가 있다고 할지라도 그것이 당연무효라고 볼만한 특단의 사정이 없는 한 그 위법을 이유로 공익근무요원소집처분의 효력을 다툴 수 없다(대법 2002.12.10, 2001두5422).

① 현역입영통지서 수령을 거절(예비적 공소사실)하였을 뿐 이를 적법하게 수령하였다고 볼 수 없다는 이유로 현역병입영대상자인 피고인이 현역입영통지서를 받았음에도 정당한 사유 없이 입영기일부터 3일이 경과하여도 입영하지 않았다는 이 사건 주위적 공소사실에 대하여는 그 범죄의 증명이 없는 때에 해당(→ 처벌이 인정되지 않는다)한다고 판단한 것은 정당하고, 거기에 상고이유 주장과 같이 병역의무부과통지서의 송달에 관한 법리를 오해하여 판결에 영향을 미친 위법이 있다고 할 수 없다(대판 2009.6.25, 2009도3387).

② 송달은 병역의무자의 현실적인 수령행위를 전제로 하고 있다고 보아야 하므로, 병역의무자가 현역입영통지의 내용을 이미 알고 있는 경우에도 여전히 현역입영통지서의 송달은 필요하고, 다른 법령상의 사유가 없는 한 병역의무자로부터 근거리에 있는 책상 등에 일시 현역입영통지서를 둔 것만으로는 병역의무자의 현실적인 수령행위가 있었다고 단정할 수 없다(대판 2009.6.25, 2009도3387).

③ 입영하여 현역으로 복무하는 자에 대한 병적을 당해 군 참모총장이 관리한다는 것은 입영 및 복무의 근거가 된 현역병입영통지처분이 적법함을 전제로 하는 것으로서 그 처분이 위법한 경우까지를 포함하는 의미는 아니라고 할 것이므로, 현역입영대상자로서는 현실적으로 입영을 하였다고 하더라도, 입영 이후의 법률관계에 영향을 미치고 있는 현역병입영통지처분 등을 한 관할지방병무청장을 상대로 위법을 주장하여 그 취소를 구할 소송상의 이익이 있다(대판 2003.12.26, 2003두1875).

⊙✗ 개념 확인

1 「병역법」에 의한 소집에 관한 사항에는 「행정절차법」이 적용되지 않으나 「병역법」상의 산업기능요원의 편입취소처분에 대해서는 「행정절차법」이 적용된다. (O, X)

정답 1 O(대판 2002.9.6, 2002두554)

13 ①②③   정답 ④

정답의 이유

> **행정절차법**
> 제11조(대표자) ⑥ 다수의 대표자가 있는 경우 그중 1인에 대한 행정청의 행위는 모든 당사자등에게 효력이 있다. 다만, 행정청의 통지는 대표자 모두에게 하여야 그 효력이 있다.

오답의 이유

① 동법 동조 제1항   다수의 당사자등이 공동으로 행정절차에 관한 행위를 할 때에는 대표자를 선정할 수 있다.

② 동법 동조 제4항   대표자는 각자 그를 대표자로 선정한 당사자등을 위하여 행정절차에 관한 모든 행위를 할 수 있다. 다만, 행정절차를 끝맺는 행위에 대하여는 당사자등의 동의를 받아야 한다.

③ 동법 동조 제5항   대표자가 있는 경우에는 당사자등은 그 대표자를 통하여서만 행정절차에 관한 행위를 할 수 있다.

14 ①②③   정답 ②

정답의 이유

항고소송의 대상이 되는 행정처분이라 함은 행정청의 공법상의 행위로서 특정사항에 대하여 법규에 의한 권리의 설정 또는 의무의 부담을 명하거나 기타 법률상 효과를 발생하게 하는 등 국민의 구체적인 권리의무에 직접적 변동을 초래하는 행위를 말하는 것이고, 행정권 내부에서의 행위나 알선, 권유, 사실상의 통지 등과 같이 상대방 또는 기타 관계자들의 법률상 지위에 직접적인 법률적 변동을 일으키지 아니하는 행위 등은 항고소송의 대상이 될 수 없다. … 보고명령 및 관련서류 제출명령을 이행하기 위하여 위 시정지시에 따른 시정조치의 이행이 사실상 강제되어 있다고 할 것이고, 만일 피고의 위 명령을 이행하지 않는 경우 시정명령을 받거나 법인설립허가가 취소될 수 있고, 자신이 운영하는 사회복지시설에 대한 개선 또는 사업정지 명령을 받거나 그 시설의 장의 교체 또는 시설의 폐쇄와 같은 불이익을 받을 위험 … 의무의 부담을 명하거나 기타 법률상 효과를 발생하게 하는 것으로서 항고소송의 대상이 되는 행정처분에 해당한다고 해석함이 상당하다(대판 2008.4.24, 2008두3500).

오답의 이유

① 교도소장이 수형자 甲을 '접견내용 녹음ㆍ녹화 및 접견 시 교도관 참여대상자'로 지정한 사안에서, 위 지정행위는 수형자의 구체적 권리의무에 직접적 변동을 가져오는 행정청의 공법상 행위로서 항고소송의 대상이 되는 '처분'에 해당한다고 본 원심판단을 정당한

것으로 수긍한 사례(대판 2014.2.13, 2013두20899)

③ 교도소 수형자에게 소변을 받아 제출하게 한 것은, 형을 집행하는 우월적인 지위에서 외부와 격리된 채 형의 집행에 관한 지시, 명령을 복종하여야 할 관계에 있는 자에게 행해진 것으로서 그 목적 또한 교도소 내의 안전과 질서유지를 위하여 실시하였고, 일방적으로 강제하는 측면이 존재하며, 응하지 않을 경우 직접적인 징벌 등의 제재는 없다고 하여도 불리한 처우를 받을 수 있다는 심리적 압박이 존재하리라는 것을 충분이 예상할 수 있는 점에 비추어, 권력적 사실행위로서 헌법재판소법 제68조 제1항의 공권력의 행사에 해당한다(헌재 2006.7.27, 2005헌마277 전합).

⊙ⓧ 개념 확인

> 1 국세징수법 상 공매통지에 하자가 있는 경우, 다른 특별한 사정이 없는 한 체납자는 공매 통지 자체를 항고소송의 대상으로 삼아 그 취소 등을 구할 수 있다.   (O, X)
>
> **정답 1** X(대판 2011.3.24, 2010두25527)

15 ①②③   정답 ①

정답의 이유

환경정책기본법은 오염원인자 책임원칙과 환경오염의 피해에 대한 무과실책임을 정하고 있다. … 방사능에 오염된 고철은 원자력안전법 등의 법령에 따라 처리되어야 하고 유통되어서는 안 된다. 사업활동 등을 하던 중 고철을 방사능에 오염시킨 자는 원인자로서 관련 법령에 따라 고철을 처리함으로써 오염된 환경을 회복ㆍ복원할 책임을 진다. 이러한 조치를 취하지 않고 방사능에 오염된 고철을 타인에게 매도하는 등으로 유통시킴으로써 거래 상대방이나 전전 취득한 자가 방사능오염으로 피해를 입게 되면 그 원인자는 방사능오염 사실을 모르고 유통시켰더라도 환경정책기본법 제44조 제1항에 따라 피해자에게 피해를 배상할 의무가 있다(대판 2018.9.13, 2016다35802).

오답의 이유

② 토양은 폐기물 기타 오염물질에 의하여 오염될 수 있는 대상일 뿐 오염토양이라 하여 동산으로서 '물질'인 폐기물에 해당한다고 할 수 없고, 나아가 오염토양은 법령상 절차에 따른 정화 대상이 될 뿐 법령상 금지되거나 그와 배치되는 개념인 투기나 폐기 대상이 된다고 할 수 없다. 따라서 오염토양 자체의 규율에 관하여는 '사람의 생활이나 사업 활동에 필요하지 아니하게 된 물질'의 처리를 목적으로 하는 구 폐기물관리법에서 처리를 위한 별도의 근거 규정을 두고 있지 아니한 이상 구 폐기물관리법의 규정은 성질상 적용될 수 없고, 이는 오염토양이 구 폐기물관리법상의 폐기물이나

구성요소인 오염물질과 섞인 상태로 되어 있다거나 그 부분 오염 토양이 정화작업 등의 목적으로 해당 부지에서 반출되어 동산인 '물질'의 상태를 일시 갖추게 되었더라도 마찬가지이다(대판 2011.5.26, 2008도2907).

③ 대판 2019.12.24, 2019두45579

④ 불법행위로 영업을 중단한 자가 영업 중단에 따른 손해배상을 구하는 경우 영업을 중단하지 않았으면 얻었을 순이익과 이와 별도로 영업 중단과 상관없이 불가피하게 지출해야 하는 비용도 특별한 사정이 없는 한 손해배상의 범위에 포함될 수 있다. 위와 같은 순이익과 비용의 배상을 인정하는 것은 이중배상에 해당하지 않는다. 이러한 법리는 환경정책기본법 제44조 제1항에 따라 그 피해의 배상을 인정하는 경우에도 적용된다(대판 2018.9.13, 2016다35802).

((•))) 적중레이더

환경규제기본법의 법원
현대 산업사회에 있어서 무질서하고 과도한 개발 사업으로 인하여 생활환경과 자연환경에 심각한 부작용이 발생하면서, 모든 국민이 건강하고 쾌적한 환경에서 생활할 수 있도록 하기 위하여 국가는 환경보전을 위하여 노력하여야 하므로(헌법 제35조 제1항), 이러한 헌법규정에 기초하여 다양한 환경규제행정법이 도입되게 되었는바, 「환경정책기본법」을 비롯하여 「환경영향평가법」, 「대기환경보전법」, 「물환경보전법」, 「폐기물관리법」 등 다양한 환경규제행정법이 있다.

◎✗ 개념 확인

1 환경영향평가란 환경에 영향을 미치는 실시계획·시행계획 등의 허가·인가·승인·면허 또는 결정 등을 할 때에 해당 사업이 환경에 미치는 영향을 미리 조사·예측·평가하여 해로운 환경영향을 피하거나 제거 또는 감소시킬 수 있는 방안을 마련하는 것을 말한다. (O, X)

2 환경영향평가절차가 완료되기 전에 공사시행을 하여 사업자가 사전 공사시행 금지규정을 위반한 경우, 승인기관의 장이 한 사업계획 등에 대한 승인 등의 처분은 위법하다. (O, X)

정답 1 O(환경영향평가법 제2조) **2** X(대판 2014.3.13, 2012두1006)

16 [1][2][3]   정답 ①

영역 행정의 실효성 확보수단 > 행정벌   난이도 중

정답의 이유

행정법규 위반에 대하여 가하는 제재조치는 행정목적의 달성을 위하여 행정법규 위반이라는 객관적 사실에 착안하여 가하는 제재이므로 반드시 현실적인 행위자가 아니라도 법령상 책임자로 규정된 자에게

부과되고 특별한 사정이 없는 한 위반자에게 고의나 과실이 없더라도 부과할 수 있다(대판 2012.5.10, 2012두1297).

오답의 이유

② 일정한 법규위반 사실이 행정처분의 전제사실이 되는 한편 이와 동시에 형사법규의 위반 사실이 되는 경우에 행정처분과 형벌은 각기 그 권력적 기초, 대상, 목적을 달리하고 있으므로 동일한 행위에 관하여 독립적으로 행정처분이나 형벌을 과하거나 이를 병과할 수 있는 것이고 법규가 예외적으로 형사소추선행의 원칙을 규정하고 있지 아니한 이상 형사판결 확정에 앞서 일정한 위반사실을 들어 행정처분을 하였다고 하여 절차적 위반이 있다고 할 수 없다(대판 1986.7.8, 85누1002).

((•))) 적중레이더

국세징수법
제7조(관허사업의 제한) ① 세무서장(지방국세청장을 포함한다. 이하 이 조 및 제7조의2 제1항에서 같다)은 납세자가 허가·인가·면허 및 등록(이하 "허가등"이라 한다)을 받은 사업과 관련된 소득세, 법인세 및 부가가치세를 대통령령으로 정하는 사유 없이 체납하였을 때에는 해당 사업의 주무관서에 그 납세자에 대하여 허가등의 갱신과 그 허가등의 근거 법률에 따른 신규 허가등을 하지 아니할 것을 요구할 수 있다.

17 [1][2][3]   정답 ①

영역 행정상 쟁송 > 행정심판   난이도 하

정답의 이유

행정심판법
제4조(특별행정심판 등) ③ 관계 행정기관의 장이 특별행정심판 또는 이 법에 따른 행정심판 절차에 대한 특례를 신설하거나 변경하는 법령을 제정·개정할 때에는 미리 중앙행정심판위원회와 협의하여야 한다.

오답의 이유

② · ③ 동법 제3조(행정심판의 대상)

제3조(행정심판의 대상) ① 제1항 행정청의 처분 또는 부작위에 대하여는 다른 법률에 특별한 규정이 있는 경우 외에는 이 법에 따라 행정심판을 청구할 수 있다.
② 제2항 대통령의 처분 또는 부작위에 대하여는 다른 법률에서 행정심판을 청구할 수 있도록 정한 경우 외에는 행정심판을 청구할 수 없다.

④ 동법 제2조(정의)

> **제2조(정의)**
> 4. "행정청"이란 행정에 관한 의사를 결정하여 표시하는 국가 또는 지방자치단체의 기관, 그 밖에 법령 또는 자치법규에 따라 행정권한을 가지고 있거나 위탁을 받은 공공단체나 그 기관 또는 사인(私人)을 말한다.

📡 적중레이더

행정심판의 종류

구분	취소심판	무효등확인심판	의무이행심판
의의	행정청의 위법 또는 부당한 처분을 취소하거나 변경하는 행정심판	행정청의 처분의 효력 유무 또는 존재 여부를 확인하는 행정심판	당사자의 신청에 대한 행정청의 위법 또는 부당한 거부처분이나 부작위에 대하여 일정한 처분을 하도록 하는 행정심판
청구기간 규정	○	×	• 거부처분에 대한 의무이행심판: ○ • 부작위에 대한 의무이행심판: ×
사정재결	○	×	○
집행정지	○	○	×

ⓧ 개념 확인

1 취소소송은 처분 등이 있음을 안 날부터 90일 이내에 제기하여야 하는데, 행정심판청구를 할 수 있는 경우에 행정심판청구가 있은 때의 기간은 재결서의 정본을 송달받은 날부터 기산하며, 여기서 말하는 '행정심판'은 행정심판법에 따른 일반행정심판만을 의미한다. (O, X)

2 사립학교 교원 징계처분에 대한 교원소청심사위원회의 결정은 행정심판의 재결이다. (O, X)

정답 1 X(행정심판법 제4조) **2** X(대판 1993.2.12. 92누13707)

---

18 1 2 3 　　　　　　　　　　　　　　　　　정답 ①

영역 행정상 쟁송 > 행정소송 　　　　　　　　　　　난이도 중

정답의 이유

구 노동위원회법 제19조의2 제1항의 규정은 행정처분의 성질을 가지는 지방노동위원회의 처분에 대하여 중앙노동위원장을 상대로 행정소송을 제기할 경우의 전치요건에 관한 규정이라 할 것이므로 당사자가 지방노동위원회의 처분에 대하여 불복하기 위하여는 처분 송달일

로부터 10일 이내에 중앙노동위원회에 재심을 신청하고 중앙노동위원회의 재심판정서 송달일로부터 15일 이내에 중앙노동위원장을 피고로 하여 재심판정취소의 소를 제기하여야 할 것이다(대판 1995.9.15. 95누6724).

오답의 이유

② 지방의회를 대표하고 의사를 정리하며 회의장 내의 질서를 유지하고 의회의 사무를 감독하며 위원회에 출석하여 발언할 수 있는 등의 직무권한을 가지는 지방의회 의장에 대한 불신임의결은 의장으로서의 권한을 박탈하는 행정처분의 일종으로서 항고소송의 대상이 된다(대판 1994.10.11. 94두23).

③ 그 자체로서 직접 국민의 구체적인 권리의무나 법적 이익에 영향을 미치는 등의 법률상 효과를 발생하는 경우 그 조례는 항고소송의 대상이 되는 행정처분에 해당하고, 이러한 조례에 대한 무효확인소송을 제기함에 있어서 행정소송법 제38조 제1항, 제13조에 의하여 피고적격이 있는 처분 등을 행한 행정청은, 행정주체인 지방자치단체 또는 지방자치단체의 내부적 의결기관으로서 지방자치단체의 의사를 외부에 표시한 권한이 없는 지방의회가 아니라, 구 지방자치법(1994.3.16. 법률 제4741호로 개정되기 전의 것) 제19조 제2항, 제92조에 의하여 지방자치단체의 집행기관으로서 조례로서의 효력을 발생시키는 공포권이 있는 지방자치단체의 장이다. … 교육에 관한 조례의 무효확인소송을 제기함에 있어서는 그 집행기관인 시·도 교육감을 피고로 하여야 한다(대판 1996.9.20. 95누8003).

④ 항정신병 치료제의 요양급여에 관한 보건복지부 고시는 다른 집행행위의 매개 없이 그 자체로서 제약회사, 요양기관, 환자 및 국민건강보험공단 사이의 법률관계를 직접 규율하는 성격을 가진다고 할 것이므로, 이는 항고소송의 대상이 되는 행정처분으로서의 성격을 갖는다고 판단하였다(대판 2003.10.9. 2003무23).

ⓧ 개념 확인

1 행정입법의 부작위는 그 자체로서 국민의 구체적인 권리의무에 직접적인 변동을 초래하는 것이어서 행정소송의 대상이 된다. (O, X)

2 농업손실보상청구권은 실정법상 민사소송절차에 의한다. (O, X)

3 행정소송에서 쟁송의 대상이 되는 행정처분의 존부에 관한 사항이 상고심에서 비로소 주장된 경우에 행정처분의 존부에 관한 사항은 상고심의 심판범위에 해당한다. (O, X)

정답 1 X(대판 1992.5.8. 91누11261) **2** X(대판 2011.10.13. 2009다43461) **3** O(대판 2004.12.24. 2003두15195)

19 ①②③   정답 ②

영역 행정상 쟁송 > 행정소송   난이도 **중**

정답의 이유

건설허가 전에 신청자의 편의를 위하여 미리 그 건설허가의 일부 요건을 심사하여 행하는 <u>사전적 부분 건설허가처분의 성격</u>을 갖고 있는 것이어서 나중에 건설허가처분이 있게 되면 그 건설허가처분에 흡수되어 독립된 존재가치를 상실함으로써 그 건설허가처분만이 쟁송의 대상이 되는 것이므로, <u>부지사전승인처분의 취소를 구하는 소는 소의 이익을 잃게 되고</u>, 따라서 <u>부지사전승인처분의 위법성은 나중에 내려진 건설허가처분의 취소를 구하는 소송에서 이를 다투면 된다</u>(대판 1998.9.4, 97누19588).

오답의 이유

① 소음·진동배출시설에 대한 설치허가가 취소된 후 그 배출시설이 어떠한 경위로든 철거되어 다시 복구 등을 통하여 배출시설을 가동할 수 없는 상태라면 이는 배출시설 설치허가의 대상이 되지 아니하므로 <u>외형상 설치허가취소행위가 잔존하고 있다고 하여도 특단의 사정이 없는 한 이제 와서 굳이 위 처분의 취소를 구할 법률상의 이익이 없다</u>(대판 2002.1.11, 2000두2457).

③ 법인이 법인세의 과세표준을 신고하면서 배당, 상여 또는 기타소득으로 소득처분한 금액은 당해 법인이 신고기일에 소득처분의 상대방에게 지급한 것으로 의제되어 그때 원천징수하는 소득세의 납세의무가 성립·확정되며, 그 후 과세관청이 직권으로 상대방에 대한 소득처분을 경정하면서 일부 항목에 대한 증액과 다른 항목에 대한 감액을 동시에 한 결과 전체로서 소득처분금액이 감소된 경우에는 그에 따른 <u>소득금액변동통지가 납세자인 당해 법인에 불이익을 미치는 처분이 아니므로 당해 법인은 그 소득금액변동통지의 취소를 구할 이익이 없다</u>(대판 2012.4.13, 2009두5510).

④ 대집행계고처분취소소송의 <u>변론종결 전에 대집행영장에 의한 통지절차를 거쳐 사실행위로서 대집행의 실행이 완료된 경우</u>에는 행위가 위법한 것이라는 이유로 손해배상이나 원상회복 등을 청구하는 것은 별론으로 하고 <u>처분의 취소를 구할 법률상 이익은 없다</u>(대판 1993.6.8, 93누6164).

개념 확인

> 1 어떠한 처분의 근거나 법적인 효과가 행정규칙에 규정되어 있다면, 그 처분이 행정규칙의 내부적 구속력에 의하여 상대방의 권리·의무에 직접 영향을 미치는 행위라도 항고소송의 대상이 되는 행정처분이라 볼 수 없다.   (O, X)
>
> **정답** 1 X(대판 2002.7.26, 2001두3532)

20 ①②③   정답 ③

영역 행정상 쟁송 > 행정심판   난이도 **중**

정답의 이유

복효적 행정행위, 특히 제3자효를 수반하는 행정행위에 대한 행정심판청구에 있어서 그 청구를 인용하는 내용의 재결로 인하여 비로소 권리이익을 침해받게 되는 자는 그 인용재결에 대하여 다툴 필요가 있고, 그 인용재결은 원처분과 내용을 달리하는 것이므로 그 인용재결의 취소를 구하는 것은 원처분에는 없는 재결에 고유한 하자를 주장하는 셈이어서 당연히 항고소송의 대상이 된다(대판 2001.5.29, 99두10292).

오답의 이유

①·② 행정심판에 대한 재결에 대하여도 그 재결 자체에 고유한 위법이 있음을 이유로 하는 경우에는 항고소송을 제기하여 그 취소를 구할 수 있고(행정소송법 제19조), 여기에서 말하는 '재결 자체에 고유한 위법'이란 그 재결자체에 주체, 절차, 형식 또는 내용상의 위법이 있는 경우를 의미하는데, 행정심판청구가 부적법하지 않음에도 각하한 재결은 심판청구인의 실체심리를 받을 권리를 박탈한 것으로서 원처분에 없는 고유한 하자가 있는 경우에 해당하고, 따라서 위 재결은 취소소송의 대상이 된다(대판 2001.7.27, 99두2970).

④ 대판 1996.2.13, 95누8027

21 ①②③   정답 ③

영역 행정절차와 행정공개 > 정보공개와 개인정보보호   난이도 **중**

정답의 이유

회의록 중 발언내용 이외에 해당 발언자의 인적 사항까지 공개된다면 정화위원들이나 출석자들은 자신의 발언내용에 관한 공개에 대한 부담으로 인한 심리적 압박 때문에 위 정화위원회의 심의절차에서 솔직하고 자유로운 의사교환을 할 수 없고, 심지어 당사자나 외부의 의사에 영합하는 발언을 하거나 침묵으로 일관할 우려가 있다. 따라서 학교환경위생구역 내 금지행위(숙박시설) 해제결정에 관한 <u>학교환경위생정화위원회의 회의록에 기재된 발언내용에 대한 해당 발언자의 인적사항 부분에 관한 정보</u>는 「공공기관의 정보공개에 관한 법률」 제7조 제1항 제5호 소정의 비공개대상에 해당한다(대판 2003.8.22, 2002두12946).

오답의 이유

① 정보공개법의 입법 목적, 정보공개의 원칙, 위 비공개대상정보의 규정 형식과 취지 등을 고려하면, 법원 이외의 공공기관이 위 규정이 정한 '진행 중인 재판에 관련된 정보'에 해당한다는 사유로 정보공개를 거부하기 위하여는 반드시 그 정보가 진행 중인 재판의

소송기록 그 자체에 포함된 내용의 정보일 필요는 없으나, 재판에 관련된 일체의 정보가 그에 해당하는 것은 아니고 진행 중인 재판의 심리 또는 재판 결과에 구체적으로 영향을 미칠 위험이 있는 정보에 한정된다고 보는 것이 타당하다(대판 2018.9.28, 2017두69892).

② 행정처분의 취소를 구하는 항고소송에 있어 처분청은 당초 처분의 근거로 삼은 사유와 기본적 사실관계가 동일성이 있다고 인정되는 한도 내에서는 다른 사유를 추가하거나 변경할 수도 있으나 기본적 사실관계가 동일하다는 것은 처분사유를 법률적으로 평가하기 이전의 구체적인 사실에 착안하여 그 기초인 사회적 사실관계가 기본적인 점에서 동일한 것을 말하며, 처분청이 처분 당시에 적시한 구체적 사실을 변경하지 아니하는 범위 내에서 단지 그 처분의 근거법령만을 추가 · 변경하거나 당초의 처분사유를 구체적으로 표시하는 것에 불과한 경우에는 새로운 처분사유를 추가하거나 변경하는 것이라고 볼 수 없다(대판 2007.2.8, 2006두4899).

④ 같은 법 제7조 제1항 제5호에서의 '감사 · 감독 · 검사 · 시험 · 규제 · 입찰계약 · 기술개발 · 인사관리 · 의사결정과정 또는 내부검토과정에 있는 사항'은 비공개대상정보를 예시적으로 열거한 것이라고 할 것이므로 의사결정과정에 제공된 회의관련자료나 의사결정과정이 기록된 회의록 등은 의사가 결정되거나 의사가 집행된 경우에는 더 이상 의사결정과정에 있는 사항 그 자체라고는 할 수 없으나, 의사결정과정에 있는 사항에 준하는 사항으로서 비공개대상정보에 포함될 수 있다(대판 2003.8.22, 2002두12946).

개념 확인

1 정보공개거부처분의 취소를 구하는 소송에서 공공기관이 청구정보를 증거 등으로 법원에 제출하여 법원을 통하여 그 사본을 청구인에게 교부 또는 송달되게 하여 청구인에게 정보를 공개하는 셈이 되었다면, 이러한 우회적인 방법에 의한 공개는 공공기관의 정보공개에 관한 법률에 의한 공개라고 볼 수 있다. (O, X)

2 정보공개거부처분의 취소를 구하는 소송에서 공공기관이 청구정보를 증거 등으로 법원에 제출하여 법원을 통하여 그 사본을 청구인에게 교부 또는 송달되게 하여 청구인에게 정보를 공개하는 셈이 되었다면, 이러한 우회적인 방법에 의한 공개는 「공공기관의 정보공개에 관한 법률」에 의한 공개라고 볼 수 있다. (O, X)

정답 1 X(대판 2004.3.26, 2002두6583) 2 X(대판 2016.12.15, 2012두11409)

---

22 ☐1 ☐2 ☐3   정답 ③

영역 행정구제법 > 손해전보제도   난이도 중

정답의 이유

(1) 지지체 담당공무원: 공무원에게 부과된 직무상 의무의 내용이 단순히 공공 일반의 이익을 위한 것이거나 행정기관 내부의 질서를 규율하기 위한 것이 아니고 전적으로 또는 부수적으로 사회구성원 개인의 안전과 이익을 보호하기 위하여 설정된 것이라면, 공무원이 그와 같은 직무상 의무를 위반함으로 인하여 피해자가 입은 손해에 대하여는 상당인과관계가 인정되는 범위 내에서 국가가 배상책임을 지는 것이고, 이때 상당인과관계의 유무를 판단함에 있어서는 일반적인 결과 발생의 개연성은 물론 직무상 의무를 부과하는 법령 기타 행동규범의 목적이나 가해행위의 태양 및 피해의 정도 등을 종합적으로 고려하여야 하며, 이는 지방자치단체와 그 소속 공무원에 대하여도 마찬가지이다. 유흥주점에 감금된 채 윤락을 강요받으며 생활하던 여종업원들이 유흥주점에 화재가 났을 때 미처 피신하지 못하고 유독가스에 질식해 사망한 사안에서, 지방자치단체의 담당 공무원이 위 유흥주점의 용도변경, 무허가 영업 및 시설기준에 위배된 개축에 대하여 시정명령 등 식품위생법상 취하여야 할 조치를 게을리 한 직무상 의무위반행위와 위 종업원들의 사망 사이에 상당인과관계가 존재하지 않는다.

(2) 소방공무원: 유흥주점에 감금된 채 윤락을 강요받으며 생활하던 여종업원들이 유흥주점에 화재가 났을 때 미처 피신하지 못하고 유독가스에 질식해 사망한 사안에서, 소방공무원이 위 유흥주점에 대하여 화재 발생 전 실시한 소방점검 등에서 구 소방법상 방염규정 위반에 대한 시정조치 및 화재 발생시 대피에 장애가 되는 잠금장치의 제거 등 시정조치를 명하지 않은 직무상 의무 위반은 현저히 불합리한 경우에 해당하여 위법하고, 이러한 직무상 의무위반과 위 사망의 결과 사이에 상당인과관계가 존재한다(대판 2008.4.10, 2005다48994).

오답의 이유

① 국 · 공립대학 교원에 대한 재임용거부처분이 재량권을 일탈 · 남용한 것으로 평가되어 그것이 불법행위가 됨을 이유로 국 · 공립대학 교원 임용권자에게 손해배상책임을 묻기 위해서는 당해 재임용거부가 국 · 공립대학 교원 임용권자의 고의 또는 과실로 인한 것이라는 점이 인정되어야 한다. 그리고 위와 같은 고의 · 과실이 인정되려면 국 · 공립대학 교원 임용권자가 객관적 주의의무를 결하여 그 재임용거부처분이 객관적 정당성을 상실하였다고 인정될 정도에 이르러야 한다.

② 입법부가 법률로써 행정부에게 특정한 사항을 위임했음에도 불구하고 행정부가 정당한 이유 없이 이를 이행하지 않는다면 권력분립의 원칙과 법치국가 내지 법치행정의 원칙에 위배되는 것으로서 위법함과 동시에 위헌적인 것이 되는바, … 위 법률의 규정들은 군법무관의 보수의 내용을 법률로써 일차적으로 형성한 것이고, 위

법률들에 의해 상당한 수준의 보수청구권이 인정되는 것이므로, 위 보수청구권은 단순한 기대이익을 넘어서는 것으로서 법률의 규정에 의해 인정된 재산권의 한 내용이 되는 것으로 봄이 상당하고, 따라서 행정부가 정당한 이유 없이 시행령을 제정하지 않은 것은 위 보수청구권을 침해하는 불법행위에 해당한다(대판 2007.11.29, 2006다3561).

④ 공무원의 행위를 원인으로 한 국가배상책임을 인정하기 위하여는 '공무원이 직무를 집행하면서 고의 또는 과실로 법령을 위반하여 타인에게 손해를 입힌 때'라고 하는 국가배상법 제2조 제1항의 요건이 충족되어야 한다. 여기서 '법령을 위반하여'라고 함은 엄격하게 형식적 의미의 법령에 명시적으로 공무원의 행위의무가 정하여져 있음에도 이를 위반하는 경우만을 의미하는 것은 아니고, 인권존중·권력남용금지·신의성실과 같이 공무원으로서 마땅히 지켜야 할 준칙이나 규범을 지키지 아니하고 위반한 경우를 비롯하여 널리 그 행위가 객관적인 정당성을 결여하고 있는 경우도 포함한다(대판 2015.8.27, 2012다204587).

(((•))) 적중레이더

국가배상법 제2조와의 비교

구분	국가배상법 제2조	국가배상법 제5조
헌법상 근거 규정	있음(헌법 제29조)	없음
성격	과실책임	무과실책임
이중배상청구 제한규정 (동법 제2조 제1항 단서)	적용 긍정	적용 긍정
배상기준규정 (동법 제3조)	적용 긍정	적용 긍정

⊕ 이렇게 출제됐어요

1 국가배상에 대한 설명으로 옳은 것은 (다툼이 있는 경우 판례에 의함)
'20 지방직 7급

① 행정처분의 담당공무원이 ~~주관적 주의의무를 결하여 그 행정처분이 주관적 정당성을 상실하였다고 인정될 정도~~(→ 객관적 주의의무를 결하여 그 행정처분이 객관적 정당성을 상실하였다고 인정될 정도)(대판 2003.11.27, 2001다33789·33796·33802·33819)에 이른 경우에 「국가배상법」 제2조의 요건을 충족하였다고 봄이 상당하다.

② 「국가배상법」 제6조 제1항에 의하면 지방자치단체장이 설치하여 관할 지방경찰청장에게 관리권한이 위임된 교통신호기의 고장으로 인하여 교통사고가 발생한 경우, 지방자치단체가 손해배상책임을 지고 ~~국가는 피해자에 대하여 배상책임을 지지 않는다~~(→ 교통신호기를 관리하는 지방경찰청장 산하 경찰관들에 대한 봉급을 부담하는 국가도 배상책임을 진다)(대판 1999.6.25, 99다11120).

③ 국민이 법령에 정하여진 수질기준에 미달한 상수원수로 생산된 수돗물을 마심으로써 건강상의 위해 발생에 대한 염려 등에 따른 정신적 고통을 받았다고 하더라도, 이러한 사정만으로는 국가 또는 지방자치단체가 국민에게 손해배상책임을 부담하지 아니한다(대판 2001.10.23, 99다36280).

④ 「국가배상법」 제5조 제1항 소정의 '공공의 영조물'이라 함은 국가 또는 지방자치단체에 의하여 특정 공공의 목적에 공여된 유체물 내지 물적 설비를 말하며, 국가 또는 지방자치단체가 소유권, 임차권, 그 밖의 권한에 기하여 관리하고 있는 경우로 한정되고, ~~사실상의 관리를 하고 있는 경우는 포함되지 않는다~~(→ 사실상의 관리를 하고 있는 경우도 포함한다)(대판 1995.1.24, 94다45302).

---

23 [1][2][3] 정답 ②

영역 일반행정작용법 > 행정행위   난이도 하

정답의 이유

징수처분의 취소를 구하는 부분의 소는 전심절차를 거치지 않았는데, 과세처분의 무효선언을 구하는 의미에서 그 취소를 구하는 소송이라도 전심절차를 거쳐야 하므로 이 부분 소는 부적법하다고 판단하여 이를 각하하였는 바, 이러한 원심판단은 정당하고 소론과 같은 채증법칙위배나 심리미진, 이유불비의 위법이 없으니 논지는 이유없다(대판 1990.8.28, 90누1892).

① 사정재결에는 무효등확인심판에는 적용되지 않는다(행정심판법 제44조 제3항). 따라서 취소심판, 의무이행심판(사정재결), 취소소송(사정판결)에서 인정된다.

③ 행정소송법 제38조 제1항이 무효확인 판결에 관하여 취소판결에 관한 규정을 준용함에 있어서 같은 법 제30조 제2항을 준용한다고 규정하면서도 같은 법 제34조는 이를 준용한다는 규정을 두지 않고 있으므로, 행정처분에 대하여 무효확인 판결이 내려진 경우에는 그 행정처분이 거부처분인 경우에도 행정청에 판결의 취지에 따른 재처분의무가 인정될 뿐 그에 대하여 간접강제까지 허용되는 것은 아니라고 할 것이다(대판 1998.12.24. 98무37).

④ 행정처분의 당연무효를 선언하는 의미에서 그 취소를 청구하는 행정소송을 제기하는 경우에도 소원의 전치와 제소기간의 준수 등 취소소송의 제소요건을 갖추어야 한다(대판 1984.5.29. 84누175).

적중레이더

무효와 취소의 구별실익

구분	무효	취소
공정력, 존속력, 강제력	×	○
선결문제	심사 가능	효력 부인 (위법성 판단은 가능)
하자승계	승계○ (모든 후행행위에 승계)	원칙적으로 승계○ (선행행위와 후행행위가 결합하여 하나의 법률효과를 발생하는 경우)
하자의 치유와 전환	치유 부정/ 전환 인정	치유 인정/ 전환 부정
신뢰보호의 원칙	×	○
쟁송형태	무효등 확인심판, 무효등 확인소송	취소심판, 취소소송
쟁송제기 기간의 제한	불가쟁력×→ 제한×	불가쟁력 발생○ → 제한○
사정판결, 사정재결	×	○
간접강제	×	○
예외적 행정심판전치주의	적용×	적용○

※ 국가배상청구소송, 집행부정지원칙은 구별실익에 해당하지 않음

영역 행정의 실효성 확보수단 > 행정상 강제　　난이도 중

정답의 이유

건축주 등이 장기간 시정명령을 이행하지 아니하였더라도, 그 기간 중에는 시정명령의 이행 기회가 제공되지 아니하였다가 뒤늦게 시정명령의 이행 기회가 제공된 경우라면, 시정명령의 이행 기회 제공을 전제로 한 1회분의 이행강제금만을 부과할 수 있고, 시정명령의 이행 기회가 제공되지 아니한 과거의 기간에 대한 이행강제금까지 한꺼번에 부과할 수는 없다. 그리고 이를 위반하여 이루어진 이행강제금 부과처분은 과거의 위반행위에 대한 제재가 아니라 행정상의 간접강제 수단이라는 이행강제금의 본질에 반하여 구 건축법 제80조 제1항, 제4항 등 법규의 중요한 부분을 위반한 것으로서, 그러한 하자는 중대할 뿐만 아니라 객관적으로도 명백하다(대판 2016.7.14. 2015두46598).

오답의 이유

① 현행 건축법상 위법건축물에 대한 이행강제수단으로 대집행과 이행강제금(제83조 제1항)이 인정되고 있는데, 양 제도는 각각의 장·단점이 있으므로 행정청은 개별사건에 있어서 위반내용, 위반자의 시정의지 등을 감안하여 대집행과 이행강제금을 선택적으로 활용할 수 있으며, 이처럼 그 합리적인 재량에 의해 선택하여 활용하는 이상 중첩적인 제재에 해당한다고 볼 수 없다(헌재 2004.2.26. 2001헌바80 전합).

② 건축법 제108조, 제110조에 의한 형사처벌의 대상이 되는 행위와 이 사건 법률조항에 따라 이행강제금이 부과되는 행위는 기초적 사실관계가 동일한 행위가 아니라 할 것이므로 이런 점에서도 이 사건 법률조항이 헌법 제13조 제1항의 이중처벌금지의 원칙에 위반되지 아니한다(헌재 2011.10.25. 2009헌바140 전합).

④ 부동산의 소유권이전을 내용으로 하는 계약을 체결하고 반대급부의 이행을 완료한 날로부터 3년 이내에 소유권이전등기를 신청하지 아니한 등기권리자 등(이하 '장기미등기자'라 한다)에 대하여 부과되는 이행강제금은 소유권이전등기신청의무 불이행이라는 과거의 사실에 대한 제재인 과징금과 달리, 장기미등기자에게 등기신청의무를 이행하지 아니하면 이행강제금이 부과된다는 심리적 압박을 주어 의무의 이행을 간접적으로 강제하는 행정상의 간접강제수단에 해당한다. 따라서 장기미등기자가 이행강제금 부과 전에 등기신청의무를 이행하였다면 이행강제금의 부과로써 이행을 확보하고자 하는 목적은 이미 실현된 것이므로 부동산실명법 제6조 제2항에 규정된 기간이 지나서 등기신청의무를 이행한 경우라 하더라도 이행강제금을 부과할 수 없다(대판 2016.6.23. 2015두36454).

1 다음 이행강제금에 대한 설명 중 적절한 것만을 모두 고른 것은? (다툼이 있는 경우 판례에 의함)　'20 경찰직 ②

> ⊙ 건축법상 이행강제금은 시정명령의 위반이라는 과거의 위반행위(→ 장래의 의무이행을 확보)에 대한 제재이다.
> ⓒ 이행강제금 부과처분에 대해 비송사건절차법에 의한 특별한 불복절차가 마련되어 있는 경우 이행강제금 부과처분은 항고소송의 대상이 되는 행정처분이 아니다.
> ⓒ 근로기준법상 이행강제금의 부과 예고는 '계고'에 해당한다(대판 2015.6.24, 2011두2170).
> ⓔ 이행강제금은 대체적 작위의무의 위반에 대하여도 부과될 수 있다.
> ⓜ 이행강제금은 일정한 기한까지 의무를 이행하지 않았을 때에는 일정한 금전적 부담을 과하는 것으로서, 헌법 제13조 제1항이 금지하는 이중처벌금지의 원칙의 적용대상이 된다(→ 적용대상이 되지 않는다)(대판 2005.8.19, 2005마30).

---

25 ①②③　　정답 ③

영역 행정법 서론 > 사인의 공법행위　　난이도 하

정답의 이유

행정절차법 제17조(처분의 신청) ⑤ 행정청은 신청에 구비서류의 미비 등 흠이 있는 경우에는 보완에 필요한 상당한 기간을 정하여 지체 없이 신청인에게 보완을 요구하여야 한다.

오답의 이유

① 동법 제17조 제1항 행정청에 처분을 구하는 신청은 문서로 하여야 한다. 다만, 다른 법령등에 특별한 규정이 있는 경우와 행정청이 미리 다른 방법을 정하여 공시한 경우에는 그러하지 아니하다.

② 동법 제17조 제3항 행정청은 신청에 필요한 구비서류, 접수기관, 처리기간, 그 밖에 필요한 사항을 게시(인터넷 등을 통한 게시를 포함한다)하거나 이에 대한 편람을 갖추어 두고 누구나 열람할 수 있도록 하여야 한다.

④ 동법 제17조 제7항 행정청은 신청인의 편의를 위하여 다른 행정청에 신청을 접수하게 할 수 있다. 이 경우 행정청은 다른 행정청에 접수할 수 있는 신청의 종류를 미리 정하여 공시하여야 한다.

1 행정절차법의 내용으로 옳지 않은 것은?　'17 행정사

① 행정청에 전자문서로 처분을 신청하는 경우에는 행정청의 컴퓨터 등에 입력한 이후, 입력 내용을 문서로 제출한 때 신청한 것으로 본다(→ 전자문서로 하는 경우에는 행정청의 컴퓨터 등에 입력된 때)(행정절차법 제17조 제2항).

2020 | 7급 기출문제해설

☑ 점수 (   )점/100점   ☑ 문제편 089쪽

영역 분석

일반행정작용법	6문제	★★★★★★	24%
행정의 실효성 확보수단	5문제	★★★★★	20%
행정상 쟁송	5문제	★★★★★	20%
행정법 서론	3문제	★★★	12%
행정조직법	3문제	★★★	12%
특별행정작용법	2문제	★★	8%
행정절차와 행정공개	1문제	★	4%

빠른 정답

01	02	03	04	05	06	07	08	09	10
②	③	①	③	④	②	③	②	④	④
11	12	13	14	15	16	17	18	19	20
②	④	③	①	②	②	①	③	④	②
21	22	23	24	25					
④	③	①	④	①					

01 [1][2][3]
정답 ②

영역 행정의 실효성 확보수단 > 행정상 강제   난이도 하

정답의 이유

법관의 재판에 법령의 규정을 따르지 아니한 잘못이 있다 하더라도 이로써 바로 그 재판상 직무행위가 국가배상법 제2조 제1항에서 말하는 위법한 행위로 되어 국가의 손해배상책임이 발생하는 것은 아니고, 그 국가배상책임이 인정되려면 당해 법관이 위법 또는 부당한 목적을 가지고 재판을 하였다거나 법이 법관의 직무수행상 준수할 것을 요구하고 있는 기준을 현저하게 위반하는 등 법관이 그에게 부여된 권한의 취지에 명백히 어긋나게 이를 행사하였다고 인정할 만한 특별한 사정이 있어야 한다(대판 2003.7.11, 99다24218).

오답의 이유

① 자기책임설의 입장에서는 국가책임이 기본이며, 국가가 책임을 지더라도 이는 공무원의 책임을 대신지는 것이 아니라 국가가 사용

자로서 자신의 고유한 책임을 지는 것이다.

③ 과실의 객관화: 주의의무위반 여부를 행위공무원 개개인의 주의력을 기준으로 하지 않고, 평균적 공무원의 주의력을 기준으로 판단하려는 것이다. 따라서 특정 공무원 개인의 지식·능력·경험의 여하에 따라 주관적으로 정해지는 것은 아니다.

🎯 적중레이더

과실의 객관화

• 의미: 고의 또는 과실을 공무원 개인의 주관적 인식만을 기준으로 판단하면 과실의 증명이 어려워 국민의 권익구제가 용이하지 않게 된다. 따라서 과실의 객관화를 통해 과실의 의미를 객관화하여 국가의 책임범위를 확대하고 피해자의 권리구제를 용이하게 하는 것을 의미한다.

• 판단 기준: 과실 유무를 해당 공무원 개인의 주의의무를 기준으로 하는 것이 아니라, 당해 직무를 담당하는 '평균적 공무원의 주의의무'를 기준으로 판단하는 것으로 통설의 입장이다.

02 [1][2][3]
정답 ③

영역 행정상 쟁송 > 행정소송   난이도 중

정답의 이유

행정소송법 제4조 제3호에 규정된 부작위위법확인의 소는 행정청이 당사자의 법규상 또는 조리상의 권리에 기한 신청에 대하여 상당한 기간 내에 신청을 인용하는 적극적 처분 또는 각하하거나 기각하는 등의 소극적 처분을 하여야 할 법률상 응답의무가 있음에도 불구하고 이를 하지 아니하는 경우 부작위가 위법하다는 것을 확인함으로써 행정청의 응답을 신속하게 하여 부작위 또는 무응답이라고 하는 소극적 위법상태를 제거하는 것을 목적으로 하는 제도이다(대판 1993.4.23, 92누17099). → 판례는 '절차적 심리설'을 취하며, 이는 부작위의 위법 여부만을 심판한다는 것이다.

오답의 이유

① 행정소송법 제29조(취소판결등의 효력) 제1항 처분등을 취소하는 확정판결은 제3자에 대하여도 효력이 있다. → 부작위위법확인소송은 동법 제38조 제2항에 의해 준용된다.

② 부작위위법확인의 소는 부작위상태가 계속되는 한 그 위법의 확인을 구할 이익이 있다고 보아야 하므로 원칙적으로 제소기간의 제한을 받지 않는다. 그러나 행정소송법 제38조 제2항이 제소기간을 규정한 같은 법 제20조를 부작위위법확인소송에 준용하고 있는 점에 비추어 보면, 행정심판 등 전심절차를 거친 경우에는 행정소송법 제20조가 정한 제소기간 내에 부작위위법확인의 소를 제기하여야 한다(대판 2009.7.23, 2008두10560).

④ 행정소송법상 행정청으로 하여금 일정한 행정처분을 하도록 명하는 이른바 이행판결을 구하는 소송은 허용되지 않는다(대판 1989.5.23, 88누8135).

적중레이더

부작위위법확인소송 심리 및 판결

- 심리의 범위: 심리의 범위가 신청의 실체적 내용까지 미치는지에 관해 절차적 심리설(소극설, 응답의무설)과 실체적 심리설(적극설, 특정처분의무설)이 대립한다. 판례는 부작위의 위법성을 확인하는 데 그치고 실체적 내용까지 심리할 수 없다면서 절차적 심리설의 입장을 취하고 있다.
- 위법판단의 기준시: 취소소송에서는 위법판단의 기준시에 대해 처분시설이 통설이나, 부작위위법확인소송의 경우 처분이 존재하지 않으므로 판결시(사실심의 종결시)설이 통설이다.
- 판결의 효력: 사정판결에 관한 규정은 준용되지 않으며 간접강제에 관한 규정은 준용되고 제3자효, 기속력은 인정되지만 형성력은 존재하지 않는다고 보는 것이 통설이다.

이렇게 출제됐어요

1 행정소송법 상 부작위위법확인소송에 대한 설명으로 옳지 않은 것은?
(다툼이 있는 경우 판례에 의함) '20 국가직 9급

② 어떠한 행정처분에 대한 법규상 또는 조리상의 신청권이 인정되지 않는 경우, 그 처분의 신청에 대한 행정청의 무응답이 위법하다고 하여 제기된 부작위위법확인소송은 적법하지 않다(대판 1999.12.7, 97누17568).

③ 취소소송의 제소기간에 관한 규정은 부작위위법확인소송에 준용되지 않으므로(→ 준용한다)(행정소송법 제20조) 행정심판 등 전심절차를 거친 경우에도 부작위위법확인소송에 있어서는 제소기간의 제한을 받지 않는다.

03 1 2 3 정답 ①

영역 행정의 실효성 확보수단 > 서설 난이도 중

정답의 이유

산업단지관리공단의 지위, 입주계약 및 변경계약의 효과, 입주계약 및 변경계약 체결 의무와 그 의무를 불이행한 경우의 형사적 내지 행

정적 제재, 입주계약해지의 절차, 해지통보에 수반되는 법적 의무 및 그 의무를 불이행한 경우의 형사적 내지 행정적 제재 등을 종합적으로 고려하면, 입주변경계약 취소는 행정청인 관리권자로부터 관리업무를 위탁받은 산업단지관리공단이 우월적 지위에서 입주기업체들에게 일정한 법률상 효과를 발생하게 하는 것으로서 항고소송의 대상이 되는 행정처분에 해당한다(대판 2017.6.15, 2014두46843).

오답의 이유

② 어업권면허에 선행하는 우선순위결정은 행정청이 우선권자로 결정된 자의 신청이 있으면 어업권면허처분을 하겠다는 것을 약속하는 행위로서 강학상 확약에 불과하고 행정처분은 아니므로, 우선순위결정에 공정력이나 불가쟁력과 같은 효력은 인정되지 아니하며, 따라서 우선순위결정이 잘못되었다는 이유로 종전의 어업권면허처분이 취소되면 행정청은 종전의 우선순위결정을 무시하고 다시 우선순위를 결정한 다음 새로운 우선순위결정에 기하여 새로운 어업권면허를 할 수 있다(대판 1995.1.20, 94누6529).

③ 다수설과 판례의 입장이다.

④ 사실행위는 직접적인 권리·의무의 변동을 가져오지 않는다. 그러나 사실행위로 인한 국가배상청구권은 인정될 수 있다.

04 1 2 3 정답 ③

영역 일반행정작용법 > 행정행위 난이도 중

정답의 이유

국토계획법이 정한 용도지역 안에서의 건축허가는 건축법 제11조 제1항에 의한 건축허가와 국토계획법 제56조 제1항의 개발행위허가의 성질을 아울러 갖는데, 개발행위허가는 허가기준 및 금지요건이 불확정개념으로 규정된 부분이 많아 그 요건에 해당하는지 여부는 행정청의 재량판단의 영역에 속한다. 그러므로 그에 대한 사법심사는 행정청의 공익판단에 관한 재량의 여지를 감안하여 원칙적으로 재량권의 일탈이나 남용이 있는지 여부만을 대상으로 하고, 사실오인과 비례·평등의 원칙 위반 여부 등이 그 판단 기준이 된다(대판 2017.3.15, 2016두55490).

오답의 이유

①·② 행정행위가 그 재량성의 유무 및 범위와 관련하여 이른바 기속행위 내지 기속재량행위와 재량행위 내지 자유재량행위로 구분된다고 할 때, 그 구분은 당해 행위의 근거가 된 법규의 체재·형식과 그 문언, 당해 행위가 속하는 행정 분야의 주된 목적과 특성, 당해 행위 자체의 개별적 성질과 유형 등을 모두 고려하여 판단하여야 하고, 이렇게 구분되는 양자에 대한 사법심사는, 전자의 경우 그 법규에 대한 원칙적인 기속성으로 인하여 법원이 사실인정과 관련 법규의 해석·적용을 통하여 일정한 결론을 도출한 후 그 결론에 비추어 행정청이 한 판단의 적법 여부를 독자의 입장에서 판

정하는 방식에 의하게 되나, 후자의 경우 행정청의 재량에 기한 공익판단의 여지를 감안하여 법원은 독자의 결론을 도출함이 없이 당해 행위에 재량권의 일탈·남용이 있는지 여부만을 심사하게 되고, 이러한 재량권의 일탈·남용 여부에 대한 심사는 사실오인, 비례·평등의 원칙 위배, 당해 행위의 목적 위반이나 동기의 부정 유무 등을 그 판단 대상으로 한다(대판 2001.2.9, 98두17593).

④ 자유재량에 있어서도 그 범위의 넓고 좁은 차이는 있더라도 법령의 규정뿐만 아니라 관습법 또는 일반적 조리에 의한 일정한 한계가 있는 것으로서 위 한계를 벗어난 재량권의 행사는 위법하다고 하지 않을 수 없다(대판 1990.8.28, 89누8255).

🔊 적중레이더

기속행위와 재량행위의 비교

구분	기속행위	재량행위
위반 효과	위법	부당 또는 위법(부당: 단순히 재량을 그르친 행위)
행정심판	가능	가능
행정소송	원칙적 심사	제한적 심사(재량권의 한계를 일탈·남용한 경우에 한하여 심사 가능)
부관의 가부	불가능	가능
개인적공권	행정개입청구권	무하자재량행사청구권

※ 불가변력: 기속행위와 재량행위 구별 실익에 해당 하지 않음(통설) → 불가변력은 상급청의 판단을 전제로 할 뿐이지, 그 판단이 기속행위인지 재량행위인지는 불문함

구별기준

학설	내용
요건재량설	• 요건이 다의적인 경우: 재량행위 • 요건이 일의적인 경우: 기속행위
효과재량설	• 수익적 효과: 재량행위 • 침익적 효과: 기속행위
법률문언설 (판례, 통설)	• 하여야 한다: 기속행위 • 할 수 있다: 재량행위 • 판례: 법률문언설(원칙)+효과재량설(예외)

---

05 ①②③   정답 ④

영역 행정조직법 > 지방자치법   난이도 하

정답의 이유

전결과 같은 행정권한의 내부위임은 법령상 처분권자인 행정관청이 내부적인 사무처리의 편의를 도모하기 위하여 그의 보조기관 또는 하급 행정관청으로 하여금 그의 권한을 사실상 행사하게 하는 것으로서 법률이 위임을 허용하지 않는 경우에도 인정되는 것이므로, 설사 행정관청 내부의 사무처리규정에 불과한 전결규정에 위반하여 원래의 전결권자 아닌 보조기관 등이 처분권자인 행정관청의 이름으로 행정처분을 하였다고 하더라도 그 처분이 권한 없는 자에 의하여 행하여진 무효의 처분이라고는 할 수 없다(대판 1998.2.27, 97누1105).

오답의 이유

① 권한의 위임이 권한에 대한 법적귀속의 변경인 이상 그것은 법률이 그 위임을 허용하고 있는 경우에 한하여 인정된다고 할 것이다(대판 1986.12.9, 86누569).

② 국가사무로서 지방자치단체의 장에게 위임된 이른바 '기관위임사무'에 해당하므로, 시·도지사가 지방자치단체의 조례에 의하여 이를 구청장 등에게 재위임할 수는 없고, 행정권한의 위임 및 위탁에 관한 규정 제4조에 의하여 위임기관의 장의 승인을 얻은 후 지방자치단체의 장이 제정한 규칙이 정하는 바에 따라 재위임하는 것만이 가능하다(대판 1995.8.22, 94누5694 전합).

③ 수임 및 수탁사무의 처리가 부당한지 여부의 판단은 위법성 판단과 달리 합목적적·정책적 고려도 포함되므로, 위임 및 위탁기관이 그 사무처리에 관하여 일반적인 지휘·감독을 하는 경우는 물론이고 나아가 수임 및 수탁사무의 처리가 부당하다는 이유로 그 사무처리를 취소하는 경우에도 광범위한 재량이 허용된다고 보아야 한다(대판 2017.9.21, 2016두55629).

🔊 적중레이더

권한의 위임

• 법적근거: 권한의 위임은 법령상 권한 자체의 귀속 변경을 초래하므로, 반드시 법적근거가 있어야 한다. 따라서 법령의 근거가 없는 권한의 위임은 무효이다.

• 범위: 권한의 '일부'에 대해서만 가능하다. 권한의 전부에 대하여 위임이 가능하다면, 위임관청은 존재할 이유가 없어지기 때문이다.

• 효과: 권한의 위임이 있는 경우에는 그 권한 자체가 수임관청의 권한이 되므로, 그 법적효과도 수임관청에게 귀속된다.

💡 이렇게 출제됐어요

1 행정소송법 상 피고 및 피고의 경정에 대한 설명으로 옳은 것은? (다툼이 있는 경우 판례에 의함)   '20 국가직 9급

③ 상급행정청의 지시에 의해 하급행정청이 자신의 명의로 처분을 하였다면, 당해 처분에 대한 취소소송에서는 지시를 내린 상급행정청이 피고가 된다(→ 행정처분을 하게 된 연유가 상급행정청이나 타행정청의 지시나 통보에 의한 것이라 하여도 그의 명의로 행한 행정청이 피고)(대판 1995.12.22, 95누14688).

정답의 이유

학원의 설립·운영에 관한 법률 제5조 제2항에 의한 <u>학원의 설립인가는 강학상의 이른바 허가에 해당</u>하는 것으로서 그 인가를 받은 자에게 특별한 권리를 부여하는 것은 아니고 일반적인 금지를 특정한 경우에 해제하여 학원을 설립할 수 있는 자유를 회복시켜 주는 것에 불과한 것이기는 하지만 위 법률 제5조 제2항 후단의 규정에 근거한 같은법 시행령 제10조 제1항은 설립자의 변경을 변경인가사항으로 규정하고 있어 <u>학원의 수인가자의 지위(이른바 인가권)의 양도는 허용</u>된다(대판 1992.4.14. 91다39986).

오답의 이유

① <u>건축허가는 대물적 성질을 갖는 것</u>이어서 행정청으로서는 허가를 할 때에 건축주 또는 토지 소유자가 누구인지 등 <u>인적 요소에 관하여는 형식적 심사만</u> 한다. 건축주가 토지 소유자로부터 토지사용승낙서를 받아 그 토지 위에 건축물을 건축하는 대물적(對物的) 성질의 건축허가를 받았다가 착공에 앞서 <u>건축주의 귀책사유로 해당 토지를 사용할 권리를 상실한 경우</u>, 건축허가의 존재로 말미암아 토지에 대한 소유권 행사에 지장을 받을 수 있는 <u>토지 소유자로서는 건축허가의 철회를 신청할 수 있</u>다고 보아야 한다. 따라서 토지 소유자의 위와 같은 <u>신청을 거부한 행위는 항고소송의 대상</u>이 된다(대판 2017.3.15. 2014두41190).

③ 대판 1982.7.27. 81누174

④ 대판 2006.8.25. 2004두2974

((•)) 적중레이더

허가의 특징

- 허가는 상대적 금지에 대해서만 가능하며, 절대적 금지의 경우에는 인정되지 않는다(도박, 마약, 미성년자 흡연에 대한 허가 → 불가).
- 실정법상으로 허가 외에도 인가, 면허, 등록, 지정, 승인 등의 용어로 사용되고 있다.
  - 허가의 신청 후 법률 등이 변경된 경우에 행정처분은 개정된 법률 등에 따라 처분을 함이 원칙이다(대판 1996.8.20. 95누10877).
  - 법률 등의 근거 없이 행정청이 허가 요건을 임의대로 추가할 수는 없다.
  - 허가는 사실행위(예 입산금지 해제)와 법률행위(예 매매금지 해제)를 대상으로 한다.
  - 대인적 허가는 타인에게 이전이 불가능하다(예 운전면허, 의사면허).
  - 대물적 허가는 타인에게 이전이 가능하다(예 주유소허가, 건축허가).
  - 법률 등에서 규정한 사유 이외의 사유를 들어 허가를 거부할 수 없음이 원칙이다. 다만, 중대한 공익(환경 또는 문화재 등)상 필요가 있는 경우에는 법률의 근거가 없어도 허가를 거부할 수 있다.

정답의 이유

행정절차법

제46조(행정예고) ① 행정청은 정책, 제도 및 계획(이하 "정책등"이라 한다)을 수립·시행하거나 변경하려는 경우에는 이를 예고하여야 한다. 다만, 다음 각 호의 어느 하나에 해당하는 경우에는 <u>예고를 하지 아니할 수 있다.</u>

　1. 신속하게 국민의 권리를 보호하여야 하거나 예측이 어려운 특별한 사정이 발생하는 등 긴급한 사유로 예고가 현저히 곤란한 경우
　2. 법령등의 단순한 집행을 위한 경우
　3. 정책등의 내용이 국민의 권리·의무 또는 일상생활과 관련이 없는 경우
　4. 정책등의 예고가 공공의 안전 또는 복리를 현저히 해칠 우려가 상당한 경우

오답의 이유

① 동법 제22조(의견청취) 제1항

제22조(의견청취) ① 행정청이 처분을 할 때 다음 각 호의 어느 하나에 해당하는 경우에는 <u>청문을 한다.</u>

　1. 다른 법령등에서 청문을 하도록 규정하고 있는 경우
　2. 행정청이 필요하다고 인정하는 경우
　3. 다음 각 목의 처분 시 제21조 제1항 제6호에 따른 의견제출기한 내에 당사자등의 신청이 있는 경우
　　가. <u>인허가 등의 취소</u>
　　나. <u>신분·자격의 박탈</u>
　　다. <u>법인이나 조합 등의 설립허가의 취소</u>

② 동법 제22조(의견청취) 제2항

제22조(의견청취) ② 행정청이 처분을 할 때 다음 각 호의 어느 하나에 해당하는 경우에는 공청회를 개최한다.

　3. <u>국민생활에 큰 영향을 미치는 처분으로서 대통령령으로 정하는 처분에 대하여 대통령령으로 정하는 수 이상의 당사자등이 공청회 개최를 요구하는 경우</u>

④ 동법 제23조(처분의 이유 제시) 제1항

제23조(처분의 이유 제시) ① 행정청은 처분을 할 때에는 다음 각 호의 어느 하나에 해당하는 경우를 제외하고는 당사자에게 그 근거와 이유를 제시하여야 한다.

　1. 신청 내용을 모두 그대로 인정하는 처분인 경우
　2. 단순·반복적인 처분 또는 경미한 처분으로서 당사자가 그 이유를 명백히 알 수 있는 경우
　3. 긴급히 처분을 할 필요가 있는 경우

[관련 판례]
행정청은 처분을 하는 때에는 당사자에게 그 근거와 이유를 제시하여야 한다고 규정하고 있는바, 일반적으로 당사자가 근거규정 등을 명시하여 신청하는 인·허가 등을 거부하는 처분을 함에 있어 당사자가 그 근거를 알 수 있을 정도로 상당한 이유를 제시한 경우에는 당해 처분의 근거 및 이유를 구체적 조항 및 내용까지 명시하지 않았더라도 그로 말미암아 그 처분이 위법한 것이 된다고 할 수 없다(대판 2002.5.17, 2000두8912).

08 [1][2][3]

정답 ②

영역 행정상 쟁송 > 행정소송   난이도 중

[정답의 이유]
사증발급의 법적 성질, 출입국관리법의 입법 목적, 사증발급 신청인의 대한민국과의 실질적 관련성, 상호주의원칙 등을 고려하면, 우리 출입국관리법의 해석상 외국인에게는 사증발급 거부처분의 취소를 구할 법률상 이익이 인정되지 않는다(대판 2018.5.15, 2014두42506).

[오답의 이유]
① 국민권익위원회가 소방청장에게 인사와 관련하여 부당한 지시를 한 사실이 인정된다며 이를 취소할 것을 요구하기로 의결하고 그 내용을 통지하자 소방청장이 국민권익위원회 조치요구의 취소를 구하는 소송을 제기한 사안에서, 처분성이 인정되는 국민권익위원회의 조치요구에 불복하고자 하는 소방청장으로서는 조치요구의 취소를 구하는 항고소송을 제기하는 것이 유효·적절한 수단으로 볼 수 있으므로 소방청장이 예외적으로 당사자능력과 원고적격을 가진다고 한 사례(대판 2018.8.1, 2014두35379)
③ 당사자의 신청을 받아들이지 않은 거부처분이 재결에서 취소된 경우에 행정청은 종전 거부처분 또는 재결 후에 발생한 새로운 사유를 내세워 다시 거부처분을 할 수 있다. 그 재결의 취지에 따라 이전의 신청에 대하여 다시 어떠한 처분을 하여야 할지는 처분을 할 때의 법령과 사실을 기준으로 판단하여야 하기 때문이다. 또한 행정청이 재결에 따라 이전의 신청을 받아들이는 후속처분을 하였더라도 후속처분이 위법한 경우에는 재결에 대한 취소소송을 제기하지 않고도 곧바로 후속처분에 대한 항고소송을 제기하여 다툴 수 있다. 나아가 거부처분을 취소하는 재결이 있더라도 그에 따른 후속처분이 있기까지는 제3자의 권리나 이익에 변동이 있다고 볼 수 없고 후속처분 시에 비로소 제3자의 권리나 이익에 변동이 발생하며, 재결에 대한 항고소송을 제기하여 재결을 취소하는 판결이 확정되더라도 그와 별도로 후속처분이 취소되지 않는 이상 후속처분으로 인한 제3자의 권리나 이익에 대한 침해 상태는 여전히 유지된다. 이러한 점들을 종합하면, 거부처분이 재결에서 취소된 경우

재결에 따른 후속처분이 아니라 그 재결의 취소를 구하는 것은 실효적이고 직접적인 권리구제수단이 될 수 없어 분쟁해결의 유효적절한 수단이라고 할 수 없으므로 법률상 이익이 없다(대판 2017.10.31, 2015두45045).
④ 병무청장이 병역법 제81조의2 제1항에 따라 병역의무 기피자의 인적사항 등을 인터넷 홈페이지에 게시하는 등의 방법으로 공개한 경우 병무청장의 공개결정을 항고소송의 대상이 되는 행정처분으로 보아야 한다(대판 2019.6.27, 2018두49130).

> **이렇게 출제됐어요**

1 행정소송법 상 항고소송의 제소기간에 대한 설명으로 가장 적절한 것은? (다툼이 있는 경우 판례에 의함)   '20 경찰 ②
① 취소소송은 처분 등이 있음을 안 날부터 90일 이내에 제기하여야 하는데, 행정심판청구를 할 수 있는 경우에 행정심판청구가 있은 때의 기간은 재결서의 정본을 송달받은 날부터 기산하며, 여기서 말하는 '행정심판'은 행정심판법 에 따른 일반행정심판만을 의미한다[→ 특별행정심판(행정심판법 제4조)을 뜻한다].
② 처분이 있음을 안 날부터 90일을 넘겨 청구한 부적법한 행정심판청구에 대한 재결이 있은 후 재결서를 송달받은 날부터 90일 이내에 원래의 처분에 대하여 취소소송을 제기하면 취소소송은 제소기간을 준수한 것으로 본다(→ 취소소송이 다시 제소기간을 준수한 것으로 되는 것은 아니다)(대판 2011.11.24, 2011두18786).
③ 무효등확인소송의 경우에도 취소소송과 같이 제소기간에 제한이 있다(→ 제소기간에 제한이 없다)(행정소송법 제20조).
④ 처분 당시에는 취소소송의 제기가 법제상 허용되지 않아 소송을 제기할 수 없다가 위헌결정으로 인하여 비로소 취소소송을 제기할 수 있게 된 경우에는 객관적으로는 '위헌결정이 있은 날', 주관적으로는 '위헌결정이 있음을 안 날' 비로소 취소소송을 제기할 수 있게 되어 이때를 제소기간의 기산점으로 삼아야 한다(대판 2008.2.1, 2007두20997).

영역 행정의 실효성 확보수단 > 행정상 강제 `난이도 중`

[정답의 이유]

「개발제한구역의 지정 및 관리에 관한 특별조치법」 제30조 제1항, 제30조의2 제1항 및 제2항의 규정에 의하면 시정명령을 받은 후 그 시정명령의 이행을 하지 아니한 자에 대하여 이행강제금을 부과할 수 있고, 이행강제금을 부과하기 전에 상당한 기간을 정하여 그 기한까지 이행되지 아니할 때에 이행강제금을 부과 · 징수한다는 뜻을 문서로 계고하여야 하므로, 이행강제금의 부과 · 징수를 위한 계고는 시정명령을 불이행한 경우에 취할 수 있는 절차라 할 것이고, 따라서 이행강제금을 부과 · 징수할 때마다 그에 앞서 시정명령 절차를 다시 거쳐야 할 필요는 없다(대판 2013.12.12, 2012두20397).

[오답의 이유]

① 대판 1997.2.14, 96누15428

② 이행강제금은 부작위의무나 비대체적 작위의무 위반의 경우뿐만 아니라 대체적 작위의무 위반에 대하여도 부과될 수 있는 것이므로, 이 사건 법률조항에서 이행강제금을 규정하고 있다고 하여 이행강제금 제도의 본질에 반한다고 할 수 없다(헌재 2011.10.25, 2009헌바140 전합).

③ 직접강제의 대상이 되는 의무에는 제한이 없다.

영역 행정조직법 > 지방자치법 `난이도 중`

[정답의 이유]

지방자치법 제172조(지방의회 의결의 재의와 제소)

① 지방의회의 의결이 법령에 위반되거나 공익을 현저히 해친다고 판단되면 시 · 도에 대하여는 주무부장관이, 시 · 군 및 자치구에 대하여는 시 · 도지사가 재의를 요구하게 할 수 있고, 재의요구를 받은 지방자치단체의 장은 의결사항을 이송받은 날부터 20일 이내에 지방의회에 이유를 붙여 재의를 요구하여야 한다.

③ 지방자치단체의 장은 제2항에 따라 재의결된 사항이 법령에 위반된다고 판단되면 재의결된 날부터 20일 이내에 대법원에 소를 제기할 수 있다. 이 경우 필요하다고 인정되면 그 의결의 집행을 정지하게 하는 집행정지결정을 신청할 수 있다.

[오답의 이유]

① 영유아보육법이 보육시설 종사자의 정년에 관한 규정을 두거나 이를 지방자치단체의 조례에 위임한다는 규정을 두고 있지 않음에도 보육시설 종사자의 정년을 규정한 '서울특별시 중구 영유아 보육 조례 일부개정조례안' 제17조 제3항은, 법률의 위임 없이 헌법이 보장하는 직업을 선택하여 수행할 권리의 제한에 관한 사항을 정

한 것이어서 그 효력을 인정할 수 없으므로, 위 조례안에 대한 재의결은 무효이다(대판 2009.5.28, 2007추134).

② 지방자치법 제169조(위법 · 부당한 명령 · 처분의 시정) 제1항

> **제169조(위법 · 부당한 명령 · 처분의 시정)** ① 지방자치단체의 사무에 관한 그 장의 명령이나 처분이 법령에 위반되거나 현저히 부당하여 공익을 해친다고 인정되면 시 · 도에 대하여는 주무부장관이, 시 · 군 및 자치구에 대하여는 시 · 도지사가 기간을 정하여 서면으로 시정할 것을 명하고, 그 기간에 이행하지 아니하면 이를 취소하거나 정지할 수 있다. 이 경우 자치사무에 관한 명령이나 처분에 대하여는 법령을 위반하는 것에 한한다.

③ 법률에서 조례에 위임하는 방식에 관해서는 법률상 제한이 없다. 조례의 제정권자인 지방의회는 선거를 통해서 지역적인 민주적 정당성을 지니고 있는 주민의 대표기관이다. 헌법 제117조 제1항은 지방자치단체에 포괄적인 자치권을 보장하고 있다. 따라서 조례에 대한 법률의 위임은 법규명령에 대한 법률의 위임과 같이 반드시 구체적으로 범위를 정하여 할 필요가 없다. 법률이 주민의 권리의무에 관한 사항에 관하여 구체적으로 범위를 정하지 않은 채 조례로 정하도록 포괄적으로 위임한 경우에도 지방자치단체는 법령에 위반되지 않는 범위 내에서 주민의 권리의무에 관한 사항을 조례로 제정할 수 있다(대판 2017.12.5, 2016추5162).

🎯 **이렇게 출제됐어요**

1 지방자치에 대한 설명으로 옳은 것만을 〈보기〉에서 모두 고른 것은? (다툼이 있는 경우 판례에 의함) '20 국회 8급

┌ 보기 ┐

ㄱ. 「지방자치법」상 지방의회에서 의결할 의안은 지방자치단체의 장이나 재적의원 5분의 1 이상 또는 의원 20명 이상의 연서로 발의한다(→ 의원 10명 이상의 연서로 발의한다)(지방자치법 제66조).

ㄴ. 「지방자치법」상 시 · 도가 처리하는 것으로 되어 있는 사무를 제외한 사무는 기초지방자치단체(시 · 군 및 자치구)의 사무로 한다. 다만, 인구 50만 이상의 시에 대하여는 도가 처리하는 사무의 일부를 직접 처리하게 할 수 있다(동법 제10조).

ㄷ. 「지방자치법」상 지방자치단체 및 그 장이 위임받아 처리하는 국가사무와 시 · 도의 사무에 대하여 국회와 시 · 도의회가 직접 감사하기로 한 사무 외에는 그 감사를 각각 해당 시 · 도의회와 시 · 군 및 자치구의회가 할 수 있다(종법 제41조).

ㄹ. 담배소매업을 영위하는 주민들에게 자판기 설치를 제한하는 것을 내용으로 하는 조례는 주민의 권리 · 의무에 관한 사항을 규율하는 조례라고 할 수 있으므로 지방자치단체가 이러한 조례를 제정함에 있어서는 법률의 위임을 필요로 한다(헌재 1995.4.20, 92헌마264 · 279).

⑤ ㄴ, ㄷ, ㄹ

11 [1][2][3]

영역 행정법 서론 > 행정상 법률관계　　　　　　난이도 하

정답의 이유

국가나 지방자치단체에 근무하는 청원경찰은 국가공무원법이나 지방공무원법상의 공무원은 아니지만, 다른 청원경찰과는 달리 그 임용권자가 행정기관의 장이고, 국가나 지방자치단체로부터 보수를 받으며, 산업재해보상보험법이나 근로기준법이 아닌 공무원연금법에 따른 재해보상과 퇴직급여를 지급받고, 직무상의 불법행위에 대하여도 민법이 아닌 국가배상법이 적용되는 등의 특질이 있으며 그외 임용자격, 직무, 복무의무 내용 등을 종합하여 볼때, 그 근무관계를 사법상의 고용계약관계로 보기는 어려우므로 그에 대한 징계처분의 시정을 구하는 소는 행정소송의 대상이지 민사소송의 대상이 아니다(대판 1993.7.13, 92다47564).

오답의 이유

① 변상금의 체납시 국세징수법에 의하여 강제징수토록 하고 있는 점 등에 비추어 보면 국유재산의 관리청이 그 무단점유자에 대하여 하는 변상금부과처분은 순전히 사경제 주체로서 행하는 사법상의 법률행위라 할 수 없고 이는 관리청이 공권력을 가진 우월적 지위에서 행한 것으로서 행정소송의 대상이 되는 행정처분이라고 보아야 한다(대판 1988.2.23, 87누1046).

③ 예산회계법에 따라 체결되는 계약은 사법상의 계약이라고 할 것이고 동법 제70조의5의 입찰보증금은 낙찰자의 계약체결의무이행의 확보를 목적으로 하여 그 불이행시에 이를 국고에 귀속시켜 국가의 손해를 전보하는 사법상의 손해배상 예정으로서의 성질을 갖는 것이라고 할 것이므로 입찰보증금의 국고귀속조치는 국가가 사법상의 재산권의 주체로서 행위하는 것이지 공권력을 행사하는 것이거나 공권력작용과 일체성을 가진 것이 아니라 할 것이므로 이에 관한 분쟁은 행정소송이 아닌 민사소송의 대상이 될 수밖에 없다고 할 것이다(대판 1983.12.27, 81누366).

④ 조세채무는 법률의 규정에 의하여 정해지는 법정채무로서 당사자가 그 내용 등을 임의로 정할 수 없고, 조세채무관계는 공법상의 법률관계이고 그에 관한 쟁송은 원칙적으로 행정사건으로서 행정소송법의 적용을 받는다(대판 2007.12.14, 2005다11848).

((•)) 적중레이더

공법과 사법의 구별

구분	공법(공법관계)	사법(사법관계)
절차법	• 행정심판의 인정 • 행정법원의 관할 • 행정소송법 적용	• 행정심판 없음 • 민사법원의 관할 • 민사소송법 적용
실체법	• 공법 · 공법원리의 적용 • 공정력 등 우월적 효력 긍정 • 단기의 소멸시효(5년) • 불법행위 시 국가배상법 적용	• 사법 · 사법원리의 적용 • 공정력 등 우월적 효력 부정 • 장기의 소멸시효(10년) • 불법행위 시 민법 적용
행정절차법	처분 등의 절차에 적용	사적 자치가 적용
집행법	• 자력강제 • 행정벌 가능	• 타력강제 • 행정벌 불가

(✪) 이렇게 출제됐어요

1 공법관계와 사법관계에 대한 설명으로 옳은 것은? (다툼이 있는 경우 판례에 의함)　　'20 지방직 9급

① 행정절차법은 공법관계는 물론 사법관계에 대해서도 적용된다(→ 사법관계에는 적용되지 않는다)(행정절차법 제3조).

② 공법관계는 행정소송 중 항고소송의 대상이 되며(→ 권력행위 자체는 항고소송, 형성된 법률관계는 당사자소송). 사인 간의 법적 분쟁에 관한 사법관계는 행정소송 중 당사자소송의 대상이 된다(→ 민사소송절차의 대상).

③ 법률관계의 한쪽 당사자가 행정주체인 경우에는 공법관계로 보는 것이 판례의 일관된 입장이다(→ 다수설, 판례는 복수기준설임, 지문은 주체설).

④ 입찰보증금의 국고귀속조치는 국가가 사법상의 재산권의 주체로서 행위하는 것이지, 공권력을 행사하는 것이거나 공권력작용과 일체성을 가진 것이 아니라 할 것이다(대판 1983.12.27, 81누366).

---

12 [1][2][3]

정답 ④

영역 일반행정작용법 > 행정행위　　　　　　난이도 중

정답의 이유

행정청이 도시 및 주거환경정비법 등 관련 법령에 근거하여 행하는 조합설립인가처분은 단순히 사인들의 조합설립행위에 대한 보충행위로서의 성질을 갖는 것에 그치는 것이 아니라 법령상 요건을 갖출 경우 도시 및 주거환경정비법상 주택재건축사업을 시행할 수 있는 권한을 갖는 행정주체(공법인)로서의 지위를 부여하는 일종의 설권적 처분의 성격을 갖는다고 보아야 한다(대판 2009.9.24, 2008다60568).

2020 7급 기출문제해설　**125**

① 관세법 제78조 소정의 보세구역의 설영특허는 보세구역의 설치, 경영에 관한 권리를 설정하는 이른바 공기업의 특허로서 그 특허의 부여여부는 행정청의 자유재량에 속하며, 특허기간이 만료된 때에 특허는 당연히 실효되는 것이어서 특허기간의 갱신은 실질적으로 권리의 설정과 같으므로 그 갱신여부도 특허관청의 자유재량에 속한다(대판 1989.5.9, 88누4188).

② 대판 1994.9.9, 94다4592

③ 개인택시운송사업면허는 특정인에게 권리나 이익을 부여하는 행정행위로서 법령에 특별한 규정이 없는 한 재량행위이고, 위 법과 그 시행규칙의 범위 내에서 면허를 위하여 필요한 기준을 정하는 것 역시 행정청의 재량에 속하는 것이므로, … 택시 이외의 운전경력자에게 반사적인 불이익이 초래된다는 결과만을 들어 그러한 행정청의 조치가 불합리 혹은 부당하여 재량권을 일탈·남용한 위법이 있다고 볼 수는 없다(대판 2009.7.9, 2008두11983).

개념 확인

1 공공용물인 해당 부지를 사용하기 위해서는 별도로 점용허가를 받아야 하며, 해당 점용허가의 법적성질은 허가이다. (O, X)

2 국유재산법상 행정재산의 사용허가는 사법상 계약의 성질을 가진다. (O, X)

정답 1 X(도로법 제40조 도로점용 → 특별사용, 강학상 특허; 대판 2002.10.25, 2002두5795) **2** X(강학상 특허)

---

13 [1][2][3] 정답 ③

영역 일반행정작용법 > 행정상 입법 | 난이도 하

정답의 이유

행정부에 의한 법규사항의 제정은 입법부의 권한 내지 의무를 침해하고 자의적인 시행령 제정으로 국민들의 자유와 권리를 침해할 수 있기 때문에 엄격한 헌법적 기속을 받게 하는 것이다. 그런데 법률이 행정부가 아니거나 행정부에 속하지 않는 공법적 기관의 정관에 특정 사항을 정할 수 있다고 위임하는 경우에는 그러한 권력분립의 원칙을 훼손할 여지가 없다. 이는 자치입법에 해당되는 영역이므로 자치적으로 정하는 것이 바람직하다. 따라서 법률이 정관에 자치법적 사항을 위임한 경우에는 헌법 제75조, 제95조가 정하는 포괄적인 위임입법의 금지는 원칙적으로 적용되지 않는다(헌재 2006.3.30, 2005헌바31 전합).

오답의 이유

① 대판 2013.9.12, 2011두10584
② 대판 2017.12.5, 2016추5162

---

④ 법규명령의 위임의 근거가 되는 법률에 대하여 위헌결정이 선고되면 그 위임규정에 근거하여 제정된 법규명령도 원칙적으로 효력을 상실한다(대판 1998.4.10, 96다52359).

---

14 [1][2][3] 정답 ①

영역 행정의 실효성 확보수단 > 행정벌 | 난이도 하

정답의 이유

대판 1980.10.14, 80누380

오답의 이유

② 질서위반행위규제법 제7조(고의 또는 과실) 고의 또는 과실이 없는 질서위반행위는 과태료를 부과하지 아니한다.

③ 동법 제8조(위법성의 착오) 자신의 행위가 위법하지 아니한 것으로 오인하고 행한 질서위반행위는 그 오인에 정당한 이유가 있는 때에 한하여 과태료를 부과하지 아니한다.

④ 동법 제24조(가산금 징수 및 체납처분 등) ① 행정청은 당사자가 납부기한까지 과태료를 납부하지 아니한 때에는 납부기한을 경과한 날부터 체납된 과태료에 대하여 100분의 3에 상당하는 가산금을 징수한다.

개념 확인

1 과태료의 부과요건·절차 등에 관해 「질서위반행위규제법」의 법률규정이 있으면 그 규정을 우선 적용한다. (O, X)

2 통고처분에 따른 범칙금을 납부한 후에 동일한 사건에 대하여 다시 형사처벌을 하는 것은 일사부재리의 원칙에 반하는 것은 아니다. (O, X)

3 양벌규정에 의해 영업주가 처벌되기 위해서는 종업원의 범죄가 성립하거나 처벌이 이루어져야 함이 전제조건이다. (O, X)

정답 1 X(동법 제5조) **2** X(대판 2002.11.22, 2001도849) **3** X(대판 2006.2.24, 2005도7673)

---

15 [1][2][3] 정답 ②

영역 행정의 실효성 확보수단 > 행정상 강제 | 난이도 상

정답의 이유

공익사업을 위한 토지 등의 취득 및 보상에 관한 법률(이하 '토지보상법'이라고 한다) 제72조의 문언, 연혁 및 취지 등에 비추어 보면, 위 규정이 정한 수용청구권은 토지보상법 제74조 제1항이 정한 잔여지

수용청구권과 같이 손실보상의 일환으로 토지소유자에게 부여되는 권리로서 그 청구에 의하여 수용효과가 생기는 형성권의 성질을 지니므로, 토지소유자의 토지수용청구를 받아들이지 아니한 토지수용위원회의 재결에 대하여 토지소유자가 불복하여 제기하는 소송은 토지보상법 제85조 제2항에 규정되어 있는 '보상금의 증감에 관한 소송'에 해당하고, 피고는 토지수용위원회가 아니라 사업시행자로 하여야 한다(대판 2015.4.9, 2014두46669).

오답의 이유
① 청구인들의 주장 및 관계인들의 의견요지 가. 청구인들의 주장 (1) 헌법 제23조 제3항이 '공공필요에 의한 재산권의 수용……에 대[하여는]……정당한 보상을 지급하여야 한다'고 규정하고 있는 것은, 피수용재산의 객관적인 가치를 기준으로 하는 완전보상을 뜻하는 것으로서 그 보상의 시기나 방법에 어떤 제한이 가해져서는 아니된다는 취지이다. 토지수용법 제46조 제1항이 '손실액의 산정은 수용……재결 당시의 가격을 기준으로 하되……인근토지의 거래가격을……고려한 적정가격으로 하여야 한다'고 규정한 것은 헌법의 위와 같은 완전보상의 원칙을 구체적으로 명시한 것이다(헌재 1995.4.20, 93헌바20 전합).
③ 공익사업을 위한 토지 등의 취득 및 보상에 관한 법률에 의한 보상합의는 공공기관이 사경제주체로서 행하는 사법상 계약의 실질을 가지는 것으로서, 당사자 간의 합의로 같은 법 소정의 손실보상의 기준에 의하지 아니한 손실보상금을 정할 수 있으며, 이와 같이 같은 법이 정하는 기준에 따르지 아니하고 손실보상액에 관한 합의를 하였다고 하더라도 그 합의가 착오 등을 이유로 적법하게 취소되지 않는 한 유효하다(대판 2013.8.22, 2012다3517).
④ 택지개발사업지구 내 비닐하우스에서 화훼소매업을 하던 甲과 乙이 재결절차를 거치지 않고 사업시행자를 상대로 주된 청구인 영업손실보상금 청구에 생활대책대상자 선정 관련청구소송을 병합하여 제기한 사안에서, 영업손실보상금청구의 소가 재결절차를 거치지 않아 부적법하여 각하되는 이상, 이에 병합된 생활대책대상자 선정 관련청구소송 역시 소송요건을 흠결하여 부적법하므로 각하되어야 한다고 한 사례(대판 2011.9.29, 2009두10963)

16 1 2 3   정답 ②

영역 일반행정작용법 > 행정행위   난이도 중

정답의 이유
통지행위는 법률행위와 같이 효과의사를 표시하는 행위가 아니라 어떠한 사실에 대한 관념이나 의사를 표시하는 행위, 즉 '관념의 표시행위'로서 일정한 법적 효과를 발생시킨다는 점에서 준법률행위적 행정행위이다. 그래서 통지는 이미 성립한 행정행위의 효력발생요건으로서의 교부나 송달은 그 자체가 독립한 행정행위가 아닌 점에서 구별된다.

오답의 이유
① 수리란 타인의 행정청에 대한 행위를 유효하다고 받아들이는 행위를 말한다. 따라서 행정행위로서 행하는 수리는 하나의 의사작용으로 일정한 법적 효과가 부여된다는 점에서 단순한 사실로서의 도달이나 접수(판단을 하지 않고 단지 받아 두는 행위)와 구별된다.
③ 선거인명부에 등록하는 행위는 공증은 준법률행위적 행정행위로 법령에서 정한대로 효과가 발생한다.

🎯 이렇게 출제됐어요

1 다음 준법률적 행정행위 중 통지행위에 해당하는 것만을 모두 고른 것은? (다툼이 있는 경우 판례에 의함)   '20 경찰 ②

> ㉠ 특허출원의 공고(← 통지)
> ㉡ 부동산등기부에의 등기(← 공증)
> ㉢ 귀화의 고시(← 통지)
> ㉣ 선거에 있어 당선인 결정(← 확인)
> ㉤ 대집행의 계고(← 통지)

㉠, ㉢, ㉤은 준법률행위적 행정행위 중 통지행위

17 1 2 3   정답 ①

영역 행정조직법 > 지방자치법   난이도 하

정답의 이유
지방자치법 제22조(조례) 지방자치단체는 법령의 범위 안에서 그 사무에 관하여 조례를 제정할 수 있다. 다만, 주민의 권리 제한 또는 의무 부과에 관한 사항이나 벌칙을 정할 때에는 법률의 위임이 있어야 한다.

[관련 판례]
지방자치단체가 조례를 제정할 수 있는 사항은 지방자치단체의 고유사무인 자치사무와 개별 법령에 따라 지방자치단체에 위임된 단체위임사무에 한정된다. 국가사무가 지방자치단체의 장에게 위임되거나 상위 지방자치단체의 사무가 하위 지방자치단체의 장에게 위임된 기관위임사무에 관한 사항은 원칙적으로 조례의 제정범위에 속하지 않는다(대판 2017.12.5, 2016추5162).

오답의 이유
② 동법 제3조(지방자치단체의 법인격과 관할) ① 지방자치단체는 법인으로 한다.
③ 동법 제8조(사무처리의 기본원칙) ③
④ 동법 제27조(조례위반에 대한 과태료) ①

1 지방자치단체의 사무에 관한 설명으로 옳지 않은 것은? (다툼이 있으면 판례에 따름)　'19 행정사

① 자치사무에 대한 국가의 감독은 적법한 통제에 그친다(지방자치법 제169조 제1항).

② 조례안으로 지방자치단체 사무의 민간위탁에 관하여 지방의회의 사전 동의를 받도록 하는 것은 위법하지 않다(대판 2011.2.10, 2010추11).

③ 자치사무에 있어서 시·도와 시·군·자치구의 사무가 경합하는 경우 시·군·자치구가 먼저 처리한다(지방자치법 제10조 제3항).

④ 호적사무는 사법적(司法的) 성격이 강한 국가의 사무이다(→ 지방자치단체의 사무이다)(대판 1995.3.28, 94다45654).

⑤ 개별법령에서 조례로 정하도록 위임한 경우 기관위임사무에 대해서도 조례를 정할 수 있다(대판 2000.5.30, 99추85).

---

18 ① ② ③　　　　　　　　　　　　　　　　정답 ③

영역 행정상 쟁송 > 행정쟁송 개관　　　　　　　　난이도 하

정답의 이유

행정소송법 제39조(피고적격) 당사자소송은 국가·공공단체 그 밖의 권리주체를 피고로 한다. → 취소소송의 피고는 행정청임

오답의 이유

① 동법 제26조(직권심리) 법원은 필요하다고 인정할 때에는 직권으로 증거조사를 할 수 있고, 당사자가 주장하지 아니한 사실에 대하여도 판단할 수 있다.

　동법 제44조(준용규정) ① 제14조 내지 제17조, 제22조, 제25조, 제26조, 제30조 제1항, 제32조 및 제33조의 규정은 당사자소송의 경우에 준용한다.

② 원고가 고의 또는 중대한 과실 없이 행정소송으로 제기하여야 할 사건을 민사소송으로 잘못 제기한 경우, 수소법원으로서는 만약 그 행정소송에 대한 관할도 동시에 가지고 있다면 이를 행정소송으로 심리·판단하여야 하고, 그 행정소송에 대한 관할을 가지고 있지 아니하다면 당해 소송이 이미 행정소송으로서의 전심절차 및 제소기간을 도과하였거나 행정소송의 대상이 되는 처분 등이 존재하지도 아니한 상태에 있는 등 행정소송으로서의 소송요건을 결하고 있음이 명백하여 행정소송으로 제기되었더라도 어차피 부적법하게 되는 경우가 아닌 이상 이를 부적법한 소라고 하여 각하할 것이 아니라 관할 법원에 이송하여야 한다(대판 1997.5.30, 95다28960).

---

1 주택재개발정비사업을 위한 관리처분계획이 조합원 총회에서 승인되었으나 아직 관할 행정청의 인가 전이라면 조합원은 해당 총회결의에 대해서는 당사자소송으로 다툴 수 있다.　(O, X)

정답 **1** O(대판 2009.9.17, 2007다2428 전합)

---

19 ① ② ③　　　　　　　　　　　　　　　　정답 ④

영역 행정법 서론 > 행정법　　　　　　　　　　난이도 하

정답의 이유

지방자치법 제22조(조례) 지방자치단체는 법령의 범위 안에서 그 사무에 관하여 조례를 제정할 수 있다. 다만, 주민의 권리 제한 또는 의무 부과에 관한 사항이나 벌칙을 정할 때에는 법률의 위임이 있어야 한다. → 법률의 위임이 있어야 하는 것은 아님

오답의 이유

① 행정법은 다양한 개별법령으로 구성되어 있어서 단일화 되어있지 못하다.

② 프리츠 베르너(Fritz Werner)는 「구체화된 헌법으로서의 행정법」에서 위와 같은 언급을 하였다.

③ 헌법 제75조

📶 적중레이더

자치법규(조례·규칙)
- 지방자치법상 자치법규에는 지방의회가 제정한 조례와 지방자치단체장이 정한 규칙이 있다.
- 자치법규는 상위규범인 헌법, 법률, 명령에 위반되어서는 안 된다. 판례는 지방자치단체의 사무에 관한 조례와 규칙 중 조례가 상위규범이라고 명시한다.

---

20 ① ② ③　　　　　　　　　　　　　　　　정답 ②

영역 행정법 서론 > 행정법　　　　　　　　　　난이도 상

정답의 이유

국세징수법상 관허사업 제한규정이 부당결부금지원칙에 반한다(위헌)는 판례는 존재하지 않는다. 그러나 학설은 위헌설과 합헌설로 나뉜다. 현재는 법률이 개정되었다.

제7조(관허사업의 제한) ① 세무서장(지방국세청장을 포함한다. 이하 이 조 및 제7조의2 제1항에서 같다)은 납세자가 허가 · 인가 · 면허 및 등을 받은 사업과 관련된 소득세, 법인세 및 부가가치세를 대통령령으로 정하는 사유 없이 체납하였을 때에는 해당 사업의 주무관서에 그 납세자에 대하여 허가등의 갱신과 그 허가등의 근거 법률에 따른 신규 허가등을 하지 아니할 것을 요구할 수 있다.

오답의 이유

① 입법정책만으로 헌법상의 공정경쟁의 원리와 기회균등의 원칙을 훼손하는 것은 부적절하며, 국가유공자의 가족의 공직 취업기회를 위하여 매년 많은 일반 응시자들에게 불합격이라는 심각한 불이익을 입게 하는 것은 정당화될 수 없다. 이 사건 조항의 차별로 인한 불평등 효과는 입법목적과 그 달성수단 간의 비례성을 현저히 초과하는 것이므로, 이 사건 조항은 청구인들과 같은 일반 공직시험 응시자들의 평등권을 침해한다(헌재 2006.2.23, 2004헌마675).

③ 행정청이 조합설립추진위원회의 설립승인 심사에서 위법한 행정처분을 한 선례가 있다고 하여 그러한 기준을 따라야 할 의무가 없는 점 등에 비추어, 평등의 원칙이나 신뢰보호의 원칙 또는 자기구속의 원칙 등에 위배되고 재량권을 일탈 · 남용하여 자의적으로 조합설립추진위원회 승인처분을 한 것으로 볼 수 없다고 한 사례(대판 2009.6.25, 2008두13132)

④ 같은 정도의 비위를 저지른 자들 사이에 있어서도 그 직무의 특성 등에 비추어, 개전의 정이 있는지 여부에 따라 징계의 종류의 선택과 양정에 있어서 차별적으로 취급하는 것은, 사안의 성질에 따른 합리적 차별로서 이를 자의적 취급이라고 할 수 없는 것이어서 평등원칙 내지 형평에 반하지 아니한다(대판 1999.8.20, 99두2611).

🖐 이렇게 출제됐어요

1 행정법의 일반원칙에 대한 설명으로 옳은 것은? (다툼이 있는 경우 판례에 의함)　　'20 지방직 9급

① 비례의 원칙은 행정에만 적용되는 원칙이므로 입법에서는 적용될 여지가 없다(→ 적용 된다)(헌재 1992.12.24, 92헌가8).

② 신뢰보호의 원칙이 적용되기 위한 요건인 행정권의 행사에 관하여 신뢰를 주는 선행조치가 되기 위해서는 반드시 처분청 자신의 적극적인 언동이 있어야만 한다(→ 적극적 · 소극적 · 명시적 · 묵시적 · 적법행위 · 위법행위, 법률행위 · 사실행위 등을 모두 포함된다).

③ 동일한 사항을 다르게 취급하는 것은 합리적 이유가 없는 차별이므로, 같은 정도의 비위를 저지른 자들은 비록 개전의 정이 있는지 여부에 차이가 있다고 하더라도 징계 종류의 선택과 양정에 있어 동일하게 취급받아야 한다(→ 징계의 종류의 선택과 양정에 있어서 차별적으로 취급하는 것은 사안의 성질에 따른 합리적 차별 인정)(대판 2012.5.24, 2011두19727).

④ 재량권행사의 준칙인 행정규칙이 그 정한 바에 따라 되풀이 시행되어 행정관행이 이루어지게 되면 평등의 원칙이나 신뢰보호의 원칙에 따라 행정기관은 그 상대방에 대한 관계에서 그 규칙에 따라야 할 자기구속을 받게 된다(헌재 1990.9.3, 90헌마13).

---

21 ⓵ ② ③　　정답 ④

영역 행정상 쟁송 > 행정심판　　난이도 중

정답의 이유

행정심판법
제30조(집행정지) ① 심판청구는 처분의 효력이나 그 집행 또는 절차의 속행(續行)에 영향을 주지 아니한다.

오답의 이유

① 동법 제51조(행정심판 재청구의 금지)

제51조(행정심판 재청구의 금지) 심판청구에 대한 재결이 있으면 그 재결 및 같은 처분 또는 부작위에 대하여 다시 행정심판을 청구할 수 없다.

② 행정심판법 제37조 제1항의 규정에 의하면 재결은 행정청을 기속하는 효력을 가지므로 재결청이 취소심판의 청구가 이유 있다고 인정하여 처분청에게 처분의 취소를 명하면 처분청으로서는 그 재결의 취지에 따라 처분을 취소하여야 하지만, 그렇다고 하여 그 재결의 취지에 따른 취소처분이 위법할 경우 그 취소처분의 상대방이 이를 항고소송으로 다툴 수 없는 것은 아니다(대판 1993.9.28, 92누15093).

③ 동법 제47조(재결의 범위) 제1항

제47조(재결의 범위) ① 위원회는 심판청구의 대상이 되는 처분 또는 부작위 외의 사항에 대하여는 재결하지 못한다(불고불리원칙).
② 위원회는 심판청구의 대상이 되는 처분보다 청구인에게 불리한 재결을 하지 못한다(불이익변경금지원칙).

🖐 이렇게 출제됐어요

1 「행정심판법」상 중앙행정심판위원회에만 인정되는 고유한 권한인 것은?　　'20 국회직 8급

② 불합리한 법령 등의 개선을 위한 시정조치요청권(동법 제59조)

2 행정심판법에 의해 행정청이 행정심판위원회의 재결의 취지에 따라 재처분을 할 의무가 있음에도 그 의무를 이행하지 않은 경우에 행정심판위원회가 직접 처분을 할 수 있는 재결은?　　'20 국가직 9급

② 당사자의 신청을 거부한 처분의 이행을 명하는 재결(동법 제49조 제3항)

영역 **특별행정작용법 > 규제행정법** 난이도 상

정답의 이유

허가가 규제지역 내의 모든 국민에게 전반적으로 토지거래의 자유를 금지하고 일정한 요건을 갖춘 경우에만 금지를 해제하여 계약체결의 자유를 회복시켜 주는 성질의 것이라고 보는 것은 위 법의 입법취지를 넘어선 지나친 해석이라고 할 것이고, 규제지역 내에서도 토지거래의 자유가 인정되나 다만 위 허가를 허가 전의 유동적 무효 상태에 있는 법률행위의 효력을 완성시켜 주는 인가적 성질을 띤 것이라고 보는 것이 타당하다(대판 1991.12.24, 90다12243).

오답의 이유

① 표준지로 선정된 토지의 공시지가에 불복하기 위하여는 구 지가공시 및 토지등의 평가에 관한 법률(1995.12.29. 법률 제5108호로 개정되기 전의 것) 제8조 제1항 소정의 이의절차를 거쳐 처분청인 건설부장관을 상대로 그 공시지가 결정의 취소를 구하는 행정소송을 제기하여야 하는 것이지 그러한 절차를 밟지 아니한 채 그 표준지에 대한 조세부과처분의 취소를 구하는 소송에서 그 공시지가의 위법성을 다툴 수는 없다(대판 1997.2.28, 96누10225).→ 개별공시지가결정과 과세처분 사이에는 하자승계를 긍정

② 시장·군수 또는 구청장의 개별토지가격결정은 관계법령에 의한 토지초과이득세, 택지초과소유부담금 또는 개발부담금 산정의 기준이 되어 국민의 권리나 의무 또는 법률상 이익에 직접적으로 관계되는 것으로서 행정소송법 제2조 제1항 제1호 소정의 행정청이 행하는 구체적 사실에 관한 법집행으로서의 공권력행사이므로 항고소송의 대상이 되는 행정처분에 해당한다(대판 1994.2.8, 93누111).

④ 토지거래계약허가를 받은 자는 5년의 범위 이내에서 대통령령이 정하는 기간 동안 그 토지를 허가받은 목적대로 이용하여야 하는 의무도 부담하며, 같은 법에 따른 토지이용의무를 이행하지 아니하는 경우 이행강제금을 부과당하게 되는 등 토지거래계약에 관한 허가구역의 지정은 개인의 권리 내지 법률상의 이익을 구체적으로 규제하는 효과를 가져오게 하는 행정청의 처분에 해당하고, 따라서 이에 대하여는 원칙적으로 항고소송을 제기할 수 있다(대판 2006.12.22, 2006두12883).

개념 확인

1 토지거래허가지역 내의 토지거래계약은 허가가 있기 전에는 효력이 발생하지 않은 상태에 있다가 허가가 있으면 토지거래계약은 소급하여 유효하게 된다. (O, X)

정답 **1** O(대판 1991.12.24, 90다122432 전합)

영역 **특별행정작용법 > 공용부담법** 난이도 중

정답의 이유

국공립학교 운동장은 '공용물'로서 직접 행정주체가 자신의 사용에 제공함을 목적으로 하기 때문에 원칙적으로는 자유사용의 대상이 되지 않는다.

오답의 이유

② 도로의 특별사용은 반드시 독점적, 배타적인 것이 아니라 그 사용 목적에 따라서는 도로의 일반사용과 병존이 가능한 경우도 있고 이러한 경우에는 도로점용부분이 동시에 일반공중의 교통에 공용되고 있다고 하여 도로점용이 아니라고 말할 수 없다(대판 1991.4.9, 90누8855).

④ 하천의 점용허가권은 특허에 의한 공물사용권의 일종으로서 하천의 관리주체에 대하여 일정한 특별사용을 청구할 수 있는 채권에 지나지 아니하고 대세적 효력이 있는 물권이라 할 수 없다(대판 2015.1.29, 2012두27404).

이렇게 출제됐어요

1 공물에 관한 설명으로 옳은 것은? (다툼이 있으면 판례에 따름)

'20 행정사

① 어떤 토지의 지목이 도로이고 국유재산대장에 등재되어 있다면 그 토지는 도로로서 행정재산에 해당한다고 보아야 한다(→ 행정처분으로써 공공용으로 사용하기로 결정한 경우 또는 행정재산으로 실제로 사용하는 경우의 어느 하나에 해당하여야 비로소 행정재산이 된다)(대판 2016.5.12, 2015다255524).

② 공용폐지의 의사표시는 묵시적인 방법으로도 가능하므로 행정재산이 본래의 용도에 제공되지 않는 상태에 있다면 묵시적인 공용폐지가 있다고 보아야 한다(→ 행정재산이 본래의 용도에 제공되지 않는 상태에 놓여 있다는 사실만으로 관리청의 이에 대한 공용폐지의 의사표시가 있었다고 볼 수 없다)(대판 1996.5.28, 95다52383).

③ 행정재산은 사법상 거래의 대상이 되지 아니하는 불융통물이므로 관재 당국이 이를 모르고 매각하였더라도 그 매매는 당연무효이다(대판 1967.6.27, 67다806).

⑤ 특허에 의한 공물사용권은 공물의 관리주체에 대해 특별사용을 청구할 수 있는 채권에 그치는 것이 아니라 대세적 효력이 있는 물권이다(→ 특별사용을 청구할 수 있는 채권에 지나지 아니한다)(대판 1990.2.13, 89다카23022).

24 [1][2][3]

영역 행정상 쟁송 > 행정소송　　　　　　　　　　난이도 **하**

정답의 이유

행정소송법 제45조(소의 제기) 민중소송 및 기관소송은 법률이 정한 경우에 법률에 정한 자에 한하여 제기할 수 있다.

오답의 이유

① 공직선거법 제222조와 제224조에서 규정하고 있는 선거소송은 집합적 행위로서의 선거에 관한 쟁송으로서 선거라는 일련의 과정에서 선거에 관한 규정을 위반한 사실이 있고, 그로써 선거의 결과에 영향을 미쳤다고 인정하는 때에 선거의 전부나 일부를 무효로 하는 소송이다. 이는 선거를 적법하게 시행하고 그 결과를 적정하게 결정하도록 함을 목적으로 하므로, 행정소송법 제3조 제3호에서 규정한 민중소송 즉 국가 또는 공공단체의 기관이 법률을 위반한 행위를 한 때에 직접 자기의 법률상 이익과 관계없이 그 시정을 구하기 위하여 제기하는 소송에 해당한다(대판 2016.11.24, 2016수64).

② 행정소송법 제46조(준용규정) ① 민중소송 또는 기관소송으로써 처분등의 취소를 구하는 소송에는 그 성질에 반하지 아니하는 한 취소소송에 관한 규정을 준용한다.

(((•))) 적중레이더

행정쟁송의 종류(내용에 따른 분류)

25 [1][2][3]

정답 ①

영역 행정절차와 행정공개 > 정보공개와 개인정보보호　　난이도 **중**

정답의 이유

공공기관의 정보공개에 관한 법률 제9조 제1항, 제10조, 같은법 시행령 제12조 등 관련 규정들의 취지를 종합할 때, 공개 청구된 정보의 공개 여부를 결정하는 법적인 의무와 권한을 가진 주체는 공공기관의 장이고, 정보공개심의회는 공공기관의 장이 정보의 공개 여부를 결정하기 곤란하다고 보아 의견을 요청한 사항의 자문에 응하여 심의하는 것이며, 그의 구성을 위하여 공공기관의 장이 소속 공무원 또는 임·직원 중에서 정보공개심의회의 위원을 지명하는 것이 원칙이나, 다만 필요한 경우에는 공무원이나 임·직원이었던 자 또는 외부전문가를

위원으로 위촉할 수 있되, 그 필요성 여부나 외부전문가의 수 등에 관한 판단과 결정은 공공기관의 장이 그의 권한으로 할 수 있다는 것이 같은법 시행령 규정의 취지이다(대판 2002.3.15, 2001추95).

오답의 이유

② 국민에는 자연인은 물론 법인, 권리능력 없는 사단·재단도 포함되고, 법인, 권리능력 없는 사단·재단 등의 경우에는 설립목적을 불문하며, 한편 정보공개청구권은 법률상 보호되는 구체적인 권리이므로 청구인이 공공기관에 대하여 정보공개를 청구하였다가 거부처분을 받은 것 자체가 법률상 이익의 침해에 해당한다(대판 2003.12.12, 2003두8050).

③ 공공기관의 정보공개에 관한 법률상 비공개대상정보의 입법 취지에 비추어 살펴보면, 같은 법 제7조 제1항 제5호에서의 '감사·감독·검사·시험·규제·입찰계약·기술개발·인사관리·의사결정과정 또는 내부검토과정에 있는 사항'은 비공개대상정보를 예시적으로 열거한 것이라고 할 것이므로 의사결정과정에 제공된 회의 관련자료나 의사결정과정이 기록된 회의록 등은 의사가 결정되거나 의사가 집행된 경우에는 더 이상 의사결정과정에 있는 사항 그 자체라고는 할 수 없으나, 의사결정과정에 있는 사항에 준하는 사항으로서 비공개대상정보에 포함될 수 있다(대판 2003.8.22, 2002두12946).

④ 헌법 제10조의 인간의 존엄과 가치, 행복추구권과 헌법 제17조의 사생활의 비밀과 자유에서 도출되는 개인정보자기결정권은 자신에 관한 정보가 언제 누구에게 어느 범위까지 알려지고 또 이용되도록 할 것인지를 정보주체가 스스로 결정할 수 있는 권리이다. 개인정보자기결정권의 보호대상이 되는 개인정보는 개인의 신체, 신념, 사회적 지위, 신분 등과 같이 인격주체성을 특징짓는 사항으로서 개인의 동일성을 식별할 수 있게 하는 일체의 정보를 의미하며, 반드시 개인의 내밀한 영역에 속하는 정보에 국한되지 않고 공적 생활에서 형성되었거나 이미 공개된 개인정보까지도 포함한다(대판 2016.3.10, 2012다105482).

1 「공공기관의 정보공개에 관한 법률」에 따른 정보공개제도에 관한 설명으로 옳지 않은 것은? (다툼이 있으면 판례에 따름)   '20 행정사

① 공개를 청구하는 정보는 사회일반인의 관점에서 청구대상정보의 내용과 범위를 알 수 있을 정도로 특정되어야 한다.

② 공개청구한 정보를 공공기관이 보유 · 관리하고 있지 않은 경우에는 특별한 사정이 없는 한 해당 정보에 대한 공개거부처분의 취소를 구할 법률상의 이익이 없다.

③ 정보공개청구의 목적이 오로지 담당공무원을 괴롭힐 목적인 경우처럼 권리의 남용이 명백한 경우에는 정보공개청구권의 행사가 허용되지 않는다.

④ 비공개결정에 대해 이의신청을 거친 경우에는 행정심판을 제기할 수 없다(→ 이의신청절차를 거친 경우에도 행정심판 청구 및 행정소송의 제기가 가능하다)(동법 제19조 제2항).

⑤ 청구인이 신청한 공개방법 이외의 방법으로 정보를 공개하기로 결정한 경우 청구인은 그에 대하여 항고소송으로 다툴 수 있다.

2 정보공개에 대한 설명으로 옳지 않은 것은? (다툼이 있는 경우 판례에 의함)   '20 국가 9급

① 정보공개거부처분의 취소를 구하는 소송에서 공공기관이 청구정보를 증거 등으로 법원에 제출하여 법원을 통하여 그 사본을 청구인에게 교부 또는 송달되게 하여 청구인에게 정보를 공개하는 셈이 되었다면, 이러한 우회적인 방법에 의한 공개는 공공기관의 정보공개에 관한 법률에 의한 공개라고 볼 수 있다(→ 동법 제2조 제2호는 '공개'라 함은 공공기관이 이 법의 규정에 의하여 정보를 열람하게 하거나 그 사본 또는 복제물을 교부하는 것 등을 말한다고 정의)(대판 2004.3.26, 2002두6583).

② 정보공개청구권자에는 자연인은 물론 법인, 권리능력 없는 사단 · 재단도 포함되고, 법인, 권리능력 없는 사단 · 재단 등의 경우에는 설립목적을 불문한다(대판 2003.12.12, 2003두8050).

2019 추가채용 기출문제해설

☑ 점수 (　　)점/100점　☑ 문제편 096쪽

영역 분석

일반행정작용법	9문항	★★★★★★★★★	36%
행정법 서론	6문항	★★★★★★	24%
행정절차와 행정공개	4문항	★★★★	16%
행정조직법	2문항	★★	8%
행정의 실효성 확보수단	2문항	★★	8%
행정구제법	2문항	★★	8%

빠른 정답

01	02	03	04	05	06	07	08	09	10
④	①	④	①	②	②	①	①	③	②
11	**12**	**13**	**14**	**15**	**16**	**17**	**18**	**19**	**20**
④	④	④	③	④	②	③	③	④	①
21	**22**	**23**	**24**	**25**					
②	③	①	②	②					

01 [1][2][3]

정답 ④

영역 행정법 서론 > 행정상 법률관계	난이도 하

[정답의 이유]

④ 국유일반재산의 대부료 납부고지는 사법상 이행청구로 보는 것이 판례의 입장이다(대판 2014.9.4, 2014다203588).

[오답의 이유]

① "강학상 특허"에 해당하므로 공법관계로 보는 것이 판례의 태도이다.

② 산업단지관리공단의 지위, 입주계약 및 변경계약의 효과, 입주계약 및 변경계약 체결 의무와 그 의무를 불이행한 경우의 형사적 내지 행정적 제재, 입주계약해지의 절차, 해지통보에 수반되는 법적 의무 및 그 의무를 불이행한 경우의 형사적 내지 행정적 제재 등을 종합적으로 고려하면, 입주변경계약 취소는 행정청인 관리권자로부터 관리업무를 위탁받은 산업단지관리공단이 우월적 지위에서 입주기업체들에게 일정한 법률상 효과를 발생하게 하는 것으로서 항고소송의 대상이 되는 행정처분에 해당한다(대판 2017.6.15,

2014두46843).

③ 중학교 의무교육의 위탁관계는 초·중등교육법 제12조 제3항, 제4항 등 관련 법령에 의하여 정해지는 공법적 관계로서, 대등한 당사자 사이의 자유로운 의사를 전제로 사익 상호간의 조정을 목적으로 하는 민법 제688조의 수임인의 비용상환청구권에 관한 규정이 그대로 준용된다고 보기도 어렵다(대판 2015.1.29, 2012두7387).

(((•))) 적중레이더

공법관계 vs 사법관계

공법관계	사법관계
행정법과 행정소송법 적용 → 국가배상법 적용	민법과 민사소송법 적용 → 민법상 손해배상
자력강제(행정대집행법) → 단속·명령규정	민사집행법 → 효력·능력규정
• 국유재산 중 행정재산의 대부행위(대판 2006.3.9, 2004다31074) • 국유재산 관리청의 행정재산의 사용·수익자에 대한 사용료부과처분(대판 1996.2.13, 95누11023). • 행정청이 국방부장관, 관악구청장, 서울특별시장의 입찰참가자격제한처분은 행정처분 • 서울시 통근버스 교통사고 • 국가의 한국토지주택공사에 대한 감독관계(특별감독관계에 해당) • 국가나 지방자치단체에 근무하는 "청원경찰"에 대한 징계처분(대판 1993.7.13, 92다47564)	• 국유재산 중 일반(잡종)재산의 대부행위, 대부료의 납부고지(대판 2014.9.4, 2014다203588) 　※ 대부료징수는 "국세징수법"적용(민사소송이 아님) • 폐천부지를 양여하는 행위(공용폐지=잡종재산) • 기부채납 받은 공유재산을 무상으로 기부자에게 사용을 허용하는 행위(대판 1994.1.25, 93누7365) • 토지개발공사 입찰참가자격제한조치(대결 1995.2.28, 94두36) • 서울시 직영버스 교통사고 • 청원주에 의해 고용된 청원경찰(헌재 2010.2.25, 2008헌바160) • 한국조폐공사의 직원에 대한 파면행위(대판 1978.4.25, 78다414)

02 123 정답 ①

정답의 이유

절차집중효과설(관련법령의 절차적 요건까지 갖출 것을 요하지 않고, 실체적 요건의 구비 여부를 요함)이 다수설, 판례의 입장이기 때문에 '주민의 의견청취'라는 '절차적 요건'이 반드시 필요한 것은 아니다.

오답의 이유

② 공유수면 점용허가를 필요로 하는 채광계획 인가신청에 대하여도, 공유수면 관리청이 재량적 판단에 의하여 공유수면 점용을 허가 여부를 결정할 수 있고, 그 결과 공유수면 점용을 허용하지 않기로 결정하였다면, 채광계획 인가관청은 이를 사유로 하여 채광계획을 인가하지 아니할 수 있는 것이다(대판 2002.10.11, 2001두151). 따라서 공유수면점용 불허가결정을 근거로, 채광계획인가는 할 수 없다.

④ 사업시행자가 주택건설사업계획 승인을 받음으로써 도로점용허가가 의제된 경우에 관리청이 도로점용료를 부과하지 않아 그 점용료를 납부할 의무를 부담하지 않게 되었다고 하더라도 특별한 사정이 없는 한 사업시행자가 그 점용료 상당액을 법률상 원인 없이 부당이득하였다고 볼 수는 없다고 할 것이다(대판 2013.6.13, 2012다87010). → 부관(부담)이 없으면, 납부의무가 당연히 발생하는 것은 아니다(→ 의무 없어서 부당이득 ×).

📡 적중레이더

인 · 허가 의제

주된 인 · 허가를 받으면, 다른 법률에 따른 관련 인 · 허가 등을 함께 받은 것으로 간주하는 것. 각종 개발사업을 시행하는 경우 농지전용허가, 산지전용허가, 도로점용허가 등 여러 법률에 규정된 인 · 허가를 받아야 하는 번거로움을 해소하기 위해 도입

✏️ 이렇게 출제됐어요

1 인 · 허가의제에 대한 설명으로 옳지 않은 것은? (다툼이 있는 경우 판례에 의함)   '18 국가직 7급

④ A허가에 대해 B허가가 의제되는 것으로 규정된 경우, A불허가처분을 하면서 B불허가사유를 들고 있으면 A불허가처분과 별개로 B불허가처분도 존재한다(→ 존재하는 것은 아니다)(대판 2001.1.16, 99두10988).

2 강학상 허가에 관한 설명으로 옳지 않은 것은? (다툼이 있는 경우 판례에 의함)   '19 행정사

⑤ 타법상의 인 · 허가가 의제되는 허가를 하는 경우, 행정청은 타법상의 인 · 허가 요건에 대한 심사 없이 허가처분을 할 수 있다(→ '의제되는 인 · 허가'의 요건이 불비된 경우에는 '주된 인 · 허가'를 거부하여야 한다)(대판 2002.10.11, 2001두151).

03 123 정답 ④

정답의 이유

텔레비전 방송수신료는 대다수 국민의 재산권 보장의 측면이나 한국방송공사에게 보장된 방송자유의 측면에서 국민의 기본권 실현에 관련된 영역에 속하고, 수신료금액의 결정은 납부의무자의 범위 등과 함께 수신료에 관한 본질적인 중요한 사항이므로 국회가 스스로 행하여야 하는 사항에 속하는 것임에도 불구하고 한국방송공사법 제36조 제1항에서 국회의 결정이나 관여를 배제한 채 한국방송공사로 하여금 수신료금액을 결정해서 문화관광부장관의 승인을 얻도록 한 것은 법률유보원칙에 위반된다(헌재 1999.5.27, 98헌바70).

오답의 이유

① 전부유보설에 따르면(법률유보의 영역을 전체급부행위로 확장) 법치국가를 헌법원리로 제시하여 의회민주주의의 정당성을 강조하고 있다. 또한 의회민주주의는 기본권 보장을 위해 요구된다.

② 법률유보원칙은 입법과 행정 사이의 권한의 문제이다.

③ 법률유보의 원칙은 법률에 근거한 규율을 의미한다. 따라서 법규명령을 통한 규율도 인정한다.

📡 적중레이더

법률유보 vs 법률우위

법률유보의 원칙	법률우위의 원칙
• 적극적 원칙 • 형식적 의미의 법률 • 적용에 있어 학설의 대립	• 소극적 원칙 • 모든 법(행정규칙 제외) • 모든 영역에 적용

법률유보의 적용범위에 관한 학설

침해 유보설	행정작용 가운데 국민의 자유와 권리를 제한 내지 침해하거나 새로운 의무를 부과하는 경우에는 반드시 법률의 근거를 요한다고 보는 입장으로 행정에 대한 자유를 중요시 함	특별권력관계(예 수형자)에는 법률유보가 적용되지 않는다.
권력행정 유보	행정작용의 침익성 · 수익성 여부를 가리지 않고 행정권의 일방적 의사에 의해 국민의 권리와 의무를 결정하게 되는 모든 권력적 행정작용은 법률의 근거를 요한다고 보는 입장	침해유보설의 틀을 벗어나지 못한다.
급부행정 유보설 (= 사회 유보설)	현대국가에서의 국가적 급부활동의 성격 및 중요성과 그에 대한 국민생활의 밀접한 관련성을 기초로, 급부의 부당한 거부 또는 배분은 실질적으로 침해행정 못지않게 침익적 성격을 가지므로 침해행정뿐만 아니라 급부행정에 있어서도 법률유보의 원칙의 적용이 필요하다는 입장이며 행정을 통한 자유를 중요시 함	법률의 수권(授權)이 없는 경우에 행정기관은 국민에게 급부를 행할 수 없게 되므로 국민의 지위를 오히려 약화시킨다.

중요사항 유보설 (=본질성설, 본질사항 유보설)	• 국가 및 사회생활에 있어서 중요하고도 본질적인 사항에 관해서는 그것이 일반권력관계이든 특별권력관계이든, 권력관계이든 비권력관계이든 상관없이 반드시 법률에 의해야 한다는 입장 • 독일 연방헌법재판소의 칼카르(Kallkar) 결정을 통하여 정립된 이론으로, 우리 헌법재판소도 기본적으로 중요사항유보설의 입장을 취하고 있음	구체적 타당성을 강조한다.
신침해 유보설	원칙적으로 침해유보설의 입장을 취하면서 특별 권력관계에 있어 법률유보의 적용을 긍정하나, 급부행정의 영역에 있어서는 법률유보가 필수적인 것은 아니라고 보는 입장으로 조직법적 근거나 예산에 근거해서도 급부행정은 가능하다고 함	특별권력관계에도 법률유보가 적용된다.
전부 유보설	국민주권주의와 의회민주주의 사상에 기초한 이론으로서 모든 행정작용에는 법률의 근거가 필요하다고 보아 행정권의 고유영역을 부정하게 됨으로써 권력분립의 원칙에 반할 수 있고 오늘날 현대 행정의 양적 증가 및 다양성에 비추어 볼 때 인정하기 힘든 점이 있음	• 국민주권주의와 의회민주주의를 강조한다. • 권력분립에 위반되므로 이상론에 불과하다는 비판을 받는다.

🔅 이렇게 출제됐어요

1 법률유보원칙에 대한 판례의 입장으로 가장 옳지 않은 것은?

'18 서울시 9급

① 법령의 규정보다 더 침익적인 조례는 법률유보원칙에 위반(→ 법률우위원칙에 위반)되어 위법하며 무효이다.

④ 토지등소유자가 도시환경정비사업을 시행하는 경우 사업시행인가 신청에 필요한 토지등소유자의 동의정족수를 토지등소유자가 자치적으로 정하여 운영하는 규약에 정하도록 한 것은 법률유보원칙에 위반된다(헌재 2011.8.30, 2009헌바128 전합).

---

04 [1][2][3]

영역 일반행정작용법 > 기타행정행위　　　　난이도 하

정답의 이유

공공용지의 취득 및 손실보상에 관한 특례법에 의하여 공공용지를 협의취득한 사업시행자가 그 양도인과 사이에 체결한 매매계약은 공공기관이 사경제주체로서 행한 사법상 매매이다(대판 1999.11.26, 98다47245). → 민사관계이다(+환매권 행사, 환매금액 증감 등 포함)

📡 적중레이더

공법상 계약의 종류 – 주체에 따른 분류

행정주체 상호 간	• 국가와 공공단체, 공공단체 상호 간(지방교육자치에 관한 법률에 의한 교육사무위탁) • 지방자치단체 상호 간(도로 · 하천의 경비부담에 관한 협의) • 공공시설의 관리에 관한 합의 등
행정주체와 사인 간	• 임의적 공용부담계약(사유지를 도로 · 학교 · 공원 등의 부지로 제공하는 계약 등 소위 기부채납) • 행정사무의 위탁계약(별정우체국의 지정) • 공법상 보조금지급계약(수출보조금교부계약) • 지방자치단체와 사기업 간의 공해방지 및 환경보전을 위한 환경보전협정 • 특별행정법관계의 설정합의(전문직 공무원의 채용계약, 서울특별시립무용단원의 위촉, 광주시립합창단원의 재위촉, 국립중앙극장 전속단원 채용계약, 공중보건의사 채용계약, 자원입대, 학령아동의 취학)
사인 상호 간	• 공무수탁사인과 사인 간에 체결한 계약 • 사업시행자와 토지소유자 및 관계인 사이의 협의(판례는 사법상 계약으로 봄)

🔅 이렇게 출제됐어요

1 공법상 계약에 대한 설명으로 옳은 것은? (다툼이 있는 경우 판례에 의함)

'16 국가직 9급

① 국립의료원 부설 주차장에 관한 위탁관리용역운영계약은 공법상 계약(→ 행정처분으로서 특정인에게 행정재산을 사용할 수 있는 권리를 설정하여 주는 강학상 특허)에 해당한다(대판 2006.3.9, 2004다31074).

② 공법상 계약에 대해서도 「행정절차법」이 적용된다(→ 행정절차법에 규정이 없다).

③ 「사회기반시설에 대한 민간투자법」상 민간투자사업의 사업시행자 지정은 공법상 계약이 아니라 행정처분에 해당한다.

④ 부담은 그 자체로서 독립된 행정처분이므로 행정청이 행정처분을 하면서 일방적으로 부가하는 것이지, 사전에 상대방과 협의하여 부담의 내용을 협약의 형식으로 미리 정한 후에 행정처분을 하면서 이를 부가할 수는 없다(→ 부가할 수 있다)(대판 2009.2.12, 2005다65500).

1 공법상 계약은 행정주체 상호간의 공법상 계약만 존재한다. (O, X)

2 지방자치단체간의 교육사무위탁은 공법상 계약에 해당한다. (O, X)

05 ①②③   정답 ②

영역 행정법 서론 > 법률사실과 법률요건   난이도 상

정답의 이유

> 행정기본법
> 제6조(행정에 관한 기간의 계산) ① 행정에 관한 기간의 계산에 관하여는 이 법 또는 다른 법령등에 특별한 규정이 있는 경우를 제외하고는 「민법」을 준용한다.

국회법 제168조(기간의 기산일) 이 법에 따른 기간을 계산할 때에는 첫날을 산입한다(→ 국회회기는 초일불산입원칙의 예외).
공무원연금법 제88조(시효) ① 이 법에 따른 급여를 받을 권리는 급여의 사유가 발생한 날부터 5년간 행사하지 아니하면 시효로 인하여 소멸한다.

오답의 이유

① 국가재정법 제96조(금전채권·채무의 소멸시효) ① 금전의 급부를 목적으로 하는 국가의 권리로서 시효에 관하여 다른 법률에 규정이 없는 것은 5년 동안 행사하지 아니하면 시효로 인하여 소멸한다.

④ 국세기본법 제4조(기간의 계산) 이 법 또는 세법에서 규정하는 기간의 계산은 이 법 또는 그 세법에 특별한 규정이 있는 것을 제외하고는 「민법」에 따른다.

📡 적중레이더

초일불산입원칙에 대한 예외(초일을 산입하는 경우)
• 연령계산(민법 제158조)
• 민원처리기간(민원처리에 관한 법률 제19조 제2항)
• 영(零)시부터 기간이 시작하는 경우(민법 제157조 단서)
• 사망신고기간(가족관계의 등록 등에 관한 법률 제37조 제1항)
• 출생신고기간(가족관계의 등록 등에 관한 법률 제37조 제1항)
• 국회회기기간(국회법 제168조)
• 공소시효기간(형법 제85조 및 형사소송법 제66조 제1항)
• 구속기간(형법 제85조 및 형사소송법 제66조 제1항)

06 ①②③   정답 ②

영역 행정법 서론 > 행정상 법률관계   난이도 하

정답의 이유

강원도의회는 행정주체가 아닌 "의결기관"이다.

오답의 이유

① 대한민국 → 국가로서의 행정주체
③ 도시 및 주거환경 정비법상의 주택재건축정비사업조합 → 공공단체 중 공공사단(조합)
④ 한국토지주택공사 → 공공단체 중 영조물 법인

📡 적중레이더

행정주체 인정여부

구분	해당 ○	해당 ×
지방자치단체	① 보통지방자치단체 • 광역자치단체: 특별시, 광역시, 도, 특별자치도 • 기초자치단체 － 특별시나 광역시가 아닌 시, 군 － 특별시나 광역시에 설치된 구(자치구)	② 특별지방자치단체: 지방자치단체조합 • 특별시나 광역시가 아닌 시(일반 구) 예 제주시, 서귀포시: 행정상 시 • 읍, 면, 동, 리
공공조합	① 농지개량조합: 현재는 한국농어촌공사 ② 도시 및 주거환경 정비법상 주택재개발사업조합 ③ 도시개발법상 도시개발조합	－
공법상 재단	① 한국학술진흥재단 ② 한국과학재단	－
영조물 법인	① 각종 공사: 한국방송공사 등 ② 각종 공단: 시설관리공단 등	국·공립대학교(예외: 서울대학교) ※ 서울대학교는 단순 영조물이었으나 관련 법률 제정으로 법인화
비고	① 읍, 면, 동: 행정주체 부정 ② 특별시, 광역시가 아닌 일반구: 행정주체 부정(예 수원시 팔달구, 전주시 덕진구, 성남시 분당구) ③ 제주특별자치도의 시와 군: 행정주체 부정 ④ 서울대학교: 행정주체에 해당	

1 울산시 남구는 자치구로서 행정주체에 해당한다. (O, X)

2 포항시 남구는 자치구로서 행정주체에 해당한다. (O, X)

07 ☐①②③ 정답 ①

정답의 이유

행정기관은 행정지도의 상대방이 행정지도에 따르지 아니하였다는 것을 이유로 불이익한 조치를 하여서는 아니 된다(행정절차법 제48조 제2항).

오답의 이유

② 행정절차법 제50조(의견제출) 행정지도의 상대방은 해당 행정지도의 방식 · 내용 등에 관하여 행정기관에 의견제출을 할 수 있다. → 의견제출권

③ 행정절차법 제51조(다수인을 대상으로 하는 행정지도) 행정기관이 같은 행정목적을 실현하기 위하여 많은 상대방에게 행정지도를 하려는 경우에는 특별한 사정이 없으면 행정지도에 공통적인 내용이 되는 사항을 공표하여야 한다. → 공통사항 공표의무

④ 행정절차법 제49조(행정지도의 방식) ② 행정지도가 말로 이루어지는 경우에 상대방이 제1항의 사항을 적은 서면의 교부를 요구하면 그 행정지도를 하는 자는 직무 수행에 특별한 지장이 없으면 이를 교부하여야 한다. → 서면교부요구권

🎯 이렇게 출제됐어요

1 행정지도에 대한 설명으로 가장 적절한 것은? (다툼이 있는 경우 판례에 의함)　　'18 경특

① 행정지도는 그 목적 달성에 필요한 최대한도(→ 최소한도)의 조치를 할 수 있으나, 다만 행정지도의 상대방의 의사에 반하여 부당하게 강요하여서는 아니 된다(행정절차법 제48조).

② 행정지도가 말로 이루어지는 경우에 상대방이 서면의 교부를 요구하면 그 행정지도를 하는 자는 반드시(→ 직무 수행에 특별한 지장이 없으면) 이를 교부하여야 한다(행정절차법 제49조 제2항).

③ 교육인적자원부장관(현, 교육부장관)의 학칙시정요구는 대학총장의 임의적인 협력을 통하여 사실상의 효과를 발생 시키는 행정지도의 일종이며, 설령 단순한 행정지도로서의 한계를 넘어 규제적 · 구속적 성격을 갖는다 하더라도 공권력의 행사로 볼 수 없다(→ 헌법소원의 대상이 되는 공권력의 행사로 볼 수 있다)(헌재 2003.6.26, 2002헌마337, 2003헌마7 · 8 병합).

④ 행정기관이 같은 행정목적을 실현하기 위하여 많은 상대방에게 행정지도를 하려는 경우에는 특별한 사정이 없으면 행정지도에 공통적인 내용이 되는 사항을 공표하여야 한다(행정절차법 제51조).

🔍✕ 개념 확인

1 행정지도는 반드시 문서로 하여야 한다.　　(O, X)

2 행정절차법은 행정지도 방식에 대한 규정을 두고 있다.　　(O, X)

3 행정지도의 상대방은 해당 행정지도의 방식 · 내용 등에 관하여 행정기관에 의견제출을 할 수 없다.　　(O, X)

정답 1 X 2 O 3 X

---

08 ☐①②③ 정답 ①

정답의 이유

피고적격은 소송에서 피고로서 본안판결을 받을 수 있는 자격으로, 무효등확인소송과 부작위위법확인소송에서도 이 규정을 준용한다. 행정소송에서의 피고인 행정청은 처분등을 행한 행정청으로 원칙적으로 소송의 대상인 처분등을 외부적으로 그의 명의로 행한 행정청을 말한다(대판 1994.6.14, 94누1197). → 행정청은 행정주체가 아니다.

📡 적중레이더

행정주체 vs 행정청

구분	행정주체	행정청
권리능력 유무 (법인격 유무)	O	X
행위능력 유무	X	O
구체적인 예	국가, 공공단체, 공무수탁사인	대통령, 국무총리, 장관

🎯 이렇게 출제됐어요

1 행정소송의 피고적격에 대한 설명으로 가장 옳지 않은 것은?　　'18 서울시 9급

① 조례가 항고소송의 대상이 되는 경우 피고는 지방자치단체의 의결기관으로서 조례를 제정 한 지방의회이다(→ 지방자치단체의 집행기관으로서 조례로서의 효력을 발생시키는 공포권이 있는 지방자치단체의 장이다)(대판 1996.9.20, 95누8003).

② 대리권을 수여받은 데 불과하여 그 자신의 명의로는 행정처분을 할 권한이 없는 행정청의 경우 대리관계를 밝힘이 없이 그 자신의 명의로 행정처분을 하였다면 그에 대하여는 처분 명의자인 당해 행정청이 항고소송의 피고가 되어야 하는 것이 원칙이다(대판 1989.11.14, 89누4765).

③ 취소소송은 다른 법률에 특별한 규정이 없는 한 그 처분 등을 행한 행정청을 피고로 하며, 당사자소송은 국가 · 공공단체 그 밖의 권리주체를 피고로 한다(행정소송법 제13조).

영역 행정법 서론 > 행정상 법률관계	난이도 하

정답의 이유

통치행위는 통치권자의 고도의 정치적인 결단행위나 국가적 이익에 직접적으로 관련되는 행위는 법원의 심사 대상에서 제외시키자는 것이며, 정치적 통제(예 국민의 선거)로부터 자유로운 것은 아니다.

오답의 이유

① 기본권의 침해가능성과 관련된 사안에서는 사법심사를 인정한다.
② 서훈취소의 사법심사 대상 인정(대판 2015.4.23, 2012두26920)
④ 남북정상회담 개최 자체는 통치행위/'대북송금행위'는 통치행위 부정(대판 2004.3.26, 2003도7878).

🎯 적중레이더

통치행위

고도의 정치성을 가지는 국가기관의 행위로서 법적 구속을 받지 않으며 법원의 사법심사의 대상에서 제외되는 행위를 말한다. 통치행위는 최상위의 국가지도의 문제로서 입법·사법·행정의 어느 영역에도 속하지 않는 제4의 영역으로 분류되고 있다.

💡 이렇게 출제됐어요

1 통치행위에 해당하지 않는 것은? (다툼이 있으면 판례에 따름)
'19 행정사

① 대통령의 서훈취소(→ 당사자에게 미치는 불이익의 내용과 정도 등을 고려하면 사법심사의 필요성이 크다)(대판 2015.4.23, 2012두6920)

2 통치행위에 관한 설명으로 옳지 않은 것은? '18 소방직

① 통치행위는 정부에 의해 이루어지는 것이 일반적이며, 국회에 의해 이루어질 수도 있다.
② 일반사병의 이라크 파견 결정은 성격상 국방 및 외교에 관련된 고도의 정치적 결단을 요하는 문제이다(헌재 2004.4.29, 2003헌마814).
④ 통치행위를 포함하여 모든 국가작용은 국민의 기본권적 가치를 실현하기 위한 수단이라는 한계를 반드시 지켜야 하는 것은 아니다(→ 지켜야 한다)(헌재 1996.2.29, 93헌마186).

❓ 개념 확인

1 통치행위는 점차 확대되는 경향이다. (O, X)
2 통치행위이론의 논의 전제조건은 열기주의이다. (O, X)

정답 1 X 2 X

영역 일반행정작용법 > 행정행위	난이도 중

정답의 이유

의견제출절차란 "행정청이 어떠한 행정작용을 하기 전에 당사자등이 의견을 제시하는 절차로, 청문이나 공청회에 해당하지 아니하는 절차"를 말한다(행정절차법 제2조 제7호). 또한 동법 제22조 제3항을 통하여 "'당사자에게 의무를 부과하거나 권익을 제한하는 처분'에 한하여 '당사자등'에 대해서만 그리고, 법상 의견제출이 면제되는 경우(청문이나 공청회를 실시하는 경우 등)가 아닌 경우, 의견제출의 기회를 주어야 한다."고 명시하고 있다.

오답의 이유

① 행정절차법 제22조 제3항
③ 행정절차법 제22조 제4항
④ 건축법상의 공사중지명령에 대한 사전통지를 하고 의견제출의 기회를 준다면 많은 액수의 손실보상금을 기대하여 공사를 강행할 우려가 있다는 사정이 사전통지 및 의견제출절차의 예외사유에 해당하지 아니한다고 한 사례(대판 2004.5.28, 2004두1254)

🎯 적중레이더

행정절차법
제22조(의견청취) ① 행정청이 처분을 할 때 다음 각 호의 어느 하나에 해당하는 경우에는 청문을 한다.
　　1. 다른 법령등에서 청문을 하도록 규정하고 있는 경우
　　2. 행정청이 필요하다고 인정하는 경우
　　3. 다음 각 목의 처분 시 제21조 제1항 제6호에 따른 의견제출기한 내에 당사자등의 신청이 있는 경우
　　　가. 인허가 등의 취소
　　　나. 신분·자격의 박탈
　　　다. 법인이나 조합 등의 설립허가의 취소
② 행정청이 처분을 할 때 다음 각 호의 어느 하나에 해당하는 경우에는 공청회를 개최한다.
　　1. 다른 법령등에서 공청회를 개최하도록 규정하고 있는 경우
　　2. 해당 처분의 영향이 광범위하여 널리 의견을 수렴할 필요가 있다고 행정청이 인정하는 경우
　　3. 국민생활에 큰 영향을 미치는 처분으로서 대통령령으로 정하는 처분에 대하여 대통령령으로 정하는 수 이상의 당사자등이 공청회 개최를 요구하는 경우
③ 행정청이 당사자에게 의무를 부과하거나 권익을 제한하는 처분을 할 때 제1항 또는 제2항의 경우 외에는 당사자등에게 의견제출의 기회를 주어야 한다.
④ 제1항부터 제3항까지의 규정에도 불구하고 제21조 제4항 각 호의 어느 하나에 해당하는 경우와 당사자가 의견진술의 기회를 포기한다는 뜻을 명백히 표시한 경우에는 의견청취를 하지 아니할 수 있다.
⑤ 행정청은 청문·공청회 또는 의견제출을 거쳤을 때에는 신속히 처분하여 해당 처분이 지연되지 아니하도록 하여야 한다.

⑥ 행정청은 처분 후 1년 이내에 당사자등이 요청하는 경우에는 청문·공청회 또는 의견제출을 위하여 제출받은 서류나 그 밖의 물건을 반환하여야 한다.

🌐 이렇게 출제됐어요

1 「행정절차법」상 처분절차에 대한 설명으로 가장 옳지 않은 것은?

'18 서울시 9급

① 행정청이 법인이나 조합 등의 설립허가 취소처분을 할 때에는 청문을 해야 한다(→ 의견제출기한 내에 당사자등의 신청이 있는 경우에 청문을 해야 한다)(행정절차법 제22조 제1항 제3호 다목).

② 행정청에 처분을 구하는 신청을 전자문서로 하는 경우에는 행정청의 컴퓨터 등에 입력된 때에 신청한 것으로 본다(행정절차법 제17조 제2항).

③ 행정청이 공공의 안전 또는 복리를 위하여 긴급히 처분을 할 필요가 있는 경우에는 의견청취를 하지 아니할 수 있다(행정절차법 제21조 제4항, 제22조 제4항).

④ 처분의 전제가 되는 사실이 법원의 재판 등에 의하여 객관적으로 증명된 경우에는 행정청이 당사자에게 의무를 부과하거나 권익을 제한하는 처분을 하는 경우에도 사전통지를 하지 아니할 수 있다(행정절차법 제21조 제5항).

---

11 1 2 3 　　　　　　　　　　　　　　정답 ④

영역 행정조직법 > 지방자치법　　　　　　　　　난이도 중

정답의 이유

주민 또는 지방의회의 청구가 요구되기는 하지만, 필수적이거나, 구속되지는 않는다.

주민투표법 제9조(주민투표의 실시요건) ① 지방자치단체의 장은 주민 또는 지방의회의 청구에 의하거나 직권에 의하여 주민투표를 실시할 수 있다.

오답의 이유

① 헌법상의 권리는 아니다.

② 구 지방자치법 제13조의2에서 규정한 주민투표권은 그 성질상 선거권, 공무담임권, 국민투표권과 전혀 다른 것이어서 이를 법률이 보장하는 참정권이라고 할 수 있을지언정 헌법이 보장하는 참정권이라고 할 수는 없다(헌재 1994.12.29, 94헌마201).

③ 국가정책에 관한 주민투표의 실시 요구는 일정사항에 있어서 관계 중앙행정기관의 장이 행정안전부장관과 협의하여 요구하는 것이고, 지방자치단체의 장에게는 그러한 요구권이 없다.

🌐 이렇게 출제됐어요

1 지방자치단체의 장과 지방의회의 관계에 대한 설명으로 옳지 않은 것은? (다툼이 있는 경우 판례에 의함)

'19 국회직 8급

① 「지방자치법」상 합의제 행정기관의 설치·운영에 관하여 해당 지방자치단체가 민간위탁적격자심사위원회 위원의 정수 및 위원의 구성비를 어떻게 정할 것인지는 조례제정권의 범위 내에 있다(대판 2012.11.29, 2011추87).

② 지방의회가 합의제 행정기관의 설치에 관한 조례안을 발의하여 이를 그대로 의결, 재의결하는 것은 지방자치단체의 장의 고유권한에 속하는 사항의 행사에 관하여 지방의회가 사전에 적극적으로 개입하는 것으로서 위법하다(대판 2014.11.13, 2013추53).

⑤ 개정조례안 중 동정자치위원회를 구성하는 위원의 위촉과 해촉에 관한 권한을 동장에게 부여하면서 그 위촉과 해촉에 있어서 당해 지역 구의원과 협의하도록 한 규정은 적법하다(→ 의결기관과 집행기관 사이의 권한분리 및 배분의 취지에 위반되는 위법한 규정)(대판 1992. 7.28, 92추31).

---

12 1 2 3 　　　　　　　　　　　　　　정답 ④

영역 행정의 실효성 확보수단 > 행정상 강제　　　　난이도 중

정답의 이유

"폐쇄"는 대체적 작위의무로, 대체적 작위의무 위반에 따른 대집행이 가능하다(대판 2011.4.28, 2007도7514). 대집행의 주는 "철거의무"이고 이에 따라 부수적으로 퇴거의무를 명하는 것은 적법한 공무집행이다.

오답의 이유

① 법적 근거가 없으면 대집행을 할 수 없다.

② 대체적 작위의무라도 대집행을 하기 위한 법적 근거는 필요하다 (대판 2010.6.24, 2010두1231).

③ 협의취득(→ 민사관계)은 대체적 작위의무(→ 공법관계)로 볼 수 없다.

📻 적중레이더

대집행

• 의미: 대집행이란 대체적 작위의무(다른 사람이 대신하여 행할 수 있는 의무) 위반이 있는 경우 행정청이 의무자가 해야 할 일을 스스로 행하거나 또는 제3자로 하여금 행하게 함으로써 의무의 이행이 있었던 것과 같은 상태를 실현하고 그 비용을 의무자로부터 징수하는 행정작용을 말한다. 대집행에 관한 일반법으로는 행정대집행법이 있다.

• 요건
  – 대체적 작위의무의 불이행
  – 다른 수단으로는 그 이행을 확보하기 곤란할 것
  – 불이행을 방치함이 심히 공익을 해할 것
  – 불가쟁력의 발생은 요건 ×

대체적 작위의무 해당 여부

대체적 작위의무에 해당하는 경우	대체적 작위의무에 해당하지 않는 경우
• 건물철거의무 • 건물청소의무 • 광고물 제거의무	• 비대체적 작위의무 　– 건물명도(인도)의무 　– 국유지퇴거의무 • 부작위의무 　– 매매금지의무 　– 입산금지의무 • 수인의무 　– 강제예방접종의무

공법관계 vs 사법관계

공법관계	사법관계
행정법과 행정소송법 적용 → 국가배상법 적용	민법과 민사소송법 적용 → 민법상 손해배상
자력강제(행정대집행법) → 단속·명령규정	민사집행법 → 효력·능력규정

이렇게 출제됐어요

1 행정대집행상의 대집행에 관한 설명으로 옳지 않은 것은? (다툼이 있으면 판례에 따름)　'19 행정사

① 대집행을 할 수 있는 권한을 가진 행정청은 대집행권한을 <u>타인에게 위탁할 수 있다</u>(행정대집행법 제2조).

② 대집행을 하려는 경우 상당한 이행기한을 정하여 그 기한까지 이행되지 아니할 때에는 대집행을 한다는 뜻을 미리 문서로써 계고하여야 한다(행정대집행법 제3조 제1항).

③ 관계 법령에 위반하여 장례식장 영업을 하고 있는 자의 <u>장례식장 사용중지의무</u>(→ 비대체적 부작위의무)는 대집행의 대상이 아니다(대판 2005.9.28, 2005두7464).

④ 토지·건물의 명도의무(→ 대체적 작위의무에 해당하는 것은 아니어서 직접강제의 방법에 의하는 것은 별론으로 하고 행정대집행법에 의한 대집행의 대상이 되는 것은 아니다)는 <u>대집행의 대상이 될 수 있다</u>(→ 없다)(대판 1998.10.23, 97누157).

⑤ 대집행에 요한 비용은 국세징수법의 예에 의하여 징수할 수 있다(행정대집행법 제6조 제1항).

개념 확인

1 대집행의 대상은 오직 대체적 작위의무에 한한다.　(O, X)

2 행정대집행은 대체적 작위의무의 불이행에 대한 강제집행수단이다.　(O, X)

3 행정대집행법상 행정청과 제3자의 계약은 공법상 계약에 해당한다.　(O, X)

정답 1 O 2 O 3 X

13　1 2 3　정답 ④

정답의 이유

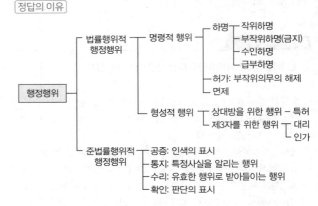

④ 재임용거부취지의 임용기간만료통지 → 강학상 통지

오답의 이유

① 공유수면매립면허 → 강학상 특허

② 조세부과처분 → 강학상 하명

③ 학교법인 임원선임에 대한 감독청의 취임승인 → 강학상 인가

적중레이더

법률행위적 행정행위 vs 준법률행위적 행정행위

• 법률행위적 행정행위: 행정청의 효과의사에 따라 일정한 법률효과가 발생하는 경우를 의미한다.

• 준법률행위적 행정행위: 행정청의 효과의사와 관계없이 법률규정에 따라 일정한 법률효과가 발생하는 경우를 의미한다.

• 준법률행위적 행정행위는 기속행위임이 원칙이다.

이렇게 출제됐어요

1 형성적 행정행위에 해당하는 것을 모두 고른 것은?　'19 행정사

ㄱ. 사인에게 권리를 설정해 주는 행위(→ 형성적 행정행위)

ㄴ. 작위의무를 명하는 행위(→ 작위하명, 명령적 행정행위)

ㄷ. 포괄적 법률관계를 설정하는 행위(→ 형성적 행정행위)

ㄹ. 행정청이 타인의 법률행위를 보충하여 그 효력을 완성시켜 주는 행위(→ 형성적 행정행위)

ㅁ. 제3자가 해야 할 행위를 행정기관이 대신하여 행함으로써 제3자가 행한 것과 같은 효과를 발생시키는 행위(→ 형성적 행정행위)

14 [1][2][3]

영역 일반행정작용법 > 행정상 입법 　　　　난이도 중

[정답의 이유]

오늘날 의회의 입법독점주의에서 (입법중심주의)로 전환하여 일정한 범위 내에서 행정입법을 허용하게 된 동기가 사회적 변화에 대응한 입법수요의 급증과 종래의 형식적 권력분립주의로는 현대 사회에 대응할 수 없다는 기능적 권력분립론에 있다는 점 등을 감안하여 헌법 제40조와 헌법 제75조, 제95조의 의미를 살펴보면, 국회입법에 의한 수권이 입법기관이 아닌 행정기관에게 법률 등으로 구체적인 범위를 정하여 위임한 사항에 관하여는 당해 행정기관에게 법정립의 권한을 갖게 되고, 입법자가 규율의 형식도 선택할 수도 있다 할 것이므로, 헌법이 인정하고 있는 (위임입법)의 형식은 (예시적)인 것으로 보아야 할 것이고, 그것은 법률이 행정규칙에 위임하더라도 그 행정규칙은 위임된 사항만을 규율할 수 있으므로, 국회입법의 원칙과 상치되지도 않는다(헌재 2006.12.28, 2005헌바59 전합).

((•)) 적중레이더

법규명령과 행정규칙

구분	법규명령	행정규칙
법 형식	대통령령·총리령·부령 등	훈령·고시 등
권력적 기초	일반권력관계	특별행정법관계
법적 근거 (상위법령의 개별적·구체적 수권)	• 위임명령: 법적 근거 필요 • 집행명령: 법적 근거 불필요	법적 근거 불필요
성질	법규성(재판규범성, 대외적 구속력) 긍정	법규성(재판규범성, 대외적 구속력) 부정
위반의 효과	위법한 작용	곧바로 위법한 작용이 되는 것 ×
존재 형식	조문의 형식	조문의 형식 또는 구술
공포	공포 필요	공포 불필요
한계	법률유보의 원칙·법률우위의 원칙 적용	법률우위의 원칙만 적용

⊙ 이렇게 출제됐어요

1 행정입법에 관한 설명으로 옳은 것은? (다툼이 있으면 판례에 따름)

'19 행정사

① 헌법이 규정하고 있는 위임입법의 형식은 열거적(→ 예시적)인 것이다(헌재 2004.10.28, 99헌바91).

② 법규명령이 위임의 근거가 없어 무효라면 나중에 법 개정으로 위임의 근거가 부여되더라도 유효한 법규명령이 될 수 없다(→ 근거가 부여되면 그때부터는 유효한 법규명령이 된다)(대판 1994.5.24, 93누5666).

③ 법 집행기관의 자의적 법집행이 배제되는지 여부는 법규범의 명확성 판단기준이 될 수 없다(→ 어떠한 법규범이 명확한지 여부는 …(중략)… 예측가능성 및 자의적 법집행 배제가 확보되는지 여부에 따라 이를 판단 할 수 있다)(대판 2014.1.29, 2013도12939).

④ 재량준칙의 제정에는 법령상 근거가 필요하다(→ 재량준칙은 '행정규칙'으로 법령상의 근거가 필요하지 않다).

⑤ 법령의 위임이 없음에도 법령에 규정된 처분 요건에 해당하는 사항을 부령에서 변경하여 규정한 경우에 그 규정은 국민에 대한 대외적 구속력이 없다(대판 2013.9.12, 2011두10584).

⊙✗ 개념 확인

1 헌법이 인정하고 있는 위임입법의 형식은 열거적이다.　　(O, X)

2 헌법이 인정하고 있는 위임입법의 형식은 한정적이다.　　(O, X)

3 법률로 조례에 일정한 사항을 위임할 경우에 포괄위임금지원칙이 적용된다.　　(O, X)

정답 1 X 2 X 3 X

15 [1][2][3]

영역 행정절차와 행정공개 > 정보공개와 개인정보보호 　　　난이도 상

[정답의 이유]

④ 300만 원 이하의 범위에서 상당한 금액을 손해액으로 하여 배상을 청구할 수 있다(개인정보 보호법 제39조의2 제1항). 또한 일반손해배상을 청구한 정보주체는 사실심 변론종결시까지 법정손해배상의 청구로 변경할 수 있다(개인정보 보호법 제39조의2 제3항).

[오답의 이유]

① 개인정보를 처리하거나 처리하였던 자가 업무상 알게 된 개인정보를 누설하거나 권한 없이 다른 사람이 이용하도록 제공한 것이라는 사정을 알면서도 영리 또는 부정한 목적으로 개인정보를 제공받은 자라면, 개인정보를 처리하거나 처리하였던 자로부터 직접 개인정보를 제공받지 아니하더라도 개인정보 보호법 제71조 제5호의 '개인정보를 제공받은 자'에 해당한다(대판 2018.1.24, 2015

도16508).

② 이미 공개된 개인정보를 정보주체의 동의가 있었다고 객관적으로 인정되는 범위 내에서 수집·이용·제공 등 처리를 할 때는 정보주체의 별도의 동의는 불필요하다고 보아야 하고, 별도의 동의를 받지 아니하였다고 하여 개인정보 보호법 제15조나 제17조를 위반한 것으로 볼 수 없다(대판 2018.1.24, 2015도16508).

③ 피해자의 의사와 무관하게 주민등록번호가 유출된 경우에는 조리상 주민등록번호의 변경을 요구할 신청권을 인정함이 타당하고, 구청장의 주민등록번호 변경신청 거부행위는 항고소송의 대상이 되는 행정처분에 해당한다(대판 2017.6.15, 2013두2945).

🎯 적중레이더

개인정보 보호법
제39조의2(법정손해배상의 청구) ① 제39조 제1항에도 불구하고 정보주체는 개인정보처리자의 고의 또는 과실로 인하여 개인정보가 분실·도난·유출·위조·변조 또는 훼손된 경우에는 300만 원 이하의 범위에서 상당한 금액을 손해액으로 하여 배상을 청구할 수 있다. 이 경우 해당 개인정보처리자는 고의 또는 과실이 없음을 입증하지 아니하면 책임을 면할 수 없다.
② 법원은 제1항에 따른 청구가 있는 경우에 변론 전체의 취지와 증거조사의 결과를 고려하여 제1항의 범위에서 상당한 손해액을 인정할 수 있다.
③ 제39조에 따라 손해배상을 청구한 정보주체는 사실심(事實審)의 변론이 종결되기 전까지 그 청구를 제1항에 따른 청구로 변경할 수 있다.

👁 이렇게 출제됐어요

1 '개인정보 보호법'에 관한 설명으로 옳은 것은?   '19 행정사

① 법인(→ 살아 있는 개인)(개인정보 보호법 제2조)의 정보는 이 법의 보호대상이다.
② 사자(死者)(→ 살아 있는 개인)(개인정보 보호법 제2조)의 정보는 이 법의 보호대상이다.
③ 정보처리자는 정보주체와의 계약의 체결을 위하여 불가피한 경우에는 정보주체의 동의 없이 개인정보를 제3자에게 제공할 수 있다(→ 없다)(개인정보 보호법 제17조 제1항).
④ 개인정보처리자가 이 법에 위반한 행위로 정보주체에게 손해를 입힌 경우, 개인정보처리자의 손해배상책임은 무과실책임이다(→ 개인정보처리자가 이 법을 위반한 행위로 손해를 입으면 개인정보처리자에게 손해배상을 청구할 수 있다. 이 경우 그 개인정보처리자는 고의 또는 과실이 없음을 입증하지 아니하면 책임을 면할 수 없다)(개인정보 보호법 제39조 제1항).
⑤ 정보주체의 권리침해행위의 금지·중지를 구하는 단체소송을 제기하려면 법원의 허가를 받아야 한다(개인정보 보호법 제54조 및 제55조).

정답 ⑤

ⓧ 개념 확인

1 정보주체는 개인정보처리자의 고의 또는 중대한 과실로 인하여 개인정보가 분실·도난·유출·위조·변조 또는 훼손된 경우에는 300만원 이하의 범위에서 상당한 금액을 손해액으로 하여 배상을 청구할 수 있다.   (O, X)

정답 1 X(제39조 vs 제39조의2)

---

16 ①②③   정답 ②

영역 행정조직법 > 지방자치법   난이도 상

[정답의 이유]

지방자치단체의 장은 ① 주민투표부의권(지방자치법 제14조), ② 규칙제정권(동법 제23조), ③ 지방자치단체의 통할대표권(동법 제101조), ④ 지방자치사무의 관리 및 집행권(동법 제103조), ⑤ 행정의 지휘·감독 및 소속직원의 임면, 지휘·감독권(동법 제105조), ⑥ 선결처분권(동법 제109조), ⑦ 지방의회의 의결에 대한 재의요구권 및 제소권(동법 107조) 등을 가진다.

🎯 적중레이더

지방자치법
제14조(주민투표) ① 지방자치단체의 장은 주민에게 과도한 부담을 주거나 중대한 영향을 미치는 지방자치단체의 주요 결정사항 등에 대하여 주민투표에 부칠 수 있다.
② 주민투표의 대상·발의자·발의요건, 그 밖에 투표절차 등에 관한 사항은 따로 법률로 정한다.
제22조(조례) 지방자치단체는 법령의 범위 안에서 그 사무에 관하여 조례를 제정할 수 있다. 다만, 주민의 권리 제한 또는 의무 부과에 관한 사항이나 벌칙을 정할 때에는 법률의 위임이 있어야 한다.
제23조(규칙) 지방자치단체의 장은 법령이나 조례가 위임한 범위에서 그 권한에 속하는 사무에 관하여 규칙을 제정할 수 있다.
제41조(행정사무 감사권 및 조사권) ① 지방의회는 매년 1회 그 지방자치단체의 사무에 대하여 시·도에서는 14일의 범위에서, 시·군 및 자치구에서는 9일의 범위에서 감사를 실시하고, 지방자치단체의 사무 중 특정 사안에 관하여 본회의 의결로 본회의나 위원회에서 조사하게 할 수 있다.
② 청원서에는 청원자의 성명(법인인 경우에는 그 명칭과 대표자의 성명) 및 주소를 적고 서명·날인하여야 한다.

제107조(지방의회의 의결에 대한 재의요구와 제소) ① 지방자치단체의 장은 지방의회의 의결이 월권이거나 법령에 위반되거나 공익을 현저히 해친다고 인정되면 그 의결사항을 이송받은 날부터 20일 이내에 이유를 붙여 재의를 요구할 수 있다.

② 제1항의 요구에 대하여 재의한 결과 재적의원 과반수의 출석과 출석의원 3분의 2 이상의 찬성으로 전과 같은 의결을 하면 그 의결사항은 확정된다.

③ 지방자치단체의 장은 제2항에 따라 재의결된 사항이 법령에 위반된다고 인정되면 대법원에 소(訴)를 제기할 수 있다. 이 경우에는 제172조 제3항을 준용한다.

제127조(예산의 편성 및 의결) ① 지방자치단체의 장은 회계연도마다 예산안을 편성하여 시·도는 회계연도 시작 50일 전까지, 시·군 및 자치구는 회계연도 시작 40일 전까지 지방의회에 제출하여야 한다.

17 ☐1☐2☐3   정답 ③

영역 행정절차와 행정공개 > 정보공개와 개인정보보호   난이도 상

정답의 이유

공공기관이 보유·관리하고 있는 정보가 제3자와 관련이 있는 경우 그 정보공개여부를 결정함에 있어 공공기관이 제3자와의 관계에서 거쳐야 할 절차를 규정한 것에 불과할 뿐, 제3자의 비공개요청이 있다는 사유만으로 정보공개법상 정보의 비공개사유에 해당한다고 볼 수 없다(대판 2008.9.25, 2008두8680).

📡 적중레이더

공공기관의 정보공개에 관한 법률
제5조(정보공개 청구권자) ① 모든 국민은 정보의 공개를 청구할 권리를 가진다.

[관련 판례]
"모든 국민"에는 자연인은 물론 법인, 권리능력 없는 사단·재단도 포함되고, 법인, 권리능력 없는 사단·재단 등의 경우에는 설립목적을 불문(대판 2003.12.12, 2003두8050)

⚙️ 이렇게 출제됐어요

1 '공공기관의 정보공개에 관한 법률'에 관한 설명으로 옳지 않은 것은? (다툼이 있으면 판례에 따름)   '19 행정사

① 정보공개청구의 대상이 되는 문서는 원본이어야 한다(→ 사본이나 복제물도 그 대상이 된다)(공공기관의 정보공개에 관한 법률 제2조 제2호).

18 ☐1☐2☐3   정답 ③

영역 행정절차와 행정공개 > 정보공개와 개인정보보호   난이도 중

정답의 이유

개인정보자기결정권의 보호대상이 되는 개인정보는 개인의 신체, 신념, 사회적 지위, 신분 등과 같이 개인의 인격주체성을 특징짓는 사항으로서 그 개인의 동일성을 식별할 수 있게 하는 일체의 정보라고 할 수 있고, 반드시 개인의 내밀한 영역이나 사사(私事)의 영역에 속하는 정보에 국한되지 않고 공적 생활에서 형성되었거나 이미 공개된 개인정보까지 포함한다. 또한 그러한 개인정보를 대상으로 한 조사·수집·보관·처리·이용 등의 행위는 모두 원칙적으로 개인정보자기결정권에 대한 제한에 해당한다(헌재 2005.7.21, 2003헌마282).

⚙️ 이렇게 출제됐어요

1 「개인정보 보호법」상 개인정보의 처리와 보호에 대한 설명이다. 아래 ㉠부터 ㉣까지의 설명 중 옳고 그름의 표시 (○, ×)가 바르게 된 것은? (다툼이 있는 경우 판례에 의함)   '18 경특

㉡ 자신의 개인정보를 열람한 정보주체는 개인정보처리자에게 직접 자신의 개인정보의 정정 또는 삭제를 요구할 수 없으며(→ 요구할 수 있으며) 개인정보 분쟁조정위원회를 통해서만 이를 요청할 수 있다(→ 개인정보 분쟁조정위원회를 필요사항은 아니다). (×)

2 개인정보 보호법에 대한 설명으로 옳지 않은 것은? (다툼이 있는 경우 판례에 의함)

① 시장·군수 또는 구청장이 개인의 지문정보를 수집하고, 경찰청장이 이를 보관·전산화하여 범죄수사목적에 이용하는 것은 모두 개인정보자기결정권을 제한하는 것이다(헌재 2005.5.26, 99헌마513 전합).

② 개인정보자기결정권의 보호대상이 되는 개인정보는 개인의 신체, 신념, 사회적 지위, 신분 등과 같이 개인의 인격주체성을 특징짓는 사항으로서 그 개인의 동일성을 식별할 수 있는 일체의 정보이고, <u>이미 공개된 개인정보는 포함하지 않는다</u>(→ 이미 공개된 개인정보까지 포함한다)(대판 2016.8.17, 2014다235080).

---

19 ①②③

영역 일반행정작용법 > 행정행위

난이도 하

오답의 이유

① 행정행위의 철회(→ 취소)는 일단 유효하게 성립한 행정행위를 그 행위에 위법 또는 부당한 하자가 있음을 이유로 소급하여 그 효력을 소멸시키는 별도의 행정처분이다.

③ 행정행위의 취소(→ 철회)는 적법요건을 구비하여 완전히 효력을 발하고 있는 행정행위를 사후적으로 그 행위의 효력의 전부 또는 일부를 장래에 향해 소멸시키는 행정처분이다.

④ 대판 2014.11.27, 2013두16111

🛰 적중레이더

행정행위의 취소와 철회

구분	취소	철회
권한자	• 직권취소: 처분청 • 쟁송취소: 행정심판위원회, 법원	처분청
사유	원시적 하자	후발적인 새로운 사정
효과	• 직권취소 – 다수설: 부담적 행정행위 → 소급효, 수익적 행정행위 → 장래효 – 판례: 원칙상 소급효 • 쟁송취소: 소급효가 원칙	장래효
근거	• 직권취소: 근거 불필요(통설·판례) • 쟁송취소: 실정법에 있음	근거 불필요(통설·판례)

1 행정행위의 취소와 철회에 대한 설명으로 가장 적절하지 않은 것은? (다툼이 있는 경우 판례에 의함)

② 과세관청이 과세부과취소처분을 다시 취소하면 <u>원부과처분의 효력은 소생한다</u>(→ 과세관청은 부과의 취소를 다시 취소함으로써 원부과처분을 소생시킬 수는 없다. 따라서 새로운 처분을 하는 수밖에 없다)(대판 1995.3.10, 94누7027).

2 행정행위의 직권취소 및 철회에 대한 설명으로 가장 옳지 않은 것은?

② 처분청은 하자있는(위법한) 행정행위의 행위자로서 그 하자를 시정할 지위에 있어 그 취소에 관한 법률의 규정이 없어도 행정행위를 취소할 수 있다(통설, 판례).

④ 철회 자체가 행정행위의 성질을 가지는 것은 아니어서(→ 원행정행위와 독립된 별개의 행정행위)「행정절차법」상 처분절차를 <u>적용하여야 하는 것은 아니나</u>(→ 사전통지절차나 의견제출의 기회를 주어야 한다). 신뢰보호원칙이나 비례원칙과 같은 행정법의 일반원칙은 준수해야 한다.

1 수익적 행정행위의 상대방은 행정소송을 제기할 수 있는 원고적격이 인정된다. (O, X)

2 직권취소권자는 처분청 및 감독청이라는 점에 대해 이견이 없다. (O, X)

정답 1 X 2 X

기출이 답이다 해설편

영역 행정의 실효성 확보수단 > 서설 　　　　　　난이도 중

정답의 이유

① 과징금부과처분은 제재적 행정처분으로서 …(중략)… 공공복리를 증진한다는 행정목적의 달성을 위하여 행정법규 위반이라는 객관적 사실에 착안하여 가하는 제재이므로 반드시 현실적인 행위자가 아니라도 법령상 책임자로 규정된 자에게 부과되고 원칙적으로 위반자의 고의·과실을 요하지 아니하나…(대판 2014.10.15, 2013두5005)

오답의 이유

② 행정대집행법 제2조(대집행과 그 비용징수) 법률에 의하여 직접명령되었거나 또는 법률에 의거한 행정청의 명령에 의한 행위로서 타인이 대신하여 행할 수 있는 행위를 의무자가 이행하지 아니하는 경우 다른 수단으로써 그 이행을 확보하기 곤란하고 또한 그 불이행을 방치함이 심히 공익을 해할 것으로 인정될 때에는 당해 행정청은 스스로 의무자가 하여야 할 행위를 하거나 또는 제3자로 하여금 이를 하게 하여 그 비용을 의무자로부터 징수할 수 있다.

③ 헌재 2003.7.24, 2001헌가25

④ 이행강제금은 대체적 작위의무의 위반에 대하여도 부과될 수 있다 (헌재 2004.2.26, 2002헌바26).

((•))적중레이더

행정의 실효성 확보수단의 종류

- 행정의 실효성 확보수단
  - 행정상 강제집행
    - 대집행
    - 직접강제
    - 이행강제금(집행벌)
    - 행정상 강제징수
  - 행정상 즉시강제
  - 행정조사
  - 행정벌
    - 행정형벌
    - 행정질서벌
  - 새로운 실효성 확보수단
    - 과징금
    - 가산세
    - 명단공표
    - 공급거부
    - 관허사업의 제한
    - 시정명령

(•) 이렇게 출제됐어요

1 행정의 실효성 확보수단에 대한 설명으로 옳은 것만을 모두 고르면? (다툼이 있는 경우 판례에 의함) 　　　　'19 국가직 7급

ㄱ. 「건축법」상의 이행강제금과 관련하여, 시정명령을 받은 의무자가 시정명령에서 정한 기간을 지나서 시정명령을 이행한 경우, 이행강제금이 부과되기 전에 그 이행이 있었다 하더라도 시정명령상의 기간을 준수하지 않은 이상 이행강제금을 부과하는 것은 정당하다(→ 부과되지 않은 이행강제금은 더 이상 부과할 수 없다)(건축법 제80조).

ㄴ. 과징금 부과처분의 경우 원칙적으로 위반자의 고의·과실(※ 과태료의 경우는 필요)을 요하지 아니하나, 위반자의 의무 해태를 탓할 수 없는 정당한 사유가 있는 등의 특별한 사정이 있는 경우에는 이를 부과할 수 없다(대판 2014.10.15, 2013두5005).

ㄹ. 「질서위반행위규제법」에 의한 과태료부과처분은 처분의 상대방이 이의제기하지 않은 채 납부 기간까지 과태료를 납부하지 않으면(→ 이의제기가 있는 경우에는 행정청의 과태료 부과처분은 그 효력을 상실한다) 「도로교통법」상 통고처분과 마찬가지로 그 효력을 상실한다(질서위반행위규제법 제20조).

2 행정의 실효성 확보수단에 관한 설명으로 옳지 않은 것은? (다툼이 있는 경우 판례에 의함) 　　　　'18 소방 ②

③ 이행강제금은 대체적 작위의무에 대해서도 부과할 수 있다(헌재 2004.2.26, 2001헌바80).

④ 이행강제금은 형벌과 병과할 수 없다(→ 개발제한구역 내의 건축물에 대하여 허가를 받지 않고 한 용도변경행위에 대한 형사처벌과 건축법 제83조 제1항에 의한 시정명령 위반에 대한 이행강제금의 부과는 그 처벌 내지 제재대상이 되는 기본적 사실관계로서의 행위를 달리하며, 또한 그 보호법익과 목적에서도 차이가 있으므로 이중처벌에 해당한다고 할 수 없다)(대판 2005.8.19, 2005마30).

○✗ 개념 확인

1 대집행의 대상은 오직 대체적 작위의무에 한한다. 　(○, ✗)

2 위법한 대집행이 완료되면 그 처분의 무효확인 또는 취소를 구할 소의 이익은 없다 하더라도 미리 그 행정처분의 취소판결이 있어야만 그 행정처분의 위법임을 이유로 손해배상청구 할 수 있다.
　(○, ✗)

3 당사자의 과태료 부과처분에 대한 이의제기가 있는 경우에는 행정청의 과태료 부과처분은 효력을 유지한다. 　(○, ✗)

정답 1 ○ 2 ✗ 3 ✗

영역 일반행정작용법 > 행정행위   난이도 중

[정답의 이유]

② 정부의 수도권 소재 공공기관의 지방이전 시책을 추진하는 과정에서 도지사가 도내 특정시를 혁신도시 최종입지로 선정한 행위는 항고소송의 대상이 되는 <u>행정처분에 해당한다</u>(→ 행정처분이 아니다)(대판 2007.11.15, 2007두10198).

[오답의 이유]

① 헌재 2000.6.1, 99헌마538

④ 대판 1981.2.10, 80누317

🔖 **이렇게 출제됐어요**

1 행정행위와 이에 대한 분류 또는 설명으로 가장 옳지 않은 것은?

'18 서울시 9급

① 한의사 면허: 진료행위를 할 수 있는 능력을 설정하는 <u>설권행위</u>(→ 경찰금지를 해제하는 명령적 행위, 즉 강학상 허가)

② 행정재산에 대한 사용허가: 특정인에게 행정재산을 사용할 권리를 설정하여 주는 행위(강학상 특허, 대판 2006.3.9, 2004다31074)

③ 재개발조합설립에 대한 인가: 공법인의 지위를 부여하는 설권적 처분(대판 2009.9.24, 2009마168 · 169)

④ 재개발조합의 사업시행계획 인가: 조합의 행위에 대한 보충행위(대판 2008.1.10, 2007두16691)

영역 행정구제법 > 행정쟁송제도   난이도 중

[정답의 이유]

③ 직접처분이 가능하다고 하더라도 간접강제를 할 수 없는 것은 아니다.

[오답의 이유]

① 행정청은 재결의 기속력을 받는다. 따라서 행정소송을 제기하지 못한다.

② 행정심판법 제18조의2(국선대리인) ① 청구인이 경제적 능력으로 인해 대리인을 선임할 수 없는 경우에는 위원회에 <u>국선대리인을 선임하여 줄 것을 신청할 수 있다</u>.

④ 행정심판법 제6조 ① 다음 각 호의 행정청 또는 그 소속 행정청(행정기관의 계층구조와 관계없이 그 감독을 받거나 위탁을 받은 모든 행정청을 말하되, 위탁을 받은 행정청은 그 위탁받은 사무에 관하여는 위탁한 행정청의 소속 행정청으로 본다. 이하 같다)의 처분 또는 부작위에 대한 행정심판의 청구(이하 "심판청구"라 한다)에 대하여는 다음 <u>각 호의 행정청에 두는 행정심판위원회에서 심리 · 재결한다</u>.

1. 감사원, 국가정보원장, 그 밖에 대통령령으로 정하는 대통령 소속기관의 장

📡 **적중레이더**

행정심판 vs 행정소송

구분	행정심판	행정소송
성질	약식 쟁송	정식 쟁송
대상	부당, 위법한 처분	위법한 처분
절차	구술 또는 서면심리 (비공개원칙)	구술심리 (공개원칙)
기관	행정심판위원회	법원
기간	• 처분이 있음을 안 날: 90일 • 처분이 있은 날: 180일	• 처분이 있음을 안 날: 90일 • 처분이 있은 날: 1년
의무이행심판 인정	긍정	부정
오고지 · 불고지 규정	있음	없음
공통점	• 국민의 권리구제수단 • 대심주의원칙 + 직권심리주의 가미 • 불이익변경금지의 원칙 • 집행부정지의 원칙 • 사정재결 · 사정판결의 인정 • 당사자의 신청에 의해 절차 개시되면 법률상 이익을 가진 자만 제기 가능	

1 행정심판에 대한 설명으로 옳은 것은? (다툼이 있는 경우 판례에 의함)

'18 국가직 9급

① 종중이나 교회와 같은 비법인사단은 사단 자체의 명의로 행정심판을 청구할 수 없고(→ 법인이 아닌 사단 또는 재단으로서 대표자나 관리인이 정하여져 있는 경우에는 그 사단이나 재단의 이름으로 심판청구를 할 수 있다). 대표자가 청구인이 되어 행정심판을 청구하여야 한다(행정심판법 제14조).

② 행정심판의 대상과 관련되는 권리나 이익을 양수한 특정승계인은 행정심판위원회의 허가를 받아 청구인의 지위를 승계할 수 있다(행정심판법 제16조).

③ 행정심판에서는 항고소송에서와 달리 처분청이 당초 처분의 근거로 삼은 사유와 기본적 사실관계가 동일성이 인정되지 않는 다른 사유를(→ 처분청은 당초 처분의 근거로 삼은 사유와 기본적 사실관계가 동일성이 있다고 인정되는 한도 내에서만) 처분사유로 추가하거나 변경할 수 있다(대판 2014.5.16, 2013두26118).

④ 행정심판의 재결이 확정되면 피청구인인 행정청을 기속하는 효력이 있고, 그 처분의 기초가 된 사실관계나 법률적 판단이 확정되므로 이후 당사자 및 법원은 이에 모순되는 주장이나 판단을 할 수 없다(→ 재결에 판결에서와 같은 기판력이 인정되는 것은 아니어서 재결이 확정된 경우에도 처분의 기초가 된 사실관계나 법률적 판단이 확정되고 당사자들이나 법원이 이에 기속되어 모순되는 주장이나 판단을 할 수 없게되는 것은 아니다)(대판 2015.11.27, 2013다6759).

---

23 ☐1☐2☐3 정답 ①

정답의 이유

① 행정절차법 제43조(예고기간) 입법예고기간은 예고할 때 정하되, 특별한 사정이 없으면 40일(자치법규는 20일) 이상으로 한다.

오답의 이유

행정절차법 제42조(예고방법)

> **제42조(예고방법)** ① 행정청은 입법안의 취지, 주요 내용 또는 전문(全文)을 다음 각 호의 구분에 따른 방법으로 공고하여야 하며, 추가로 인터넷, 신문 또는 방송 등을 통하여 공고할 수 있다.
> 　1. 법령의 입법안을 입법예고하는 경우: 관보 및 법제처장이 구축·제공하는 정보시스템을 통한 공고
> 　2. 자치법규의 입법안을 입법예고하는 경우: 공보를 통한 공고
> ② 행정청은 대통령령을 입법예고하는 경우 국회 소관 상임위원회에 이를 제출하여야 한다.
> ③ 행정청은 입법예고를 할 때에 입법안과 관련이 있다고 인정되는 중앙행정기관, 지방자치단체, 그 밖의 단체 등이 예고사항을 알 수 있도록 예고사항을 통지하거나 그 밖의 방법으로 알려야 한다.
> ④ 행정청은 제1항에 따라 예고된 입법안에 대하여 전자공청회 등을 통하여 널리 의견을 수렴할 수 있다. 이 경우 제38조의2 제2항부터 제4항까지의 규정을 준용한다.
> ⑤ 행정청은 예고된 입법안의 전문에 대한 열람 또는 복사를 요청받았을 때에는 특별한 사유가 없으면 그 요청에 따라야 한다.
> ⑥ 행정청은 제5항에 따른 복사에 드는 비용을 복사를 요청한 자에게 부담시킬 수 있다.

영역 일반행정작용법 > 행정행위 　　　　　　　　　　 난이도 **하**

정답의 이유

② 해산명령은 의무를 부과하기 때문에 강학상 하명이다.

📡 **적중레이더**

법률행위적 행정행위 vs 준법률행위적 행정행위
- 법률행위적 행정행위: 행정청의 의사표시를 구성요소로 하고 그 표시된 의사의 내용에 따라 법적 효과가 발생하는 것을 뜻한다. **예** 하명, 허가, 면제, 특허, 인가, 대리
- 준법률행위적 행정행위: 행정주체의 의사표시 이외의 정신작용(판단, 인식, 관념의 표시)을 요소로 하고, 그 효과가 행정청의 의사와 관계없이 법이 정한 바에 따라 부여되는 행위를 말한다. **예** 확인, 공증, 통지, 수리

하명의 특징
- 하명은 침익적이므로 법률상 근거가 필요하며 기속행위임이 원칙이다.
- 법률에서 하명을 규정하고 있는 법규하명도 가능하다.
- 사실행위(**예** 입산금지)와 법률행위(**예** 매매금지) 모두를 대상으로 한다.
- 특정인뿐만 아니라 불특정 다수인을 상대로 하는 일반처분 형태로도 가능하다. **예** 입산금지

🎯 **이렇게 출제됐어요**

1 행정행위에 대한 설명으로 옳은 것만을 〈보기〉에서 모두 고르면? (다툼이 있는 경우 판례에 의함)　　　　　　 '19 국회직 8급

── 보기 ──
ㄱ.「사립학교법」상 학교법인의 이사장, 이사 등 임원에 대한 임원취임승인 행위가 강학상 인가의 대표적인 예이다.
ㄴ. 공유수면매립허가, 보세구역의 설치·운영에 관한 특허, 특허기업의 사업양도 허가(→ 강학상 인가)는 강학상 특허에 해당한다.
ㄷ. 보통의 행정행위는 상대방이 수령하여야만 효력이 발생하는 것이므로 상대방이 그 행정행위를 현실적으로 알고 있어야 한다(→ 현실적으로 알고 있을 필요는 없다)(대판 1989.9.26, 89누4963).
ㄹ. 가행정행위는 그 효력발생이 시간적으로 잠정적이라는 것 외에는 보통의 행정행위와 같은 것이므로 가행정행위로 인한 권리침해에 대한 구제도 보통의 행정행위와 다르지 않다.
ㅁ. 재개발조합설립인가신청에 대하여 행정청의 조합설립인가 처분이 있은 이후에 조합설립 동의에 하자가 있음을 이유로 재개발조합설립의 효력을 부정하려면 조합설립동의의 효력을 소의 대상으로 하여야 한다(→ 설립의 효력을 부정하려면 항고소송으로 조합설립인가처분의 효력을 다투어야 한다)(대판 2010.1.28, 2009두4845, 2009마1026).

영역 행정구제법 > 행정쟁송제도 　　　　　　　　　　 난이도 **하**

정답의 이유

② …재결의 주문에서 그 처분 또는 부작위가 적법하거나(→ 위법하거나) 부당하다는 것을 구체적으로 밝혀야 하고,… (행정심판법 제44조)

오답의 이유

③·④ 사정판결: 취소소송에 있어 심리의 결과가 위법하면 이를 취소함이 원칙이지만 원고의 청구가 이유 있는 경우에도 예외적으로 공익을 고려하여 기각판결을 하는 경우를 의미한다.

📡 **적중레이더**

사정재결

행정심판법
제44조(사정재결) ① 위원회는 심판청구가 이유가 있다고 인정하는 경우에도 이를 인용(認容)하는 것이 공공복리에 크게 위배된다고 인정하면 그 심판청구를 기각하는 재결을 할 수 있다. 이 경우 위원회는 재결의 주문(主文)에서 그 처분 또는 부작위가 위법하거나 부당하다는 것을 구체적으로 밝혀야 한다.
② 위원회는 제1항에 따른 재결을 할 때에는 청구인에 대하여 상당한 구제방법을 취하거나 상당한 구제방법을 취할 것을 피청구인에게 명할 수 있다.
③ 제1항과 제2항은 무효 등 확인심판에는 적용하지 아니한다.

사정판결

행정소송법
제28조(사정판결) ① 원고의 청구가 이유있다고 인정하는 경우에도 처분등을 취소하는 것이 현저히 공공복리에 적합하지 아니하다고 인정하는 때에는 법원은 원고의 청구를 기각할 수 있다. 이 경우 법원은 그 판결의 주문에서 그 처분등이 위법함을 명시하여야 한다.
② 법원이 제1항의 규정에 의한 판결을 함에 있어서는 미리 원고가 그로 인하여 입게 될 손해의 정도와 배상방법 그 밖의 사정을 조사하여야 한다.
③ 원고는 피고인 행정청이 속하는 국가 또는 공공단체를 상대로 손해배상, 제해시설의 설치 그 밖에 적당한 구제방법의 청구를 당해 취소소송등이 계속된 법원에 병합하여 제기할 수 있다.

❓✕ **개념 확인**

1 판례에 의하면 당사자의 주장이 있어야 사정판결이 가능하다고 본다.　　　　　　　　　　　　　　　　　　　　　　(O, X)

2 사정판결의 대상이 되는 처분의 위법 여부에 대한 판단은 판결시를 기준으로 한다.　　　　　　　　　　　　　　　　(O, X)

정답 1 X 2 X

2019 기출문제해설

☑ 점수 ( )점/100점　☑ 문제편 103쪽

영역 분석

영역	문항		비율
일반행정작용법	8문항	★★★★★★★★	32%
행정구제법	6문항	★★★★★★	24%
행정법 서론	4문항	★★★★	16%
행정절차와 행정공개	4문항	★★★★	16%
행정의 실효성 확보수단	3문항	★★★	12%

빠른 정답

01	02	03	04	05	06	07	08	09	10
②	③	③	②	③	④	③	②	②	④
11	12	13	14	15	16	17	18	19	20
③	②	④	①	②	④	②	③	④	②
21	22	23	24	25					
④	③	③	②	②					

01 ①②③　　　　　　　　　　　정답 ②

영역 행정절차와 행정공개 > 정보공개와 개인정보보호　난이도 상

정답의 이유

② 녹음물을 폐기한 행위는, 조서 작성의 편의와 조서 기재 내용의 정확성을 보장하기 위하여 속기·녹음을 실시한 후 형사 공판조서 등의 작성에 관한 예규 제13조 제3항에 따른 단순한 사무집행으로서 법원행정상의 구체적인 사실행위에 불과할 뿐이고, 청구인이처한 현재의 사실관계나 법률관계를 적극적으로 변경시키거나 특별한 부담이나 의무를 부여하는 것이 아니어서 청구인에 대한 구체적이고 직접적인 법적 불이익을 내포한다고 할 수 없으므로, 행정청이 우월적 지위에서 일방적으로 강제하는 권력적 사실행위로서 헌법소원의 대상이 되는 공권력의 행사에 해당한다고 볼 수 없다(헌재 2013.12.10, 2013헌마721).

오답의 이유

① 공공기관의 정보공개에 관한 법률의 입법 목적, 정보공개의 원칙, 비공개대상정보의 규정 형식과 취지 등을 고려하면, 법원 이외의 공공기관이 정보공개법 제9조 제1항 제4호에서 정한 '진행 중인 재판에 관련된 정보'에 해당한다는 사유로 정보공개를 거부하기 위하여는 반드시 그 정보가 진행 중인 재판의 소송기록 자체에 포함된 내용일 필요는 없다. 그러나 재판에 관련된 일체의 정보가 그에 해당하는 것은 아니고 진행 중인 재판의 심리 또는 재판결과에 구체적으로 영향을 미칠 위험이 있는 정보에 한정된다고 보는 것이 타당하다(대판 2011.11.24, 2009두19021).

③ 방송법이라는 특별법에 의하여 설립 운영되는 한국방송공사(KBS)는 공공기관의 정보공개에 관한 법률 시행령 제2조 제4호의 '특별법에 의하여 설립된 특수법인'으로서 정보공개의무가 있는 공공기관의 정보공개에 관한 법률 제2조 제3호의 '공공기관'에 해당한다고 판단한 원심판결을 수긍한 사례(대판 2010.12.23, 2008두13101)

④ 국민의 정보공개 청구는 정보공개법 제9조에 정한 비공개 대상 정보에 해당하지 아니하는 한 원칙적으로 폭넓게 허용되어야 하지만, 실제로는 해당 정보를 취득 또는 활용할 의사가 전혀 없이 정보공개 제도를 이용하여 사회통념상 용인될 수 없는 부당한 이득을 얻으려 하거나, 오로지 공공기관의 담당공무원을 괴롭힐 목적으로 정보공개 청구를 하는 경우처럼 권리의 남용에 해당하는 것이 명백한 경우에는 정보공개 청구권의 행사를 허용하지 아니하는 것이 옳다(대판 2014.12.24, 2014두9349).

(((•))) 적중레이더

공공기관의 정보공개에 관한 법률 정의(제2조)

① 정보: 공공기관이 직무상 작성 또는 취득하여 관리하고 있는 문서(전자문서를 포함한다. 이하 같다)·도면·사진·필름·테이프·슬라이드 및 그 밖에 이에 준하는 매체 등에 기록된 사항을 말한다.

② 공개: 공공기관이 이 법에 따라 정보를 열람하게 하거나 그 사본·복제물을 제공하는 것 또는 전자정부법 제2조 제10호에 따른 정보통신망을 통하여 정보를 제공하는 것 등을 말한다.

③ 공공기관
  ㉠ 국가기관
    • 국회, 법원, 헌법재판소, 중앙선거관리위원회
    • 중앙행정기관(대통령 소속 기관과 국무총리 소속 기관을 포함한다) 및 그 소속 기관
    • 행정기관 소속 위원회의 설치·운영에 관한 법률에 따른 위원회
  ㉡ 지방자치단체
  ㉢ 공공기관의 운영에 관한 법률 제2조에 따른 공공기관
  ㉣ 그 밖에 대통령령으로 정하는 기관

이렇게 출제됐어요

1 행정상 정보공개에 대한 설명으로 옳은 것은? (다툼이 있는 경우 판례에 의함)
'19 국회직 8급

① 국회는 「공공기관의 정보공개에 관한 법률」상 공공기관에 해당하지만 동법이 적용되는 것이 아니라(→「국회정보공개규칙」은 「공공기관의 정보공개에 관한 법률」에서 위임된 사항과 그 시행에 관하여 필요한 사항을 규율) 「국회정보공개규칙」이 적용된다(국회정보공개규칙 제1조).

③ 독립유공자서훈 공적심사위원회의 심의·의결 과정 및 그 내용을 기재한 회의록은 독립유공자 등록에 관한 신청당사자의 알 권리 보장과 공정한 업무수행을 위해서 공개되어야 한다(→ '공개될 경우 업무의 공정한 수행에 현저한 지장을 초래한다고 인정할 만한 상당한 이유가 있는 정보'에 해당한다, 비공개)(대판 2014.7.24, 2013두20301).

④ 정보공개에 관한 정책 수립 및 제도 개선에 관한 사항을 심의·조정하기 위하여 국무총리 소속으로(→ 행정안전부장관 소속으로) 정보공개위원회를 둔다(정보공개법 제22조).

⑤ 행정안전부장관은 정보공개에 관하여 필요할 경우에 국회사무총장에게(→ 공공기관의 장에게) 정보공개 처리실태의 개선을 권고할 수 있고 전년도의 정보공개 운영에 관한 보고서를 매년 국정감사 시작 30일 전까지(→ 정기국회 개회 전까지) 국회에 제출하여야 한다(정보공개법 제24조, 제26조).

02 1 2 3 정답 ③

영역 일반행정작용법 > 행정상 입법 난이도 상

정답의 이유

③ 지하철공사의 근로자가 지하철 연장운행 방해행위로 유죄판결을 받았으나, 그 후 공사와 노조가 위 연장운행과 관련하여 조합간부 및 조합원의 징계를 최소화하며 해고자가 없도록 한다는 내용의 합의를 한 경우, 이는 적어도 해고의 면에서는 그 행위자를 면책하기로 한다는 합의로 풀이되므로, 공사가 취업규칙에 근거하여 위 근로자에 대하여 한 당연퇴직 조치는 위 면책합의에 배치된다고 판단한 사례(대판 2007.10.25, 2007두2067)

오답의 이유

① 대판 2009.2.12, 2008다56262

② 일반적으로 법률의 위임에 의하여 효력을 갖는 법규명령의 경우, 구법에 위임의 근거가 없어 무효였더라도 사후에 법개정으로 위임의 근거가 부여되면 그때부터는 유효한 법규명령이 되나, 반대로 구법의 위임에 의한 유효한 법규명령이 법개정으로 위임의 근거가 없어지게 되면 그때부터 무효인 법규명령이 된다(대판 2012.7.5, 2010다72076).

④ 대판 2006.5.25, 2003두11988

03 1 2 3 정답 ③

영역 일반행정작용법 > 행정행위 난이도 상

정답의 이유

③ 운행시간과 구역을 제한하여 행한 택시영업의 허가는 법률효과의 일부 배제로 볼 수 있다.

적중레이더

부관의 사후변경이 허용되는 범위
행정처분에 이미 부담이 부가되어 있는 상태에서 그 의무의 범위 또는 내용 등을 변경하는 부관의 사후변경은 (1) 법률에 명문의 규정이 있거나 (2) 그 변경이 미리 유보되어 있는 경우 또는 (3) 상대방의 동의가 있는 경우에 한하여 허용되는 것이 원칙이지만, (4) 사정변경으로 인하여 당초에 부담을 부가한 목적을 달성할 수 없게 된 경우에도 그 목적달성에 필요한 범위 내에서 예외적으로 허용된다(대판 1997.5.30, 97누2627).

1 행정행위의 부관에 대한 설명으로 옳지 않은 것은? (다툼이 있는 경우 판례에 의함) '19 국회직 8급

① 매립의 면허를 받은 자의 매립지에 대한 소유권취득을 규정한 법령에도 불구하고 행정청이 공유수면매립준공인가 중 매립지 일부에 대하여 한 국가귀속처분(행정행위의 부관)은 독립하여 행정소송의 대상으로 삼을 수 없다(대판 1991.12.13, 90누8503).

③ 기속행위적 행정처분에 부담을 부과한 경우 그 부담은 무효라 할지라도 본체인 행정처분 자체의 효력에는 일반적으로 영향이 없다(→ 자체의 효력에도 영향이 있게 될 수는 있지만…)(대판 1998.12.22, 98다51305).

2 갑은 관할 행정청 A에 도로점용허가를 신청하였고, 이에 대하여 행정청 A는 주민의 민원을 고려하여 갑에 대하여 공원부지를 기부채납할 것을 부관으로 하여 도로점용허가를 하였다. 이와 관련한 판례의 입장으로 옳지 않은 것은? '16 국가직 9급

① 위 부관을 조건으로 본다면, 갑은 부관부 행정행위 전체를 취소소송의 대상으로 하여 부관만의 일부취소를 구하여야 한다(→ 부관만의 취소를 구하는 부진정일부취소소송은 대법원이 인정하고 있지 않다).

② 위 부관을 부담으로 본다면, 부관만 독립하여 취소소송의 대상으로 할 수 있으며 부관만의 독립취소가 가능하다.

---

1 6월 이내에 공사에 착수할 것을 조건으로 한 공유수면매립면허는 정지조건에 해당한다. (O, X)

정답 1 X

---

04 [1][2][3] 정답 ②

영역 일반행정작용법 > 행정상 입법 난이도 중

[정답의 이유]

② 우리나라는 구체적 규범통제 방식을 원칙으로 하며, 명령이나 규칙이 헌법이나 법률에 위반됨이 대법원에서 확정된 경우에는 일단 당해 사건의 당사자에 한하여 적용되지 않는다(개별적 효력). 즉, 무효로 판시된 당해 명령이나 규칙이 일반적(국민 전체)으로 효력이 부인되는 것은 아니다.

[오답의 이유]

① 부패방지 및 국민권익위원회의 설치와 운영에 관한 법률 제28조 제1항 제2호

③ 행정소송법 제6조

④ 행정규칙이 법령의 규정에 의하여 행정관청에 법령의 구체적 내용

을 보충할 권한을 부여한 경우나 재량권 행사의 준칙인 규칙이 그 정한 바에 따라 되풀이 시행되어 행정관행이 이룩되게 되면, 평등의 원칙이나 신뢰보호의 원칙에 따라 행정기관은 그 상대방에 대한 관계에서 그 규칙에 따라야 할 자기구속을 당하게 되는 경우에는 대외적인 구속력을 가지게 되는바, 이러한 경우에는 헌법소원의 대상이 될 수도 있다(헌재 2001.5.31, 99헌마413).

1 행정입법의 통제에 관한 다음 설명 중 가장 적절하지 않은 것은? (다툼이 있으면 판례에 의함) '14 경찰 ②

③ 일반적·추상적인 법령이나 규칙 등은 그 자체로서 국민의 구체적인 권리·의무에 직접적 변동을 초래하게 하지 않는 경우에도(→ 직접적 변동을 초래하게 하는 경우에) 취소소송의 대상이 될 수 있다(대판 1996.9.20, 95누8003).

④ 명령·규칙 또는 처분이 헌법이나 법률에 위반되는 여부가 재판의 전제가 된 경우에는 대법원은 이를 최종적으로 심사할 권한을 가진다(헌법 제107조 제2항).

---

1 우리나라는 추상적 규범통제를 원칙으로 한다. (O, X)

2 행정소송에 대한 대법원판결에 의하여 명령·규칙이 헌법 또는 법률에 위반된다는 것이 확정된 경우에는 대법원은 지체 없이 그 사유를 법무부장관에게 통보하여야 한다. (O, X)

정답 1 X 2 X(→ 행정안전부장관)

---

05 [1][2][3] 정답 ③

영역 행정법 서론 > 행정상 법률관계 난이도 상

[정답의 이유]

③ 건축법 제79조는 시정명령에 대하여 규정하고 있으나, 동법이나 동법 시행령 어디에서도 일반국민에게 그러한 시정명령을 신청할 권리를 부여하고 있지 않을 뿐만 아니라, 피청구인에게 건축법 위반이라고 인정되는 건축물의 건축주 등에 대하여 시정명령을 할 것인지와, 구체적인 시정명령의 내용을 무엇으로 할 것인지에 대하여 결정할 재량권을 주고 있으며, 달리 이 사건에서 시정명령을 해야 할 법적 의무가 인정된다고 볼 수 없다(헌재 2010.4.20, 2010헌마189).

① 공무원연금법상의 각종 급여는 헌법규정만으로는 이를 실현할 수 없고 법률에 의하여 구체적으로 형성할 것을 필요로 하는바, 연금수급권의 구체적 내용, 즉 수급요건, 수급권자의 범위, 급여금액 등은 법률에 의하여 비로소 확정될 것이므로 <u>연금수급권을 형성함에 있어 입법자는 광범위한 형성의 자유를</u> 가진다(헌재 2011.12.29, 2011헌바41).

② 행정처분에 있어서 불이익처분의 상대방은 직접 개인적 이익의 침해를 받은 자로서 원고적격이 인정되지만 <u>수익처분의 상대방은 그의 권리나 법률상 보호되는 이익이 침해되었다고 볼 수 없으므로 달리 특별한 사정이 없는 한 취소를 구할 이익이 없다</u>(대판 1995.8.22, 94누8129).

④ 경찰은 범죄의 예방, 진압 및 수사와 함께 국민의 생명, 신체 및 재산의 보호 기타 공공의 안녕과 질서유지를 직무로 하고 있고, 직무의 원활한 수행을 위하여 경찰관 직무집행법, 형사소송법 등 관계 법령에 의하여 여러 가지 권한이 부여되어 있으므로, 구체적인 직무를 수행하는 경찰관으로서는 제반 상황에 대응하여 자신에게 부여된 여러 가지 권한을 적절하게 행사하여 필요한 조치를 할 수 있고, 그러한 권한은 일반적으로 경찰관의 전문적 판단에 기한 합리적인 재량에 위임되어 있으나, 경찰관에게 권한을 부여한 취지와 목적에 비추어 볼 때 구체적인 사정에 따라 <u>경찰관이 권한을 행사하여 필요한 조치를 하지 아니하는 것</u>이 현저하게 불합리하다고 인정되는 경우에는 <u>권한의 불행사는 직무상 의무를 위반한 것</u>이 되어 위법하게 된다(대판 2016.4.15, 2013다20427).

(((•))) 적중레이더

사회권적 기본권
사회권적 기본권의 성격을 가지는 연금수급권 등은 헌법에 근거한 직접적이며 구체적인 권리인 개인적 공권이 아니므로 헌법 규정만으로 실현될 수 없고, 이를 구체화하는 법률이 있어야만 구체적 권리로서의 개인적 공권으로 인정될 수 있다.

06 ⬚1⬚ ⬚2⬚ ⬚3⬚   정답 ④

영역 행정절차와 행정공개 > 정보공개와 개인정보보호   **난이도** 하

정답의 이유

④ 정보공개 청구권은 법률상 보호되는 구체적인 권리이므로 청구인이 공공기관에 대하여 정보공개를 청구하였다가 거부처분을 받은 것 자체가 법률상 이익의 침해에 해당한다고 할 것이고, 거부처분을 받은 것 이외에 추가로 어떤 법률상의 이익을 가질 것을 요구하는 것은 아니다(대판 2004.9.23, 2003두1370).

---

① 구 공공기관의 정보공개에 관한 법률 제6조 제1항은 "모든 국민은 정보의 공개를 청구할 권리를 가진다."고 규정하고 있는데, 여기에서 말하는 국민에는 자연인은 물론 법인, 권리능력 없는 사단·재단도 포함되고, 법인, 권리능력 없는 사단·재단 등의 경우에는 설립목적을 불문한다(대판 2003.12.12, 2003두8050).

② 공공기관의 정보공개에 관한 법률 제2조 제1호

③ 청구인이 정보공개와 관련한 공공기관의 비공개 결정 또는 부분공개 결정에 대하여 불복이 있거나 정보공개 청구 후 20일이 경과하도록 정보공개 결정이 없는 때에는 공공기관으로부터 정보공개 여부의 결정 통지를 받은 날 또는 정보공개 청구 후 20일이 경과한 날부터 30일 이내에 해당 공공기관에 문서로 이의신청을 할 수 있다(공공기관의 정보공개에 관한 법률 제18조 제1항).

(((•))) 적중레이더

공공기관의 정보공개에 관한 법률상 정보공개 청구권자 및 불복제도
• 정보공개 청구권자: 모든 국민, 비영리법인도 포함
• 불복제도: 이의신청, 행정심판, 행정소송. 다만 이의신청과 행정심판은 임의적 전심절차

◉ 이렇게 출제됐어요

1 정보공개에 관한 설명으로 판례의 입장과 일치하지 않는 것은?
'18 서울시 9급

① 「공공기관의 정보공개에 관한 법률」상 공개대상이 되는 정보는 공공기관이 직무상 작성 또는 취득하여 현재 보유, 관리하고 있는 문서에 한정되기는 하지만, 반드시 원본일 필요는 없다(대판 2006.5.25, 2006두3049).

③ 지방자치단체 또한 법인격을 가지므로 「공공기관의 정보공개에 관한 법률」 제5조에서 정한 정보공개청구권자(→ 국민에 대응하는 정보공개 의무자로 상정)인 '국민'에 해당한다(서울행정 2005.10.12, 2005구합10484).

④ 이미 다른 사람에게 공개하여 널리 알려져 있다거나 인터넷이나 관보 등을 통하여 공개하여 인터넷 검색이나 도서관에서의 열람 등을 통하여 쉽게 알 수 있다는 사정만으로는 소의 이익이 없다고 할 수 없다(대판 2008.11.27, 2005두15694).

2 「공공기관의 정보공개에 관한 법률」상 정보공개에 관한 설명으로 옳지 않은 것은?
'18 소방직

① 공공기관은 제10조에 따라 정보공개의 청구를 받으면 그 청구를 받은 날부터 30일 이내(→ 10일 이내)에 공개 여부를 결정하여야 한다(※ 다시 10일의 범위에서 공개여부 결정기간을 연장할 수 있다. 공공기관의 정보공개에 관한 법률 제11조).

07 ①②③　　　　　　　　　　　정답 ③

[정답의 이유]

③ 소송요건의 존부 여부는 법원의 직권조사사항이므로 당사자가 주장 · 입증할 필요가 없다.

[오답의 이유]

① 행정소송의 소송요건에는 원고 적격, 피고 적격, 대상 적격(처분성), 제소기간, 소의 이익(다툴 실익) 등이 있다.

② 소송요건이 흠결되면 각하판결을 한다.

④ 소송요건의 구비 여부를 심리하는 것은 요건심리에 해당하며, 요건심리 후 본안심리가 개시된다.

📡 적중레이더

행정소송에서 직권심리주의의 의미

행정소송에 있어서도 행정소송법 제14조에 의하여 민사소송법 제188조가 준용되어 법원은 당사자가 신청하지 아니한 사항에 대하여는 판결할 수 없는 것이고, 행정소송법 제26조에서 직권심리주의를 채용하고 있으나 이는 <u>행정소송에 있어서 원고의 청구범위를 초월하여 그 이상의 청구를 인용할 수 있다는</u> 의미가 아니라 <u>원고의 청구범위를 유지하면서 그 범위내에서 필요에 따라 주장외의 사실에 관하여도 판단할 수 있다</u>는 뜻이다(대판 1987.11.10, 86누491).

👁 이렇게 출제됐어요

1 취소소송의 소송요건을 충족하지 않은 경우에 해당하는 것만을 모두 고르면? (다툼이 있는 경우 판례에 의함)　　　　'17 지방직 7급

> ㄱ. 기간제로 임용된 국 · 공립대학의 조교수에 대해 임용기간 만료로 한 재임용거부에 대하여 제기된 거부처분 취소소송(대학교원의 법률관계에 영향을 주는 것으로서 행정소송의 대상이 되는 처분에 해당, 대판 2004.4.22, 2000두7735)
>
> ㄴ. 처분이 있음을 안 날부터 90일이 경과하였으나, 아직 처분이 있은 날부터 1년이 경과되지 않은 시점에서 제기된 취소소송(→ 두 기간 중 어느 한 기간이라도 먼저 경과하면 취소소송을 제기할 수 없고, 제소기간이 경과한 소제기는 부적법하여 각하)(행정소송법 제20조)
>
> ㄷ. 사실심 변론종결시에는(→ 상고심에서도 존속하여야 하고 이를 흠결하면 부적법) 원고적격이 있었으나, 상고심에서 원고적격이 흠결된 취소소송(대판 2007.4.12, 2004두7924)

⭕❌ 개념 확인

1 행정소송에서 법원은 필요하다고 인정할 때에는 직권으로 증거조사를 할 수 있고, 당사자가 주장하지 아니한 사실에 대하여도 판단할 수 있다.　　　　　　　　　　　　　　　　(O, X)

정답 1 ○

08 ①②③　　　　　　　　　　　정답 ②

[정답의 이유]

② 계약직공무원 채용계약해지의 의사표시는 일반 공무원에 대한 징계처분과는 달라서 항고소송의 대상이 되는 처분 등의 성격을 가진 것으로 인정되지 아니하고, 일정한 사유가 있을 때에 국가 또는 지방자치단체가 채용계약 관계의 한쪽 당사자로서 대등한 지위에서 행하는 의사표시로 취급되는 것으로 이해되므로, 이를 징계해고 등에서와 같이 그 징계사유에 한하여 효력 유무를 판단하여야 하거나, 행정처분과 같이 <u>행정절차법에 의하여 근거와 이유를 제시하여야 하는 것은 아니다</u>(대판 2002.11.26, 2002두5948).

[오답의 이유]

① 어업권면허에 선행하는 우선순위결정은 행정청이 우선권자로 결정된 자의 신청이 있으면 어업권면허처분을 하겠다는 것을 약속하는 행위로서 <u>강학상 확약에 불과하고 행정처분은 아니므로</u>, 우선순위결정에 공정력이나 불가쟁력과 같은 효력은 인정되지 아니하며, 따라서 우선순위결정이 잘못되었다는 이유로 종전의 어업권면허처분이 취소되면 행정청은 종전의 우선순위결정을 무시하고 다시 우선순위를 결정한 다음 <u>새로운 우선순위결정에 기하여 새로운 어업권면허를 할 수 있다</u>(대판 1995.1.20, 94누6529).

③ 행정관청이 토지거래계약신고에 관하여 공시된 기준지가를 기준으로 매매가격을 신고하도록 행정지도하여 왔고 그 기준가격 이상으로 매매가격을 신고한 경우에는 거래신고서를 접수하지 않고 반려하는 것이 관행화되어 있다 하더라도 이는 법에 어긋나는 관행이라 할 것이므로 그와 같은 위법한 관행에 따라 허위신고행위에 이르렀다고 하여 그 범법행위가 사회상규에 위배되지 않는 정당한 행위라고는 볼 수 없다(대판 1992.4.24, 91도1609).

④ 구 국가를 당사자로 하는 계약에 관한 법률 제11조 규정 내용과 국가가 일방당사자가 되어 체결하는 계약의 내용을 명확히 하고 국가가 사인과 계약을 체결할 때 적법한 절차에 따를 것을 담보하려는 규정의 취지 등에 비추어 보면, 국가가 사인과 계약을 체결할 때에는 국가계약법령에 따른 계약서를 따로 작성하는 등 요건과 절차를 이행하여야 할 것이고, 설령 국가와 사인 사이에 계약이 체

결되었더라도 이러한 법령상 요건과 절차를 거치지 아니한 계약은 효력이 없다(대판 2015.1.15, 2013다215133).

1 공법상 계약에 관한 설명으로 옳지 않은 것은? (다툼이 있을 경우 판례에 의함) '14 서울시 7급

① 계약직 공무원 채용계약해지의 의사표시는 일반 공무원에 대한 징계처분과는 달라서 항고소송이 되는 처분 등의 성격을 가진 것으로 인정되지는 않지만, 행정처분과 마찬가지로 행정절차법에 의하여 근거와 이유는 제시하여야 한다(→ 근거와 이유를 제시하여야 하는 것은 아니다)(대판 2002.11.26, 2002두5948).

② 공법상 계약도 공행정작용이므로 역시 법률우위의 원칙하에 놓인다(→ 법률우위란 행정은 법률에 위반되지 않아야 한다는 것을 의미하며, 여기서 행정이란 모든 행정을 의미하므로 공법상 계약도 포함된다. 통설).

🔍✗ 개념 확인

1 공법상 계약은 행정절차법이 적용되지 않는다.	(O, X)
2 공법상 계약은 자력집행이 원칙이다.	(O, X)
3 지방자치단체간의 교육사무위탁은 공법상 계약에 해당한다.	(O, X)

정답 1 O 2 X 3 O

---

09 1 2 3 　　　　　　　　　　정답 ②

영역 행정절차와 행정공개 > 정보공개와 개인정보보호 　난이도 하

정답의 이유

② "개인정보처리자"란 업무를 목적으로 개인정보파일을 운용하기 위하여 스스로 또는 다른 사람을 통하여 개인정보를 처리하는 공공기관, 법인, 단체 및 개인 등을 말한다(개인정보 보호법 제2조 제5호). 따라서 민간에 의하여 처리되는 정보도 이 법의 개인정보 보호 대상이 된다.

오답의 이유

① "개인정보"란 살아 있는 개인에 관한 정보로서 성명, 주민등록번호 및 영상 등을 통하여 개인을 알아볼 수 있는 정보(해당 정보만으로는 특정 개인을 알아볼 수 없더라도 다른 정보와 쉽게 결합하여 알아볼 수 있는 것을 포함한다)를 말한다(개인정보 보호법 제2조 제1호). 따라서 사자(死者)나 법인의 정보는 개인정보 보호법의 적용대상이 되지 않는다.

③ 누구든지 청문을 통하여 알게 된 사생활이나 경영상 또는 거래상의 비밀을 정당한 이유 없이 누설하거나 다른 목적으로 사용하여서는 아니 된다(행정절차법 제37조 제6항).

④ 정보주체는 개인정보처리자가 이 법을 위반한 행위로 손해를 입으면 개인정보처리자에게 손해배상을 청구할 수 있다. 이 경우 그 개인정보처리자는 고의 또는 과실이 없음을 입증하지 아니하면 책임을 면할 수 없다(개인정보 보호법 제39조 제1항).

1 정보공개와 개인정보보호에 대한 설명으로 가장 적절하지 않은 것은? (다툼이 있는 경우 판례에 의함) '19 경찰 ②

② 불기소처분의 기록 중 피의자신문조서 등에 기재된 피의자 등의 인적사항 이외의 진술 내용 역시 개인의 사생활의 비밀 또는 자유를 침해할 우려가 인정되는 경우 공공기관의 정보공개에 관한 법률상 비공개대상 정보에 해당된다(대판 2012.6.18, 2011두2361 전합).

③ 개인정보 보호법에 따르면, '개인정보처리자의 정당한 이익을 달성하기 위하여 필요한 경우로서 명백하게 정보주체의 권리보다 우선하는 경우'라도, 그 개인정보의 수집 이용은 위법한 것으로 평가된다(→ 개인정보를 수집할 수 있으며 그 수집 목적의 범위에서 이용할 수 있다)(개인정보 보호법 제15조).

---

10 1 2 3 　　　　　　　　　　정답 ④

영역 일반행정작용법 > 기타행정행위 　난이도 하

정답의 이유

④ 행정계획이라 함은 행정에 관한 전문적·기술적 판단을 기초로 하여 도시의 건설·정비·개량 등과 같은 특정한 행정목표를 달성하기 위하여 서로 관련되는 행정수단을 종합·조정함으로써 장래의 일정한 시점에 있어서 일정한 질서를 실현하기 위한 활동기준으로 설정된 것이다(대판 1996.11.29, 96누8567). 즉, 판례는 행정계획의 개념을 직접적으로 정의하고 있다.

오답의 이유

① 비구속적 행정계획안이라도 국민의 기본권에 직접적으로 영향을 끼치고 앞으로 법령의 뒷받침에 의하여 그대로 실시될 것이 틀림없을 것으로 예상되는 경우에는 예외적으로 헌법소원의 대상이 될 수 있다(헌재 2000.6.1, 99헌마538).

② 위법한 행정계획으로 인하여 구체적으로 손해를 입은 경우에는 국가배상법에 따라 국가를 상대로 손해배상(국가배상)을 청구할 수 있다(국민 입장).

③ 택지개발 예정지구 지정처분은 건설교통부장관이 법령의 범위 내에서 도시지역의 시급한 주택난 해소를 위한 택지를 개발·공급할 목적으로 주택정책상의 전문적·기술적 판단에 기초하여 행하는 일종의 행정계획으로서 재량행위라고 할 것이므로 그 재량권의 일탈·남용이 없는 이상 그 처분을 위법하다고 할 수 없다(대판 1997.9.26, 96누10096).

행정계획의 처분성 인정여부

처분성 인정	처분성 부정
• 도시계획결정 = 도시관리계획 • 관리처분계획	• 도시기본계획 • 대학입시기본계획 • 농어촌도로기본계획 • 하수도정비기본계획 • 국토개발"종합"계획 • 광역도시계획 • 환지계획

1 행정계획에 대한 설명으로 가장 적절하지 않은 것은? (다툼이 있는 경우 판례에 의함) '19 경찰 ②

② 도시계획시설결정에 이해관계가 있는 주민이더라도 도시시설계획의 입안권자에게 도시 시설계획의 입안을 요구할 수 있는 법규상 또는 조리상의 신청권을 갖지 않는다(→ 조리상의 신청권을 갖는다)(대판 2004.4.28, 2003두1806).

※ 신청에 대한 거부행위는 항고소송의 대상이 되는 행정처분에 해당

2 행정계획에 대한 설명으로 옳지 않은 것은? (다툼이 있는 경우 판례에 의함) '18 국가직 7급

① 「국토의 계획 및 이용에 관한 법률」에 따른 도시기본계획은 일반 국민에 대한 직접적인 구속력은 인정되지 않지만, 도시의 장기적 개발방향과 미래상을 제시하는 도시계획 입안의 지침이 되기에 행정청에 대한 직접적인 구속력은 인정된다(→ 행정청에 대한 직접적인 구속력은 없다)(대판 2007.4.12, 2005두1893).

③ 비구속적 행정계획안이나 행정지침이라도 국민의 기본권에 직접적으로 영향을 끼치고, 앞으로 법령의 뒷받침에 의하여 그대로 실시될 것이 틀림없을 것으로 예상될 수 있을 때에는, 공권력행위로서 헌법소원의 대상이 될 수 있다(헌재 2000.6.1, 99헌마538).

---

11 ⓵ ② ③ 　　　　　　　　　　　　정답 ③

정답의 이유

③ 무효인 토지거래계약에 대하여 토지거래허가를 받았다면 토지거래계약이 무효이므로 그에 대한 토지거래허가처분도 무효가 된다.

오답의 이유

① 토지거래허가에서 허가는 인가에 해당하며, 인가의 대상은 법률행위를 대상으로 하며 사실행위는 제외된다. 법률행위에는 공법상 법률행위와 사법상 법률행위 모두 포함된다. 사안의 경우에는 사법상 법률행위를 대상으로 한 경우에 해당한다.

② 토지거래허가는 인가에 해당하므로 토지거래계약은 행정청의 토지거래허가를 받아야 그에 대한 법률적 효과가 완성된다(인가의 보충성).

④ 건축법상 건축허가는 허가에 해당하며, 토지거래허가는 인가에 해당한다(대판 1991.12.24, 90대 2243).

1 판례가 그 법적 성질을 다르게 본 것은? '18 서울시 9급

① 학교환경위생정화구역의 금지행위해제(허가, 대판 1996.10.29, 96누8253)

② 토지거래계약허가(인가, 대판 1991.12.24, 90다12243)

③ 사회복지법인의 정관변경허가(인가, 대판 2002.9.24, 2000두5661)

④ 자동차관리사업자단체의 조합설립인가(인가, 대판 2015.5.29, 2013두635)

1 인가처분에 흠이 없는 경우 기본행위의 흠을 이유로 인가처분의 무효확인 또는 취소를 구할 수 있다. (O, X)

2 재단법인의 정관변경 결의의 하자를 이유로 정관변경 인가처분의 취소 · 무효 확인을 소구할 수 있다. (O, X)

3 토지거래허가는 허가에 해당한다. (O, X)

정답 1 X 2 X 3 X

영역 행정절차와 행정공개 > 행정절차법	난이도 중

정답의 이유

② 행정청은 대통령령을 입법예고하는 경우 국회 소관 상임위원회에 이를 제출하여야 한다(행정절차법 제42조 제2항). 부령은 이에 해당하지 않는다.

오답의 이유

① 행정절차법 제3조 제2항 제5호

> **제3조(적용 범위)** ② 이 법은 다음 각 호의 어느 하나에 해당하는 사항에 대하여는 적용하지 아니한다.
> 1. 국회 또는 지방의회의 의결을 거치거나 동의 또는 승인을 받아 행하는 사항
> 2. 법원 또는 군사법원의 재판에 의하거나 그 집행으로 행하는 사항
> 3. 헌법재판소의 심판을 거쳐 행하는 사항
> 4. 각급 선거관리위원회의 의결을 거쳐 행하는 사항
> 5. <u>감사원이 감사위원회의의 결정을 거쳐 행하는 사항</u>
> 6. 형사(刑事), 행형(行刑) 및 보안처분 관계 법령에 따라 행하는 사항
> 7. 국가안전보장·국방·외교 또는 통일에 관한 사항 중 행정절차를 거칠 경우 국가의 중대한 이익을 현저히 해칠 우려가 있는 사항
> 8. 심사청구, 해양안전심판, 조세심판, 특허심판, 행정심판, 그 밖의 불복절차에 따른 사항
> 9. 병역법에 따른 징집·소집, 외국인의 출입국·난민인정·귀화, 공무원 인사 관계 법령에 따른 징계와 그 밖의 처분, 이해 조정을 목적으로 하는 법령에 따른 알선·조정·중재(仲裁)·재정(裁定) 또는 그 밖의 처분 등 해당 행정작용의 성질상 행정절차를 거치기 곤란하거나 거칠 필요가 없다고 인정되는 사항과 행정절차에 준하는 절차를 거친 사항으로서 대통령령으로 정하는 사항

③ 행정절차법 제40조 제2항

> **제40조(신고)** ② 제1항에 따른 신고가 다음 각 호의 요건을 갖춘 경우에는 신고서가 접수기관에 도달된 때에 신고 의무가 이행된 것으로 본다.
> 1. 신고서의 기재사항에 흠이 없을 것
> 2. 필요한 구비서류가 첨부되어 있을 것
> 3. 그 밖에 법령 등에 규정된 형식상의 요건에 적합할 것

④ 행정청은 행정절차법 제40조 제2항 각 호의 요건을 갖추지 못한 신고서가 제출된 경우에는 지체 없이 상당한 기간을 정하여 신고인에게 보완을 요구하여야 한다(행정절차법 제40조 제3항). 행정청은 신고인이 제3항에 따른 기간 내에 보완을 하지 아니하였을 때에는 그 이유를 구체적으로 밝혀 해당 신고서를 되돌려 보내야 한다(행정절차법 제40조 제4항).

🔎 이렇게 출제됐어요

1 사인의 공법행위로서 신고에 대한 설명으로 옳지 않은 것은? (다툼이 있는 경우 판례에 의함)   '18 지방직 7급

① 자기완결적 신고에 있어 적법한 신고가 있는 경우, 행정청은 법 규정에 정하지 아니한 사유를 심사하여 이를 이유로 <u>신고수리를 거부할 수 있다</u>(→ 거부할 수 없다)(대판 2018.1.25, 2015두35116).

② 주민등록의 신고는 행정청에 도달하기만 하면 신고로서의 효력이 발생하는 것이 아니라 <u>행정청이 수리한 경우에 비로소</u> 신고의 효력이 발생한다(대판 2009.1.30, 2006다178580).

🔎 개념 확인

1 행정청은 행정절차법상 요건을 갖추지 못한 신고서가 제출된 경우에는 지체 없이 상당한 기간을 정하여 신고인에게 보완을 요구할 수 있다.   (O, X)

2 행정청은 신고인이 상당한 기간 내에 보완을 하지 아니하였을 때에는 그 이유를 구체적으로 밝혀 해당 신고서를 되돌려 보낼 수 있다.   (O, X)

정답 **1** X **2** X

13 123 정답 ④

정답의 이유

④ 행정의 자동결정은 행정행위에 해당한다(통설). 견해의 대립은 있으나 행정행위의 자동결정의 행정행위로서의 성격을 인정하는 데 어려움이 있는 것은 아니다.

오답의 이유

① 신호등에 의한 교통신호, 컴퓨터를 통한 중·고등학생의 학교 배정 등은 행정의 자동결정에 해당한다.

② 행정의 자동결정도 행정법상 일반원칙 등의 한계를 준수하여야 한다(통설).

③ 지방자치단체장이 교통신호기를 설치하여 그 관리권한이 도로교통법 제71조의2 제1항의 규정에 의하여 관할 지방경찰청장에게 위임되어 지방자치단체 소속 공무원과 지방경찰청 소속 공무원이 합동근무하는 교통종합관제센터에서 그 관리업무를 담당하던 중위 신호기가 고장난 채 방치되어 교통사고가 발생한 경우, 국가배상법 제2조 또는 제5조에 의한 배상책임을 부담하는 것은 지방경찰청장이 소속된 국가가 아니라, 그 권한을 위임한 지방자치단체장이 소속된 지방자치단체라고 할 것이나, 한편 국가배상법 제6조 제1항은 같은 법 제2조, 제3조 및 제5조의 규정에 의하여 국가 또는 지방자치단체가 손해를 배상할 책임이 있는 경우에 공무원의 선임·감독 또는 영조물의 설치·관리를 맡은 자와 공무원의 봉급·급여 기타의 비용 또는 영조물의 설치·관리의 비용을 부담하는 자가 동일하지 아니한 경우에는 그 비용을 부담하는 자도 손해를 배상하여야 한다고 규정하고 있으므로 교통신호기를 관리하는 지방경찰청장 산하 경찰관들에 대한 봉급을 부담하는 국가도 국가배상법 제6조 제1항에 의한 배상책임을 부담한다(대판 1999.6.25. 99다11120).

🅞 이렇게 출제됐어요

1 행정의 자동결정에 대한 설명으로 옳지 않은 것은?　'16 사복직 9급

② 행정의 자동결정은 컴퓨터를 통하여 이루어지는 자동적 결정이기 때문에 행정행위의 개념적 요소를 구비하는 경우에도 행정행위로서의 성격을 인정하는 데 어려움이 있다(→ 행정행위에 해당한다, 통설).

③ 행정의 자동결정의 기준이 되는 프로그램의 법적 성질은 명령(행정규칙을 포함)이라는 견해가 유력하다(통설).

🅠✗ 개념 확인

1 행정의 자동결정은 컴퓨터를 통하여 이루어지는 자동적 결정이기 때문에 행정행위의 개념적 요소를 구비하는 경우에도 행정행위로서의 성격을 인정하는 데 어려움이 있다.　(O, X)

정답 1 X

14 123 정답 ①

정답의 이유

① 공무원연금관리공단의 인정에 의하여 퇴직연금을 지급받아 오던 중 구 공무원연금법령의 개정 등으로 퇴직연금 중 일부 금액의 지급이 정지된 경우에는 당연히 개정된 법령에 따라 퇴직연금이 확정되는 것이지 같은 법 제26조 제1항에 정해진 공무원연금관리공단의 퇴직연금 결정과 통지에 의하여 비로소 그 금액이 확정되는 것이 아니므로, 공무원연금관리공단이 퇴직연금 중 일부 금액에 대하여 지급거부의 의사표시를 하였다고 하더라도 그 의사표시는 퇴직연금 청구권을 형성·확정하는 행정처분이 아니라 공법상의 법률관계의 한쪽 당사자로서 그 지급의무의 존부 및 범위에 관하여 나름대로의 사실상·법률상 의견을 밝힌 것일 뿐이어서, 이를 행정처분이라고 볼 수는 없고, 이 경우 미지급퇴직연금에 대한 지급청구권은 공법상 권리로서 그의 지급을 구하는 소송은 공법상의 법률관계에 관한 소송인 공법상 당사자소송에 해당한다(대판 2004.7.8. 2004두244).

오답의 이유

② 고용보험 및 산업재해보상보험의 보험료징수 등에 관한 법률 제4조, 제16조의2, 제17조, 제19조, 제23조의 각 규정에 의하면, 사업주가 당연가입자가 되는 고용보험 및 산재보험에서 보험료 납부의무 부존재확인의 소는 공법상의 법률관계 자체를 다투는 소송으로서 공법상 당사자소송이다(대판 2016.10.13. 2016다221658).

③ 공법상의 법률관계에 관한 당사자소송에서는 그 법률관계의 한쪽 당사자를 피고로 하여 소송을 제기하여야 한다(행정소송법 제3조 제2호, 행정소송법 제39조). 다만 원고가 고의 또는 중대한 과실 없이 당사자소송으로 제기하여야 할 것을 항고소송으로 잘못 제기한 경우에, 당사자소송으로서의 소송요건을 결하고 있음이 명백하여 당사자소송으로 제기되었더라도 어차피 부적법하게 되는 경우가 아닌 이상, 법원으로서는 원고가 당사자소송으로 소 변경을 하도록 하여 심리·판단하여야 한다(대판 2016.5.24. 2013두14863).

④ 지방자치단체가 보조금 지급결정을 하면서 일정 기한 내에 보조금을 반환하도록 하는 교부조건을 부가한 사안에서, 보조사업자의 지방자치단체에 대한 보조금 반환의무는 행정처분인 위 보조금 지급결정에 부가된 부관상 의무이고, 이러한 부관상 의무는 보조사업자가 지방자치단체에 부담하는 공법상 의무이므로, 보조사업자에 대한 지방자치단체의 보조금반환청구는 공법상 권리관계의 일방 당사자를 상대로 하여 공법상 의무이행을 구하는 청구로서 행정소송법 제3조 제2호에 규정한 당사자소송의 대상이라고 한 사례(대판 2011.6.9. 2011다2951)

1 판례가 행정소송의 대상이 아니라 민사소송의 대상이라고 판단한 것만
을 〈보기〉에서 모두 고른 것은?　　　　　　　　　'18 서울시 9급

> ㄱ. 개발부담금 부과처분 취소로 인한 그 과오납금의 반환을 청구하는
>   소송(→ 단순한 민사관계에 불과)(대판 1995.12.22, 94다51253)
> ㄴ. 공립유치원 전임강사에 대한 해임처분의 시정 및 수령 지체된 보
>   수의 지급을 구하는 소송(→ 교육공무원에 준하여 신분보장을 받
>   는 정원 외의 임시직 공무원, 해임처분의 시정 및 수령지체된 보수
>   의 지급을 구하는 소송은 행정소송 대상)(대판 1991.5.10, 90다
>   10766).
> ㄷ. 「도시 및 주거환경정비법」상 관리처분계획안에 대한 조합 총회결
>   의의 효력을 다투는 소송(→ 재건축조합을 상대로 사업시행계획안
>   에 대한 조합총회결의의 효력 등을 다투는 소송 또한 행정소송법
>   상의 당사자소송)(대판 2009.10.15, 2008다93001)
> ㄹ. 공무원의 직무상 불법행위로 손해를 받은 국민이 국가 또는 공공
>   단체에 배상을 청구하는 소송(→ 실무상으로는 국가배상청구소송
>   을 민사소송으로 처리)
> ㅁ. 「하천구역 편입토지 보상에 관한 특별조치법」 제2조 제1항의 규정
>   에 의한 손실보상금의 지급을 구하거나 손실보상청구권의 확인을
>   구하는 소송(→ 행정소송법 제3조 제2호 소정의 당사자소송)(대판
>   2006.11.9, 2006다23503)

💡✖ 개념 확인

> **1** 공무원연금관리공단이 공무원연금법령의 개정에 따라 퇴직연금
>   중 일부 금액에 대하여 지급거부의 의사표시를 한 경우에 그 의사
>   표시는 항고소송의 대상이 되는 행정처분이다.　　　　　　(O, X)

정답 1 X(대판 2004.7.8, 2004두244)

영역 행정구제법 > 손해전보제도　　　　　　　　　난이도 상

정답의 이유

② 국가배상법 제5조 소정의 공공의 영조물이란 공유나 사유임을 불
문하고 행정주체에 의하여 특정 공공의 목적에 공여된 유체물 또
는 물적 설비를 의미하므로 사실상 군민의 통행에 제공되고 있던
도로 옆의 암벽으로부터 떨어진 낙석에 맞아 소외인이 사망하는
사고가 발생하였다고 하여도 동 사고지점 도로가 피고 군에 의하
여 노선인정 기타 공용개시가 없었으면 이를 영조물이라 할 수 없
다(대판 1981.7.7, 80다2478).

오답의 이유

① · ④ 국가배상법 제5조 제1항에 정하여진 '영조물 설치 · 관리상의
하자'라 함은 공공의 목적에 공여된 영조물이 그 용도에 따라 통상
갖추어야 할 안전성을 갖추지 못한 상태에 있음을 말하는바, 영조
물의 설치 및 관리에 있어서 항상 완전무결한 상태를 유지할 정도
의 고도의 안전성을 갖추지 아니하였다고 하여 영조물의 설치 또
는 관리에 하자가 있다고 단정할 수 없는 것이고, 영조물의 설치자
또는 관리자에게 부과되는 방호조치의무는 영조물의 위험성에 비
례하여 사회통념상 일반적으로 요구되는 정도의 것을 의미하므로
영조물인 도로의 경우도 다른 생활필수시설과의 관계나 그것을 설
치하고 관리하는 주체의 재정적 · 인적 · 물적 제약 등을 고려하여
그것을 이용하는 자의 상식적이고 질서 있는 이용방법을 기대한
상대적인 안전성을 갖추는 것으로 족하다(대판 2002.8.23, 2002
다9158).

③ 가변차로에 설치된 신호등의 용도와 오작동 시에 발생하는 사고의
위험성과 심각성을 감안할 때, 만일 가변차로에 설치된 두 개의 신
호기에서 서로 모순되는 신호가 들어오는 고장을 예방할 방법이
없음에도 그와 같은 신호기를 설치하여 그와 같은 고장을 발생하
게 한 것이라면, 그 고장이 자연재해 등 외부요인에 의한 불가항력
에 기인한 것이 아닌 한 그 자체로 설치 · 관리자의 방호조치의무
를 다하지 못한 것으로서 신호등이 그 용도에 따라 통상 갖추어야
할 안전성을 갖추지 못한 상태에 있었다고 할 것이고, 따라서 설령
적정전압보다 낮은 저전압이 원인이 되어 위와 같은 오작동이 발
생하였고 그 고장은 현재의 기술수준상 부득이한 것이라고 가정
더라도 그와 같은 사정만으로 손해발생의 예견가능성이나 회피가
능성이 없어 영조물의 하자를 인정할 수 없는 경우라고 단정할 수
없다고 한 사례(대판 2001.7.27, 2000다56822)

1 「국가배상법」 제5조에 따른 배상책임에 대한 설명으로 옳지 않은 것은? (다툼이 있는 경우 판례에 의함)　　　'16 국가직 9급

① '공공의 영조물'이란 국가 또는 지방자치단체가 소유권, 임차권 그 밖의 권한에 기하여 관리하고 있는 경우를 의미하고, 그러한 권원 없이 사실상의 관리를 하고 있는 경우는 제외된다(→ 사실상의 관리를 하고 있는 경우도 포함된다)(대판 1998.10.23. 98다17381).

② '영조물의 설치 또는 관리의 하자'란 공공의 목적에 제공된 영조물이 그 용도에 따라 통상 갖추어야 할 안전성을 갖추지 못한 상태에 있음을 말한다(대판 1998.10.23. 98다17381).

③ 예산부족 등 설치·관리자의 재정사정은 배상책임 판단에 있어 참작 사유는 될 수 있으나 안전성을 결정지을 절대적 요건은 아니다(참작사유에 불과)(대판 1967.02.21. 66다1723).

④ 소음 등을 포함한 공해 등의 위험지역으로 이주하여 거주하는 것이 피해자가 위험의 존재를 인식하고 그로 인한 피해를 용인하면서 접근한 것이라고 볼 수 있는 경우 가해자의 면책이 인정될 수 있다(대판 2015.10.15. 2013다23914).

1 국가배상법 제5조는 제2조와는 달리 과실책임이다.　　　(O, X)

2 공공의 영조물의 설치·관리의 하자에는 물적 하자만이 아니라 기능적 하자 또는 이용상 하자도 포함된다.　　　(O, X)

　　　정답 **1** X **2** X(대판 2005.1.27. 2003다49566)

---

16 ☐1☐2☐3　　　정답 ④

영역 행정구제법 > 손해전보제도　　　난이도 중

정답의 이유

④ 국가배상법 제2조 제1항의 "직무를 집행함에 당하여"라 함은 직접 공무원의 직무집행행위이거나 그와 밀접한 관계에 있는 행위를 포함하고, 이를 판단함에 있어서는 행위 자체의 외관을 객관적으로 관찰하여 공무원의 직무행위로 보여질 때에는 비록 그것이 실질적으로 직무행위가 아니거나 또는 행위자로서는 주관적으로 공무집행의 의사가 없었다고 하더라도 그 행위는 공무원이 "직무를 집행함에 당하여" 한 것으로 보아야 한다(대판 1995.4.21. 93다14240).

오답의 이유

① 근대는 국가의 경우 국가무책임 사상에 기초하여 국가배상책임을 부담하지 않았다.

② 국가배상청구는 위법한 행정작용을 전제로 하므로 단순히 부당한 정도에 불과한 경우에는 위법하지 않으므로 국가배상이 인정되지 않는다.

③ 헌법은 공무원의 위법한 직무행위로 인한 손해배상청구권만 규정하고 있다(헌법 제29조).

국가배상과 손실보상의 비교

구분	국가배상	손실보상
의의	위법한 행정작용으로 인하여 국민에게 생명, 신체, 재산상 손해가 발생한 경우	적법한 행정작용으로 인하여 국민에게 재산상 손해가 발생한 경우
정신적 손해 (위자료)	긍정	부정
법적 근거	헌법 제29조 / 일반법 : 국가배상법	헌법 제23조 제3항 / 일반법 X
법적 성질	민사소송(판례)	민사소송(원칙, 판례)
이념	개인주의	단체주의

1 국가배상에 대한 설명으로 옳지 않은 것은? (다툼이 있는 경우 판례에 의함)　　　'19 국가직 9급

① 「국가공무원법」 및 「지방공무원법」상 공무원뿐만 아니라 공무를 위탁받은 사인의 직무행위도 국가배상청구의 대상이 된다(대판 2001.1.5. 98다39060).

② 경찰공무원이 전투·훈련 등 직무집행과 관련하여 전사 순직하거나 공상을 입은 경우에 본인이나 그 유족이 다른 법령에 따라 재해보상금이나 유족연금 등의 보상을 지급받은 때에 「국가배상법」및 「민법」에 따른 손해배상을 청구할 수 없다(국가배상법 제2조).

③ 직무집행과 관련하여 공상을 입은 군인이 먼저 「국가배상법」에 따라 손해배상금을 지급받은 후 「보훈보상대상자 지원에 관한 법률」이 정한 보상금 등 보훈급여금의 지급을 청구하는 경우에 국가보훈처장은 「국가배상법」에 따라 손해배상을 받았다는 것을 이유로 그 지급을 거부할 수 있다(→ 지급을 거부할 수 없다)(대판 2017.2.3. 2015두60075).

⑤ 우편집배원이 압류 및 전부명령 결정 정본을 특별송달함에 있어 부적법한 송달을 하고도 적법한 송달을 한 것처럼 보고서를 작성하여 압류 및 전부의 효력이 발생하지 않아 집행채권자가 피압류 채권을 전부 받지 못한 경우 우편집배원의 직무상 의무위반과 집행채권자의 손해 사이에는 상당인과관계가 있다(대판 2009.7.23. 2006다87798).

영역 행정구제법 > 행정쟁송제도   난이도 중

정답의 이유

② 신청은 행정청에게 권력적인 처분을 할 것을 요구하는 것이므로 사경제적 계약 체결의 요구 또는 비권력적 사실행위의 요구는 포함되지 않는다.

오답의 이유

① 행정소송법 제36조

③ 행정처분의 직접 상대방이 아닌 제3자라 하더라도 당해 행정처분으로 인하여 법률상 보호되는 이익을 침해당한 경우에는 그 처분의 무효확인을 구하는 행정소송을 제기하여 그 당부의 판단을 받을 자격이 있다 할 것이며, 여기에서 말하는 법률상 보호되는 이익이라 함은 당해 처분의 근거 법규 및 관련 법규에 의하여 보호되는 개별적·직접적·구체적 이익이 있는 경우를 말하고, 공익보호의 결과로 국민 일반이 공통적으로 가지는 일반적·간접적·추상적 이익이 생기는 경우에는 법률상 보호되는 이익이 있다고 할 수 없다(대판 2006.3.16, 2006두330).

④ 부작위위법확인의 소는 부작위상태가 계속되는 한 그 위법의 확인을 구할 이익이 있다고 보아야 하므로 원칙적으로 제소기간의 제한을 받지 않는다. 그러나 행정소송법 제38조 제2항이 제소기간을 규정한 같은 법 제20조를 부작위위법확인소송에 준용하고 있는 점에 비추어 보면, 행정심판 등 전심절차를 거친 경우에는 행정소송법 제20조가 정한 제소기간 내에 부작위위법확인의 소를 제기하여야 한다(대판 2009.7.23, 2008두10560).

⊙ 이렇게 출제됐어요

1 행정소송법상 취소소송의 규정이 무효확인소송에는 준용되나 부작위위법확인소송에는 준용되지 않는 것은?   '14 서울시 7급

① 관련청구소송의 이송 및 병합
② 행정심판기록의 제출명령
③ 처분변경으로 인한 소의 변경(→ 부작위위법확인소송은 처분이 없음, 행정소송법 제38조 제1항)
④ 거부처분취소판결의 간접강제

◎✗ 개념 확인

1 부작위위법확인소송의 심리는 실체적 심리까지 미쳐 행정청의 특정 작위의무의 존재까지도 심리, 판단할 수 있다.   (O, X)

정답 1 X

영역 행정법 서론 > 행정법   난이도 중

정답의 이유

③ 평등의 원칙은 본질적으로 같은 것을 자의적으로 다르게 취급함을 금지하는 것이고, 위법한 행정처분이 수차례에 걸쳐 반복적으로 행하여졌다 하더라도 그러한 처분이 위법한 것인 때에는 행정청에 대하여 자기구속력을 갖게 된다고 할 수 없다(대판 2009.6.25, 2008두13132).

오답의 이유

① 한 사람이 여러 종류의 자동차운전면허를 취득하는 경우뿐 아니라 이를 취소 또는 정지하는 경우에 있어서도 서로 별개의 것으로 취급하는 것이 원칙이나 자동차운전면허는 그 성질이 대인적 면허일 뿐만 아니라 도로교통법 시행규칙 제26조 별표 14에 의하면, 제1종 대형면허 소지자는 제1종 보통면허로 운전할 수 있는 자동차와 원동기장치자전거를, 제1종 보통면허 소지자는 원동기장치자전거까지 운전할 수 있도록 규정하고 있어서 제1종 보통면허로 운전할 수 있는 차량의 음주운전은 당해 운전면허뿐만 아니라 제1종 대형면허로도 가능하고, 또한 제1종 대형면허나 제1종 보통면허의 취소에는 당연히 원동기장치자전거의 운전까지 금지하는 취지가 포함된 것이어서 이들 세 종류의 운전면허는 서로 관련된 것이라고 할 것이므로 제1종 보통면허로 운전할 수 있는 차량을 음주운전한 경우에 이와 관련된 면허인 제1종 대형면허와 원동기장치자전거 면허까지 취소할 수 있는 것으로 보아야 한다(대판 1994.11.25, 94누9672).

② 재량권 행사의 준칙인 행정규칙이 그 정한 바에 따라 되풀이 시행되어 행정관행이 이루어지게 되면 평등의 원칙이나 신뢰보호의 원칙에 따라 행정기관은 그 상대방에 대한 관계에서 그 규칙에 따라야 할 자기구속을 받게 되므로, 이러한 경우에는 특별한 사정이 없는 한 그를 위반하는 처분은 평등의 원칙이나 신뢰보호의 원칙에 위배되어 재량권을 일탈·남용한 위법한 처분이 된다(대판 2009.12.24, 2009두7967).

④ 지방자치단체장이 사업자에게 주택사업계획승인을 하면서 그 주택사업과는 아무런 관련이 없는 토지를 기부채납하도록 하는 부관을 주택사업계획승인에 붙인 경우, 그 부관은 부당결부금지의 원칙에 위반되어 위법하지만, 지방자치단체장이 승인한 사업자의 주택사업계획은 상당히 큰 규모의 사업임에 반하여, 사업자가 기부채납한 토지 가액은 그 100분의 1 상당의 금액에 불과한 데다가, 사업자가 그 동안 그 부관에 대하여 아무런 이의를 제기하지 아니하다가 지방자치단체장이 업무착오로 기부채납한 토지에 대하여 보상협조요청서를 보내자 그때서야 비로소 부관의 하자를 들고 나온 사정에 비추어 볼 때 부관의 하자가 중대하고 명백하여 당연무효라고는 볼 수 없다고 한 사례(대판 1997.3.11, 96다49650)

1 행정법의 일반원칙에 관한 설명으로 옳지 않은 것은? (다툼이 있는 경우 판례에 의함)

'18 소방직

① 비례의 원칙에 의할 때 공무원이 단지 1회 훈령에 위반하여 요정출입을 하였다는 사유만으로 한 파면처분은 위법하다(대판 1967.5.2, 67누24).

③ 부당결부금지의 원칙은 행정작용을 함에 있어서 그와 실체적 관련이 없는 상대방의 반대급부를 조건으로 하여서는 안 된다는 원칙을 말한다(우리 행정절차법은 명문규정이 없다).

④ 신뢰보호의 원칙에서 행정기관의 공적인 견해표명은 명시적이어야 하고 묵시적인 경우에는 인정되지 아니 한다(→ 묵시적·소극적 언동도 선행조치에 포함된다).

⊗ 개념 확인

1 청원경찰의 인원감축을 위하여 초등학교 졸업 이하 학력소지자 집단과 중학교 중퇴 이상 학력소지자 집단으로 나누어 각 집단별로 같은 감원 비율의 인원을 선정한 것은 위법한 재량권 행사이다.

(O, X)

정답 **1** O

---

19 ①②③

정답 ④

영역 행정구제법 > 행정쟁송제도 난이도 하

정답의 이유

④ 행정심판법 제29조 제3항

오답의 이유

① "부작위"란 행정청이 당사자의 신청에 대하여 상당한 기간 내에 일정한 처분을 하여야 할 법률상 의무가 있는 데도 처분을 하지 아니하는 것을 말한다(행정심판법 제2조 제2호).

② 여러 명의 청구인이 공동으로 심판청구를 할 때에는 청구인들 중에서 3명 이하의 선정대표자를 선정할 수 있다(행정심판법 제15조 제1항).

③ 재결은 제23조에 따라 피청구인 또는 위원회가 심판청구서를 받은 날부터 60일 이내에 하여야 한다. 다만, 부득이한 사정이 있는 경우에는 위원장이 직권으로 30일을 연장할 수 있다(행정심판법 제45조 제1항).

((•)) 적중레이더

행정심판법

제29조(청구의 변경) ③ 제1항 또는 제2항에 따른 청구의 변경은 서면으로 신청하여야 한다. 이 경우 피청구인과 참가인의 수만큼 청구변경신청서 부본을 함께 제출하여야 한다.

---

20 ①②③

정답 ②

영역 행정의 실효성 확보수단 > 행정상 강제 난이도 하

정답의 이유

② 비대체적 작위의무 또는 부작위의무를 이행하지 아니하는 경우에 그 의무자에게 심리적 압박을 가하여 의무의 이행을 강제하기 위하여 과하는 금전벌은 이행강제금(집행벌)이다.

오답의 이유

① 행정상 강제집행은 권력적 사실행위이므로 법률에 근거하여서만 가능하다(통설).

③ 대집행은 계고, 통지, 실행, 비용징수의 절차로 진행된다.

④ 대집행의 계고나 강제징수의 독촉은 준법률행위적 행정행위인 통지에 해당하며 모두 처분성이 인정된다.

((•)) 적중레이더

대집행	
의미	대집행이란 대체적 작위의무(다른 사람이 대신하여 행할 수 있는 의무) 위반이 있는 경우 행정청이 의무자가 해야 할 일을 스스로 행하거나 또는 제3자로 하여금 행하게 함으로써 의무의 이행이 있었던 것과 같은 상태를 실현하고 그 비용을 의무자로부터 징수하는 행정작용을 말하며, 대집행에 관한 일반법으로는 행정대집행법이 있음
요건	• 대체적 작위의무의 불이행 • 다른 수단으로는 그 이행을 확보하기 곤란할 것 • 불이행을 방치함이 심히 공익을 해할 것 • 불가쟁력의 발생은 요건 ×

21 ☐1 ☐2 ☐3   정답 ④

정답의 이유

④ 제소기간이 경과하여 선행행위에 불가쟁력이 발생한 경우 선행행
위와 후행행위가 목적의 동일성이 인정되는 경우에 하자의 승계는
문제될 수 있다.

오답의 이유

① 판례와 통설은 하자승계이론을 불가쟁력과의 충돌 문제로 인하여
예외적으로 인정한다. 하자승계이론은 국민의 권익구제를 위한 제
도이다.

② 선행행위가 무효인 경우에는 선행행위의 하자는 후행행위에 당연
히 승계된다(대판 2019.1.31. 2017두40372).

③ 조세의 부과처분과 압류 등의 체납처분은 별개의 행정처분으로서
독립성을 가지므로 부과처분에 하자가 있더라도 그 부과처분이 취
소되지 아니하는 한 그 부과처분에 의한 체납처분은 위법이라고
할 수는 없다(대판 1987.9.22. 87누383).

((•)) 적중레이더

하자승계 인정 여부

구분		구체적인 예
하자승계 긍정	동일	• 행정대집행에 있어 계고처분과 대집행영장의 통지, 실행, 대집행 비용의 납부명령의 각 행위 • 조세체납처분절차상 독촉, 압류, 매각, 청산 (충당)의 각 행위 • 개별공시지가결정과 개발부담금부과처분 • 암매장분묘개장명령과 후행 계고처분사이 • 안경사시험의 합격취소처분과 안경사면허시험취소처분 • 독촉과 가산금, 중가산금 징수처분 • 무효인 조례와 그 조례에 근거한 지방세부과처분 • 한의사시험자격인정과 한의사면허처분 • 기준고시처분과 토지수용처분 • 귀속재산의 임대처분과 후행 매각처분 • 환지예정지지정처분과 공작물이전명령
	별개	• 개별공시지가결정과 과세처분 사건 • 표준지공시지가결정과 수용재결 사건 • 친일반민족행위진상규명위원회의 최종발표와 지방보훈지청장의 독립유공자법 적용배제자 결정

하자승계 부정	• 표준지공시지가결정과 개별토지가격결정 • 표준지공시지가결정과 조세부과처분(과세처분) • 표준공시지가결정과 개별공시지가결정 • 건물철거명령과 계고처분: 하명과 계고처분 • 조세부과처분과 독촉처분: 하명과 독촉처분 • 도시계획결정과 수용재결 • 토지수용법상 사업인정과 수용재결 • 택지개발계획승인과 수용재결 • 지방의회의결과 지방세부과처분 • 토지등급설정과 과세처분 • 택지개발예정지구의 지정과 택지개발계획승인 • 수강거부와 수료처분 • 직위해제처분과 면직처분 • 변상판정과 변상명령 • 보충역편입처분과 공익근무요원소집 • 농지전용부담금처분과 압류처분 • 사업계획승인처분과 도시계획시설변경처분 • 액화석유가스판매허가와 사업개시신고거부처분 • 취득세 신고와 징수처분 • 토지구획정리사업 시행인가처분과 환지청산금처분

22 ☐1 ☐2 ☐3   정답 ③

정답의 이유

③ 건물의 소유자에게 위법건축물을 일정기간까지 철거할 것을 명함
과 아울러 불이행할 때에는 대집행한다는 내용의 철거대집행 계고
처분을 고지한 후 이에 불응하자 다시 제2차, 제3차 계고서를 발
송하여 일정기간까지의 자진철거를 촉구하고 불이행하면 대집행
을 한다는 뜻을 고지하였다면 행정대집행법상의 건물철거의무는
제1차 철거명령 및 계고처분으로서 발생하였고 제2차, 제3차의 계
고처분은 새로운 철거의무를 부과한 것이 아니고 다만 대집행기한
의 연기통지에 불과하므로 행정처분이 아니다(대판 1994.10.28.
94누5144).

오답의 이유

① 법률(법률의 위임에 의한 명령, 지방자치단체의 조례를 포함한다)
에 의하여 직접명령되었거나 또는 법률에 의거한 행정청의 명령에
의한 행위로서 타인이 대신하여 행할 수 있는 행위를 의무자가 이
행하지 아니하는 경우 다른 수단으로써 그 이행을 확보하기 곤란
하고 또한 그 불이행을 방치함이 심히 공익을 해할 것으로 인정될
때에는 당해 행정청은 스스로 의무자가 하여야 할 행위를 하거나
또는 제삼자로 하여금 이를 하게 하여 그 비용을 의무자로부터 징
수할 수 있다(행정대집행법 제2조).

② 계고서라는 명칭의 1장의 문서로서 일정기간 내에 위법건축물의 자진철거를 명함과 동시에 그 소정기한 내에 자진철거를 하지 아니할 때에는 대집행할 뜻을 미리 계고한 경우라도 건축법에 의한 철거명령과 행정대집행법에 의한 계고처분은 독립하여 있는 것으로서 각 그 요건이 충족되었다고 볼 것이다(대판 1992.6.12, 91누13564).

④ 토지에 관한 도로구역 결정이 고시된 후 구 토지수용법 제18조의2 제2항에 위반하여 공작물을 축조하고 물건을 부가한 자에 대하여 관리청은 이러한 위반행위에 의하여 생긴 유형적 결과의 시정을 명하는 행정처분을 하여 이에 따르지 않는 경우에는 행정대집행의 방법으로 그 의무 내용을 실현할 수 있는 것이고, 이러한 행정대집행의 절차가 인정되는 경우에는 따로 민사소송의 방법으로 공작물의 철거, 수거 등을 구할 수는 없다(대판 2000.5.12, 99다18909).

🔖 이렇게 출제됐어요

1 행정대집행법상 대집행에 대한 설명으로 옳지 않은 것은? (다툼이 있는 경우 판례에 의함)   '16 지방직 9급

② 계고가 반복적으로 부과된 경우 제1차 계고가 행정처분이라면 같은 내용이 반복된 제2차 계고는 새로운 의무를 부과하는 것이 아니어서 행정처분이 아니다(대판 1994.10.28, 94누5144).

④ 계고서라는 명칭의 1장의 문서로서 건축물의 철거명령과 동시에 그 소정기한 내에 자진철거를 하지 아니할 때에는 대집행할 뜻을 미리 계고한 경우, 건축법에 의한 철거명령과 행정대집행법에 의한 계고처분은 각 그 요건이 충족되었다고 볼 수 없다(→ 충족되었다고 볼 것이다)(대판 1992.6.12, 91누13564).

---

23 1 2 3   정답 ③

영역 행정법 서론 > 행정상 법률관계   난이도 하

정답의 이유

라. 국가나 지방자치단체에 근무하는 청원경찰은 국가공무원법이나 지방공무원법상의 공무원은 아니지만, 다른 청원경찰과는 달리 그 임용권자가 행정기관의 장이고, 국가나 지방자치단체로부터 보수를 받으며, 산업재해보상보험법이나 근로기준법이 아닌 공무원연금법에 따른 재해보상과 퇴직급여를 지급받고, 직무상의 불법행위에 대하여도 민법이 아닌 국가배상법이 적용되는 등의 특질이 있으며 그 외 임용자격, 직무, 복무의무 내용 등을 종합하여 볼 때, 그 근무관계를 사법상의 고용계약관계로 보기는 어려우므로 그에 대한 징계처분의 시정을 구하는 소는 행정소송의 대상이지 민사소송의 대상이 아니다(대판 1993.7.13, 92다47564).

마. 국유재산법 제51조 제1항에 의한 국유재산의 무단점유자에 대한 변상금부과는 대부나 사용, 수익 허가 등을 받은 경우에 납부하여

야 할 대부료 또는 사용료 상당액 외에도 그 징벌적 의미에서 국가측이 일방적으로 그 2할 상당액을 추가하여 변상금을 징수토록 하고 있으며 그 체납 시에는 국세징수법에 의하여 강제징수토록 하고 있는 점 등에 비추어 보면 그 부과처분은 관리청이 공권력을 가진 우월적 지위에서 행하는 것으로서 행정처분이라고 보아야 하고, 그 부과처분에 의한 변상금징수권은 공법상의 권리로서 사법상의 채권과는 그 성질을 달리하므로 국유재산의 무단점유자에 대하여 국가가 민법상의 부당이득금반환청구를 하는 경우 국유재산법 제51조 제1항이 적용되지 않는다(대판 1992.4.14, 91다42197).

오답의 이유

가. 국유재산법 제31조, 제32조 제3항, 산림법 제75조 제1항의 규정 등에 의하여 국유잡종재산에 관한 관리 처분의 권한을 위임받은 기관이 국유잡종재산을 대부하는 행위는 국가가 사경제 주체로서 상대방과 대등한 위치에서 행하는 사법상의 계약이고, 행정청이 공권력의 주체로서 상대방의 의사 여하에 불구하고 일방적으로 행하는 행정처분이라고 볼 수 없으며, 국유잡종재산에 관한 대부료의 납부고지 역시 사법상의 이행청구에 해당하고, 이를 행정처분이라고 할 수 없다(대판 2000.2.11, 99다61675).

나. 예산회계법에 따라 체결되는 계약은 사법상의 계약이라고 할 것이고 동법 제70조의5의 입찰보증금은 낙찰자의 계약체결의무이행의 확보를 목적으로 하여 그 불이행시에 이를 국고에 귀속시켜 국가의 손해를 전보하는 사법상의 손해배상 예정으로서의 성질을 갖는 것이라고 할 것이므로 입찰보증금의 국고귀속조치는 국가가 사법상의 재산권의 주체로서 행위하는 것이지 공권력을 행사하는 것이거나 공권력작용과 일체성을 가진 것이 아니라 할 것이므로 이에 관한 분쟁은 행정소송이 아닌 민사소송의 대상이 될 수밖에 없다고 할 것이다(대판 1983.12.27, 81누366).

다. 판례는 창덕궁 비원 안내원의 채용계약은 공법상 계약이 아니라 사법상 계약에 해당한다고 보았다.

24 ①②③ 정답 ②

영역 행정의 실효성 확보수단 > 행정상 강제　난이도 중

[정답의 이유]

② 질서위반행위규제법은 과태료의 부과대상인 질서위반행위에 대하여도 책임주의 원칙을 채택하여 제7조에서 "고의 또는 과실이 없는 질서위반행위는 과태료를 부과하지 아니한다."고 규정하고 있으므로, 질서위반행위를 한 자가 자신의 책임 없는 사유로 위반행위에 이르렀다고 주장하는 경우 법원으로서는 그 내용을 살펴 행위자에게 고의나 과실이 있는지를 따져보아야 한다(대판 2011.7. 14, 2011마364).

[오답의 이유]

① 행정청이 질서위반행위에 대하여 과태료를 부과하고자 하는 때에는 미리 당사자(제11조 제2항에 따른 고용주 등을 포함한다)에게 대통령령으로 정하는 사항을 통지하고, 10일 이상의 기간을 정하여 의견을 제출할 기회를 주어야 한다. 이 경우 지정된 기일까지 의견 제출이 없는 경우에는 의견이 없는 것으로 본다(질서위반행위규제법 제16조 제1항).

③ 행정청의 과태료 부과에 불복하는 당사자는 과태료 부과 통지를 받은 날부터 60일 이내에 해당 행정청에 서면으로 이의제기를 할 수 있다. 이의제기가 있는 경우에는 행정청의 과태료 부과처분은 그 효력을 상실한다(질서위반행위규제법 제20조 제1항 · 제2항).

④ 행정청의 과태료 처분이나 법원의 과태료 재판이 확정된 후 법률이 변경되어 그 행위가 질서위반행위에 해당하지 아니하게 된 때에는 변경된 법률에 특별한 규정이 없는 한 과태료의 징수 또는 집행을 면제한다(질서위반행위규제법 제3조 제3항).

(((•))) 적중레이더

과태료 부과

질서위반행위규제법이 제정되기 이전에는 행정질서유지를 위한 의무 위반이라는 객관적 사실에 대하여 과하는 제재로 부과에 고의 · 과실을 요하지 않는다고 보았으나, 현행 질서위반행위규제법이 제정되면서 과태료의 부과에는 주관적인 요소인 고의 · 과실을 요하게 되었다.

행정형벌과 행정질서벌

구분	행정형벌	행정질서벌
제재 수단	형법상 형벌 (징역, 벌금, 과료 등)	과태료
형법총칙	적용 긍정(원칙)	적용 부정(원칙)
죄형법정 주의	적용 ○	적용 ○ (질서위반행위규제법 제6조)
고의 또는 과실	필요 ○	필요 ○ (질서위반행위규제법 제7조)
절차	형사소송법(원칙)	질서위반행위규제법

- 질서위반행위규제법이 제정되기 전 판례는 과태료의 경우에는 고의 또는 과실을 요하지 않는다고 판시하였다(대판 2000.5.26, 98두5972).
- 또한 판례에서 과태료는 행정상의 질서유지를 위한 행정질서벌, 죄형법정주의가 적용되지 않는다고 판시하였다(헌재 1998.5.28, 96헌바83 전합).

---

25 ①②③ 정답 ②

영역 행정법 서론 > 법률사실과 법률요건　난이도 중

[정답의 이유]

② 개발부담금 부과처분이 취소된 이상 그 후의 부당이득으로서의 과오납금 반환에 관한 법률관계는 단순한 민사 관계에 불과한 것이고, 행정소송 절차에 따라야 하는 관계로 볼 수 없다(대판 1995. 12.22, 94다51253).

[오답의 이유]

① 민법 제741조

③ 대판 2002.11.8, 2001두8780

④ 대판 1995.4.28, 94다55019

(((•))) 적중레이더

공법상 부당이득 사례

- 공무원의 봉급과액수령
- 조세나 수수료 등의 과오납
- 연금 무자격자의 연금수령
- 착오로 인한 사유지의 국공유지 편입

2018 기출문제해설

영역 분석

일반행정작용법	8문항	★★★★★★★★	32%
행정구제법	5문항	★★★★★	20%
행정법 서론	4문항	★★★★	16%
행정절차와 행정공개	3문항	★★★	12%
행정법 각론	3문항	★★★	12%
행정의 실효성 확보수단	2문항	★★	8%

빠른 정답

01	02	03	04	05	06	07	08	09	10
④	①	②	①	③	④	④	②	②	②
11	12	13	14	15	16	17	18	19	20
②	②	①	④	④	①	③	③	③	③
21	22	23	24	25					
③	①	①	①	④					

01 ①②③ 　　　　　정답 ④

영역 행정의 실효성 확보수단 > 행정상 강제　　난이도 하

정답의 이유

④ 이행강제금에 대한 구제절차로 특별한 불복절차가 마련되어 있는 경우는 항고소송의 대상이 되지 않는 비송사건절차법의 대상이고, 특별한 불복절차가 마련되어 있지 않은 경우 행정소송의 대상이다. 건축법상의 이행강제금은 특별불복절차를 규정하고 있지 않으므로 항고쟁송을 통해 다투어야 한다.

오답의 이유

① 이행강제금은 장래의 의무이행을 확보하기 위한 강제수단인 반면, 행정벌은 과거의 의무위반에 대한 제재라는 점에서 그 제도적 취지를 달리한다.

② 현행 건축법상 위법건축물에 대한 이행강제수단으로 대집행과 이행강제금이 인정되고 있는데, 양 제도는 각각의 장·단점이 있으므로 행정청은 개별사건에 있어서 위반내용, 위반자의 시정의지

등을 감안하여 대집행과 이행강제금을 선택적으로 활용할 수 있으며, 이처럼 그 합리적인 재량에 의해 선택하여 활용하는 이상 중첩적인 제재에 해당한다고 볼 수 없다(헌재 2004.2.26, 2001헌바80).

③ 구 건축법상의 이행강제금은 구 건축법의 위반행위에 대하여 시정명령을 받은 후 시정기간 내에 당해 시정명령을 이행하지 아니한 건축주 등에 대하여 부과되는 간접강제의 일종으로서 그 이행강제금 납부의무는 상속인 기타의 사람에게 승계될 수 없는 일신전속적인 성질의 것이므로 이미 사망한 사람에게 이행강제금을 부과하는 내용의 처분이나 결정은 당연무효이다(대판 2006.12.8, 2006마470).

(((•))) 적중레이더

이행강제금(집행벌)의 특징

• 행정상 강제집행 중 유일한 간접적 강제수단에 해당한다.

• 이행강제금은 처벌이 아니므로 행정형벌과는 달리 반복 부과할 수 있다.

• 과거 의무 위반에 대한 제재인 행정벌과는 달리 장래 의무이행 확보수단에 해당한다.

• 이행강제금은 처벌이 아니므로 고의 또는 과실이 없어도 부과할 수 있다.

• 이행강제금과 행정벌은 목적과 기능을 달리하므로 병과할 수 있다. 병과하더라도 일사부재리원칙에 위반되지 않는다.

• 헌법재판소는 대체적 작위의무 위반에 대해서도 이행강제금을 부과할 수 있다고 판시하였다(헌재 2004.2.26, 201헌바80).

• 현행법상 대체적 작위의무를 불이행한 경우에 이행강제금을 부과한 규정이 존재한다(건축법 제80조).

⊙ 이렇게 출제됐어요

1 행정상 강제집행에 대한 설명으로 옳지 않은 것은? (다툼이 있는 경우 판례에 의함)　　'19 국회직 8급

④ '건축법'상 이행강제금은 의무자에게 심리적 압박을 주어 시정명령에 따른 의무이행을 간접적으로 강제하는 강제집행 수단이 아니라 시정명령의 불이행이라는 과거의 위반행위에 대한 금전적 제재에 해당한다(→ 행정상 간접적인 강제집행 수단의 하나이다)(헌재 2011.10.25, 2009헌바140).

02 1 2 3   정답 ①

영역 일반행정작용법 > 행정상 입법   난이도 하

정답의 이유

① 조례가 집행행위의 개입 없이도 그 자체로서 직접 국민의 구체적인 권리·의무나 법적 이익에 영향을 미치는 등의 법률상 효과를 발생하는 경우 그 조례는 항고소송의 대상이 되는 행정처분에 해당한다(대판 1996.9.20, 95누8003).

오답의 이유

② 입법부가 법률로써 행정부에게 특정한 사항을 위임했음에도 불구하고 행정부가 정당한 이유 없이 이를 이행하지 않는다면 권력분립의 원칙과 법치국가 내지 법치행정의 원칙에 위배되는 것으로서 위헌함과 동시에 위헌적인 것이 되는바, 구 군법무관임용법과 군법무관임용 등에 관한 법률이 명문으로 군법무관의 보수의 구체적 내용을 시행령에 위임하고 있는 이상, 행정부가 정당한 이유 없이 시행령을 제정하지 않은 것은 위 보수청구권을 침해하는 불법행위에 해당한다(대판 2007.11.29, 2006다3561).

③ 상급행정기관이 하급행정기관에 대하여 업무처리지침이나 법령의 해석적용에 관한 기준을 정하여서 발하는 이른바 행정규칙은 일반적으로 행정조직 내부에서만 효력을 가질 뿐 대외적인 구속력을 갖는 것은 아니지만, 법령의 규정이 특정행정기관에게 그 법령내용의 구체적 사항을 정할 수 있는 권한을 부여하면서 그 권한행사의 절차나 방법을 특정하고 있지 아니한 관계로 수임행정기관이 행정규칙의 형식으로 그 법령의 내용이 될 사항을 구체적으로 정하고 있다면 그와 같은 행정규칙, 규정은 행정규칙이 갖는 일반적 효력으로서가 아니라, 행정기관에 법령의 구체적 내용을 보충할 권한을 부여한 법령규정의 효력에 의하여 그 내용을 보충하는 기능을 갖게 된다 할 것이므로 이와 같은 행정규칙, 규정은 당해 법령의 위임한계를 벗어나지 아니하는 한 그것들과 결합하여 대외적인 구속력이 있는 법규명령으로서의 효력을 갖게 된다(대판 1987.9.29, 86누484).

④ 법률이 주민의 권리의무에 관한 사항에 관하여 구체적으로 아무런 범위도 정하지 아니한 채 조례로 정하도록 포괄적으로 위임하였다고 하더라도, 행정관청의 명령과는 달라, 조례도 주민의 대표기관인 지방의회의 의결로 제정되는 지방자치단체의 자주법인 만큼, 지방자치단체가 법령에 위반되지 않는 범위 내에서 주민의 권리의무에 관한 사항을 조례로 제정할 수 있는 것이다(대판 1991.8.27, 90누6613).

이렇게 출제됐어요

1 행정입법에 대한 설명으로 가장 적절하지 않은 것은? (다툼이 있는 경우 판례에 의함)   '19 경찰 ②

③ 헌법 제107조에 따른 구체적 규범통제의 결과 처분의 근거가 된 명령이 위법하다는 대법원의 판결이 난 경우, 그 명령은 당해사건에 한하여 적용되지 않는 것이 아니라 일반적으로 효력이 상실된다(→ 공식절차에 의해 폐지되지 않는 한 형식적으로는 유효하다. 다만 당해사건에 대한 적용만 거부될 뿐이다).

④ 헌법 제107조에 따른 구체적 규범통제의 결과 처분의 근거가 된 명령이 위법하다는 대법원의 판결이 난 경우, 일반적으로 당해 처분의 하자는 중대명백설에 따라 취소사유에 해당한다고 보아야 한다(※ 당연무효는 아니다).

03 1 2 3   정답 ②

영역 행정법 서론 > 행정법   난이도 하

정답의 이유

ㄴ. 외국에의 국군의 파병결정은 그 성격상 국방 및 외교에 관련된 고도의 정치적 결단을 요하는 문제로서, 헌법과 법률이 정한 절차를 지켜 이루어진 것임이 명백하므로, 대통령과 국회의 판단은 존중되어야 하고 우리 재판소가 사법적 기준만으로 이를 심판하는 것은 자제되어야 한다(헌재 2004.4.29, 2003헌마814).

오답의 이유

ㄱ. 남북정상회담의 개최과정에서 재정경제부장관에게 신고하지 아니하거나 통일부장관의 협력사업 승인을 얻지 아니한 채 북한 측에 사업권의 대가 명목으로 송금한 행위 자체는 헌법상 법치국가의 원리와 법 앞에 평등원칙 등에 비추어 볼 때 사법심사의 대상이 된다(대판 2004.3.26, 2003도7878).

ㄷ. 구 상훈법 제8조는 서훈취소의 요건을 구체적으로 명시하고 있고 절차에 관하여 상세하게 규정하고 있다. 그리고 서훈취소는 서훈수여의 경우와는 달리 이미 발생된 서훈대상자 등의 권리 등에 영향을 미치는 행위로서 관련 당사자에게 미치는 불이익의 내용과 정도 등을 고려하면 사법심사의 필요성이 크다. 따라서 기본권의 보장 및 법치주의의 이념에 비추어 보면, 비록 서훈취소가 대통령

이 국가원수로서 행하는 행위라고 하더라도 법원이 사법심사를 자제하여야 할 고도의 정치성을 띤 행위라고 볼 수는 없다(대판 2015.4.23. 2012두26920).

04 1 2 3   정답 ①

영역 일반행정작용법 > 행정행위   난이도 하

[정답의 이유]

① 개발부담금을 정산하게 되면 당초의 부과처분은 그 정산에 의하여 증액 또는 감액되게 되는바, 그 변경된 개발부담금을 부과받은 사업시행자가 부과종료시점지가의 산정에 "위법이 있음을 이유로 당해 증액 또는 감액된 개발부담금 부과처분의 취소를 구하는 경우에도 부과종료시점지가 산정의 기초가 된 개별공시지가결정에 위법사유가 있음을 독립된 불복사유로 주장할 수 있다(대판 1997. 4.11. 96누9096).

[오답의 이유]

② 조세의 부과처분과 압류 등의 체납처분은 별개의 행정처분으로서 독립성을 가지므로 부과처분에 하자가 있더라도 그 부과처분이 취소되지 아니하는 한 그 부과처분에 의한 체납처분은 위법이라고 할 수는 없다(대판 1987.9.22. 87누383).

③ 도시계획의 수립에 있어서 도시계획법 제16조의2 소정의 공청회를 열지 아니하고 공공용지의 취득 및 손실보상에 관한 특례법 제8조 소정의 이주대책을 수립하지 아니하였더라도 이는 절차상의 위법으로서 취소사유에 불과하고 그 하자가 도시계획결정 또는 도시계획사업시행인가를 무효라고 할 수 있을 정도로 중대하고 명백하다고는 할 수 없으므로 이러한 위법을 선행처분인 도시계획결정이나 사업시행인가단계에서 다투지 아니하였다면 그 쟁소기간이 이미 도과한 후인 수용재결단계에 있어서는 도시계획수립행위의 위와 같은 위법을 들어 재결처분의 취소를 구할 수는 없다고 할 것이다(대판 1990.1.23. 87누947).

④ 구 경찰공무원법 제50조 제1항에 의한 직위해제처분과 같은 제3항에 의한 면직처분은 후자가 전자의 처분을 전제로 한 것이기는 하나 각각 단계적으로 별개의 법률효과를 발생하는 행정처분이어서 선행 직위해제처분의 위법사유가 면직처분에는 승계되지 아니한다 할 것이므로 선행된 직위해제처분의 위법사유를 들어 면직처분의 효력을 다툴 수는 없다(대판 1984.9.11. 84누191).

05 1 2 3   정답 ③

영역 일반행정작용법 > 기타행정행위   난이도 하

[정답의 이유]

③ 위법한 행정지도에 따라 행한 사인의 위법행위는 법령에 정함이 없는 한 위법성이 조각될 수 없다는 것이 판례의 입장(대판 1994. 6.14. 93도3247)이다.

[오답의 이유]

① 행정지도는 그 목적 달성에 필요한 최소한도에 그쳐야 하며, 행정지도의 상대방의 의사에 반하여 부당하게 강요하여서는 아니 된다 (행정절차법 제48조 제1항).

② 행정기관은 행정지도의 상대방이 행정지도에 따르지 아니하였다는 것을 이유로 불이익한 조치를 하여서는 아니 된다(행정절차법 제48조 제2항).

④ 행정지도가 행정기관의 권한 범위 내에서 이루어진 정당한 행위인 경우에는 당해 행정지도는 위법성이 없으므로 비록 손해가 발생하였다 하더라도 그 손해에 대하여 배상책임이 없다.

06 [1][2][3]

영역 일반행정작용법 > 기타행정행위　　　　난이도 하

정답의 이유

④ 도시계획과 같이 장기성, 종합성이 요구되는 행정계획에 있어서 그 계획이 일단 확정된 후 어떤 사정의 변동이 있다 하여 지역주민에게 일일이 그 계획의 변경을 청구할 권리를 인정해 줄 수도 없는 것이므로 그 변경 거부행위를 항고소송의 대상이 되는 행정처분에 해당한다고 볼 수 없다(대판 1994.1.28, 93누22029).

오답의 이유

① 행정주체가 행정계획을 입안·결정함에 있어서 이익형량을 전혀 행하지 아니하거나 이익형량의 고려대상에 마땅히 포함시켜야 할 사항을 누락한 경우 또는 이익형량을 하였으나 정당성과 객관성이 결여된 경우에는 그 행정계획결정은 형량에 하자가 있어 위법하게 된다(대판 2007.4.12, 2005두1893).

② 비구속적 행정계획안이나 행정지침이라도 국민의 기본권에 직접적으로 영향을 끼치고, 앞으로 법령의 뒷받침에 의하여 그대로 실시될 것이 틀림없을 것으로 예상될 수 있을 때에는, 공권력행위로서 예외적으로 헌법소원의 대상이 될 수 있다(헌재 2000.6.1, 99헌마538).

③ 폐기물처리사업계획의 적정통보를 받은 자는 장래 일정한 기간 내에 관계 법령이 규정하는 시설 등을 갖추어 폐기물처리업허가신청을 할 수 있는 법률상 지위에 있다고 할 것인바, 관계행정청으로부터 폐기물처리사업계획의 적정통보를 받은 원고가 폐기물처리업허가를 받기 위해서는 이 사건 부동산에 대한 용도지역을 '농림지역 또는 준농림지역'에서 '준도시지역(시설용지지구)'으로 변경하는 국토이용계획변경이 선행되어야 하고, 원고의 위 계획변경신청을 관계행정청이 거부한다면 이는 실질적으로 원고에 대한 폐기물처리업허가신청을 불허하는 결과가 되므로, 원고는 위 국토이용계획변경의 입안 및 결정권자인 관계행정청에 대하여 그 계획변경을 신청할 법규상 또는 조리상 권리를 가진다고 할 것이다(대판 2003.9.23, 2001두10936).

((•)) 적중레이더

행정재량과 계획재량

행정재량과 계획재량이 동일한지 여부에 대해 견해의 대립이 존재한다. 양자의 개념을 구별하는 것이 일반적인 입장이며 판례의 태도는 명확하지 않다.

(◎) 이렇게 출제됐어요

1 행정계획에 대한 설명으로 가장 적절하지 않은 것은? (다툼이 있는 경우 판례에 의함)　　'19 경찰 ②

② 도시계획시설결정에 이해관계가 있는 주민이더라도 도시시설계획의 입안권자에게 도시 시설계획의 입안을 요구할 수 있는 법규상 또는 조리상의 신청권을 갖지 않는다(→ 신청권이 있다고 할 것이고, 이러한 신청에 대한 거부행위는 항고소송의 대상이 되는 행정처분에 해당한다)(대판 2004.4.28, 2003두1806).

---

07 [1][2][3]

영역 행정구제법 > 행정쟁송제도　　　　난이도 중

정답의 이유

④ 사정재결은 '재결'의 일종으로 기각재결에 해당한다. 사정재결은 위원회가 심리의 결과 그 심판청구가 이유 있다고 인정하는 경우에도 이를 인용하는 것이 공공복리에 크게 위배된다고 인정하면 그 심판청구를 기각하는 재결을 말한다.

오답의 이유

①·②·③ 행정심판법이 명문으로 규정하고 있는 '재결의 효력'은 기속력이지만, 해석상 형성력, 불가변력이 인정된다.

((•)) 적중레이더

재결의 의의 및 성질

- 의의: 재결이란 심판청구사건에 대한 심리의 결과에 따라 최종적인 법적 판단을 하는 행위, 즉 심판청구사건에 대한 행정심판위원회의 종국적 판단인 의사표시를 말한다.
- 성질
  - 확인행위: 재결은 행정상의 법률관계에 관한 분쟁에 대하여 행정심판위원회가 일정한 절차를 거쳐 판단·확정하는 것이므로 확인행위의 성질을 가진다.
  - 준사법적 행위: 재결은 심판청구를 전제로 분쟁에 대한 판단을 행한다는 점에서 법원의 판결과 성질이 비슷하므로 준사법적 행위에 해당한다.
  - 기속행위: 재결은 기속행위의 성질을 갖는다.

(◎) 이렇게 출제됐어요

1 행정심판제도에 대한 설명으로 가장 옳지 않은 것은?　　'18 서울시 9급

④ 행정심판 재결의 기속력은 인용재결뿐만 아니라 각하재결과 기각재결에도 인정되는 효력이다(→ 기속력은 인용재결의 경우에만 인정되고, 각하·기각재결의 경우에는 인정되지 않는다).

---

08 [1][2][3]

정답 ②

영역 행정법 서론 > 법률사실과 법률요건   난이도 하

정답의 이유

② 전역지원의 의사표시가 진의 아닌 의사표시라 하더라도 그 무효에 관한 법리를 선언한 민법 제107조 제1항 단서의 규정은 그 성질상 사인의 공법행위에는 적용되지 않는다 할 것이므로 그 표시된 대로 유효한 것으로 보아야 한다(대판 1994.1.11, 93누10057).

오답의 이유

① 대판 1994.1.11, 93누10057

③ 공무원의 사직서 제출이 감사기관이나 상급관청 등의 강박에 의한 경우에는 그 정도가 의사결정의 자유를 박탈할 정도에 이른 것이라면 그 의사표시가 무효로 될 것이다.

④ 공무원이 사직의 의사표시를 하여 의원면직처분을 하는 경우 그 사직의 의사표시는 외부적, 객관적으로 표시된 바에 따라 효력이 발생하는 것이고, 공무원이 범법행위를 저질러 수사기관에서 조사를 받는 과정에서 사직을 조건으로 내사종결하기로 하고 수사기관과 소속행정청의 직원 등이 당해 공무원에게 사직을 권고, 종용함에 있어 가사 이에 불응하는 경우 형사입건하여 구속하겠다고 하고 또한 형사처벌을 받은 결과 징계파면을 당하면 퇴직금조차 지급받지 못하게 될 것이라고 하는 등 강경한 태도를 취하였더라도 이는 범법행위에 따른 객관적 상황을 고지한 것에 불과하고, 공무원 자신이 그 범법행위로 인하여 징계파면이 될 경우 퇴직금조차 받지 못하게 될 것을 우려하여 사직서를 작성, 제출한 것이라면 특단의 사정이 없는 한 위와 같은 사직종용 사실만으로는 사직의사결정이 강요에 의한 것으로 볼 수 없다(대판 1990.11.27, 90누257).

📡 적중레이더

사인의 공법행위의 하자에 따른 행정행위의 효력

• 행정행위의 단순한 "사실상의 동기"인 경우: 사인의 공법행위가 행정행위의 단순한 "사실상의 동기"인 경우 원칙적으로 그 흠결은 행정행위의 효과에 영향이 없다.

• "행정행위의 요건 또는 필수적 전제조건"인 경우
  - 사인의 공법행위에 무효원인이 있으면, 이에 따른 행정행위도 무효이다.
  - 사인의 공법행위에 취소사유가 있다면, 이에 따른 행정행위는 유효하며, 단지 취소할 수 있는 원인에 그친다고 보아야 한다.
  - 사인의 공법행위가 행정행위의 단순한 사실상의 동기인 경우 즉, 행정행위의 전제요건이 아닌 경우에는 행정행위의 효과에 영향이 없다.

💡 이렇게 출제됐어요

1 사인의 공법행위에 대한 설명으로 옳은 것을 모두 고른 것은? (다툼이 있는 경우 판례에 의함)   '19 경찰

㉠ 1980년의 공직자숙정계획의 일환으로 일괄사표의 제출과 선별수리의 형식으로 공무원에 대한 의원면직처분이 이루어진 경우, 비진의 의사표시의 무효에 관한 민법 제107조 제1항 단서 규정을 적용하여 그 의원면직처분을 당연무효라고 주장할 수 있다(→ 의원면직처분을 당연무효라 할 수 없다)(대판 2001.8.24, 99두9971).

㉤ 국토의 계획 및 이용에 관한 법률상의 개발행위허가로 의제되는 건축신고가 개발행위 허가의 기준을 갖추지 못하더라도, 건축법상 적법한 요건을 갖춘 신고만 하면 건축을 할 수 있고 행정청의 수리 등 별단의 조처를 기다릴 필요는 없다(→ 수리를 거부할 수 없다)(대판 2011.1.20, 2010두14954 전합).

09 [1][2][3]

정답 ②

영역 일반행정작용법 > 기타행정행위   난이도 하

정답의 이유

② 행정절차법은 처분절차, 신고절차, 행정상 입법예고절차, 행정예고절차 및 행정지도절차에 적용되며(행정절차법 제3조 제1항), 공법상 계약에 관한 규정은 두고 있지 않다.

오답의 이유

① 공익사업을 위한 토지 등의 취득 및 보상에 관한 법령에 의한 협의취득은 사법상의 법률행위이므로 당사자 사이의 자유로운 의사에 따라 채무불이행책임이나 매매대금 과부족금에 대한 지급의무를 약정할 수 있다(대판 2012.2.23, 2010다91206).

③ 서울특별시립무용단 단원의 위촉은 공법상의 계약이라고 할 것이고, 따라서 그 단원의 해촉에 대하여는 공법상의 당사자소송으로 그 무효확인을 청구할 수 있다(대판 1995.12.22, 95누4636).

④ 국유재산 등의 관리청이 하는 행정재산의 사용·수익에 대한 허가는 순전히 사경제주체로서 행하는 사법상의 행위가 아니라 관리청이 공권력을 가진 우월적 지위에서 행하는 행정처분으로서 특정인에게 행정재산을 사용할 수 있는 권리를 설정하여 주는 강학상 특허에 해당한다(대판 2006.3.9, 2004다31074).

공법상 계약과 사법상 계약의 구별

공법상 계약 : 당사자소송	사법상 계약 : 민사소송
• 목포시립교향악단의 악장 위촉 • 국립중앙극장 전속단체 출연 단원 채용계약 • 광주광역시 문화예술관장의 단원 위촉 • 서울시립무용단원의 위촉 • 전문직공무원인 공중보건의사의 채용 해지 • 지방전문직공무원 채용계약 해지 • 서울특별시 경찰국 산하 서울대공전술 연구소 연구위원 채용 해지 • 국방홍보원장 같은 계약직 공무원 채용해지 • 옴부즈맨 채용계약	• 창덕궁 "비원"안내원 채용계약 • "잡종"재산인 국유림의 대부 • "전화"가입계약 • 국, 공립병원 "전공의" 임용계약 • 토지수용에 있어서 "협의" 취득 • 행정대집행의 타자 집행

10 1 2 3 　　　　　　　　　　정답 ②

영역 일반행정작용법 > 행정행위　　　　　　　　난이도 하

정답의 이유

② 행정행위의 취소는 일단 유효하게 성립한 행정행위를 그 행위에 위법 또는 부당한 하자가 있음을 이유로 소급하여 그 효력을 소멸시키는 별도의 행정처분이고, 행정행위의 철회는 적법요건을 구비하여 완전히 효력을 발하고 있는 행정행위를 사후적으로 그 행위의 효력의 전부 또는 일부를 장래에 향해 소멸시키는 행정처분이므로, 행정행위의 취소사유는 행정행위의 성립 당시에 존재하였던 하자를 말하고, 철회사유는 행정행위가 성립된 이후에 새로이 발생한 것으로서 행정행위의 효력을 존속시킬 수 없는 사유를 말한다(대판 2003.5.30, 2003다6422).

오답의 이유

① 일정한 행정처분으로 국민이 일정한 이익과 권리를 취득하였을 경우에 종전 행정처분을 취소하는 행정처분은 이미 취득한 국민의 기존 이익과 권리를 박탈하는 별개의 행정처분으로 취소될 행정처분에 하자 또는 취소해야 할 공공의 필요가 있어야 하고, 나아가 행정처분에 하자 등이 있다고 하더라도 취소해야 할 공익상 필요와 취소로 당사자가 입게 될 기득권과 신뢰보호 및 법률생활 안정의 침해 등 불이익을 비교·교량한 후 공익상 필요가 당사자가 입을 불이익을 정당화할 만큼 강한 경우에 한하여 취소할 수 있는 것이다(대판 2012.3.29, 2011두23375).

③ 행정처분을 한 처분청은 그 처분의 성립에 하자가 있는 경우 이를 취소할 별도의 법적 근거가 없다고 하더라도 직권으로 이를 취소할 수 있다(대판 2002.5.28, 2001두9653).

④ 행정행위의 철회는 처분청만 할 수 있으며, 감독청은 명문의 규정이 없는 한 철회권을 행사할 수 없다. 행정행위의 철회는 처분청이 행하는 자기권한의 정당한 행사인데, 이를 감독청이 행하는 것은 정당한 감독권의 행사로 볼 수 없기 때문이다.

행정행위의 취소사유와 철회사유의 구별기준

〈취소: 원시적 하자, 철회: 후발적 하자〉

행정행위의 취소는 일단 유효하게 성립한 행정행위를 그 행위에 위법 또는 부당한 하자가 있음을 이유로 소급하여 그 효력을 소멸시키는 별도의 행정처분이고, 행정행위의 철회는 적법요건을 구비하여 완전히 효력을 발하고 있는 행정행위를 사후적으로 그 행위의 효력의 전부 또는 일부를 장래에 향해 소멸시키는 행정처분이므로, 행정행위의 취소사유는 행정행위의 성립 당시에 존재하였던 하자를 말하고, 철회사유는 행정행위가 성립된 이후에 새로이 발생한 것으로서 행정행위의 효력을 존속시킬 수 없는 사유를 말한다. 행정청이 종교단체에 대하여 기본재산 전환인가를 함에 있어 인가조건을 부가하고 그 불이행시 인가를 취소할 수 있도록 한 경우, 인가조건의 의미는 철회권을 유보한 것이다(대판 2003.5.30, 2003다6422).

취소, 철회, 실효의 비교

구분	취소	철회	실효
하자	원시적 하자	후발적 하자	후발적 하자
행사 여부	취소권 행사	철회권 행사	없음
효과	소급효 원칙	장래효 원칙	장래효 원칙

11 1 2 3 　　　　　　　　　　정답 ②

영역 행정구제법 > 행정쟁송제도　　　　　　　　난이도 중

정답의 이유

② 토지에 관한 소유권보존등기 또는 소유권이전등기를 신청하려면 토지대장을 등기소에 제출해야 하는 점 등을 종합해 보면, 토지대장은 토지의 소유권을 제대로 행사하기 위한 전제요건으로서 토지소유자의 실체적 권리관계에 밀접하게 관련되어 있으므로, 이러한 토지대장을 직권으로 말소한 행위는 국민의 권리관계에 영향을 미치는 것으로서 항고소송의 대상이 되는 행정처분에 해당한다(대판 2013.10.24, 2011두13286).

오답의 이유

① 민원사무처리에 관한 법률 제18조 제1항에서 정한 거부처분에 대한 이의신청은 행정청의 위법 또는 부당한 처분이나 부작위로 침해된 국민의 권리 또는 이익을 구제함을 목적으로 하여 행정청과 별도의 행정심판기관에 대하여 불복할 수 있도록 한 절차인 행정심판과는 달리, 민원사무처리법에 의하여 민원사무처리를 거부한

처분청이 민원인의 신청 사항을 다시 심사하여 잘못이 있는 경우 스스로 시정하도록 한 절차이다. 이에 따라, 민원 이의신청을 받아 들이는 경우에는 이의신청 대상인 거부처분을 취소하지 않고 바로 최초의 신청을 받아들이는 새로운 처분을 하여야 하지만, 이의신청을 받아들이지 않는 경우에는 다시 거부처분을 하지 않고 그 결과를 통지함에 그칠 뿐이다. 따라서 이의신청을 받아들이지 않는 취지의 기각 결정 내지는 그 취지의 통지는, 종전의 거부처분을 유지함을 전제로 한 것에 불과하고 또한 거부처분에 대한 행정심판이나 행정소송의 제기에도 영향을 주지 못하므로, 결국 민원 이의신청인의 권리·의무에 새로운 변동을 가져오는 공권력의 행사나 이에 준하는 행정작용이라고 할 수 없어, 독자적인 항고소송의 대상이 된다고 볼 수 없다고 봄이 타당하다(대판 2012.11.15, 2010두8676).

③ 수도권매립지관리공사는 행정소송법에서 정한 행정청 또는 그 소속기관이거나 그로부터 제재처분의 권한을 위임받은 공공기관에 해당하지 않으므로, 수도권매립지관리공사가 한 위 제재처분은 행정소송의 대상이 되는 행정처분이 아니라 단지 특정 사업자를 자신이 시행하는 입찰에 참가시키지 않겠다는 뜻의 사법상의 효력을 가지는 통지에 불과하다(대판 2010.11.26, 2010무137).

④ 중소기업 정보화지원사업에 따른 지원금 출연을 위하여 중소기업청장이 체결하는 협약은 공법상 대등한 당사자 사이의 의사표시의 합치로 성립하는 공법상 계약에 해당하는 점, 구 중소기업 기술혁신 촉진법 제32조 제1항은 제10조가 정한 기술혁신사업과 제11조가 정한 산학협력 지원 사업에 관하여 출연한 사업비의 환수에 적용될 수 있을 뿐 이와 근거 규정을 달리하는 중소기업 정보화지원사업에 관하여 출연한 지원금에 대하여는 적용될 수 없고 달리 지원금 환수에 관한 구체적인 법령상 근거가 없는 점 등을 종합하면, 협약의 해지 및 그에 따른 환수통보는 공법상 계약에 따라 행정청이 대등한 당사자의 지위에서 하는 의사표시로 보아야 하고, 이를 행정청이 우월한 지위에서 행하는 공권력의 행사로서 행정처분에 해당한다고 볼 수는 없다(대판 2015.8.27, 2015두41449).

이렇게 출제됐어요

1 행정소송법상 항고소송의 대상에 대한 설명으로 가장 적절하지 않은 것은? (다툼이 있는 경우 판례에 의함) '19 경찰 ②

④ 후속처분이 종전처분의 유효를 전제로 그 내용 중 일부만을 추가 철회 변경하는 것이고 그 추가 철회 변경된 부분이 나머지 부분과 불가분적인 것인 경우에는(→ 불가분적인 것이 아닌 경우에는) 후속처분에도 불구하고 종전 처분이 여전히 항고소송의 대상이 된다고 보아야 한다(대판 2015.11.19, 215두295 전합).

---

12 [1][2][3]   정답 ②

정답의 이유

② 건축주 등은 신고제하에서도 건축신고가 반려될 경우 당해 건축물의 건축을 개시하면 시정명령, 이행강제금, 벌금의 대상이 되거나 당해 건축물을 사용하여 행할 행위의 허가가 거부될 우려가 있어 불안정한 지위에 놓이게 된다. 따라서 건축신고 반려행위가 이루어진 단계에서 당사자로 하여금 반려행위의 적법성을 다투어 그 법적 불안을 해소한 다음 건축행위에 나아가도록 함으로써 장차 있을지도 모르는 위험에서 미리 벗어날 수 있도록 길을 열어 주고, 위법한 건축물의 양산과 그 철거를 둘러싼 분쟁을 조기에 근본적으로 해결할 수 있게 하는 것이 법치행정의 원리에 부합한다. 그러므로 건축신고 반려행위는 항고소송의 대상이 된다고 보는 것이 옳다(대판 2010.11.18, 2008두167 전합).

오답의 이유

① 행정요건적 신고에 있어서 수리란 신고를 유효한 것으로 판단하고 법령에 의하여 처리할 의사로 이를 수령하는 수동적 행위이므로 수리행위에 신고필증 교부 등의 행위가 꼭 필요한 것은 아니다.

③ 행정법상의 신고를 자기완결적 신고와 행정요건적 신고로 나누는 것이 일반적이지만, '정보제공적 신고'와 '금지해제적 신고'로 나누는 견해도 있다. '정보제공형 신고'란 행정청에게 행정의 대상이 되는 사실에 관한 정보를 제공하는 기능을 갖는 신고를 말하며 사실파악형 신고라고도 한다. 정보제공적 신고는 언제나 자기완결적 신고에 해당한다. 정보제공형 신고의 대상이 되는 행위를, 신고 없이 행한 경우에는 법령에 규정이 있는 경우에 한하여 과태료 등의 제재의 대상이 되지만, 그 행위 자체가 위법한 행위가 되는 것은 아니다. 반면에 '금지해제적 신고'란 영업활동이나 건축활동 등 사적 활동을 규제하는 기능을 갖는 신고를 말하며 규제적 신고라고도 한다. 금지해제적 신고는 자기완결적 신고인 경우도 있고 행정요건적 신고인 경우도 있다. 금지해제적 신고의 대상이 된 행위를 신고 없이 한 경우에는 위법한 행위가 되어 행정벌의 대상이 되고, 시정조치의 대상이 된다.

④ 식품위생법 제25조 제3항에 의한 영업양도에 따른 지위승계신고를 수리하는 허가관청의 행위는 단순히 양도·양수인 사이에 이미 발생한 사법상의 사업양도의 법률효과에 의하여 양수인이 그 영업을 승계하였다는 사실의 신고를 접수하는 행위에 그치는 것이 아니라, 영업허가자의 변경이라는 법률효과를 발생시키는 행위라고 할 것이다(대판 1995.2.24, 94누9146).

적중레이더

수리를 요하는 신고와 수리를 요하지 않는 신고

구분	수리를 요하지 않는 신고	수리를 요하는 신고
효력시기	신고 시 법적효력 발생	수리 시 법적 효과 발생
수리거부	수리거부 하더라도 처분성 부정	수리거부 할 경우 처분성 인정
신고필증	확인적 의미	법적 의미
명문규정	행정절차법에 규정 있음	행정절차법에 규정 없음
판례의 태도	① 경미한 건축신고(대문, 담장, 주차장 설치 등) ② 수산제조업 신고 ③ 의원, 치과의원, 한의원 개설신고 ④ 종교단체가 설치한 납골탑 주변시설 신고 ⑤ 체육시설법상 골프장 이용료 변경 신고 ⑥ 체육시설법상 당구장업 영업신고(주택 근처) ⑦ 공동주택 옥외운동시설 변경신고(테니스장을 배드민턴장으로 변경) ⑧ 조산소 개설신고 ⑨ 식품위생법상 공중숙박업 개설신고 ⑩ 식품위생법상 목욕장업 개설신고	① 건축주명의변경신고 ② 원근해 어업 시 어선, 어구 등 신고 ③ 식품위생법상 영업양도에 따른 지위승계신고 ④ 액화석유가스충전사업의 지위승계신고 ⑤ 관광사업의 양도, 양수에 의한 지위승계신고 ⑥ 개발제한구역 내 골프연습장 신고(환경 보호) ⑦ 학교보건법상 당구장업 영업신고(학생 보호) ⑧ 일반적인 납골탑설치 신고 ⑨ 사회단체등록신고 ⑩ 체육시설법상 볼링장업 신고 ⑪ 식품위생법상 영업허가명의변경신고 ⑫ 채석허가 수허가자 명의변경신고 ⑬ 수산업법상 제44조상 어업신고

13 ☐1☐2☐3   정답 ①

영역 행정절차와 행정공개 > 행정절차법   난이도 하

정답의 이유

① 행정절차법 제21조(처분의 사전통지) 제1항은 행정청은 당사자에게 의무를 과하거나 권익을 제한하는 처분을 하는 경우에는 미리 처분의 제목, 당사자의 성명 또는 명칭과 주소, 처분하고자 하는 원인이 되는 사실과 처분의 내용 및 법적 근거, 그에 대하여 의견을 제출할 수 있다는 뜻과 의견을 제출하지 아니하는 경우의 처리방법, 의견제출기관의 명칭과 주소, 의견제출기한 등을 당사자 등에게 통지하도록 하고 있는바, 신청에 따른 처분이 이루어지지 아니한 경우에는 아직 당사자에게 권익이 부과되지 아니하였으므로 특별한 사정이 없는 한 신청에 대한 거부처분이라고 하더라도 직접 당사자의 권익을 제한하는 것은 아니어서 신청에 대한 거부처분을 여기에서 말하는 '당사자의 권익을 제한하는 처분'에 해당한다고 할 수 없는 것이어서 처분의 사전통지대상이 된다고 할 수 없다(대판 2003.11.28, 2003두674).

오답의 이유

② 행정청이 당사자에게 의무를 과하거나 권익을 제한하는 처분을 함에 있어서는 당사자 등에게 처분의 사전통지를 하고 의견제출의 기회를 주어야 하며, 여기서 당사자라 함은 행정청의 처분에 대하여 직접 그 상대가 되는 자를 의미한다 할 것이고, 한편 구 식품위생법 제25조 제2항, 제3항의 각 규정에 의하면, 지방세법에 의한 압류재산 매각절차에 따라 영업시설의 전부를 인수함으로써 그 영업자의 지위를 승계한 자가 관계 행정청에 이를 신고하여 행정청이 이를 수리하는 경우에는 종전의 영업자에 대한 영업허가 등은 그 효력을 잃는다 할 것인데, 위 규정들을 종합하면 위 행정청이 구 식품위생법 규정에 의하여 영업자지위승계신고를 수리하는 처분은 종전의 영업자의 권익을 제한하는 처분이라 할 것이고 따라서 종전의 영업자는 그 처분에 대하여 직접 그 상대가 되는 자에 해당한다고 봄이 상당하므로, 행정청으로서는 위 신고를 수리하는 처분을 함에 있어서 행정절차법 규정 소정의 당사자에 해당하는 종전의 영업자에 대하여 위 규정 소정의 행정절차를 실시하고 처분을 하여야 한다(대판 2003.2.14, 2001두7015).

③ 국가공무원법상 직위해제처분은 구 행정절차법 제3조 제2항 제9호, 구 행정절차법 시행령 제2조 제3호에 의하여 당해 행정작용의 성질상 행정절차를 거치기 곤란하거나 불필요하다고 인정되는 사항 또는 행정절차에 준하는 절차를 거친 사항에 해당하므로, 처분의 사전통지 및 의견청취 등에 관한 행정절차법의 규정이 별도로 적용되지 않는다(대판 2014.5.16, 2012두26180). 직위해제처분은 비위에 대한 조사 등으로 그 직무를 계속하기 곤란한 사정이 있어 잠정적으로 직위를 부여하지 않는 조치로서, 징벌적 제재로서의 징계 등에서 요구되는 것과 같은 동일한 절차적 보장을 요구할 수는 없기 때문이다.

④ 건축법의 공사중지명령에 대한 사전통지를 하고 의견제출의 기회를 준다면 많은 액수의 손실보상금을 기대하여 공사를 강행할 우려가 있다는 사정은 사전통지 및 의견제출절차의 예외사유에 해당하지 아니한다(대판 2004.5.28, 2004두1254).

사전통지의 범위

영업시간 제한 등 처분의 대상인 대규모점포 중 개설자의 직영매장 이외에 개설자에게서 임차하여 운영하는 임대매장이 병존하는 경우, 임대매장의 임차인이 개설자와 별도로 처분상대방이 되는지 여부: 소극영업시간 제한 등 처분의 대상인 대규모점포 중 개설자의 직영매장 이외에 개설자로부터 임차하여 운영하는 임대매장이 병존하는 경우에도, 전체 매장에 대하여 법령상 대규모점포 등의 유지·관리 책임을 지는 개설자만이 그 처분상대방이 되고, 임대매장의 임차인이 이와 별도로 처분상대방이 되는 것은 아니라고 할 것이다. … (중략) … 이 사건 대규모점포 중 개설자가 직영하지 않는 임대매장이 존재하더라도 대규모점포에 대한 영업시간 제한 등 처분의 상대방은 오로지 대규모점포 개설자인 원고들이다. 따라서 위와 같은 절차도 원고들을 상대로 거치면 충분하고, 그 밖에 임차인들을 상대로 별도의 사전통지 등 절차를 거칠 필요가 없다(대판 2015.11.19, 2015두295 전합).

14 1 2 3   정답 ④

영역 행정절차와 행정공개 > 정보공개와 개인정보보호   난이도 중

정답의 이유

④ 판결에 의하여 취소되는 처분이 당사자의 신청을 거부하는 것을 내용으로 하는 경우에는 그 처분을 행한 행정청은 판결의 취지에 따라 다시 이전의 신청에 대한 처분을 하여야 한다(행정소송법 제30조 제2항). 행정청이 제30조 제2항의 규정에 의한 처분을 하지 아니하는 때에는 제1심수소법원은 당사자의 신청에 의하여 결정으로써 상당한 기간을 정하고 행정청이 그 기간 내에 이행하지 아니하는 때에는 그 지연기간에 따라 일정한 배상을 할 것을 명하거나 즉시 손해배상을 할 것을 명할 수 있다(행정소송법 제34조 제1항).

오답의 이유

① · ② · ③ 대판 2003.12.12, 2003두8050

재처분의무에 위반한 경우

• 직접처분의 경우: 피청구인인 행정청이 재결에 따른 처분을 하지 않는 경우에는 행정심판위원회는 당사자가 신청하면 기간을 정해 서면으로 시정을 명하고 그 기간에 이행하지 않으면 직접 처분할 수 있다. 다만, 그 처분의 성질이나 그 밖의 불가피한 사유로 행정심판위원회가 직접 처분을 할 수 없는 경우는 그렇지 않다(행정심판법 제50조 제1항). 행정심판위원회가 직접 처분을 한 경우에는 피청구인인 행정청은 행정심판위원회가 한 처분을 해당 행정청이 한 것으로 보아, 관계 법령에 따라 관리·감독 등 필요한 조치를 해야 한다(행정심판법 제50조 제2항).

• 간접강제의 경우: 위원회는 피청구인이 처분을 하지 아니하면 청구인의 신청에 의하여 결정으로 상당한 기간을 정하고 피청구인이 그 기간 내에 이행하지 아니하는 경우에는 그 지연기간에 따라 일정한 배상을 하도록 명하거나 즉시 배상을 할 것을 명할 수 있다(행정심판법 제50조의2).

15 1 2 3   정답 ④

영역 일반행정작용법 > 행정상 입법   난이도 하

정답의 이유

④ 헌법이 인정하고 있는 위임입법의 형식은 예시적인 것으로 보아야 할 것이고, 그것은 법률이 행정규칙에 위임하더라도 그 행정규칙은 위임된 사항만을 규율할 수 있으므로, 국회입법의 원칙과 상치되지도 않는다. 다만 행정규칙은 법규명령과 같은 엄격한 제정 및 개정절차를 요하지 아니하므로, 재산권 등과 같은 기본권을 제한하는 작용을 하는 법률이 입법위임을 할 때에는 대통령령, 총리령, 부령 등 법규명령에 위임함이 바람직하고, 고시와 같은 형식으로 입법위임을 할 때에는 적어도 행정규제기본법 제4조 제2항 단서에서 정한 바와 같이 법령이 전문적·기술적 사항이나 경미한 사항으로서 업무의 성질상 위임이 불가피한 사항에 한정된다 할 것이고, 그러한 사항이라 하더라도 포괄위임금지의 원칙상 법률의 위임은 반드시 구체적·개별적으로 한정된 사항에 대하여 행하여져야 한다(헌재 2006.12.28, 2005헌바59).

오답의 이유

① · ② 고시 또는 공고의 법적 성질은 일률적으로 판단될 것이 아니라 고시에 담겨진 내용에 따라 구체적인 경우마다 달리 결정된다고 보아야 한다. 즉, 고시가 일반·추상적 성격을 가질 때는 법규명령 또는 행정규칙에 해당하지만, 고시가 구체적인 규율의 성격을 갖는다면 행정처분에 해당한다(헌재 1998.4.30, 97헌마141).

③ 통상 고시 또는 공고에 의하여 행정처분을 하는 경우에는 그 처분의 상대방이 불특정 다수인이고, 그 처분의 효력이 불특정 다수인

에게 일률적으로 적용되는 것이므로, 그 행정처분에 이해관계를 갖는 자는 고시 또는 공고가 있었다는 사실을 현실적으로 알았는지 여부에 관계없이 고시가 효력을 발생하는 날에 행정처분이 있음을 알았다고 보아야 하고, 따라서 그에 대한 취소소송은 그 날로부터 90일 이내에 제기하여야 한다(대판 2006.4.14, 2004두3847).

개념 확인

1 구 청소년보호법에 따른 청소년유해매체물 결정 및 고시처분은 행정소송의 대상이 되는 행정처분에 해당한다. (O, X)

2 정보통신윤리위원회가 특정 인터넷 웹사이트를 청소년유해매체물로 결정하고 청소년보호위원회가 효력발생시기를 명시하여 고시함으로써 그 명시된 시점에 효력이 발생하였다고 봄이 상당하다. (O, X)

3 정보통신윤리위원회와 청소년보호위원회가 청소년유해매체물 결정 및 고시처분이 있었음을 위 웹사이트 운영자에게 제대로 통지하지 아니한 경우에는 그 효력 자체가 발생하지 아니한 것으로 볼 수 있다. (O, X)

정답 1 O 2 O 3 X

16 1 2 3 정답 ①

영역 행정법 각론 > 공무원법 난이도 중

정답의 이유

① 공무원이 소속 장관으로부터 받은 "직상급자와 다투고 폭언하는 행위 등에 대하여 엄중 경고하니 차후 이러한 사례가 없도록 각별히 유념하기 바람"이라는 내용의 서면에 의한 경고가 공무원의 신분에 영향을 미치는 국가공무원법상의 징계의 종류에 해당하지 아니하고, 근무충실에 관한 권고행위 내지 지도행위로서 그 때문에 공무원으로서의 신분에 불이익을 초래하는 법률상의 효과가 발생하는 것도 아니므로, 경고가 국가공무원법상의 징계처분이나 행정소송의 대상이 되는 행정처분이라고 할 수 없어 그 취소를 구할 법률상의 이익이 없다(대판 1991.11.12, 91누2700).

오답의 이유

② 경찰공무원이 그 단속의 대상이 되는 신호위반자에게 먼저 적극적으로 돈을 요구하고, 다른 사람이 볼 수 없도록 돈을 접어 건네주도록 전달방법을 구체적으로 알려주었으며, 동승자에게 신고시 범칙금 처분을 받게 된다는 등 비위신고를 막기 위한 말까지 하고 금품을 수수한 경우, 비록 그 받은 돈이 1만 원에 불과하더라도 위 금품수수행위를 징계사유로 하여 당해 경찰공무원을 해임처분한 것은 징계재량권의 일탈·남용이라 할 수 없다(대판 2006.12.21, 2006두16274).

③ 국가공무원법 제63조에 규정된 품위유지의무란 공무원이 직무의 내외를 불문하고, 국민의 수임자로서의 직책을 맡아 수행해 나가기에 손색이 없는 인품에 걸맞게 본인은 물론 공직사회에 대한 국민의 신뢰를 실추시킬 우려가 있는 행위를 하지 않아야 할 의무라고 해석할 수 있고, 이러한 품위유지의무 위반에 대하여 징계권자는 재량권의 남용에 해당하지 않는 범위에서 징계권을 행사할 수 있다(대판 2017.11.9, 2017두47472).

④ 당해 공무원의 동의 없는 지방공무원법 제29조의3의 규정에 의한 전출명령은 위법하여 취소되어야 하므로, 그 전출명령이 적법함을 전제로 내린 징계처분은, 그 전출명령이 공정력에 의하여 취소되기 전까지는 유효하다고 하더라도, 징계양정에 있어 재량권을 일탈하여 위법하다(대판 2001.12.11, 99두1823).

이렇게 출제됐어요

1 행정절차에 대한 설명으로 옳지 않은 것은? (다툼이 있는 경우 판례에 의함) '19 국회직 8급

② 소청심사위원회가 절차상 하자가 있다는 이유로 의원면직처분을 취소하는 결정을 한 후 징계권자가 징계절차에 따라 별도로 당해 공무원에 대하여 징계처분을 하는 경우 「국가공무원법」에서 정한 불이익변경금지의 원칙이 적용된다(→ 원칙이 적용될 여지가 없다)(대판 2008.10.9, 2008두11853, 11860).

17 1 2 3 정답 ②

영역 일반행정작용법 > 행정행위 난이도 중

정답의 이유

ㄴ. 현행 행정쟁송제도 아래서는 부관 그 자체만을 독립된 쟁송의 대상으로 할 수 없는 것이 원칙이나, 행정행위의 부관 중에서도 행정행위에 부수하여 그 행정행위의 상대방에게 일정한 의무를 부과하는 행정청의 의사표시인 부담의 경우에는 다른 부관과는 달리 행정행위의 불가분적인 요소가 아니고, 그 존속이 본체인 행정행위의 존재를 전제로 하는 것일 뿐이므로 부담 그 자체로서 행정쟁송의 대상이 될 수 있다(대판 1992.1.21, 91누1264).

ㄷ. 조건과 부담의 구분은 때때로 용이하지 않는 경우가 있는바, 그 구분이 명확하지 않은 때에는 조건보다 부담이 유리하므로 부담으로 추정함이 타당하다.

ㄱ. 부관은 재량행위에만 붙일 수 있고, 기속행위에는 붙일 수 없다는 것이 통설과 판례의 입장이다.

ㄷ. 행정처분에 이미 부담이 부가되어 있는 상태에서 그 의무의 범위 또는 내용 등을 변경하는 부관의 사후변경은, 법률에 명문의 규정이 있거나 그 변경이 미리 유보되어 있는 경우 또는 상대방의 동의가 있는 경우에 한하여 허용되는 것이 원칙이지만, 사정변경으로 인하여 당초에 부담을 부가한 목적을 달성할 수 없게 된 경우에도 그 목적달성에 필요한 범위 내에서 예외적으로 허용된다(대판 1997.5.30, 97누2627).

ㄹ. 수익적 행정처분에 있어서는 법령에 특별한 근거규정이 없다고 하더라도 그 부관으로서 부담을 붙일 수 있고, 그와 같은 부담은 행정청이 행정처분을 하면서 일방적으로 부가할 수도 있지만 부담을 부가하기 이전에 상대방과 협의하여 부담의 내용을 협약의 형식으로 미리 정한 다음 행정처분을 하면서 이를 부가할 수도 있다(대판 2009.2.12, 2005다65500).

((•)) 적중레이더

부관 vs 부담

- 부관: 주된 행정행위의 수익적 효과를 제한하거나 요건을 보충하기 위한 행정청의 종된 의사표시를 말한다.
- 부담: 행정청이 행정행위를 하면서 상대방에게 작위의무, 부작위의무, 급부의무, 수인의무를 부과하는 경우이다. 부담의 경우에도 부관의 일종이므로 주된 행정행위의 존속을 전제로 하지만 그 자체로 하나의 독립된 행정행위 성질을 갖는다고 볼 수 있다. 하명의 일종이기 때문이다(통설).

⊙ 이렇게 출제됐어요

1 행정행위의 부관에 대한 설명으로 옳지 않은 것은? (다툼이 있는 경우 판례에 의함) '16 지방직 9급

② 허가의 유효기간이 지난 후에 그 허가의 기간연장이 신청된 경우, 허가권자는 특별한 사정이 없는 한 유효기간을 연장해 주어야 한다(→ 단순히 그 유효기간을 연장하여 주는 행정처분을 구하는 것이라기 보다는 종전의 허가처분과는 별도의 새로운 허가를 내용으로 하는 행정처분을 구하는 것이라고 보아야~)(대판 1995.11.10, 94누11866).

◎✗ 개념 확인

1 조건과 부담의 구별이 불분명한 경우에는 1차적으로 행정청의 주관적 의사를 기준으로 한다. (O, X)

2 부담의 불이행은 실효사유에 해당한다. (O, X)

정답 1 ✗ 2 ✗

---

18 ①②③ 정답 ③

영역 행정구제법 > 행정쟁송제도 난이도 하

오답의 이유 표시

정답의 이유

③ 정부조직법 제6조 제1항은 법문상 권한의 위임 및 재위임의 근거규정임이 명백하고, 동법에 근거한 행정권한의 위임 및 위탁에 관한 규정 제4조 역시 재위임에 관한 일반적인 근거규정에 해당한다(대판 1990.2.27, 89누5287).

오답의 이유

① 권한의 위임은 법령상의 권한 자체의 귀속의 변경을 초래하므로, 반드시 법적 근거가 있어야 한다. 따라서 법령의 근거가 없는 권한의 위임은 무효이다.

② 권한의 위임은 권한의 일부에 대해서만 가능하다. 권한의 전부에 대하여 위임이 가능하다면, 위임관청은 존재할 이유가 없어지기 때문이다.

④ 내부위임이나 대리권을 수여받은 데 불과하여 원행정청 명의나 대리관계를 밝히지 아니하고는 그의 명의로 처분 등을 할 권한이 없는 행정청이 권한 없이 그의 명의로 한 처분에 대하여도 처분명의자인 행정청이 피고가 되어야 한다(대판 1994.6.14, 94누1197).

⊙ 이렇게 출제됐어요

1 권한의 위임·위탁·대리에 대한 설명으로 옳지 않은 것은? (다툼이 있는 경우 판례에 의함) '19 국회직 8급

① 타 행정기관으로의 권한의 위임은 법률이 정한 권한배분을 행정기관이 다시 변경하는 것이므로 반드시 법적 근거가 있어야 한다(대판 1992.4.24, 91누5792)(→ 이에 반하여 권한위임의 경우에는 수임관청이 자기의 이름으로 그 권한행사를 할 수 있지만, 내부위임의 경우에는 수임관청은 위임관청의 이름으로만 그 권한을 행사할 수 있을 뿐 자기의 이름으로는 그 권한을 행사할 수 없다).

19 ☐1 ☐2 ☐3

정답 ③

정답의 이유

③ 인허가 등을 취소하는 처분을 하는 경우에는 의견제출기한 내에 당사자 등의 신청이 있는 경우에 청문을 한다(행정절차법 제22조 제1항 제3호 가목).

오답의 이유

① · ② · ④ 행정절차법 제22조 제1항

> **제22조(의견청취)** ① 행정청이 처분을 할 때 다음 각 호의 어느 하나에 해당하는 경우에는 청문을 한다.
> 1. 다른 법령 등에서 청문을 하도록 규정하고 있는 경우
> 2. 행정청이 필요하다고 인정하는 경우
> 3. 다음 각 목의 처분 시 제21조 제1항 제6호에 따른 의견제출기한 내에 당사자 등의 신청이 있는 경우
>   가. 인허가 등의 취소
>   나. 신분 · 자격의 박탈
>   다. 법인이나 조합 등의 설립허가의 취소

📡 적중레이더

청문
- 의의: 청문이란 행정청이 어떠한 처분을 하기에 앞서 당사자 등의 의견을 직접 듣고 증거를 조사하는 절차를 말한다(행정절차법 제2조 제5호).
- 우리나라의 행정절차법상의 청문
  - 정식청문 · 비공개청문: 우리나라의 행정절차법이 정식청문 · 비공개청문을 원칙으로 하고 있다는 것에 대해서는 의견의 일치가 있는 것으로 보인다.
  - 사실심형 청문: 행정절차법 제31조 제2항은 당사자 등은 의견을 진술하고 증거를 제출할 수 있으며, "참고인이나 감정인 등에게 질문할 수 있다"고 규정하고 있는바, 동 조항의 해석을 둘러싸고 우리나라의 행정절차법상의 청문이 진술형 청문과 사실심형 청문 중 어느 것을 원칙으로 하고 있는지에 관하여는 견해의 대립이 있다.

🎯 이렇게 출제됐어요

1 행정절차법상 행정절차에 대한 설명으로 옳지 않은 것은?

'18 국회직 9급

① 단순. 반복적인 처분 또는 경미한 처분으로서 당사자가 그 이유를 명백히 알 수 있는 경우라 하더라도 처분 후 당사자가 요청하는 경우에는 그 근거와 이유를 제시하여야 한다(행정절차법 제23조).

③ 행정청은 대통령령을 입법예고하는 경우에는 이를 국회 소관 상임위원회에 제출하여야 한다(행정절차법 제22조 제4항).

④ 인 · 허가 등의 취소 또는 신분 및 자격의 박탈. 법인이나 조합 등의 설립허가의 취소시 의견제출기한 내에 당사자 등의 신청이 있는 경우에 공청회를 개최한다(→ 공청회는 인정되지 않는다)(행정절차법 제22조).

20 ☐1 ☐2 ☐3

정답 ③

정답의 이유

③ 도로의 특별사용은 반드시 독점적. 배타적인 것이 아니라 그 사용목적에 따라서는 도로의 일반사용과 병존이 가능한 경우도 있고 이러한 경우에는 도로점용부분이 동시에 일반공중의 교통에 공용되고 있다고 하여 도로점용이 아니라고 말할 수 없다(대판 1991. 4.9. 90누8855).

오답의 이유

① 행정재산은 공유물로서 이른바 사법상의 거래의 대상이 되지 아니하는 불융통물이므로 이러한 행정재산을 관재당국이 모르고 매각처분하였다 할지라도 그 매각처분은 무효이다(대판 1967.6.27. 67다806).

② 행정재산에 대한 공용폐지의 의사표시는 명시적이든 묵시적이든 상관이 없으나 적법한 의사표시가 있어야 하고, 행정재산이 사실상 본래의 용도에 사용되지 않고 있다는 사실만으로 용도폐지의 의사표시가 있었다고 볼 수는 없다(대판 1997.3.14. 96다43508).

④ 국유재산법 제51조 제1항에 의한 국유재산의 무단점유자에 대한 변상금부과는 대부나 사용. 수익허가 등을 받은 경우에 납부하여야 할 대부료 또는 사용료 상당액 외에도 그 징벌적 의미에서 국가측이 일방적으로 그 2할 상당액을 추가하여 변상금을 징수토록 하고 있으며 그 체납시에는 국세징수법에 의하여 강제징수토록 하고 있는 점 등에 비추어 보면 그 부과처분은 관리청이 공권력을 가진 우월적 지위에서 행하는 것으로서 행정처분이라고 보아야 하고, 그 부과처분에 의한 변상금징수권은 공법상의 권리로서 사법상의 채권과는 그 성질을 달리하므로 국유재산의 무단점유자에 대하여 국가가 민법상의 부당이득금반환청구를 하는 경우 국유재산법 제51조 제1항이 적용되지 않는다(대판 1992.4.14. 91다42197).

적중레이더

공물의 인정 여부

공물 ○	공물 ×
• 여의도 광장 • 도로 • 교통신호기 • 매향리 사격장 • 도로의 맨홀 • 경찰견, 경찰마	• 공사 중이며 아직 완성되지 않아 일반 공중의 이용에 제공되지 않는 옹벽(대판 1998.10.23, 98다17381) • 사실상 군민의 통행에 제공되는 도로이지만 행정청의 노선인정 기타 공용개시행위가 없는 경우(대판 1981.7.7, 80다2478) • 공물예정지에 불과한 시 명의의 종합운동장 예정부지나 그 지상의 자동차경주를 위한 안전시설(대판 1995.1.24, 94다4532) • 현금

이렇게 출제됐어요

1 공물에 관한 설명으로 옳은 것은? (다툼이 있으면 판례에 따름)

'19 행정사

① 행정재산은 시효취득의 대상이 된다(→ 안 된다)(국유재산법 제7조 제2항).
② 국유재산법상 행정재산의 사용허가는 사법상 계약(→ 강학상 특허)의 성질을 가진다.
③ 국유공물(→ 사유공물)은 민사집행법에 의한 강제집행의 대상이 될 수 있다.
④ 국유재산의 무단점유에 대한 변상금의 징수는 재량행위(→ 기속행위)이다.
⑤ 도로부지에는 저당권을 설정할 수 있다(도로법 제4조).

---

21 [1][2][3]

정답 ③

영역 행정구제법 > 손해전보제도　　　　　　　　난이도 중

[정답의 이유]

③ 공익사업을 위한 토지 등의 취득 및 보상에 관한 법률 제8조 제1항이 사업시행자에게 이주대책의 수립·실시의무를 부과하고 있다고 하여 그 규정 자체만에 의하여 이주자에게 사업시행자가 수립한 이주대책상의 아파트 입주권 등을 받을 수 있는 구체적인 권리(수분양권)가 직접 발생하는 것이라고는 도저히 볼 수 없으며, 사업시행자가 이주대책에 관한 구체적인 계획을 수립하여 이를 해당자에게 통지 내지 공고한 후, 이주자가 수분양권을 취득하기를 희망하여 이주대책에 정한 절차에 따라 사업시행자에게 이주대책대상자 선정신청을 하고 사업시행자가 이를 받아들여 이주대책대상자로 확인·결정하여야만 비로소 구체적인 수분양권이 발생하게 된다(대판 1994.5.24, 92다35783 전합).

[오답의 이유]

① 이주대책은 헌법 제23조 제3항에 규정된 정당한 보상에 포함되는 것이라기보다는 이에 부가하여 이주자들에게 종전의 생활상태를 회복시키기 위한 생활보상의 일환으로서 국가의 정책적인 배려에 의하여 마련된 제도라고 볼 것이다. 따라서 이주대책의 실시 여부는 입법자의 입법정책적 재량의 영역에 속한다(헌재 2006.2.23, 2004헌마19).
② 이주대책의 실시 여부는 입법자의 입법정책적 재량의 영역에 속하므로 공익사업을 위한 토지 등의 취득 및 보상에 관한 법률 시행령 제40조 제3항 제3호가 이주대책의 대상자에서 세입자를 제외하고 있는 것이 세입자의 재산권을 침해하는 것이라 볼 수 없다(헌재 2006.2.23, 2004헌마19).
④ 특정한 공익사업의 사업시행자가 보상하여야 하는 손실은, 동일한 소유자에게 속하는 일단의 토지 중 일부를 사업시행자가 그 공익사업을 위하여 취득하거나 사용함으로 인하여 잔여지에 발생하는 것임을 전제로 한다. 따라서 이러한 잔여지에 대하여 현실적 이용상황 변경 또는 사용가치 및 교환가치의 하락 등이 발생하였더라도, 그 손실이 토지의 일부가 공익사업에 취득되거나 사용됨으로 인하여 발생하는 것이 아니라면 특별한 사정이 없는 한 토지보상법 제73조 제1항 본문에 따른 잔여지 손실보상 대상에 해당한다고 볼 수 없다(대판 2017.7.11, 2017두40860).

이렇게 출제됐어요

1 행정상 손실보상에 대한 설명으로 가장 옳은 것은?

'18 서울시 9급

① 헌법재판소는 공용침해로 인한 특별한 손해에 대한 보상규정이 없는 경우에 관련 보상규정을 유추적용하여 보상하려는 경향이 있다(→ 헌법재판소는 분리이론에 입각하여 위헌무효설).
③ 공익사업의 시행으로 토석채취허가를 연장받지 못한 경우 그로 인한 손실은 적법한 공권력의 행사로 가하여진 재산상의 특별한 희생으로서 손실보상의 대상이 된다(→ 손실보상 부정)(대판 2009.6.23, 2009두2672).

22 □1□2□3

| 영역 행정구제법 > 손해전보제도 | 난이도 하 |

[정답의 이유]

① 국가배상법에는 영조물 점유자의 면책규정이 없는 데 반하여 민법에는 공작물의 점유자가 손해의 방지에 필요한 주의를 해태하지 아니한 때에는 그 소유자가 손해를 배상할 책임이 있다(민법 제758조 제1항)고 규정하여 공작물 점유자의 면책규정을 두고 있다.

[오답의 이유]

② 국가배상법 제5조 제1항 소정의 '공공의 영조물'이라 함은 국가 또는 지방자치단체에 의하여 특정 공공의 목적에 공여된 유체물 내지 물적 설비를 말하며, 국가 또는 지방자치단체가 소유권, 임차권 그 밖의 권한에 기하여 관리하고 있는 경우뿐만 아니라 사실상의 관리를 하고 있는 경우도 포함된다(대판 1998.10.23, 98다17381).

③ 국가배상법 제5조 소정의 영조물의 설치·관리상의 하자라 함은 영조물의 설치 및 관리에 불완전한 점이 있어 이 때문에 영조물 자체가 통상 갖추어야 할 안전성을 갖추지 못한 상태에 있는 것을 말하는 것이다(대판 1994.11.22, 94다32924).

④ 고등학교 3학년 학생이 교사의 단속을 피해 담배를 피우기 위하여 3층 건물 화장실 밖의 난간을 지나가다가 실족하여 사망한 경우, 학교 관리자에게 그와 같은 이례적인 사고가 있을 것을 예상하여 복도나 화장실 창문에 난간으로의 출입을 막기 위하여 출입금지장치나 추락위험을 알리는 경고표지판을 설치할 의무가 있다고 볼 수는 없으므로 학교시설의 설치·관리상의 하자가 없다(대판 1997.5.16, 96다54102).

⊗ 개념 확인

1 국가배상법 제5조는 제2조와는 달리 과실책임이다. (O, X)

2 공공의 영조물의 설치·관리의 하자에는 물적 하자만이 아니라 기능적 하자 또는 이용상 하자도 포함된다. (O, X)

정답 1 X **2** X(대판 2005.1.27, 2003다49566)

23 □1□2□3

| 영역 행정구제법 > 행정쟁송제도 | 난이도 하 |

[정답의 이유]

① 행정소송법 제28조 제1항에 따르면 원고의 청구가 이유 있다고 인정하는 경우에도 처분 등을 취소하는 것이 현저히 공공복리에 적합하지 아니하다고 인정하는 때에는 법원은 원고의 청구를 기각할 수 있는데, 이를 사정판결이라고 한다.

24 □1□2□3

| 영역 행정법 서론 > 행정법 | 난이도 하 |

[정답의 이유]

① 과세관청의 공적 견해표명이 있었는지의 여부를 판단하는 데 있어 반드시 행정조직상의 형식적인 권한분장에 구애될 것은 아니고 담당자의 조직상의 지위와 임무, 당해 언동을 하게 된 구체적인 경위 및 그에 대한 납세자의 신뢰가능성에 비추어 실질에 의하여 판단하여야 한다(대판 1996.1.23, 95누13746).

[오답의 이유]

② 신뢰보호원칙과 관련하여 상대방에게 신뢰를 주는 행정청의 공적인 견해표명인 선행조치는 법령, 행정행위, 행정상 확약, 행정지도 등 사실행위 및 기타 국민이 신뢰를 형성하게 될 일체의 조치가 포함되며, 명시적 표시, 묵시적 표시, 적극적 표시, 소극적 표시를 불문한다. 그 표시의 형식이 반드시 문서로 행하여질 필요도 없으며 구두로도 가능하다.

③ 귀책사유라 함은 행정청의 견해표명의 하자가 상대방 등 관계자의 사실은폐나 기타 사위의 방법에 의한 신청행위 등 부정행위에 기인한 것이거나 그러한 부정행위가 없다고 하더라도 하자가 있음을 알았거나 중대한 과실로 알지 못한 경우 등을 의미한다고 해석함이 상당하고, 귀책사유의 유무는 상대방과 그로부터 신청행위를 위임받은 수임인 등 관계자 모두를 기준으로 판단하여야 한다(대판 2002.11.8, 2001두1512).

④ 행정청이 상대방에게 장차 어떤 처분을 하겠다고 확약 또는 공적인 의사 표명을 하였다고 하더라도, 그 자체에서 상대방으로 하여금 언제까지 처분의 발령을 신청하도록 유효기간을 두었는데도 그 기간 내에 상대방의 신청이 없었다거나 확약 또는 공적인 의사표명이 있은 후에 사실적·법률적 상태가 변경되었다면, 그와 같은 확약 또는 공적인 의사표명은 행정청의 별다른 의사표시를 기다리지 않고 실효된다(대판 1996.8.20, 95누10877).

⊙ 이렇게 출제됐어요

1 다음은 행정의 자기구속에 관한 판례의 내용이다.

'15 교행직 9급

(ㄱ)과 (ㄴ)에 들어갈 행정법의 일반원칙으로 옳은 것은 재량권 행사의 준칙인 행정규칙이 그 정한 바에 따라 되풀이 시행되어 행정관행이 이루어지게 되면 (ㄱ)이나 (ㄴ)에 따라 행정기관은 그 상대방에 대한 관계에서 그 규칙에 따라야 할 자기구속을 받게 되므로, 이러한 경우에는 특별한 사정이 없는 한 그를 위반하는 처분은 (ㄱ)이나 (ㄴ)에 위배되어 재량권을 일탈#남용한 위법한 처분이 된다(헌재 1990.9.3, 90헌마13).

(ㄱ) 평등의 원칙   (ㄴ) 신뢰보호의 원칙

25 [1][2][3]

정답 ④

영역 행정의 실효성 확보수단 > 행정상 강제　　　난이도 하

[정답의 이유]

④ 65세대의 공동주택을 건설하려는 사업주체(지역주택조합)에게 주택건설촉진법 제33조에 의한 주택건설사업계획의 승인처분을 함에 있어 그 주택단지의 진입도로 부지의 소유권을 확보하여 진입도로 등 간선시설을 설치하고 그 부지 소유권 등을 기부채납하며 그 주택건설사업 시행에 따라 폐쇄되는 인근 주민들의 기존 통행로를 대체하는 통행로를 설치하고 그 부지 일부를 기부채납하도록 조건을 붙인 경우, 주택건설촉진법과 같은 법 시행령 및 주택건설기준 등에 관한 규정 등 <u>관련 법령의 관계 규정에 의하면</u> 그와 같은 조건을 붙였다 하여도 다른 특별한 사정이 없는 한 필요한 범위를 넘어 과중한 부담을 지우는 것으로서 형평의 원칙 등에 위배되는 <u>위법한 부관이라 할 수 없다</u>(대판 1997.3.14, 96누16698).

[오답의 이유]

① 재량권행사의 준칙인 규칙이 그 정한 바에 따라 되풀이 시행되어 행정관행이 이루어진 경우에 자기구속 원칙이 적용된다. 재량준칙이 공표된 것만으로는 행정관행이 성립하기 전까지는 자기구속원칙이 적용되지 않는다(대판 2009.12.24, 2009두7967).

② 재량권행사의 준칙인 규칙이 그 정한 바에 따라 되풀이 시행되어 행정관행이 이룩되게 되면, 평등의 원칙이나 신뢰보호의 원칙에 따라 행정기관은 그 상대방에 대한 관계에서 그 규칙에 따라야 할 자기구속을 당하게 되고, 그러한 경우에는 대외적인 구속력을 가지게 된다 할 것이다(헌재 1990.9.3, 90헌마13).

③ 재량준칙은 일반적으로 행정조직 내부에서만 효력을 가질 뿐 대외적인 구속력을 갖는 것은 아니므로 행정처분이 이를 위반하였다고 하여 그러한 사정만으로 곧바로 위법하게 되는 것은 아니고, 다만 그 재량준칙이 정한 바에 따라 되풀이 시행되어 행정관행이 이루어지게 되면 평등의 원칙이나 신뢰보호의 원칙에 따라 행정기관은 상대방에 대한 관계에서 그 규칙에 따라야 할 자기구속을 받게 되므로, 이러한 경우에는 특별한 사정이 없는 한 그에 반하는 처분은 평등의 원칙이나 신뢰보호의 원칙에 어긋나 재량권을 일탈·남용한 위법한 처분이 된다(대판 2013.11.14, 2011두28783).

1 행정입법에 관한 설명으로 옳은 것은? (다툼이 있으면 판례에 따름)

'19 행정사

④ 재량준칙의 제정에는 법령상 근거가 필요하다(→ 대외적인 구속력을 갖는 것은 아니므로 제정함에 있어 법령상의 근거가 필요없다)(대판 2013.11.14, 2011두28783).

1 행정기관의 재량준칙에 위반하여 처분을 행하는 때에는 자기구속의 법리에 위반하더라도 당사자는 당해 처분의 위법을 이유로 취소소송을 제기할 수 없다. (O, X)

정답 1 X

2017 기출문제해설

☑ 점수 (　)점/100점　☑ 문제편 117쪽

영역 분석

행정구제법	7문항	★★★★★★★	28%
행정법 서론	6문항	★★★★★★	24%
행정절차와 행정공개	4문항	★★★★	16%
일반행정작용법	3문항	★★★	12%
행정법 각론	3문항	★★★	12%
행정의 실효성 확보수단	2문항	★★	8%

빠른 정답

01	02	03	04	05	06	07	08	09	10
③	②	④	④	①	③	④	②	①	②
11	12	13	14	15	16	17	18	19	20
③	①	④	②	④	④	②	①	②	①
21	22	23	24	25					
①	③	②	①	③					

01　１２３　　　　　정답 ③

영역 행정법 서론 > 행정법　　　　난이도 하

[정답의 이유]

③ 대통령의 계엄선포는 고도의 정치적·군사적 성격을 가진 것으로서 그 당, 부당 내지 필요성 여부는 계엄해제요구권을 가진 국회만이 판단할 수 있는 것이고 당연무효가 아닌 한 사법심사의 대상이 되지 못한다(대판 1980.8.26, 80도1278).

[오답의 이유]

① 외국에의 국군의 파병결정은 그 성격상 국방 및 외교에 관련된 고도의 정치적 결단을 요하는 문제로서, 헌법과 법률이 정한 절차를 지켜 이루어진 것임이 명백하므로, 대통령과 국회의 판단은 존중되어야 하고 우리 재판소가 사법적 기준만으로 이를 심판하는 것은 자제되어야 한다(헌재 2004.4.29, 2003헌마814).

② 우리 헌법 제64조 제2항·제3항·제4항에서 "국회는 의원의 자격을 심사하며, 의원을 징계할 수 있다. 의원을 제명하려면 국회재적

의원 3분의 2 이상의 찬성이 있어야 하며 이들 처분에 대하여는 법원에 제소할 수 없다"고 규정하여 국회의원의 자격과 관련된 '법률상 쟁송'에 대해서는 사법심사를 부정하고 있는바, 이는 대표적인 국회의 통치행위 중의 하나에 해당한다.

④ 비록 고도의 정치적 결단에 의하여 행해지는 국가작용이라고 할지라도 그것이 국민의 기본권 침해와 직접 관련되는 경우에는 당연히 헌법재판소의 심판대상이 된다(헌재 1996.2.29, 93헌마186).

(((•))) 적중레이더

통치행위의 의의

고도의 정치적 성격으로 인하여, 사법심사의 대상으로 하기에 일정한 한계가 있을 뿐만 아니라, 그에 대한 판결이 있는 경우에도 집행이 곤란한 국가작용을 말한다. 통치행위는 행정작용에 국한하여 논의되는 것은 아니지만, 주로 대통령의 활동과 관련하여 문제된다.

⊙✗ 개념 확인

1 일본은 스나가와(사천)사건에서 중의원 해산을 통치행위라고 판단하여 사법심사의 대상에서 제외하였다.　　　　(O, X)

2 서훈취소는 대통령의 국가원수로서 행하는 행위이므로 법원이 사법심사를 자제하여야 할 고도의 정치성을 띤 행위라고 볼 수 있다.　　　　(O, X)

정답 1 X 2 X

02　１２３　　　　　정답 ②

영역 행정구제법 > 행정쟁송제도　　　　난이도 중

[정답의 이유]

② 소송요건의 존부는 사실심 변론종결시를 기준으로 판단한다. 소제기 당시에는 소송요건이 결여되어 있어도 사실심 변론종결시까지 이를 구비하면 된다.

[오답의 이유]

① 행정심판위원회의 재결과 법원의 확정판결은 기판력의 인정여부

에 있어서 본질적인 차이가 있다. 재결과 확정판결이 비슷한 효력이 있다고 할 수는 없다.

③ 도로교통법 제118조에서 규정하는 경찰서장의 통고처분은 행정소송의 대상이 되는 행정처분이 아니므로 그 처분의 취소를 구하는 소송은 부적법하다(대판 1995.6.29, 95누4674).

④ 전심절차를 밟지 아니한 채 증여세부과처분취소소송을 제기하였다면 제소 당시로 보면 전치요건을 구비하지 못한 위법이 있다 할 것이지만, 소송계속 중 심사청구 및 심판청구를 하여 각 기각결정을 받았다면 원심변론종결일 당시에는 위와 같은 전치요건 흠결의 하자는 치유되었다고 볼 것이다(대판 1987.4.28, 86누29).

⊙✕ 개념 확인

1 통고처분권자는 경찰청장, 국세청장, 검사 등이다. (O, X)

정답 1 X(통고처분권자는 경찰청장, 관세청장, 국세청장, 출입국관리소장 등이며, 검사나 법원은 아니다)

---

03 [1][2][3] 정답 ④

| 영역 행정법 각론 > 병역법 | 난이도 중 |

정답의 이유

ㄹ. 병무청은 국방부의 외청에 해당하여, 병무청장은 부령을 발할 수 없다. 병무청장의 관련 업무에 대해서는 관할 중앙행정기관인 국방부장관이 부령을 발할 수 있을 뿐이다.

오답의 이유

ㄱ. 우리나라의 군(軍)은 국군(國軍)만을 인정하고 미국과 같이 주방위군 등을 인정하지 않으므로, 병역징집의 주체는 국가이다.

ㄴ. 우리나라에서 병역의무자가 군부대에 들어가는 방법인 입영에는 징집, 소집 또는 지원의 방법이 있지만, 강제징집이 원칙이고, 지원병제도도 허용하고 있다.

ㄷ. 병무청장의 병역처분에 의하여 병역의무를 지는 국민의 법적 지위가 구체화된다.

ㅁ. 병무청장은 국방부의 외청으로서 국방부 소속이다.

---

04 [1][2][3] 정답 ④

| 영역 일반행정작용법 > 행정상 입법 | 난이도 중 |

정답의 이유

④ 법령보충적 행정규칙은 상위법령과 결합되어 일체가 되는 한도 내에서 상위법령의 일부가 됨으로써 대외적 구속력이 발생되는 것일 뿐, 그 행정규칙 자체는 대외적 구속력을 갖는 것이 아니다(헌재 2004.10.28, 99헌바91).

오답의 이유

① 법규명령은 일반적·추상적 규율로서 그 자체로는 구체적으로 국민의 권리·의무에 직접 변동을 가져오지 않으므로 항고소송의 대상이 될 수 없는 것이 원칙이지만, 법규명령이 집행행위를 매개하지 않고 그 자체로 직접 국민의 권리·의무의 변동을 야기하는 소위 '처분적 법규'일 때에는 예외적으로 항고소송의 대상이 될 수도 있다.

② 명령·규칙 등이 별도의 집행행위를 기다리지 않고 그 자체에 의하여 직접 기본권을 침해하는 것인 때에는 헌법소원심판의 대상이 될 수 있다(헌재 1990.1.15, 89헌마178).

③ 법규명령이 법률에 위반되었는지 여부가 재판의 전제가 된 경우에는 모든 법원에 판단권이 있으나, 대법원만이 이를 최종적으로 심사할 권한을 갖는다(헌법 제107조 제2항).

((•)) 적중레이더

법규명령과 행정규칙
명령 중에는 법규(=국민에 대하여 직접 효력이 발생하는 법규범)로서의 효력이 인정되는 법규명령과 법규로서의 효력이 인정되지 않는 비법규명령이 있는데, 후자를 행정규칙이라고 한다. 결국 법규명령과 행정규칙의 본질적인 차이는 법규로서의 성질이 있는지 여부에 있다.

⊙ 이렇게 출제됐어요

1 행정규칙에 대한 설명으로 가장 적절하지 않은 것은? (다툼이 있는 경우 판례에 의함) '18 경찰 ②

② 이른바 법령보충적 행정규칙은 그 자체로서 직접적으로(→ 그 자체로서가 아니라 위임해 준 상위법령과 결합하여) 대외적인 구속력을 갖는다.

⊙✕ 개념 확인

1 고시가 일반·추상적 성격을 가질 때는 법규명령 또는 행정규칙에 해당하지만, 고시가 구체적인 규율의 성격을 갖는다면 행정처분에 해당한다. (O, X)

2 행정규칙은 원칙적으로 그 성격상 대외적 효력을 갖는 것은 아니나, 예외적인 경우에 대외적으로 효력을 가질 수 있다. (O, X)

정답 1 O 2 O

05 ☐1 ☐2 ☐3

정답 ①

정답의 이유

① 비재산적 법익침해에 대한 희생보상청구권의 경우 감염병의 예방 및 관리에 관한 법률과 같은 개별 법률에서 인정하고 있는 경우는 있지만, 보상규정이 없음에도 불구하고 희생보상청구권이 인정될 수 있는지에 대하여는 견해가 대립되고 있으며, 판례 역시 명시적인 입장을 취하고 있지 않다.

오답의 이유

③ 행정상 손실보상청구권의 법적 성질에 대하여 학설은 다수설인 공권설과 소수설인 사권설로 나뉘어 있으며, 판례는 원칙적으로 사권설의 입장이나(대판 1998.2.27, 97다46450 등), 예외적으로 몇몇 판례에 있어서 공권설을 취한 경우도 있다.

④ 징발물이 국유재산 또는 공유재산인 경우에는 보상을 하지 아니한다(징발법 제20조).

📡 적중레이더

수용적 침해보상 법리

- 의의: 적법한 행정작용의 비정형적 · 비의욕적인 부수적 결과로, 타인의 재산권에 수용적 영향을 가하는 침해. 적법한 행정활동의 의도되지 않은 부수적 효과로 발생했기 때문에 사인의 재산권에 대한 손실을 보상해 주기 위하여 관습법적으로 발전되어온 희생보상제도의 하나로 독일에서 고안됨
- 수용유사적 침해는 침해 자체가 위법하지만, 수용적 침해는 적법한 행정작용에 의한 것
- 손실보상을 위한 법적 근거가 없음. 대법원도 아직 채택하고 있지 않음

💡 이렇게 출제됐어요

1 손실보상에 대한 설명으로 옳지 않은 것은? (다툼이 있는 경우 판례에 의함)   '19 국회직 8급

① 사업시행자에게(→ 관할 토지수용위원회에게) 한 잔여지매수청구의 의사표시는 일반적으로 관할 토지수용위원회에 한 잔여지수용청구의 의사표시로 볼 수 있다(대판 2010.8.19, 2008두822).

06 ☐1 ☐2 ☐3

정답 ③

정답의 이유

③ 과태료는 행정청의 과태료 부과처분이나 법원의 과태료 재판이 확정된 후 5년간 징수하지 아니하거나 집행하지 아니하면 시효로 인

하여 소멸한다(질서위반행위규제법 제15조 제1항).

오답의 이유

① 신분에 의하여 성립하는 질서위반행위에 신분이 없는 자가 가담한 때에는 신분이 없는 자에 대하여도 질서위반행위가 성립한다(질서위반행위규제법 제12조 제2항).

② 행정청이 질서위반행위에 대하여 과태료를 부과하고자 하는 때에는 미리 당사자(질서위반행위규제법 제11조 제2항에 따른 고용주 등을 포함한다)에게 대통령령으로 정하는 사항을 통지하고, 10일 이상의 기간을 정하여 의견을 제출할 기회를 주어야 한다. 이 경우 지정된 기일까지 의견 제출이 없는 경우에는 의견이 없는 것으로 본다(질서위반행위규제법 제16조 제1항).

④ 자신의 행위가 위법하지 아니한 것으로 오인하고 행한 질서위반행위는 그 오인에 정당한 이유가 있는 때에 한하여 과태료를 부과하지 아니한다(질서위반행위규제법 제8조).

📡 적중레이더

행정형벌과 행정질서벌의 구별

구분	행정형벌	행정질서벌
제재 수단	형법상 형벌 (징역, 벌금 등)	과태료
형법총칙 적용 여부	적용 ○	적용 ×
죄형법정주의 적용 여부	적용 ○	적용 ○
고의 또는 과실 필요 여부	필요 ○	필요 ○
과벌 절차	형사소송절차	질서위반행위규제법
대상행위	직접적으로 행정목적을 침해하는 행위	간접적으로 행정목적의 달성에 장해를 미칠 위험성이 있는 행위

💡 이렇게 출제됐어요

1 질서위반행위규제법의 내용에 대한 설명으로 옳은 것은?   '19 지방직 9급

① 지방자치단체의 조례상의 의무를 위반하여 과태료를 부과하는 행위는 질서위반행위에 해당되지 않는다(→ 해당 한다, 질서위반행위규제법 제2조).

③ 과태료는 행정청의 과태료 부과처분이 있은 후 3년간(→ 5년간) 징수하지 아니하면 시효로 인하여 소멸한다(질서위반행위규제법 제15조 제1항).

④ 행정청의 과태료 부과에 대한 이의제기는 과태료 부과처분의 효력에 영향을 주지 아니한다(→ 그 효력을 상실한다)(질서위반행위규제법 제20조 제2항).

07 ①②③ 정답 ④

정답의 이유

④ 학령아동의 초등학교 취학은 상대방의 강제적 동의에 의하여 성립하는 특별권력관계이다.

오답의 이유

①·②·③ 공무원 채용관계의 설정, 국공립대학교 입학, 국공립도서관 이용관계의 설정은 모두 상대방의 임의적 동의에 의하여 성립하는 특별권력관계이다.

⊗ 개념 확인

1 특별권력관계 성립은 상대방의 동의가 있어야만 가능하다. (O, X)

2 울레에 의하면 국립대학인 교육대학에서 퇴학처분을 당한 학생은 행정소송을 제기할 수 없다. (O, X)

정답 1 X 2 X

08 ①②③ 정답 ②

정답의 이유

② 적법한 건축물에 철거명령이 내려진 경우 원고가 취소소송을 제기하면서 이와 병행하여 집행정지를 신청하지 않는다면 후에 비록 철거명령이 위법하다 하여 취소되더라도 행정대집행에 의하여 이미 철거가 끝나버리면 취소소송은 아무런 실익이 없게 되는바, 취소소송과 병행하여 처분 등의 효력이나 그 집행 또는 절차의 속행의 전부 또는 일부의 정지조치를 취해 둘 필요가 있다.

오답의 이유

①·③ 처분의 효력정지는 처분 등의 집행 또는 절차의 속행을 정지함으로써 목적을 달성할 수 있는 경우에는 허용되지 아니한다(행정소송법 제23조 제2항).

📡 적중레이더

행정소송법

제23조(집행정지) ① 취소소송의 제기는 처분 등의 효력이나 그 집행 또는 절차의 속행에 영향을 주지 아니한다.

② 취소소송이 제기된 경우에 처분등이나 그 집행 또는 절차의 속행으로 인하여 생길 회복하기 어려운 손해를 예방하기 위하여 긴급한 필요가 있다고 인정할 때에는 본안이 계속되고 있는 법원은 당사자의 신청 또는 직권에 의하여 처분등의 효력이나 그 집행 또는 절차의 속행의 전부 또는 일부의 정지(이하 "집행정지"라 한다)를 결정할 수 있다. 다만, 처분의 효력정지는 처분등의 집행 또는 절차의 속행을 정지함으로써 목적을 달성할 수 있는 경우에는 허용되지 아니한다.

09 ①②③ 정답 ①

정답의 이유

① 병역법은 상근예비역소집(제21조), 승선근무예비역(제21조의2), 전환복무(제25조), 사회복무요원(제26조 이하), 예술·체육요원복무(제33조의7 이하) 등 많은 형태로 병역의무에 대한 특례를 인정하고 있다.

오답의 이유

② 현역병이 징역·금고·구류의 형이나 영창처분을 받은 경우 또는 복무를 이탈한 경우에는 그 형의 집행일수, 영창처분일수 또는 복무이탈일수는 현역 복무기간에 산입(算入)하지 아니한다(병역법 제18조 제3항).

③ 국방의 의무는 국방을 위한 직·간접의 병력 형성 의무를 그 내용으로 하는데, 직접적인 병력 형성 의무란 군인으로서의 징집연령에 달한 경우 징집의무에 따를 의무를 의미하며, 간접적인 병력형성의무란 예비군 복무의무, 민방위대원소집 응소의무 등과 같이 기타 국방상 필요한 군사적 조치에 협력할 의무를 말한다.

④ 군 복무 중 재해로 인하여 발생한 손실에 대해서는 관련 법률이 정하는 바에 의하여 보상금을 지급한다(병역법 제75조 제1항 제1호).

10 ①②③ 정답 ②

[정답의 이유]

② 공법상 부당이득반환청구권의 법적 성질에 관하여는 학설이 대립되고 있으나 판례는 이를 사권으로 보고 있고 국가재정법이 정한 금전채권에 대한 5년의 시효기간은 국민과 국가 간의 사법상 금전채권에 대해서도 적용된다고 본다.

[오답의 이유]

① 금전채권의 소멸시효에 관해서 국가재정법(제96조)과 지방재정법(제82조)은 다른 법률에 특별한 규정이 없는 한 5년간 행사하지 아니하면 소멸시효가 완성한다고 규정하고 있다.

③ 구 국유재산법에서는 변상금 및 연체료의 부과권과 징수권을 구별하여 제척기간이나 소멸시효의 적용 대상으로 규정하고 있지 않으므로, 변상금 부과권 및 연체료 부과권도 모두 국가재정법 제96조 제1항에 따라 5년의 소멸시효가 적용된다. 그리고 구 국유재산법 제51조 제2항, 구 국유재산법 시행령 제56조 제5항, 제44조 제3항의 규정에 의하면, 변상금 납부의무자가 변상금을 기한 내에 납부하지 아니하는 때에는 국유재산의 관리청은 변상금 납부기한을 경과한 날부터 60월을 초과하지 않는 범위 내에서 연체료를 부과할 수 있고, 연체료 부과권은 변상금 납부기한을 경과한 날부터 60월이 될 때까지 날짜의 경과에 따라 그때그때 발생하는 것이므로, 소멸시효도 각 발생일부터 순차로 5년이 경과하여야 완성된다(대판 2014.4.10, 2012두16787).

④ 소멸시효의 중단은 소멸시효의 기초가 되는 권리의 불행사라는 사실상태와 맞지 않은 사실이 생긴 것을 이유로 소멸시효의 진행을 차단케 하는 제도인 만큼 납세고지에 의한 국세징수권자의 권리행사에 의하여 이미 발생한 소멸시효중단의 효력은 그 과세처분(납세고지)이 취소되었다 하여 사라지지 않음은 물론 과세처분이 취소되어 소급하여 그 효력을 상실하였다고 해서 이에 기한 국세체납처분에 의한 압류처분이 실효되어 당연무효가 된다고 할 수도 없으므로 그 압류로 인한 소멸시효중단의 효력도 사라지지 않는다(대판 1988.2.23, 85누820).

📡 **적중레이더**

공법상 부당이득청구권의 성질

- 통설: 행정소송 중 당사자소송의 대상이 된다(공권설)
- 판례: 민사소송의 대상이 된다(사권설)
- 판례의 예외: 납세의무자에 대한 국가의 부가가치세 환급세액 지급의무에 대응하는 국가에 대한 납세의무자의 부가가치세 환급세액 지급청구는 민사소송이 아니라 행정소송법 제3조 제2호에 규정된 당사자소송의 절차에 따라야 한다(대판 2013.3.21, 2011다95564).

🔵❌ **개념 확인**

1 과세처분의 당연무효를 전제로 한 세금반환청구소송은 민사소송의 대상이 된다. (O, X)

정답 1 O

11 ①②③ 정답 ③

[정답의 이유]

③ 체육시설의 설치·이용에 관한 법률 제20조에 의한 골프장 이용료 변경신고서는 그 신고 자체가 위법하거나 그 신고에 무효사유가 없는 한 이것이 도지사에게 제출하여 접수된 때에 신고가 있었다고 볼 것이고, 도지사의 수리행위가 있어야만 신고가 있었다고 볼 것은 아니다(대판 1993.7.6, 93마635).

[오답의 이유]

①·②·④ 골프장 회원 모집 계획 신고, 납골당 설치 신고, 양수인·양도인 지위승계 신고는 모두 '수리를 요하는 신고'이다.

🔵 **이렇게 출제됐어요**

1 사인의 공법행위로서 신고에 대한 설명으로 옳지 않은 것은? (다툼이 있는 경우 판례에 의함)   '19 국회직 8급

① 구 「건축법」에 의한 인·허가의제 효과를 수반하는 건축신고는 일반적인 건축신고와는 달리 특별한 사정이 없는 한 행정청이 그 형식적 요건에 관한 심사(→ 실체적 요건에 관한 심사)를 한 후 수리하여야 한다(대판 2011.1.20, 2010두14954 전합).

🔵❌ **개념 확인**

1 수리를 요하지 않는 신고의 경우에 담당공무원이 법령에 규정되지 아니한 다른 사유를 들어 그 신고를 반려한 경우이더라도 신고의 효력발생시기는 신고서 제출시이다. (O, X)

정답 1 O

12 ☐1 ☐2 ☐3 　　　　　　　　　　정답 ①

영역 행정법 각론 > 공무원법　　　　　　**난이도 중**

정답의 이유

① 시보 임용 기간 중에 있는 공무원이 근무성적·교육훈련성적이 나쁘거나 국가공무원법 또는 국가공무원법에 따른 명령을 위반하여 공무원으로서의 자질이 부족하다고 판단되는 경우에는 제68조(의사에 반한 신분 조치)와 제70조(직권면직)에도 불구하고 면직시키거나 면직을 제청할 수 있다(국가공무원법 제29조 제3항).

오답의 이유

② 5급 공무원을 신규 채용하는 경우에는 1년, 6급 이하의 공무원을 신규 채용하는 경우에는 6개월간 각각 시보(試補)로 임용하고 그 기간의 근무성적·교육훈련성적과 공무원으로서의 자질을 고려하여 정규 공무원으로 임용한다(국가공무원법 제29조 제1항).

③ 모든 공무원은 법령을 준수하며 성실히 직무를 수행하여야 한다(국가공무원법 제56조).

④ 지방공무원 시보 임용 당시에는 지방공무원법 제31조 제4호의 공무원 임용결격자에 해당하였으나, 정규 지방공무원 임용 당시에는 그 결격사유가 해소되었다면, 같은 법 제28조 제1항에서 규정하고 있는 시보 임용기간을 거침이 없이 곧바로 정규 지방공무원으로 임용하였음을 이유로 정규 지방공무원 임용행위를 취소할 수 있음은 별론으로 하고, 정규 지방공무원 임용행위를 당연무효라고 볼 수 없다(법제처 법령해석).

13 ☐1 ☐2 ☐3 　　　　　　　　　　정답 ④

영역 행정의 실효성 확보수단 > 행정상 강제　　**난이도 중**

정답의 이유

④ 개발제한구역 내 불법 건축된 교회 건물은 합법화될 가능성이 없고, 도시의 무질서한 확장을 방지하기 위한 공익필요성이 크므로 대집행이 가능하다(대판 2000.6.23, 98두3112).

오답의 이유

① 대판 1990.12.7, 90누5405

② 대판 1991.3.12, 90누10070

③ 대판 1987.3.10, 86누860

(((•))) 적중레이더

대집행의 법적 근거와 요건

- 대집행이란 의무자가 대체적 작위의무를 이행하지 않는 경우에 행정청이 의무자가 하여야 할 행위를 스스로 행하거나 또는 제3자로 하여금 하게 함으로써 의무의 이행이 있는 것과 동일한 상태를 실현시킨 후, 그 비용을 의무자로부터 징수하는 것을 말한다(행정대집행법 제2조).
- 법적 근거: 대집행의 일반법으로는 행정대집행법이 있고, 그 밖에 개별법에서 개별적인 대집행에 대하여 규정하고 있다(예 건축법 제85조).
- 대집행의 요건
  - 공법상 대체적 작위의무의 불이행이 있을 것
  - 다른 수단으로는 그 이행을 확보하기 곤란할 것
  - 그 불이행을 방치함이 심히 공익을 해치는 것으로 인정될 것

14 ☐1 ☐2 ☐3 　　　　　　　　　　정답 ②

영역 행정절차와 행정공개 > 정보공개와 개인정보보호　　**난이도 하**

정답의 이유

② 공공기관의 정보공개에 관한 법률 제15조 제1항

오답의 이유

① 오로지 상대방을 괴롭힐 목적으로 정보공개를 구하고 있다는 등의 특별한 사정이 없는 한 정보공개의 청구가 신의칙에 반하거나 권리남용에 해당한다고 볼 수 없다(대판 2006.8.24, 2004두2783).

③ 검찰보존사무규칙은 비록 법무부령으로 되어 있으나, 그중 불기소사건기록 등의 열람·등사에 대하여 제한하고 있는 부분은 위임 근거가 없어 행정기관 내부의 사무처리준칙으로서 행정규칙에 불과하므로, 위 규칙에 의한 열람·등사의 제한을 구 정보공개법 제7조 제1항 제1호의 '다른 법률 또는 법률에 의한 명령에 의하여 비공개사항으로 규정된 경우'에 해당한다고 볼 수 없다(대판 2004. 9.23, 2003두1370).

④ 법원이 행정청의 정보공개거부처분의 위법 여부를 심리한 결과 공개를 거부한 정보에 비공개대상정보에 해당하는 부분과 공개가 가능한 부분이 혼합되어 있고 공개청구의 취지에 어긋나지 아니하는 범위 안에서 두 부분을 분리할 수 있음을 인정할 수 있을 때에는, 위 정보 중 공개가 가능한 부분을 특정하고 판결의 주문에 행정청의 위 거부처분 중 공개가 가능한 정보에 관한 부분만을 취소한다고 표시하여야 한다(대판 2003.3.11, 2001두6425).

영역 일반행정작용법 > 행정행위　　　　　　　　　　난이도 중

오답의 이유

① 행정처분에 부담인 부관을 붙인 경우 부관의 무효화에 의하여 본체인 행정처분 자체의 효력에도 영향이 있게 될 수는 있지만, 그 처분을 받은 사람이 부담의 이행으로 사법상 매매 등의 법률행위를 한 경우에는 그 부관은 특별한 사정이 없는 한 법률행위를 하게 된 동기 내지 연유로 작용하였을 뿐이므로 이는 법률행위의 취소사유가 될 수 있음은 별론으로 하고 그 법률행위 자체를 당연히 무효화하는 것은 아니다(대판 2009.6.25, 2006다18174).

② 현행 행정쟁송제도 아래서는 부관 그 자체만을 독립된 쟁송의 대상으로 할 수 없는 것이 원칙이나 행정행위의 부관 중에서도 행정행위에 부수하여 그 행정행위의 상대방에게 일정한 의무를 부과하는 행정청의 의사표시인 부담의 경우에는 다른 부관과는 달리 행정행위의 불가분적인 요소가 아니고, 그 존속이 본체인 행정행위의 존재를 전제로 하는 것일 뿐이므로 부담 그 자체로서 행정쟁송의 대상이 될 수 있다(대판 1992.1.21, 91누1264).

③ 법률효과의 일부배제의 법적성질과 관련하여 우리 판례는 "공유수면매립준공인가 중 매립지 일부에 대하여 한 국가귀속처분은 법률효과의 일부배제에 해당하는 부관이다(대판 1991.12.13, 90누8503)"라고 판시하여 부관의 일종으로 보고 있다.

📡 적중레이더

기타 부관의 구별개념

• 수정부담: 상대방이 신청한 것과는 다르게 행정행위의 내용을 정하는 것으로 부관이 아니라고 보는 것이 일반적이며 수정허가로 본다.

• 행정행위의 내용상 제한: 영업구역의 설정 등 행정행위의 내용 자체를 제한하는 것으로 부관이 아니다.

🎯 이렇게 출제됐어요

1 행정행위의 부관에 대한 설명으로 가장 옳지 않은 것은?

'18 서울시 9급

② 행정청이 수익적 행정처분을 하면서 사전에 상대방과 체결한 협약상의 의무를 부담으로 부가하였는데 부담의 전제가 된 주된 행정처분의 근거 법령이 개정되어 부관을 붙일 수 없게 된 경우, 위 협약의 효력이 소멸한다(→ 곧바로 협약의 효력이 소멸하는 것은 아니다)(대판 2009.2.12, 2005다65500).

영역 행정법 서론 > 행정법　　　　　　　　　　　난이도 하

정답의 이유

가. 행정절차법 제4조 제2항의 내용으로 신뢰보호의 원칙을 설명한 것이다.

나. 경찰관직무집행법 제1조 제2항의 내용으로 비례의 원칙을 설명한 것이다.

영역 행정구제법 > 행정쟁송제도　　　　　　　　　난이도 하

정답의 이유

② 내부위임의 경우 취소소송의 피고는 원칙적으로 위임청이 되므로, 서울지방경찰청장이 피고가 된다.

📡 적중레이더

행정청의 권한행사

• 권한의 위임: 상급행정관청이 법령에 근거하여 권한의 일부를 하급행정관청에 이전하고 수임기관의 권한으로서 수임기관이 자기의 명의와 책임하에 행사하도록 하는 것을 말한다.

• 내부위임: 행정편의상 행정기관 내부적으로만 직무권한을 하급관청에 이전시키는 것으로 외부적으로는 상급관청의 행위로 간주된다. 내부위임은 현명주의가 적용되지 않는다는 점에서 대리와 구별되고, 상급관청의 이름으로 사무처리가 행하여진다는 점에서 위임과 구별된다.

• 행정관청의 대리: 행정관청 A의 권한의 전부 또는 일부를 타 기관 A'(대리기관이라고 함)가 피대리관청인 A를 위한 것임을 표시하고 행위하여, 그 법적 효과를 피대리관청인 A에게 발생하게 하는 권한행사방식을 말한다.

영역 행정법 서론 > 행정상 법률관계　　　　　　　난이도 중

정답의 이유

① 공무수탁사인과 관련하여 소득세원천징수의무자가 공무수탁사인인가에 대해 논란이 있으나 판례는 소득세원천징수행위가 행정처분에 해당하지 않는다고 판시하고 있는바, 공무수탁사인으로 보지 않고 있다.

② 공무수탁사인의 위법한 처분으로 인하여 권익을 침해받은 자는 공무수탁사인을 피고로 하여 행정쟁송을 제기할 수 있다.

③ 교육법에 의하여 학위를 수여하는 사립대학총장은 별정우체국장, 원양어선의 선장 등과 더불어 대표적인 공무수탁사인에 해당한다.

④ 국가배상법 제2조 제1항

적중레이더

공무수탁사인
- 별정우체국장
- 호적·경찰사무를 행하는 선박의 선장
- 학위를 수여하는 사립대학교의 장
- 소득세법상의 원천징수의무자: 소득세법상의 원천징수의무자인 사기업을 행정주체로서의 공무수탁사인으로 볼 수 있는지가 문제되는바, 우리의 판례는 소득세의 원천징수의무자를 행정주체가 아닌 것으로 판시하였다(대판 1990.3.23, 89누4789).

이렇게 출제됐어요

1 국가배상법에 관한 설명으로 옳은 것은? (다툼이 있으면 판례에 따름)
'19 행정사

① 국가배상법 제2조의 공무원이란 국가공무원법이나 지방공무원법에 의해 공무원으로서의 신분을 가진 자에 국한한다(→ 위탁받아 실질적으로 그에 종사하는 공무수탁사인 등 모든 자를 포함)(대판 2001.1.5, 98다39060).

개념 확인

1 공무수탁사인은 행정절차법이나 행정심판법, 행정소송법에서 행정청에 해당한다고 규정하고 있다. (O, X)

2 공무수탁사인은 항고소송의 피고가 될 수 없다. (O, X)

정답 1 ○ 2 X

---

19 [1][2][3] 정답 ②

영역 일반행정작용법 > 행정행위 **난이도** 중

정답의 이유

② 표준공시지가결정 – 수용재결(대판 2008.8.21, 2007두13845) 사이에는 하자의 승계가 인정된다.

오답의 이유

①·③·④ 직위해제 – 직권면직, 보충역편입처분 – 사회복무요원 소집처분, 상이등급결정 – 상이등급개정 사이에는 하자의 승계가 부정된다.

적중레이더

하자의 승계를 부정한 판례
- 공무원의 직위해제처분과 면직처분 사이(대판 1984.9.11, 84누191)
- 구 병역법상 보충역편입처분과 공익근무요원소집처분(대판 2002.12.20, 2001두5422)
- 토지등급의 설정 또는 수정처분과 과세처분 사이(대판 1995.3.28, 93누23565)
- 과세처분과 체납처분 사이(대판 1987.9.22, 87누383)
- 도시계획결정과 수용재결처분 사이(대판 1990.1.23, 87누947)
- 택지개발예정지구지정처분과 택지개발계획승인처분 사이(대판 2000.10.13, 99두653)
- 농지전용부담금부과처분과 압류처분 사이(헌재 2004.1.29, 2002헌바73)

이렇게 출제됐어요

1 행정처분의 하자에 대한 설명으로 옳은 것은? (다툼이 있는 경우 판례에 의함)
'19 국회직 8급

③ 선행처분인 국제항공노선 운수권 배분 실효처분 및 노선면허거부처분에 대하여 이미 불가쟁력이 생겨 그 효력을 다툴 수 없게 되었더라도 후행처분인 노선면허처분을 다투는 단계에서 선행처분의 하자를 다툴 수 있다(→ 하자가 승계되었다고 볼 수 없다)(대판 2004.11.26, 2003두3123).

---

20 [1][2][3] 정답 ①

영역 행정구제법 > 손해전보제도 **난이도** 상

정답의 이유

① 구청 공무원 갑이 주택정비계장으로 부임하기 이전에 그의 처 등과 공모하여 을에게 무허가건물철거 세입자들에 대한 아파트 입주권 매매행위를 한 경우 이는 갑이 개인적으로 저지른 행위에 불과하고 당시 근무하던 세무과에서 수행하던 지방세 부과, 징수 등 본래의 직무와는 관련이 없는 행위로서 외형상으로도 직무범위 내에 속하는 행위라고 볼 수 없다(대판 1993.1.15, 92다8514).

오답의 이유

② 서울특별시 소속 건설담당직원이 무허가건물이 철거되면 그 소유자에게 시영아파트입주권이 부여될 것이라고 허위의 확인을 하여 주었기 때문에 그 소유자와의 사이에 처음부터 그 이행이 불가능한 아파트입주권 매매계약을 체결하여 매매대금을 지급한 경우, 매수인이 입은 손해는 그 아파트입주권 매매계약이 유효한 것으로 믿고서 출연한 매매대금으로서 이는 매수인이 시영아파트입주권을 취득하지 못함으로 인하여 발생한 것이 아니라 공무원의 허위

의 확인행위로 인하여 발생된 것으로 보아야 하므로, 공무원의 허위 확인행위와 매수인의 손해 발생 사이에는 상당인과관계가 있다고 본 사례(대판 1996.11.29, 95다21709).

③ 피해자가 손해를 입은 동시에 이익을 얻은 경우에는 손해배상액에서 그 이익에 상당하는 금액을 빼야 한다(국가배상법 제3조의2 제1항).

④ 군인 · 군무원 · 경찰공무원 또는 예비군대원이 전투 · 훈련 등 직무집행과 관련하여 전사(戰死) · 순직(殉職)하거나 공상(公傷)을 입은 경우에 본인이나 그 유족이 다른 법령에 따라 재해보상금 · 유족연금 · 상이연금 등의 보상을 지급받을 수 있을 때에는 이 법 및 민법에 따른 손해배상을 청구할 수 없다(국가배상법 제2조 제1항).

🔧 이렇게 출제됐어요

1 국가배상책임에 대한 설명으로 가장 옳지 않은 것은?   '19 서울시 9급

③ 공무원의 직무집행이 법령이 정한 요건과 절차에 따라 이루어진 것이라도, 그 과정에서 개인의 권리가 침해되면 법령위반에 해당한다(→ 법령 적합성이 곧바로 부정되는 것은 아니라고 할 것)(대판 1997.7.25, 94다2480).

---

21 [1][2][3]   정답 ①

영역 행정절차와 행정공개 > 정보공개와 개인정보보호   난이도 중

[정답의 이유]

지문은 공공기관의 정보공개에 관한 법률 제11조 제1항, 제18조 제1항에 규정된 내용을 제시한 것이다.

> **제11조(정보공개 여부의 결정)** ① 공공기관은 제10조에 따라 정보공개의 청구를 받으면 그 청구를 받은 날부터 10일 이내에 공개 여부를 결정하여야 한다.

> **제18조(이의신청)** ① 청구인이 정보공개와 관련한 공공기관의 비공개 결정 또는 부분 공개 결정에 대하여 불복이 있거나 정보공개 청구 후 20일이 경과하도록 정보공개 결정이 없는 때에는 공공기관으로부터 정보공개 여부의 결정 통지를 받은 날 또는 정보공개 청구 후 20일이 경과한 날부터 30일 이내에 해당 공공기관에 문서로 이의신청을 할 수 있다.

---

22 [1][2][3]   정답 ③

영역 행정구제법 > 행정쟁송제도   난이도 상

[정답의 이유]

무효등확인소송 (행정소송법 제38조 제1항)	부작위위법확인소송 (행정소송법 제38조 제2항)
취소소송의 규정이 대부분 적용되나. ① (㉠ 예외적 행정심판전치주의, 제18조 제1항 단서) ② (㉡ 제소기간, 제20조) ③ 재량처분의 취소 ④ 사정판결 등에 관한 규정은 준용되지 않는다.	취소소송의 규정이 대부분 적용되나. ① (㉢ 처분변경으로 인한 소의 변경, 제22조) ② (㉣ 집행정지 및 집행정지의 취소, 제23조 · 제24조) ③ 사정판결 ④ 사정판결 시 피고의 소송비용부담 등에 관한 규정은 준용되지 않는다.

📡 적중레이더

판결의 효력

구분	재결	판결
기속력	○	○
형성력	○	○
기판력	×	○

🔧 이렇게 출제됐어요

1 행정행위의 무효와 취소에 관한 설명으로 옳은 것은? (다툼이 있으면 판례에 따름)   '19 행정사

② 행정심판의 필요적 전치주의가 적용되는 경우 무효확인소송을 제기하려면 무효확인심판의 재결을 거쳐야 한다(→ 예외적 행정심판전치주의는 ⑴ 취소소송과 부작위위법확인소송에는 적용되나(제18조 제1항 단서, 제38조 제2항), ⑵ 무효등확인소송과 당사자소송에는 적용되지 않는다(행정소송법 제38조, 제44조)).

---

23 [1][2][3]   정답 ②

영역 행정구제법 > 행정쟁송제도   난이도 하

[정답의 이유]

② 행정처분취소청구를 기각하는 판결이 확정되면 그 처분이 적법하다는 점에 관하여 기판력이 생기고 그 소의 원고뿐만 아니라 관계 행정기관도 이에 기속된다 할 것이므로 면직처분이 위법하지 아니하다는 점이 판결에서 확정된 이상 원고가 다시 이를 무효라 하여 그 무효확인을 소구할 수는 없다(대판 1992.12.8, 92누6891).

24 ① ② ③   정답 ①

정답의 이유

① 행정절차법 제21조 제1항은 행정청은 당사자에게 의무를 과하거나 권익을 제한하는 처분을 하는 경우에는 미리 처분의 제목, 당사자의 성명 또는 명칭과 주소, 처분하고자 하는 원인이 되는 사실과 처분의 내용 및 법적 근거, 그에 대하여 의견을 제출할 수 있다는 뜻과 의견을 제출하지 아니하는 경우의 처리방법, 의견제출기관의 명칭과 주소, 의견제출기한 등을 당사자 등에게 통지하도록 하고 있는바, 신청에 따른 처분이 이루어지지 아니한 경우에는 아직 당사자에게 권익이 부과되지 아니하였으므로 특별한 사정이 없는 한 신청에 대한 거부처분이라고 하더라도 직접 당사자의 권익을 제한하는 것은 아니어서 신청에 대한 거부처분을 여기에서 말하는 '당사자의 권익을 제한하는 처분'에 해당한다고 할 수 없는 것이어서 처분의 사전통지대상이 된다고 할 수 없다(대판 2003.11.28, 2003두674).

오답의 이유

② 통고처분을 할 것인지의 여부는 관세청장 또는 세관장의 재량에 맡겨져 있고, 따라서 관세청장 또는 세관장이 관세범에 대하여 통고처분을 하지 아니한 채 고발하였다는 것만으로는 그 고발 및 이에 기한 공소의 제기가 부적법하게 되는 것은 아니다(대판 2007.5.11, 2006도1993).

③ 행정절차법 제21조 제4항·제6항

④ 행정절차법 제2조 제4호가 행정절차법의 당사자를 행정청의 처분에 대하여 직접 그 상대가 되는 당사자로 규정하고, 도로법 제25조 제3항 도로구역을 결정하거나 변경할 경우 이를 고시에 의하도록 하면서, 그 도면을 일반인이 열람할 수 있도록 한 점 등을 종합하여 보면, 도로구역을 변경한 이 사건 처분은 행정절차법 제21조 제1항의 사전통지나 제22조 제3항의 의견청취의 대상이 되는 처분은 아니라고 할 것이다(대판 2008.6.12, 2007두1767).

25 ① ② ③   정답 ③

정답의 이유

③ 행정청이 당사자와 사이에 도시계획사업의 시행과 관련한 협약을 체결하면서 관계 법령 및 행정절차법에 규정된 청문의 실시 등 의견청취절차를 배제하는 조항을 두었다고 하더라도, 국민의 행정참여를 도모함으로써 행정의 공정성·투명성 및 신뢰성을 확보하고 국민의 권익을 보호한다는 행정절차법의 목적 및 청문제도의 취지 등에 비추어 볼 때, 위와 같은 협약의 체결로 청문의 실시에 관한 규정의 적용을 배제할 수 있다고 볼 만한 법령상의 규정이 없는 한, 이러한 협약이 체결되었다고 하여 청문의 실시에 관한 규정의 적용이 배제된다거나 청문을 실시하지 않아도 되는 예외적인 경우에 해당한다고 할 수 없다(대판 2004.7.8, 2002두8350).

오답의 이유

① 다른 법령 등에서 청문을 하도록 규정하고 있는 경우에는 당사자의 신청이 없더라도 청문을 한다(행정절차법 제22조 제1항 제1호).

② 행정청은 청문을 하려면 청문이 시작되는 날부터 10일 전까지 제1항 각 호의 사항을 당사자 등에게 통지하여야 한다(행정절차법 제21조 제2항).

④ 행정청은 처분 후 1년 이내에 당사자 등이 요청하는 경우에는 청문·공청회 또는 의견제출을 위하여 제출받은 서류나 그 밖의 물건을 반환하여야 한다(행정절차법 제22조 제6항).

🎯 이렇게 출제됐어요

1 「행정절차법」상 처분절차에 대한 설명으로 가장 옳지 않은 것은?

'18 서울시 9급

① 행정청이 법인이나 조합 등의 설립허가 취소처분을 할 때에는 청문을 해야 한다(→ 청문을 한다, 행정절차법 제22조 제1항).

군무원 기출이 답이다
경영학

해설편 목차

2021 9급 기출문제해설

☑ 점수 ( )점/100점 ☑ 문제편 124쪽

영역 분석

경영학의 기초	3문항	★★★	12%
마케팅	2문항	★★	8%
조직행위	5문항	★★★★★	20%
인사관리	2문항	★★	8%
생산관리	4문항	★★★★	16%
경영정보시스템	1문항	★	4%
국제경영과 국제경제	1문항	★	4%
회계학	2문항	★★	8%
재무관리	5문항	★★★★★	20%

빠른 정답

01	02	03	04	05	06	07	08	09	10
①	①	②	④	①	③	④	②	③	①
11	12	13	14	15	16	17	18	19	20
④	③	④	②	④	①	②	③	②	②
21	22	23	24	25					
②	③	④	③	③					

01 ☐1☐2☐3 정답 ①

영역 조직행위 > 조직구조와 직무설계 　난이도 중

정답의 이유

업무몰입의 지원은 직무설계와 관련이 있다. ②. ③. ④가 분업화와 관련이 있다.

02 ☐1☐2☐3 정답 ①

영역 경영학의 기초 > 경영학의 이해 　난이도 중

정답의 이유

① 테일러의 과학적 관리법은 외적 보상(회사에서 의도된 환경, 보상 등)을 통해 동기가 부여되며, 내적 보상(심리적 보상으로 인정, 성취감, 칭찬, 격려 등)을 통해 동기부여가 되는 것은 인간관계론이다.

03 ☐1☐2☐3 정답 ②

영역 인사관리 > 노사관계관리 　난이도 중

정답의 이유

② 노동자의 3가지 기본 권리에 단체협의권은 포함되어있지 않다.

(((•))) 적중레이더

노동3권

근로자의 인간다운 생활을 보장하기 위해 헌법에 보장된 세 가지의 기본권으로 단결권, 단체교섭권, 단체행동권이 있다. 또한 이를 구체화하기 위한 법률로 '노동조합 및 노동관계조정법'이 있다. 한편, 공무원인 근로자는 법률이 정하는 자에 한하여 단결권, 단체교섭권 및 단체행동권이 주어진다.

• 단결권: 근로자들이 단결할 수 있는 권리로 노동조합 결성 가능
• 단체교섭권: 근로자를 대표하여 노동조합이 사용자 또는 사용자단체와 교섭할 수 있는 권리로, 사용자가 이에 정당한 이유없이 응하지 않으면 부당노동행위로 처벌됨
• 단체행동권: 근로자가 사용자에 대항하여 단체적 행동할 수 있는 권리로 근로자의 요구를 관철하기 위한 수단으로 단체행동에 나서는 것을 보장. 종류로는 파업, 태업, 연장근무 거부, 집회 등이 있음

04 ①②③   정답 ④

영역 조직행위 > 리더십 이론   난이도 중

정답의 이유
④ 연구개발은 지원적 활동에 해당한다.

(•)) 적중레이더

가치사슬(Value Chain)
마이클 포터 하버드대 교수가 주장한 개념으로, 기업이 원재료를 구매하여 가공 · 판매해 부가가치를 만드는 일련의 과정을 말한다. 가치사슬은 크게 본원적 활동과 지원활동으로 나눌 수 있다.
- 본원적 활동(Primary Activities): 물류투입, 운영 · 생산, 물류산출, 마케팅 및 영업, 서비스 활동이 포함되며, 제품 · 서비스의 물리적 가치창출과 관련된 활동들로써 직접적으로 고객들에게 전달되는 부가가치 창출에 기여하는 활동들을 의미한다.
- 지원 활동(Support Activities): 회사 인프라, 인적자원관리, 기술개발, 조달활동이 포함되며, 본원적 활동이 발생하도록 하는 투입물 및 인프라를 제공한다. 지원활동들은 직접적으로 부가가치를 창출하지는 않지만, 이를 창출할 수 있도록 지원하는 활동들을 의미한다.

05 ①②③   정답 ①

영역 재무관리 > 효율적 자본시장   난이도 하

오답의 이유
② 가중 효과: 복리 가중 효과, 그리고 가감효과라고 한다. 매월 일정 금액을 지속적으로 이를 투자하고 재투자한다면 복리의 가중 효과가 생겨서 나오는 큰 차이를 말한다.
③ 톱니바퀴 효과: 생산 또는 소비가 일정 수준에 도달하고 나면, 이전으로 돌아가기 힘든 현상을 말한다.
④ 비례 효과: 광고와 판매량이 같은 방향으로 진행하는 것을 의미한다.

06 ①②③   정답 ③

영역 국제경영과 국제경제 > 국제경영전략   난이도 중

정답의 이유
③ 경영참가나 기술제휴를 목적으로 해외에 자회사를 설립하는 것을 말한다. 세계지향적인 국제화 단계로 경영관리를 위한 이슈나 의사결정이 많이 발생한다.

오답의 이유
① 글로벌 소싱(Global Sourcing): 활동 범위를 세계적으로 확대하여, 외부조달 비용을 절감하는 구매전략을 말한다.
② 전략적 제휴(Strategic Alliance): 기업간의 상호협력을 바탕으로 기술 · 생산 · 자본 등의 기업 기능에 2개 또는 그 이상의 기업이 제휴하는 것을 말한다.
④ 프랜차이즈(Franchise): 가맹점에 일정한 지역 내에서의 독점적 사업권을 부여해 시장을 개척하는 방식이다.

07 ①②③   정답 ④

영역 회계학 > 자산   난이도 상

정답의 이유
손익분기점은 총비용과 총수익이 같아지는 것을 말한다. 이를 산출하기 위해서는 다음의 공식을 사용한다.

$$손익분기점(매출액) = \frac{총고정비용}{1 - \frac{제품단위당변동비용}{제품가격}}$$

따라서 영업이익은 해당하지 않는다.

08 ①②③   정답 ②

영역 조직행위 > 집단 행위에 대한 이해   난이도 중

정답의 이유
② 응집력이 이미 높은 상태에서 조직목표가 불일치하면 생산성이 저하될 위험이 가장 크다.

오답의 이유
① 생산성이 가장 높은 상황이다.
③ 어느 정도 생산성이 향상되는 상황이다.
④ 생산성이 저하되는 상황이지만, 위험이 가장 큰 상황은 아니다.

(•)) 적중레이더

집단 응집력
집단의 구성원들이 서로를 좋아하고 집단의 일원으로서 존재하고 싶어 하는 정도를 의미한다. 집단의 크기, 공유된 성공체험, 집단과 가치관의 유사성 등에 영향을 받으며, 집단의 사기 · 만족 증대, 원활한 커뮤니케이션, 외부집단에 대한 거부감 등이 발생한다.

09 ☐1 ☐2 ☐3　　　　　　　　　　　정답 ③

영역 경영정보시스템 > e 비즈니스 시스템 모델과 구성요소　난이도 중

정답의 이유

③ 차별화된 현지 생산은 특수상황이 반영된 자원관리로 전사적 자원관리(ERP)에 해당하는 내용이 아니다.

📡 적중레이더

전사적 자원관리(ERP)
생산관리, 판매관리, 인사관리, 재무관리 등 기업의 기본적 업무를 컴퓨터 시스템을 사용하여 밀접하게 관련시켜 실행하는 것으로서, 인력 · 생산재 · 물류 · 회계 등 기업의 모든 자원을 전체적으로 관리하여 최적화된 기업 활동을 가능하게 하는 전산 시스템을 말한다.

10 ☐1 ☐2 ☐3　　　　　　　　　　　정답 ①

영역 조직행위 > 리더십 이론　난이도 상

정답의 이유

① 명확한 비전제시는 변혁적 리더십의 특성이다.

📡 적중레이더

진성 리더십
리더의 진정성을 강조하는 리더십을 말한다. 본연의 자기 모습을 인식하고 다른 사람을 모방하지 않으며, 자신의 신념을 소신껏 실행하여 조직 구성원들에게 긍정적인 영향을 미친다.
• 자아 인식: 리더 자신의 강점과 약점, 가치관, 감정, 본성 등에 대한 이해
• 내면화된 도덕적 신념: 외부의 영향을 받지 않고 자신의 가치관에 따라 움직이는 과정
• 균형 잡힌 정보처리: 의사결정을 내리기 전에 정보를 객관적으로 검토하는 과정
• 관계의 투명성: 자신의 진정성을 다른 사람에게 보여주는 것으로 자신의 생각과 감정을 다른 사람들과 공유하는 것

11 ☐1 ☐2 ☐3　　　　　　　　　　　정답 ④

영역 경영학의 기초 > 경영학의 이해　난이도 중

정답의 이유

④ 통제란 조직의 구성원들이 목표달성을 위해 업무가 계획적으로 진행되고 있는지 확인하고 감독하는 기능을 말한다.

12 ☐1 ☐2 ☐3　　　　　　　　　　　정답 ③

영역 회계학 > 재무제표　난이도 중

정답의 이유

③ 일정기간 동안의 경영성과를 나타낸 재무제표는 포괄손익계산서(I/S)이다. 재무상태표는 특정시점의 재무상태를 나타낸다.

📡 적중레이더

재무상태표의 구성
• 자산
　– 유동자산(당좌자산, 재고자산)
　– 비유동자산(투자자산, 유형자산, 무형자산, 이연자산)
• 부채
　– 유동부채
　– 비유동부채
• 자본
　– 자본금
　– 자본잉여금
　– 자본조정

13 ☐1 ☐2 ☐3　　　　　　　　　　　정답 ④

영역 인사관리 > 인적자원계획　난이도 중

정답의 이유

④ 직속상사가 부하에게 직접적, 개별적으로 지도하고 교육하는 방식으로 많은 종업원들에게 체계적이고 통일된 훈련을 시킬 수 없다.

📡 적중레이더

직장 내 교육훈련(OJT; On The Job Training)
구체적인 직무를 수행하는 과정에서 직속상사가 부하에게 직접적으로 개별지도를 하고 교육훈련을 시키는 라인담당자 중심의 교육훈련방식이다. 따라서 업무수행의 중단이 없다.

14 1 2 3 정답 ②

| 영역 마케팅 > 시장기회 분석과 소비자 행동 | 난이도 중 |

정답의 이유

② 가족은 사회적 요인 중 준거집단에 해당하는 요인으로 외적인 동기요인에 해당한다.

🔊 적중레이더

구매행동의 영향요인

문화적 요인	문화, 사회계층
사회적 요인	준거집단, 가족, 역할과 지위
개인적 요인	연령, 라이프사이클, 직업, 경제적 상황, 라이프스타일
심리적 요인	동기, 지각, 학습 등

15 1 2 3 정답 ④

| 영역 조직행위 > 권력과 갈등 | 난이도 중 |

정답의 이유

④ 특정 분야에 대해 가지는 전문적 지식은 개인적 권력이다.

오답의 이유

① 타인에게 부정적 강화를 제공할 수 있는 권력으로 강압적 권력을 의미한다.

② 타인에게 긍정적 강화를 제공할 수 있는 권력으로 보상적 권력으로 볼 수 있다.

③ 권한을 가지는 합법적 권력으로 볼 수 있다.

🔊 적중레이더

프렌치와 레이븐(J. French & B. Raven)의 권력의 분류

보상적 권력	타인에게 긍정적 강화 경우
강제적 권력	타인에게 부정적 강화를 제공할 수 있는 경우
합법적 권력	권한을 가지는 경우
준거적 권력	상사에게 주관적인 충성심을 가지고 있는 경우
전문적 권력	특정 분야에서 전문적 지식을 가지고 있는 경우

16 1 2 3 정답 ①

| 영역 마케팅 > 제품관리 | 난이도 중 |

오답의 이유

② 시제품은 '제품개발 및 시험생산' 단계에 해당한다.

③ 신상품 컨셉트는 '추상적'이 아니라, '구체적'으로 표현하는 것이다.

④ 시장테스트는 '출시 전'에 실시하고 마케팅 프로그램을 수정하는 과정이다.

🔊 적중레이더

신제품 개발절차
아이디어 개발(창출) → 제품 컨셉트의 개발과 테스트 → 사업성분석 → 제품개발 및 시험생산 → 시험마케팅 → 상업화

17 1 2 3 정답 ②

| 영역 생산관리 > 품질관리 | 난이도 상 |

정답의 이유

② 식스 시그마(Six Sigma)는 백만 개의 제품 중 3~4개의 불량만을 허용하는 품질관리 방법이다.

🔊 적중레이더

식스 시그마의 방법론

DMAIC	• 기존의 프로세스를 향상시키기 위해 쓰인다. • 정의-측정-분석-개선-통제(관리)
DMADV	• 새로운 제품을 만들거나 예측가능하고 결함이 없는 성능을 내는 디자인을 만들기 위한 목적으로 쓰인다. • 정의-측정-분석-디자인-검증

18 1 2 3 정답 ③

| 영역 생산관리 > 자재소요계획 및 적시생산시스템 | 난이도 중 |

정답의 이유

JIT(Just-In-Time)는 적시생산시스템이라고도 한다. 필요한 부품을 필요한 시간에 필요한 양만큼 공급함으로써 생산 활동에서 모든 낭비의 근원이 되는 재고를 없애고 작업자의 능력을 완전하게 활용함으로써 생산성 향상을 달성하고자 하는 풀시스템(Pull System)이다.

③ 안전재고의 저장은 MRP기법에 해당한다.

19 ☐1 ☐2 ☐3   정답 ②

영역 생산관리 > 생산시스템의 설계	난이도 중

정답의 이유

생산시스템의 설계과정은 '제품결정 및 설계 → 공정설계 → 생산입지선정 → 설비배치 → 작업측정'의 순서로 이루어진다.

오답의 이유

① 생산입지선정: 시설의 위치, 개수, 규모의 결정을 총괄적 시스템의 관점에서 총유통비가 최소로 되는 방식으로 접근하는 것이다.
③ 설비배치: 생산공정의 공간적 배열, 즉 공장 내에 필요한 기계설비 등을 공간적으로 적절히 배치하여 생산활동의 최적흐름을 실현하고자 하는 것이다.
④ 제품설계: 개발대상으로 선정된 제품을 공정에서 제조하기 위하여 해당 제품의 기술적 기능을 구체적으로 규정하는 것이다.

20 ☐1 ☐2 ☐3   정답 ②

영역 재무관리 > 재무관리의 기초개념	난이도 중

정답의 이유

② 관리회계는 경영자가 내부통제 또는 재무예측을 위해 필요로 하는 정보를 정리하고, 재무분석은 기업의 외부 이해관계자들이 기업의 재무상태와 경영성과와의 적정성 여부를 검토하는 것이다.

21 ☐1 ☐2 ☐3   정답 ②

영역 재무관리 > 자본예산 기법 – 투자안의 경제성 분석	난이도 중

정답의 이유

② 순현가(NPV)는 투자로 인하여 발생할 미래의 모든 현금흐름을 적절한 할인율로 할인한 현가로 나타내어 투자결정에 이용하는 방법이다. 모든 개별 투자안들 간의 상호관계를 고려하지 않아 독자적 평가가 가능하다.

적중레이더

순현가(NPV)의 특성
- 화폐의 시간가치를 고려한다.
- 내용 연수 동안의 모든 현금흐름을 고려한다.
- 현금흐름과 할인율만으로 투자안을 평가하므로 자의적 요인이 배제된다.
- 투자안에 대한 가치가산의 원칙이 적용된다. 즉, A와 B 두 투자안에 모두 투자할 경우의 순현가는 각 투자안의 순현가를 합한 것과 동일하다.
- 선택된 모든 투자안의 순현가의 합으로 해당 기업의 가치를 알 수 있다.

22 ☐1 ☐2 ☐3   정답 ③

영역 재무관리 > 재무관리의 기초개념	난이도 중

정답의 이유

③ 회계처리는 회계관리자의 역할이다.

적중레이더

재무관리자의 역할
- 기업 내 재무관리: 제품 및 용역의 생산과 판매를 위해 관련된 자금의 조달과 분배에 대한 결정을 함
- 재무계획: 현금의 유입·유출을 추정하고 재무에 어떤 영향을 미칠지 분석하고 예측함
- 투자결정: 기업이 미래의 경제적 혜택을 위하려 현재의 자금을 사용하는 것
- 자금조달결정: 기업의 규모가 커질수록 투자의 필요성이 커지고, 여러 가지 다양한 자금 조달 방법을 결정함

23 ☐1 ☐2 ☐3   정답 ④

영역 재무관리 > 자본예산의 기초	난이도 중

정답의 이유

④ 매몰비용의 오류란 진행하고 있는 일의 결과가 좋지 않을 것을 예상하지만, 투자한 비용과 시간이 아까워 상황을 객관적으로 판단하지 못하고 계속 진행하는 상황을 말한다.

24 1 2 3 정답 ③

영역 경영학의 기초 > 경영학의 이해   난이도 중

정답의 이유

③ 업무를 조직화하고 감독하는 활동은 경영이다.

(((•))) 적중레이더

경영
조직과 관련된 의사결정으로 목표, 계획, 업무수행, 조직화, 실적
평가, 개선 등이 있다.

25 1 2 3 정답 ③

영역 생산관리 > 품질관리   난이도 중

오답의 이유

① PDSA(Plan-Do-Study-Act) 싸이클 또는 데밍 싸이클로 불리
며 지속적인 품질개선을 위한 모델이다. 월터 슈하트(Walter A.
Shewhart), 에드워즈 데밍(W. Edwards Deming) 등에 의해 유명
해졌다.

② 싱고 시스템은 오류를 사전에 방지하고 비정상적인 것을 빠른 시
간 안에 피드백을 주어 정상적으로 운영할 수 있도록 하는 프로그
램이다. 고객지향 상호신뢰, 인간성 존중이 핵심 철학이다.

④ 품질의 집 구축과정은 경영 품질 기능 전개를 수행하는 데 필요한
도구로, 고객의 요구와 기술적 속성을 행렬 형태로 나타낸 표를 말
한다.

2021 | **7급** 기출문제해설

☑ 점수 (   )점/100점   ☑ 문제편 128쪽

영역 분석

경영학의 기초	5문항	★★★★★	20%
마케팅	3문항	★★★	12%
조직행위	7문항	★★★★★★★	28%
생산관리	4문항	★★★★	16%
경영정보시스템	3문항	★★★	12%
회계학	2문항	★★	8%
재무관리	1문항	★	4%

빠른 정답

01	02	03	04	05	06	07	08	09	10
④	④	①	②	③	②	②	②	①	①
11	**12**	**13**	**14**	**15**	**16**	**17**	**18**	**19**	**20**
①	②	④	②	①	②	③	④	③	②
21	**22**	**23**	**24**	**25**					
④	③	③	③	④					

📡 적중레이더

로키치(Rokeach) 가치조사 척도(RVS; Rokeach Value Survey)

- 가치를 삶의 최종목표인 궁극적 가치와 그것을 성취하기 위한 수단적 가치로 구분
- 궁극적 가치관의 유형으로 안락, 펴와, 가족인정, 행복 등의 18개 유형이며, 수단적 가치의 유형으로는 이상적, 관대함, 유능함 등을 포함하는 18개 항목이 있음
- 가치연구는 수단 · 목적 사슬을 통해 마케팅에 응용할 수 있음. 소비자의 궁극적 가치가 무엇인가에 따라 어떤 종류의 속성을 가진 상품을 가진 상품을 선택하는지가 달라짐

수단적 가치 (Instrumental Value)	야심적인 < 생각이 넓음 < 유능한 < 명랑하고 즐거운 < 청결한 < 용감한 < 관대한 < 도움이 되는 < 정직한 < 창조적인 < 독립적인 < 지적인 < 논리적인 < 자애로운 < 순종적인 < 예의바른 < 책임있는 < 자제력 있는
궁극적 가치 (Terminal Value)	편안한 생활 < 재미있는 생활 < 성취감 < 평화로운 세계 < 미적 세계 < 평등 < 가족 안전 < 자유 < 행복 < 내적 조화 < 성숙한 사랑 < 국가의 안전 < 구원 < 자존 < 사회적 인정 < 진실한 우정 < 지혜

01 [1] [2] [3]   정답 ④

영역 조직행위 > 개인행위	난이도 중

정답의 이유

밀턴 로키치는 개인의 가치체계를 '가치관의 상대적 중요성'에 따라 순위를 매기며, 그것에 기인하여 하나의 가치체계를 형성한다고 주장한다. 그 유형으로는 궁극적 가치와 수단적 가치가 있는데, ④에서 언급한 행동방식, 용기, 정직, 지성 등은 궁극적 가치가 아닌 수단적 가치에 해당한다.

오답의 이유

① 통제의 위치는 스스로 운명을 통제할 수 있다고 믿는 정도를 의미하며 내재론자와 외재론자로 나눌 수 있다.

02 [1] [2] [3]   정답 ④

영역 회계학 > 자산	난이도 중

정답의 이유

④ 대상 자산에서 잔존가치를 차감하는 것은 맞지만 매년 동일하게 차감하지 않는다. 잔존가치는 계산에 따라 변경된다.

오답의 이유

①은 정액법, ②는 연수합계법, ③은 정액법에 대한 설명이다.

📡 적중레이더

감가상각결정요인

- **취득원가(Historical Cost)**: 기초가치라고도 하며 고정자산을 구입하는 가격 즉 공정시장가치(fair market value)에 그 고정자산을 가동시키기까지의 제비용과 취득시점 이후에 가산될 수 있는 자본적 지출을 포함한 것까지를 말한다.
- **잔존가치(Residual Value)**: 처분 시 받을 금액에서 제거 및 판매비용을 차감한 잔존가액이다. 세법에서는 유형고정자산의 잔존가치를 보통 취득원가의 10%로 하고 있다. 무형고정 자산은 그 잔존가치가 없는 것으로 하고 있다.
- **추정내용연수(Estimated Useful Life)**: 고정자산을 사용할 수 있는 기간으로서 고정자산이 용역 잠재력을 제공하는 기간을 말한다. 내용 연수를 객관적으로 추정하기 위해서는 물리적 요소인 생산능력 또는 조업도, 수선·유지정책과 경제적 요소인 진부화, 부적합화, 경기변동, 기타보험에 의해서 보상될 수 없는 기업외적 요소를 고려해야 한다.

03 ①②③   정답 ①

영역 재무관리 > 자본예산 기법 – 투자안의 경제성 분석   난이도 상

정답의 이유

① 실물옵션 접근법은 시장 환경의 불확실성이 크거나 경영자의 의사결정에 따른 미래 현금흐름 및 투자비용의 변동성이 큰 경우에도 기술의 가치를 보다 합리적으로 평가할 수 있다. 이에 비해 순현재가치법(NPV)은 미래의 유입 현금흐름을 현재가치로 평가한 금액에서 미래의 유출 현금흐름을 현재가치로 평가한 금액을 뺀 값으로 위험 개념을 사용한다.

오답의 이유

② 실물옵션 접근법에는 투자연기옵션, 성장옵션, 유연옵션, 포기옵션, 학습옵션 유형이 있다.

③ 실물옵션 접근법은 불확실한 시장에 반응하기 위한 이론으로 현금흐름이 고정되어 있지 않다고 가정하고, 순현재가치법 또한 화폐 가치의 변화, 물가변동을 고려해야한다고 가정한다.

04 ①②③   정답 ②

영역 조직행위 > 조직구조와 직무설계   난이도 중

정답의 이유

② 학습은 맥킨지 7S 모형에 포함되지 않는다.

📡 적중레이더

맥킨지(Mckinsey)의 7S 모형

전략(Strategy), 조직구조(Structure), 제도(System), 구성원(Staff), 관리기술(Skill), 리더십 스타일(Style), 공유가치(Shared Value)

05 ①②③   정답 ③

영역 조직행위 > 지각이론과 평가   난이도 중

정답의 이유

③ 켈리의 입방체 이론에서 외부 귀인성은 일관성이 낮고, 일치성과 특이성이 높은 경우라고 설명한다.

📡 적중레이더

켈리(Kelly)의 입방체 이론

구분	일관성	일치성	특이성
높음	내부 귀인성	외부 귀인성	외부 귀인성
낮음	외부 귀인성	내부 귀인성	내부 귀인성

06 ①②③   정답 ②

영역 회계학 > 재무제표   난이도 상

정답의 이유

② 판매가격에서 판매원가와 판매비용을 차감해야 이익을 계산할 수 있다. 단위변동비는 제품의 총변동원가를 판매량으로 나눈 값을 말하며 이익과는 관련이 없다.

07 ①②③   정답 ②

영역 경영학의 기초 > 경영학의 이해   난이도 중

정답의 이유

② 베버의 관료제는 인간적인 면을 고려하지 않는다. 즉, 인간적인 측면을 너무 무시하다보니, 이에 대한 반발로 나온 것이 인간관계론이다.

08 1 2 3 정답 ②

정답의 이유

② 동형화란 기업 간에 유사한 전략을 추진하거나, 동일한 경영 기법을 활용하는 것을 말한다.

적중레이더

동형화(Isomorphism)

특정 조직 내 모든 조직의 형태와 구조가 수렴되고 동형화되고 있는 현상을 말한다.

- 규범적(Normative) 동형화: 전문가 직업사회에서 전문화 과정을 통하여 나타나고, 전문직의 작업조건과 방법을 정의하고, 생산자들의 생산을 통제하고, 직업적 자율성을 취득하기 위한 인지적 기초와 정당화를 확립하기 위한 집합적 노력으로 자기들만의 네트워크로 정교화하는 과정으로 정의할 수 있다.
- 억압적(Coercive) 동형화: 초점조직이 자신의 자원을 통제하는 다른 조직들 또는 자신의 조직 사회로부터 가해지는 공식 · 비공식 압력에 순응하는 과정으로 정의할 수 있다. 모방(Mimetic)은 초점조직이 자발적으로 성공사례를 벤치마킹하여 모방하는 과정으로 정의할 수 있는데, 일반적으로 불분명한 목표와 해결책(당면한 불확실성이 높을 때)이 없는 경우에 단순히 모방할 가능성이 높아지며 다양한 경로를 통해 동형화될 가능성이 크다.

09 1 2 3 정답 ①

정답의 이유

① 품질(Quality)경쟁력은 양질의 제품과 서비스를 제공하는 것으로, 두 제품의 가격이 같다면 더 좋은 품질의 제품을 구매하는 것과 제품의 품질수준이 일정하게 유지되는 것을 말한다. 설계의 품질과는 관련이 없다.

오답의 이유

② 유연성(Flexibility)경쟁력은 생산시스템이 외적인 환경변화에 유연하게 반응할 수 있는 능력을 말하며, 제품 수량의 유연성과 고객화로 구분할 수 있다. 고객화는 세분화된 고객과 시장의 요구에 맞게 설계를 변경하는 것이고, 수량의 유연성은 시장수요 변동에 맞춰 탄력적으로 제품을 생산하고 공급하는 것을 말한다.

10 1 2 3 정답 ①

정답의 이유

① 카르텔(Cartel)은 기업 상호 간의 경쟁 제한이나 완화를 위하여 동종 또는 유사산업 분야의 기업 간에 결성되는 기업 결합 형태이며, 가맹기업 독립성을 유지하고 있다. 법률적으로 독립성을 유지하고 있는 형태는 콘체른이다.

적중레이더

기업집단화

- 의의: 둘 이상의 단위기업이 보다 큰 경제단위로 결합하는 것
- 결합방식에 따른 분류
  - 수평적 결합: 동종 산업에서 생산활동단과 비슷한 기업간 결합
  - 수직적 결합: 생산 또는 판매경로상 이전 또는 이후 단계에 있는 기업과의 결합
- 독립성에 따른 분류
  - 카르텔: 동일업종의 수평적 결합으로 경쟁이 제한되고 시장을 독점적으로 지배하기 위한 결합
  - 콘체른: 법률상 형식적인 독립성 유지하지만, 실질적으론 경제적 독립성을 상실하는 결합
  - 트러스트: 시장경쟁을 제한하고 독점하기 위해 경제적, 법률적 독립성을 완전히 상실하는 결합

11 1 2 3 정답 ①

오답의 이유

b. 프로젝트를 수행하기 위해 만들어지는 한시적인 조직 형태는 프로젝트 조직이다.

c. 다양한 경험을 통해 전문기술의 개발과 더불어 좀 더 넓은 시야와 목표관을 가질 수 있어 동기부여 효과가 있다.

e. 이중 권한 체계로 인해 기능부서와 사업부서의 갈등이 발생할 수 있다.

적중레이더

매트릭스 조직

사업부서의 단점을 보완하기 위하여 고안되었으며, 기능별 부문과 프로젝트별 부문의 조합적인 조직 형태이다. 종업원들은 기능 조직과 프로젝트 조직에 동시에 속하게 된다.

12 ①②③   정답 ②

영역 경영학의 기초 > 경영전략   난이도 중

정답의 이유

② 가치사슬을 활용해 기업의 활동분야를 여러 단계로 나누고 각 단계별로 가장 뛰어난 경쟁자와 벤치마킹을 통해 경쟁우위가 있는 부문과 열위가 있는 부문을 파악함으로써 자사의 핵심역량이 어디에 있는지 파악할 수 있다.

오답의 이유

① 현장 업무 활동으로 이윤을 창출하는 역할을 '기간활동' 또는 '주활동'이라고 한다.
④ 기업의 하부 구조는 생산 관계를 통틀어 이르는 말로 보조 활동에 포함된다.

((·)) **적중레이더**

포터의 가치사슬

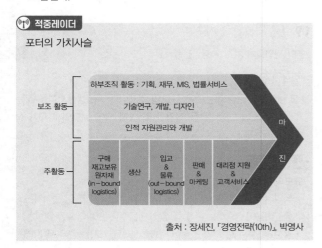

출처 : 장세진, 「경영전략(10th)」, 박영사

13 ①②③   정답 ④

영역 경영정보시스템 > 인터넷 마케팅 광고   난이도 중

정답의 이유

④ 전략적 제휴란 기업 간 상호협력관계를 유지하며 다른 기업에 대한 경쟁우위를 확보하려는 경영전략이다. 기업은 모든 것을 혼자서 실현할 수 없기 때문에 상호협력을 바탕으로 기술·생산·자본 등의 기능에 2개 또는 다수의 기업이 제휴한다.

14 ①②③   정답 ②

영역 경영학의 기초 > 경영혁신   난이도 중

정답의 이유

② 자원기반이론에 의하면 기업 내부의 인적자원 시스템이 기업의 지속적 경쟁 우위를 창출한다고 보고 있다.

((·)) **적중레이더**

자원기반이론

시장은 기본적으로 불완전하기 때문에 특정자원은 특정기업과 분리될 수 없으며, 이러한 특정자원의 보유가 기업의 경쟁력을 좌우한다는 것으로, 기술이나 인력, 조직, 생사 프로세스 등이 내부 경영 자원을 형성한다.

15 ①②③   정답 ①

영역 조직행위 > 학습과 태도   난이도 중

정답의 이유

① 강화이론에서 부정적 강화는 바람직하지 않은 결과를 회피시켜, 바람직한 행동의 빈도를 늘려나가는 강화방법이다.

((·)) **적중레이더**

강화이론

- 적극적 강화(Positive Reinforcement): 바람직한 행동을 했을 경우에 매력적인 결과를 제공하는 것이다(예 부하가 특정 상황에서 업무수행을 잘 했을 경우 감독자가 부하를 칭찬).
- 부정적 강화(Negative Reinforcement): 바람직하지 않은 결과를 회피시켜, 바람직한 행동의 빈도를 늘려나가는 것이다(예 근로자가 일을 정확하게 수행하고 정시에 출근했을 경우 감독자는 근로자를 꾸지람하거나 괴롭히는 것을 삼가는 것).
- 소거(Extinction): 바람직하지 못한 행동을 했을 경우 적극적 강화를 하지 않는 것이다(예 근로자가 지각할 경우 감독자로부터 칭찬을 받지 못하며 추가급 추천도 받지 못하는 것).
- 처벌(Punishment): 바람직하지 못한 행동을 했을 경우 불쾌한 결과를 제공하는 것이다(예 계속 지각하는 근로자를 공개적으로 꾸짖거나 벌금을 부과하는 것).

16 ☐1☐2☐3   정답 ②

영역 조직행위 > 리더십 이론   난이도 중

정답의 이유

② 거래적 리더십은 안정지향적이며 현상유지를 하려고 하기 때문에 새로운 변화와 시도를 추구하지 않는다.

오답의 이유

③ 변혁적 리더십 특징
- 구성원을 리더로 개발
- 낮은 정도의 신체적 필요에 대한 구성원들의 관심을 높은 수준의 정신적인 필요로 끌어올림
- 구성원들의 기대수준보다 더 넘어설 수 있도록 고무
- 미래의 비전을 가치 있게 만드는 변화 의지를 만드는 방법을 서로 의사소통

(( ))) 적중레이더

거래적 리더십

구분	내용
변화관	안정지향 · 현상유지, 폐쇄적, 소극적
관리계층	하위관리층, 중간관리층
관리전략	• 리더와 부하 간 교환관계나 통제 • 즉시적 · 가시적인 보상으로 동기부여
행위표준	부하들이 명령 · 지시에 충실할 것을 의도
문제해결	부하에게 문제를 해결하거나 해답을 찾을 수 있는 곳을 알려 줌
이념	능률지향 – 단기적인 효율성과 타산
조직구조	기술구조(기술 위주)나 기계적 관료제에 적합
리더십 사용	과소사용

17 ☐1☐2☐3   정답 ③

영역 생산관리 > 생산시스템의 설계   난이도 상

정답의 이유

③ 동시공학은 제품개발 속도를 줄이기 위한 것이 아닌 빨리하기 위한 개발된 제품개발 방식이다. 동시공학을 구현하기 위해서는 각 부서가 독립적으로 운영하던 컴퓨터 지원 설계(CAD) · 제조(CAM) · 엔지니어링(CAE) · 실험(CAT) 등 전산시스템을 하나로 통합, 공유하는 것이 필요하다.

18 ☐1☐2☐3   정답 ④

영역 생산관리 > 생산능력과 시설입지   난이도 상

정답의 이유

④ 생산능력 이용률을 구하는 공식에서 설계생산능력이 분모에 해당하므로 설계생산능력이 증가하면 이용률은 감소한다.

(( ))) 적중레이더

생산능력 이용률

$$\text{이용률} = \frac{\text{실제생산량}}{\text{설계생산능력}}$$

19 ☐1☐2☐3   정답 ③

영역 경영학의 기초 > 경영전략   난이도 중

정답의 이유

③ 고정비용과 관련되는 것은 규모의 경제이다. 즉, 생산시설을 짓는 데 드는 초기 고정비용을 절약할 수 있게 되어 규모의 경제가 실현되는 것이다.

(( ))) 적중레이더

규모의 불경제
- 의의: 어떤 상품의 생산량을 증가시킬 때 상품 한 단위당 들어가는 평균비용이 상승하는 현상. 즉, 많이 만들수록 돈이 더 드는 것
- 발생 원인: 주로 기업 조직이 비효율적으로 커지는 경우(사내 통신비용의 증가, 중복업무, 경영진의 비대화 등) 발생

20 `1` `2` `3` 정답 ②

정답의 이유

② 지연차별화(Delayed Differentiation)는 제품이나 서비스의 생산을 진행하되 고객의 요구나 선호도가 알려지기 전까지는 일부를 완성하지 않고 미루다가 고객의 요구를 안 다음 그것을 반영하여 완성하는 것을 의미한다.

(((•))) 적중레이더

채찍효과

- 의의: 공급사슬 상류(소비자로부터 생산자)로 갈수록 수요정보가 왜곡되는 현상
- 원인
  - 수요의 급변동과 예측오류
  - 긴 리드타임: 주문에서 배송까지의 시간이 길면 주문량의 불확실성이 커짐
  - 일괄주문방식: 대량주문하면 저렴하므로 주문을 대량으로 하는 경향
  - 생산업체들의 유동적 가격정책: 가격이 수시로 바뀌므로 저렴할 때 대량주문하는 경향
  - 배급게임: 인기상품의 배분을 두고 구매자들끼리 경쟁
- 대책
  - 공급사슬 참여자들간에 정보와 협조 강화
  - 리드타임 감축 필요
  - 전자문서교환(EDI), 무선주파수인식과 같은 정보기술을 활용하여 공급사슬망 가시성을 높임
  - 유통업자 및 소매상의 재고를 공급자가 직접 모니터링하고 필요시에 재고를 자동적으로 보충하는 공급자 재고관리(Vendor Managed Inventory)를 도입

21 `1` `2` `3` 정답 ④

정답의 이유

④ 제품에 대한 소비자의 관여도가 높은 경우는 '고관여'로 지문에서와 같이 광고에 의하여 영향받는 소비자는 '저관여 소비자'를 의미하여 옳지 않다.

(((•))) 적중레이더

소비자 행동과 관여도

구분	고관여 소비자	저관여 소비자
정보의 탐색	적극적이고 광범위한 탐색	제한된 속성이나 상표에 대한 탐색
인지적 반응	모순된 정보를 배제하고 자신의 의견을 정당화하기 위한 반론	제한된 반론과 모순된 정보도 수용함
태도의 변화	태도형성이 어려우며, 한 번 형성된 태도는 쉽게 변하지 않음	태도 변화가 자주 일어나고, 태도의 지속성이 낮음
상표에 대한 선호도	상표에 대한 선호도로 구매	선호도와 상관없이 습관적으로 구매
인지의 부조화	인지부조화가 크게 느낌	인지부조화를 작게 느낌
타인의 영향	타인의 정보를 활용	타인의 정보를 활용하지 않음
광고의 반복 효과	소비자의 행동을 유발하기 위해 광고의 반복보다 메시지가 효과적	소비자의 행동을 유발하기 위해 광고의 반복이 효과적

(◎) 이렇게 출제됐어요

1 제품에 대하여 소비자가 비교적 낮은 관여도(Involvement)를 보이며 브랜드 간의 차이가 미미할 경우에 취할 수 있는 소비자 구매행동은?

'17 서울시 7급

④ 습관적 구매행동(Habitual Buying Behavior)

22 `1` `2` `3` 정답 ③

정답의 이유

③ 표적시장 선정(Targeting)에 대한 설명이다.

(((•))) 적중레이더

STP 전략의 기본체계

시장세분화 (Segmentation)	표적시장 선정 (Targeting)
• 시장의 세분화 • 세분시장 프로파일 개발	• 세분시장의 매력도 평가 • 표적시장 선정

재포지셔닝 (Repositioning)	포지셔닝 (Positioning)
• 경쟁사의 위치분석을 통한 조정 단계	• 세분시장에 대응하는 포지션 개발 • 포지셔닝 개념의 선정과 개발

23 ①②③　　　　　　　　　　　　　　정답 ③

영역 경영정보시스템 > 품질경영과 정보시스템　　난이도 중

정답의 이유

③ TQM에서 '원천에서의 품질관리'는 제품의 결함과 오류를 고객에게 넘어가기 전에 검사하는 것을 말한다.

(ᵗᵖ) 적중레이더

SERVQUAL

- 의의: 파라슈라만 등이 1988년에 기업의 서비스 품질(Service Quality)에 대한 고객의 인식을 측정하기 위해 5개 차원 22개 항목으로 구성하여 제시한 다항척도이다. 서비스는 생산과 소비가 비유형적이고 이질적이며 분리가 불가능하다. 따라서 서비스 품질을 측정함에 있어서는 고객의 품질에 대한 인식을 측정하는 질적 측정방법이 유용하다.
- 모형: SERVQUAL은 서비스 인식값(P)과 서비스 기대값(E)의 차이값(Q)으로 측정할 수 있다.

$$Q = P - E$$

24 ①②③　　　　　　　　　　　　　　정답 ③

영역 마케팅 > 제품관리　　난이도 중

정답의 이유

③ 라인확장이 아닌 브랜드확장전략에 대한 설명이다. 브랜드확장 유형에는 라인확장과 브랜드확장전략이 있다.

- 라인확장전략(Line Extension Strategy): 기존 제품범주 내에서 새로운 형태, 색상, 크기, 원료를 도입한 신제품을 출시하고 여기에 기존 브랜드명을 사용하는 것
- 브랜드확장전략(Brand Extension Strategy): 전혀 다른 범주의 신제품에 기존 브랜드명을 사용하는 전략

(ᵗᵖ) 적중레이더

브랜드확장전략의 장점

- 신제품을 즉시 인지: 소비자들은 친숙한 기존 브랜드명을 부착한 신제품이 있다면 쉽게 인지할 수 있기 때문에 신제품의 성공확률을 높일 수 있다.
- 마케팅비용을 절감: 기존 브랜드명은 이미 많은 촉진활동을 통해 소비자에게 알려져 있는 상태이다. 따라서 낯선 브랜드를 출시하는 것보다 촉진비용이 절감된다.
- 기존 브랜드의 이미지를 강화: 기존 브랜드명을 부착한 신제품이 소비자에게 호의적인 평가를 받는다면 자연스럽게 기존 브랜드 이미지가 더 좋아진다.

25 ①②③　　　　　　　　　　　　　　정답 ④

영역 생산관리 > 총괄생산계획　　난이도 중

정답의 이유

④ 총괄계획 비용에는 채용비용과 해고비용, 잔업비용과 유휴시간비용, 재고유지비용과 재고부족비용, 하청비용이 고려하는 비용으로, 생산입지 선정비용은 해당하지 않는다.

(ᵗᵖ) 적중레이더

총괄생산계획 전략과 비용

- 총괄생산계획 전략
  - 노동력 규모의 조정전략[추적전략(Chase Strategy)]: 각 총괄생산계획 기간마다 그 기간중의 수요에 맞추어 노동력의 규모를 조정해 나가는 전략
  - 노동력 이용률의 조정전략: 노동력 규모는 일정하게 유지하되 이용률을 조정하여 수요의 변동에 대비
  - 재고수준의 조정전략: 수요의 변동을 극복하기 위해 완제품의 재고를 유지
  - 하청을 통한 조정전략: 완제품, 중간조립품, 부품 등의 공급을 다른 기업에 의뢰
- 총괄생산계획 비용

구분		내용
채용비용과 해고비용	채용비용	모집비용, 선발비용, 교육훈련비용 등
	해고비용	퇴직수당과 같은 해고와 관련된 제반 비용.
잔업비용과 유휴시간 비용	잔업비용	정규작업시간을 초과하여 작업할 때 정규임금이상으로 지불되는 비용
	유휴시간 비용	정규작업시간 이하로 공장을 가동할 때 발생하는 유휴시간에 대해 지불된 임금
재고유지비용		• 재고에 묶여 있는 자본에 대한 기회 비용 • 보관비용, 보험료, 보관 중의 손실, 진부화 비용 등
재고부족 비용	품절비용	이익 상실 기회비용 + 신용 상실로 인한 미래 손실
	추후납품 비용	생산독촉비용, 가격할인, 신용상실비용 등 납품 지연으로 인한 제 비용
하청비용		하청제품의 품질관리

2020 기출문제해설

☑ 점수 (   )점/100점   ☑ 문제편 134쪽

영역 분석

경영학의 기초	3문항	★★★	12%
마케팅	4문항	★★★★	16%
조직행위	7문항	★★★★★★★	28%
인사관리	1문항	★	4%
생산관리	2문항	★★	8%
경영정보시스템	2문항	★★	8%
회계학	3문항	★★★	12%
재무관리	3문항	★★★	12%

빠른 정답

01	02	03	04	05	06	07	08	09	10
②	③	③	①	④	③	③	③	①	④
11	12	13	14	15	16	17	18	19	20
①	④	①	③	①	②	②	②	③	③
21	22	23	24	25					
③	②	④	①	③					

01 [1][2][3]   정답 ②

영역 조직행위 > 리더십 이론   난이도 중

[정답의 이유]

② 예산편성은 페이욜(H. Fayol)이 주장한 리더의 본질적 역할에는 포함되지 않는다.

(((•))) 적중레이더

경영자의 관리과정 5요소

페이욜(H. Fayol)은 경영자의 관리과정 5요소를 '계획(Planning) – 조직화(Organizing) – 지휘(Commanding) – 조정(Coordinating) – 통제(Controlling)'로 구분했다.

02 [1][2][3]   정답 ③

영역 경영정보시스템 > e 비즈니스 시스템 모델과 구성요소   난이도 중

[정답의 이유]

암묵지란 학습과 경험을 통하여 개인에게 체화되어 있지만 겉으로 드러나지 않는 지식을 말한다.

③ 컴퓨터 매뉴얼은 형식지에 해당하는 예시이다.

(((•))) 적중레이더

형식지와 암묵지

형식지(Explicit Knowledge)	암묵지(Tacit Knowledge)
형식을 갖추어 외부로 표출되어 여러 사람이 공유할 수 있는 지식	체화(體化)되어 있지만 말이나 글 등의 형식을 갖추어 표현할 수 없는 지식
구체적, 체계적	추상적, 비체계적
예 매뉴얼, 문서	예 노하우, 개인만의 지식, 어머니의 손맛

03 [1][2][3]   정답 ③

영역 회계학 > 자산   난이도 상

[정답의 이유]

이동평균법은 구입이 이루어질 때마다 가중평균단가를 구하고 상품 출고 시마다 출고단가를 계속 기록하는 방법이다. 이동평균법을 적용하여 기말재고자산을 구하면,

$[(10개×200원+30개×220원)×\frac{20}{40}개+(50개×230원)]×\frac{30}{70}개$

≒6,771원이다.

구분	재고금액	매출원가	재고(누적)
1월	2,000	–	10개
	↓ (+)6,600		
2월	8,600	–	40개
	↓ (−)4,300		

3월	4,300	4,300	20개
	↓(+)11,500		
4월	15,800	–	70개
	↓(−)9,029		
5월	6,771	9,029	30개

② 프로젝트 조직은 수평적 정보공유가 활발하게 일어나는 형태의 조직이기 때문에 업무가 줄어든다고 볼 수 없다.

③ 프로젝트 조직은 짧은 시간 동안 조직의 프로젝트가 수행될 때 운용된다.

04 ① ② ③

정답 ①

영역 생산관리 > 재고자산관리　　　　　　　난이도 하

[정답의 이유]

① 창고비용은 재고유지비용이므로 재고비용에 포함된다.

⚲ 적중레이더

재고비용

발주 · 주문 비용	물품의 주문과 관련하여 드는 비용으로서, 물품을 주문해서 입고되기까지의 과정에서 발생하는 비용 예 수송비, 하역비, 통관비 등
준비비용	제품을 생산하기 위해 발생하는 비용으로서, 생산공정의 변경 또는 기기 교체 등으로 발생하는 비용 예 생산중단으로 인한 유휴비용, 직접 노무비, 공구비용 등
재고유지비용	재고 입고 후 재고보관, 재고유지에 발생하는 비용. 재고량이 증가할수록 유지비용은 증가 예 재고창고의 임대료 · 보관료, 재고 도난 및 변질에 의한 손실비용 등
재고부족비용	품절로 인하여 물품을 판매하지 못했을 때 발생되는 기회비용

06 ① ② ③

정답 ③

영역 마케팅 > 시장기회 분석과 소비자 행동　　　　난이도 하

[정답의 이유]

의사결정과정은 문제를 인식하고 해결방안을 선택하는 과정을 거쳐 의사결정의 효과성을 평가하는 일련의 과정을 의미한다. 일반적으로 의사결정은 'ⓐ 문제 인식 – ⓔ 의사결정 기준 설정 – ⓛ 기준별 가중치 부여 – ⓜ 대안 탐색 – ⓗ 대안 평가 – ⓢ 대안 선택 – ⓒ 의사 결정 – ⓔ 효과성 평가 및 진단'의 8단계로 이뤄진다.

07 ① ② ③

정답 ③

영역 경영학의 기초 > 경영학의 이해　　　　　　난이도 중

[정답의 이유]

생물학자 버틀란피(Bertalanffy)는 시스템을 '전체의 목적을 위해 함께 일하는 부분으로 구성된 체계'라고 정의했다. 또한 개방시스템에서 이뤄지는 구조적 절차로 '투입 – 과정 – 산출 – 피드백'의 4단계를 언급하면서, 이 과정을 거치면서 외부의 다양한 요인들과 상호작용을 한다고 주장하였다.

05 ① ② ③

정답 ④

영역 조직행위 > 조직구조와 직무설계　　　　　난이도 하

[정답의 이유]

태스크포스 조직이라고도 불리는 프로젝트 조직은 어떤 구체적인 문제를 다루기 위해 만들어진 후 문제가 해결되거나 임무가 완성되면 해체되는 조직이다. 주로 어떤 프로젝트 업무를 단기간 내에 수행해야 하는 경우 그때마다 기능별 조직에서 인원을 파견받아 형성된다.

④ 환경 변화에 따라 인력 등의 조직을 유연하게 조정할 수 있다는 것은 프로젝트 조직의 장점이다.

[오답의 이유]

① 프로젝트 조직은 복잡한 환경 속에서 조직의 중요한 혁신이 필요하거나 신제품을 개발할 때 어울리는 조직이다.

08 ① ② ③

정답 ③

영역 경영학의 기초 > 기업의 이해　　　　　　　난이도 하

[정답의 이유]

기업의 사회적 책임(CSR)이란 기업이 지속적으로 존속하기 위해서 기업의 이해 당사자들이 기업에 기대하고 요구하는 사회적 의무들을 충족시키기 위해 수행하는 활동을 말한다.

③ 윤리적 책임: 환경 · 윤리경영, 제품 안전, 여성 · 현지인 · 소수인종에 대한 공정한 대우 등의 책임을 말한다.

기업의 사회적 책임

제1단계 경제적인 책임	이윤 극대화와 고용 창출 등의 책임
제2단계 법적인 책임	회계의 투명성, 성실한 세금 납부, 소비자의 권익 보호 등의 책임
제3단계 윤리적인 책임	환경 · 윤리경영, 제품 안전, 여성 · 현지인 · 소수인종에 대한 공정한 대우 등의 책임
제4단계 자선적인 책임	사회공헌 활동 또는 자선 · 교육 · 문화 · 체육 활동 등에 대한 기업의 지원을 의미

09 ① ② ③   정답 ①

영역 조직행위 > 조직구조와 직무설계   난이도 중

정답의 이유

기능식 조직은 조직이 수행하는 기능에 따라 직무를 구조화하는 부문화 조직구조이다.

① 기능식 조직은 하나의 조직 내 유사한 업무를 담당하기 때문에, 분절된 전문지식 및 기술과 같은 자원들을 조금 더 효율적으로 활용할 수 있다.

10 ① ② ③   정답 ④

영역 생산관리 > 자재소요계획 및 적시생산시스템   난이도 하

정답의 이유

④ 생산능력소요계획(CRP)은 자재소요계획(MRP) 운영과는 관계없는 계획이다.

((•)) 적중레이더

자재소요계획(MRP)

자재소요계획이란 재고의 종속성을 이용한 일정계획 및 재고통제기법이다. 자재소요계획의 구성요소로는 주일정계획(MPS), 자재명세서(BOM), 재고기록철(IR) 등이 있다.

11 ① ② ③   정답 ①

영역 재무관리 > 재무비율분석   난이도 중

정답의 이유

① 레버리지 비율은 기업이 타인자본에 의존하고 있는 정도를 나타내는 비율이다. 부채 비율, 이자보상 비율이 레버리지 비율에 해당한다.

오답의 이유

② 수익성 비율은 기업이 얼마나 효율적으로 관리되고 있는가를 나타내는 종합적 지표이다. 투자수익률이 수익성 비율에 해당한다.

③ 활동성 비율은 기업이 소유하고 있는 자산들을 얼마나 효율적으로 이용하고 있는가를 측정하는 비율이다. 재고회전율이 활동성 비율에 해당한다.

④ 유동성 비율은 기업의 단기 지급능력에 해당하는 현금 동원력을 가늠하는 지표로, 재무구조 안정성을 측정하는 비율이다. 당좌 비율이 유동성 비율에 해당한다.

12 ① ② ③   정답 ④

영역 경영학의 기초 > 기업의 이해   난이도 하

정답의 이유

④ 자본의 비한계성은 자본조달의 한계가 없는 대기업(주식회사)의 특징이다.

((•)) 적중레이더

중소기업

자본금 · 종업원 · 시설 등의 규모가 일정 수준보다 작은 기업을 중소기업이라고 칭한다. 중소기업은 대개 대기업의 보완적 역할을 담당하기도 하며, 때에 따라 특수기술이나 수공기술이 필요한 물자 생산을 담당하기도 한다. 규모가 비교적 작아서 시장수요의 변동에 탄력적으로 대응할 수 있고, 소유와 경영이 분리되지 않았기 때문에 효율적인 경영이 가능한 측면이 있다. 하지만 기업의 낮은 신용도와 자본의 영세성은 중소기업의 단점이라 여겨지는 부분이다.

13 ①②③   정답 ①

정답의 이유

① 대부분 투자자들이 하나의 투자대상에 투자하기보다는 여러 자산에 나누어 투자하게 되는데, 이때 나누어 투자한 여러 자산의 모임을 우리는 포트폴리오(Portfolio)라 칭한다. 포트폴리오의 위험 분산 효과는 상관계수가 작은 주식으로 포트폴리오를 구성할수록 더욱 커지게 된다. 즉 상관계수가 −1일 때 분산 효과가 가장 크며, 상관계수가 1일 때 분산 효과는 발생하지 않는다.

🔊 이렇게 출제됐어요

1 주식 또는 포트폴리오의 기대수익률과 체계적 위험인 베타(β) 사이의 관계를 보여 주는 증권시장선(SML; Security Market Line)에 대한 설명으로 옳은 것은?   '19 국가직 7급
③ 증권시장선의 기울기는 음(−)이 될 수 없다.

---

14 ①②③   정답 ③

정답의 이유

③ 시장 전문화 전략은 하나의 세분 시장에 마케팅을 집중하여 선도적 위치를 차지하려는 전략이다. 따라서 시장 전문화 전략은 복수 시장이 아닌 단일 시장에 집중하는 것이 더 효과적이다.

((●)) 적중레이더

시장 전문화 전략과 제품 전문화 전략

구분	시장 전문화 전략	제품 전문화 전략
전략	하나의 시장을 대상으로, 해당 시장의 고객 집단을 위해서 다양한 제품을 만드는 형태	단일 제품으로 여러 고객 집단을 상대하는 형태
특징	타겟팅 중인 시장 상황에 많은 영향을 받는다.	신기술(신제품) 등장에 취약하다.
예	유아용품점	감자탕만 판매하는 감자탕 전문점

---

15 ①②③   정답 ①

정답의 이유

① 전통적 직무설계에선 기술과 생산요건 중심의 기계론적 인간관을 가정한다. 반면에 기술 다양성은 '직무가 다양한 기술을 요구하는 정도'라는 의미로 인간이 중심이 되는 현대적 직무설계 시 고려되는 하나의 요인이다. 따라서 기술 다양성은 전통적 기계적 접근이 아닌, 현대적 직무설계 방법 중 동기부여적 접근과 더 어울리는 개념이다.

🔊 이렇게 출제됐어요

1 직무설계에 대한 설명으로 옳지 않은 것은?   '20 국가직 7급
① 비즈니스 리스트럭처링(→ 리엔지니어링)은 기존의 업무수행 프로세스에 대한 가장 기본적인 가정을 의심하고 재검토하는 것에서 시작하여 근본부터 전혀 다른 새로운 업무처리 방법을 설계하는 것이다.
② 직무충실은 현재 수행하고 있는 직무에 의사결정의 자유 재량권과 책임이 추가로 부과되는 과업을 더 할당하는 것이다.
③ 준자율적 작업집단은 몇 개의 직무들이 하나의 작업집단을 형성하게 하여 이를 수행하는 작업자들에게 어느 정도의 자율성을 허용해 주는 것이다.
④ 직무전문화는 한 작업자가 하는 여러 종류의 과업(task)을 숫자 면에서 줄이는 것이다.

---

16 ①②③   정답 ②

오답의 이유

① · ④ 재무회계는 외부정보이용자의 의사결정에 정보를 제공하는 것을 목적으로 하기 때문에 일정한 회계원칙을 가지고 있지만, 관리회계는 주 대상자가 내부정보이용자이기 때문에 일정한 형식이 존재하지 않는다.
③ 재무회계는 과거관련 정보를 제공하고, 관리회계는 미래지향 정보를 제공한다.

17 ☐1 ☐2 ☐3

영역 마케팅 > 유통경로관리   난이도 중

정답 ②

정답의 이유

② 수직적 통합으로 인해 생산부터 판매까지 하나의 기업에서 운영하기 때문에, 기술 보호가 철저하게 이루어지는 장점이 있다.

18 ☐1 ☐2 ☐3

영역 경영정보시스템 > e 비즈니스 시스템 모델과 구성요소   난이도 중

정답 ②

정답의 이유

② 기업은 균형성과표(BSC)를 통해 기업의 성과를 재무, 고객, 내부프로세스, 학습과 성장 4가지 분야로 구분하여 평가 및 관리 할 수 있다. 경영전략 관점은 균형성과표(BSC)에서 고려하지 않는다.

19 ☐1 ☐2 ☐3

영역 마케팅 > 마케팅 계획 수립과정   난이도 상

정답 ③

정답의 이유

③ 고속 주기순환은 매출의 극대화를 위해 고객의 충성도를 높이는 것을 시도하지 않는다.

20 ☐1 ☐2 ☐3

영역 회계학 > 자산   난이도 중

정답 ③

정답의 이유

③ 감가상각방법은 유형자산의 원가배분방법으로, 우리나라 기업회계기준에서는 정액법, 정률법, 이중체감법, 연수합계법, 생산량비례법을 인정한다. 생산성비율법은 감가상각방법에 포함되지 않는다.

21 ☐1 ☐2 ☐3

영역 조직행위 > 조직구조와 직무설계   난이도 중

정답 ③

정답의 이유

③ 해크먼(R.Hackman)과 올드햄(G.Oldham)의 직무특성모형은 핵심 직무특성을 '기술다양성, 과업정체성, 과업중요성, 자율성, 피드백'으로 구분하고 있다. 동기부여는 해크먼과 올드햄이 제시한 핵심 직무특성 5가지에 포함되지 않는다.

이렇게 출제됐어요

1 해크먼(Hackman)과 올드햄(Oldham)이 제시한 직무 특성모형에 포함되지 않는 직무특성은?   '19년 지방직 7급

① 피드백

② 자율성

③ 과업정체성

④ 과업적합성(→ 직무 특성모형에 포함되지 않는다.)

22 ①②③ 정답 ②

영역 인사관리 > 인사고과   난이도 **중**

정답의 이유

② 행위기준고과법(BARS)은 직무수행자와 관리자의 공동 설계 및 개발이 복잡하고 많은 시간과 비용의 투입을 요구하기 때문에 실무에 적용하기 어렵다는 단점이 있다.

((•)) **적중레이더**

행위기준고과법(BARS)

인성적인 부분을 중시하는 전통적인 인사평가 방법의 비판에 기초하여 피평가자의 실제 행동을 관찰하여 평가하는 방식이다. 이는 주요 사건기록법과 평정척도법을 혼용하여 평가해 해당 직무에 직접 적용되는 행동묘사를 다양한 척도의 수준으로 평가한다. 이 때문에 상대적으로 신뢰도가 높은 고과 방법으로 알려져 있다. 하지만 개발에 시간과 비용이 많이 들어가며, 직무와 조직이 변화하면 고과의 타당도가 낮아질 우려가 있다.

23 ①②③ 정답 ④

영역 조직행위 > 리더십 이론   난이도 **중**

정답의 이유

④ 상황이론은 유일 · 최선의 관리방식을 추구하는 고전적 조직이론을 비판하기 위한 이론이다.

((•)) **적중레이더**

상황이론

조직 효과성 극대화를 위한 보편적인 조직원리가 있다는 가정을 비판하면서 등장한 이론이다. 효과적인 조직구조나 관리방법은 환경 등의 상황요인에 따라 달라지기 때문에 구체적인 상황인 환경, 기술, 구조 등에 따라 적합한 조직구조나 관리방법을 찾아내는 것에 중점을 두었다.

24 ①②③ 정답 ①

영역 조직행위 > 조직변화와 조직문화   난이도 **중**

정답의 이유

① 공통된 리더십은 작업집단보다는 작업팀에 해당하는 용어이다.

((•)) **적중레이더**

작업집단과 작업팀

구분	작업집단	작업팀
목표	정보 공유	단체 성과
업무시너지	크지 않음	큼
기술	다양함	상호보완적
책임	개인 책임	팀 책임

25 ①②③ 정답 ③

영역 재무관리 > 재무관리의 기초개념   난이도 **중**

정답의 이유

③ 채권에 대한 이자 지급은 사업비용이기 때문에 발행한 기업에 법인세 감면 효과를 가져온다.

오답의 이유

① 타인자본조달은 주식 지분율에 변동을 주지 않기 때문에 소유권을 포기하지 않게 된다.

② 부채 조달 시 타인자본 비용이 발생한다. 따라서 변제 기한 문제와 같은 요소들이 기업의 현금흐름에 악영향을 줄 수가 있다.

④ 이율 하락에 따른 이자 비용 감소는 대출을 포기하였을 때의 기회비용을 하락시킨다.

2019 | 추가채용 기출문제해설

☑ 점수 (   )점/100점   ☑ 문제편 138쪽

영역 분석

경영학의 기초	4문항	★★★★	16%
마케팅	3문항	★★★	12%
조직행위	2문항	★★	8%
인사관리	1문항	★	4%
생산관리	5문항	★★★★★	20%
경영정보시스템	2문항	★★	8%
국제경영과 국제경제	1문항	★	4%
회계학	4문항	★★★★	16%
재무관리	3문항	★★★	12%

빠른 정답

01	02	03	04	05	06	07	08	09	10
④	②	④	①	②	①	③	②	①	①
11	12	13	14	15	16	17	18	19	20
②	④	①	④	①	④	④	②	①	④
21	22	23	24	25					
②	②	②	②	④					

01 [1][2][3]   정답 ④

영역 생산관리 > 총괄생산계획   난이도 하

[정답의 이유]

④ 작업일정계획(OP)은 자재소요계획(MRP)의 구성요소가 아니다.

🔊 적중레이더

자재소요계획(MRP)의 구성요소

자재명세서(Bill Of Material), 재고기록철(Inventory Record), 기준생산계획(Master Production Scheduling)이다.

02 [1][2][3]   정답 ②

영역 생산관리 > 생산일정계획   난이도 상

[정답의 이유]

② 주문생산(Make-to-Order)에서는 소량으로 만들기 때문에 납기관리가 중요하고, 재고생산(Make-to-Stock)에서는 대량으로 만들기 때문에 수요예측이 중요하다.

💬 이렇게 출제됐어요

1 다음 중 시계열 수요예측 기법에 대한 설명으로 가장 옳은 것은?

'17 서울시 7급

③ 일반적으로 시계열은 추세, 계절적 요소, 주기 등과 같은 패턴을 갖는다.

03 [1][2][3]   정답 ④

영역 경영학의 기초 > 경영전략   난이도 하

[정답의 이유]

④ SWOT분석은 기업 내·외부 환경의 S(강점), W(약점), 외부 환경인 O(기회), T(위협)를 나누어 상황별 대처 방안을 제시하고, 기업 강점을 이용하여 주어진 기회를 기업에 유리하게 만들거나 위협에는 적절히 대처하고, 약점을 최대한 보완하는 전략을 수립하는 분석 방법이다.

[오답의 이유]

① 가치사슬분석: 기업이 상품과 서비스를 만들어 유통하면서 고객들에게 가치를 제공하는 활동에 관한 분석

② 시장침투전략: 기존 시장에서 기존 상품을 더 팔아 성장을 유지하려는 마케팅 전략

③ 사업포트폴리오 분석: 적절한 자원 분배를 위해 경영진이 사업 포트폴리오에서 핵심적인 사업단위를 식별해 내고, 각각의 사업단위를 평가하는 행위

1 다음 중 시장침투가격(Penetration Pricing) 전략이 적합한 상황과 가장 거리가 먼 것은?

'17 서울시 7급

① 소비자들이 가격에 민감하지 않을 때(→ 선고가 전략인 Skimming Pricing이 적합)
② 시장 성장률이 높을 때
③ 경쟁자의 진입을 사전에 방지하고자 할 때
④ 규모의 경제가 존재할 때

---

04 ①②③ 정답 ①

영역 인사관리 > 임금관리의 개념   난이도 상

오답의 이유

② 집단성과급제도는 기업의 생산량을 향상시키기 위한 제도이다.
③ 집단이기주의가 발생하여 조직의 협력을 깨뜨릴 우려가 있다.
④ 집단의 성과를 측정하기 때문에 개인별 성과 측정은 어렵다.

---

05 ①②③ 정답 ②

영역 경영정보시스템 > 경영정보시스템의 기초 개념   난이도 중

정답의 이유

② 처음에는 정형적인 의사결정에 쓰였으나 현재는 비정형적인 의사결정에도 쓰인다.

(((•))) 적중레이더

의사결정지원시스템(DSS)
• 의의: 사업체를 비롯한 조직의 의사 결정을 지원하는 컴퓨터 기반 정보 시스템으로 대량의 데이터를 처리 및 분석하여 의사 결정에 필요한 지식을 추출하고 사용자에게 제공하는 역할을 한다.
• 의사결정지원시스템의 구성

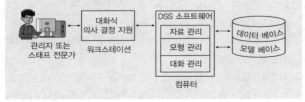

---

06 ①②③ 정답 ①

영역 회계학 > 회계의 기초이론   난이도 중

정답의 이유

① 채권자는 기업의 성과 여부에 상관없이 일정한 이익을 취하며 주주는 성과에 따른 책임을 진다. 따라서 주주는 채권자가 이자비용을 가져가고 남은 가치를 지분율에 맞게 받는다.

(((•))) 적중레이더

주주와 채권자의 비교

주주	• 실질적인 기업의 소유자로서 주주총회의 구성원임 • 기업의 성패에 따라 자신이 보유한 지분율만큼의 책임을 짐 • 자신이 보유한 지분 이상의 수익과 손해는 보지 않음
채권자	• 채무자에게 급부를 할 것을 요구할 자격이 있음 • 채무자에게 금전적 가치를 제공하는 대신 정해진 기간 동안 이자 및 원금을 수령할 권리를 가짐

개념 확인

1 지속가능 기업전략에서는 이해관계자와 관계없이 주주의 이익을 우선시한다.　　　　(O, X)

정답 1 O

---

07 ①②③ 정답 ③

영역 회계학 > 회계의 기초이론   난이도 중

오답의 이유

① 손익계산서는 수익에서 비용을 차감한 순손익을 통해 기업의 경영 성과를 보여준다.
② 기업의 재무 상태를 나타내는 보고서는 재무상태표이다.
④ 기업의 현금이 어떻게 조달되는지 보여주는 것은 현금흐름표이다.

08 ①②③   정답 ②

영역 조직행위 > 동기부여이론   난이도 중

정답의 이유

② ERG이론은 알더퍼(Alderfer)가 주장한 동기부여 이론으로 인간의 욕구를 생존욕구(Existence Needs), 관계욕구(Relatedness Needs), 성장욕구(Growth Needs)의 3단계로 구분했다.

오답의 이유

③ PM이론은 리더십 이론 중 행동이론에 포함된다.

(((•))) 적중레이더

리더십 이론

특성이론	• 1940~1950년대 • 성공적인 리더의 특성 연구
행동이론	• 1950~1960년대 • 리더와 부하 간의 관계를 중심으로 리더의 행동 연구
상황이론	• 1970년대 이후 • 리더와 환경적인 상황의 관계 연구

09 ①②③   정답 ①

영역 경영학의 기초 > 경영자의 역할   난이도 중

정답의 이유

① 단기이익을 추구하는 경영자는 전문경영자이다. 전문경영자는 임기가 정해져 있기 때문에 임기 연장을 위해서는 성과가 있어야 한다.

(((•))) 적중레이더

소유경영자와 전문경영자의 비교

소유경영자 (Owner)	기업을 소유하고 있는 사람, 즉 출자자 또는 대주주 가 직접 경영에 참가하여 운영 · 관리하는 경영자
전문경영자 (Professional Manager)	• 고도의 기술과 대규모의 자본 필요 • 소유와 경영의 분리에 따라 경영의 역할 담당 • 종업원보다는 경영자의 속성

10 ①②③   정답 ①

영역 마케팅 > 목표시장의 선정(STP)   난이도 상

정답의 이유

① 시장세분화는 이질적 시장을 동질의 시장으로 나누어, 세분화된 시장 안에서는 최대한 동질적이고, 세분화된 시장 사이에서는 최대한 이질적이다.

(((•))) 적중레이더

시장세분화

비슷한 선호와 취향을 가진 소비자를 묶어서 몇 개의 고객집단으로 나누고 이 중에 특정 집단을 골라 기업의 마케팅 자원과 노력을 집중하는 것을 말하며, 기업의 한정된 자원을 효율적으로 집행하는 데 필요한 전략이다. 시장세분화를 위해서는 다수의 소비자를 소수 그룹으로 분류할 수 있는 기준이 필요하다. 소비자의 나이, 소득수준, 교육수준 등의 인구통계학적 특성, 라이프스타일, 성격 등의 심리적 특성, 이외에도 소비패턴, 주거지역, 문화 등 다양한 소비자 특성 변수를 활용해 시장세분화를 할 수 있다.

11 ①②③   정답 ②

영역 생산관리 > 수요예측   난이도 하

정답의 이유

$$100 + 0.6 \times (110 - 100) = 100 + 6 = 106$$

지수평활법에 대입하여 계산을 해보면 106이 나오므로 올해의 예측 수요는 106만 대이다.

(((•))) 적중레이더

지수평활법

$$F_{t+1} = F_t + a(D_t - F_t) = 100 + 0.6 \times (110 - 100) = 106$$

(F_t=예측수요, D_t=실제수요, a=지수평활계수)

◉✗ 개념 확인

1 시계열 수요예측 기법에는 추세분석, 이동평균법, 지수평활법 등이 있다.   (O, X)

정답 1 O

12 ☐1 ☐2 ☐3   정답 ④

영역 마케팅 > 마케팅 믹스   난이도 하

정답의 이유

④ 포장(Package)은 마케팅 믹스에 해당하지 않는다.

> **(((•))) 적중레이더**
>
> **마케팅 믹스(4P)**
> 제품(Product), 가격(Price), 장소(Place), 촉진(Promotion)

13 ☐1 ☐2 ☐3   정답 ①

영역 재무관리 > 재무비율분석   난이도 상

정답의 이유

① 부채비율: 기업의 자본 구성상의 안정성을 측정하는 데 사용하며, 이 비율이 낮으면 재무 구조가 안정적이라고 본다.

$$부채비율 = \frac{타인자본(부채총계)}{자기자본(자본총계)}$$

오답의 이유

② 총자본순이익률: 기업의 수익성을 대표하는 비율로 경영에 투하된 총자본에 대한 이익률을 나타낸다.

$$총자본순이익률 = \frac{세전순이익}{총자본(총자산)}$$

③ 매출액순이익률: 기업의 경영 활동에 따른 성과를 총괄적으로 파악하는 비율로 매출액 1원에 대한 순이익을 나타낸다.

$$매출액순이익률 = \frac{순이익}{매출액}$$

④ 이자보상비율: 기업의 부채에 따른 이자 비용으로 이 비율이 1보다 커야 이자를 정상적으로 지급할 수 있다.

$$이자보상비율 = \frac{영업이익}{이자비용}$$

14 ☐1 ☐2 ☐3   정답 ④

영역 재무관리 > 자본예산 기법 – 투자안의 경제성 분석   난이도 상

정답의 이유

④ 순현가법은 현금유입의 현재가치에서 현금유출의 현재가치를 뺀 것으로, 매출액이 아닌 순현금흐름의 현재가치를 기준으로 한다.

> **(((•))) 적중레이더**
>
> **순현재가치법(NPV; Net Present Value method)**
> • 의의: 투자로 인하여 발생할 미래의 모든 현금흐름을 적절한 할인율로 할인한 현가로 나타내어 투자결정에 이용하는 방법이다.
>
> • 순현재가치법의 유용성
> – 화폐의 시간가치를 고려한다.
> – 내용연수 동안의 모든 현금흐름을 고려한다.
> – 현금흐름과 할인율만으로 투자안을 평가하므로 자의적 요인이 배제된다.
> – 투자안에 대한 가치가산의 원칙이 적용된다. 즉, A와 B 두 투자안에 모두 투자할 경우의 순현가는 각 투자안의 순현가를 합한 것과 동일하다.
> – 선택된 모든 투자안의 순현가의 합으로 해당 기업의 가치를 알 수 있다.

15 ☐1 ☐2 ☐3   정답 ①

영역 경영정보시스템 > 정보시스템의 전략적 활용   난이도 중

정답의 이유

① 소기업이 집중화전략을 쓰는 경우 경쟁사보다 낮은 비용구조 확보를 위해 저원가전략을 고려해야 하는 경우도 있다.

> **(((•))) 적중레이더**
>
> **포터의 본원적 경쟁전략**
>
> | | | 경쟁우위 저원가 | 경쟁우위 차별화 |
> |----------|--------|----------|----------|
> | 경쟁영역 | 넓은 영역 | 원가우위 전략 | 차별화 전략 |
> | | 좁은 영역 | 원가 집중화 | 차별적 집중화 |

16 ①②③

영역 생산관리 > 재고자산관리　　　　　　　난이도 중

[정답의 이유]

④ 매출손실비용은 재고비용에 해당하지 않는다.

(())) 적중레이더

재고관련비용

- 재고매입비용: 재고자산을 매입하기 위하여 발생한 매입원가로서 구입수량에 단위당 구입원가를 곱하여 산출하므로 구입수량에 비례하여 발생한다.
- 재고유지비용: 재고자산을 일정수준으로 유지하고 보관하는 데 발생하는 비용으로서 재고자산에 대한 평균 투자액에 비례하여 발생한다. 이에는 재고자산에 투자된 자금의 기회원가, 보험료, 보관료, 재고자산 감모손실, 진부화로 인한 재고자산평가손실 등 재고유지와 관련된 모든 비용항목이 해당된다.
- 주문비용: 필요한 재고를 주문하여 창고에 입고시켜 이용 가능한 상태에 도달할 때까지 구매와 관련하여 발생한 모든 비용으로서 통신비, 운송비, 선적 및 하역료 등이 해당된다.
- 재고부족비용: 재고가 고갈되어 발생하는 판매기회의 상실과 이로 인한 고객들의 불신, 생산계획의 차질 등에 의하여 발생하는 기회비용을 말한다.

17 ①②③

영역 재무관리 > 주식과 채권의 평가　　　　　난이도 중

[정답의 이유]

④ 영구채권(Perpetual Bond)은 만기 없이 지급하는 고수익·고위험 채권이다.

(())) 적중레이더

채권

- 의의: 정부채권, 공공기관, 기업이 일반대중 투자자들로부터 비교적 장기의 자금을 집단적, 대량적으로 조달하기 위하여 부담하는 채무를 표시하는 유가증권이다.
- 채권의 종류
  - 할인채(Discount Bond or Zero-Coupon Bond): 만기까지 이자지급이 전혀 없고 만기에 가서 액면금액을 받는 채권이다.
  - 이표채(Coupon Rate Bond): 이자지급채권으로, 만기까지 매 기간 일정액의 이자를 지급받고 만기에 가서 마지막 이자와 액면금액을 받는 채권이다. 이표채의 가격은 액면이자율과 시장이자율 간의 관계에 의해 좌우되는데 이들 관계를 정리하면 다음과 같다.
    ① 할인채(Discount Bond): 시장이자율>액면이자율 → 채권가격<액면가

② 액면채(Par Bond): 시장이자율=액면이자율 → 채권가격=액면가

③ 할증채(Premium Bond): 시장이자율<액면이자율 → 채권가격>액면가

18 ①②③

영역 회계학 > 자산　　　　　　　　　　　　난이도 중

[정답의 이유]

② 유럽형은 만기에만 결제가 가능하고 미국형은 언제든지 결제가 가능하다.

(())) 적중레이더

옵션계약의 종류

선택권 보유자	• 콜옵션(Call Option): 기초자산을 매입하기로 한 측이 옵션보유자가 되는 경우 • 풋옵션(Put Option): 기초자산을 매도하기로 한 측이 옵션보유자가 되는 경우
권리행사 시기	• 유럽식 옵션(European Option): 옵션의 만기일에만 권리를 행사할 수 있는 형태의 옵션 • 미국식 옵션(American Option): 옵션의 만기일이 될 때까지 언제라도 권리를 행사할 수 있는 형태의 옵션
거래장소	• 장내옵션: 정규 거래소에 상장되어 거래되는 옵션 • 장외옵션: 은행이나 증권사 등 거래당사자끼리 전화나 텔렉스 등을 통해 거래하는 옵션. 장외옵션은 계약당사자들 간에 자유롭게 계약조건을 정한다는 점에서 선도계약과 비슷함

⊙x 개념 확인

1 파생상품으로 구성된 포트폴리오의 베가(Veag)는 기초자산의 변동성 변화에 대한 포트폴리오의 가치 변화로 정의된다.　(O, X)

정답 1 O

19 ☐1 ☐2 ☐3　　　　　　　　　　　　　정답 ①

영역 경영학의 기초 > 경영전략　　　　　　　　난이도 **중**

정답의 이유

① 성장기에는 시장이 커지면서 경쟁자들이 진입하게 되고 이에 대비
　하기 위하여 제품의 품질에 대한 신뢰성을 확보하게 된다.

오답의 이유

②·③ 성숙기에 해당하는 설명이다.
④ 쇠퇴기에 해당하는 설명이다.

((ᵖ)) 적중레이더

제품수명주기(PLC; Product Life Cycle)
신제품이 시장에 출시되어 사라지기까지의 시간적 과정을 말한다.

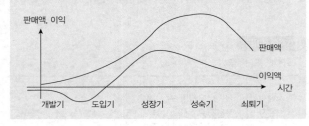

ⓧ 개념 확인

1 제품수명주기 단계 중 성숙기에서는 광고가 판매촉진에 비하여 중
　요한 역할을 수행하게 된다.　　　　　　　　　　　　　(O, X)

정답 1 X(→ 성장기)

---

20 ☐1 ☐2 ☐3　　　　　　　　　　　　　정답 ④

영역 국제경영과 국제경제 > 국제경영전략　　　　　난이도 **상**

오답의 이유

① 라이센싱계약은 해외시장에 이미 진입해 있는 자회사와도 이루어
　질 수 있다.
② 상대적으로 많은 비용이 드는 것은 프렌차이징이 아니라 해외 직
　접투자이다. 프렌차이징은 자본을 많이 투자하지 않고도 가맹점을
　늘려 시장을 확대하는 방법이다.
③ 계약생산은 외국의 기업과 계약을 맺고 마케팅과 판매를 직접 담
　당하도록 하는 것을 말한다.

---

21 ☐1 ☐2 ☐3　　　　　　　　　　　　　정답 ②

영역 마케팅 > 시장기회 분석과 소비자 행동　　　난이도 **중**

정답의 이유

② 1차 자료는 직접 마케팅과 관련된 자료를 수집한다.

((ᵖ)) 적중레이더

1차 자료와 2차 자료의 비교

1차 자료 (Primary Data)	• 2차 자료에서 원하는 정보를 입수할 수 없을 때 직접 특별한 조사 프로젝트를 구성하여 수집한 자 료이다. • 2차 자료에 비해 정확성, 신뢰성, 객관성이 높다.
2차 자료 (Secondary Data)	• 이미 어느 곳에 존재하고 다른 목적을 위해 수집 된 정보이다. • 1차 자료에 비해 시간과 비용의 절약이 가능하다. • 신상품 기획의 경우 필요 정보가 존재하지 않을 수도 있다.

---

22 ☐1 ☐2 ☐3　　　　　　　　　　　　　정답 ②

영역 회계학 > 재무제표　　　　　　　　　　　난이도 **하**

정답의 이유

영업순이익은 매출총이익에서 판매관리비용을 뺀 값이다. 이때 매출
총이익은 총매출액에서 매출원가를 뺀 값으로, 영업순이익은 다음과
같이 구할 수 있다.
(2,000,000 − 1,000,000) − 400,000 = 600,000
따라서 영업순이익은 600,000원이다.

((ᵖ)) 적중레이더

재무제표 계산식
• (영업순이익) = (매출총이익) − (판매관리비용)
• (매출총이익) = (총매출액) − (매출원가)
• (법인세차감전순이익) = (영업순이익) − (이자비용)
• (당기순이익) = (법인세차감전순이익) − (법인세)

23 ⃞1⃞2⃞3   정답 ②

영역 경영학의 기초 > 경영학의 이해   난이도 하

정답의 이유

② 성장욕구는 매슬로우 욕구가 아니라 ERG이론에 해당한다.

(•)) 적중레이더

매슬로우의 5단계 욕구 이론

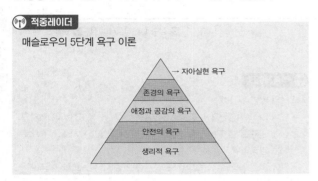

24 ⃞1⃞2⃞3   정답 ②

영역 조직행위 > 동기부여이론   난이도 중

정답의 이유

② 직무충실화란 직무의 수직적 확대를 의미하며, 근로자가 직무를 계획, 조직, 실행, 평가하는 정도를 확장시키는 직무설계 방법을 말한다. 즉, 근로자가 현재 수행하고 있는 업무에 책임 및 의사결정 재량권이 추가되는 과업을 더 부여하는 것을 말한다.

오답의 이유

① 직무확대에 해당하는 내용으로 과업량을 늘리고 권한을 추가한다.

③ 직무순환에 대한 내용으로 과업을 주기적으로 변경하지 않음으로써 과업의 단조로움을 극복한다.

④ 직무순환에 대한 내용으로 직원들 간에 담당하는 직무를 교환하지 않는다.

25 ⃞1⃞2⃞3   정답 ④

영역 생산관리 > 품질관리   난이도 중

정답의 이유

④ 신뢰성은 잘못되거나 실패할 가능성의 정도로, 소비자가 받아들이는 제품에 대한 만족도와는 관련이 없다.

(•)) 적중레이더

가빈의 품질 8차원

- 성능(Performance): 제품과 서비스의 기본적 운영특성으로 대개는 측정이 가능하다. 자동차는 최대속도, 가속력, 안전성 등이, 항공사는 정시 도착률 등이 성능에 해당한다.
- 특징(Feature): 제품이나 서비스가 사용자에게 소구하는 부가적인 특성이다. 자동차의 에어백, 항공사의 기내식 등이 이에 해당한다. 어둠 속에서 번호를 볼 수 있는 전화기, 눈부심을 줄여주는 전구의 코팅 등도 좋은 예이다.
- 신뢰성(Reliability): 일정 기간 동안 제품이 고장 없이 작동할 확률이다. 평균고장간격(MTBF; Mean Time Between Failures) 초기 고장평균시간(MTTF; Mean Time To Failures) 등은 내구재의 주요 품질요소다.
- 적합성(Conformance): 제품이나 서비스가 명세서의 규격과 일치하는 정도이다. 일치에 대한 전통적 접근법은 미리 정해진 허용오차 한계에 맞추는 것이다. 제품의 95% 이상이 허용오차 한계 안에 있으면 품질이 높다고 간주하는 식이다.
- 내구성(Durability): 제품의 성능이 제대로 발휘되는 수명의 길이를 측정한다. 예를 들면 전구의 필라멘트가 끊어지거나 자동차 머플러에 구멍이 생겨서 교체되기 전까지 얼마나 오래 쓸 수 있는가를 측정하며, 이 기간을 기술적 수명이라고 한다. 반면 제품이 수리될 수 있을 때 내구성 측정은 더 복잡하다. 수리 가능한 제품은 수리율과 관련 수리비용에 따라 더 이상 사용하지 않는 것이 경제적일 때까지 사용한다. 이 수명을 경제적 수명이라도 한다.
- 편의성(Serviceability): 제품이 고장났을 때 서비스를 받는 속도와 서비스를 수행하는 사람의 능력과 행동이다. 서비스의 속도는 반응시간이나 수리까지 걸리는 평균시간으로 측정한다. 서비스를 수행하는 사람의 행동은 서비스가 이루어지고 난 후에 고객조사, 재수리 요구의 횟수, 서비스 불만 대응 절차 평가 등을 통해 측정이 가능하다.
- 미적감각(Aesthetics): 사용자가 외양, 질감, 색채, 소리, 맛 등 제품의 외형에 대해 반응을 나타내는 주관적인 감각이다. 개인에 따라 다르고 유행에 따라 변한다.
- 품질인식도(Perceived Quality): 소비자는 제품이나 서비스에 대한 완전한 정보를 갖고 있지 못하므로 광고, 상표, 명성 등 간접적인 측정에 기초하여 품질을 지각한다. 항공기 탑승자는 좌석의 청결이나 정돈상태를 보고 그 항공사의 수준을 추정하고 어떤 사람은 상표명으로 품질을 추론한다.

2019 기출문제해설

☑ 점수 ( )점/100점 ☑ 문제편 142쪽

영역 분석

영역	문항	별점	비율
경영학의 기초	7문항	★★★★★★★	28%
마케팅	4문항	★★★★	16%
조직행위	3문항	★★★	12%
인사관리	1문항	★	4%
생산관리	2문항	★★	8%
계량의사결정론	1문항	★	4%
국제경영과 국제경제	1문항	★	4%
회계학	2문항	★★	8%
재무관리	4문항	★★★★	16%

빠른 정답

01	02	03	04	05	06	07	08	09	10
②	③	③	④	①	②	③	③	④	①
11	12	13	14	15	16	17	18	19	20
①	①	④	④	②	④	④	③	③	④
21	22	23	24	25					
①	③	②	①	②					

01 ①②③ 　　　　　　　　　　　　　　　정답 ②

영역 마케팅 > 시장기회 분석과 소비자 행동 　　　난이도 중

정답의 이유

② 패널조사는 조사대상을 고정시키고 동일한 조사대상에 대하여 동일한 질문을 반복하여 조사하는 것으로, 기술조사에 속한다.

오답의 이유

① · ③ · ④ 탐색조사는 드러나지 않은 사물이나 현상 따위를 찾아내거나 밝히기 위하여 살피어 찾는 방법으로 대상을 달리하는 사례조사, 면접조사, 관찰조사, 질문지법 등이 있다.

(((•))) 적중레이더

조사의 방법

• 탐색조사: 선행단계의 조사로 광범위한 문제를 세분화하여 의사결정에 관계된 변수들을 찾아내고 새로운 해결방안 제시를 목적으로 하는 방법이다.

• 기술조사: 구체적으로 구매력과 관련된 수치나 빈도를 설명하는 방법이다.

• 인과조사: 원인과 결과의 관계를 밝히기 위해 엄격한 실험설계를 통해 실험상황과 그 변수들을 파악하는 방법이다.

02 ①②③ 　　　　　　　　　　　　　　　정답 ③

영역 재무관리 > 재무비율분석 　　　　　　　난이도 중

정답의 이유

③ 활동성 비율이란 기업에서 소유하고 있는 자산이 얼마나 효율적으로 활용되는가를 나타내는 비율로, 매출액을 각종 주요 자산항목으로 나눈 비율로 측정된다. 대표적 방법으로 매출액을 총자산으로 나눈 총자산회전율이 있다.

오답의 이유

① 수익성 비율은 기업이 투자한 자본으로 얼마만큼의 이익을 달성했는지를 측정하는 비율을 의미한다.

② 유동성 비율은 유동자산항목과 유동부채항목을 비율로 만들어 기업의 단기채무지급능력을 평가하는 비율을 의미한다.

(((•))) 적중레이더

주요 재무비율

• 유동성 비율: 유동성(Liquidity)은 보통 기업이 단기부채를 상환할 수 있는 능력으로 정의된다. 즉, 유동성이란 기업이 현금을 동원할 수 있는 능력이라 할 수 있는데 이러한 유동성을 보여주는 비율들을 유동성 비율이라 하며, 짧은 기간 내에 갚아야 하는 채무를 지급할 수 있는 기업의 능력을 측정해준다.

- 레버리지 비율: 부채성 비율이라고도 하며, 기업이 타인자본에 의존하고 있는 정도를 나타내는 비율이다. 특히 장기부채의 상환능력을 측정하는 것이다.
- 활동성 비율: 기업이 소유하고 있는 자산들을 얼마나 효과적으로 이용하고 있는가를 측정하는 비율이다. 이와 같은 비율들은 매출액에 대한 각 중요 자산의 회전율로 표시되는 것이 보통이며 여기서 회전율이란 자산의 물리적 효율성을 말하는 것이다.
- 수익성 비율: 기업의 수익성은 기업의 여러 가지 정책과 의사결정의 종합적 결과로서 나타나는 것이다. 앞에서 설명한 비율들은 기업이 어떻게 운영되고 있는가를 부분적으로 고려하고 있는 데 반하여, 수익성 비율은 기업의 모든 활동이 종합적으로 어떤 결과를 나타내는가를 측정한다.
- 시장가치 비율: 주식가격과 관련된 여러 가지 비율도 기업을 분석하는 데 있어 매우 중요하다. 시장가치 비율은 투자자가 기업의 과거 성과와 미래 전망에 대해 어떻게 평가하고 있는지를 알 수 있게 하는 지표이다.

03 $\boxed{1}\boxed{2}\boxed{3}$ 정답 ③

영역 회계학 > 수익과 비용 　　　　　　　　　난이도 상

[정답의 이유]

문제를 해결하기 위해 필요한 공식은
(총수익)−(총비용)=(순이익), (총비용)=(변동비)+(고정비)이다.
$1,000x-[\{200,000\times1,000(변동비)\}+20,000,000(고정비)]$
$=20,000,000$
$1,000x=240,000,000$
$\therefore x=\dfrac{240,000,000}{1,000}=240,000$

💡 이렇게 출제됐어요

1 사무용 의자를 생산하는 기업의 총고정비가 1,000만 원, 단위당 변동비가 10만 원이며, 500개의 의자를 판매하여 1,000만 원의 이익을 목표로 한다면, 비용가산법(Cost−Plus Pricing)에 의한 의자 1개의 가격은?

'17 서울시 7급

③ 140,000원

(→ 단위당 원가: $\dfrac{1,000만\ 원+(500개\times10만\ 원)}{500개}=12만\ 원$

단위당 희망판매이익: $\dfrac{1,000만\ 원}{500개}=2만\ 원$

∴12만 원+2만 원=14만 원)

04 $\boxed{1}\boxed{2}\boxed{3}$ 정답 ④

영역 조직행위 > 조직변화와 조직문화 　　　　　　난이도 상

[정답의 이유]

④ 정보시스템 구성요소의 소프트웨어(Software)는 컴퓨터의 작업을 지시하는 프로그램으로 컴퓨터 운영을 통제하는 시스템이다.

📡 적중레이더

파스칼과 피터스의 조직문화 구성요소(7S 모델)
공유가치(Shared Value), 전략(Strategy), 구조(Structure), 제도(System), 구성원(Staff), 기술(Skill), 리더십 스타일(Leadership Style)

05 $\boxed{1}\boxed{2}\boxed{3}$ 정답 ①

영역 생산관리 > 자재소요계획 및 적시생산시스템 　　난이도 중

[정답의 이유]

① JIT는 요구에 의한 풀(Pull)시스템, MRP는 계획에 의한 푸시(Push)시스템이다.

📡 적중레이더

JIT와 MRP비교

구분	JIT	MRP
재고	부채	자산
로트크기	즉시 필요한 양의 크기	일정계획에 의거한 경제적 로트
납품업자	인간적 관계	기능적 관계
조달기간	짧게 유지	길수록 좋음
생산준비시간	최소	무관심
전략	요구에 의한 Pull시스템	계획에 의한 Push시스템
생산계획	안정된 MPS	변경이 잦은 MPS
관리방식	눈으로 보는 관리 (Kanban)	컴퓨터 처리
품질	무결점	불량품 인정
적용	반복생산	비반복생산

06 ①②③   정답 ②

| 영역 | 마케팅 > 유통경로관리 | 난이도 중 |

정답의 이유

② 소매와 도매의 구분은 누구와의 거래인가에 의한 구분이다. 소매상은 개인용으로 사용하려는 최종소비자에게 직접 제품과 서비스를 제공하여 소매활동을 하는 유통기관을 말하고, 도매상은 제품을 재판매하거나 산업용 또는 업무용으로 구입하려는 재판매업자(Reseller)나 기관구매자(Institutional Buyer)에게 제품이나 서비스를 제공하는 상인 또는 유통기구를 의미한다.

07 ①②③   정답 ③

| 영역 | 국제경영과 국제경제 > 국제경영전략 | 난이도 중 |

정답의 이유

③ 환경오염 문제의 해결을 위해 국제 환경 협약과 관련된 법령을 제·개정하여 적극적으로 국제 협약을 이행하고 환경 정책의 국제화를 도모해야 한다.

오답의 이유

① · ② · ④ 인구증가, 도시화, 산업화는 환경오염의 원인에 해당한다.

08 ①②③   정답 ③

| 영역 | 조직행위 > 커뮤니케이션과 의사결정 | 난이도 상 |

정답의 이유

③ 투사법이란 특정 주제에 대해 직접적으로 질문하지 않고 단어, 문장, 이야기, 그림 등 간접적인 자극을 제공해 응답자가 자신의 신념과 감정을 이러한 자극에 자유롭게 투사하게 함으로써 진솔한 반응을 표현하게 하는 방법이다.

오답의 이유

① 프로빙 기법은 응답자의 응답이 완전하지 않거나 불명확할 때 다시 질문하는 것으로 캐묻기라고도 한다.

② 래더링 기법은 소비자가 특정 제품의 속성이나 가치를 어떻게 자신의 개인적 가치(Personal Value)에 연결시키는가를 설명하는 이론이다.

④ 에스노그라피는 특정 집단 구성원의 삶의 방식, 행동 등을 그들의 관점에서 이해하고 기술하는 연구 방법이다. 문화의 고유성을 인정하고, 사람들이 어떻게 지각하고 행동하는가를 그들이 속한 일상적·문화적 맥락 속에서 파악한다.

09 ①②③   정답 ④

| 영역 | 계량의사결정론 > 상충하의 의사결정 | 난이도 상 |

정답의 이유

④ 시험효과는 대상자가 시험에 익숙해짐에 따라 변화하는 것을 말한다.

오답의 이유

① 성숙효과는 시간이 지나감에 따라 자연스럽게 변화하는 것으로 외생변수의 타당성을 저해한다.

② 매개효과에서 매개변인이란 종속변인에 영향을 주는 독립변인 이외의 변인으로, 그 효과가 직접적인 것은 아니지만 연구에서 통제되어야 할 변인이다. 예를 들어 사회·경제적 수준에 따라 학업 성취도에 차이가 있다면 부모의 사회·경제적 지위가 학업 성취도를 예언하는 데 매개변인으로 작용하게 된다.

③ 상호작용효과는 여러 변인들이 서로 영향을 주는 방식으로 두 가지 이상의 변수에 대해 각각의 기준을 조합하였을 때, 그들이 상호 간에 어떤 효과를 나타내는 상태로 하나의 종속변수에 대한 두 독립변수의 결합효과라고 할 수 있다.

10 ①②③   정답 ①

| 영역 | 회계학 > 자본 | 난이도 중 |

정답의 이유

① 우선주는 보통주보다 재산적 내용에 있어서 우선권이 인정되는 대신 의결권이 부여되지 않은 주식을 말한다. 참가방법에 따라 참가적 우선주, 비참가적 우선주, 누적적 우선주, 비누적적 우선주로 나뉜다. 또한 통상의 우선주가 분기별로 고정배당이 지급되는 반면, 변동배당우선주는 사전에 결정된 기간마다 배당이 재조정된다.

오답의 이유

② 이자가 미리 정해져 있는 것은 사채이다.

③ 우선주도 배당에 대한 세금이 부여된다.

④ 우선주라도 비용은 공제 후 우선 배당이 이루어진다.

📡 적중레이더

보통주와 우선주의 비교

- 보통주(Common Stock): 의결권, 배당권, 신주인수권, 잔여재산청구권 등이 부여된 주식
- 우선주(Preferred Stock): 이익배당과 잔여재산분배 등 재산상 권리가 보통주보다 우위에 있는 반면, 일반적으로 의결권이 없는 주식

11 ①②③   정답 ①

영역 경영학의 기초 > 기업의 이해   난이도 중

정답의 이유

① 수직적 결합(Vertical Combination)이란 원료 – 생산 – 판매의 과정을 결합함으로써 비용 절감, 생산성 향상, 시너지 효과를 지향하는 것으로 전방적 결합과 후방적 결합으로 구분할 수 있다. 예를 들어 자동차 생산회사가 부품업체와 결합하면 후방적 결합이며, 자동차 판매회사와 결합하면 전방적 결합이 된다.

오답의 이유

② 수평적 결합(Horizontal Combination)은 동업종 간 합병으로 대형화를 구축하여 시장점유율 증대, 마케팅 비용 절감, 시장지배력 강화 등을 지향한다.

12 ①②③   정답 ①

영역 경영학의 기초 > 기업의 이해   난이도 상

정답의 이유

① 관련다각화는 핵심 역량을 효율적으로 활용하여 시너지를 극대화할 수 있다. 대표적인 예로 세계 최고의 이커머스 기업인 아마존이 있다. 아마존은 다양한 사업 영역을 갖고 있는 기업으로 2억 3천만 개에 달하는 상품을 판매하고 있는 초우량기업이다. 관련다각화를 통해 세계에서 가장 큰 클라우드 서비스를 제공하며, 아마존 프라임 비디오를 통해 음악과 비디오 스트리밍 서비스도 제공하고 있다. 또한 자체적으로 하드웨어와 모바일 OS를 개발하고, eBook시장을 만드는 등 다양한 영역을 개발하고 있다.

오답의 이유

② · ③ · ④ 비관련다각화의 특징으로 내부 자원의 효율적 활용이 가능하고, 다양한 범위 경제의 효과가 있으며, 다분야사업으로 현금흐름이 원활하다는 것이다. 그러나 사업 운영에 필요한 핵심 역량을 갖고 있지 못한 사업 분야이므로 인수 이후에도 이를 효과적으로 통합하고 운영하기 어렵다.

📡 적중레이더

다각화와 계열화의 비교

다각화 (Diversification)	• 목적: 위험분산 • 종래의 업종 이외에 다른 업종에 진출하여 동시 운영	수직적 다각화: 승용차＋부품
		수평적 다각화: 트럭＋승용차
		사행적 다각화: 섬유회사＋컴퓨터
계열화 (Integration)	• 목적: 생산 공정 합리화와 안정된 판로의 확보 • 기업이 생산이나 판매, 자본 및 기술 등의 여러 가지 이유로 서로 관계를 맺음	대기업의 중소기업 계열화

※ 기업관련다각화 → 규모경제(예 코카콜라) → 청량음료
※ 기업비관련다각화 → 범위경제(예 일본 소니사) → 시청각

13 ①②③   정답 ④

영역 인사관리 > 임금관리의 개념   난이도 중

정답의 이유

④ 성과급은 표준단가결정, 작업량측정 등 계산이 복잡하다.

오답의 이유

① 집단성과급은 집단별 성과평가를 통해 성과급을 차등지급함으로써 임금의 내부공정성을 확보하면서도 개인 간, 부서 간 협업을 통한 기업 경쟁력 강화로 이어질 수 있는 체계를 구축함과 동시에 동반 성장의 기반을 구축할 수 있다는 장점이 있다. 대표적으로 스캔론플랜, 럭커플랜, 임프로쉐어플랜 등이 있다.

② · ③ 성과급은 노동의 성과를 측정하여 측정된 성과에 따라 임금을 산정하여 지급하는 방식이다. 합리적이므로 근로자의 수용성이 높으며 생산성 제고, 원가절감, 근로자의 소득증대효과가 있다. 그러나 임금이 확정액이 아니므로 근로자의 수입이 불안정하며 생산량만을 중시하여 제품 품질이 낮아질 수 있다.

14 ☐1 ☐2 ☐3
정답 ④

영역 재무관리 > 효율적 자본시장 ｜ 난이도 중

정답의 이유

④ 적대적 M&A란 거래당사자와의 합의에 의하지 않고 어느 일방의 전략과 작전에 의해 시도되는 기업인수합병을 의미한다. 역매수 제의는 역으로 상대기업을 인수하려고 공개매수를 시도하는 것으로 적대적 M&A가 개시된 이후 이를 저지하기 위한 구체적 방어전략 중 하나이다.

오답의 이유

①·②·③ 적대적 M&A를 시도하는 측(공격자)은 M&A 대상기업의 주식(지분) 취득을 통하여 경영권을 획득하고자 하며, 이를 위하여 주로 주식공개매수 공개시장매수, 위임장경쟁의 방안을 활용한다.

🔍✕ **개념 확인**

1 적대적 M&A 방어수단 중 핵심사업부를 매각하여 회사를 빈껍데기로 만들어 매수의도를 저지하려는 방법은 왕관의 보석(Crown Jewel)이다. (O, X)

정답 1 O

15 ☐1 ☐2 ☐3
정답 ②

영역 생산관리 > 생산시스템의 설계 ｜ 난이도 중

정답의 이유

② 유기적 조직은 개인과 개성이 존중되고 이들의 기능이 횡적 유대관계로써 기업 전체의 목적에 부합하도록 하는 관리체계이고, 기계적 조직은 공식적인 권한 계층이 존재하고 명령계통의 원칙이 적용되는 통제 중심의 조직구조로 과업 분업화와 공식화의 정도가 높으며 권한이 조직 상층부에 집중되어 있다. 따라서 단위생산은 유기적 조직, 대량생산은 기계적 조직이 적합하다.

16 ☐1 ☐2 ☐3
정답 ④

영역 조직행위 > 커뮤니케이션과 의사결정 ｜ 난이도 중

정답의 이유

④ 사슬형은 공식적 명령체계이며, 수직적 경로를 통해 의사가 전달되는 것으로, 군대식 조직에서 주로 활용되며 만족도가 낮다.

오답의 이유

② 원형은 권력의 집중이 없고 민주적으로 구성되므로 의사소통 속도가 빠른 편이며, 위원회조직이 대표적이다.

③ Y형은 명령(Line)과 조언(Staff)이 혼합된 조직에 적합한 유형이다.

📡 **적중레이더**

의사소통 네트워크의 특성

쇠사슬형	공식적 명령 체계
수레바퀴형	• 공식적 작업 집단 • 중심인물이 존재 • 간단한 작업일 경우에만 유효 • 상황파악과 문제해결의 즉각성
Y형	• Line–Staff 집단 • 확고하지는 않으나 리더의 존재가 있음
원형	• 위원회 조직 • 지역적으로 분리되었거나 자유방임적 조직 • 종합적 문제해결 능력은 떨어지지만 구성원 만족도는 높음
완전연결형	• 비공식적 조직 • 구성원들의 창의성을 최대한 발휘할 수 있는 상태 • 구성원 만족도가 가장 높음

17 ☐1 ☐2 ☐3
정답 ④

영역 경영학의 기초 > 경영학의 이해 ｜ 난이도 중

정답의 이유

④ 일반적으로 성장성은 기업의 창업 후 고려해야 할 사항이다.

18 ☐1 ☐2 ☐3
정답 ③

영역 경영학의 기초 > 경영혁신 ｜ 난이도 중

정답의 이유

③ 지휘는 근로자에게 동기를 부여하고 행동을 지휘하며 갈등을 해결하는 역할을 하고, 통제는 업무가 계획대로 수행되고 있는지 점검하고 감독하는 역할을 한다.

19 [1][2][3] 정답 ③

영역 경영학의 기초 > 경영혁신　　　　　난이도 **중**

정답의 이유

③ 마이클 포터는 기업의 가치 창출 활동을 주활동(Primary Activities)과 보조 활동(Support Activities)의 2가지 범주로 구분하고 있다. 주활동에는 물류투입, 제조·생산, 물류, 영업마케팅, 서비스가 있고, 보조 활동에는 기업의 하부구조, 인적자원, 기술개발, 조달활동이 포함된다.

20 [1][2][3] 정답 ④

영역 마케팅 > 마케팅의 기초개념　　　　　난이도 **중**

정답의 이유

④ 마케팅 컨셉은 기업의 모든 마케팅 행위의 중심을 고객에게 두는 것으로 기업의 목표달성 여부는 소비자의 욕구를 파악하고 이들에게 만족을 전달해 주는 활동을 경쟁자보다 얼마나 효율적으로 수행할 수 있느냐에 달려 있다고 본다. 기업은 전사적 노력을 통해 올바른 고객 욕구의 충족이 가능하도록 하며 고객만족을 통해 이익을 실현하는 것을 목적으로 한다.

오답의 이유

①·②·③ 기업 입장에서의 마케팅 컨셉에 해당한다.

① 소비자는 저렴한 제품을 선호한다는 가정에서 출발한 개념으로, 기업의 목적은 대량생산과 유통을 통해 낮은 제품원가를 실현하는 것이다.

② 소비자는 가장 우수한 품질이나 효용을 제공하는 제품을 선호한다는 개념으로, 기업은 보다 나은 양질의 제품을 생산하고 이를 개선하는 데 노력을 기울인다.

③ 기업은 경쟁회사 제품보다 자사 제품을 더 많이 구매하도록 설득하기 위하여 이용 가능한 모든 효과적인 판매활동과 촉진도구를 활용하여야 한다고 보는 개념으로, 판매를 위한 강력한 판매조직의 형성이 필요하다. 또한 생산능력의 증대로 제품 공급의 과잉상태가 발생하고, 고압적인 마케팅 방식에 의존한다.

21 [1][2][3] 정답 ①

영역 마케팅 > 마케팅 계획 수립과정　　　　　난이도 **중**

정답의 이유

① 차별화 전략은 제품의 특성, 디자인이나 이미지, 서비스, 기술력 등에서 다른 제품과의 차별성을 통해 경쟁우위를 확보하는 전략이다. 고객의 요구가 다양해지면서 최근에 특히 유용한 전략이다.

22 [1][2][3] 정답 ③

영역 경영학의 기초 > 기업의 이해　　　　　난이도 **하**

정답의 이유

③ 주식회사는 현대산업사회의 전형적인 기업형태로 자본(소유)과 경영을 분리하여 주주라는 불특정 전문경영자에 의한 운영이 가능하고 다수인으로부터 거액의 자본조달이 가능하다.

23 [1][2][3] 정답 ②

영역 재무관리 > 재무관리의 기초개념　　　　　난이도 **중**

정답의 이유

ㄴ·ㄷ. 기업어음 발행과 은행차입은 간접적 자본 조달 방법(간접금융)에 속한다.

오답의 이유

ㄱ·ㄹ. 주식 발행과 회사채 발행은 기업의 직접적 자본 조달 방법(직접금융)에 속한다.

24 [1][2][3] 정답 ①

영역 경영학의 기초 > 경영전략　　　　　난이도 **상**

정답의 이유

① 사회적 책임투자(SRI; Social Responsible Investment)란 기업의 재무적 요소뿐만 아니라 환경, 노동, 투명한 지배구조, 지역사회의 공헌도 등 비재무적 요소를 고려하여 장기적인 관점에서 지속가능경영을 실천하는 기업에게 투자하는 것을 말한다. 즉, 환경오염이나 유해행위를 하는 기업을 투자대상에서 배제함으로 이들이 도태되도록 하는 방식이다.

영역 재무관리 > 자본예산 기법 – 투자안의 경제성 분석　　난이도 **중**

정답의 이유

② 목표이익률 가격결정은 총원가에 대한 특정 목표이익률을 가산하여 가격을 결정하는 방법으로 원가 중심 가격결정법에 해당한다. 생산자 입장에서 결정되며, 손익분기점 분석을 주로 이용한다.

오답의 이유

① 지각기준 가격결정은 소비자 입장에서 결정되는 방법으로, 제품의 지각 가치를 기반으로 가격이 결정된다.

③ 모방 가격결정은 현재 시장가격을 기준으로 하여 업계의 가격 수준에 맞춰 가격을 일치시키는 방법으로, 경쟁기준 가격결정법에 해당한다.

④ 입찰참가 가격결정은 경쟁 기업이 입찰 시 설정하는 가격을 기준으로 이와 비슷하게 가격을 결정하는 방법으로, 경쟁기준 가격결정법에 해당한다.

2018 기출문제해설

☑ 점수 (   )점/100점　　☑ 문제편 146쪽

영역 분석

경영학의 기초	3문항	★★★	12%
마케팅	9문항	★★★★★★★★★	36%
조직행위	4문항	★★★★	16%
인사관리	4문항	★★★★	16%
생산관리	1문항	★	4%
경영정보시스템	1문항	★	4%
회계학	2문항	★★	8%
재무관리	1문항	★	4%

빠른 정답

01	02	03	04	05	06	07	08	09	10
①	①	②	①	②	③	①	③	③	①
11	12	13	14	15	16	17	18	19	20
①	④	③	④	②	②	②	③	③	③
21	22	23	24	25					
④	②	③	①	④					

(·(·)) 적중레이더

회계정보의 질적 특성

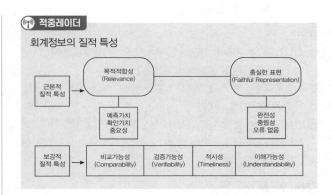

01　1 2 3　　　　정답 ①

영역 회계학 > 회계의 기초이론　　　　난이도 **하**

정답의 이유

① 회계정보의 질적 특성이란 회계정보가 유용하기 위해 갖춰야 할 주요 특성들을 말한다. 일반기업회계기준에 따른 질적 특성은 크게 목적적합성과 신뢰성으로 나뉜다. 그중 목적적합성에는 예측가치와 피드백가치, 적시성이 있으며, 신뢰성에는 검증가능성, 표현의 충실성, 중립성이 있다.

02　1 2 3　　　　정답 ①

영역 재무관리 > 재무비율분석　　　　난이도 **중**

정답의 이유

ㄱ. 채권자 소유의 부채가 소유주의 몇 배가 되는지 나타내는 비율이다.

ㄷ. 기업이 보유한 총자산이 매출액을 창출하는 데 얼마나 효율적으로 이용되는가를 측정하는 비율이다.

ㄹ. 보통주 1주에 귀속되는 순이익을 표시한 것으로 기업의 경영성과를 나타내는 데 중요한 역할을 한다.

오답의 이유

ㄴ. (자기자본비율)$=\dfrac{(자본)}{(총자산)}$

ㅁ. (주가수익률)$=\dfrac{(보통주\ 1주당\ 주가)}{(주당순이익)}$

정답 ②

영역 경영학의 기초 > 경영자의 역할　　　　난이도 **하**

정답의 이유

② 전문경영자는 기업의 거대화에 따라 경영의 내용이 복잡해지면서 등장한 경영자로, 기업에 대한 전문적인 지식, 자신의 경험·능력 등을 활용하여 경영만 전담한다. 즉, 이들은 소유경영자의 자산을 증식하기 위해 고용된 대리인이 아니라, 전문적 지식을 바탕으로 기업의 성장을 도모하는 역할을 한다.

오답의 이유

① 최고경영자는 기업의 가장 높은 위치에 있는 경영자로, 주로 기업의 전반적인 경영을 계획하고 책임진다.

③ 직능경영자는 한 가지 직능적 활동 또는 부서의 활동에 대한 책임을 지는 경영자를 의미한다.

④ 일선경영자는 현장의 최일선에서 생산 혹은 제조에 직접 관여하여 작업자의 활동을 감독하는 경영자로 현장실무능력이 요구되며, 현장경영자라고도 한다.

개념 확인

1 카츠(R. L. Katz)가 제안한 경영자 또는 관리자로서 갖춰야 할 관리 기술 중 최고경영자 계층에서 특히 중요시되는 것은 개념적 기술 (Conceptual Skill)이다. (O, X)

정답 1 O

정답 ①

영역 인사관리 > 노사관계관리　　　　난이도 **하**

정답의 이유

① 오픈숍(Open Sop)은 노동조합에 가입한 조합원뿐만 아니라 가입하지 않은 비조합원도 채용할 수 있도록 한 제도이다.

오답의 이유

② 클로즈드숍(Closed Sshop)은 사용자가 근로자를 채용할 때 근로자가 노동조합에 가입되어 있는 것을 채용조건으로 하는 제도이다.

③ 유니온숍(Union Shop)은 사용자가 조합원뿐만 아니라 비조합원도 채용할 수 있으나, 채용이 된 근로자는 일정 기간 내에 반드시 노동조합에 가입하여 조합원 자격을 가져야 하는 제도이다.

④ 에이전시숍(Agency Shop)은 조합원과 비조합원 모두에게 조합비를 징수하는 제도이다.

📡 적중레이더

노동조합의 가입 방법

오픈숍 (Open Shop)	사용자가 조합원 또는 비조합원의 여부에 상관없이 아무나 채용할 수 있으며, 근로자 또한 노동조합에 대한 가입이나 탈퇴가 자유로운 제도
유니온숍 (Union Shop)	• 사용자에게 조합원 또는 비조합원의 여부에 상관없이 종업원을 고용할 자유는 있으나, 일단 고용된 후 일정기간 이내에 종업원은 노동조합에 가입하여야 하는 제도 • 유니온숍하에서 근로자가 노동조합을 탈퇴하게 되면 원칙적으로 사용자는 해당 근로자를 해고할 의무를 지게 됨
클로즈드숍 (Closed Shop)	• 사용자가 조합원만을 종업원으로 신규 채용할 수 있는 제도 • 비조합원은 원칙적으로 신규 채용할 수 없음

정답 ②

영역 마케팅 > 가격관리　　　　난이도 **중**

정답의 이유

② 웨버의 법칙은 처음 자극의 강도가 약하면 자극의 변화가 약해도 그 변화를 쉽게 감지할 수 있으나, 처음 자극의 강도가 강하면 작은 자극에서는 변화를 감지할 수 없고 더 강한 자극에서만 감지할 수 있다는 법칙이다. 이 법칙에 따르면 소비자들은 가격이 웨버상수의 비율값 이상 변해야만 변화를 감지할 수 있다. 즉, '2,000원× 0.2(웨버상수)=400원'이므로 400원 미만으로 변하여야 소비자는 가격인상을 감지할 수 없다. 따라서 그 가격대는 2,300원≤현재가격<2,400원이 된다.

정답 ③

영역 조직행위 > 조직구조와 직무설계　　　　난이도 **중**

정답의 이유

③ 해크먼과 올드햄의 직무특성이론에 따르면 동기부여는 직무의 특성이 수행자의 성장 욕구에 부합될 때 강하게 유발된다고 본다. 직무특성이론에서 핵심 직무특성은 기술다양성, 직무정체성, 직무중요성, 자율성, 피드백이 있는데, 그중 '직무에 대한 의미감'과 관련 있는 요소는 기술다양성, 직무정체성, 직무중요성이다. 자율성은 직무에 대한 책임감, 피드백은 직무수행 결과에 대한 지식과 관련 있다.

07 1 2 3   정답 ①

영역 마케팅 > 시장기회 분석과 소비자 행동   **난이도 하**

정답의 이유

① 사전편집식은 평가항목의 우선순위를 결정하고, 우선순위별로 시작하여 1순위부터 가장 높은 평가점수를 받는 대안을 선택하는 방식으로, 비보완적 방식 중 하나이다. 사전에서 영어 단어를 찾는 방식과 유사하다.

오답의 이유

② 분리식은 평가대상의 최소한의 평가기준을 정하고, 어떤 한 가지 기준이라도 최소수준을 만족하면 모두 선택대상에 포함시키는 방식이다.

③ 결합식은 평가대상의 최소한의 평가기준을 모두 충족한 대안은 선택하고, 충족하지 못한 대안은 탈락시키는 방식이다.

④ 순차적 제거식은 평가항목의 우선순위별로 최소한의 평가기준을 먼저 정한 후 그 기준을 충족하지 못한 대안을 순차적으로 제거하는 방식이다.

08 1 2 3   정답 ③

영역 조직행위 > 동기부여이론   **난이도 중**

정답의 이유

③ 맥클리랜드(McClelland)는 개인의 욕구를 권력욕구, 친교욕구, 성취욕구 3가지로 나누고, 성취욕구를 가장 중요시 했다.

오답의 이유

① 매슬로우(Maslow)는 욕구를 '생리적 욕구 – 안전 욕구 – 사회적 욕구 – 존경 욕구 – 자아실현 욕구'로 구분하였다.

② 앨더퍼(Alderfer)의 ERG 이론에 따르면 현재욕구가 좌절되면 하위 욕구가 더욱 증가한다.

④ 허츠버그(Herzberg)의 2요인이론에 따르면 임금, 업무조건, 회사 정책, 다른 사람과의 관계, 직무안정 등은 위생요인에 해당하고, 성취감, 인정, 책임감, 성장가능성 등은 동기요인에 해당한다.

09 1 2 3   정답 ③

영역 마케팅 > 유통경로관리   **난이도 중**

정답의 이유

③ 수직적 통합의 경우 효율적 운영을 위해 여러 조직적인 측면에서 고정된 형태를 가져야 하기 때문에 유연성이 떨어지는 단점이 존재한다.

오답의 이유

① 기업의 활동으로부터 최종구매자 방향의 활동들을 통합하면 전방통합이다.

② 수직적 통합은 자원의 분산으로 전문성이 감소될 수 있기 때문에 자원을 집중하고 전문성을 증가시키기 위해서는 수직적 통합을 지양하고 아웃소싱을 활용해야 한다.

10 ①②③ 정답 ①

정답의 이유

① 추상적 이미지의 브랜드가 구체적 이미지의 브랜드보다 확장 범위가 넓다.

11 ①②③ 정답 ①

정답의 이유

① 매출이 점점 증가하는 시기는 성장기이다. 성숙기는 판매량 및 이익이 최고점을 찍은 후 매출은 주춤해지는 시기이다.

오답의 이유

②·④ 성숙기에는 포화 상태인 시장점유율을 차지하기 위해 가격인하정책을 시행하거나 막대한 광고 비용을 지불한다.

③ 성숙기에는 구매자의 변화된 수요에 대응하여 새로운 제품 개발을 위해 연구개발비 지출이 증가한다.

📡 적중레이더

제품수명주기(PLC; Product Life Cycle)

• 개념: 제품이 시장에 처음 도입되어 성장기, 성숙기를 거쳐 쇠퇴기를 통해 시장에서 사라지게 될 때까지의 기간을 말한다.

• 제품수명주기별 특징

- 도입기: 제품을 개발하여 시장에 출시하는 단계로 인지도나 판매성장률이 낮고 판매량이 적으므로 제품의 기본 수요를 자극하는 전략이 필요한 시기이다.

- 성장기: 제품이 시장에 정착하여 수요가 급격히 증가하고 기업의 매출액이 증가하는 단계이다. 이 시기에는 매출과 판매량이 빠르게 성장한다는 특징을 가진다.

- 성숙기: 판매가 극에 달하고 경쟁 또한 최고에 도달한 시기로 후반으로 갈수록 이익은 감소하며, 경쟁에 밀려서 시장에서 사라지는 기업들이 등장한다.

- 쇠퇴기: 시장에서 제품이 판매되지 않거나 수요가 점차 하락하는 단계를 말하며 이익과 판매량, 경쟁업체 수가 감소한다.

🔖 개념 확인

1 제품수명주기 단계 중 성숙기에서는 광고가 판매촉진에 비하여 중요한 역할을 수행하게 된다.   (O, X)

정답 1 X

12 ①②③ 정답 ④

정답의 이유

④ 비율척도는 명목, 서열, 등간척도의 모든 성질을 보유하며, 절대 영점이 존재한다.

📡 적중레이더

변수의 측정 방식

• 명목척도: 범주나 종류를 구분하기 위한 척도로, 분류적인 개념만을 제시하며, 그 숫자 자체는 아무런 의미가 없다. 남자는 0, 여자는 1로 구분하는 예가 대표적이다.

• 서열척도: 명목척도의 분류적 속성에 서열적 속성을 추가한 기준이다. 연봉 3천~5천만 원은 1로, 5천~8천만 원은 2로 표시하는 경우이다. 범주 간의 간격이 반드시 동일해야 하는 것은 아니며, 서열점수 간 연산은 의미가 없다.

• 등간척도: 대상을 서열화할 수 있고 대상들 간의 간격을 표준화된 척도로 표시할 수 있다. 온도, 주가지수, 환율 등의 지수가 이에 해당한다.

• 비율척도: 등간척도와 유사하나 0이 절대적인 값을 갖는 척도이다. 예를 들어 온도의 0은 기준점이며, 무게의 0은 질량이 없음을 의미한다.

13 ①②③ 정답 ③

정답의 이유

$$(\text{매출총이익률}) = \frac{(\text{매출총이익})}{(\text{매출액})}$$

$$0.3 = \frac{x - 140}{x}$$

$$0.3x = x - 140$$

$$0.7x = 140$$

$$\therefore x = 200$$

14 | 1 | 2 | 3 | 정답 ④

영역 마케팅 > 마케팅 계획 수립과정　　　　　　　　난이도 중

정답의 이유

④ 아기비누를 피부가 민감한 성인에게 판매하는 경우는 기존 제품을 새로운 시장에서 판매하는 전략으로 시장개발 전략에 해당한다.

((•)) 적중레이더

앤소프 매트릭스

구분	기존 제품	신제품
기존 시장	시장침투	제품개발
신시장	시장개척	다각화

- 시장침투(Market Penetration) 전략: 시장침투 전략은 기존 시장에서 기존 제품 및 서비스를 더 많이 판매해 성장을 도모하는 전략이다.
- 시장개척(Market Development) 전략: 시장개척 전략은 기존 판매 제품은 그대로 유지하면서 새로운 시장으로 진출하는 전략이다.
- 제품개발(Product Development) 전략: 제품개발 전략은 동일한 고객 또는 동일한 시장에서 새로운 제품 및 서비스를 판매하는 전략이다.
- 다각화(Diversification) 전략: 다각화 전략은 신제품을 새로운 시장에 판매하는 전략이다. 제품과 시장 모두 사전 지식과 경험이 없고, 이해도 부족한 상태이기 때문에 실패할 위험이 가장 크지만, 새로운 도전으로서 가장 크게 성장할 수도 있는 기회가 존재하는 전략이기도 하다.

15 | 1 | 2 | 3 | 정답 ②

영역 경영학의 기초 > 경영학의 이해　　　　　　　　난이도 상

정답의 이유

② 복제하기 힘든 범위의 경제로는 핵심 역량, 내부자본 할당, 복수시장 경쟁, 시장지배력의 이용이 있다.

오답의 이유

① · ③ · ④ 복제 가능한 범위의 경제에는 세금 혜택, 위험 감소, 종업원 보상 등이 있다.

16 | 1 | 2 | 3 | 정답 ②

영역 조직행위 > 권력과 갈등　　　　　　　　난이도 상

정답의 이유

② 피셔와 유리의 협상갈등전략은 원원전략으로 상황에 더 집중하여 상호 이익을 취하는 합의점을 찾아야 한다.

((•)) 적중레이더

피셔와 유리, 「Yes를 이끌어 내는 협상법」

도서에 나오는 협상갈등 해결방법에는 '사람과 문제를 분리하라, 입장이 아닌 이해관계에 초점을 맞춰라, 상호 이익이 되는 옵션을 개발하라, 객관적 기준을 사용할 것을 주장하라'라고 제시되어 있다.

17 | 1 | 2 | 3 | 정답 ②

영역 인사관리 > 인적자원계획　　　　　　　　난이도 중

정답의 이유

② 유연시간근무제는 근로자들이 개인의 여건에 따라 근무 시간과 형태를 조절할 수 있는 제도로, 기업 조직에 유연성을 제공하는 제도이다. 그러나 직원별 시간대가 서로 상이할 경우 일정관리 조정이 어려운 단점이 있다.

오답의 이유

① 탄력근무제는 업무가 많을 때 특정 근로일의 근무 시간을 연장하고, 업무가 적을 때 근무 시간을 줄이는 제도로 회사의 업무가 급할 때 유용하게 활용될 수 있다.

18 | 1 | 2 | 3 | 정답 ③

영역 경영정보시스템 > 경영정보시스템의 기초 개념　　　　　　　　난이도 상

정답의 이유

③ 폭포수 이론은 앞 단계가 종료되어야 다음 단계로 넘어가는 선형 순차 모형으로 각 단계는 이전 단계로 갈 수 없기 때문에 통상 개발에 들어가면 수정하기가 굉장히 어려우며, 수정을 억지로 하면 프로젝트 기간이 지연되는 등 유연성이 낮다.

오답의 이유

② · ④ 애자일 이론은 지속적으로 요구사항 개발과 변경을 수용하고 변화에 유연하고 신속하게 적응하여 효율적으로 시스템을 개발하는 이론이다. 애자일 이론은 이터레이션이라는 일정 기간의 단위를 활용하여 고객에게 1~2주 사이로 계속 피드백을 주면서 결과물을 수정해 나간다.

19 1 2 3   정답 ③

영역 인사관리 > 인적자원계획   난이도 중

정답의 이유

③ 대체형식법은 유사하고 대등한 2개 이상의 측정도구로 동일한 대상을 검사하는 방법으로 복수양식법과 동일한 방법이다. 각 측정도구별로 결과의 상관계수가 높으면 신뢰성이 높고, 상관계수가 낮으면 신뢰성이 낮다. 같은 시험을 다시 실시하는 방법은 실시–재실시 검사에 해당한다.

오답의 이유

① 실시–재실시 검사는 일정 기간을 두고 동일한 대상에게 동일한 시험을 다시 측정하는 방법이다.

② 양분법은 하나의 검사를 양쪽으로 나누어 측정하는 방법으로 홀수와 짝수로 문제를 나누는 것이 이에 해당한다.

20 1 2 3   정답 ③

영역 생산관리 > 수요예측   난이도 중

정답의 이유

③ 델파이기법은 여러 전문가의 의견을 설문을 통해 반복적으로 집계하여 합의된 아이디어를 도출하도록 유도하는 질적 예측기법이다. 양적 예측기법인 회귀식 분석과는 거리가 멀다.

오답의 이유

④ 마코브 분석은 대표적인 공급량 예측 기법으로 일정 기간 동안 하나의 직위에서 다른 직위로 시간의 흐름에 따라 조직구성원이 이동할 확률을 분석하여 이를 통해 인적 자원의 흐름을 예측하는 모형이다.

21 1 2 3   정답 ④

영역 마케팅 > 제품관리   난이도 하

정답의 이유

④ 제품은 구매 목적에 따라 산업재와 소비재로 나뉜다. 산업재란 판매를 목적으로 하는 제품을 생산하기 위해 직·간접적으로 필요한 원자재, 부품, 설비, 기구 등을 의미하며, 주로 인적판매를 통해 판촉한다. 한편 소비재는 구매자가 최종적으로 소비하는 것을 목적으로 하는 제품으로 주로 광고를 통한 마케팅이 효과적으로 활용된다.

(•)) 적중레이더

마케팅 커뮤니케이션의 주요수단

- 광고(Advertising): 특정 광고주가 자신의 아이디어, 재화 또는 서비스에 대해 금전적 대가를 지불하고 비인적 매체(Non–Personal Media)를 통해 정보를 전달함으로써 판매를 촉진하는 방법이다.
- 판매촉진(Sales Promotion): 제품 또는 서비스의 사용이나 구매를 촉진시키기 위해 중간상과 최종소비자에게 제공하는 단기적이며 다양한 자극책(Incentive)을 뜻한다.
- 홍보(Publicity): 기업이 비인적 매체에서 자사의 제품이나 서비스를 중요한 뉴스로 다루게 하여 소비자들에게 알림으로써 기업이미지를 제고하고 구매수요를 자극하는 것이다. 광고와 달리 돈을 지불하지 않는다.
- 인적판매(Personal Selling): 잠재적인 고객들과 일대일, 혹은 일대다의 대화와 만남을 통해 제품과 서비스의 판매를 성사시키는 방법이다.
- 직접마케팅(Direct Marketing): 특별한 고객 및 예상 잠재고객으로부터 직접 반응을 요청하거나, 직접 의사소통을 하기 위해 우편, 전화, 팩스, 이메일, 인터넷을 사용하는 활동이다.

22 1 2 3   정답 ②

영역 마케팅 > 마케팅 커뮤니케이션(촉진관리)   난이도 하

정답의 이유

② 푸시 지원금은 유통업자를 대상으로 한 판매촉진활동이다.

오답의 이유

①·③·④ 샘플 제공, 사은품 제공, 현금 환급은 소비자를 대상으로 하는 판매촉진활동이다.

(•)) 적중레이더

판매촉진 수단

구분		소비자 대상 판촉 수단	유통업자 대상 판촉 수단
가격 수단		할인쿠폰, 현금 환급, 보상판매	푸시 지원금, 광고공제, 진열공제
비가격 수단		샘플 제공, 사은품 제공, 추첨응모권, 경품, 고정고객 우대 프로그램	판매보조자료 제공, 판매원 훈련, 판매원 파견, 반품 회수, 인센티브

영역 마케팅 > 가격관리 난이도 하

정답의 이유

③ 종속제품 가격결정은 주제품과 종속제품을 함께 생산 및 판매하는 전략으로, 주제품(면도기)은 가격을 낮게 책정하여 소비자의 구매를 유도한 후 종속제품(면도날)의 가격을 높게 책정하여 이윤을 창출하는 전략이다.

오답의 이유

① 부산물 가격결정은 제품 제조 시 발생하는 부산물에 가격을 책정하는 전략이다.

② 선택사양제품 가격결정은 주력제품에 추가하여 제공되는 각종 옵션제품 또는 액세서리에 부과되는 가격을 말한다. 자동차의 경우 가죽시트, 선루프 등이 옵션제품에 해당한다.

④ 묶음제품 가격결정은 여러 개의 제품을 결합하여 할인된 가격으로 판매하는 전략으로 패스트푸드점의 세트 메뉴가 대표적이다.

((•)) 적중레이더

집합제품 가격결정 전략

구분	내용
제품라인 가격결정	다양한 제품을 생산하는 경우 기업이 제품 간 원가나 성능, 품질의 차이를 고려하여 가격을 차등화하여 책정
결합제품 가격결정	기반이 되는 제품은 저렴하게 책정하고 결합되는 제품은 비싸게 가격을 책정(예 프린터와 토너)
묶음제품 가격결정	여러 가지 상품을 묶어서 판매하는 가격정책으로 보완재끼리 묶어서 판매(예 세트 메뉴)
옵션제품 가격결정	주력제품에 추가되는 각종 부가제품 및 액세서리에 부과하는 가격(예 자동차와 옵션상품)
부산물 가격결정	제품 제조 시 발생하는 부산물에 대한 가격책정(예 소꼬리 및 내장)

영역 인사관리 > 인사고과 난이도 하

정답의 이유

① 대비효과는 평정을 절대적 기준에 기초하지 않고 평정대상자를 바로 직전의 피평정자나 평정자 자신과 비교하여 평정함으로써 나타나는 오류이다.

오답의 이유

② 시간오류는 제공된 정보가 시간의 차이가 날 때 발생하는 오류를 말하며, 이는 초기 및 최근효과가 존재한다. 정보가 차례대로 제시되는 경우 뒤의 내용보다 앞의 내용을 보다 많이 기억하는 것을 초기효과, 이와 반대로 뒤(최근)의 내용을 많이 기억하는 것을 최근효과라고 한다.

③ 투사효과(Projection)는 평정자 자신의 감정이나 경향을 피평정자의 능력을 평가하는 데 귀속시키거나 전가하는 오류를 말하며, 주관의 객관화라고도 한다. 예를 들면, 정직하지 못한 사람이 남을 의심하거나 부정직한 의도가 있는 것으로 지각하는 경우를 말한다.

④ 후광효과는 현혹효과라고도 하며, 대상자의 두드러진 하나의 특성이 그 대상자의 다른 세부 특성을 평가하는 데에도 영향을 미쳐 모든 것을 좋거나 나쁘게 평가하는 현상이다.

((•)) 적중레이더

평가의 오류

상동적 태도	상대방을 소속집단으로 평가하는 오류 예 지역, 출신학교, 성별 등
현혹효과 (Halo Effect)	후광효과라고도 하며, 하나의 특징적 부분의 인상이 전체를 좌우하는 오류 예 얼굴이 예쁘니 마음씨도 고울거야.
상관적 편견 (내재적 퍼스낼리티 이론)	사람의 특질 간에 연관성이 있다는 오류 예 국어와 영어, 성적과 리더십 등
선택적 지각	외부적 상황이 모호할 경우 원하는 정보만 선택하여 판단하는 오류 예 비슷한 글씨를 익숙한 것으로 착각하는 것 등
대비효과	한 사람에 대한 평가가 다른 사람의 평가에 영향을 주는 오류 예 우수한 답안을 채점한 후 다음 사람의 답안 채점 시 등
유사효과	지각자가 자신과 비슷한 상황의 사람에게 후한 평가를 하는 오류
주관의 객관화 (Projection)	자신과 비슷한 기질을 잘 지적하는 오류
기대 (Expectation)	자기실현적 예언
지각적 방어	상황이나 사실을 객관적으로 지각하지 못하는 오류
관대화 경향	평가에 있어 가능한 한 높은 점수를 주려는 오류
가혹화 경향	평가에 있어 가능한 한 낮은 점수를 주려는 오류

영역 조직행위 > 조직행위론의 이해   난이도 상

정답의 이유

④ 동인 이론은 개인의 행동은 과거의 경험을 중심으로 만족스러운 결과를 추구했던 과정에서 형성된다고 보는 이론이다. 1차적 동인은 생리적 동인으로 학습되지 않은 동인인 반면, 2차적 동인은 사회발생적 동인으로 학습된 동인이다. 일반적 동인은 1차적 동인과 2차적 동인 사이에 위치하며, 생리적 동인은 아니지만 1차적 동인과 같이 학습되지 않은 동인이다.

2017 기출문제해설

☑ 점수 (　　)점/100점　☑ 문제편 150쪽

영역 분석

경영학의 기초	5문항	★★★★★	20%
마케팅	8문항	★★★★★★★★	32%
조직행위	3문항	★★★	12%
경영정보시스템	2문항	★★	8%
회계학	4문항	★★★★	16%
재무관리	3문항	★★★	12%

빠른 정답

01	02	03	04	05	06	07	08	09	10
①	④	③	③	②	④	③	①	②	①
11	12	13	14	15	16	17	18	19	20
③	④	③	③	③	②	①	④	②	①
21	22	23	24	25					
①	④	②	②	④					

---

01 ① ② ③　　　　　　　　　정답 ①

영역 마케팅 > 시장기회 분석과 소비자 행동　　　난이도 중

정답의 이유

㉠ 복잡한 구매행동은 소비자가 고관여 제품을 구매할 때 나타나는 행동이다.
㉡ 소비자의 관여도가 높은 제품일수록 부조화를 감소시키기 위한 구매행동을 한다.

오답의 이유

㉢ · ㉣ 소비자의 관여도가 낮을 때(저관여) 보이는 구매행동이다.

---

02 ① ② ③　　　　　　　　　정답 ④

영역 마케팅 > 시장기회 분석과 소비자 행동　　　난이도 중

정답의 이유

소비자는 구매결정을 하기 위해서 '㉢ 문제인식 → ㉤ 정보탐색 → ㉠ 대안평가 → ㉣ 구매결정 → ㉡ 구매 후 행동'의 순으로 수행한다.

적중레이더

구매의사결정 과정

문제인식	내 · 외적 자극에 의해 구매욕구가 발생
↓	
정보탐색	정보원천에서 제품들에 대한 정보 수집
↓	
대안평가	대안별로 그 속성들을 평가
↓	
구매결정	평가된 제품들 중 가장 선호하는 것을 실제 구매
↓	
구매 후 행동	구매 후 사용 시 만족 또는 불만족을 행동화 함

---

03 ① ② ③　　　　　　　　　정답 ③

영역 경영학의 기초 > 경영학의 이해　　　난이도 하

정답의 이유

매슬로우의 욕구단계이론에 의하면 인간의 욕구는 위계적으로 조직되어 있으며 하위 욕구의 충족이 상위 욕구의 발현을 위한 조건이 된다고 본다. 매슬로우의 5단계 욕구의 순서는 '㉢ 생리적 욕구 → ㉠ 안전 욕구 → ㉤ 사회적 욕구 → ㉣ 존경 욕구 → ㉡ 자아실현 욕구'이다.

04 ☐☐☐

정답 ③

영역 회계학 > 재무제표 　　　　　　　　　　 난이도 **상**

정답의 이유

자본은 자산에서 부채를 차감한 잔여지분인 자기자본을 의미하며, 이는 자본금, 자본잉여금, 이익잉여금, 자본조정으로 구성된다.

③ 부채는 총자산에서 자본을 차감한 값이므로 '총자산(2,800만 원)−자본[자본금(1,000만 원)+이익잉여금(300만 원)]=1,500만 원'이다.

05 ☐☐☐

정답 ②

영역 재무관리 > 화폐의 시간가치 　　　　　　　 난이도 **상**

정답의 이유

② 6,050만 원=(원금)×$(1+0.1)^2$=(원금)×1.21

∴ (원금)=$\frac{6,050}{1.21}$=5,000만 원

06 ☐☐☐

정답 ④

영역 회계학 > 재무제표 　　　　　　　　　　 난이도 **중**

정답의 이유

④ 현금흐름표는 일정 기간 동안 기업실체의 현금유입과 현금유출에 대한 정보를 제공하는 재무제표로서 특정 보고기간의 현금의 유입과 현금의 유출내용을 영업활동 현금흐름, 투자활동 현금흐름, 재무활동 현금흐름으로 구분한다.

오답의 이유

① 재무활동이란 기업의 납입자본과 차입금의 크기 및 구성내용에 변동을 가져오는 활동을 말하며, 이는 영업활동과 관련이 없는 부채 및 자본의 증가 · 감소거래를 의미한다.

② 영업활동은 주로 기업의 주요 수익창출활동에서 발생한다.

③ 투자활동이란 장기성자산 및 현금성자산에 속하지 않는 기타 투자자산의 취득과 처분활동을 말하며, 이는 영업활동과 관련이 없는 자산의 증가 · 감소거래를 의미한다.

07 ☐☐☐

정답 ③

영역 경영학의 기초 > 경영혁신 　　　　　　　 난이도 **중**

정답의 이유

③ 통합화는 형식지식을 새로운 형식지식으로 전환시키는 단계이다.

오답의 이유

① 타인의 암묵지식을 경험을 통해 자신의 암묵지식으로 습득하는 단계는 사회화이다.

② 암묵지식을 형식지식으로 전환시키는 단계는 외재화이다.

④ 형식지식을 암묵지식으로 내부화시키는 단계는 내재화이다.

🔍 이렇게 출제됐어요

1 지식기반사회의 인적자원에 대한 설명으로 옳지 않은 것은?

'16 감사직 7급

① 타인과 협력하는 태도도 중요하다.

② 암묵적 지식보다 명시적 지식이 중요하다.(→ 일반적으로 몸에 체화되어 있는 암묵지 즉 암묵적 지식을 단순 글이나 언어로 표현된 형식지 즉 명시적 지식보다 우위의 지식으로 분류한다.)

③ 경험이나 지혜도 인적자원의 구성요소에 포함된다.

④ 논리적 지식(Know−Why)과 정보적 지식(Know−Who)이 중요하다.

08 ☐☐☐

정답 ①

영역 마케팅 > 목표시장의 선정(STP) 　　　　　 난이도 **하**

정답의 이유

① 포지셔닝(Positioning)은 마케팅 전략의 구성요소에 속한다. 마케팅 전략의 구성요소는 시장 세분화(Segmentation), 표적시장 선정(Targeting), 포지셔닝이다. 포지셔닝은 표적시장의 소비자들에게 기업의 제품과 이미지에 대한 차별화된 이미지를 심기 위한 설계 활동을 의미한다.

오답의 이유

② · ③ · ④ 마케팅믹스의 구성요소(4P)는 제품(Product), 가격(Price), 유통경로(Place), 촉진(Promotion)이다.

09 ① ② ③   정답 ②

| 영역 마케팅 > 제품관리 | 난이도 중 |

정답의 이유

② 서비스는 무형적 특성을 가지고 있지만 물리적 요소와도 결합될 수 있다.

오답의 이유

① 서비스가 생산되고 소비되는 과정에 소비자가 참여하기 때문에 서비스는 생산과 동시에 소비된다.

③ 서비스는 제공자에 따라 제공되는 서비스의 수준이 다르고 동일한 서비스 제공자도 시간에 따라 다른 수준의 서비스를 제공하기 때문에 표준화하기가 어렵다.

④ 서비스는 저장이 곤란하기 때문에 한번 생산된 서비스는 소비되지 않으면 소멸하게 된다. 따라서 재고가 없다. 서비스 공급능력이 수요를 초과할 경우 인적 자원의 사기 저하, 서비스 품질 등이 낮아진다.

📡 **적중레이더**

서비스 마케팅의 유형
- 내적마케팅(Internal Marketing): 서비스를 제공하는 제공자가 고객에게 만족을 제공할 수 있게 하기 위해 교육하고 동기부여하는 활동이다.
- 외적마케팅(External Marketing): 기업이 고객을 대상으로 벌이는 마케팅으로, 전통적 마케팅의 개념에 해당한다.
- 상호작용마케팅(Interactive Marketing): 서비스가 제공되는 동안 고객들이 지각하는 서비스의 질이 고객과 제공자의 상호작용의 질에 크게 좌우되는 것을 의미하는 활동이다.

10 ① ② ③   정답 ①

| 영역 재무관리 > 재무비율분석 | 난이도 중 |

정답의 이유

① 재구매율은 제품을 구매한 사람들 중에서 다시 구매한 사람들의 비율을 말한다.

$$\therefore (재구매율) = \frac{12}{50} \times 100\% = 24\%$$

11 ① ② ③   정답 ③

| 영역 회계학 > 수익과 비용 | 난이도 상 |

정답의 이유

③ · (단위당 공헌이익) = (단위당 판매가격) − (단위당 변동비)

$$= 1,000 - 800$$
$$= 200$$

· [손익분기점(BEP) 매출량] = $\dfrac{(고정비)}{(단위당\ 공헌이익)}$

$$= \frac{600,000}{200}$$
$$= 3,000$$

12 ① ② ③   정답 ④

| 영역 마케팅 > 가격관리 | 난이도 중 |

정답의 이유

④ 단수 가격전략이란 소비자의 심리를 고려한 가격결정법 중 하나로, 제품 가격의 끝자리를 홀수(단수)로 표시하여 소비자에게 제품이 저렴하다는 인식을 심어주는 가격결정 방법이다. 예를 들어 정상가가 40,000원인 상품을 39,900원으로 파는 경우를 말한다.

오답의 이유

① 유인 가격전략은 특정 제품의 가격을 낮게 책정하여 소비자를 유인해 이윤이 높은 다른 제품의 추가 구매를 유도할 때 사용된다. 주로 대형마트나 할인매장에서 활용되는 전략이다.

② 결합제품 가격전략은 소비자들이 많이 찾는 핵심 제품의 가격은 낮게 설정하여 소비자들의 방문율을 높이는 대신, 핵심 제품과 연결되어 있는 종속제품의 가격을 높게 정하여 이윤을 확보하는 방식이다.

③ 옵션제품 가격전략은 제품의 성능이나 옵션 등에 의해 가격이 변동하는 것으로 대체로 기본제품에는 낮은 가격이, 옵션제품에는 높은 가격이 책정되는 경향이 있다.

13 1 2 3 정답 ③

영역 마케팅 > 마케팅 계획 수립과정   난이도 중

정답의 이유

③ Star 영역은 시장성장률과 상대적 시장점유율이 모두 높은 사업이다. 이 영역에 속하는 사업은 수익성과 성장성이 크므로 급속히 성장하는 시장에서 시장점유율을 유지하고 증가시키기 위해서는 많은 투자가 필요하다. 따라서 Star 영역의 사업은 현금의 유입이 큰 반면 현금의 유출도 크므로 현금흐름은 긍정적일 수도, 부정적일 수도 있다.

오답의 이유

① BCG 매트릭스 기법은 글로벌 컨설팅사 BCG가 개발한 방법으로, 가장 많이 사용되는 포트폴리오 관리기법이다. 수직축에는 시장 전체의 매력도를 측정하는 상대적 시장성장률을, 수평축에는 상대적 시장점유율을 두고 이를 토대로 개별 사업부의 위치를 표시해 자원의 투입 전략을 수립할 수 있도록 한다.

② 보통 상대적 시장점유율은 가운데 부분은 1을 기준으로, 시장성장률은 10%를 기준으로 해서 매트릭스를 그리는 것이 일반적이다.

④ Cash Cow 영역은 낮은 시장성장률과 높은 상대적 시장점유율인 사업이다. 저성장시장에 있으므로 신규설비투자 등을 지출하지 않으면서 높은 시장점유율로 많은 수익을 창출하며 일반적으로 유지정책을 사용한다.

14 1 2 3 정답 ③

영역 경영학의 기초 > 경영학의 이해   난이도 하

정답의 이유

③ 포드 시스템은 '저가격, 고임금'을 중시하는 고전적 접근법으로서, 컨베이어 시스템을 통한 원가절감, 대량생산, 판매가격인하 등의 경영합리화를 도모하는 것을 말한다. 생산의 표준화를 위해서 제품의 단순화, 부품의 표준화, 기계의 전문화 그리고 작업의 단순화를 꾀한다.

📡 **적중레이더**

포드 시스템

- 포드 자동차회사(Ford Motors Company)에서 포드(H. Ford)에 의해 구상되고 실시된 경영합리화 방안이다.
- 테일러 시스템을 바탕으로 능률향상을 시간연구나 성과통제와 같은 인위적인 방식에만 의존한 것이 아니라, 자동적인 기계의 움직임을 종합적으로 연구함으로써 컨베이어 시스템(Conveyor System)에 의한 대량생산방식을 통해 능률 향상을 도모하였다.

Taylor System	Ford System
• 과업관리를 실시 • 작업자 개인의 능률을 중시 • 고임금과 저노무비로 관리 이념을 실천 • Stop Watch를 이용 • 작업자 중심 • 노사 쌍방이 운영하는 기업	• 동시관리를 실시 • 전체적인 작업능률을 중시 • 고임금과 저가격으로 경영 이념을 실천 • Belt Conveyor를 이용 • 기계 중심 • 노동자와 소비자에 서비스하는 기업

15 1 2 3 정답 ③

영역 경영학의 기초 > 기업의 이해   난이도 중

정답의 이유

③ 카르텔은 동일업종이나 유사업종에 속하는 기업들이 독립성을 유지하면서 일정한 협약에 따라 이루어지는 기업의 수평적 결합방식이다. 이들은 일정한 협약에 따라 경쟁을 피하고 시장을 통제하여 가격을 유지하는 방식으로 기업의 안정을 추구하지만 결속력이나 통제력은 약한 편이다. 따라서 기업 간에 가격 인상 등의 이탈 유인이 여전히 존재한다.

16 1 2 3 정답 ②

영역 경영학의 기초 > 경영자의 역할   난이도 중

정답의 이유

② 민츠버그(Mintzberg)는 경영자의 역할을 대인관계에서의 역할(Interpersonal Role), 정보전달자로서의 역할(Informational Role), 의사결정자로서의 역할(Decisional Role) 3가지로 구분하였다.

17 □1□2□3

정답 ①

영역 조직행위 > 리더십 이론　　　　　　난이도 **중**

오답의 이유

② 서번트 리더십은 리더의 희생으로서 조직의 발전을 추구하는 리더십이다. 서번트는 하인을 의미한다.

③ 부하들이 자기통제에 의해 자신을 스스로 이끌어 나가는 셀프리더로 키우는 리더십은 슈퍼 리더십이다.

④ 변혁적 리더는 구성원 스스로 업무에 대한 확신감을 가질 수 있도록 동기를 부여하고 업무결과에 대한 욕구를 자극함으로써, 구성원 스스로 추가적인 노력을 통해 기대 이상의 성과를 가져오도록 유도한다.

18 □1□2□3

정답 ④

영역 마케팅 > 제품관리　　　　　　난이도 **중**

정답의 이유

④ 쇠퇴기에는 일부 기업들은 시장에서 철수하고, 나머지 기업들도 회수 전략을 수행하기 위해 가격인하정책을 시행하여 가격이 인하된다.

19 □1□2□3

정답 ②

영역 회계학 > 자산　　　　　　난이도 **상**

정답의 이유

- (매출원가)=(기초재고자산)+(당기상품매입액)−(기말재고자산)

  =150만 원+800만 원−180만 원

  =770만 원

- (판매가능자산)=(기초재고자산)+(당기상품매입액)

  =(매출원가)+(기말재고자산)

  =150만 원+800만 원=770만 원+180만 원

  =950만 원

20 □1□2□3

정답 ①

영역 경영정보시스템 > e 비즈니스 시스템 모델과 구성요소　난이도 **중**

정답의 이유

① 채찍효과는 소를 몰 때 긴 채찍을 사용하면 손잡이 부분에서 작은 힘이 가해져도 끝부분에서는 큰 힘이 생기는 데에서 붙여진 명칭으로, 고객의 수요가 상부단계 방향으로 전달될수록 각 단계별 수요의 변동성이 증가하는 현상을 말한다. 즉, 최종소비자로부터 소매업, 도매점, 제조업체, 부품업체순으로 공급사슬을 거슬러 올라갈수록 상부단계에서는 최종소비자의 수요를 불확실하게 인식하여 수요의 변동폭이 커지는 현상을 의미한다. 이러한 문제점을 해결하기 위해 공급자로부터 최종소비자까지 이동하는 전 과정을 파악하고 관리하는 작업흐름이 공급사슬관리(SCM; Supply Chain Management)이다.

오답의 이유

② ERM(Employee Relationship Management)은 기업과 종업원들 간의 관계를 관리해 나가기 위한 방법론이다.

③ 시그마는 표준편차를 의미한다. 따라서 6시그마란 100만 개의 생산 제품에서 3~4개의 불량품을 허용하는 품질수준을 유지(혁신)시키는 것을 말한다.

④ JIT(Just In Time)는 재고수준을 0으로 유지하여 재고를 쌓아 두지 않고 적기에 제품을 공급하는 방식이다.

21 □1□2□3

정답 ①

영역 마케팅 > 마케팅 계획 수립과정　　　　　　난이도 **중**

정답의 이유

① 전방통합(Forward Integration)은 기업이 유통부문에 대해서 소유권과 통제능력을 갖는 것을 의미한다.

22 □1□2□3

정답 ④

영역 경영정보시스템 > e 비즈니스 시스템 모델과 구성요소　난이도 **중**

정답의 이유

균형성과표(BSC; Balanced Score Card)는 조직의 비전과 전략을 달성하기 위해 도입된 개념으로서, 기업성과에 기여하는 네 가지 영역(재무, 고객, 내부 프로세스, 학습과 성장)에 대한 성과측정의 수단이다. 환경 관점은 BSC의 구성요소에 해당하지 않는다.

23 ☐1 ☐2 ☐3

정답 ②

영역 조직행위 > 동기부여이론 난이도 중

정답의 이유

② 허츠버그는 만족과 관련된 요인을 동기요인(Motivator Factor)으로, 불만족과 관련된 요인을 위생요인(Hygiene Factor)으로 분류했다. 2요인이론은 만족과 불만족을 동일한 개념의 양극으로 보지 않고 독립된 개념으로 본다. 따라서 만족의 반대는 불만족이 아니라 만족이 0(영)인 상태이다.

오답의 이유

① 성취감은 동기요인에 해당한다. 위생요인은 일 그 자체보다는 직무의 맥락과 관계되는 것으로서, 조직의 방침(정책)과 행정, 관리감독, 상사 · 부하 · 동료와의 관계, 근무환경, 보수, 개인생활, 지위, 안전 등이 있다. 동기요인으로는 직무 자체, 성취감, 인정, 책임감, 성장 및 발전 등을 들 수 있다.

③ 직원의 동기수준을 높이는 것은 동기요인과 관련된다. 위생요인은 불만족을 줄일 수는 있지만 만족을 주지 못한다.

④ 허츠버그는 만족과 불만족을 서로 독립된 개념으로 보았기 때문에, 불만족을 해소하여도 만족의 상승을 이끌어 낼 수는 없다고 보았다.

24 ☐1 ☐2 ☐3

정답 ②

영역 재무관리 > 자본예산 기법 – 투자안의 경제성 분석 난이도 중

정답의 이유

② 내부수익률(IRR; Internal Rate of Return)은 투자에 관한 현금유입의 현가와 현금유출을 같게 해 '순현재가치(NPV)=0'이 되게 하는 할인율로서 투자안으로부터 순현금흐름의 현재가치의 합과 기초투자액을 일치시켜 주는 할인율이다.

오답의 이유

① 평균이익률(Average Rate of Return)은 평균투자액 또는 총투자액에 대한 연평균 순이익의 비율이다.

③ 순현재가치(NPV; Net Present Value)는 투자로부터 기대되는 미래의 현금흐름을 자본비용으로 할인하여 현금유입의 현재가치에서 현금유출의 현재가치를 차감한 값을 말한다. 순현재가치가 0보다 크면 타당성이 있는 사업으로 판단한다.

④ 수익성지수(PI; Profitability Index)는 자본비용으로 할인된 현금유입의 현재가치를 현금유출의 현재가치로 나눈 값으로, 투자액 1원에 의해 창출된 가치를 나타낸다. 지수가 1보다 크면 경제성이 있어 투자할 가치가 있다고 본다.

((•)) 적중레이더

현금흐름할인법(DCF; Discounted Cash Flow method)
화폐의 시간가치를 고려하여 투자가치를 평가하는 방법
예 순현재가치법, 내부수익률법, 수익성지수법

25 ☐1 ☐2 ☐3

정답 ④

영역 조직행위 > 집단 행위에 대한 이해 난이도 중

정답의 이유

④ 프로젝트 조직은 특정한 사업목표를 달성하기 위하여 일시적으로 조직 내의 인적 · 물적 자원을 결합하는 조직형태로, 해산을 전제로 하여 임시로 편성된 일시적 조직이며, 혁신적 · 비일상적인 과제의 해결을 위해 형성되는 동태적 조직이다.

오답의 이유

① 기능별 조직은 생산, 회계, 인사, 영업 등과 같이 기능을 나누고 각 기능을 담당할 부서 단위로 조직된 구조를 말한다.

② 사업부제 조직은 기능별 조직과 달리 사업부 단위를 편성하고 각 사업부 단위에 독자적인 생산, 마케팅, 영업 등의 권한을 부여한다. 따라서 분권화된 의사결정이 특징이다.

③ 매트릭스 조직은 프로젝트 조직과 기능별 조직을 절충한 조직 형태로, 구성원 개인을 원래의 종적 계열과 함께 횡적 또는 프로젝트 팀의 일원으로서 임무를 수행하게 하여 한 사람의 구성원이 동시에 두 개 부문에 속하게 된다.

((•)) 적중레이더

위원회 조직과 프로젝트 조직의 비교

구분	위원회 조직	프로젝트 조직
지속성	장기	단기
구성원	역할 조직	전문성, 기술
구성원의 안정성	안정적	유동적
업무에 대한 구성원의 태도	수동적	적극적

영역별 색인

※ 색인을 통해 동일 유형의 문제를 확인하세요.

안심Touch

>> 행정법

>> 경영학

ㄱ

ㅁ

ㅅ

안심Touch

일반군무원 공개경쟁채용 필기시험 답안카드

직렬

성명

수험번호

감독위원 확인

(인)

시험일			
1	①	②	③	④
2	①	②	③	④
3	①	②	③	④
4	①	②	③	④
5	①	②	③	④
6	①	②	③	④
7	①	②	③	④
8	①	②	③	④
9	①	②	③	④
10	①	②	③	④
11	①	②	③	④
12	①	②	③	④
13	①	②	③	④
14	①	②	③	④
15	①	②	③	④
16	①	②	③	④
17	①	②	③	④
18	①	②	③	④
19	①	②	③	④
20	①	②	③	④
21	①	②	③	④
22	①	②	③	④
23	①	②	③	④
24	①	②	③	④
25	①	②	③	④

시험일			
1	①	②	③	④
2	①	②	③	④
3	①	②	③	④
4	①	②	③	④
5	①	②	③	④
6	①	②	③	④
7	①	②	③	④
8	①	②	③	④
9	①	②	③	④
10	①	②	③	④
11	①	②	③	④
12	①	②	③	④
13	①	②	③	④
14	①	②	③	④
15	①	②	③	④
16	①	②	③	④
17	①	②	③	④
18	①	②	③	④
19	①	②	③	④
20	①	②	③	④
21	①	②	③	④
22	①	②	③	④
23	①	②	③	④
24	①	②	③	④
25	①	②	③	④

시험일			
1	①	②	③	④
2	①	②	③	④
3	①	②	③	④
4	①	②	③	④
5	①	②	③	④
6	①	②	③	④
7	①	②	③	④
8	①	②	③	④
9	①	②	③	④
10	①	②	③	④
11	①	②	③	④
12	①	②	③	④
13	①	②	③	④
14	①	②	③	④
15	①	②	③	④
16	①	②	③	④
17	①	②	③	④
18	①	②	③	④
19	①	②	③	④
20	①	②	③	④
21	①	②	③	④
22	①	②	③	④
23	①	②	③	④
24	①	②	③	④
25	①	②	③	④

일반군무원 공개경쟁채용 필기시험 답안카드

직렬	

성명	

수험번호

⓪	⓪	⓪	⓪	⓪	⓪	⓪	⓪
①	①	①	①	①	①	①	①
②	②	②	②	②	②	②	②
③	③	③	③	③	③	③	③
④	④	④	④	④	④	④	④
⑤	⑤	⑤	⑤	⑤	⑤	⑤	⑤
⑥	⑥	⑥	⑥	⑥	⑥	⑥	⑥
⑦	⑦	⑦	⑦	⑦	⑦	⑦	⑦
⑧	⑧	⑧	⑧	⑧	⑧	⑧	⑧
⑨	⑨	⑨	⑨	⑨	⑨	⑨	⑨

감독위원 확인	⑫

시행일

번호	①	②	③	④
1	①	②	③	④
2	①	②	③	④
3	①	②	③	④
4	①	②	③	④
5	①	②	③	④
6	①	②	③	④
7	①	②	③	④
8	①	②	③	④
9	①	②	③	④
10	①	②	③	④
11	①	②	③	④
12	①	②	③	④
13	①	②	③	④
14	①	②	③	④
15	①	②	③	④
16	①	②	③	④
17	①	②	③	④
18	①	②	③	④
19	①	②	③	④
20	①	②	③	④
21	①	②	③	④
22	①	②	③	④
23	①	②	③	④
24	①	②	③	④
25	①	②	③	④

시행일

번호	①	②	③	④
1	①	②	③	④
2	①	②	③	④
3	①	②	③	④
4	①	②	③	④
5	①	②	③	④
6	①	②	③	④
7	①	②	③	④
8	①	②	③	④
9	①	②	③	④
10	①	②	③	④
11	①	②	③	④
12	①	②	③	④
13	①	②	③	④
14	①	②	③	④
15	①	②	③	④
16	①	②	③	④
17	①	②	③	④
18	①	②	③	④
19	①	②	③	④
20	①	②	③	④
21	①	②	③	④
22	①	②	③	④
23	①	②	③	④
24	①	②	③	④
25	①	②	③	④

시행일

번호	①	②	③	④
1	①	②	③	④
2	①	②	③	④
3	①	②	③	④
4	①	②	③	④
5	①	②	③	④
6	①	②	③	④
7	①	②	③	④
8	①	②	③	④
9	①	②	③	④
10	①	②	③	④
11	①	②	③	④
12	①	②	③	④
13	①	②	③	④
14	①	②	③	④
15	①	②	③	④
16	①	②	③	④
17	①	②	③	④
18	①	②	③	④
19	①	②	③	④
20	①	②	③	④
21	①	②	③	④
22	①	②	③	④
23	①	②	③	④
24	①	②	③	④
25	①	②	③	④

일반군무원 공개경쟁채용 필기시험 답안카드

시행일

	①	②	③	④
1	①	②	③	④
2	①	②	③	④
3	①	②	③	④
4	①	②	③	④
5	①	②	③	④
6	①	②	③	④
7	①	②	③	④
8	①	②	③	④
9	①	②	③	④
10	①	②	③	④
11	①	②	③	④
12	①	②	③	④
13	①	②	③	④
14	①	②	③	④
15	①	②	③	④
16	①	②	③	④
17	①	②	③	④
18	①	②	③	④
19	①	②	③	④
20	①	②	③	④
21	①	②	③	④
22	①	②	③	④
23	①	②	③	④
24	①	②	③	④
25	①	②	③	④

시행일

	①	②	③	④
1	①	②	③	④
2	①	②	③	④
3	①	②	③	④
4	①	②	③	④
5	①	②	③	④
6	①	②	③	④
7	①	②	③	④
8	①	②	③	④
9	①	②	③	④
10	①	②	③	④
11	①	②	③	④
12	①	②	③	④
13	①	②	③	④
14	①	②	③	④
15	①	②	③	④
16	①	②	③	④
17	①	②	③	④
18	①	②	③	④
19	①	②	③	④
20	①	②	③	④
21	①	②	③	④
22	①	②	③	④
23	①	②	③	④
24	①	②	③	④
25	①	②	③	④

시행일

	①	②	③	④
1	①	②	③	④
2	①	②	③	④
3	①	②	③	④
4	①	②	③	④
5	①	②	③	④
6	①	②	③	④
7	①	②	③	④
8	①	②	③	④
9	①	②	③	④
10	①	②	③	④
11	①	②	③	④
12	①	②	③	④
13	①	②	③	④
14	①	②	③	④
15	①	②	③	④
16	①	②	③	④
17	①	②	③	④
18	①	②	③	④
19	①	②	③	④
20	①	②	③	④
21	①	②	③	④
22	①	②	③	④
23	①	②	③	④
24	①	②	③	④
25	①	②	③	④

일반군무원 공개경쟁채용 필기시험 답안카드

1	①	②	③	④	1	①	②	③	④	1	①	②	③	④
2	①	②	③	④	2	①	②	③	④	2	①	②	③	④
3	①	②	③	④	3	①	②	③	④	3	①	②	③	④
4	①	②	③	④	4	①	②	③	④	4	①	②	③	④
5	①	②	③	④	5	①	②	③	④	5	①	②	③	④
6	①	②	③	④	6	①	②	③	④	6	①	②	③	④
7	①	②	③	④	7	①	②	③	④	7	①	②	③	④
8	①	②	③	④	8	①	②	③	④	8	①	②	③	④
9	①	②	③	④	9	①	②	③	④	9	①	②	③	④
10	①	②	③	④	10	①	②	③	④	10	①	②	③	④
11	①	②	③	④	11	①	②	③	④	11	①	②	③	④
12	①	②	③	④	12	①	②	③	④	12	①	②	③	④
13	①	②	③	④	13	①	②	③	④	13	①	②	③	④
14	①	②	③	④	14	①	②	③	④	14	①	②	③	④
15	①	②	③	④	15	①	②	③	④	15	①	②	③	④
16	①	②	③	④	16	①	②	③	④	16	①	②	③	④
17	①	②	③	④	17	①	②	③	④	17	①	②	③	④
18	①	②	③	④	18	①	②	③	④	18	①	②	③	④
19	①	②	③	④	19	①	②	③	④	19	①	②	③	④
20	①	②	③	④	20	①	②	③	④	20	①	②	③	④
21	①	②	③	④	21	①	②	③	④	21	①	②	③	④
22	①	②	③	④	22	①	②	③	④	22	①	②	③	④
23	①	②	③	④	23	①	②	③	④	23	①	②	③	④
24	①	②	③	④	24	①	②	③	④	24	①	②	③	④
25	①	②	③	④	25	①	②	③	④	25	①	②	③	④

시행일

직렬

성명

수험번호

⓪	⓪	⓪	⓪	⓪	⓪	⓪	⓪
①	①	①	①	①	①	①	①
②	②	②	②	②	②	②	②
③	③	③	③	③	③	③	③
④	④	④	④	④	④	④	④
⑤	⑤	⑤	⑤	⑤	⑤	⑤	⑤
⑥	⑥	⑥	⑥	⑥	⑥	⑥	⑥
⑦	⑦	⑦	⑦	⑦	⑦	⑦	⑦
⑧	⑧	⑧	⑧	⑧	⑧	⑧	⑧
⑨	⑨	⑨	⑨	⑨	⑨	⑨	⑨

감독위원 확인

(인)

좋은 책을 만드는 길
독자님과 함께하겠습니다.

도서나 동영상에 궁금한 점, 아쉬운 점, 만족스러운 점이
있으시다면 어떤 의견이라도 말씀해 주세요.
시대고시기획은 독자님의 의견을 모아 더 좋은 책으로 보답하겠습니다.

www.sidaegosi.com

2022 군무원 기출이 답이다 군수직 5개년 기출문제집

개정3판1쇄 발행	2022년 02월 10일(인쇄 2022년 01월 13일)
초 판 발 행	2019년 09월 10일(인쇄 2019년 08월 16일)
발 행 인	박영일
책 임 편 집	이해욱
저 자	SD 군무원시험연구소
편 집 진 행	강상희 · 이민정
표지디자인	이미애
편집디자인	조은아 · 장성복
발 행 처	(주)시대고시기획
출 판 등 록	제 10-1521호
주 소	서울시 마포구 큰우물로 75 [도화동 538 성지 B/D] 9F
전 화	1600-3600
팩 스	02-701-8823
홈 페 이 지	www.sidaegosi.com
I S B N	979-11-383-1644-6 (13350)
정 가	19,000원

군무원
군수직

5개년 **24**회

지텔프 보카부터 시작하자!

우선순위 지텔프 보카
Level2

G-TELP VOCA MASTER

주제별 어휘 1500

✅ QR코드를 통한 챕터별 표제어 음성파일 mp3 제공

✅ 주제별 어휘 1500 워크북을 통한 상황별 어휘 학습

✅ Grammar / Listening / Reading 각 파트별 필수 어휘 1500개 수록

군무원 시험은
기출이 답이다!

군무원 기출이 답이다 기출문제집

가장 많은 수험생들이 선택한, 믿을 수 있는 군무원 기출문제집으로 학습하세요.

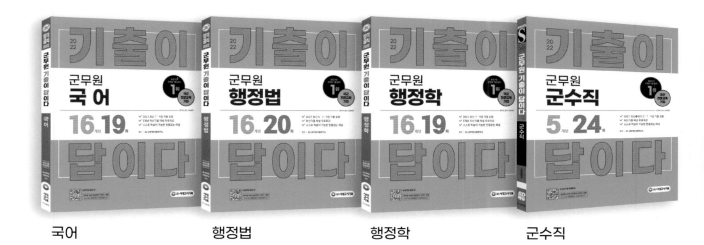

국어　　　　행정법　　　　행정학　　　　군수직

①
최다년도(20회) 수록, 실제 시험과 가깝게 복원된 기출문제집!

군무원 전문 교수진이 참여하여 세심하게 복원한 기출문제집으로 군무원 시험의 출제 경향을 확실히 파악할 수 있도록 하였습니다.

②
최신 개정법령(규정)을 반영한 정확한 문제집!

기출복원 데이터를 최대한 유지하면서 최신 개정법령(규정)을 문제와 해설에 적용하여 문제 유형 확인과 동시에 정확한 학습이 가능하도록 하였습니다.

③
그 어떤 도서보다 풍성한 BONUS 구성!

핵심만 담은 필승이론과 최신기출해설 무료특강까지 제공하는 풍성한 구성으로 군무원 시험을 알차게 준비할 수 있도록 하였습니다.

무료특강 sdedu.co.kr/sidaeplus

※ 도서 구성 및 세부 이미지는 변동될 수 있습니다.